Martin Brauen

Traumwelt Tibet – Westliche Trugbilder

FALLS MEIN NÄCHSTES BUCH EIN FLOP WIRD, BEGINNE ICH EIN TIBET-PROJEKT!

Martin Brauen

Traumwelt Tibet – Westliche Trugbilder

In Zusammenarbeit
mit Renate Koller und Markus Vock

Verlag Paul Haupt
Bern · Stuttgart · Wien

Diese Publikation wurde unterstützt
durch das Völkerkundemuseum der Universität Zürich

Die Deutsche Bibliothek – CIP-Einheitsaufnahme:

Traumwelt Tibet: westliche Trugbilder /
Martin Brauen.
In Zusammenarbeit mit Renate Koller und Markus Vock.
Bern; Stuttgart; Wien: Haupt, 2000
ISBN 3-258-05639-0

Gestaltung und Satz: Atelier Mühlberg, CH-Basel
Lektorat: Regine Balmer, CH-Bern
Printed in Italy

Inhaltsverzeichnis

9 Einleitung

1. Teil — Auf der Suche nach Utopia?

Die Tibetbilder der Missionare, Reisenden, Gelehrten und Kolonialbeamten

15 Erste Mythen
19 Der weißköpfige Lama Ippolito
22 Das absonderliche Andere
24 Vergleiche und Widersprüche
28 Die Suche nach dem Ursprung
30 Einsamkeit und Gold
31 Verbotenes Mysterien-Land: Gegenwelt zum Westen

2. Teil — Auf der Suche nach «Shambha-La» und den arischen Lamas

Die Tibetbilder der Theosophen, Okkultisten, Nazis und Neonazis

36 Eine arische Bruderschaft
38 Die (fiktiven) Reisen der Helena Blavatsky
42 Die geheimnisvollen Briefe
43 Faszination Tibet
44 Alice Bailey und «Der Tibeter»
45 Das Tibetbild der Theosophen
47 Wurzeln des Rassismus
49 Nicholas Roerich: Das dualistische Tibet
51 War Jesus in Tibet?
53 Was hat Hitler mit Tibet zu tun?
55 Der Lama mit den grünen Handschuhen
56 Georgei Ivanovitch Gurdjieff und die «sieben tibetischen Wesen»
61 Karl Haushofer: Mittler zwischen tibetischen «Gelbmützen» und Nazis?
63 Trebitsch-Lincoln, Hitler und die drei weisen Tibeter

65 Tibet-Okkultismus und die Thule-Gesellschaft
67 Die Anfänge des Agarthi-Mythos
69 Die Shambhala/Agarthi-Mythen der Neonazis
73 Ursprünge der neonazistischen Tibet-Zerrbilder
75 Willkürliche Geschichtsklitterung
77 Himmlers Interesse an Tibet und «Das Ahnenerbe»
79 Ernst Schäfer und seine SS-Männer
82 Das bedrohende Tibet
85 Mögliche Anleihen bei kritischen Philosophen
88 Gegen die «Rotmützen»: Gustav Meyrink
90 Der «Antibuddha» Dalai Lama
92 Entmythologisierung oder neue Mythen?

3. Teil Auf der Suche nach «Shangri-La» und den weißen Lamas

Das Tibetbild in Literatur, Comics und Spielfilmen

96 Wo mit Weisheit alles geleitet wird, während draußen der Sturm tobt
101 Das dritte Auge
111 Sexbesessene weibliche Inkarnationen
114 Wo Außerirdische, Affen und Dämonen den Menschen zeugten
119 Geheimes Wissen
121 Instant-Übungen zur Erreichung der Quelle der Jugend
124 Tibet in Comics: Lamas, Mönche und Tulkus ...
132 ... Shangri-La und Yetis ...
136 ... Nazis, Agartha, Thesophen und Rampa
140 Auf der Suche nach der Erinnerung
143 Erste Dokumentarfilme
146 Frühe Spielfilme mit einem Bezug zu Tibet
160 Magische Kultgegenstände, Reinkarnationen und übermenschliche Kräfte
169 Die surreale Dekonstruktion von Sinnsuche
170 Tibet als Hort mirakulöser Kräuteressenzen
172 Twin Peaks: Die tibetische Methode

4. Teil Auf der Suche nach «Dharma-La» und den tibetischen Lamas

Das Tibetbild in Spielfilmen der 90er Jahre, in Werbung und Kommerz

176 Die tibetischen «Brüder» werden entdeckt
182 Das Jetset spielt (tibet)verrückt
185 Tibetische Mönche als echte Werbetypen
186 Jungbrunnen und Levitation
189 Die Verbrüderung von moderner Technologie und traditioneller Religion
195 Die Auto-Reinkarnation
198 Werbe-Ikonen
203 Die Kommerzialisierung und Trivialisierung Tibets
208 Legitimierung durch Geschichte ...
210 ... und Vorbilder
213 Zweckentfremdete Ritualgegenstände

5. Teil Die Grundlagen des Traums

222 Die einzelnen Epochen: Von Utopia über «Shambha-La» und «Shangri-La» zu «Dharma-La»
226 Das Puzzle Tibet enträtseln: Der Ort, die Eigenschaften, die Gurus, ihr Wissen und ihre Mission
226 Der Ort
228 Die Eigenschaften
228 Das geheime Weisheits-Tibet
229 Das Friedens-Tibet
229 Das Jungbrunnen-Tibet
230 Tibet als «Ort der Kraft»
231 Tibet als Rückzugsgebiet
231 Das (fast) asexuelle Tibet
232 Das abscheuliche, makabre Tibet
233 Die Gurus
236 Das tibetische Wissen
237 Die Mission: Der neue Mensch
238 Die Suche nach den Gründen der Traumwelt Tibet

238 Befriedigung tiefliegender Bedürfnisse
240 Evolutionismus
242 Faszination des Davids in den Bergen
244 Tibetische Vorbilder als Wahrheitskern
252 Die raffinierten Methoden der Tibettraum-Erschaffer oder: Das Axiom der Nicht-Widerlegbarkeit des Absurden
254 Die Förderung der Tibet-Mythen durch die Betroffenen
255 Ein Ansatz von Kritik und ihre Nichtbeachtung
259 Postskriptum

Anhang

263 Anmerkungen
278 Verzeichnis der verwendeten Literatur, Comics und Filme
287 Bildernachweis
292 Index

Einleitung

«Die Unzulänglichkeiten und Unvollkommenheiten der menschlichen Existenz erfahren zwar ihre oft genug mühsame Erklärung und Rechtfertigung in den Mythen, der Religion und der Philosophie, sie bedürfen trotzdem aber immer auch tröstlicher und hoffnungsvoller Gegenbilder, die auf anschaulichere, ja handgreiflichere Art und Weise den Abstand vom Glück und die Angst vor einem ungewissen Ende erträglich machen. Einer dieser zentralen Menschheitsträume ist der Traum vom irdischen Paradies, von einem Ort auf dieser Erde, der absolutes Glück und höchste Seligkeit in Aussicht stellt.» (Klaus H. Börner)

«Tibet, wie wundervoll auch immer, ist ein Traum – ob als verloren geglaubtes Goldenes Zeitalter oder als millenaristische Fantasie, trotz allem letztlich nur ein Traum.» (Jamyang Norbu)

Tibet ist seit beinahe 400 Jahren das Ziel einer westlichen Pilgerschaft, die anfangs vor allem aus Missionaren bestand, zu denen sich mit der Zeit Forscher, politische Beamte, Spione, Reiseschriftsteller, Esoteriker und Abenteurer gesellten. Viele von ihnen reisten nicht wirklich nach Tibet, sondern nur in ihrer Fantasie, ihren Halluzinationen und Träumen. Einige bemühten sich, ein möglichst objektives Bild von Tibet zu zeichnen, andere jedoch konstruierten ein Tibet, das ihrer Fantasie entsprang und wenig bis nichts mit dem eigentlichen Tibet zu tun hatte. Im vorliegenden Buch geht es um diese fantastischen Legenden und Fiktionen sowie die in ihnen zutage tretenden Stereotypen. Das Buch erhebt nicht den Anspruch, Tibet so darzustellen, wie es existierte und existiert, sondern ist ein Kompendium all der absonderlichen Fiktionen, die sich um Tibet bildeten. Jeder ihrer Erschaffer, fast ausschließlich Männer, zeichnete ein sehr persönliches Tibetbild. So entstand über die Jahrhunderte hinweg eine ganze Galerie von Tibetbildern, die gewisse Epochen mit spezifischen Stilmerkmalen erkennen lässt, sobald man sie genauer zu analysieren beginnt. Wir nennen die Epochen in diesem Buch Utopia, «Shambha-La», «Shangri-La» und «Dharma-La». Utopia, die Zeit der frühen Missionare und Forscher, die zumindest zum Teil auf der Suche nach dem Reich des sagenumwobenen Priesterkönigs Johannes oder ähnlichen sozial-utopischen Räumen waren. «Shambha-La» mit seinen «arischen Lamas», eine Epoche, welche von der Theosophin Helena Petrovna Blavatsky eingeläutet wurde, ihren Höhepunkt im ersten Viertel des 20. Jahrhunderts erreichte und in die «Shangri-La»-Epoche überführte, eine Zeit, in der irgendwo in Tibet lebende «weiße Lamas» die Fantasie der Westler anregten. Heute befinden wir uns in «Dharma-La»: Das sakrale Tibet hat sich vom Dach der Welt nach Indien und in den Westen verlagert, die tibetischen Lamas, mit ihnen natürlich auch der Dalai Lama, sind Hauptakteure in den westlichen Tibetträumen geworden und haben Tibet verlassen. Gleichzeitig verkommt die buddhistische Lehre, das Dharma, mehr und mehr zu einer Handelsware, das sakrale Tibet ist käuflich geworden. Selbstverständlich sind die Übergänge zwischen den einzelnen «Epochen» fließend und gewisse Traummotive sind in allen zu finden. Welche, dies soll im 5. Teil systematischer dargelegt werden.

Wie erwähnt besteht das Ziel des vorliegenden Buchs darin, das fiktionale Tibet zu entdecken und es zu beschreiben – nicht das reale Tibet. Dieses ist bereits in zahlreichen Büchern und Artikeln, die meistens Teilbereiche des tibetischen Lebens darstellen, beschrieben worden. Doch existieren daneben beinahe ebenso viele Zeugnisse eines fiktionalen Tibets, das häufig absurde Züge aufweist. Wenn diese Absurditäten so detailliert beschrieben werden, dann keineswegs um die Tibeterinnen und Tibeter lächerlich zu machen, sondern um aufzudecken, wie grotesk und seltsam das westliche Denken sein kann. Die Traumwelt Tibet wurde jedoch nicht aus dem völligen Nichts erschaffen, sondern basiert auf weit zurückreichenden Wurzeln im europäischen Denken und auf gewissen tibetischen Vorstellungen, wie ebenfalls im 5. Teil aufgezeigt werden wird.

Ich erhebe nicht den Anspruch, alle Zeugnisse des fiktionalen Tibets verarbeitet zu haben. Einige Kategorien von Quellen werden sogar bewusst nur am Rande erwähnt, sei es weil ihre Behandlung eine eigene lange Abhandlung benötigte (zum Beispiel die nicht mehr überblickbare Flut von Tibet-Dokumentarfilmen, die vielen zum Teil zweifelhaften Bücher und Artikel über tibetische Medizin sowie tibetische Kunst[1] und die wissenschaftliche Rezeption Tibets[2]), oder weil das Material sehr flüchtig ist (zum Beispiel Reiseprospekte). Doch selbstverständlich wird dort, wo es notwendig erscheint, auch auf dieses Material zurückgegriffen.

Es ist nicht einfach, eine klare Grenze zwischen den fiktionalen und realistischen Tibetquellen zu ziehen. Diese Trennung ist – dies kann nicht deutlich genug gesagt werden – vom persönlichen Tibetbild des Autors abhängig, in dem sich auch seine Vorurteile widerspiegeln, ist somit subjektiv und bis zu einem gewissem Maße willkürlich. Auch ich als Autor bin «Gefangener von Shangri-La» – um ein Bild von Donald Lopez zu übernehmen. Zwar ist bei vielen Quellen ihr fiktionaler Charakter offensichtlich, bei anderen jedoch bewegen wir uns in einem unsicheren Grenzbereich zwischen Fiktion und Realität.[3]

Ich möchte dem möglichen Einwand, dieses Buch sei destruktiv, von allem Anfang an entgegentreten. «Tibetophile» und «Tibetomanen» mögen sich fragen, weshalb hier aufgrund von Romanen, Legenden, Erzählungen, Comics, Spielfilmen und dergleichen Puzzleteilchen zusammengetragen werden, die in ihrer Gesamtheit ein Tibet-Zerrbild erkennen lassen. Falls es dem Autor um die objektive Darstellung Tibets ginge, müsste er sich doch um eine möglichst akkurate Darstellung der Geschichte, Gesellschaft und Kultur Tibets bemühen, statt die Leserschaft mit all diesen absonderlichen, abstrusen und nicht selten plumpen Beschreibungen zu bemühen. Und: Leidet Tibet nicht Schaden, wenn diese Absurditäten und Trivialitäten veröffentlicht werden? Bedeutet dies nicht Wasser auf die Mühle derjenigen zu lenken, die, wie zum Beispiel viele Chinesen, in Tibet ein mittelalterliches Höllenreich sehen?

Solchen Kritikern möchte ich entgegnen, dass die absonderlichen Beschreibungen und Bilder Tibets ein solches Ausmaß angenommen haben, dass sie nicht verschwiegen werden dürfen. Wir alle, die wir uns in der einen oder anderen Art für Tibet – oder fremde Gesellschaften und Kulturen ganz allgemein – interessieren, sollten uns dieser «schrägen» Bilder bewusst sein. Dadurch werden wir ein objektiveres Bild Tibets aufbauen können – Grundvoraussetzung für einen echten Dialog und Austausch mit den Tibetern – und zugleich einiges über uns selbst erfahren. Denn die hier zur Darstellung gelangenden westlichen Bilder drücken sehr viel mehr über den westlichen Menschen aus – über seine Sehnsüchte, Bedürfnisse, Begierden, Hoffnungen und Träume – als über Tibet und seine Bewohner selbst. Der Traum offenbart viel über den Träumenden.

Eine solche Entmythologisierung Tibets wird übrigens immer eindringlicher von tibetischen Intellektuellen verlangt. Stellvertretend für sie alle zitiere ich Tsering Shakya: «Wir müssen bis zu einem gewissen Grad die Art betrachten, wie der Westen Tibet wahrnimmt und – noch wichtiger – das tibetische politische Ringen interpretiert. Die westliche Wahrnehmung Tibets und die akkumulierten Tibetbilder sind der politischen Sache Tibets hinderlich. Die ständige Mythologisierung Tibets hat die wahre Natur des tibetischen politischen Strebens in den Schatten gestellt und undeutlich gemacht.»[4] Dem ist nichts beizufügen.

Im vorliegenden Buch wird vorwiegend Quellenmaterial verwendet, das man gemeinhin als trivial bezeichnen möchte. Wenn man zu viele solche Unterlagen berücksichtige, lasse dies ein triviales Resultat erwarten, teilte mir die Zürcher Goethe-Stiftung für Kunst und Wissenschaft in einer Antwort auf finanzielle Unterstützung des Forschungsprojektes mit. Ohne Zweifel vertritt sie damit eine weitverbreitete Ansicht. Aber weshalb eigentlich soll eine sorgfältige Untersuchung von sogenannt Trivialem zu einem trivialen Resultat führen? Und was heißt überhaupt «trivial»? Gilt der Begriff deshalb als so negativ, weil unter trivial, das bekanntlich alltäglich bedeuten kann, auch viel Negatives wie abgedroschen, geistlos, stumpfsinnig, banal und nichtssagend verstanden wird? Ist denn das Alltägliche so negativ und ist deshalb die Beschäftigung mit dem Alltäglichen falsch? Dass ich solch «triviales» Material im vorliegenden Buch mitberücksichtigt habe, verdeutlicht meine Antwort: Ich bin überzeugt, dass nicht nur die Analyse von herkömmlichen Quellen wie Missions- und Reiseberichten und wissenschaftlichen Büchern, sondern auch diejenige von «Alltäglichem» wie Comics, Romanen, Spielfilmen, Werbung und Alltagsgegenständen ihre Berechtigung hat, und hoffe, die Aussagekraft solchen Materials hier aufzeigen zu können.

Ein solches «Kompendium» von Tibetfiktionen kann niemals von einer einzigen Person zusammengetragen werden. Es braucht dazu viele Helfer. Zwei von ihnen, die wegen ihres außerordentlichen Arbeitseinsatzes im Grunde genommen als Koautoren aufgeführt werden müssten, möchte ich besonders dankend erwähnen. Es ist dies einmal Renate Koller, die mit unglaublichem Elan und Erfolg während Jahren Bibliotheken, Kataloge, Messen und Läden nach brauchbarem Material durchstöberte, die gefundenen Quellen bearbeitete und für mich aufarbeitete, Zusammenfassungen schrieb, Detailfragen nachging und Texte durchlas. Zum anderen Markus Vock, der mit ebenso großem Einsatz Bildmaterial und Objekte suchte und beschaffte, in der endlosen Welt des Internet gesuchte und unerwartete Quellen fand, das Buchmanuskript durchlas und mich auf Unbekanntes aufmerksam machte.

Meine beiden Mitarbeiter und ich konnten glücklicherweise die Hilfe vieler in Anspruch nehmen, die hier in alphabetischer Reihenfolge aufgeführt werden:

Jan Andersson, Münster; Joss Bachofer, München; Manuel Bauer, Winterthur; Harald Bechteler, München; Eberhard Berg, Luzern; Dorothee Berger, San Diego; Sonam Dölma, Yangzom und Taschi Brauen, Bern; Andreas Brodbeck, Zollikerberg; Katia Buffetrille, Paris; Esther Bühlmann, Zürich; Jeff Cobb, Beavercreek; Loten Dahortsang, Rikon; Hubert Decleer, Kathmandu; Hervé Dumont, Lausanne; Heidi Ebertshäuser, München; Michel Egger, Pully; Zara Fleming, Ruthin, Denbighshire; Erich Frei, Zürich; John Halpern, New York; Wolfgang Hellrigl, Bozen; Michael Henss, Zürich; Peter Horemans, Bruxelles; Peter Iseli, Bern; Martin Kämpf, Zürich; Marietta Kind, Zürich; Frank Korom, Santa Fe; Douglas Kremer, New York; Roland Kübler, Bern/Shanghai; Dieter Kuhn, Burgdorf; Elsbeth Lauber, Feldmeilen; Frank Lenz, Zürich; Donald Lopez jr., Ann Arbor; Stefanie Lotter, Heidelberg/Kathmandu; Mingyur Rinpoche, Taipei; Peter Nebel, Zürich; Anna Nippa, Dresden; Tsewang Norbu, Berlin; Braham Norwick, New York; Mark Oppitz, Zürich; Françoise Pommaret, Paris; Ramon Prats, Barcelona; Hanna Rauber, Unterstammheim; Roswita Reinhard, Rikon; Veronika Ronge, Bonn; Verena Rongger, Bern; Hans Roth, Bad Münstereifel; Hansjörg Sahli, Solothurn; Luc Schädler, Zürich; Silvia Schneider, Bern; Randy Scott, East Lansing, Michigan; Elliot Sperling, Bloomington; Roland Stutz, Bern; Sophie Tchang, Bruxelles; David Templeman, Melbourne; Gvido Trepsa, New York; Eduard Troxler, Basel; Peter van Ham, Wiesbaden; Martin Weber, Bern; Paola von Wyss-Giacosa, Zürich.

Finanzielle Unterstützung gewährten das Völkerkundemuseum der Universität Zürich, der Zürcher Hochschul-Verein und die Cassinelli-Vogel-Stiftung in Zürich. Diesen Institutionen und ihren Leitungsgremien, den zuvor genannten Informanten und Helfern, dem Verlag Paul Haupt (insbesondere Frau Regine Balmer) sowie dem Atelier Mühlberg (Claude Borer und Nicholas Mühlberg) in Basel danke ich nachdrücklich für die ausgezeichnete Zusammenarbeit.

ASIÆ PARS.
R. TIBET.
Lhasa
Pathna
Occident
Turch
Chandernagor
Orient
Nekpal
Trogn-gne
Athum
100
110
120

1. Teil

Auf der Suche nach Utopia?

Die Tibetbilder der Missionare, Reisenden, Gelehrten und Kolonialbeamten

1

1 Die erste nachhaltige Begegnung zwischen dem Westen und Tibet basiert auf dem Mythos, die Tibeter seien Christen-Abkömmlinge der Nestorianer, Anhänger des Priesterkönigs Johannes oder gar Bewohner des irdischen Paradieses. Hätte dieses Gerücht von angeblichen tibetischen Christen nicht zirkuliert, wäre Tibet wohl nicht so früh von Missionaren aufgesucht worden und längere Zeit ein weißer Fleck auf der Landkarte geblieben.

Erste Mythen

«Ich wolle nämlich erkunden, ob es wahr sei, was ich gehört hatte, dass er (der König des westtibetischen Reiches Guge) mitsamt seinen Untertanen ein Christ und dem wahren Gesetz Gottes verpflichtet sei. Sollte dem aber nicht so sein, so sei ich gekommen, ihn über Irrtümer und Mängel in seinem Glauben aufzuklären, falls er einverstanden sei ... Er solle die Gelegenheit wahrnehmen, die ihm nun durch Gottes Willen geboten werde; dies sei eine Gnade, die seine Vorfahren jahrhundertelang nicht gehabt hätten; er möge sich dieser Gnade würdig erweisen.»[1]

So umschrieb am 8. November 1624 der Jesuitenpater António de Andrade (1580–1634) die Gründe, weshalb er und sein Begleiter Pater Manuel Marques nach Westtibet ins Reich Guge gereist waren.

Die erste nachhaltige Begegnung zwischen dem Westen und Tibet basiert somit auf einem Mythos, auf dem Mythos nämlich, die Tibeter seien Christen. Hätte dieses Gerücht von angeblichen tibetischen Christen nicht zirkuliert, wäre Tibet wohl noch einige Zeit ein weißer Fleck auf der Landkarte geblieben.[2] Wie war dieses Gerücht aufgekommen? Waren die in Indien stark vertretenen Muslime dafür verantwortlich, mit denen de Andrade in engem Kontakt stand und die im Buddhismus eine christliche Sekte sahen?[3] Ging es zurück auf die Kunde von den angeblich im tibetisch-chinesischen Gebiet lebenden Nestorianern[4] oder auf die Sage des Erlösers und Priesterkönigs (Presbyter) Johannes, jener allmächtige, im Überfluss lebende, allwissende Christ, der im 12. Jahrhundert angeblich in Zentralasien über ein paradiesisches Reich herrschte, in dem Milch und Honig flossen? Oder glaubte de Andrade, eine wichtige Rolle in der christlichen Heilsgeschichte spielen zu können, da er sich auf der Suche des irgendwo im Osten vermuteten Paradieses wähnte, von dem man annahm, es liege hinter hohen Bergen und werde von vier großen Flüssen durchzogen?[5] Ein Dokument im römischen Archiv der Gesellschaft Jesu weist nämlich darauf hin, die Reise de Andrades sei als Erfüllung einer biblischen Prophezeiung angesehen worden, wonach das die Apokalypse überlebende Volk auf einem alles überragenden Berg wohnen werde.[6] Ist in dieser biblischen Prophezeiung, die de Andrade zu seiner Tibetreise zu inspirieren schien, der Ursprung all jener Legenden zu finden, die vor allem im 19. Jahrhundert aufkamen und suggerierten, das im hohen Himalaja liegende Tibet sei das gelobte Land, in dem das höchste Wissen von weisen Männern aufbewahrt wird? Wir können es nur vermuten, doch die Tatsache, dass die Reise von de Andrade mit der Endzeit-Prophezeiung von Jesaia in Beziehung gebracht wurde, lässt diese Deutung plausibel erscheinen.

Auch wenn wir davon ausgehen müssen, dass die von de Andrade verfassten Missionsberichte durch Selbstzensur verstümmelte Texte sind[7], und berücksichtigen, dass de Andrade kaum die tibetische Sprache beherrschte, was er selbst immer wieder bedauerte, erfahren wir darin einiges Wissenswerte über die Lebensart der im westtibetischen Reich Guge lebenden Tibeter und über die Art, wie einer der frühesten Tibetreisenden Tibet als das Fremde wahrnahm. De Andrade unternahm die mühselige Reise von Indien nach Guge zweimal, einmal im Sommer 1624, das zweite Mal im Sommer 1625, um dort fünf Jahre lang zu bleiben.

2 Der legendenumwobene Presbyter Johannes, dessen Reich irgendwo zwischen China, Indien, Zentralasien und Äthiopien vermutet wurde. Die ersten Nachrichten gehen auf den Chronisten Otto von Freising zurück, dem angeblich 1145 ein syrischer Bischof vom Priesterkönig Johannes berichtet hatte. 1165 tauchte ein Brief des Presbyter Johannes auf, in dem sein Reich als irdisches Paradies geschildert wurde, mit den typischen Paradiesmotiven wie dem Quell der Jugend, unglaublichem Reichtum, Überfluss an Nahrung usw. Einige Reisende machten sich auf die Suche nach diesem Utopia, das man unter anderem auch in der Region des heutigen Tibets vermutete.

2

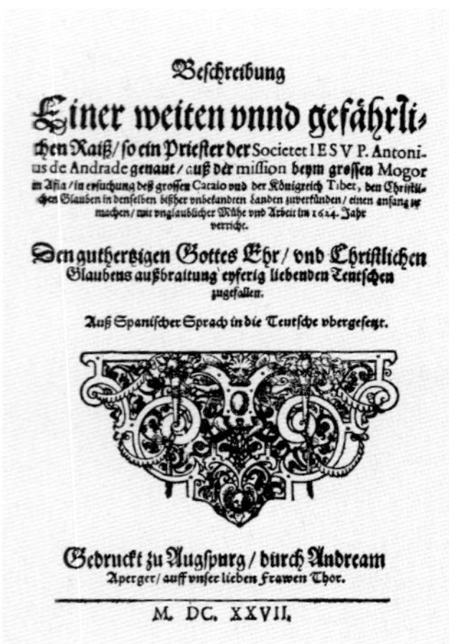
Beschreibung
Einer weiten vnnd gefährlichen Raiß/ so ein Priester der Societet IESV P. Antonius de Andrade genant/ auß der mission beym grossen Mogor im Asia/ in ersuchung deß grossen Cataio vnd der Königreich Tiber, den Christlichen Glauben in denselben bißher vnbekandten Landen zuverkünden/ einen anfang zu machen/ mit vnglaublicher Mühe vnd Arbeit im 1624. Jahr verricht.
Den guthertzigen Gottes Ehr/ vnd Christlichen Glaubens außbraitung eyferig liebenden Teutschen zugefallen.
Auß Spanischer Sprach in die Teutsche vbergesetzt.
Gedruckt zu Augspurg/ durch Andream Aperger/ auff vnser lieben Frawen Thor.
M. DC. XXVII.

3

Bereits kurz nach seiner Ankunft 1624 muss de Andrade klar geworden sein, dass er einem Mythos aufgesessen war: Die Westtibeter waren keine Christen, trotz der angeblichen Ähnlichkeiten. Doch, so mag de Andrade gedacht haben, waren sie es vielleicht früher einmal, da enge Affinitäten zwischen dem Christentum und dem Buddhismus erkennbar waren. Von allen ihm bekannten Religionen schien der Buddhismus dem Christentum am nächsten zu stehen, so de Andrade, gefolgt vom Islam und – zuunterst in der Hierarchie – dem Hinduismus. Es darf vermutet werden, dass die Hochschätzung der buddhistischen Tibeter in diesem angedeuteten «religiösen Rassismus» begründet liegt. Er sollte, wie im Schlusskapitel aufgezeigt werden wird, gegen vierhundert Jahre Bestand haben.

In seinen in mehrere europäische Sprachen übersetzten Berichten, die das Interesse einer breiten Leserschaft fanden, beschreibt de Andrade die Tibeter wohlwollend mit den Worten: «Das Landvolk ist größtenteils liebenswürdig, mutig und fromm, und es liebt den Kampf, den es immerzu übt. Daneben sind diese Menschen barmherzig und dem Gottesdienst zugeneigt … Unter der weltlichen Bevölkerung hört man selten ein unbescheidenes oder gar zorniges Wort. Es scheint ein ganz friedliches Volk zu sein.» Diese Schilderung enthält einen Widerspruch, der uns im Zusammenhang mit den Tibetern immer wieder beschäftigen wird: Sind sie ein friedliches Volk oder eines, das den Kampf liebt und immerzu übt, ein – wie an anderer Stelle steht – «tapferes und kriegserprobtes Volk»? Der Mythos des friedliebenden, pazifistischen Volkes scheint seinen Ursprung bereits in den ersten Schilderungen Tibets zu haben. Er kam auf, obschon der Autor nachweisbar wusste, dass er falsch war. De Andrade hatte hautnah erlebt, wie sehr die Westtibeter in Kriege verwickelt waren, stand doch der König von Guge ständig im Kriege mit Heeren aus dem Süden (Garhwal) und aus dem Westen (Ladakh). Er beschreibt, wie die Männer im Sommer an einem Kriegszug teilnahmen und wie sie – wieder nach Hause zurückgekehrt – sich den ganzen Tag im Bogenschießen, im Gebrauch der Waffen und beim Lanzenbrechen übten.[8] Und dennoch nennt er sie friedliebend! War es ihre «Frömmigkeit und ihre Zuneigung zu den Dingen der Religion, die ihnen angeboren sind», welche de Andrade immer wieder vergessen ließen, dass diese Leute auch gewaltsam und kämpferisch waren? Diese sprichwörtliche Frömmigkeit der Tibeter wäre zumindest eine mögliche Erklärung, weshalb bis in die Gegenwart hinein der Mythos des friedliebenden Tibeters aufrechterhalten wird – als ob Frömmigkeit und Gewalt sich zwangsläufig ausschließen würden.

De Andrades Schilderung der tibetischen Religiosität ist – dem Zeitgeist und den Umständen entsprechend – recht abwertend, verrät aber immer wieder die kritische Urteilskraft des Autors, die in späteren Schilderungen, vor allem solchen des 19. und 20. Jahrhunderts, oftmals fehlt. So zweifelt de Andrade, dass es etwas Wunderbares sei, wenn Lamas nach Eintritt des Todes im Bett sitzen bleiben, und erwähnt stattdessen mögliche natürliche Gründe für die Sitzstellung toter Lamas.[9] Er nennt durchaus überlegenswerte Argumente gegen die «Seelenwanderung», ohne zu wissen, dass der Begriff «Seelenwanderung» im Grunde genommen falsch ist,[10] und stellt die naheliegende Frage, wozu die Lamas den mit dem Tod ringenden Laien rieten, reichlich Almosen zu geben, um das Heil zu gewinnen, wenn doch alles vorbestimmt sei.[11] Auch will ihm nicht einleuchten, dass das Aufsagen der Wörter «Om mani patmeonri» (Om mani peme hung hri) genüge, um nach einer Sünde wieder der Gnade Gottes teilhaftig zu werden. «Wenn das so ist», argumentiert de Andrade, «dann nehmt einen Dolch und stoßt ihn dem ersten Besten unverzüglich in die Brust, stehlt dem König die Perlen, die er trägt, und sprecht dann die Wörter ‹Om mani patmeonri›, und augenblicklich seid ihr erlöst. Scheint es euch wirklich, daß dies vernünftig ist?»[12]

Anderes schilderte de Andrade kommentarlos, woraus Respekt, vielleicht sogar Wertschätzung, abgelesen werden kann. Hierhin gehört die Erwähnung von Blasinstrumenten, Gebetsketten und Trinkschalen aus menschlichen Knochen, deren Verwendung dazu diene, den Tod und die Vergänglichkeit der Freuden eindringlich vor Augen zu haben. De Andrade war zwar der Erste, aber bei weitem nicht der Einzige, welcher sich mit der Einstellung der Tibeter zum Tode auseinandersetzte. Nach ihm wurde die tibetische «ars moriendi» von unzähligen Autoren aufgegriffen und erfuhr im 20. Jahrhundert eine beinahe inflationäre Hochschätzung.

De Andrade versuchte, sich und seiner Leserschaft das Fremde dadurch verständlicher zu machen, dass er es in Beziehung zur eigenen, vertrauten Kultur brachte. So sah er in einer Gottheit, die ein Schwert in Händen hielt, den Erzengel Michael, auch wenn ihm Waage und Flügel fehlten. Dass die Methode des Vergleichens ein aussichtsloses Unterfangen war, wenn es um komplizierte Zusammenhänge ging, zeigte sich deutlich, wenn de Andrade sich mit der Dreiheit «Lama (Buddha), Dharma und Mönchsgemeinschaft» auseinandersetzte und diese mit der Allerheiligsten Dreifaltigkeit des Christentums (Vater, Sohn und Heiliger Geist) gleichsetzen wollte. Und dies, obschon ihm für einen solchen Vergleich die notwendigen Sprachkenntnisse fehlten und er in der Sprache der Tibeter verschiedene Wörter noch nicht hatte finden können, «die zur Erklärung eines solch großen Mysteriums ... unbedingt erforderlich sind», wie de Andrade selbst feststellen musste.[13] Dies hielt de Andrade jedoch nicht davon ab zu glauben, die gewöhnlichsten, plumpesten und trivialsten Argumente seien die wirksamsten, um die Lamas vom christlichen Glauben zu überzeugen, da diese so unwissend seien.[14] Fehlendes Sprachvermögen und mangelhafte Kommunikation als Grund vieler Missverständnisse und Fehleinschätzungen in der frühen Entdeckungsgeschichte Tibets! Fehlendes Sprachvermögen und mangelhafte Kommunikation auch als Ursache vieler Stereotypen und Mythen der Gegenwart?

Wenn man de Andrades Worten Glauben schenken kann, stand er dem König nahe, ja der König schien den Jesuiten wie einen hohen Lama zu behandeln, was allenfalls auf eine Irreführung durch de Andrade zurückzuführen ist. Es kann nämlich angenommen werden, dass er den Tibetern gegenüber nie klar zum Ausdruck brachte, dass er und seine Begleiter keine Buddhisten waren.[15] Der Pater durfte im Königspalast unbehindert ein- und ausgehen, mit den Mönchen Streitgespräche führen, Amulette, Kreuze und Heiligenbilder verteilen, ja sogar ein Gotteshaus (Unserer Lieben Frauen von der Hoffnung) und ein Haus für die Missionare bauen, wozu Häuser von Einheimischen niedergerissen werden mussten. Naheliegenderweise passte dies vielen Einheimischen, vor allem dem Bruder des Königs und den Mönchen nicht, was jedoch den Herrscher nicht davon abhielt, die Missionare weiterhin äußerst wohlwollend zu behandeln. De Andrade verspürte «eine große Nei-

4

3/4 Die erste nachhaltige Begegnung zwischen dem Westen und Tibet basiert auf einem Mythos, auf dem Mythos nämlich, die Tibeter seien Christen. Es war António de Andrade (1580–1634), der als Erster dem Wahrheitsgehalt dieses Mythos nachging: «Ich wolle nämlich erkunden, ob es wahr sei, was ich gehört hatte, dass er (der König des westtibetischen Reiches Guge) mitsamt seinen Untertanen ein Christ und dem wahren Gesetz Gottes verpflichtet sei. Sollte dem aber nicht so sein, so sei ich gekommen, ihn über Irrtümer und Mängel in seinem Glauben aufzuklären, falls er einverstanden sei ... Er solle die Gelegenheit wahrnehmen, die ihm nun durch Gottes Willen geboten werde; dies sei eine Gnade, die seine Vorfahren jahrhundertelang nicht gehabt hätten; er möge sich dieser Gnade würdig erweisen.»

gung zum Empfang der heiligen Taufe», ein Moment, auf den, so fand er, die Königsfamilie aber auch viele andere Tibeter ungeduldig warteten. Die Geschichte lehrt uns, dass dies eine Fehleinschätzung war. Nach dem Weggang von de Andrade im Jahr 1630 kam es in der Folgezeit zu weiteren Bekehrungsversuchen christlicher Missionare, doch nur äußerst wenige Tibeter wechselten zum Christentum. Stattdessen sollte es – etwa 250 bis 300 Jahre später – zu einer umgekehrten Missionierung kommen. Die friedlichen, naiven und wunderlichen für die Bekehrung Ausersehenen wurden mit ihren «irrigen Ansichten» für Zehntausende von Westlern zu Gurus. Zuerst waren sie lediglich gedanklich erschaffene (wie die arischen Mahatmas der Theosophen oder der westliche Lobsang Rampa), später jedoch sollten es wirkliche Gurus aus Fleisch und Blut werden – unzählige im Westen wirkende tibetische Mönche. Die zu Missionierenden wurden im späten 19. und im 20. Jahrhundert zu Missionaren.

Auch wenn de Andrade uns im Großen und Ganzen ein sympathisches Bild der Tibeter vermittelt, lässt er keinen Zweifel an der Rückständigkeit des tibetischen Glaubens. Dennoch scheint er von der Gläubigkeit und der religiösen Hingabe positiv berührt zu sein. Beides, Kritik und Lob, finden sich in seinen Berichten, und es ist genau diese Ambivalenz, die uns noch viele Male begegnen wird, wenn wir das Tibetbild des Westens analysieren. Anhand von de Andrade und einem seiner Nachfolger kann auch aufgezeigt werden, wie unterschiedlich die Optik selbst innerhalb einer Gruppe von ähnlich Denkenden sein kann. Wenn de Andrade die Tibeter recht positiv beschreibt, findet der etwa fünf Jahre nach de Andrade in Tsaparang eingetroffene Nuño Coresma nur negative Worte. Er ist der Meinung, die Leute seien unfähig, die Mysterien des Christentums zu verstehen, seien sehr arm, unzivilisiert und grob in einem Maß, wie er es zuvor nie selbst erlebt oder gehört habe... Es gebe nicht einmal einen Schatten einer religiösen Empfindung, und die Leute besuchten die Tempel nur, um dort zu essen und zu trinken.[16] Beim Lesen dieser negativen Einschätzung muss berücksichtigt werden, dass die nach de Andrade in Tsaparang eingetroffenen Missionare nicht mehr zuvorkommend behandelt wurden. Sie standen zeitweise unter Hausarrest und mussten schließlich das Land verlassen, was sicherlich ein Grund für die negative Einschätzung der Tibeter durch die späteren Missionare ist. Dabei taucht die Frage auf, weshalb die Stimmung gegen die Missionare umgeschwungen war. Hatten die Tibeter realisiert, dass sie getauft und zu Christen bekehrt werden sollten, hatten die jüngsten politischen Ereignisse mit diesem Umschwung zu tun oder spiegelte sich im Meinungsumschwung die Tatsache, dass die neuen Missionare nicht das gleiche Einfühlungsvermögen und die gleiche Sympathie den Tibetern gegenüber hatten wie de Andrade? Mit anderen Worten: Hing die positive Aufnahme von de Andrade mit seiner positiven Einstellung den Einheimischen gegenüber zusammen?

De Andrade folgten im 17. und 18. Jahrhundert weitere Geistliche, so die Jesuiten Estevâo Cacella und Joâo Cabral (Ankunft in Shigatse Ende Februar 1630), Johannes Grueber (1623–1680) und Albert d'Orville (1621–1662), die bei ihrer Suche nach einem kürzeren Landweg von Rom nach China als erste Europäer Lhasa erreichten (am 6.10.1661; insgesamt waren sie acht Jahre unterwegs!), sowie Ippolito Desideri und Manuel Freyre (Ankunft in Lhasa 1716). Danach reisten mehrere Kapuziner nach Tibet, unter denen Francesco Orazio della Penna (Ankunft in Lhasa 1.10.1716) wohl der bekannteste ist. Die Berichte der Kapuziner, vor allem diejenigen von Orazio della Penna und Cassianus Maceratensis, wurden 1762/63 von Agostino António Giorgi (Georgius) (1711–1797) in seinem *Alphabetum Tibetanum* veröffentlicht und mit allerhand Synkretismus-Theorien angereichert. Damit war der Grund gelegt für die Vorstellung von Tibet als dem geheimnisvollen Schatzhaus eines üppig wuchernden Synkretismus.[17]

Auf die Kapuziner gehen wohl die meisten Negativbilder zurück, die das Tibetbild europäischer Philosophen des 18. und 19. Jahrhunderts prägten und sich auch in den negativen Einschätzungen Tibets in den 30er Jahren des 20. Jahrhunderts nachweisen lassen. Einige Kapuziner waren nämlich der Ansicht, der tibetische Buddhismus sei das Werk Satans: Nur er könne in so perfider Art eine Religion schaffen, die dem Katholizismus äußerlich so ähnlich sei.[18]

5 Agostino António Giorgi (Georgius) (1711–1797) legte in seinem *Alphabetum Tibetanum* den Grund für die Vorstellung, Tibet sei ein geheimnisvolles Schatzhaus eines üppig wuchernden Synkretismus.

Der weißköpfige Lama Ippolito

Im folgenden wollen wir uns mit einem der interessantesten Missionare beschäftigen, dem Jesuiten Ippolito Desideri (1684–1733). Er war, wie das folgende Zitat zeigt, einer der Ersten, der aufkommende Tibet-Mythen aufdeckte und widerlegte. Er sollte während langer Zeit der Einzige bleiben. «Einige Leute haben ein heftiges Verlangen danach, Berichte über unterschiedliche Länder und über die Religion und die Sitten verschiedener Völker in großen weitschweifigen Bänden zu publizieren, und sie finden oftmals mehr Anerkennung, als sie es verdienten. Wenn ein Autor über ein Land schreibt, das er nicht kennt und dessen Sprache er nicht versteht, ist seine Information für mich wertlos. Zum Beispiel wurde mündlich und schriftlich behauptet, die Tibeter verehrten das Kreuz und trügen dieses häufig auf ihren Kleidern und Hüten. Dies ist absolut falsch … Andere haben erklärt, sie [die Tibeter] glaubten an das Schicksal und seien deshalb Atheisten … wohingegen die Tibeter erklären, alle diejenigen, die an das Schicksal glaubten, seien Ungläubige und gut oder schlecht sei einzig das Resultat guter oder schlechter Taten der Menschen. Wieder andere haben unsere Kongregation und den Papst nach Ankunft in Europa (fälschlicherweise) informiert, die Worte Sanghiee-Kon-ccio bedeuteten die erste Person der Trinität oder Gott den Vater, Ccioo-Kon-ccioa den Sohn und Ke-n-dun-Kon-ccioa den Heiligen Geist.[19] Was ich über diese Sachen geschrieben habe, soll nicht als Zensur oder ein In-Abrede-Stellen verstanden werden, sondern lediglich als Bitte an all jene, welche diese Seiten lesen mögen, das zu glauben, was ich geschrieben habe. Ich habe die ‹drei Tibets› bereist, habe dort einige Jahre gelebt und las eine Anzahl der wichtigen und abstrusesten Bücher jener Völker.»[20]

Diese klugen, kritischen Worte schrieb Desideri bereits im ersten Viertel des 18. Jahrhunderts. Es sollte jedoch rund 200 Jahre dauern, bis Desideris Bericht veröffentlicht vorlag, und noch einige weitere Jahrzehnte, bis sein wertvoller Inhalt zur Kenntnis genommen wurde. Stattdessen begannen die Tibet-Klischees zu wuchern.

Desideri hatte Lhasa zusammen mit Emanuel Freyre am 18. März 1716 erreicht, nach einer anstrengenden Reise, die sieben Monate zuvor in Leh (Ladakh) begonnen hatte. Er weilte fünf Jahre in Tibet, zuerst in Lhasa und im Kloster Sera, danach wegen politischer Wirren in der Gegend Dhakpo. Es war eine ausgesprochen arbeits- und ertragreiche Zeit, in der er an jedem Tag vom Morgen bis zum Abend studierte, wie er einmal schrieb. Er beschäftigte sich so ernsthaft, intensiv und minutiös mit der tibetischen Kultur, er arbeitete sich so sehr in die tibetische Religion ein und seine Berichte sind so akkurat und voller faszinierender Details, dass er als Begründer der abendländischen Tibetologie angesehen werden kann, sieht man von den Stellen ab, wo er in überheblicher missionarischer Art die Tibeter, vor allem bestimmte Aspekte ihres Glaubens, kritisiert. Er verfasste unter dem Pseudonym Gokar gyi Lama Ipolido (weißköpfiger Lama Ippolito) auf Tibetisch vier Schriften, in denen er seiner tibetischen Leserschaft den eigenen «Heiligen Glauben» darlegte und versuchte, zentrale tibetische Glaubensinhalte zu widerlegen, wie beispielsweise den «scheußlichen Glauben an die Seelenwanderung»[21] oder den «kolossalen und grundsätzlichen Fehler der tibetischen Sekte, die Existenz eines absoluten ungeschaffenen Wesens abzulehnen.»[22] Dabei stellte er ähnlich wie zuvor de Andrade, aber viel gekonnter, Vergleiche zwischen dem tibetischen und seinem eigenen Glauben her, beispielsweise wenn er auf die Art des religiösen Argumentierens und Disputierens, die tibetische Art der Kontemplation und die tibetische «Dreifaltigkeit» zu sprechen kam. Letztere erkannte er richtigerweise als Dreiheit von Buddha, Lehre und Mönchsgemeinschaft, die nicht als im christlichen Sinn «göttlich» angesehen würde und sich vollständig von den drei Personen der Heiligen Dreifaltigkeit unterscheiden würde.[23]

Anhand von Desideri kann exemplarisch aufgezeigt werden, wie Vorurteile und Fehleinschätzungen entstehen können, und wie schwierig es ist diese zu korrigieren: Desideri hatte, wie er in seinem großen Werk[24] selbstkritisch zugibt, in einem am 10. April 1716 an Pater Grassi geschriebenen Brief zwei kapitale Fehler gemacht. Er hatte nämlich behauptet, die Tibeter würden nicht an die Seelenwanderung glauben, sondern nach Todeseintritt entweder in die Hölle oder in den Himmel gelangen. Er hatte auch festgehalten, sie hätten gewisse Kenntnis von Gott und von der Heiligen Dreifaltigkeit. Diese Feststellungen, so schrieb Desideri später, seien ein grober Fehler gewesen. Sie waren auch sehr folgenschwer: Der Brief und damit sein falscher Inhalt wurde ohne Wissen oder gar Zustimmung Desideris veröffentlicht und danach immer wieder zitiert, während die reumütige Richtigstellung durch Desideri erst rund 200 Jahre später publiziert wurde. Die Fehler, einmal in die Welt gesetzt, reinkarnierten sich durch das muntere Plagiieren späterer Schreiberlinge in immer neuen Varianten.

Wie de Andrade versuchte Desideri, Widersprüche im Glauben der Tibeter aufzuspüren. So fand er, es sei inkonsequent, wenn normale Verstorbene den Vögeln zum Fraß vorgelegt würden – gleichsam als gutes Werk –, verstorbene Lamas und Noble jedoch verbrannt würden.[25] Desideri setzte sich aber auch kritisch mit westlichen Autoren auseinander und hob sich dadurch von anderen deutlich ab. So widersprach er Athanasius Kircher, dem Genie der Kompilation, der in seinem bebilderten Werk mit dem verkürzten Titel *China Illustrata* behauptete, der Große Lama (Dalai Lama) könne nur von einigen engen Freunden gesehen werden[26] und die Tibeter verehrten einen Gott mit Namen Manipe, den sie mit «O manipe mi hum» anbeteten.[27]

6

6 Die Kupferstiche in *China Illustrata* (1667) in denen tibetische Szenen gezeigt werden, verraten in vielen Details, dass ihr Hersteller nie in Tibet war und er für seine Darstellungen höchstens auf Skizzen von Grueber zurückgreifen konnte. Die hier zu sehende Gottheit «Manipe» soll zweifellos Avalokiteśvara zeigen, über den Kircher sagt: «Die dummen Leute verehren dieses Idol, indem sie ungewöhnliche Gesten machen und Riten durchführen, während sie immerzu ‹O Manipe mi hum› aufsagen, was soviel wie ‹Manipe, errette uns› bedeutet … Figur XVII zeigt die Figur, wie unsere Väter sie sahen. Doch sandten sie sie mir auch in der Gestalt, die die Figur XXI zeigt.» Es fällt besonders auf, dass bei der neunköpfigen Form nur der Oberkörper des Bodhisattva auf einem Podest stehend gezeigt wird – einer griechischen oder römischen Büste ähnlich. Nichts deutet auf das Innere eines tibetischen Kultraums hin, weder der bogenförmige Eingang, noch die Vorhänge, die hängenden Lampen oder die Position der zwei Figuren, die nie mit dem Rücken zur Tür im Kultraum stehen würden.

Wenn er Athanasius Kircher doch auch zugestand, einiges Wahre, zu verbreiten, sprach er dies Tavernier gänzlich ab. Tavernier schreibe über ein Land, in das er nie den Fuß gesetzt hätte, deshalb sei alles, was er darüber schreibe, ohne Wahrheit, reine fantastische Erfindungen und wertlos.[28] Desideri ist somit der Erste, der Vorurteile und Fehleinschätzungen bezüglich Tibet, gleichsam die ersten «Tibet-Mythen» systematisch aufzuzeigen und zu widerlegen versuchte. Er sollte auf lange Zeit der Einzige bleiben.

Doch auch Desideri verfiel einem «Mythos», nämlich demjenigen des friedliebenden Tibeters. Er war der Meinung, Tibet sei ein friedliches Land[29], berichtete aber andererseits ausführlichst von Kriegen und äußerst grausamen bürgerkriegsähnlichen Kämpfen. So beschrieb er, wie zwischen 1717 und 1720 die «Gelbmützen-Mönche» die «Rotmützen-Mönche» folterten und gar mordeten, Klöster plünderten und zerstörten, Tempel zu Ställen machten, Statuen zerstörten, Bücher verbrannten, jedermann verboten, zu Urghien (Padmasambhava) zu beten oder nur seinen Namen zu nennen, so dass sich Desideri gar gezwungen sah, einem solch verfolgten reinkarnierten «Rotmützen-Mönch» zu helfen.[30]

Die Notizen Desideris blieben lange verschollen. Erst 1875 wurden sie gefunden, doch vergingen nochmals 29 Jahre, bis sie auszugsweise von Puini veröffentlicht wurden.[31] Aber auch nach ihrer Veröffentlichung fanden die Texte Desideris nicht die Aufmerksamkeit, die ihnen gebührt hätte.

Viele Missverständnisse und viele Tibet-Mythen wären nicht aufgekommen, wenn Ippolito Desideris Schriften zu seinen Lebzeiten veröffentlicht worden wären. Stattdessen mussten die Kompilatoren von Fachbüchern und andere Autoren auf bedeutend weniger zuverläßige Quellen zurückgreifen, schlimmer noch, sie verbreiteten sogar viele Unwahrheiten über Desideri selbst.[32]

Weshalb verschwanden die hochinteressanten Texte eines Gelehrten, der fünf Jahre lang in Tibet gelebt hatte und selbst die tibetische Sprache beherrschte, in den Schubladen? Es scheint, Desideri war seiner Zeit mit seiner differenzierten Betrachtungsweise weit voraus. Offenbar waren keine gelehrten Auseinandersetzungen mit komplexen Anschauungen, wie beispielsweise der «Leerheit», gefragt, auch nicht sein erstaunlich treffender Übersetzungsversuch des Mantra «Om mani padme hum». Offen bleibt auch, weshalb Desideri selbst nach der Entdeckung seines Textes weiterhin verkannt wurde. Beispielsweise von den späteren Theosophen, die sich immer wieder auf tibetische Weisheiten beriefen, aber stattdessen viele Banalitäten und Unwahrheiten verbreiteten[33], oder gar von Sir Charles Bell und David Macdonald, zwei Briten, die lange Zeit in Tibet lebten. Wir können nur Vermutungen anstellen, doch ist die Annahme nicht von der Hand zu weisen, dass das von Desideri gezeichnete Tibetbild zu differenziert war und auch im 20. Jahrhundert wie bereits 200 Jahre zuvor nicht den gängigen Vorstellungen und Klischees entsprach. Es scheint, das Tibetbild orientierte sich an den Bedürfnissen des Publikums und nicht am tatsächlich vorhandenen Wissen. Dies wirft die Frage auf, ob dies auch heute noch zutrifft.

7

7 Athanasius Kircher, ein Genie der Kompilation, war selbst nie in Tibet. Er verarbeitete in seinem bebilderten Werk mit dem verkürzten Titel *China Illustrata* (1667) zehn ausführliche Briefe Gruebers und ließ zu einigen Szenen Kupferstiche herstellen.

Das absonderliche Andere

Besondere Probleme stellten immer wieder Praktiken, die dem eigenen «Weltbild» konträr entgegenstanden. So beschäftigte beispielsweise die Frage, ob nun tatsächlich – wie Grueber behauptet hatte – «die Großen im Königreich sehr begierig waeren, den Unflath (= Exkremente) dieser Gottheit (der Große Lama, Dalay Lama oder himmlische Vater) zu erhalten, den sie ordentlich als Reliquien um den Hals truegen. Anderswo saget er, die Lamas haetten große Vortheile von den(en) wichtigen Geschenken, die ihnen die Großen gaeben, daß sie ihnen zu solchem Unflathe oder Harne verhuelfen. Denn indem sie den ersten um den Hals truegen, und den letzteren mit ihren Speisen vermengten ..., bildeten sie sich ein, vor allen Krankheiten sicher zu seyn.»[34]

Auch der Philosoph Immanuel Kant nahm das Thema auf und meinte in einer seiner Schriften: «Was einige Reisende vorgeben, daß die Anhänger dieses Glaubens den Koth des Lama als ein feines Pulver bei sich führen und in Schachteln tragen und etwas davon auf ihr Essen streuen, mag wohl eine bloße Verleumdung sein.»[35] An anderer Stelle aber zweifelte er, ob die Einwohner Tibets nicht vielleicht doch den Stuhlgang des großen Dalai Lama verzehrten, da Pallas bestätigt hätte, dass sie ihre Speisen damit bestreuten und dass ihm (Pallas) geklagt worden sei, dass davon so wenig zu haben und dies wenige sehr kostbar sei.[36]

Viele Autoren kommentierten auch den Glauben an die Wiedergeburt und «Seelenwanderung» ausführlich – in der Regel negativ. Orazio della Penna sprach von «alberner Vorstellung der Tibeter»[37], Grueber nannte die Inkarnation des Großen Lama «listigen Betrug» und «Täuschung der blinden Gemüter der Barbaren, die durch diese teuflische Illusion geblendet sind».[38] In der *Allgemeinen Historie der Reisen zu Wasser und zu Lande* wurde der Inkarnationsglaube «Aberglauben» und Betrug genannt, gegen den die «Missionarien» heftig eifern würden.[39]

Obschon in diesen Berichten (fälschlicherweise) von Seelenwanderung die Rede ist, finden sich doch Hinweise auf eine differenziertere und damit korrektere Einschätzung. So habe beispielsweise Bentink bereits festgestellt, «diejenigen unter den Lamas, die mehr als die andern wissen wollten, glaubten nicht, daß die Seelen wirklich aus einem Körper in einen anderen giengen, sondern nur ihre *Faehigkeiten*», ein Begriff, der dem «Bewusstsein» der Tibeter viel näher kommt als das Wort «Seele».[40]

8

8 Der Kapuziner Francesco Orazio della Penna, der am 1. Oktober 1716 in Lhasa ankam. Orazio della Penna beschrieb detailliert religiöse Gebräuche und Vorstellungen der Tibeter, die er oft bewertete – einige positiv, andere negativ. Lobende Worte fand er zum Beispiel für das Fasten, die große Ehrerbietung und Andacht, die «geistlichen Exercitien» sowie «geistliche Gemüths Versamblung», womit er wohl die Meditation meinte. Den «abentheurischen Gottes-Dienst» jedoch empfand er als «greulich und ungereimbt», da die Tibeter den «Götzen-Bildern» Opfer darreichten und ihnen «hiermit ihre teuflische Anbettung abstatteten.»

9

9 *Thibetische Transmigrations-Tafel* aus dem Werk von Orazio della Penna: «Die Transmigrations-Oerther, wohin die Thibetaner-Seelen (laut ihres Affter-Gesatzes) nach ihren Abschid vom Leib zu übersetzen haben.
A. Ein abscheuliches Monstrum, welches nach der Thibetischen Meynung seyn solle ein Sinbild der Menschlichen Wercken …
B. Zeiget an ihren Affter-Gott, welcher aus allen Thibetischen Affter-Heiligen zusam gegeisteret, einen Materialischen Leib von lauter kostbaren Edelgesteinen haben solle …
C. Hier wird vorgestellet der letzte Reformator und Wider-Ergäntzer der Thibetischen Affter-Religion, Sciachia tupha (Buddha Sakyamuni) genant …
D. Die Mutter dess ersterwehnten Reformators …»
Im folgenden werden die sechs Welten, in denen ein Wesen nach buddhistischer Auffassung wiedergeboren werden kann, recht korrekt wiedergegeben:
«1. Ist das erste Orth, wohin die Lha … übersetzen und alda eine gewise Zeit sich aufhalten.
2. Das zweyte Orth vor die Lhamain oder Halb-Götter, welche … immer mit denen Lha … umb die Früchten dess Baumes Zambú zu kriegen haben.
3. Das dritte Transmigrations-Orth, alwo die Seelen in verschiedene Thier und Bestien nach gestalt ihrer Verbrechen sich verhäuslen …
4. Das vierte ist ein Peyn-Orth vor die Ità oder Tantaler, welche einen jämerlichen Hunger und Durst leyden …
5. Das fünffte ist die Höll; und dise bestehet in acht Orthen dess Feurs und acht der Kälte; da stehet der Richter … mit einem Spiegel, hierauss die gute und böse Werck aller Seelen zuersehen, wie auch mit einer Waag …
6. Das sechste und letzte auch beste Übersetzungs-Orth ist dise von uns bewohnte Welt sambt dem Meer und den Fischen.»

Vergleiche und Widersprüche

Einer der ersten nicht-klerikalen Tibetreisenden war der erst 28-jährige George Bogle (1746–1781). Er war von Warren Hastings, Gouverneur von Bengalen, beauftragt worden, als Vertreter der britischen East India Company eine Reise nach Tibet zu unternehmen, die er 1774 antrat. Hastings, vielleicht der erste moderne «Tibetophile» (Bishop), hatte zuvor vom 3. Panchen Rinpoche einen Brief und Geschenke erhalten, was er als Aufforderung für einen Besuch interpretierte. Hastings Interesse galt vor allem der Frage, wie der Handel mit Tibet gefördert werden könne. Er verlangte Pflanzensamen und einige Tiere, zudem wollte er aus Tibet alle möglichen «Wunderlichkeiten» wie Naturprodukte, Fabrikate oder Malereien für englische «Leute mit Geschmack» und Informationen über die Leute, das Land, das Klima, den Reiseweg, Sitten und Gebräuche, Gebäude, Kochkunst, aber auch über die zwischen Sibirien und Lhasa, China und Kaschmir liegenden Länder. Über all dies sollte Bogle Buch führen. Als Vorbereitung verfasste er eine kurze Zusammenfassung des damaligen Wissens über Tibet. Dieses Dokument behandelt bereits einige Themen, denen wir später wieder begegnen werden: Vergleich mit den südamerikanischen Indianern, dem Tal von Quito, «dem höchsten Land im neuen Kontinent», religiöse Praktiken (wie beispielsweise die Verwendung der Exkremente des Dalai Lama als wertvolle Amulette; wahrscheinlich übernommen aus Gruebers Bericht) und ein längerer Hinweis auf die Polyandrie. Und auch Bogle nahm in seinem Bericht die Dinge voraus, über die die Europäer während den nachfolgenden 150 Jahren sehr fasziniert sein würden – «tibetische Bestattungsarten, Hunde, Diplomatie, Bürokratie, Religion, Polyandrie, Dreck, Landschaft und ‹lamaistische› Macht.»[41] Aus der Fülle all der Erscheinungen, die sie gesehen hatten, wählten Bogle und der acht Jahre später nach Tibet reisende Turner aus, was ihnen persönlich aufgrund ihres eigenen Wissens und ihrer eigenen Interessen bedeutungsvoll erschien und kommentierten es. Sie erschufen ein Tibet. Sie entdeckten es nicht eigentlich. In ihren Tibetbildern spiegeln sich somit die eigene Herkunft, die eigenen Interessen und die Erwartungen ihrer Leserschaft. Fast alle Autoren gehörten der gleichen Klasse an, nämlich der oberen Mittelklasse oder waren aristokratischer Herkunft und hatten wohl mehr gemeinsam, als ihre unterschiedliche nationale Herkunft vermuten ließ. Dazu kommt, dass die Reisenden in der Regel die Schriften ihrer Vorreisenden kannten, was eine offene, objektive Begegnung mit Tibet und seinen Bewohnern erschwerte.

10

10/11 Das zum Teil Unerklärliche, Fremde, das die Missionare in Tibet antrafen, musste in Bekanntes «übersetzt» werden. Sie verglichen den tibetischen Buddhismus mit dem Katholizismus und vermeinten, darin Spuren der christlichen Religion zu finden. Unter anderem vertraten sie die Meinung, die Kleidung der Apostel auf alten Gemälden sei derjenigen der Lamas nicht unähnlich. Man übersah dabei zweierlei: Dass sowohl die Darstellungen der Apostelkleidung als auch diejenigen der Kleidung der Lamas der Fantasie der Künstler entsprungen waren. Dies belegen beispielsweise die Darstellung von Lamas (Abb. 10) und diejenige des tibetischen Herrschers und seines Gefolges (Abb. 11). Schnitt und Muster der Roben wie auch die Hüte lassen die europäische Herkunft des Künstlers deutlich erkennen.

11

Vorurteile schienen aber auch auf tibetischer Seite zu existieren. So gab der mit Bogle befreundete Panchen Rinpoche in einem Gespräch einmal zu, er hätte viel von der Macht der Ausländer gehört. Die East India Company vermöge es, Krieg zu führen und Länder zu erobern. Da es seine Aufgabe sei, zu Gott zu beten, habe er Angst gehabt, Ausländer in sein Land zu lassen. Doch nun habe er gelernt, dass die Ausländer faire und rechtschaffene Leute seien.[42]

Die frühen Tibetbeschreibungen zeichneten sich durch ein Merkmal aus, dem wir auch bei anderen Länderbeschreibungen immer wieder begegnen: der Vergleich mit bereits Bekanntem. Das zum Teil Unerklärliche, Fremde musste in Bekanntes «übersetzt» werden. So brachte man die Tibeter mit den Ägyptern, den Inkas, den Indianern und Gnostikern in Beziehung, den tibetischen Buddhismus mit dem Katholizismus – Vergleiche, die, wie wir bereits gesehen haben, auch die frühen Missionare angestellt hatten und die im letzten Drittel des 19. Jahrhunderts von den Theosophen verfeinert wurden und bis in die heutige Zeit immer wieder angewandt werden. Typische Beispiele für den Vergleich der tibetischen Religion mit dem Katholizismus finden sich in der *Allgemeinen Historie der Reisen zu Wasser und zu Lande*: «Verschiedene Missionarien haben sich eingebildet, in den alten Büchern der Lamas waeren einige Spuren der christlichen Religion uebrig, die hier, wie sie glauben, zu den Zeiten der Apostel waere gepredigt worden. Ihre Muthmaßung gruendet sich auf folgendes.

12

12 *Thibetische Religions Gebräuch.* Das Bild zeigt exemplarisch, welche «Gebräuch» das westliche Publikum vor allem interessierten und wie diese in einer für ein westliches Publikum nachvollziehbaren Umgebung gezeigt wurden: Die Architektur ist westlich – ein Turm mit Zinnen, ein gewölbtes Dach, wie man es in Tibet nie findet, ein kirchenähnliches Gebäude mit angedeuteten Kirchenfenstern – ebenso die Kleidung, die abgesehen von kleinen Details überhaupt nicht an asiatische Kleidung erinnert. Auffallend ist, wie ausführlich die tibetische Behandlung von Leichen dargestellt wird: Die Zerstückelung (15), eine Art Flussbestattung (18), die Verbrennung von hohen Leuten (König und oberste Großlamas (12), die «Luftbestattung», die Darreichung der Leichen den Vögeln (13) und die symbolische Öffnung des Schädels eines Verstorbenen, damit das Bewusstsein den Körper verlassen kann. («Ein Pfaff ziecht dem Sterbenden ettliche Har, hiermit die Seel heraus.» [14]) Auffallend ist auch die häufige Darstellung des Hakenkreuzes («ihre Kreuzform»), sowohl auf Kleidung als auch als architektonisches Element. Obschon man auch in dieser Darstellung die christliche Herkunft des Künstlers erkennt – zum Beispiel in Architektur und Bekleidung –, wird dennoch deutlich, dass die einzelnen Szenen auf Beobachtungen an Ort und Stelle beruhen – im Gegensatz zu vielen anderen frühen Tibetdarstellungen.

1) Die Kleidung der Apostel in den alten Gemaelden, ist der Lamas ihrer nicht unaehnlich. 2) Sie stehen so untereinander, daß es mit dem geistlichen Kirchenregimente fast eine Aehnlichkeit hat. 3) Einige ihrer Ceremonien sind den roemischen aehnlich. 4) Sie haben einen Begriff von einer Menschwerdung; und 5) gewisse dem Christenthume aehnliche Grundsaetze in der Sittenlehre. Doch laeßt sich hiervon nichts Sicheres sagen, wenn man nicht ihre alten Buecher wohl kennet, die nach der gelehrtesten Lamas Berichte sich nur auf die Seelenwanderung beziehen. ... Grueber geht viel weiter. Er behauptet, ‹obwohl kein Europaer oder Christ zuvor bey ihnen gewesen sey; so stimme doch ihre Religion in allen wesentlichen Stuecken mit der roemischen ueberein. Sie hielten das Messopfer mit Brodt und Weine, gaeben die letzte Oelung, segneten, die sich verehelichen wollten, ein, betheten ueber die Kranken, hielten Umgaenge, ehrten die Ueberbleibsel der Goetzen, (er sollte gesagt haben der Heiligen), haetten Moenche und Nonnen, saengen im Chore, wie die Moenche, beobachteten verschieden Fasten im Jahre, unterwuerfen sich sehr strengen Bußen, und unter andern Geißeln, weihten Bischoefe, und schickten Missionarien aus, die in aeußerster Armuth lebeten, und barfuß durch die Wuesten bis nach China reisten. Von allen diesen Dingen›, saget Gruber, ‹bin ich ein Augenzeuge.›»[43]

Andere waren offensichtlich bemüht, Ähnlichkeiten zwischen dem tibetischen Glauben und dem Christentum zu verleugnen, weil sie der Meinung waren, es würde ihrer eigenen Religion keine Ehre bringen, mit einer anderen so nahe verwandt zu sein, die «die gröbste Abgötterei treibt, was der Protestanten Vorwurf der Abgötterei gegen die päpstliche Religion bestätigen helfen würde.»[44] Protestantisches Denken war nicht nur der «päpstlichen Religion» gegenüber

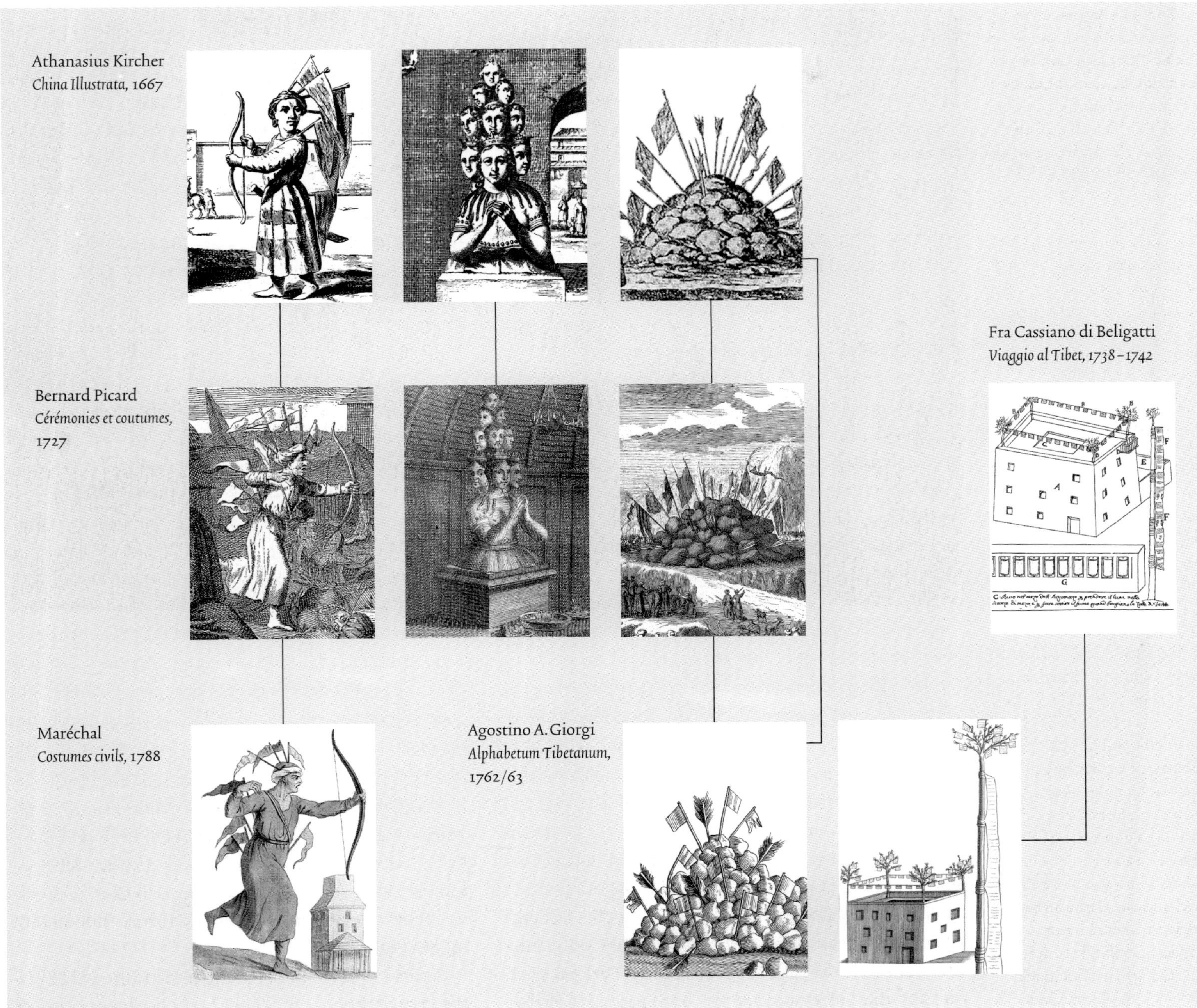

13

13 Bild-Plagiate: Kirchers *China Illustrata* enthält eine Abbildung von «Buth», der im Text als brutal und mörderisch beschrieben wird (er soll an bestimmten Tagen jeden Menschen, dem er begegnet, töten), während seine bildliche Darstellung recht friedlich erscheint. In *Cérémonies et coutumes* von Picard/Herrliberger findet sich Buth wieder, nun aber kämpferisch und zornvoll, eine Darstellungsart, die Maréchal in seinem Buch *Costumes civils* relativ detailgetreu kopierte und generalisierend mit «homme du Tibet» beschrieb. Auch Kirchers unvollständige Darstellung eines Avalokiteśvara (bzw. eines Torsos dieses Bodhisattvas) und die eines Steinhaufens mit Gebetsfahnen fanden ihre Nachahmer (Picard bzw. Herrliberger und Giorgi). Letzterer kopierte auch Bilder eines Missionars, der sich tatsächlich im Himalaja aufgehalten und dort Skizzen gemacht hatte: Cassiano di Beligatti (S. Abbildungen eines Hauses und einer großen Gebetsfahne).

negativ eingestellt, sondern hatte offensichtlich auch mit dem «Götzendienst» der Tibeter Mühe. Zu den heftigsten Kritikern der «Religion der Lamas» gehörten mehrere Philosophen wie Rousseau, Kant, Herder und Nietzsche[45], alle protestantischer Herkunft.

In diesen unterschiedlichen Einschätzungen widerspiegelt sich das Dilemma, in dem sich die damaligen Reisenden, Forscher und Denker befanden: Einerseits erkannte man Ähnlichkeiten mit dem Christentum, vor allem dem Katholizismus, was viele positiv kommentierten[46], andererseits aber wunderte man sich über so viel Abgötterei, wild wuchernde Dämonologie, Okkultismus und «das aus der Priesterreligion erwachsene mit der Gesellschaft unverträgliche Recht» (Rousseau). Die in den verschiedenen Schriften zum Ausdruck kommende Komplexität und die zum Teil durchschimmernden Widersprüche entsprechen jedoch der tibetischen Realität mehr als viele spätere Berichte, vor allem solche des 20. Jahrhunderts, die, wie wir noch sehen werden, die Religion Tibets häufig undifferenziert lobhudeln.

Nach Bogle und Turner verging über ein Jahrhundert, bis ein Brite in offizieller Mission wieder nach Tibet gelangte. Zuvor, im Jahre 1811, hatte auf privater Basis der etwas exzentrische Thomas Manning Lhasa besucht. In jener Zeit war das Tibetbild nach wie vor widersprüchlich: Sympathie für den Dalai Lama, die Tibeter im Allgemeinen und die Landschaft – Abneigung gegen den Klerus, den Schmutz der Leute und die Abgeschiedenheit. Die Hauptstadt Lhasa war noch weit davon entfernt, ihrem tibetischen Namen (Götter-Stadt) gerecht zu werden. Thomas Manning hatte von der Stadt einen ausgesprochen negativen Eindruck. Er fand dort nichts Erfreuliches, nichts Bemerkenswertes, die Behausungen empfand er als schmutzig, die Straßen waren voller lästiger Hunde, stinkend, hungernd, krank … kurz: alles erschien armselig und traurig.[47] Andererseits war er jedoch so tief beeindruckt von seiner Begegnung mit dem damals etwa sieben Jahre alten 9. Dalai Lama, dass er «hätte weinen können über die fremdartige Empfindung.» Ja, nach dem Besuch versuchte Manning gar, den Knaben zu zeichnen.[48]

Die Suche nach dem Ursprung

Die Leute schienen um die Mitte des 19. Jahrhunderts «von weißen Flecken oder Lücken auf der Weltkarte besessen zu sein. Sie wollten eine Welt, in der alles seinen genauen Platz hatte, doch die Realisierung dieses Plans schien durch die vielen immer wieder neuen Entdeckungen bedroht zu sein.»[49] Zu diesem Bemühen, die letzten weißen Flecken kennenzulernen, gehörte auch die Suche nach dem Quellgebiet jedes großen Flusses, so auch des in Tibet entspringenden Sutlej, Brahmaputra, Ganges und Indus. Zudem suchte man intensiv nach dem Ursprung von Rassen und Völkern.

Csoma de Körösi (1784–1842), der als Begründer der europäischen Tibetologie gilt, gelangte auf der Suche nach dem Ursprung der Ungarn und ihrer Sprache etwa 1825 nach Westtibet, und in Lexika wurde die Meinung vertreten, das Menschengeschlecht sei von Tibet ausgegangen[50]. Die Theosophen vermuteten das Herkunftsgebiet der Arier in Zentralasien. Dass gerade Tibet als wichtiges Ursprungsland angesehen wurde, geht jedoch mindestens auf das 18. Jahrhundert zurück.

Bereits Kant meinte in seinen im Wesentlichen vor 1760 abgefassten Geografie-Vorlesungen: «Die Entdeckung von Tybet oder Tueb-eth wäre wichtig. Denn alsodenn hätten wir den Schlüssel zur alten Geschichte des menschlichen Geschlechtes. Es ist das höchste Land, folglich wohl die erste Werkstätte der Natur, die Pflanzschule der Schöpfung, die Wiege des menschlichen Geschlechts … Alles dieses scheint zu beweisen, daß die hohen Flächen des vesten Landes, das Vaterland so vieler Thiere, auch das erste Vaterland des Menschen waren … China, Persien und Indien, bekam seine ersten Einwohner dorthin. Hier oder nirgends müßte man die Stammwurzeln aller Ursprachen Asiens und Europas suchen. Von daher kam die Indische und alle unsere Religion, Gelehrsamkeit, Ackerbau, Ziffern, Schachspiele etc.» Als Hauptgrund (neben der Höhe) gibt Kant an, Wallfahrten würden immer in die Länder erfolgen, aus welchen die betreffende Religion stamme. Da die «Indianer» (Inder) nach Tibet, zu dem Tempel mitten in der Stadt Lhasa, wallfahrten, sei die Herkunft ihrer Religion eindeutig.[51] Kant bezog sich wohl

14

14 Nach Ausbruch der Sintflut sollen, dies die Ansicht einiger europäischer Denker, die Überlebenden auf die hohen Gebirge Asiens, in den Himalaja und nach Tibet geflohen sein, von wo aus sie sich nach Ablauf der Flut nach China, Indien, Phönizien, Chaldäa, Äthiopien, Nordeuropa usw. verbreiteten. Einige Missionare und spätere Reisende ließen sich von der Idee, solche «Urmenschen» lebten noch immer in Tibet, inspirieren und machten sich auf die Suche nach ihnen. Der Mythos, Tibet sei das Stammland alter Menschenrassen, wurde von den Theosophen weitergepflegt und wird heute in einigen neonazistischen Büchern neu belebt.

teilweise auf die *Histoire de l'Astronomie ancienne*, 1775 von Jean S. Bailly[52], der die Ansicht vertrat, nach Ausbruch der Sintflut seien einige Menschen auf die hohen Gebirge Asiens geflohen, von wo aus sie «nach Ablauf derselben nach China, Indien, Phönizien, Chaldäa, Äthiopien, Nordeuropa usw. zerstreut wurden.» Wir werden noch sehen, dass der Mythos, Tibet sei das Stammland bestimmter Wesen, über die Theosophen bis in die Gegenwart überlebt hat und heute in neonazistischer Literatur zum Teil neu belebt wird.

Einsamkeit und Gold

In der Mitte des 19. Jahrhunderts trat Tibet das erste Mal deutlich in das Bewusstsein eines breiteren Publikums, als 1850 der Bericht der beiden Lazaristen-Priester Huc und Gabet in Paris publiziert wurde. Das Buch hatte so großen Erfolg, dass die erste Auflage innerhalb kürzester Zeit verkauft war und sofort in die englische und deutsche Sprache übersetzt wurde.

Im letzten Viertel des 19. Jahrhunderts wurde Tibet in der nicht-missionarischen Literatur mehr und mehr zum über die Leiden und Probleme der Welt herausragenden Berg, der Suchenden eine Insel bedeuten konnte. «Lhasa ... wurde zur Axis mundi, eine Öffnung zum Transzendentalen genau in der Mitte der Welt.»[53] Tibet war ein über den Wolken schwebendes Traumland, in dem, so die Meinung vieler, altes Wissen aufbewahrt wurde. Helena Blavatsky, die Hauptbegründerin der Theosophie, und ihre Nachfolger und Bewunderer hatten dieses Bild Tibets ganz entscheidend geprägt. Sie hatten ihre Erkenntnisse nicht durch eigene Anschauung auf Reisen gewonnen, obschon sie dies immer wieder behaupteten, sondern durch die Lektüre von Reiseberichten, Kompendien und Kommentaren (unter anderen Huc und Gabet, Orazio della Penna, Kircher und wahrscheinlich auch Rousseau, Herder und Kant) und durch angebliche Eingebungen von Mahatmas, in Tibet lebenden Meistern. Die Theosophen näherten sich dem tibetischen Buddhismus dadurch, dass sie ihn mit dem Christentum verglichen, doch erkannten sie auch den ihm innewohnenden eigenen Wert. Dieser wurde aber teilweise in sehr korrumpierter Art weitervermittelt, weil unkritisch beinahe jede Quelle Verwendung fand. Da diese Esoteriker wie Blavatsky, Gurdjieff, Trebitsch-Lincoln und weitere das westliche Tibetbild ganz entscheidend geprägt haben, werden wir nach dieser generellen «Entdeckungsgeschichte» Tibets nochmals auf sie zurückkommen und uns mit ihren Tibetbildern eingehender befassen. Diese besondere Aufmerksamkeit verdienen sie auch, weil zwei Geistesströmungen des 20. Jahrhunderts, die zu Tibet eine besondere Affinität haben, zum Teil auf der Theosophie basieren: der nationalsozialistische Esoterismus einerseits, die New-Age-Bewegung andererseits.

Vor diesem längeren Exkurs in die Theosophie wollen wir die Weiterentwicklung des Tibetbildes außerhalb der theosophischen Strömung weiterverfolgen: Nachdem vor allem Briten begonnen hatten, die Alpen zu erkunden und zu bereisen, lockte nun auch vermehrt die Einsamkeit, Wildheit und die reine Luft des Himalaja und Tibets die Bergsteiger und Abenteurer an. Die Reisenden waren überwältigt: Von den Bergen, von den klimatischen und geografischen Extremen Tibets, von der Zeitlosigkeit.

Der alte Goldmythos erhöhte die Attraktivität Tibets zusätzlich. Bereits Herodot hatte im 5. Jh. v. Chr. vom «Ameisengold» geschrieben, das aus einer sandigen Hochebene im ferneren Nordosten durch Bewohner des nördlichen Industales heruntergebracht werde.

15

15 Der Mythos, in Tibet würden Ameisen Gold abbauen und an die Erdoberfläche bringen, geht auf Herodot (5. Jh. v. Chr.) zurück. Wer auch immer das Gold an die Erdoberfläche brachte: Westtibet, das mit größter Wahrscheinlichkeit mit dem westtibetischen Land Shang-shung identisch ist, galt als reiches «Goldland», an dem Briten, Russen, Händler und Wissenschaftler interessiert waren.

Doch konnte glaubhaft aufgezeigt werden, dass das «Gold, das von Ameisen ergraben wird» eine Fabel darstellt, die durch eine Umdeutung des altindischen Adjektivs «pipîlika», was soviel wie «(Gold) wie Ameisen» bedeutet, zustande kam.[54] Wer auch immer das Gold an die Erdoberfläche brachte: Westtibet, das mit größter Wahrscheinlichkeit mit dem westtibetischen Land Shang-shung identisch ist, galt als reiches «Goldland», an dem Briten, Russen, Händler und Wissenschaftler interessiert waren. So sandten 1867 die Briten den Inder Pandit Nain Singh auf das Dach der Welt, um das größte Goldfeld zu erkunden, und auch die Younghusband-Expedition (1904) hatte den Auftrag, eventuellen Hinweisen auf Goldvorkommen nachzugehen.

Lhasa hatte in der Zwischenzeit mehr und mehr an Attraktivität gewonnen und sich zu einer Art Rom oder Mekka Asiens entwickelt. Die Stadt hatte jedoch einen großen Nachteil: Sie blieb für Briten und andere westliche Reisende fast gänzlich verschlossen, während Bürger benachbarter Staaten sie besuchen durften. Zudem gab es Anzeichen, dass im «Great Game», dem «Großen Spiel», die Russen die Oberhand gewannen: Der Burjate Agwan Dorjeff (Dordjieff), der Kontakte zum Zaren hatte, war engster Vertrauter des 13. Dalai Lama geworden und saß in der legendenumwobenen Stadt Lhasa. Durch die Unzugänglichkeit der Stadt und die aus Norden drohende Gefahr fühlten sich die Briten gezwungen, sie zu erobern. Sie entsandten 1904 die Younghusband-Expedition nach Tibet, die bis Lhasa vordrang. Dass sich die Briten sofort nach ihrem Sieg wieder zurückzogen, worauf die tibetische Regierung ihr Land noch mehr gegen außen abschottete, verstärkte den Reiz der Stadt. Die Beziehung zu Tibet und vor allem Lhasa hatte nach Bishop etwas Erotisches an sich[55]: Lhasa war eine Art jungfräuliche Stadt, und derjenige, der sie erblicken konnte, auch wenn dies nur für kurze Zeit und gleichsam wie durch ein Schlüsselloch war, hatte das Gefühl, eine Eroberung gemacht zu haben und war zutiefst befriedigt.

Das Bild Tibets in der missionarischen Literatur des ausgehenden 19. und beginnenden 20. Jahrhunderts war naheliegenderweise skeptischer und betonte oft die fremdartigen, seltsamen, exzentrischen Aspekte des tibetischen Lebens. Die Missionare mussten aus ideologischen Gründen der tibetischen Religion gegenüber kritisch sein, doch hatte die kritische Haltung, wie wir bereits bei Desideri gesehen haben, auch einen Vorteil. Es kamen dadurch auch Aspekte der tibetischen Kultur zur Darstellung, die sonst ignoriert worden wären oder die andere Autoren verklärend schwärmerisch beschrieben. Wie die ersten Missionare lebten auch diese späteren Missionare lange, manchmal Jahrzehnte, mit der einheimischen Bevölkerung, und manch ein Missionar erlebte dabei, was «going native» bedeutet.[56]

Verbotenes Mysterien-Land: Gegenwelt zum Westen

In den letzten fünfzig Jahren seiner Unabhängigkeit, vor allem nach 1920, wurde Tibet, das trotz seiner Abkapselungsversuche bedeutend mehr Menschen als je zuvor besuchten, das geistige Rückzugsgebiet für viele Zivilisationsmüde, für Kritiker des Materialismus und solche, die nach den beiden Weltkriegen das Vertrauen in die westliche Zivilisation verloren hatten. Eine markante Veränderung der Wahrnehmung Tibets fand statt. Tibet war nun das ganz Andere, «das spirituellste und inspirierendste Land auf diesem Globus», «vielleicht das einzige Licht, das die Menschheit aus den dunklen Zeiten unserer modernen Welt führen kann», «ein verbotenes Mysterien-Land, der einzige Ort auf dieser Erde, wo Weisheit und Glück wirklich zu existieren schienen.»[57] Tibet wurde «zum Symbol alles dessen, was der heutigen Menschheit verlorengegangen ist und was ihr auf immer zu entschwinden droht […]: die Sicherheit und Stabilität einer Tradition, die ihre Wurzeln nicht nur in einer historischen oder kulturellen Vergangenheit hat, sondern im innersten Wesen des Menschen», wie Lama Anagarika Govinda (alias Ernst Lothar Hoffmann) schrieb.[58] Was in Tibet vor sich ging, war symbolisch für das Schicksal der ganzen Welt: Dort spielte sich ein Kampf zwischen zwei Welten ab, ein «Kampf zwischen Mensch und Maschine, geistiger Freiheit und materieller Macht, der Weisheit des Herzens und dem intellektuellen Wissen des Hirns, zwischen der Würde des menschlichen Individuums und dem Herdeninstinkt der Masse, zwischen dem Glauben an die höhere Bestimmung des Menschen durch innere Entwicklung und dem Glauben an materiellen Wohlstand und eine sich immer weiter steigernde Produktionsfähigkeit weltlicher Güter.»[59] Bereits zuvor, 1933, hatte der Romanautor James Hilton, ohne je selbst in Tibet gewesen zu sein, dieses Sehnen nach Frieden und Spiritualität geschickt aufgenommen und ihm ein Zuhause gegeben: Shangri-La. Auch hatte er das Bedürfnis seiner westlichen Leserschaft nach einem geistigen alten Führer subtil herausgespürt und diesem Ideal in der Person von Vater Perrault Gestalt verliehen. Seit der Westen mit Tibet in Kontakt stand, faszinierten diese zuoberst in der Hierarchie sitzenden weisen Männer, die Panchen Rinpoches, die Dalai Lamas oder – zur Zeit der Theosophen – die Meister/Mahatmas oder andere erfundene Weise. James Hilton nahm das Sehnen nach einem weisen Guru auf geschickte Weise in seiner Romankreation auf.

Wie nie zuvor wurde Tibet als positive Gegenwelt zum Westen empfunden, als Land mit spirituellen, moralischen und friedliebenden Menschen, in dem sich die westliche Technik und die damit verbundene industrielle Revolution noch nicht verbreiten konnten – und das war, nach Ansicht vieler, gut so. Tibet hatte sich nie dem Westen geöffnet wie beispielsweise China oder Japan. Im Gegenteil: Es hatte sich erfolgreich gegen jeglichen Einfluss von außen gewehrt. So musste beispielsweise die 1923 vom 13. Dalai Lama eröffnete englische Schule in Gyantse 1924 wieder geschlossen werden, ein Schicksal, das auch die zweite englische Schule Tibets, die im Oktober 1944 eröffnet wurde, teilte. Diesen Ort hieß es zu bewahren, einen Ort, der eigentlich ein Nicht-Ort (ou topos) war, da in ihm offenbar ganz andere Zeit- und Raum-Gesetze galten. Utopia war gefunden und musste gerettet werden – und damit auch seine Bewohner. Sieht man von den wenigen negativen Schilderungen der in Tibet anzutreffenden Räuber ab (interessanterweise werden diese meistens mit den aus Osttibet stammenden Kham-pas gleichgesetzt), haben sich die Tibeter in der Reiseliteratur des 20. Jahrhunderts zu Übermenschen entwickelt. Sie sind eines der fröhlichsten und glücklichsten Völker dieser Erde, lachend, immer höflich, immer aufrichtig. Kaum ein Wort wird über die unmenschlichen Strafen verloren, über die Rivalitäten zwischen den einzelnen religiösen Schulen, die Auswüchse des theokratischen Systems, die sozialen Ungerechtigkeiten, die geringe Bildung der meisten Tibeter, die exorzistischen Riten, die oftmals sehr weltlichen Zielen dienten. Kurz: «Man erzeugte ein Bild, wie es zu erwarten gewesen wäre, wenn die Tibeter eine moderne amerikanische Marketingagentur engagiert hätten!», meint Alex C. McKay in seiner Analyse über die britische Konstruktion eines Bildes von Tibet.

Dieses ausgesprochen positive Bild wurde nachhaltig durch eine kleine Gruppe von etwa zwanzig Angehörigen der britischen Offiziersklasse geprägt, die zwischen 1904 und 1949 in Sikkim und Tibet stationiert waren, alle von ähnlicher familiärer Herkunft, Erziehung und Ausbildung. Sie waren der Kolonialregierung Indiens gegenüber loyal, die aus politischen Gründen ein positives Tibetbild vermitteln wollte: Die Briten waren an einem starken, fortschrittlichen Bündnispartner interessiert und an der Entwicklung eines tibetischen Nationalbewusstseins, was den Ansichten der tibetischen Regierung voll entsprach. Ein solches Tibet durfte keine Schwächen haben. Auch wenn einzelne britische Beamte von Tibet nicht besonders angetan waren, offiziell drang ihre negative Einschätzung nicht an die Öffentlichkeit.[60] Zur Aufrechterhaltung des positiven Tibetbildes griff man sogar zu Zensurmaßnahmen, nachdem William McGovern in den 20er Jahren Unvorteilhaftes über Tibet publiziert hatte. Ausländische Tibetreisende mussten schriftlich bestätigen, dass sie ihre geplanten Publikationen der indischen Regierung zur Zensur vorlegen würden[61], eine Zensur, der sich auch die britischen Beamten unterziehen mussten. Hauptverantwortlich für die positive Imagekonstruktion war Sir Charles Bell, der von 1908 bis 1921 politischer Offizier in Sikkim war und den 13. Dalai Lama dabei unterstützte, sein Territorium in einen unabhängigen Staat zu verwandeln.

Die ambivalente Einschätzung Tibets machte somit im 20. Jahrhundert endgültig einem euphorischen Interesse für die tibetische Religiosität bzw. für bestimmte ihrer Aspekte Platz, sieht man von einigen – vor allem deutschsprachigen – Autoren in den 20er und 30er Jahren ab. Neben dem bereits sehr früh feststellbaren Interesse für die an der Spitze der tibetischen Hierarchie sitzenden inkarnierten Mönche (vor allem für die Panchen Rinpoches und die Dalai Lamas) zeigte sich dies in der intensiven Beschäftigung mit der tibetischen Nachtod-Vorstellung. 1927 erschien unter dem Titel *The Tibetan Book of the Dead* (*Das Tibetanische Totenbuch*) die erste Übersetzung des Bardo Thödol, der viele weitere folgen sollten.

Dieses mystische Bild kam dem britischen Kader sehr gelegen, verstärkte es doch die positive Wahrnehmung und die Absicht, die Eigenständigkeit Tibets zu betonen. «Der Mystizismus trug», so McKay, «zu einer positiven Wahrnehmung Tibets und seiner einzigartigen Kultur bei, und die Kaderoffiziere unterstützten in ihren eigenen Werken implizit auch dieses Image ... Da es keine akzeptable Alternative gab, wurde das von ihnen konstruierte Tibetbild zu dem auch von westlichen Gelehrten mitgetragenen, dominanten historischen Bild.»[62] Dieses Bild wurde für lange Zeit von den Wissenschaftlern gepflegt, und erst in den letzten Jahren beschäftigen sich Tibetologen und Ethnologen auch mit anderen Aspekten tibetischer Kultur als nur solchen, die der tibetischen «Hochreligion» – wie Meditation, Visualisation, Ethik und Philosophie – zuzurechnen sind.

Obschon wir mit dieser Übersicht bereits im 20. Jahrhundert angelangt sind, wollen wir im folgenden Teil nochmals etwa achtzig Jahre zurückblenden und uns der Theosophie und ihren Tibetbildern zuwenden. Denn vieles, was über die Rezeption Tibets im 20. Jahrhundert gesagt wurde, ist erst verständlich, wenn die theosophischen Quellen bekannt sind.

16

16 In der ersten Hälfte des 20. Jahrhunderts wurde durch eine kleine Gruppe von etwa zwanzig Angehörigen der britischen Offiziersklasse, die zwischen 1904 und 1949 in Sikkim und Tibet stationiert waren, ein ausgesprochen positives Tibetbild geprägt. Die Briten waren an einem starken, fortschrittlichen Bündnispartner und an der Entwicklung eines tibetischen Nationalbewusstseins interessiert, was auch den Absichten der tibetischen Regierung voll entsprach. Hauptverantwortlich für die positive Imagekonstruktion war Sir Charles Bell (links), der von 1908 bis 1921 politischer Offizier in Sikkim war und den 13. Dalai Lama (rechts) dabei unterstützte, sein Territorium in einen unabhängigen Staat zu verwandeln.

2. Teil

Auf der Suche nach «Shambha-La» und den arischen Lamas

Die Tibetbilder der Theosophen, Okkultisten, Nazis und Neonazis

Eine arische Bruderschaft

«Durch Jahrhunderte haben wir in Tibet ein moralisches, einfaches Volk mit reinem Herzen gehabt, nicht mit Zivilisation gesegnet und daher – unverdorben von ihren Lastern. Durch Zeitalter hindurch ist Tibet der letzte Winkel des Erdballs gewesen, der nicht so gänzlich verdorben war, dass dies eine Verbindung der beiden Atmosphären – der physischen und der spirituellen – ausschloss ...».[1]

Diese Zeilen werden Koot Hoomi zugeschrieben, von dem gesagt wird, er habe in Tibet einer geheimen Bruderschaft angehört. Er wie die weiteren in Tibet vermuteten «Brüder» sind aufs Engste mit Helena Petrovna Blavatsky (1831–1891), der Begründerin der Theosophie, verbunden. Die erste Begegnung von HPB (im folgenden verwenden wir häufig diese Abkürzung für Helena Petrovna Blavatsky) mit ihrem «Meister» geht auf das Jahr 1851 zurück, doch wie so oft in der Biografie Blavatskys existieren mehrere, sich zum Teil widersprechende Schilderungen jener ersten Begegnung. Ihr Meister, Morya genannt, war Mitglied einer indischen oder nepalischen Delegation, welche sich für einige Zeit in London aufhielt. Als sie ihn, «einen groß gewachsenen Hindu», in London – nach einer anderen Version ins Ramsgate – traf, erkannte sie in ihm unmittelbar jene Person, welche ihr zuvor oft «im Astral», das heißt in ihrer astralen, nicht-körperlichen Form erschienen war. Am nächsten Tag traf sie ihn nochmals im Hyde Park. Dabei soll er ihr eröffnet haben, er sei zusammen mit indischen Prinzen für eine wichtige Mission nach London gekommen und er wünsche, sie persönlich zu treffen, da er ihre Zusammenarbeit für eine Arbeit, die er in Angriff nehmen wolle, benötige. Bei diesem Treffen sagte er ihr, wie die Theosophische Gesellschaft gebildet werden solle und dass er es wünsche, HPB würde die Gesellschaft gründen. Morya forderte sie auch auf, nach Tibet zu reisen und dort drei Jahre lang zu leben, um sich auf ihre wichtige Aufgabe vorzubereiten.

1856 reiste Helena Petrovna Blavatsky nach Indien, weil sie sich nach dem Meister sehnte, den sie in Tibet vermutete. Sie setzte alles daran, die tibetische Grenze zu überqueren – offenbar zuerst von Darjeeling aus, danach auch von Nordwestindien her via Leh (Ladakh). Die Versuche missglückten – auch wenn von einigen Theosophen behauptet wird, Blavatsky sei nach Leh und allenfalls sogar in die Mongolei gelangt.

1868 versuchte HPB, nachdem ihr in Florenz der Meister Morya erneut erschienen war, ein weiteres Mal nach Tibet zu gelangen, und nach Auffassung ihrer Anhänger waren ihre Bemühungen dabei eindeutig von Erfolg gekrönt, denn sie soll vom Herbst 1868 bis Ende 1870 in der Nähe des Klosters Tashi Lhünpo in Südtibet gelebt haben. Dort habe Blavatsky Aufnahme bei ihrem Meister Morya und einem seiner Freunde, Koot Hoomi, gefunden. Nach Blavatsky waren beide keine Tibeter, sondern Inder, die Europa kannten und Englisch sprachen, Koot Hoomi sogar Französisch. Morya war ein gebürtiger Rajput, «einer der alten Kriegerkaste der indischen Wüste, das feinste und schönste Volk der Welt. Er war ein Riese, sechs Fuß groß, prächtig gebaut; ein herrliches Vorbild männlicher Schönheit.»[2] Koot Hoomi, ein kaschmirischer Brahmane, der in

17

17 Meister Koot Hoomi Lal Singh, über den gesagt wird, er sei in einer früheren Inkarnation Pythagoras gewesen und habe zu Lebzeiten von Helena Blavatsky in Shigatse gewohnt. Auf ihn sollen viele der geheimnisvollen Briefe zurückgehen, die Helena Blavatsky und andere Theosophen auf wundersame Weise erhielten.

18

18 Meister Morya – angeblich ein Rajput-Prinz und in einer früheren Inkarnation Akbar (Großmogul von Indien im 16. Jahrhundert) – soll in Shigatse gewohnt haben. Nach eigenen Angaben traf Helena Blavatsky ihren Meister zum ersten Mal 1851. Er war Mitglied einer indischen oder nepalischen Delegation, welche sich für einige Zeit in London aufhielt. Als sie ihn, «einen großgewachsenen Hindu», sah, erkannte sie in ihm unmittelbar jene Person, welche ihr zuvor oft «im Astral», das heißt in ihrer astralen, nicht-körperlichen Form erschienen war. Morya eröffnete ihr, sie solle die Theosophische Gesellschaft gründen, und forderte sie auf, nach Tibet zu reisen, um sich auf die wichtigen Aufgaben vorzubereiten.

Leipzig studiert hatte, empfing in seinem Haus tibetische Schüler, «welche die gelbe Mütze der Gelugpas trugen». Der fortgeschrittenste Schüler war Djwal Khool, der später, zur Zeit von Alice Bailey, als «Der Tibeter» Bekanntheit erlangte.

HPB galt als Auserwählte, welche das Geheimwissen der jenseits des Himalaja in Tibet lebenden Weisen nach Europa und die USA tragen sollte, «um schrittweise den Weg für andere vorzubereiten». In einem Koot Hoomi zugeschriebenen Brief steht: «Blavatskys Verfassung ist eng mit ihrem okkulten Training in Tibet verknüpft und ist die Folge des Umstandes, dass sie allein in die Welt hinausgesandt wurde, um schrittweise den Weg für andere vorzubereiten. Nach nahezu einem Jahrhundert erfolgloser Suche behalfen sich unsere Oberen der einzigen Möglichkeit, einen europäischen Körper auf europäischen Boden auszusenden, um als verbindendes Glied zwischen jenem Land und unserem eigenen (Tibet) zu dienen.»[3] Mit anderen Worten: Die in Tibet lebenden Meister, «die Bewahrer des alten Wissens», hatten die besonderen Fähigkeiten von HPB erkannt und wollten sie als Vermittlerin zwischen Tibet und Europa einsetzen, gleich wie sie es zuvor bereits mit einigen auserwählten westlichen Menschen getan hatten wie Robert Fludd (Rosenkreuzer, geistiger Vater der Freimaurerei, 1574–1637), Thomas Vaughan (Arzt und Alchemist, 1622–1666), Paracelsus (1493–1541), Pico della Mirandola (ital. Humanist und Philosoph, 1463–1494) und Graf Saint Germain (Okkultist und Alchemist, 1685–1784). Sie, wie die anderen Auserwählten, waren sogenannte «Chelas», die sich bereit erklärt hatten, die «verborgenen Geheimnisse der Natur und die im Menschen ruhenden Kräfte» praktisch kennenzulernen. Ein Chela benötigte dafür einen Guru, einen «Adepten der okkulten Wissenschaft, … von tiefgründigem exoterischem und esoterischem Wissen, besonders letzterem»[4], dem er völlig ergeben sein musste. Diese «Meister» oder «Mahatmas» sind nach Auffassung der Theosophen keine Götter, sondern lediglich Bindeglieder zu der göttlichen Ebene. Zuoberst in diesem streng hierarchischen System thront «Der Herr der Welt», der in Shamballa in der Wüste Gobi lebt. Unter ihm stehen seine Helfer wie Buddha, Manu und Maitreya, die je einen Meister als Assistenten haben. Diese Meister sind einfache heilige Sterbliche «nichtsdestotrotz moralisch, intellektuell und spirituell höher als alle anderen auf dieser Welt. Wie heilig und entwickelt sie auch immer sind … es sind noch immer Menschen, Mitglieder einer Bruderschaft, die auf vorbuddhistische Zeiten zurückgeht …», das heißt Asketen, welche «die gute Lehre sogar vor den Tagen des (Buddha) Sakya-Muni» hatten und auf der anderen Seite des Himalaja [Tibet] seit unvordenklichen Zeiten lebten. Diese hatten es in prähistorischen Zeiten vorgezogen, in ihren unerreichbaren und unbekannten Schlupfwinkeln zu bleiben und nicht wie andere der ihren nach Süden, d. h. nach Indien zu ziehen. Die in Tibet lebenden Adepten stehen mit denjenigen in Ägypten, Syrien und Europa in Verbindung.[5] und sind «Wesen, die über Kräfte verfügen, die weit über das menschliche Maß hinausgehen, und für die Zeit und Raum nur eine geringe Rolle spielen».[6] Auch sollen die Meister die Fähigkeit haben, sich selbst zu materialisieren, d. h. für kurze oder längere Zeit an weit entfernten Orten sich zu einem zeitweiligen Körper zu «verdichten» und danach wieder zu verflüchtigen. Bei den Meistern scheint es sich ausschließlich um Männer zu handeln, obschon der HPB sehr nahe stehende Colonel Olcott einmal einräumte, es gebe auch Frauen mit außergewöhnlichen Kräften in Tibet – er habe sogar mit ihnen kommuniziert –, doch könne er nicht sagen, ob es sich um Mahatmas handle.[7]

Die (fiktiven) Tibet-Reisen der Helena Blavatsky

Obschon die Theosophen immer wieder versucht haben, Beweise für einen längeren Aufenthalt von HPB in Tibet zu liefern – alles zusammengerechnet soll sich HPB während sieben Jahren in Tibet aufgehalten haben –, steht außer Zweifel, dass sie nie in der Nähe von Tashi Lhünpo lebte, ja wahrscheinlich nie den Boden des eigentlichen Tibet betrat. Einiges deutet darauf hin, dass HPB in der Gegend von Darjeeling weilte und dabei auch bis Sikkim gelangte, wo sie mit Tibetern und Bhutanern zusammentraf. Von dort her stammt wohl auch ihre offensichtliche Abneigung gegen die Duk pa[8] sowie die «Shammars», womit sie wohl die Shamar pa meinte, eine Untergruppe der Kagyüd pa. Blavatsky nannte sie die «rotmützigen Brüder des Schattens»[9], Abkömmlinge der Bön-Religion, «eine Religion, die gänzlich auf Geisterbeschwörung, Hexerei und Wahrsagerei beruht».[10] Auch würden sie die besten Denker Europas in den unsinnigsten und verhängnisvollsten aller Aberglauben, den Spiritismus, führen.[11] Den «Dugpa» sagte sie nach, sie seien Hexer und Unheilstifter und würden die Gelugpa (reformierte Schule innerhalb des tibetischen Buddhismus) bekämpfen. Eine ihrer infamen Methoden bestehe darin, an gefährlichen Punkten von Wegen Stücke von altem Stoff hinzulegen, die mit üblem «Magnetismus» der Dugpa durchtränkt seien. Wenn ein Wanderer darauf trete, könne ihm ein ungeheurer psychischer Schock versetzt werden, so dass er seinen festen Halt verliere und den Abgrund hinabstürze.[12]

Es gibt viele Günde anzunehmen, dass HPB nicht «in einem Heuwagen versteckt in das verbotene Land Tibet gelangte», wo sie von den Meistern angeblich Sanskrit lernte und in die okkulten Wissenschaften eingeweiht wurde. Da ist einmal die Tatsache, dass keine der recht zahlreichen Personen, die Tibet bereisten, von den indischen Meistern in der Gegend von Tashi Lhünpo gehört oder sie gar gesehen hat. Ferner sind Blavatskys Beschreibungen von Tibet äußerst rar und oberflächlich, und – dies das wichtigste Argument – die von den Meistern und HPB als tibetisch ausgegebenen Belehrungen erinnern im besten Fall an tibetische Weisheiten, meistens handelt es sich dabei jedoch um grobe Entstellungen oder «Lehren», die mit dem tibetischen Buddhismus gar nichts gemein haben. HPB, die von sich selbst behauptete, sie sei eine «thibetanische Buddhistin»[13], ging mit authentischem altem Wissen unzimperlich um, wenn es ihr nicht passte: In Blavatskys Zahlentheorie hat die Sieben eine ganz besondere Bedeutung. Im tibetischen Buddhismus jedoch finden sich häufig Fünfer-Gruppen. Kein Problem für HPB: Im Fall der fünf Dhyani-Buddhas (eigentlich Tathagatas) behauptete HPB, im esoterischen Buddhismus gebe es sieben derselben. Da sie aber die Existenz von fünf Tathagatas nicht leugnen konnte, erklärte sie, diese Gruppierung gehöre lediglich in den «exoterischen» (das heißt äußeren oder gewöhnlichen) Buddhismus.[14] Ähnlich ging sie mit der buddhistischen Theorie der fünf menschlichen «Komponenten» (Haufen, Skr. Skandha) um: Für sie setzt sich der Mensch aus sieben Bestandteilen/Prinzipien[15] zusammen, einer vergänglichen Vierheit und

19

19 Helena Petrovna Blavatsky (1831–1891), Mitbegründerin der Theosophie, bezeichnete sich selbst als «thibetanische Buddhistin», die bereits als Kind mit dem «Lamaismus der tibetischen Buddhisten» ganz vertraut gewesen sei. Sie galt als Auserwählte, welche das Geheimwissen von jenseits des Himalaja in Tibet lebenden Weisen nach Europa und die USA tragen sollte. Von ihren Verehrerinnen und Verehrern wurde sie «die weiße Yogini des Westens», «ein Bote des Lichts» oder «die außergewöhnlichste Frau unseres Jahrhunderts» genannt.

einer unvergänglichen Triade, eine Theorie, die sie wahrscheinlich den mittelalterlichen Geheimlehren des Agrippa von Nettesheim und des Paracelsus entnommen hatte.[16] Zum Beweis, dass auch die tibetischen Buddhisten diese Theorie vertreten würden, lieferte sie die tibetischen und Sanskrit-Namen der sieben Bestandteile gleich mit, handelte sich damit aber die Kritik von Indologen ein, die auf Unstimmigkeiten und Fehler hinwiesen.[17]

Erhebliche Schwierigkeit bereitet auch die Deutung der Namen der Meister, die weder einen tibetischen noch einen anderen buddhistischen Ursprung vermuten lassen. Morya könnte allenfalls mit (Chandragupta) Maurya in Beziehung gebracht werden, wie dies HBP zu suggerieren scheint, einem Herrscher, der zwar nicht Buddhist, sondern Jaina war. Doch weshalb sollte Morya, von dem Blavatsky sagte, er sei ein Rajput und Sikh, einen Jain-Namen haben?

Auch das Tal, in dem die Meister/Brüder angeblich lebten, ist eher in China als in Tibet zu finden. Es existiert nämlich ein Bild davon, das Djwal Khool gemalt haben soll. Der Malstil und die Architektur erinnern an China, die bogenförmigen Tore auf der linken Seite des Bildes sind äußerst atypisch für Tibet und auch die Vegetation – vor allem der palmenartige Baum in der rechten unteren Ecke – passt keineswegs zu Tibet. Es fehlen die für tibetische Behausungen typischen Gebetsfahnen (auf dem Dach des linken Hauses ist zwar eine einzelne Fahne erkennbar, die aber nichts mit einer tibetischen Gebetsfahne gemein hat) und nirgendwo ist ein Stupa (typischer buddhistischer Kultbau) oder ein anderes buddhistisches Merkmal, zum Beispiel ein von zwei Rehen flankiertes Rad der Lehre oder eine Mani-Mauer, zu sehen, wie es in einer tibetisch-buddhistischen Gegend zu erwarten wäre.

Man mag ein gewisses Verständnis dafür haben, dass die Meister nicht tibetische Namen hatten, handelte es sich doch – nach HPB – um in Tibet lebende Inder. Doch wie stand es mit den von den Weisen vermittelten Lehren? Analysiert man die den Meistern zugeschriebenen Briefe sowie diejenigen Schriften von HPB, in denen sie sich auf Tibet bezieht, ist die Ausbeute äußerst dürftig. Es findet sich kaum ein korrekt interpretierter tibetischer Begriff, und es werden nur wenige wesentliche Inhalte des tibetischen Buddhismus dargelegt. Zu den ab und zu erwähnten angeblich tibetischen Begriffen gehören vor allem «Chohan Lama», der Vorgesetzte von Koot Hoomi, sowie die Bücher *Kiu-te* und *Dzyan*. Weder Chohan noch *Dzyan* sind nachweislich tibetische Wörter. Mit *Kiu-te* meinte HPB sicherlich rGyud-sde, die Tantra-Schriften innerhalb der Schriftensammlung bKa'ʻgyur. Sie hatte den Begriff wohl in einem Text des Kapuziners Orazio della Penna gelesen, in dem Khiute genannte Bücher erwähnt werden. Diese würden, so della Penna, Anweisungen für Magiepraktiken und andere schädliche Dinge geben und stellten den kürzesten, aber unsicheren und rauhen Weg zur Heiligkeit dar. Das Buch *Dzyan*, das in der unbekannten Sprache «Senzar» verfasst sein soll, wurde von HPB auf unterschiedlichste Weise geschrieben (Dan, Jan-na, Dzan, Djan, Dzyn oder Dzen), und ähnlich vage fiel auch die Übersetzung des Buchtitels aus: Mystische Meditation oder okkultes (göttliches) Wissen. Gemäss Blavatsky soll es sich um den ersten Band der «unglaublich antiken Kommentare der sieben geheimen Bücher des *Kiu-te*» handeln, die

20

20 Obschon die Theosophen immer wieder versucht haben, Beweise für einen längeren Aufenthalt von Helena Blavatsky in Tibet zu liefern, steht außer Zweifel, dass sie nie den Boden des eigentlichen Tibet betrat. Darauf deutet auch dieses Bild, das das Tal darstellen soll, in dem HPB die Meister besuchte. Die bogenförmigen Tore auf der linken Seite des Bildes sind äußerst atypisch für Tibet und auch die Vegetation – vor allem der palmenartige Baum in der rechten unteren Ecke – passt keineswegs zu Tibet. Es fehlen die für tibetische Behausungen typischen Gebetsfahnen und nirgendwo ist ein Stupa oder ein anderes buddhistisches Merkmal, zum Beispiel ein von zwei Rehen flankiertes Rad der Lehre oder eine Mani-Mauer, zu sehen, wie es in einer tibetisch-buddhistischen Gegend zu erwarten wäre.

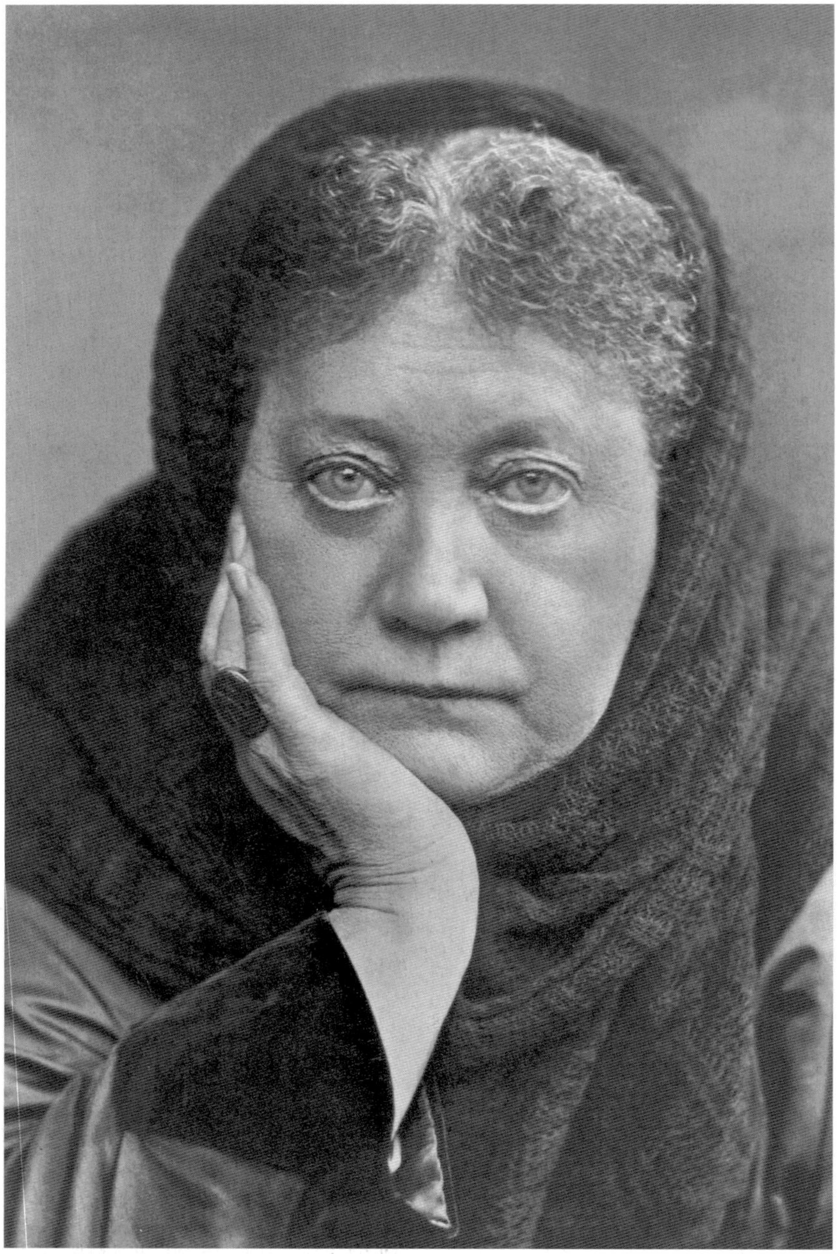

21

21/22 Helena Blavatsky weilte oft in einer eigenen, für Außenstehende rätselhaften Welt und hatte Mühe, zwischen der Wirklichkeit und der eigenen, subjektiven Wahrnehmung zu unterscheiden. Was sie in ihrer Imagination erlebte, interpretierte sie als Wirklichkeit – und damit war der Grund vieler heutiger Tibetklischees gelegt.

archaische Lehren bezüglich Ursprung und Aufbau von Welten und Rassen enthielten. Das Buch, das HPB angeblich in einem unterirdischen Kloster im Himalaja gesehen hatte,[18] gilt als Grundlage für eines ihrer großen Werke, *Die Geheimlehre*, konnte jedoch bis heute weder in noch außerhalb Tibets gefunden und identifiziert werden.[19] Was die geheime Sprache «Senzar» anbelangt, soll diese von allen Adepten auf der ganzen Welt als Mysteriensprache verwendet werden – seit Helena Blavatsky ist sie jedoch weder in Tibet noch anderswo zum Vorschein gekommen.

Den Chohan Lama nennt HPB den «Leiter der Archivare der geheimen Bibliotheken der Dalai und Tashi-Lhunpo Rinpoches, der wie niemand sonst in Tibet in der Wissenschaft des esoterischen und exoterischen Buddhismus sehr beschlagen ist», wahrhaft die tibetische Autorität! Doch dort, wo Klärung vom Chohan Lama erwartet wird, findet eine Mystifizierung und Verneblung statt.

Für Blavatsky war «der Lamaismus der Tartarei, der Mongolei und Tibets der reinste Buddhismus»[20], über den zwar ihre Leser nicht nur wenig Konkretes, dafür aber viel Falsches erfahren. So findet sich in den *Collected Writings* eine völlig unhaltbare Deutung des Wortes «Lama» («Lama bedeute im vulgären Tibetisch Weg oder Straße») oder des Namens «Tibet» («das Land der Weisheits-Gottheit oder der Weisheits-Inkarnationen»).[21] In den *Tibetan Teachings* finden sich mehrere buddhistische Begriffe, wie Ho-pahme (Öpam = Amitâbha), Bodhisattwas, Alaya Vijnâna und Kwan-yin, doch kann man sich nicht des Eindrucks erwehren, diese seien rein assoziativ und konzeptlos aufnotiert worden. Und vor allem geht es in den *Tibetan Teachings* um eine kleinliche Abrechnung mit zwei Autoren: Arthur Lillie (*Buddha and early buddhism*) und Orazio della Penna.[22] Wenn man bedenkt, dass HPB vorgibt, in den *Tibetan Teachings* nicht ihre eigene Meinung kundzutun, sondern diejenige des ehrwürdigen Tibeters Chohan Lama, dann fragt man sich unweigerlich, ob denn dieser höchst gebildete Lama nichts Besseres zu tun hatte, als sich mit in Europa erschienenen Publikationen herumzuschlagen, und wie es kam, dass dieser Lama einer europäischen Sprache mächtig war.

Offensichtlich rechnete HPB auf diese Weise mit Autoren ab, die ihr nicht passten. Das heißt, sie ließ andere – tibetische beziehungsweise indische – Autoritäten sprechen, um Gehalt und Glaubwürdigkeit vorzuspiegeln. Im Grunde genommen handelte es sich um die Gedanken und Worte von HBP. War sich HPB dessen bewusst? War sie, wie immer wieder behauptet wurde, eine Betrügerin? Oder war sie davon überzeugt, dass andere – in diesem Fall der Chohan Lama, einer der Mahatmas – ihre Meinungen kundtaten und dazu als Medium HPB benutzten? Diese Frage ist schwierig zu beantworten, aber einiges deutet darauf hin, dass HPB unter einer Persönlichkeitsspaltung litt, die ihr wohl nicht bewusst war. HPB weilte oft in einer eigenen, für Außenstehende rätselhaften Welt und hatte Mühe, zwischen der Wirklichkeit und der eigenen, subjektiven Wahrnehmung zu unterscheiden, sie hörte Stimmen, fühlte sich als Opfer von Intrigen und Verschwörungen, kurz: hatte Symptome, welche für Schizophrene typisch sind. Diese schizoiden Züge von HPB mag die folgende Stelle verdeutlichen, die aus einem Brief ihrer Schwester Vera stammt: «Frau Blavatsky war sehr krank... Es war eine jener mysteriösen Nervenkrankheiten. Bald nach Beginn jener Krankheit begann sie – wie sie unter wiederholten Malen ihren Freunden berichtete – ‹ein Doppelleben zu führen›, was sie selbst folgendermaßen beschrieb: ‹Jedesmal, wenn ich bei meinem Namen gerufen wurde, öffnete ich meine Augen und war ich selbst, in jeder Einzelheit meine eigene Persönlichkeit. Sobald ich jedoch allein gelassen wurde, fiel ich in meinen gewöhnlichen Halbschlaf-Zustand zurück und wurde jemand anderer... Wenn ich jemand anderer war, das heißt die Person, zu der ich mich gewandelt hatte, hatte ich keine Ahnung, wer H. P. Blavatsky war! Ich war in einem anderen weit entfernten Land, eine von mir völlig verschiedene Individualität und hatte nicht den geringsten Bezug zu meinem wirklichen Leben.›»[23]

An anderer Stelle beschreibt HPB etwas unklar eine «Operation», bei der offenbar die Seele eines Lebewesens von seinem Körper befreit wird. Durchgeführt wurde dieser Eingriff von den «Brüdern» – ebenfalls ein Hinweis auf ihre gespaltene Persönlichkeit: «Sie operierten auch einmal an mir, und ich schlief danach während elf Wochen, wobei ich der Meinung war, ich sei wach. Ich ging herum wie ein Geist... ohne zu verstehen, weshalb mich niemand sah und niemand zu mir sprach. Ich war völlig im Unklaren, dass ich von meinem alten Rumpf befreit war, der damals natürlich ein wenig jünger war. Dies war zu Beginn meiner Studien.»[24] Es könnte sich hierbei um eine Schilderung jener schweren Krankheit handeln, welche HPB in dem Zeitabschnitt ihres Lebens erlitt, über den wir höchst widersprüchliche bzw. sehr ungenaue Angaben besitzen, und in dem sie angeblich in Tibet weilte. Selbst ein ihr günstig gestimmter Autor meint: «Es existiert eine (Wissens) Lücke vom Moment ihrer Heirat (7. Juli 1849) bis zum Tag, als sie nach Amerika gelangte, als sie ihre Arbeit in der Welt begann (7. Juli 1873)»[25] – dies ist ein Zeitraum von über zwanzig Jahren und nota bene der Zeitraum, in dem Blavatsky unter anderem angeblich in Tibet war! Der erste Brief der Meister, ein Brief adressiert an die Tante von HPB, Frau de Fadeyev, sprach von jener schweren Erkrankung und kündigte gleichzeitig an, dass die verschollen geglaubte HPB bald wieder auftauchen werde. Mit anderen Worten: Dank der Meister wurde HPB in Tibet eine neue Person, erlernte das uralte dort aufbewahrte Wissen und brachte es nun in den Westen. Blavatskys Rettung, Blavatskys Heilung, kam (angeblich) aus Tibet.

VON
H. P. B.
ALLEN IHREN SCHÜLERN ZUM SELBSTSTUDIUM UND ZUR WEITERGABE AN DIE SUCHENDEN GEWIDMET

22

Die geheimnisvollen Briefe

Von besonderem Interesse ist die Frage, wie nach Meinung der Theosophen die Briefe der Meister zu den Empfängern gelangten, da die Übermittlungsart Auskunft über die Kräfte und Fähigkeiten gibt, welche die Theosophen den Meistern aus Tibet zuschrieben. Die Antwort der Theosophen ist, wie so oft, nebulös und vielschichtig: Eine Theorie ging davon aus, die Meister ließen die von ihnen geschriebenen Briefe in kleinste Partikel zerfallen, die sich am Empfangsort wieder zum ursprünglichen Schriftstück vereinten. Oftmals sollen auf diese Weise über Nacht Briefe der Weisen von Tibet auf das Pult von HPB gelangt sein, manchmal fielen die Briefe angeblich auch neben den Empfängern auf den Tisch, «sozusagen ‹aus dem Nichts›».[26] Auch ist die Rede von einer «fotografischen Reproduktion aus dem eigenen Kopf»[27] oder davon, dass das Schriftstück vom «Sender» Linie um Linie über die Stirne bewegt wurde, mit angehaltenem Atem und so lange, bis ein Klingelzeichen bekannt gab, dass der Brief am Empfangsort gelesen und aufnotiert worden war. Nach anderer Ansicht musste der Brief in einer «jungfräulichen Flamme», welche nicht durch ein Zündholz, Schwefel oder irgendein Präparat entzündet wurde, sondern durch Reiben mit einem harzigen durchscheinenden kleinen Stein, den keine bloße Hand berühren durfte, verbrannt werden, um an einem anderen Ort wieder materialisiert zu werden. Der Deutungen nicht genug beschrieb HPB 1893 im *Theosophist* die Übertragung der Briefe mit «einer Art psychischer Telegraphie … Auf der psychischen Ebene besteht sozusagen eine elektromagnetische Verbindung zwischen dem Mahatma (Meister) und seinen Chelas (Schüler), von denen einer als sein Gehilfe wirkt. Wenn der Meister wünscht, dass ein Brief auf diese Weise geschrieben wird, weckt er die Aufmerksamkeit des für diese Aufgabe ausgewählten Chelas. Die Gedanken im Geist des Mahatmas werden dann in Worte gekleidet, mental ausgesprochen und entlang der astralen Ströme, die er zu dem Schüler sendet, getrieben, so dass sie auf das Gehirn des letzteren stoßen. Von dort werden sie durch die Nervenströme zu dessen Handflächen und Fingerspitzen getragen, die auf einem Stück magnetisch präpariertem Papier ruhen. Wenn die Gedankenwellen so dem Papier aufgeprägt werden, wird Stoff aus dem Ozean von akasha (der jedes Atom des sinnenhaften Universums durchdringt) durch einen okkulten Vorgang herangezogen …, und es werden bleibende Zeichen hinterlassen.»[28]

Diese Beschreibung «psychischer Telegraphie» führt uns in die frühe Jugend von HPB zurück. Über sechs Jahre lang, vom etwa neunten bis fünfzehnten Lebensjahr, kam jede Nacht der Geist einer Frau T. L., um durch HPB in Anwesenheit ihres Vaters, ihrer Tanten und vieler anderer Leute zu schreiben «in klarer, altmodischer, eigentümlicher Handschrift und Grammatik auf deutsch (eine Sprache, die ich nie schreiben gelernt hatte und nicht einmal gut sprechen konnte) und auf russisch.» T. L. war, wie HPB betonte, nicht eine verstorbene Person, wie anfänglich vermutet wurde, sondern lebte in Norwegen. HPB verstand sich nicht als

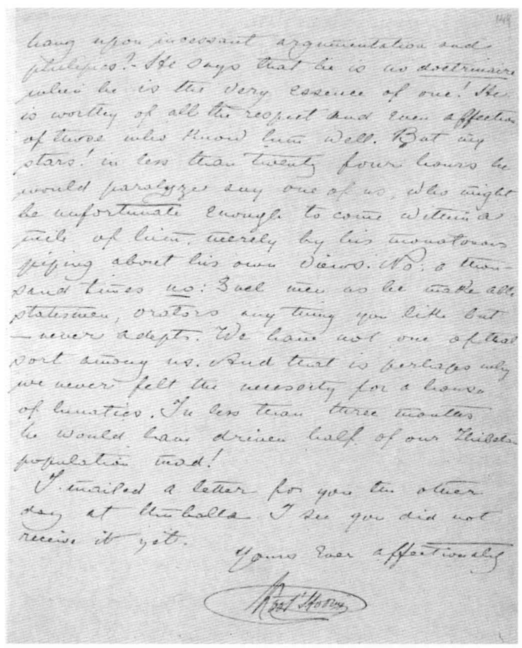
hang upon incessant argumentation and polemics? – He says that he is no doctrinaire when he is the very essence of one! He is worthy of all the respect and even affection of those who know him well. But my stars! in less than twenty four hours he would paralyze any one of us, who might be unfortunate enough to come within a mile of him, merely by his monotonous piping about his own views. No; a thousand times no: Such men as he make able statesmen, orators any thing you like but — never adepts. We have not one of that sort among us. And that is perhaps why we never felt the necessity for a house of lunatics. In less than three months he would have driven half of our Tibetan population mad!

I mailed a letter for you the other day at Umballa I see you did not receive it yet.

Yours ever affectionately

23

23 Helena Blavatsky behauptete, sie stünde mit ihren in Tibet lebenden Meistern in ständigem Kontakt. Sie oder andere Theosophen erhielten – so sagte sie – Briefe von den Meistern, die sie auch Brüder nannte. Doch diese Briefe erreichten ihr Ziel nicht mit normaler Post, sondern auf übernatürliche Weise. Eine Theorie geht davon aus, die Meister hätten ihre Briefe in kleinste Partikel zerfallen lassen, worauf sie sich am Empfangsort wieder zum ursprünglichen Schriftstück vereinten. Andere Briefe sollen vom «Sender» Linie um Linie über die Stirne bewegt worden sein, bis ein Klingelzeichen bekannt gab, dass der Brief am Empfangsort gelesen und aufnotiert worden war. Nach anderer Ansicht wurde der Brief in einer «jungfräulichen Flamme» verbrannt und am Empfangsort wieder materialisiert. Der Deutungen nicht genug beschrieb Helena Blavatsky die Übertragung der Briefe mit einer Art psychischer Telegrafie: Der Meister kleidet seine Gedanken in Worte und sendet sie mental entlang astraler Ströme zum empfangenden Schüler. Von dessen Gehirn werden die Gedanken durch die Nerven zu den Fingerspitzen getragen, die auf einem magnetisch präparierten Papier ruhen, auf das die Gedanken dann aufnotiert werden.

Medium von Totengeistern, sondern von lebenden Menschen. Die Ursprünge des medialen Briefeschreibens der in Tibet wirkenden «Brüder» sind somit in der Jugendzeit von HPB zu finden. Und es ist anzunehmen, dass die meisten Briefe der «Brüder» von HPB selbst geschrieben wurden. Nach Auffassung der Theosophen jedoch handelte es sich um «psychische Telegraphie», um eine okkulte Handlung, welche die (indischen) Weisen in Tibet meisterlich beherrschten.

Folgende Passage aus einem Brief an ihre Schwester Vera zeigt auf, was wohl mit HPB «geschah», wenn sie ihre Briefe, beziehungsweise die Briefe der Mahatmas schrieb: «Jemand kommt, umhüllt mich mit einer dunstigen Wolke und stößt mich plötzlich aus mir selbst heraus, und dann bin ich nicht mehr ‹Ich› – Helena Petrovna Blavatsky – sondern jemand anderes. Jemand Stärkeres und Mächtigeres, in einer gänzlich anderen Weltgegend geboren. Und ich selbst liege wie schlafend da – nicht in meinem eigenen Körper, aber nahe davon, nur durch eine Schnur mit ihm (dem Körper) verbunden.[29] Aber gelegentlich sehe und höre ich alles recht klar: Ich bin mir völlig bewußt, was mein Körper sagt und tut – oder zumindest sein neuer Besitzer. Ich verstehe es und erinnere mich daran so gut, daß ich es danach wiederholen kann und sogar seine Worte niederschreiben kann ...» Wir können vermuten, dass die Mahatma-Briefe das wiedergeben, was HPB in Momenten sah und hörte, in denen sie – wie oben beschrieben – «außer sich», jemand anderes war,[30] und offenbar war jener «Jemand» einer der Meister. Ihrer Tante schrieb HPB nämlich: «Es erscheint Dir sonderlich, daß ein Hindu Sahib ... in mein Haus [Körper] eindringt ... Wenn sein Doppel, oder der wahre Sahib, vorübergehend seinen Träger verläßt, ähnelt sein Körper dem eines ruhigen Idioten. Er befiehlt ihm entweder zu schlafen, oder er wird von seinen Leuten bewacht. Zuerst schien mir, dass er mich aus meinem Körper hinausschob, aber bald schien ich mich daran zu gewöhnen, und jetzt, in den Momenten, in denen er in mir ist, macht es nur den Anschein, daß ich ein doppeltes Leben lebe. Erst jetzt lerne ich, meinen Körper zu verlassen; ich habe Angst, es allein zu tun, aber mit ihm habe ich vor nichts Angst.»[31]

Faszination Tibet

Weshalb fühlte sich Blavatsky von Tibet und Indien so angezogen? Was faszinierte sie so sehr? HPB schrieb, sie sei bereits als Kind mit dem «Lamaismus der tibetischen Buddhisten» ganz vertraut gewesen. «Ich verbrachte Monate und Jahre meiner Kindheit unter den lamaistischen Kalmücken von Astrachan und bei ihrem Oberpriester ... Ich habe mit einem Onkel von mir ... Semipalatinsk und den Ural besucht, an der Grenze der mongolischen Länder, wo der ‹Terachan Lama› residiert, und habe zahlreiche Ausflüge hinter die Grenzen gemacht und wußte alles über Lamas und Tibeter, ehe ich fünfzehn war.» Abgesehen von diesen direkten Kontakten mit «Lamaisten» war HPB zweifellos stark vom Gedankengut der sogenannten Rosenkreuzer beeinflusst, einer geheimen mysteriösen Bruderschaft, deren angeblicher Begründer, Christian Rosenkreutz, eine fiktive Gestalt ist, erfunden wie die tibetischen Brüder der HPB.

Doch wo sollte eine Bruderschaft angesiedelt werden, an deren Existenz man zu zweifeln begann, da man sie nie zu sehen bekam? Sinnvollerweise an einem völlig abgelegenen, nicht zugänglichen Ort. Tibet schien dafür geeignet zu sein, so dass denn auch Heinrich Neuhaus, einer der ursprünglichen rosenkreuzerischen Pamphlet-Schreiber, suggerierte, die Brüder hätten sich in Indien und Tibet niedergelassen[32]. Auch Emanuel Swedenborg (schwedischer Wissenschaftler und Mystiker, 1688–1772) sagte seinen Jüngern, die alte Lehre befinde sich in der Großen Tartarei, wo man sie vielleicht noch finde. Umstritten ist jedoch, ob mit der Großen Tartarei wirklich Tibet gemeint war, oder nicht viel eher die äußere Mongolei.[33]

Diese Theorien muss Blavatsky aufgenommen und erweitert haben. Stark beeinflusst wurde sie sicherlich auch von englischer okkulter Romanliteratur, so vor allem von Edward Bulwer-Lytton (englischer Novellist, 1803–1873), dessen Werk sie gut kannte, und von Eliphas Lévi (Alphonse-Louis Constant, bekannter französischer Okkultist und esoterischer Schriftsteller, 1810–1875). W. E. Coleman konnte nachweisen, dass HPB aus etwa hundert Büchern, die hauptsächlich alte

24 Emanuel Swedenborg (schwedischer Wissenschaftler und Mystiker, 1688–1772). Seine Schriften, in denen er behauptete, die alte Lehre befinde sich in der Großen Tartarei (Tibet?), beeinflussten auch Helena Blavatsky.

und exotische Religionen, Dämonenlehre, Freimaurerei und Spiritismus zum Thema haben, abschrieb.[34]

«Immer auf Suche nach okkulten Phänomenen, hungernd nach ihrem Anblicke»[35] war Blavatsky höchst fasziniert von den Wundern, die man unter anderem auch den Tibetern nachsagte. So vertraute sie beispielsweise der Schilderung von Huc und Gabet (die sie sonst nicht sehr zu mögen schien), im Kloster Kumbum in Nordosttibet stehe ein legendärer Baum, der auf die Jugendjahre des Reformators Tsong kha pa zurückgehe, und der auf jedem seiner Blätter einen tibetischen Buchstaben aufweise, und wies die Kritiker jener Legende scharf zurück – ohne selbst je den Baum oder dessen Blätter gesehen zu haben.[36]

Blavatsky schrieb auch genüsslich vom Wunderkind, einer angeblichen Reinkarnation, das sie «vier Tagesreisen hinter Islamabad», offenbar in Ladakh, getroffen haben soll. Dieses Kind von drei oder vier Monaten, das sich auf einem kleinen Teppich in der Mitte des Fußbodens befand, schnellte plötzlich wuchtig empor und stand auf seinen Füßen «aufrecht und fest wie ein Mann» und sagte die Worte: «Ich bin Buddha; ich bin der alte Lama; ich bin sein Geist in einem neuen Körper.»[37] Sogar ein ewig nörgelnder und zweifelnder Skeptiker, ein Positivist, sei durch dieses Erlebnis eines Besseren belehrt worden …

HPB glaubte, die Fähigkeit, mit dem eigenen «Astralkörper» Luftreisen unternehmen zu können, sei in Tibet besonders entwickelt, sie war überzeugt vom Phänomen der Levitation, der Aufhebung der Schwerkraft und danach folgendem Schweben des Körpers und schrieb von der sprichwörtlichen Langlebigkeit mancher Lamas, die darauf zurückzuführen sei, dass sie eine chemische Verbindung gebrauchten, die «das alte Blut wieder erneuert», wie die Lamas es selbst nennen würden.[38] Wir werden sehen, dass alle diese okkulten Fähigkeiten, die Blavatsky den Tibetern nachsagte, noch heute zum trivialen Tibet-Zerrbild gehören. Sie haben bis in die Gegenwart überlebt und «reinkarnieren» sich, so beispielsweise in Comics, Spielfilmen, Romanen und in der Werbung.

Die auf die Kindheit zurückgehende Vertrautheit Blavatskys mit dem «Lamaismus»[39], die bereits bestehende Theorie einer in Tibet und Indien lebenden Bruderschaft sowie die tibetischen Legenden, die viel Okkultes und Mystisches enthielten, mögen erklären, weshalb HPB sich so sehr für Tibet interessierte und als Ursprungsort der alten Weisheit bezeichnete. Angesichts dieses enormen Interesses an Tibet ist es erstaunlich, dass in Blavatskys Schriften eigentlich nur drei bis vier Tibeter vorkommen: der Chohan Lama und Ten-dup Ughien, Djwal Khool (dessen Nationalität zwar umstritten ist) und – in unnahbarer Ferne – der Panchen Lama, was denn auch Poul Pedersen zu der Feststellung führte, «dass die Tibeter in der weltweiten religiösen und spirituellen Szene, in der die Theosophen wirkten, nicht vorkamen … In den Lehren der Theosophen waren Tibet und die Tibeter vollständig imaginäre Objekte, konstruiert nach unterschiedlichsten Quellen …».[40]

25 Obschon gewisse theosophische Kreise Bilder der Meister ablehnen, da es sich dabei um Interpretationen der betreffenden Künstler handle und keineswegs um naturgetreue Porträts, existieren einige Darstellungen von ihnen. Dieses Porträt zeigt den Tibeter Chohan Lama, den Vorgesetzten des Koot Hoomi und anderer Meister, der hier eher einem indischen als einem tibetischen Geistlichen gleicht.

Alice Bailey und «Der Tibeter»

Nicht nur H. P. Blavatsky berief sich auf Tibet und in Tibet lebende Meister, auch eine ihrer Nachfolgerinnen, Alice A. Bailey (1880–1949), hatte Kontakt zu den Meistern und hatte nach 1919 als ständigen Lebensbegleiter sogar einen angeblich echten «Tibeter».[41]

Das erste Treffen mit einem Meister, damals war es noch der Inder Koot Hoomi, hatte Bailey mit 15 Jahren: «Die Tür öffnete sich und herein kam ein hochgewachsener Mann in europäischer Kleidung … aber mit einem Turban auf dem Kopfe … Im Laufe der Zeit stellte ich in Abständen von sieben Jahren (bis zum 35. Lebensjahr) gewisse Anzeichen dafür fest, daß dieses Wesen mich überwachte und an mir Interesse nahm … Ich fand heraus, daß mein Besucher der Meister K. H. war, der Meister Koot Hoomi, ein Christus sehr nahestehender Meister, ein Weltlehrer …»[42]

Im November 1919 kam sie zum ersten Mal mit ihrem persönlichen Meister in Verbindung. Bailey saß auf einem Hügel, «als ich plötzlich auffuhr und aufhorchte. Mir war, als ob ich eine klare musikalische Note hörte, die vom Himmel her durch den Hügel hindurch und in mir ertönte. Dann hörte ich eine Stimme, die mir sagte: ‹Es ist erwünscht, daß einige Bücher geschrieben und veröffentlicht werden. Sie können sie schreiben. Wollen Sie das tun?›» Bailey lehnte ab. Nach drei Wochen wurde sie wieder angesprochen und ließ sich dazu überreden, es einige Wochen lang zu versuchen. Aus den paar Wochen wurden über 25 Jahre.

Wer ihr persönlicher Meister war, blieb lange Zeit ein gut behütetes Geheimnis, bis Bailey selbst einmal seinen Namen veröffentlichte: Es war Djwal Khool, «der Tibeter», der ehemalige Schüler von Koot Hoomi, der wie sein Lehrer in der Nähe des südtibetischen Klosters Tashi Lhünpo leben sollte.

Bailey verstand sich nicht als Autorin ihrer Bücher, sondern «hielt lediglich die Gedanken fest, die nacheinander in ihr Gehirn hineingesenkt wurden». Akteur war «der Tibeter», Bailey verstand sich als seine Gehilfin und Sekretärin. Da Bailey befürchtete, sie könnte durch diese Tätigkeit Schaden nehmen, wandte sie sich an ihren Meister K. H., der sie jedoch beruhigte: Er selbst sei es gewesen, der Bailey dem Tibeter vorgeschlagen habe. Seit jener Unterredung mit K. H. schrieb Bailey viele Bücher für den Tibeter und entwickelte über die Jahre hinweg eine eigene Technik der – telepathischen – Kommunikation. Die letzte Verantwortung für die Texte lag jedoch – das konnte Bailey nicht genug betonen – beim Tibeter. «Schließlich sind es doch Seine und nicht meine Bücher, und Er ist im Grunde genommen verantwortlich ... ich habe genau das veröffentlicht, was der Tibeter gesagt hat.»[43] Obschon Bailey ihn Tibeter nannte, hatte das, was er ihr angeblich diktierte, wenig Tibetisches an sich. Weder *Die neue Gruppe der Weltdiener* (nach den Worten von Bailey «von epochemachender Bedeutung»), noch *Eine Abhandlung über kosmisches Feuer* («eine weitere umwälzende Tat»), noch *Eine Abhandlung über die sieben Strahlen* («wohl sein hervorragendstes Werk») enthalten tibetische Lehren oder lassen als Autor einen Tibeter erkennen.

Wer war Alice Ann Bailey? «Eine gänzlich unbedeutende Frau, die (gewöhnlich gegen ihren Willen) durch äußere Umstände, durch das energische Drängen ihres Gewissens und durch das Erkennen der Anforderungen ihres Meisters zur Übernahme gewisser Aufgaben gezwungen wurde», meinte einmal Bailey über sich selbst. Bailey war ein Opfer der strengen viktorianischen Zeit, «einem Leben der Disziplin, des Rhythmus und des Gehorsams, mit gelegentlichen Ausbrüchen von Auflehnung und darauffolgender Bestrafung». Sie litt unter dem Dogma, die Welt sei zweigeteilt «in diejenigen, die Christen waren und sich um die Erlösung von Seelen bemühten, und in die anderen, die Heiden waren und sich anbetend vor steinernen Bildern verneigten. Der Buddha war ein steinernes Bild; es war mir damals nie in den Sinn gekommen, daß die Christusstatuen und Bilder ... auf der gleichen Stufe standen. Ich tastete vollkommen im Nebel. Und dann – auf dem Höhepunkt meiner Betrübnis und inmitten meines Dilemmas und meiner Zweifel – kam einer der Meister der Weisheit zu mir.»[44] Bailey hatte Erlösung aus dem «engstirnigen Christentum» gefunden in der Gestalt eines Meisters aus dem fernen Tibet, dem sich später gar ein richtiger Tibeter zugesellen sollte. Ihre Rettung kam aus Tibet.

Das Tibetbild der Theosophen

Die Theosophie und Tibet sind schicksalhaft miteinander verbunden: Wesentliche theosophische Lehren sollen aus Tibet stammen, Blavatsky behauptete, in Tibet das okkulte Wissen einer uralten Weisheitslehre studiert zu haben, sie selbst bezeichnete sich als tibetische Buddhistin, die für die Entwicklung der Theosophie so wesentlichen Mahatma-Briefe stammten aus Tibet (zwar wurden die meisten von Nicht-Tibetern geschrieben), das Buch *Dzyan*, das die Grundlage für *Die Geheimlehre* bildete, war nach HPB ein tibetisches Buch, und auch Nachfolger von HPB beriefen sich immer wieder auf Tibet. Ohne Tibet wäre die Theosophie kaum denkbar. Aber was für ein Tibetbild hatten die Theosophen? Es war ein Tibet «ohne Bettler, arme oder hungernde Leute», in dem «Trunkenheit und Kriminalität unbekannt sind, ebenso Unsittlichkeit», ein Tibet «mit einem moralischen, einfachen Volk mit reinem Herzen», unverdorben von den «Lastern der Zivilisation», ein Land, in dem noch «beide Atmosphären – die physische und die spirituelle» – neben- und miteinander existieren, ein Land, in dem die Leute so ehrlich sind, dass die Ladenbesitzer, wenn sie morgens in ihren unverschlossenen Laden zurückkehren, alle Waren unberührt vorfinden – oder auf dem Ladentisch das Geld für mitgenommene Sachen.[45] Tibet, «das wahre Land des Mysteriums, des Mystizismus und der Abgeschiedenheit»[46], ein okkultes, geheimnisumwittertes, eines, in dem die Menschen der ursprünglichen alten Weisheitslehre noch nahe sind, wo «Kräfte und Potenzen wachgerufen werden, die der westlichen Welt unbekannt sind und dort noch schlafen»[47], eine Gegend, «wo die Atmosphäre und der menschliche Magnetismus absolut rein sind und – kein tierisches Blut vergossen wird»[48], kurz: ein imaginäres, verklärtes, utopisches und irreales Tibet, dem HPB wünschte, das Schicksal möge es von den Wohltätigkeiten der Zivilisation und vor allem vor den Missionaren bewahren. Dieses Tibet hatte, wie wir heute wissen, mit dem tatsächlichen Tibet wenig Gemeinsamkeiten.[49]

Die besondere Leistung der Theosophie lag – aus heutiger Sicht – nicht im Vermitteln detaillierten Wissens über Tibet oder andere Länder und religiöse Traditionen, denn «ein solches Gemengsel von unglaublichem Quatsch und geistloser Esoterik» (Bharati) eignete sich nicht dazu. Ihr Wert lag darin, aufzuzeigen, dass es neben dem puritanischen und viktorianischen Lebensplan und dem Christentum ganz andere beachtenswerte Lebens- und Denkweisen gab – nicht nur im alten Griechenland oder Ägypten, sondern auch in Asien, unter anderem im fernen Tibet. Die Theosophie erlaubte es, aus dem engen Korsett des viktorianischen Zeitalters auszubrechen. Sie zeigte Alternativen auf – beispielsweise auf dem Gebiet der Ethik –, welche rund hundert Jahre später von der New-Age-Bewegung wieder aufgenommen und weiterverfolgt wurden. Dann standen plötzlich nicht mehr weit entfernte Meister, die (angeblich) tibetisches Wissen telepathisch in den Westen vermittelten, sondern echte Tibeter vor einem. Es war nun nicht mehr das ausschließliche Privileg einer Helena Petrovna Blavatsky, einem Meister zu begegnen, sondern Hinz und Kunz hatten die Chance, das, was HPB in verstümmelter Art übermittelt hatte, aus authentischem Munde zu erfahren. Die Meister offenbarten sich nun jedem Suchenden.

Die Theosophie zeigte nicht nur Alternativen zum Christentum, sondern war auch «eine Revolte gegen den Positivismus»[50]. Nicht nur das wissenschaftlich Gesicherte sollte gelten, sondern auch solche «Selbstverständlichkeiten» wie die Wiedergeburt und das Karma-Gesetz, ein «Glaube», der auch der New-Age-Bewegung des 20. Jahrhunderts eigen ist, mit der die Theosophie viele Ähnlichkeiten hat.

Eine weitere nicht zu unterschätzende Leistung der Theosophen – vor allem des sozialreformerischen Oberst Olcott – bestand darin, dass sie in Sri Lanka (Ceylon) dem Buddhismus zu neuer Blüte verhalfen und damit den nationalen Identitätsbildungsprozess stärkten. So wurde der Besuch von Olcott und Blavatsky in Ceylon im Jahre 1880 zu einem bedeutenden Ereignis für die Buddhisten Ceylons. Zum ersten Male kamen Angehörige der damals herrschenden Rasse ins Land, die nicht den christlichen Glauben verbreiten, sondern die buddhistische Religion fördern wollten. Die damals erfolgte Gründung der «Buddhist Theosophical Society», die sehr wenig «Theosophisches» an sich hatte und stattdessen für einen neuen Typ Buddhismus eintrat, trug wesentlich zur Eindämmung des Einflusses christlicher Schulen in Ceylon bei.[51]

Generell verstand es die Theosophie, Vorurteile gegenüber Hindus und Buddhisten in Indien und Ceylon abzubauen und aufzuzeigen, dass es neben dem Christentum noch andere religiöse Optionen gab. Oder – in den Worten des Indologen Glasenapp: «Bei aller Kritik an der vielfach chaotischen Phantastik und der seltsamen äußeren Geschichte der Theosophischen Gesellschaft muss ihr andererseits doch zugute gehalten werden, dass sie, ungeachtet der ihr anhaftenden Unvollkommenheiten, erstmalig und mit großem Erfolg indische Gedankengänge und indische Bücher, wie die Bhagavadgîtâ, weiteren Kreisen im Westen nahegebracht hat, die von wissenschaftlich besser fundierten und weniger sensationell aufgemachten Werken und Bestrebungen nie erreicht worden wären.»[52] Und nach Pedersen verstärkten die Theosophen nicht nur das Interesse des Westens an asiatischen Religionen und Philosophien. «Vielleicht noch wichtiger war ihre Einführung westlicher Interpretationen asiatischer Traditionen unter den gebildeten asiatischen Eliten.»[53]

26 Die Leistung der Theosophie lag nicht im Vermitteln detaillierten Wissens über Tibet. Vielmehr zeigten die Theosophen auf, dass es neben dem Christentum ganz andere beachtenswerte Denkweisen gab – vor allem in Asien. So verhalf der sozialreformerische Oberst Olcott in Sri Lanka (Ceylon) dem Buddhismus zu neuer Blüte und stärkte damit den nationalen Identitätsbildungsprozess.

Wurzeln des Rassismus

Blavatsky leistete, wie andere Theosophen auch, rassistischem Gedankengut Vorschub, Zusammenhänge, die bisher kaum untersucht worden sind.[54] Grundlage dieser Rassenlehre war ein Evolutionismus, der sich am Hinduismus und Buddhismus orientierte, wonach sich die Lebewesen von einem niedrigeren Zustand in einen höheren entwickeln (wobei auch temporäre Rückschritte zur Norm gehören) und zwar über ausgesprochen lange Zeiträume hinweg, bis nach Erreichen des höchstentwickelten Zustandes ein Zyklus wieder von vorne beginnt.

In diesem theosophischen Evolutionskonstrukt gehört die Mehrzahl der heute lebenden Menschheit (Chinesen, Malayen, Mongolen, Tibeter, Magyaren, Finnen und Eskimos) der «vierten Wurzelrasse» an.[55] In diesem Zeitalter der vierten Wurzelrasse, in dem die wundersame Kraft «vril» entdeckt wurde, gingen die Inseln Atlantis und Lemuria unter und damit sehr viele Lebewesen. Einige auserwählte Leute entgingen jedoch dieser großen Katastrophe und wurden auf eine schöne Insel im damaligen zentralasiatischen Meer gebracht, die dort lag, wo heute die Wüste Gobi ist, die dem «fabelhaften Shambhala» (Schambhalah) entspricht. Die Insel konnte nicht übers Meer erreicht werden, doch gab es unterirdische, nur den Höchsten bekannte Gänge, die in alle Richtungen führten. Gleichzeitig lebten einige der «verfluchten Rassen, die sich vom Hauptstamme trennten, in den Dickichten und unter der Erde ..., als die goldig-gelbe Rasse ihrerseits ‹schwarz vor Sünde› wurde ... Die Halbgötter der dritten (Rasse) hatten Platz gemacht für die Halbdämonen der vierten Rasse. Die Weiße Insel hatte ihr Antlitz verhüllt. Ihre Kinder lebten jetzt in dem schwarzen Lande ...»[56]

Während dieser «Entartung der Menschheit» wurde in Shambhala der Kern der fünften Wurzelrasse gebildet (vor etwa einer Million Jahren), deren erste Unterrasse die indischen Arier bildeten und deren fünfte, und damit höhere, Unterrasse die Weißen sind.

Im Verlaufe der Degenerierung der fünften Wurzelrasse, die in der Mitte ihres Zyklus einsetzen wird, entsteht die sechste Wurzelrasse, die wieder auf Lemuria und Atlantis leben wird, die gereinigt wiederauferstehen werden.[57] «Denn nach Ablauf des halben Zyklus einer jeden Wurzelrasse erfolgt die rassische Umwälzung. Auf diese Art überschneiden sich die Wurzelrassen – eine bemerkenswerte Tatsache aus der Geschichte der Ethnien oder Rassen.»[58]

Nach dieser Theorie stehen zur Zeit eindeutig die arischen Weißen sowie die indischen Arier am höchsten in der Evolutionshierarchie. Sie sind über den Abkömmlingen der vierten Wurzelrasse, die sich offenbar auch in höhere (Chinesen, Tibeter usw.) und tiefere Sphären (die «schwarz vor Sünde» sind) unterteilt. Diesen von der Theosophie vertretenen Rassismus belegt noch deutlicher die folgende Passage aus einem Brief, den angeblich Koot Hoomi (wahrscheinlich aber Blavatsky) geschrieben hatte: «Ich habe Ihnen schon früher erklärt, dass die (spirituell) höchsten Menschen, die es derzeit auf der Erde gibt ... die arischen Asiaten sind; die höchste Rasse (physischer Intellektualität) ... sind die weißen Eroberer. Die Mehrzahl der Menschen gehört zur ... vierten Wurzelrasse (die oben erwähnten Chinesen und deren Abkömmlinge wie die Malayen, Mongolen, Tibeter und Javaner, etc. etc. etc.) ... und zur dritten Wurzelrasse. Alle diese gefallenen, entarteten Gestalten der Menschheit sind die direkten linearen Nachkommen hochkultivierter Nationen, von denen weder die Namen noch irgendeine Erinnerung überlebt hat ...»[59] Zu diesen «niederen Rassen» zählte HPB unter anderem auch die «Australneger»[60] und die Afrikaner, die sie im Gegensatz zu den hochkultivierten Zivilisierten als Wilde ansah. Ihre Rassentheorie wird dadurch etwas relativiert, dass auch die Afrikaner «die Hauptmasse der zivilisierten Nationen bilden könnten», wenn sie ihre Isolation aufgeben und sich über die Erdoberfläche verstreuen würden.

Die hier skizzierte, von HPB vertretene Lehre der Rassenentwicklung war ein starker Impuls für die Ariosophie, eine Art «germanisierter Theosophie, deren Kern eine dualistische Rassenlehre ist».[61] So verband zum Beispiel Guido von List (1865–1919), beeinflusst durch *Die Geheimlehre* der HPB, völkische Ideologie mit Okkultismus und Theosophie.[62] Auch Jörg Lanz von Liebenfels (1874–1954) beschäftigte sich intensiv mit der theosophischen Rassenlehre, die – so Lanz – einleuchtend aufzeige, dass sich die heroischen Arier fälschlicherweise mit Tieren einließen, wodurch die Urrassen, die Tschandalen, entstanden, «die deshalb so gefährlich sind, weil sie blond-blaues Blut in den Adern haben und daher ein um so gefährlicherer Feind der asischen Rasse wurden.»[63]

Pennick führt uns wieder zum Thema Tibet, wenn er die Gründe nennt, weshalb seiner Meinung nach die theosophischen Schriften viele Samen der Rassenideologie der Nazis enthielten: «Beide, die Theosophen wie auch die Nazis, hatten Beziehungen mit tibetischen esoterischen Schulen, so ist es nicht verwunderlich, dass wir ähnliche Themen in beiden Systemen finden.»[64] Tibet wird somit wieder einmal zum Ursprungsort einer abstrusen, ja in diesem Fall sogar menschenverachtenden Ideologie. Das Perfide besteht darin, dass dieser Mythos in einem Buch verbreitet wird, dessen Autor in der Einleitung von sich behauptet, er gehöre der Zunft der professionellen Historiker an.[65]

Doch zurück zu den Nazis: Wir werden später sehen, dass einige Nazis, angeregt von den Theosophen, dem Ursprung der arischen Rasse in Asien nachspürten – ob wirklich oder nur in der Fantasie der Neonazis bleibe vorläufig dahingestellt –, was uns in das Gestrüpp der Thule-, Atlantis- und Shambhalasagen führen wird.

Wir werden auch der Frage nachgehen, ob nicht auch dem heute so weit verbreiteten positiven Tibetbild eine (letztendlich) rassistische Evolutionstheorie zugrunde liegt, welche die tibetische Kultur den so genannten Hochkulturen und damit einer angeblich hohen menschlichen Entwicklungsstufe zuordnet.

Auch wenn die theosophische Beeinflussung der Wegbereiter des Nationalsozialismus eine Tatsache ist, sollen hier Blavatskys Schriften nicht in ihrer Gesamtheit verurteilt werden. Es sollte lediglich aufgezeigt werden, wie die Theosophie der HPB die nationalsozialistische Esoterik, den völkischen Okkultismus wie auch die Rassentheorie der Nationalsozialisten beeinflusste. Darüber kann auch nicht hinwegtäuschen, dass in späteren Schriften der Theosophie steht, ihr Ziel bestehe darin, eine universelle Bruderschaft der Menschheit zu bilden, ohne Unterscheidung nach Rasse, Glaube, Geschlecht, Gesellschaftsschicht oder Hautfarbe, da diese Formulierung aus dem Jahr 1896 stammt[66], das heißt fünf Jahre nach dem Tod von Blavatsky niedergeschrieben wurde. Sie ist nicht im ursprünglichen Regelkodex aus der Gründerzeit der Theosophischen Gesellschaft im Jahre 1875 enthalten.[67]

Wie bereits erwähnt, ließ sich auch Jörg Lanz von Liebenfels bei seiner sexistisch-rassistischen «Gnosis»[68] nachweislich von Blavatsky beeinflussen. In einem wichtigen Punkt hob sich jedoch Blavatsky von Lanz von Liebenfels ab: Auch Blavatsky träumte von einer neuen Rasse, doch sah sie deren Ursprung nicht in Deutschland und nicht in einem «ario-christlichen Umfeld», sondern in Amerika. «Wann wird dies sein?», fragte sie in *Die Geheimlehre*. «Wer weiß das, außer vielleicht die großen Meister der Weisheit, und diese schweigen über den Gegenstand, so wie die schneebedeckten Gipfel, die über ihnen emporragen.»[69]

Die tibetischen Weisen wissen offenbar auch über dieses Geheimnis mehr als alle anderen.

Helena Petrovna Blavatsky, die von ihren Verehrerinnen und Verehrern «die weiße Yoginî des Westens», «ein Bote des Lichts» oder «die außergewöhnlichste Frau unseres Jahrhunderts» genannt wurde[70], beeinflusste neben nationalsozialistischen Okkultisten auch eine Reihe von ernsthaft an Religion interessierten Persönlichkeiten und prägte deren Tibetbilder mit: Alexandra David-Neel, W. Y. Evans-Wentz, Lama Anagarika Govinda und – insbesondere – Nicholas Roerich. Von ihnen sagte Donald Lopez, sie hätten Tibet mystifiziert, «erstens … indem sie die Wirklichkeit des Landes mit ihren eigenen mystischen Fantasien ausschmückten, und zweitens indem sie mit der Leichtgläubigkeit des Publikums spielten.»[71] Wenn Lopez von einem Spiel mit dem Publikum spricht, suggeriert er, die betreffenden Autoren hätten ihre Leserschaft absichtlich täuschen wollen, eine Einschätzung, die hier nicht geteilt wird. Hingegen gehe ich mit Lopez einig, dass die Autoren (auch) ihre eigenen mystischen Fantasien in ihre Werke einbrachten und – zumindest stellenweise – ein sehr verklärtes Tibetbild zeichneten, was anhand von Nicholas Roerich deutlich aufgezeigt werden kann.

Nicholas Roerich: Das dualistische Tibet

Nicholas Roerich (1874–1947) war Maler, schuf originelle Bühnenausstattungen und schrieb Bücher über Kunst, Kultur und Philosophie. Auch unternahm er in Russland und Zentralasien – unter anderem auch Tibet – ausgedehnte Forschungsreisen. Roerich initiierte einen Pakt zum weltweiten Schutz von Kulturgütern, besonders in Kriegszeiten, der als Grundlage für die «Haager Konvention der UNESCO zum Schutz der kulturellen Güter im Falle bewaffneter Konflikte» (1954) diente. Er wie auch seine Frau Helena hatten großes Interesse an der Theosophie – und ebenso großes an Tibet, wie stellvertretend für andere Äußerungen die folgende Passage aus einem Brief belegt, den Roerich vom indischen Kulu-Tal aus im Jahr 1939 an Boris de Zirkoff, Blavatskys Großneffen, schrieb: «Während ich diese Zeilen an Sie schreibe, ragen vor meinen Augen draußen in der Ferne die schneebedeckten Gipfel und der hohe Paß nach Tibet empor, als stumme Zeugen jener ewigen Wahrheiten, die geistige Erneuerung in sich bergen und damit die Möglichkeit zur höchsten Vervollkommnung des Menschengeschlechts. Die Großen Meister sind stets zu helfen bereit. Doch wie oft wenden sich die Menschen von dieser Hilfe ab.»[72] Roerich vermutete demnach wie Blavatsky, in Tibet seien «ewige Wahrheiten», Geheimlehren, zu finden, welche darauf warten, entdeckt und umgesetzt zu werden. Auch war er von der Existenz in Tibet residierender großer Meister überzeugt, mit denen er in Kontakt stand, und die – indem sie sich Roerichs bedienten – in die Geschicke der Welt eingriffen. Sie wollten angeblich Buddhismus und Kommunismus zu einem neuen System vereinen und auf dieser Grundlage eine große orientalische Föderation bilden, und Roerich sollte ihnen dabei behilflich sein. Hoffnungsträger dieser panasiatischen Vision war der 9. Panchen Lama, welcher – so Roerich – der spirituelle Anführer der Tibeter sei und nach seiner Rückkehr aus der Inneren Mongolei der alleinige Herrscher Tibets werde, das heißt den damaligen 13. Dalai Lama verdrängen werde. Die Antipathie gegen den Dalai Lama hatte handfeste Gründe: Roerich hatte 1927 vergeblich versucht, zusammen mit Frau Helena und Sohn George von Nagchuka aus Lhasa zu erreichen. Er und seine Leute mussten rund fünf Monate unter unsäglich harten Bedingungen in Nagchuka überwintern, um schließlich im März 1928 den Befehl zu erhalten, direkt nach Sikkim zu reisen. Dieser Entscheid war sicherlich erst nach Konsultationen mit den Briten gefällt worden, die gute Beziehungen zum Dalai Lama und seiner Regierung aufgebaut hatten und die den Roerichs gegenüber äußerst skpetisch eingestellt waren.

Die panasiatische Vision Roerichs hatte ihre Wurzeln wohl im Shambhala-Mythos, den er möglicherweise durch Agwan Dorjeff (Dordjieff) (etwa 1850–1938) kennengelernt hatte. Dieser war ein der Theosophie nahestehender burjatisch-mongolischer Vertrauter des 13. Dalai Lama, der auch zum Zaren Niklaus II. Beziehungen hatte. Dorjeff hatte bei einem Besuch beim 9. Panchen Lama eine Kopie eines auf den 3. Panchen Lama zurückgehenden Shambhala-Textes erhalten und war seitdem von der Idee überzeugt, das Zeitalter Shambhalas stehe unmittelbar vor der Tür.[73]

27

27 Blavatsky prägte die Tibetbilder mehrerer ernsthaft an Religion interessierter Persönlichkeiten, so beispielsweise dasjenige eines Nicholas Roerich (Bild), der sich insbesondere vom Shambhala-Mythos angesprochen fühlte. Nicholas Roerich (1874–1947) war Künstler, Schriftsteller und Forschungsreisender. Er vermutete wie Blavatsky, in Tibet seien «ewige Wahrheiten», Geheimlehren, zu finden. Auch war er von der Existenz in Tibet residierender großer Meister überzeugt, die in die Geschicke der Welt eingriffen. Sie wollten angeblich Buddhismus und Kommunismus zu einem neuen System vereinen und auf dieser Grundlage eine große orientalische Föderation bilden, und Roerich sollte ihnen dabei behilflich sein. Hoffnungsträger dieser panasiatischen Vision war der 9. Panchen Lama, welcher – so Roerich – der spirituelle Anführer der Tibeter sei und nach seiner Rückkehr aus der Inneren Mongolei den alleinigen Herrscher Tibets, den damaligen 13. Dalai Lama, verdrängen werde.

Dieser Meinung war offensichtlich auch Roerich. Was er in seinem Buch *Shambhala – Das geheime Weltzentrum im Herzen Asiens* über jenes irgendwo in Zentralsien liegende verborgene Reich berichtet, soll ihm von einem Lama erzählt worden sein. Die Geschichte erinnert jedoch viel eher an ein Märchen, das allenfalls Dorjeffs Handschrift trägt. Nach Roerich wird der König Shambhalas als stets wachsam, alles sehend, alles wissend, hilfreich, unermesslich reich dargestellt, seine Gedanken reichen in ferne Gebiete und seine Leuchtkraft vernichtet alle Dunkelheit.[74] Die Menschen aus Shambhala gehen – und dies steht in krassem Gegensatz zu der traditionellen tibetischen Auffassung – gelegentlich in die Welt hinaus, um dort die irdischen Mitarbeiter Shambhalas zu treffen – in der Regel unerkannt von den «normalen» Menschen. Selbst der König soll manchmal in menschlicher Gestalt erscheinen, vor allem an heiligen Orten wie beispielsweise Klöstern. Die in die Welt reisenden Shambhalaboten und die Lage ihrer «Ashrams» in der Nachbarschaft der tibetischen Stadt Shigatse lassen deutlich die Handschrift von Blavatsky erkennen. Ganz konfus wird es, wenn in Roerichs Geschichte der Lama «die Lehre des großen Feuers (Agni)» mit dem Shambhala-Mythos verknüpft. Ganz in theosophischer Manier wird hier hinduistisches, manichäistisches und tibetisch-buddhistisches Gedankengut miteinander vermengt, nimmt der Lama auf Moses und die Kabbala Bezug, wie wenn tibetische Mönche Universalgelehrte wären. Doch aus diesen Schilderungen zu schließen, Tibet sei für Roerich ausschließlich licht und hell, wäre ein Trugschluss. Für ihn war die Welt dualistisch und polar. «Wie in jedem Land», so Roerich, «gibt es auch in Tibet zweifellos zwei Arten von Bewusstsein: das eine erleuchtet, sich entwickelnd – das andere dunkel, voreingenommen, feindlich dem Licht gegenüber.»[75] Mit Kritik hält Roerich denn auch nicht zurück. Er spricht von niedrigen schamanistischen Sitten, von trägen Pilgern, die sich dank ihrer Gebetstrommeln von jeglichem Energieaufwand befreien. Er kritisiert, dass die Lagerräume des Klosters mit Hammel- und Yakkadavern bis oben hin vollgestapelt sind, die für die Zwecke der Mönche getötet worden sind.[76] Er regt sich über den Schmutz der Mönche und Klöster auf, über angebliche Wundertaten, Betrügereien, Lügen, Verrat, Aberglauben und abscheuliche Handlungen – immer wieder fragend, was denn dies mit Buddhismus zu tun habe. Roerich übersieht, dass das, was er an Tibet so sehr kritisiert, genauso zum tibetischen Leben gehört wie die sogenannten lichten Seiten – Wissen, Wahrheit, Furchtlosigkeit und Barmherzigkeit. Er vertritt, wie so

28

28 *Path to Shambhala,* Gemälde von Nicholas Roerich. Für Roerich war die Welt zweigeteilt in Licht und Dunkel, Erleuchtung und Aberglauben. Inbegriff für die lichte Welt war für ihn Shambhala, das er hinter den hohen Bergen Tibets vermutete. Dort residiere ein stets wachsamer, alles sehender, allwissender, hilfreicher und unermesslich reicher König, dessen Leuchtkraft alle Dunkelheit vernichte.

manche Tibetophilen und Tibetomanen, ein evolutionistisches Weltbild. Er trennt diejenigen, mit denen er «vertrauensvoll und freundschaftlich zusammentreffen und im Frieden des abendlichen Zwielichts in den Bergen über die erhabendsten Themen sprechen kann» von den Gottlosen, Abergläubigen, Schamanen und Bönpos.

An Roerich lässt sich exemplarisch aufzeigen, wie subjektiv der westliche Mensch dem Tibeter immer wieder begegnet: Schon vor der ersten Begegnung mit Tibetern formt er ein Bild des «wahren» und «richtigen» Buddhisten. Wenn es dann zu einer wirklichen Begegnung kommt, wird versucht, den realen mit dem imaginären Tibeter zur Deckung zu bringen. Gelingt dies, ist die betreffende Person erhaben und erleuchtet, im anderen Fall ist sie unwissend und hat an der Evolution nicht teilgenommen. Das eigene Idealbild als Maßstab für den Entwicklungsstand des anderen.

Aus heutiger Sicht wirken viele der überschwänglichen Aussagen von Blavatskys Nachfolgern unglaublich, ja oft sogar belustigend. Ihre theosophisch geprägten Interpretationen sind zum größten Teil überholt, teilweise auch völlig falsch. Tibet war nie das Land Shambhala, als das es von den Theosophen, ihren Nachfolgern und – später auch von Neonazis – ausgegeben wird. In Tibet lebten keine arischen Lamas.

War Jesus in Tibet?

Helena Blavatsky hat noch heute, über hundert Jahre nach ihrem Tod, Nachfolger. So beispielsweise Benjamin Creme, zu dem – so wissen seine Jünger zu berichten – in einer Januarnacht des Jahres 1959, als er aus dem Bad stieg, eine innere Stimme eines im Himalaja lebenden Meisters sprach. Nach einigen Wochen Unterricht in Telepathie wurde Creme vom Meister aller Meister angesprochen, von Maitreya höchstpersönlich, dem Christus und Weltenlehrer, der zu ihm sagte: «Ich selbst werde in etwa zwanzig Jahren kommen, und du wirst dabei vielleicht eine Rolle spielen, falls du dies willst.» Creme stimmte innerlich diesem Vorschlag zu, kümmerte sich jedoch während vieler Jahre nicht mehr um diese Prophezeiung. Unter der Führung seines Meisters setzte sich die Ausbildung von Creme bis in die frühen 70er Jahre fort, als er eines Tages einer skeptischen Welt die Rückkehr von Christus verkündete. Creme war nun für seinen Meister «ein Fenster zur Welt». «Alles was ich sehe und höre», so erklärte Creme, «sieht Er und hört Er. Wenn Er es wünscht, ist ein Blick von mir ein Blick von Ihm … So kann Er (durch mich) heilen und belehren, während Er Selbst, in seinem physikalischen Körper, Tausende von Meilen entfernt bleibt …» Christus begann seine Niederkunft am 7. Juli 1977, nicht vom «Himmel», sondern von der Höhe des Himalaja. Creme dazu: «Die Christen erwarten, dass Christus am Ende der Welt, wenn die ganze Welt auseinanderbricht, auf einer Wolke auf Jerusalem herunterkommt. Sie meinen, er sitzt oben im ‹Himmel›, aber der Christus war dem Himmel in den letzten tausend Jahren nie näher als der Himalaja in einer Höhe von 5400 Metern. Und von dort aus kommt er in die Welt.» Nach einigen Tagen der Akklimatisation in den pakistanischen Ebenen bestieg der Weltlehrer ein Flugzeug, das nach Heathrow flog und ließ sich am 19. Juli 1977 als ganz gewöhnlicher Mensch in der indo-pakistanischen Gemeinde Londons nieder und widmet sich seither – inkognito, das heißt ohne sein wahres Wesen kundzutun – politischen, sozialen und ökologischen Problemen.[77]

Die Meister aus Tibet scheinen anpassungsfähig zu sein (oder bequem?): Bewegten sie sich zur Zeit einer Helena Blavatsky und auch achtzig Jahre später, als Lobsang Rampa wirkte, nur «astral» von einem Ort zum anderen, bedienen sie sich heute jener praktischen Fortbewegungsmittel, welche die von ihnen verschmähte moderne Welt anzubieten hat. Ihre übermenschlichen Kräfte scheinen sie trotzdem nicht verloren zu haben, soll doch, so Creme, der aus dem Himalaja stammende Maitreya-Christus durch seine positiven Energien die «plötzlichen alltäglichen Veränderungen bewirken, vom Fall der Berliner Mauer bis zu den gewaltigen Skandalenthüllungen im Westen» (wobei Creme offen lässt, was er darunter versteht). Zudem widmet er sich sozialen und ökologischen Problemen – gut lobbyiert durch eine internationale Gesellschaft, der «Share International Foundation» in Los Angeles.[78]

29 Gemäß Benjamin Creme lebte Christus (hier eine theosophische Darstellung von ihm) nach seinem Tode nicht im Himmel, sondern im Himalaja, in einer Höhe von 5400 Metern. Nachdem er im Juli 1977 vom Himalaja heruntergekommen war, bestieg er in Pakistan ein Flugzeug, das ihn nach Heathrow flog. Am 19. Juli 1977 ließ er sich als ganz gewöhnlicher Mensch in der indo-pakistanischen Gemeinde Londons nieder und widmet sich seither – inkognito, das heißt ohne sein wahres Wesen kundzutun – politischen, sozialen und ökologischen Problemen.

Wenn Creme Tibet mit Christus in Beziehung bringt, steht er damit keineswegs allein da. Rund hundert Jahre zuvor hatte einer behauptet, Christus sei bereits im Randgebiet Tibets gewesen: Nicolas Notovitch (1858–?), ein Zeitgenosse der Helena Blavatsky. 1894 erschien sein Buch *La vie inconnue de Jesus-Christ*, in dem er darlegte, Christus hätte während etwa 15 Jahren im Orient gelebt.[79] Notovitch hatte 1887 auf seiner Reise nach Indien und Ladakh angeblich gehört, in den Archiven Lhasas lägen sehr alte Dokumente, welche vom Leben Jesu Christi handelten und von denen Kopien in großen tibetischen Klöstern lägen, so auch im Kloster Hemis in Ladakh. Nach einigem Hin und Her, so Notovitch, habe der Höchste von Hemis den tibetischen Text hervorgeholt und ihm die Stellen, die vom Leben Christi handelten, vorgelesen und übersetzen lassen.

Alle hohen religiösen Würdenträger, denen der Russe die Übersetzung vorlegte, der Metropolit von Kiew, zwei Kardinäle und ein bekannter Philosoph, rieten ihm von einer Veröffentlichung dieser angeblich sensationellen «Entdeckung» ab. Doch Notovitch ließ sich nicht abhalten, veröffentlichte seinen Text zuerst in französischer und dann, überarbeitet, in englischer Sprache.

Notovitch behauptet, wohlweislich immer auf den (angeblich getroffenen) Lama aus dem Kloster Hemis Bezug nehmend, die Schriften, in denen das Leben und Wirken von Issa (Jesus) beschrieben seien, wären von Indien und Nepal nach Tibet gelangt. Nach diesen Schriften verließ Jesus Jerusalem mit etwa 14 Jahren und reiste zusammen mit Kaufleuten in das Gebiet des Sindh (Indus), wo er sich unter den Arya niederließ, mit der Absicht, sich in den Gesetzen des großen Buddha zu vervollkommnen. Danach durchquerte Jesus Indien und gelangte in den Himalaja, in das Gebiet des heutigen Nepal, wo er sich dem Studium buddhistischer Schriften widmete. Schließlich zog er als Wanderprediger über Kaschmir nach Westen wieder in Richtung Jerusalem, wo er mit 29 Jahren anlangte.[80] Viele Autoren, so vor allem J. Archibald Douglas und Günter Grönbold, haben in überzeugender Art die «geistigen Bocksprünge» (Grönbold) des Notovitch und seiner Nachfolger aufgezeigt. Douglas besuchte das Hemis-Kloster acht Jahre nach Notovitch und stellte nach minutiösen Befragungen fest, die Unterhaltungen des Herrn Notovitch mit den ladakhischen Mönchen seien lediglich im produktiven Kopf des Herrn Notovitch entstanden und das Ganze sei ein literarischer Betrug.[81] Dennoch war das Buch ein Bestseller. Die französische Ausgabe erreichte innerhalb von zwei Jahren elf Auflagen.[82]

Einige Autoren behaupten gar, Christus sei auch während einiger Jahre in Tibet gewesen, wo er im «Meistertempel» in Lhasa studierte – obschon Lhasa damals noch gar nicht existierte.[83] Der angebliche Aufenthalt Jesu in Tibet wird gerne dadurch zu erhärten versucht, dass auf frappante Übereinstimmungen zwischen Praktiken der frühen Christen und der tibetischen Buddhisten hingewiesen wird, wobei übersehen wird, dass die angeblichen Belege keineswegs in die Zeit des Urchristentums zurückreichen, wie folgende Passage zeigt: «Katholische Gelehrte waren von der außerordentlichen Ähnlichkeit zwischen den Ritualen und Lehren des tibetischen Buddhismus und denen der katholischen Kirche höchst überrascht. Die Kleidung der tibetischen Lamas gleicht nicht nur dem Ornat der katholischen Priester, sondern auch bis ins Detail der in Wandgemälden dargestellten Kleidung der Apostel und der ersten Christen. Der hierarchische Aufbau der tibetischen und der römisch-katholischen Mönchsorden weist große Ähnlichkeit auf; wie die Katholiken sprechen die Buddhisten Fürbitten und Gebete, geben Almosen und Opfergaben, und in beiden Religionen legen die Mönche ein Gelübde der Armut, der Keuschheit und des Gehorsams ab. Buddhisten verwenden geweihtes Wasser und singen bei ihren Andachten, deren Liturgie der der Ostkirche auffallend ähnlich ist …»[84] In der Tat haben, wie bereits dargelegt wurde, frühe christliche Tibetreisende immer wieder auf (äußerliche) Ähnlichkeiten zwischen Katholizismus und tibetischem Buddhismus hingewiesen, doch setzen diese keinesfalls zwingend einen direkten Kontakt von Urchristen und Tibetern voraus und sind noch viel weniger ein Beweis für einen Aufenthalt Jesu auf dem Dach der Welt.

Mit diesen Geschichten sind wir endgültig im Reich der Fiktion, Wunschträume und Hirngespinste angelangt. Im besten Fall können sie einer Gattung der erzählenden Dichtung zugerechnet werden, dem Roman. Wir werden in den folgenden Kapiteln, in denen es um solche Tibet-Romane geht, sehen, wie immer wieder versucht wird, Erdichtetem Authentizität zu verleihen, indem Tatbestände und Fakten geliefert werden, die sich jedoch bei genauerer Prüfung als Halbwahrheiten oder sogar Täuschungen erweisen. In den westlichen Tibetgeschichten sind Dichtung und Wahrheit besonders schwer auseinanderzuhalten.

Was hat Hitler mit Tibet zu tun?

«Es war einmal eine Leichenverbrennung. Sie fand in den Nachmittagsstunden des 30. April 1945 statt. Verbrannt wurden zwei Leichen, von denen die Mär sagt, dass sie zwei prominenten Selbstmördern gehört hätten, die wenig zuvor freiwillig aus dem Leben geschieden wären ... Heute haben wir von den Ereignissen dieses Aprilabends genug Abstand gewonnen und können den Inhalt eines im Jahre 1961 von Indien nach Europa gebrachten Tagebuches unvoreingenommen zur Kenntnis nehmen. Es berichtet, dass die damals verbrannten Leichen anonymen Opfern des Krieges um Berlin gehört hätten. Nicht in Mitteleuropa, sondern im unwirtlichen Tibet seien die damals nur scheinbar Verbrannten verstorben ...».

Dies der Klappentext zum Buch *Mönch-Story* von Albert Wallner. Gleich auf den ersten Seiten der Geschichte wird klar, dass es sich bei dem einen der angeblichen Selbstmörder, welche 1945 gar nicht verstorben waren und verbrannt wurden, sondern Tibet für ihren Lebensabend ausgesucht hatten, um einen prominenten NS-Politiker handelte. Auch wenn im Text – angeblich ein Tagebuch – keine Nachnamen erscheinen, so bleibt «nach Lektüre der ersten Zeilen kein Geheimnis, um wen es sich handelt»: Adolf (Dolph) Hitler und seine Geliebte Eva Braun. Diese hatten sich – so die Story –, als sie die Aussichtslosigkeit ihrer Situation erkannten, einer Einladung erinnert, die einst ein tibetischer «Oberlama» ausgesprochen hatte, als er Deutschland besuchte. Mit Hilfe des sehr erfahrenen Piloten Walter flogen sie von Berlin in Richtung Tibet, wo sie mit Fallschirmen aus dem Flugzeug sprangen ... und Aufnahme im Kloster des Oberlama fanden. Dort lebten sie, verkleidet als Klerikale, «ruhig und zurückgezogen, Mitbürger, die nicht auffallen wollten. Weder im guten, noch im schlechten Sinn.» Als die kommunistischen Chinesen 1951 in Tibet eindrangen, beschlossen Eva und Walter – Dolph war bereits zuvor verstorben – erneut zu fliehen, nach Indien, das sie jedoch nie erreichten. Zuvor hatten sie einem Mönch ein Päckchen überreicht mit der Bitte, es einem in München wohnenden Professor zu geben. Das Päckchen enthielt das Tagebuch von Hitlers Frau, das in der *Mönch-Story* abgedruckt ist.

Aus mehreren Gründen wird diese banale Geschichte hier erwähnt: In ihr wird Tibet einmal mehr als das weit abgelegene Rückzugsgebiet dargestellt, in dem die aus dem fernen Westen Stammenden in einem Kloster Aufnahme finden – ähnlich wie das Shangri-La von Conway und seinen Begleitern, das wir später noch genauer kennenlernen. Zum anderen, weil das in der nationalsozialistischen Tibetliteratur so dominante Motiv in diesem Roman nicht einmal andeutungsweise vorkommt: Die Suche nach dem Ursprung der Arier, nach Agarthi und Shambhala. Der Autor der *Mönch-Story* dichtet Hitler nicht das geringste Interesse an östlichem Okkultismus oder östlicher Esoterik an – und ist damit, wie wir noch sehen werden, den Tatsachen sehr nahe, nicht aber im Trend der neonazistischen Literatur.

Es ist nicht einfach, für die Literatur, die wir im folgenden analysieren, einen Sammelbegriff zu finden. Wir sprechen hier vor allem von der «neonazistischen Literatur», wohl wissend, dass sich die einen oder anderen Autoren mit dieser Einteilung nicht einverstanden erklären würden. Detlev Rose verwendet den Begriff «irrationale Literatur», die er der «wissenschaftlichen Literatur» entgegensetzt, wobei er zu Recht feststellt, dass es auch Titel gebe, die aus beiden Quellen schöpfen und damit erhebliche Verwirrung stiften.

Wie bereits erwähnt, beeinflusste die von Helena Petrovna Blavatsky vertretene Lehre der Rassenentwicklung die Ariosophie und deren Vertreter, und einige Nazis wollten – angeregt von den Theosophen – angeblich dem Ursprung der arischen Rasse in Asien nachspüren. Davon ist in der *Mönch-Story* nichts enthalten, im Gegensatz zu vielen anderen Romanen, so *Der Schneemensch* von Jens Sparschuh und *Die schwarze Sonne von Tashi Lhunpo* von Russell McCloud (wahrscheinlich Pseudonym eines österreichischen Autors),[85] um nur zwei Beispiele zu nennen. Aber auch unter dem Deckmantel der (Populär-)Wissenschaft wird die Idee verbreitet, einflussreiche Nazis hätten ein ganz besonderes Interesse an Tibet gehabt, da sie dort Vorfahren der Arier und okkultes Wissen vermuteten.

In *Die schwarze Sonne von Tashi Lhunpo* schreibt der Österreicher Hans Weigert, Reporter bei der Wiener Zeitschrift «Blatt», eine Exklusivstory über den ermordeten Präsidenten der Europäischen Zentralbank. Dem Ermordeten wurde ein zwölfspeichiges Sonnenrad auf die Stirne geritzt. Weigerts Nachforschungen führen ihn zu einem französischen Hobbyhistoriker Martin, welcher ein Buch über die Wefelsburg (Reichsführerschule der SS während der Nazi-Zeit unter der Leitung von Himmler) verfasst hat, in welchem das Zeichen der Schwarzen Sonne als Bodenornament in einem der Säle dieser Burg abgebildet ist. Martin übergibt ihm kurz vor seiner Ermordung durch Freimaurer zwei CD-ROMs und schickt ihn zu einem Deutschen namens Karl Steiner nach Tibet.

In einer Einsiedelei oberhalb des Klosters Tashi Lhunpo findet er den Gesuchten. Der bei eisiger Kälte in ein dünnes gelbes Gewand gehüllte, hellsichtige – er scheint den Besucher bereits mit Namen zu kennen –, jungaussehende, in Wirklichkeit aber über neunzigjährige Mann erklärt dem ungläubigen Journalisten, er sei als Teilnehmer der letzten von Himmler und Haushofer organisierten SS-Expedition im Juli 1942 nach Tibet gekommen. Der Auftrag der Expedition lautete, die Wesen von Thule zu finden. Diese Abkömmlinge der Götter hätten den Untergang von Thule überlebt und seien auf ihrer Wanderung mit den ersten Menschen in Kontakt gekommen. Nachdem sie sich darüber zerstritten hätten, ob sie von nun an ihr göttliches Wissen mit den Menschen teilen sollten oder nicht, spalteten sie sich in zwei Gruppen; Shamballah, die Wissensbewahrer, und Agarthi, die Wissensvermittler. Die Agarthi hätten sich in den Himalaja zurückgezogen, um ihr Wissen länger rein halten konnten. Seit diesem Zerwürfnis dauere der Kampf zwischen den beiden verfeindeten Gruppen an. Shamballah-Mitglieder seien in neuerer Zeit in den Freimaurer-Logen organisiert, die Agarthi-Eingeweihten hätten die Thule-Gesellschaft gegründet und wären auch Mitglieder in Himmlers schwarzem SS-Orden geworden. Steiner entlässt Weigert mit dem Hinweis, die Agarthi-Mitglieder stünden jetzt (in den 90er Jahren) nach der Niederlage des Zweiten Weltkrieges kurz vor einer erneuten Auferstehung und Machtergreifung.

Nach Europa zurückgekehrt, verhandelt Weigert in Rom mit einem Vertreter der Shamballa-Freimaurer, dem Amerikaner Beckett, über die unterdessen decodierten CD-ROMs, welche die aktuellen Mitgliederlisten der «Schläfer von Agarthi» enthalten. Beckett erzählt Weigert auch, Agarthi-Vertreter hätten in der vergangen Nacht die Heilige Lanze, den Speer, welcher der Legende nach mit dem Blut Christi am Kreuz in Berührung gekommen ist und dem Besitzer Macht zum Guten oder Schlechten verleiht, aus der Hofburg in Wien entwendet. Hitler soll diese Speerspitze schon einmal von Wien nach Nürnberg gebracht haben.

Das Zusammentreffen von Agarthi-Eingeweihten, Shamballah-Uno-Agenten und dem Journalisten auf der Wefelsburg endet in einer wüsten Schießerei à la James Bond.

Weigert entkommt aber und versenkt die heilige Lanze in einem unbekannten österreichischen Bergsee.[86]

In diesem Buch werden geschichtliche Daten und Fiktion raffiniert verwoben, wird eine geschickte Formulierungsweise angewandt, in der Art, dass kompromittierende oder gewagte Aussagen häufig einer Drittperson in den Mund gelegt werden. Zudem mag beim oberflächlichen Lesen der Eindruck entstehen, der Autor sei neutraler Erzähler ohne besondere Sympathien für die Freimaurer oder die SS. Tatsächlich aber sind es die Freimaurer, die foltern und morden, während Hitler und die SS lediglich ausführende Werkzeuge einer höheren Macht sind.[87]

Der Lama mit den grünen Handschuhen

Autoren des Neonazismus behaupten immer wieder, gewisse Esoteriker und Okkultisten hätten sehr großen Einfluss auf führende Nazis gehabt, so auf Hitler, Himmler und Hess. In diesem Zusammenhang tauchen regelmäßig die Namen von Dietrich Eckart (1868–1923) und Karl Haushofer (1869–1946) auf. Letzterem werden, wie wir noch sehen werden, auch engste Beziehungen zu Tibet nachgesagt.

Mitverantwortlich, ja vielleicht sogar hauptverantwortlich an der Erschaffung dieser «Tibet-Connection» der Nazis waren Bergier und Pauwels, welche 1962 in ihrem Bestseller *Aufbruch ins dritte Jahrtausend* die nicht belegte und deshalb auch nicht überprüfbare Behauptung aufstellten, es hätte in den 20er Jahren in Berlin einen tibetischen Mönch gegeben, «der unter dem Spitznamen ‹der Mann mit den grünen Handschuhen› bekannt war und der dreimal in der Presse mit absoluter Genauigkeit im voraus die Zahl der nationalsozialistischen Abgeordneten angab, die in den Reichstag einziehen würden.» Dieser Mann habe regelmäßige Zusammenkünfte mit Hitler gehabt. Er war, wie die Eingeweihten sagten, «der Bewahrer der Schlüssel, die das Reich Agarthi [auf das später noch näher eingegangen wird] öffnen.» Carmin[88] dichtet die Funktion des Schlüsselbewahrers von Agarthi dem schillernden Trebitsch-Lincoln an, den wir noch kennenlernen werden. Im Jahre 1926 sollen sich nach Bergier/Pauwels in München und Berlin kleine Kolonien von Hindus und Tibetern gebildet haben. Nach dem Einmarsch der Russen fand man angeblich unter den Leichen etwa tausend Todesfreiwillige in deutscher Uniform ohne Ausweise und Abzeichen, «die sichtlich der Himalaja-Rasse angehörten».[89]

Da es die Hauptexponenten dieser Legende, Bergier und Pauwels, nachweislich nicht sehr genau mit der Wahrheit nahmen, sie selbst dies sogar in ihrem Buch bestätigten (es mischen sich in ihm «Märchen und Wahrheit, kühne Spekulation und exakte Beobachtung»)[90] und sie selten überprüfbare Quellen nennen, müssen wir, solange nicht das Gegenteil bewiesen ist, davon ausgehen, dass die von ihnen behauptete «Tibet-Connection» der Nazis völlige Fiktion ist und ein weiteres Puzzleteilchen des Bildes darstellt, das den Titel «Traumwelt Tibet» trägt. Das Perfide daran ist, dass die Legenden, die Bergier und Pauwels in die Welt setzten, von vielen späteren Autoren aufgenommen und als Tatsachen hingestellt wurden, was schließlich zu so ungeheuerlichen Behauptungen führte wie: «Für die SS-Männer waren ihre (eigenen) Handlungen völlig verständlich. Sie waren die Krieger-Elite einer neuen Zivilisation, der alten unermesslich überlegen: Die hohe Priesterschaft eines kommenden Supermanns. Ihre Führer waren Magier, welche Allianzen mit den mystischen tibetischen Städten von Agarthi und Schamballah gebildet hatten, und die die Kräfte des Universums beherrschten.»[91]

Die Tibeter werden hier zu Verbündeten der Nazis gemacht, auf dem mit Millionen von Leichen gepflasterten Weg zum neuen Menschen, dem zukünftigen Supermann des tausendjährigen Reichs.

30

30 Jaques Bergier veröffentlichte 1962 in seinem zusammen mit Pauwels verfassten Bestseller *Aufbruch ins dritte Jahrtausend* eine populäre und danach immer wieder zitierte Version der Shambhala-Legende. Danach lebte vor drei- oder viertausend Jahren im Gebiet der heutigen Wüste Gobi ein Volk mit einer sehr hohen Kultur. Infolge einer Katastrophe verwandelte sich das Land in eine Wüste, und die Überlebenden wanderten aus: Ein Teil zog nach Nordeuropa, ein anderer in den Kaukasus ... Einige Nazis – so Bergier und Pauwels – waren überzeugt davon, dass die Auswanderer aus dem Land Gobi die Grundrasse der Menschheit, den arischen Stamm bildeten. Große Weise jener hohen Kultur siedelten sich in einem riesigen Höhlenbezirk unter dem Himalaja an und spalteten sich in zwei Gruppen. Die eine folgte dem Weg der rechten Hand mit Agarthi im Mittelpunkt, die andere dem Weg der linken Hand, der über Shambhala (Shampullah) führte, die Stadt der Macht und Gewalt. Dieser Ursprungsmythos habe die Begründer der nationalsozialistischen Partei stark geprägt – ihnen Kraft gegeben, meinten Bergier und Pauwels.

Georgei Ivanovitch Gurdjieff und die «sieben tibetischen Wesen»

Pauwels Interesse an Tibet ist sicherlich unter anderem darauf zurückzuführen, dass er Schüler von Gurdjieff war. Georgei Ivanovitch Gurdjieff (1866 oder 1877–1949) war eine weitere schillernde Persönlichkeit, die wie Blavatsky von sich behauptete, in Tibet gelebt zu haben, und wie die Begründerin der Theosophie höchst umstritten war: Die einen sahen in Gurdjieff einen Propheten, den größten mystischen Lehrer, Esoteriker, Heilpraktiker und «Menschen der vierten Dimension», andere einen Betrüger oder Größenwahnsinnigen.[92]

Gurdjieff war in Neu-Buchara angeblich auf einen Derwisch gestoßen, der behauptete, seinerseits einen alten Mann getroffen zu haben, von dem es hieß, er sei Mitglied einer Bruderschaft, die bei den Derwischen unter dem Namen Sarmun (manchmal auch Sarmung genannt) bekannt sei. Dieser Bruderschaft würden vier Klöster gehören, eines im Pamir, eines in Indien, eines in Kafiristan und eines, das Hauptkloster, in Tibet.[93] Nachdem Gurdjieff den Alten persönlich getroffen und ihm versprochen hatte, niemals jemandem die Lage des Klosters zu enthüllen, wurden er und sein – wahrscheinlich fiktiver – Freund Solowiew[94] mit verbundenen Augen auf Pferde gesetzt und zum Kloster geführt, das sie nach zwölf Tagen erreichten, was Gurdjieff folgendermaßen beschreibt: «Als uns endlich am Abend des zwölften Tages die Binden von den Augen genommen wurden, befanden wir uns in einem engen Tal, durch das ein kleiner Bach floss, dessen Ufer mit einer reichen Vegetation bedeckt waren … Wir ritten auf Eseln stromaufwärts, und nach einer halben Stunde erschien vor uns ein Hügel, mitten in einem Talkessel, von hohen Bergen umgeben … Nachdem wir den Hügel überschritten hatten und der Weg sich wendete, sahen wir in der Ferne zu unserer Linken einige Gebäude am Hang liegen. Als wir näher kamen, erkannten wir eine Art Festung …»[95] Die spärlichen Schilderungen und die äußerst vage geografische Lokalisierung scheinen denjenigen recht zu geben, die behaupten, die Klostergeschichte sei nur symbolisch aufzufassen, die Schilderung sei eine Allegorie, auch wenn Gurdjieff ein Jahr für den Besuch nennt, nämlich 1898. Die Geschichte bleibt nebulös, da Gurdjieff nie dazu kam, Einzelheiten über das Kloster in einem besonderen Buch darzustellen, wie er dies geplant hatte. 1935 brach er seine Arbeit an *Die äußere und die innere Welt des Menschen* und damit seine Enthüllungen über das Kloster Sarmun ab, ausgelöst durch einen Flugunfall eines Mäzens, der seine Bereitschaft bekundet hatte, Gurdjieff finanziell zu unterstützen. Von diesem Moment an schrieb Gurdjieff kein einziges Buch mehr.[96]

31

31 Ein wichtiger Lehrer von Pauwels: Georgei Ivanovitch Gurdjieff (1866 oder 1877–1949). Er war eine schillernde Persönlichkeit, die wie Helena Blavatsky von sich behauptete, in Tibet gelebt zu haben, und wie die Begründerin der Theosophie höchst umstritten war. Die einen sahen in Gurdjieff einen Propheten, den größten mystischen Lehrer, Esoteriker, Heilpraktiker und Menschen «der vierten Dimension», andere einen Betrüger oder Größenwahnsinnigen.

Die klarste Schilderung des Hauptklosters, das heute unter Gurdjieffs Schülern als Ursprungsort von Gurdjieffs tiefsten Erkenntnissen gilt, findet sich in *Begegnungen mit bemerkenswerten Menschen*, und diese genügt um festzustellen, dass es sich bei diesem Kloster mit Bestimmtheit nicht um ein tibetisches gehandelt haben kann. Seine Bewohner sprachen Türkisch und Pschenzi, der Höchste des Klosters war nicht ein Abt, Rinpoche oder Tulku (wie man dies bei einem tibetischen Kloster erwarten würde), sondern ein Scheich, und es lebten – zwar voneinander getrennt – Männer und Frauen im gleichen Gebäudekomplex, was für eine tibetisch-buddhistische Institution völlig undenkbar ist. In keinem tibetischen Kloster gibt es «Tänzerpriesterinnen», und auch die von Gurdjieff beschriebenen seltsamen Apparate, mit denen die Tänzerinnen ihre Kunst erlernten, lassen keinen tibetischen Ursprung erkennen.[97]

Interessanterweise erinnert die Beschreibung des Klosters – seine geografische Situierung und seine Umgebung – stark an das irgendwo in Tibet liegende Shangri-La, das James Hilton in seinem Roman heraufbeschwor. Die Übereinstimmungen gehen jedoch noch weiter: Gurdjieff traf im Sarmun-Kloster, wie Conway und seine Freunde in Shangri-La, auf äußerst alte Menschen. Einer der ältesten Mönche, ein Greis, der wie eine Ikone aussah, war 275 Jahre alt. Auch als Gurdjieff später noch ein weiteres der vier Klöster der Bruderschaft von Sarmun aufsuchte, dasjenige in Kafiristan, lernte er dort Vater Giovanni kennen, der neben anderen Christen, Juden, Mohammedanern, Buddhisten, Lamaisten und einem Schamanen in jenem Kloster lebte. Giovanni, früher ein katholischer Priester, war auf Umwegen in jenes Kloster gelangt, wo er nun mit dem «inneren Leben» verbunden war. Der Pater erinnert stark an den ebenfalls Güte und Weisheit ausstrahlenden Kapuzinermönch Perrault in Hiltons Roman, so dass man sich füglich fragen kann, ob Hilton sich nicht nur vom Shambhala-Mythos, sondern auch von den Legenden Gurdjieffs inspirieren ließ, die ihm allenfalls durch Gurdjieff-Schüler zu Ohren gekommen waren. Oder war Hilton gar selbst für einige Zeit Gurdjieff-Schüler?

32

32 Szenen aus dem Film *Meetings with remarkable men* von Peter Brook. Gurdjieff behauptete, 1898 ein in Tibet liegendes Kloster mit Namen Sarmun persönlich besucht zu haben. Die spärlichen Schilderungen und die äußerst vage geografische Lokalisierung scheinen jedoch denjenigen recht zu geben, die behaupten, die Klostergeschichte sei nur symbolisch aufzufassen, die Schilderung sei eine Allegorie.

33 Der Feldzug der Briten gegen die Tibeter im Jahre 1904, der unter der Leitung von Colonel Francis Younghusband (Bild) stand, erschütterte Gurdjieff so sehr, dass er ihn in seinem Werk *Beelzebubs Erzählungen für seinen Enkel* thematisierte und in eine fantastisch-esoterische Geschichte über sieben in Tibet wirkende machtvolle Wesen einbaute. Ein weiteres Teilchen des skurrilen Tibet-Zerrbildes.

Höchst fraglich ist nicht nur, ob Gurdjieff tatsächlich in den von ihm beschriebenen Klöstern war, sondern auch, ob er anschließend, im Jahr 1901 oder 1902, (nochmals) ins eigentliche Tibet reiste und mit welcher Absicht. Hatte er als Spion eine Geheimmission für den Zar Nikolaus II. zu erfüllen, war er zwischen panrussischen Imperialisten und dem britischen Vizekönig tatsächlich ein «Bauer» in jenem Schachspiel, «versehen mit Rubeln, Lastenträgern und gefälschten Papieren»?[98] Etwa ein Jahr lang soll er sich im «oberen Tibet» (es ist unklar, was darunter zu verstehen ist) herumgetrieben haben, «wo er sich vor allem für die Rotmützen-Lamas interessierte». Er studierte angeblich die tibetische Sprache, Rituale, Tänze, Medizin und vor allem Körpertechniken, wobei ungeklärt bleibt, was darunter zu verstehen ist. Viele Jahre später verbreitete er das Gerücht, er habe in Tibet geheiratet und dort zwei Kinder gezeugt.[99] Die Tibet-Idylle zerbrach nach Gurdjieffs Aussagen bereits 1902, als er, von einem «Ausreißer einer verirrten Kugel» getroffen, in eine Oase am westlichen Rand der Taklamakan-Wüste getragen wurde, wo er in seinem Kampf um Leben und Tod eine wichtige mystische Erfahrung machte. In jener Zeit der Rekonvaleszenz und «physischer Anspannung und ungewöhnlichen psychischen Erfahrungsreichtums» erfuhr er vom Feldzug der Briten gegen Tibet (Younghusband-Expedition 1904), der ihn tief erschütterte und auf den er in *Beelzebubs Erzählungen für seinen Enkel* näher eingeht. Dabei nahm er es mit den Fakten nicht ernst, sondern erfand in der ihm typischen Art eine neue esoterische Geschichte, die ein weiteres Puzzleteilchen des skurilen Tibet-Zerrbildes darstellt. Danach war das Hochland Tibet der «Existenzplatz jener kleinen Gruppe, die aus sieben dortigen Wesen bestand, die gemäß der vom ersten Anfang an bestehenden Regeln die Hüter der geheimsten Anweisungen und Ratschläge des heiligen Lama waren. Diese Gruppe bestand aus jenen sieben dortigen Wesen, die den Anweisungen des heiligen Lamas gefolgt waren, um sich von den Folgen der Eigenschaften des Organs ‹Kundabuffer›[100] zu befreien und die ihre Selbstvervollkommnung bis zum höchsten Grad gebracht hatten.»[101]

Als die «sieben Wesen» von dem von den Europäern geplanten «militärischen Ausflug» (britische Militärexpedition gegen Tibet unter der Leitung von Colonel Francis Younghusband) erfuhren, entschieden sie, ihr Oberhaupt an die Beratung der Hauptführer des ganzen Landes zu entsenden. Im Verlaufe dieser Konsultationen, als die anderen bereits mit Gewalt auf die Eindringlinge antworten wollten, riet des Oberhaupt der «sieben Wesen», nicht zu tun, was sie beabsichtigten, und zwar mit folgender Begründung: «Für unseren gemeinsamen Schöpfergott ist die Existenz eines jeden Wesens gleich wertvoll und teuer; deshalb würde die Vernichtung dieser Wesen und noch dazu einer so großen Anzahl von ihnen kein geringer Kummer für jeden Einen sein, der schon ohnedies mit teilnahmsvoller Sorge für alles, was unter uns auf Erden existiert, erfüllt ist.»[102] Darauf verzichteten alle anwesenden tibetischen Häupter, etwas gegen die europäischen Eindringlinge zu unternehmen. Ja, man beschloss, die Bevölkerung anzuweisen, den Durchgang der Fremden unter allen Umständen nicht zu behindern. Als das Oberhaupt der «sieben fast vervollkommneten Brüder» seiner Pflicht nachkam, die Bevölkerung entsprechend zu informieren, wurde er von einer blinden Kugel getroffen und auf der Stelle getötet. Die sechs übriggebliebenen Brüder waren entsetzt, denn ihr Oberhaupt hatte ihnen einige geheime Anweisungen des «heiligen Lama» noch nicht weitergeben können, und mit der Vernichtung dieses damals einzigen Eingeweihten war für sie für immer die Möglichkeit verlorengegangen, in die geheimsten Anweisungen des «heiligen Lama» eingeweiht zu werden.

Für Gurdjieff ist die Religion der Tibeter, die er lamaistische Religion nennt, eine der fünf großen Religionen dieser Erde, neben der buddhistischen, hebräischen, christlichen und mohammedanischen. Jede dieser Religionen geht auf je einen «echten Heiligen» zurück, die lamaistische auf den «heiligen Lama», dessen Anhänger vor sehr langer Zeit die «Gruppe der sieben Wesen» wurde. Darüber, wer dieser heilige Lama war, schweigt sich Gurdjieff aus. Meinte er damit Padmasambhava, den Reformator Tsong kha pa oder einen der Dalai Lamas?

Sicher ist, dass Gurdjieff den vollkommensten Anhängern jenes Lamas übernatürliche Fähigkeiten nachsagte, so den von ihm «Almsnoschinu» genannten Prozess. Es ist dies die Fähigkeit, den «Seins-Körper» eines bereits vernichteten Wesens willentlich nochmals zu bekleiden, das heißt zu materialisieren, in der Art, «dass dieser Körper für eine bestimmte Zeit noch einmal die Möglichkeit erhält, sich in einigen seiner Funktionen, die seinem früheren planetischen Körper eigen waren, zu äußern.» Dies ist so lange möglich, als noch eine fadenartige Beziehung zwischen dem «Seins-Körper» und dem planetischen Körper, dem Leichnam, besteht, eine Vorstellung, die an die «Silberschnur» der Theosophen und Rosenkreuzer erinnert.[103]

Die sechs übriggebliebenen Wesen versuchten «Almsnoschinu» an ihrem verstorbenen Oberhaupt anzuwenden, damit er ihnen in seiner materialisierten Form die noch nicht übermittelten geheimen Weisheiten weitergeben könne. Da die sechs jedoch nicht in das Geheimnis dieses Prozesses eingeweiht waren, somit nicht vollkommene Heilige waren, misslang ihr Versuch der Materialisierung ihres Meisters, es kam zu einer Katastrophe, einer Explosion, in deren Verlauf sowohl die sechs Wesen, ihr Oberhaupt als auch ihre Bücher vollständig vernichtet wurden. Der «militärische Ausflug» der Briten, unter der Führung von Colonel Francis Younghusband, war somit – in den Augen Gurdjieffs – nicht nur ein großes Unglück für die Wesen Tibets, sondern für diejenigen des ganzen Planeten Erde.

Das Wenige, das Gurdjieff über die tibetische Religion aussagt, lässt sich so schlecht mit der effektiven Religiosität der Tibeter in Einklang bringen, dass vermutet werden muss, Gurdjieff sei es gar nicht darum gegangen, ein wirkliches Bild des tibetischen Buddhismus zu zeigen. Es scheint vielmehr, Tibet sei Projektionsfläche von Gurdjieffs Fantasie und surrealer Lehre. Darauf deuten beispielsweise seine Namensschöpfungen («Sinkratorza» für Tibet, «Orthodox-Heiduraki» und «Katoschki-Heiduraki» für zwei tibetische Sekten usw.) oder seine übertriebene Schilderung der Drei-Jahres-Meditation, die er zu einer fanatischen, selbstzerstörerischen Beschäftigung mit Gefühlen und Gedanken bis zur «völligen Vernichtung der planetischen Existenz» degradierte: «Sobald die Gefährten der Eingemauerten erfuhren, dass einer von ihnen zu existieren aufgehört hatte, entfernten sie seinen planetischen Körper aus der improvisierten Gruft und mauerten an Stelle des Wesens, das sich so vernichtet hatte, einen anderen unseligen Fanatiker dieser übelbringenden Religionslehre ein, und sein Platz wurde von einem anderen Mitglied dieser sonderbaren Sekte besetzt, von denen immer neue aus Perlandia (Indien) kamen.»[104]

Stereotypen, die uns bei der Beschäftigung mit den verschiedenen Tibet-Zerrbildern begegnen, finden sich deutlich bei Gurdjieff wieder. So bringt er gewisse geheime mystische Fähigkeiten mit Tibet in Beziehung, wenn er schreibt: «Sie hatten es sich angelegen sein lassen, etwas zu ‹erklügeln› und daraus, wie sie sagen, ein ‹Geheimnis› zu machen und dieses ‹Geheimnis› vor anderen durch alle erdenklichen Mittel zu verbergen, so dass selbst Wesen mit reiner Vernunft diese verborgenen Geheimnisse nicht entdecken konnten.»[105] Auch die «Gruppe der sieben Wesen», die an einer Stelle «Gruppe fast vervollkommneter Brüder» genannt wird und die seit sehr langer Zeit in Tibet existiert haben soll, erinnert an die Brüder/Meister/Mahatmas einer Helena Blavatsky, deren Werke er sicherlich kannte. Und wie die Mahatmas einer HPB ist auch die «Gruppe der sieben Wesen» hierarchisch aufgebaut mit einem «beinahe Heiligen» als Oberhaupt.

Schließlich pflegt Gurdjieff den Mythos des friedliebenden Tibets, wenn er behauptet, die «Häuptlinge der tibetischen Wesen» hätten die ins Land eingedrungenen Briten gebeten, «sie und ihr friedliches Land, das niemand störte, in Frieden zu lassen», und hätten beschlossen, sie freundlich und liebenswürdig zu behandeln und ihnen keinen Widerstand zu leisten, da «für unseren Gemeinsamen Schöpfergott die Existenz eines jeden Wesens gleich wertvoll und teuer ist».[106]

Dass jener Krieg gegen die Briten, in dessen Gefolge die sieben Brüder, ihre Bücher und andere wichtige Dinge zerstört wurden, als eine Art Apokalypse geschildert wird, ist ein neues Element: Das mystische Reich auf dem Dach der Welt kann nur so lange seine Geheimnisse bewahren, als es unbeeinflusst von anderen Völkern und Denkrichtungen ist. Mit dem Eindringen

34 Gurdjieff wird auch nachgesagt, der Lehrer des 13. Dalai Lama (Bild) gewesen zu sein, wobei er offensichtlich mit Agwan Dorjeff (Dordjieff) verwechselt wird, dem bereits erwähnten, der Theosophie nahestehenden burjatisch-mongolischen Vertrauten des 13. Dalai Lama.

von Fremden, in diesem Fall den Briten, verlor Tibet seine mystische Jungfräulichkeit.

Gurdjieff wird auch nachgesagt, der Lehrer des 13. Dalai Lama gewesen zu sein, wobei er offensichtlich mit Agwan Dorjeff (Dordjieff) verwechselt wird, dem bereits erwähnten, der Theosophie nahestehenden burjatisch-mongolischen Vertrauten des 13. Dalai Lama. Den ersten Hinweis auf die Tätigkeit Gurdjieffs als Erzieher des Dalai Lama findet sich 1936 in einem Buch von Rom Landau.[107] Dieser zitiert einen gewissen Achmed Abdullah aus New York, Schriftsteller und Abenteurer, der Gurdjieff bei einem Essen traf und ihn dabei als Lama Dorzhiew (Dorjeff) «identifizierte», was Gurdjieff mit einem Augenzwinkern quittierte. Seitdem gilt Gurdjieff als Dorjeff. Pauwels hat den Mythos unüberprüft übernommen und nach ihm weitere Autoren, die mit Quellen ähnlich unbekümmert umgehen wie er. Nach Suster spielte Gurdjieff im «Großen Spiel» der Großmächte um Zentralasien als tibetischer Lama und Professor für Metaphysik im Drepung-Kloster eine wichtige Rolle. Er versuchte, unter dem Namen Dorjeff zwischen Tibet und Russland eine Allianz zu bilden, den Zar zum Buddhismus zu bekehren und Russland stärker unter tibetischen Einfluss zu bringen.[108] Gurdjieff war nach Suster auch die wichtigste Kontaktperson der Nazis in Tibet (Agarthi und Shambhala), der «König der Angst». Mit ihm standen Initiierte mittels elektronischer Sender, aber auch mit Hilfe eines besonderen Spiels in Kontakt.[109] Bronder lässt Gurdjieff während zehn Jahren in Tibet leben, als Hauptagent des russischen Nachrichtendienstes, wo er Erzieher des 13. Dalai Lama wurde und mit diesem floh, als die Engländer einmarschierten.[110] Landau und Pauwels scheinen auch für diese Legenden Paten gestanden zu sein.[111] Wie wenn Gurdjieff nicht bereits genug schillern würde, versieht ihn Webb noch mit einer zusätzliche Farbe, wenn er aufzuzeigen versucht, dass Gurdjieff und der Russe Ushe Narzunoff mit größter Wahrscheinlichkeit ein und dieselbe Person waren![112]

Ob Gurdjieff tatsächlich in Tibet und im sogenannten Hauptkloster Sarmun war, können wir nie schlüssig beantworten. Dass die Antwort unter Berücksichtigung aller uns zur Verfügung stehenden Daten negativ ausfallen dürfte, ist hier, wo es um das Tibetbild des Westens geht, nicht so relevant.[113] Die Begründungen, weshalb Gurdjieff in Tibet gewesen sein soll, sind wenig überzeugend. So scheibt ein Autor: «Gurdjieff hat auch gesagt, irgendwann um die Jahrhundertwende sei er in Tibet gewesen. Ich vermute, dass dies zutrifft, weil ich mir sicher bin, dass er wesentlich mehr Tibetisch sprach als nur ein paar Brocken.»[114] Da der Autor, J. G. Bennett, offensichtlich selbst nicht Tibetisch spricht (wie könnte er sonst behaupten, die tibetische Umgangssprache sei nicht schwer zu erlernen, man müsse einfach die Vokabeln kennen, denn die Grammatik sei ziemlich einfach), bleibt rätselhaft, wie er die angeblichen Tibetkenntnisse von Gurdjieff verifizieren konnte.

Ein anderer Autor nennt «Indizienbeweise», die belegten, dass Gurdjieff in Tibet gewesen sei. Gurdjieff habe beispielsweise gewusst, dass in Tibet Schafe als Tragtiere Verwendung finden; überdies enthielten seine Lehren sicherlich tibetische Elemente, und viele seiner frühesten Anhänger seien überzeugt davon gewesen, dass er in Tibet gelebt hatte.[115] Die Indizienbeweise entpuppen sich bei genauerem Hinsehen als höchst fragwürdige Scheinbeweise.

Übrig bleibt die interessante Tatsache, dass ein abgelegener, nur äußerst schwierig erreichbarer spiritueller Ort irgendwo in Tibet als Quelle tiefster Erkenntnisse gilt – wie bei Helena Petrovna Blavatsky (Gegend in der Nähe von Tashi Lhünpo) und – wie wir noch sehen werden – bei weiteren Autoren, so James Hilton (Ort mit Namen Shangri-La), Lobsang Rampa alias Cyril Hoskins (Höhlen unterhalb des Potala) usw. Der Glaube an ein abgelegenes, geheimes spirituelles Zentrum hat interessanterweise sein Pendant in Tibet selbst: Es sind dies die sogenannten Bäyul (sbas yul), die «verborgenen Länder» in tibetischen Randgebieten und innerhalb Tibets, von denen vor allem eines große Bedeutung erlangte: Shambhala, das wir bereits zuvor kennengelernt haben und mit dem wir uns auch noch intensiver beschäftigen werden, wenn wir uns mit der Tibet-Literatur der Neonazis befassen, aber auch, wenn wir uns der traditionell-tibetischen Shambhala-Vorstellung im letzten Teil des Buches zuwenden werden.

Karl Haushofer: Mittler zwischen tibetischen «Gelbmützen» und Nazis?

Gurdjieff wird in der neonazistischen Literatur eine besondere Nähe zu Karl Haushofer (1869–1946) nachsagt, einem Nazi, dem engste Kontakte zu Tibetern angedichtet werden. Beide, Gurdjieff und Haushofer, sollen diesen Quellen gemäß gemeinsam zwischen 1903 und 1908 fünfmal in Tibet gewesen sein,[116] wo Gurdjieff angeblich Karl Haushofer in das Geheimnis des «Zustandes der Erweckung» einweihte, «mit allen magischen Kräften, die dieses Geheimnis mit sich bringt.»[117] Auch wird behauptet, Gurdjieff habe durch seine Nähe zu seinem angeblichen Schüler Haushofer eine bestimmende Rolle bei der Ausarbeitung der Nazi-Ideologie gespielt und sogar die Verwendung des umgedrehten Hakenkreuzes angeregt.[118]

Von Neonazis wird Haushofer als «einer der wichtigsten Männer des Dritten Reichs» charakterisiert. Für Carmin war er «eine jener Gestalten, die zu den wesentlichen Bindegliedern zwischen den okkult-esoterischen Bewegungen der Jahrhundertwende und dem Dritten Reich gehören.»[119] Und gemäß Bergier/Pauwels soll Haushofer die Thule-Gesellschaft zum «magischen Mittelpunkt des Nationalsozialismus» gemacht haben, «deren Mitglieder in Verbindung mit dem Unsichtbaren stehen.»[120]

In *Die schwarze Sonne von Tashi Lhunpo* von McCloud lässt sich unschwer die Handschrift von Pauwels/Bergier erkennen, wenn behauptet wird, Haushofer habe während des Ersten Weltkrieges Kontakte mit Eingeweihten der Gelbmützen (ein unglücklicher Name für die Schule der Gelug pas) geknüpft. Diese Kontakte zwischen Haushofer und den «Gelbmützen» sollen dazu geführt haben, dass sich in den 20er Jahren einige tibetische Gemeinden in Deutschland bildeten und viele von ihnen Kontakte zu wichtigen Persönlichkeiten der damals immer stärker werdenden NSDAP (Nationalsozialistische Deutsche Arbeiterpartei) hielten.[121]

Die Mystifizierung Haushofers geht noch weiter. So wird behauptet, Haushofer habe das geheimnisumwobene (tibetische) Buch *Dzyan*, das niemand anders gesehen hatte als Madame Blavatsky, als esoterisches Kernstück in den Thule-Orden eingebracht.[122] Er sei auch maßgeblich für die Entsendung von Forschungsgruppen nach Tibet verantwortlich gewesen[123] und habe als führende Persönlichkeit in einer geheimen Gesellschaft, die in Berlin gegründet wurde und sich «Vril-Gesellschaft» oder die «Leuchtende Loge» nannte, agiert. Mitglieder dieser Loge waren, wie könnte es auch anders sein, unter anderem Eingeweihte aus Tibet

35

35 Karl Haushofer (1869–1946). Er unterrichtete von 1904 bis 1907 als Lehrer für neuere Kriegsgeschichte an einer deutschen Kriegsakademie. In den Jahren 1909 und 1910 war er Militärattaché in Japan, im Ersten Weltkrieg Generalmajor, danach Professor für Geopolitik an der Universität München. Einer seiner Assistenten war Rudolf Hess, der spätere Stellvertreter von Hitler. Haushofer werden engste Kontakte zu Tibetern angedichtet, obschon er wohl nie einem Tibeter begegnete oder gar nach Tibet reiste. Die angebliche Nähe Haushofers zu Tibet ist ein Fantasieprodukt von Neonazis. Diese behaupten, Haushofer habe Kontakte mit tibetischen «Gelbmützen», den Gelug pas, geknüpft, worauf sich in Deutschland in den 20er Jahren einige tibetische Gemeinden bildeten, die Kontakte zu Nazis hatten. In der Hauptniederlassung einer geheimen Loge, in der Haushofer eine führende Persönlichkeit war, sollen auch tibetische Lamas gesessen haben. Das einzige Ziel der Loge habe darin bestanden, Forschungen nach dem Ursprung der arischen Rasse zu betreiben und herauszufinden, wie die magischen Fähigkeiten, die im arischen Blut schlummerten, so reaktiviert werden könnten, dass sie zum Werkzeug übermenschlicher Kräfte würden.

36 Edward Bulwer-Lytton (1803–1873), englischer Novellist, Unterhausabgeordneter und Kolonialminister, der sowohl Theosophen wie auch Neonazis maßgeblich beeinflusste. Er war von der Existenz einer «vril» genannten Urkraft überzeugt, die von denjenigen, die sich nach dem Untergang von Atlantis in Höhlen retten konnten, entdeckt und kultiviert wurde. Diese Vorstellung geht auf Louis Jacolliot (1837–1890) zurück. Der als Schwindler überführte Jacolliot vertritt in seinen Büchern die Ansicht, «vril» schlummere in jedem Menschen, der jedoch nur einen Bruchteil davon sinnvoll einsetze. Wer «vril» beherrsche, könne die Menschen beherrschen. In der neonazistischen Literatur wird diese Urkraft mit Tibet in Beziehung gebracht. «Vril» sei ein tibetisches Wort, und es gebe ein eigenes tibetisches Schriftzeichen dafür.

und in der Hauptniederlassung in Berlin saßen tibetische Lamas neben japanischen Buddhisten und Angehörigen orientalischer Sekten. Das einzige Ziel der Loge bestand darin, weitere Forschungen nach dem Ursprung der arischen Rasse zu betreiben und herauszufinden, wie die magischen Fähigkeiten, die im arischen Blut schlummerten, so reaktiviert werden könnten, dass sie zum Werkzeug übermenschlicher Kräfte würden.[124] Der Begriff «Vril» führt uns zu Louis Jacolliot (1837–1890) und Edward Bulwer-Lytton (1803–1873). Der als großer Schwindler überführte Jacolliot[125] vertritt in seinen Büchern die Ansicht, «vril», eine besondere Energie, schlummere in jedem Menschen, der jedoch nur einen Bruchteil davon sinnvoll einsetze. Wer «vril» beherrsche, könne die Menschheit beherrschen. Der erfolgreiche Schriftsteller, Unterhausabgeordnete und Kolonialminister Bulwer-Lytton, der den Rosenkreuzern und Freimaurern nahezustehen schien und der den französischen Magier und Okkultisten Eliphas Lévi (Alphonse-Louis Constant) persönlich kannte, verstand unter «vril» die «Urkraft, jenes innerste ewige Agens aller Natur, jene die Welt impulsierende Quelle aller Naturkräfte!»[126] «Vril» wurde von denjenigen, die sich nach dem Untergang von Atlantis in Höhlen retten konnten und nach Auffassung von Bulwer-Lytton auch noch in der Gegenwart dort leben, den sogenannten Vril-ya, entdeckt und kultiviert. Wenn man dieses Fluidum in der richtigen Weise versteht und handhabt, kann man damit – so Bulwer-Lytton – auf alles Seiende in der Natur, ob leblos oder lebendig, den mächtigsten Einfluss ausüben. Dies zu wissen sei von nicht zu unterschätzender Bedeutung, da nach Bulwer-Lytton die Gefahr bestehe, dass die Vril-ya, die kommende Generation, in die Welt der Menschen eindringen werde.[127] Wen wundert's, dass sich (zumindest in der neonazistischen Literatur) die Nazis für diese Urkraft interessierten – und unter ihnen in erster Linie Haushofer, der Magier? Und wen wundert's, dass «vril» neustens in derselben Literatur mit Tibet in Beziehung gebracht wird: «Vril» sei ein tibetisches Wort, und es gebe ein eigenes tibetisches Schriftzeichen dafür. Doch da es sich nicht um einen banalen Begriff handle, sondern um einen, der sich an Initiierte richte, solle man nicht erwarten, ein auf sino-tibetische Studien spezialisierter Professor könne seinen tieferen Sinn offenbaren ...[128]

Doch zurück zu Haushofer: Er war – so die neonazistische Literatur – nicht nur ein Magier, ein Mensch mit «medialen Fähigkeiten und anderen außerordentlichen Begabungen»[129], sondern auch ein machtbesessener Geopolitiker: Er war von der Notwendigkeit überzeugt, ganz Osteuropa, Turkestan, den Pamir, die Wüste Gobi und Tibet zu erobern, denn diese Länder seien die «Herzregion» und der Herrscher über sie sei gleichzeitig der Herr der Welt.[130]

Welche Beziehung hatte Haushofer, jener angeblich «größte Magier des deutschen Reiches», der in Tibet gewesen sein soll, lange bevor in Deutschland ein Adolf Hitler auf der politischen Bühne erschien[131], tatsächlich zu Asien oder gar Tibet? Karl Haushofer unterrichtete von 1904 bis 1907 als Lehrer für neuere Kriegsgeschichte an einer deutschen Kriegskademie.[132] In den Jahren 1909 und 1910 war er Militärattaché in Japan, im Ersten Weltkrieg Generalmajor, danach Professor für Geopolitik an der Universität München. Einer seiner Assistenten und Freunde war Rudolf Hess, der spätere Stellvertreter von Hitler, doch kann von «einem ins Gewicht fallenden Einfluss Karl Haushofers auf das politische Handeln Hitlers bis 1941 nicht die Rede sein.»[133]

Es findet sich nicht der geringste Hinweis auf einen Tibetaufenthalt Haushofers – weder auf seiner Rückreise von Japan nach Deutschland noch danach.[134] Alle Behauptungen der Neonazis, die Haushofer engste Kontakte zu Tibet andichten, basieren auf zweifelhaften Quellen, die nicht überprüfbar sind oder in den entsprechenden Texten oft als Gerüchte bezeichnet werden. Sowohl der Haushofer-Biograph Hans-Adolf Jacobsen als auch Haushofers Sohn Heinz haben die abstrusen Behauptungen klar zurückgewiesen.[135] Die angebliche Nähe Haushofers zu Tibet ist ein Fantasieprodukt der Neonazis.

Die zahlreichen sich um Karl Haushofer rankenden Legenden werden hier erwähnt, weil sie zum abartigen Tibetbild, mit dem wir uns beschäftigen, so sehr gehören wie die Tibet-Schilderungen einer Helena Blavatsky, eines Gurdjieff oder eines Trebitsch-Lincoln, den wir im folgenden etwas näher kennenlernen wollen.

Trebitsch-Lincoln, Hitler und die drei weisen Tibeter

Trebitsch-Lincoln (1879–1943) ist eine weitere jener schillernden Personen, die wie Gurdjieff und (der später noch zur Darstellung gelangende) Ossendowski schwierig zu fassen sind und die mit Zentralasien und inbesondere Tibet in Beziehung gebracht werden. Trebitsch-Lincoln war Abgeordneter im britischen Unterhaus, Spion für Deutschland und England, wurde wegen schwerer Betrügereien und Urkundenfälschungen verurteilt, war für die US-Abwehr tätig, verbrachte drei Jahre im Zuchthaus, studierte in Ceylon (Sri Lanka) den Buddhismus, wurde in China zum buddhistischen Mönch ordiniert und scharte eine kleine, 13 Personen umfassende Gruppe von westlichen Buddhisten um sich, wobei er sich selbst als Abt bezeichnete. Trebitsch lebte längere Zeit in China, unter anderem in Shanghai, wo er sich für die Wiederbelebung des Buddhismus einsetzte, was ihm unter chinesischen Buddhisten Anerkennung brachte. Gleichzeitig schien er sich für die deutsche Abwehr zu betätigen und war an fantastischen Tibet-Plänen beteiligt.[136] Zuvor, im Winter 1939, hatte er die Regierungen Englands, Frankreichs, Deutschlands und der Sowjetunion zum Rücktritt aufgefordert. Bei Nichtbeachtung dieser Forderung «würden die tibetanischen obersten buddhistischen Herren ohne Vorurteil, ohne Ankündigung und ohne Gunst die Mächte und Kräfte entfesseln, deren blosse Existenz ihnen unbekannt ist und gegen deren Tätigkeit sie folglich machtlos sind.»[137] Trebitsch identifizierte jene tibetischen Meister nicht genauer. Er erklärte aber, während die Staatsmänner normale Sterbliche mit menschlichen Fehlern und Grenzen seien, hätten die buddhistischen Meister «wegen ihres grenzenlosen Wissens um die Geheimnisse der Natur und wegen ihrer Fähigkeit, bestimmte Kräfte anzuwenden, diese Grenzen durchbrochen».[138] Man denkt bei diesen Meistern unweigerlich an die Mahatmas einer Helena Blavatsky. Trebitsch-Lincoln hatte allenfalls den 1937 verstorbenen Panchen Lama im Sinn, den er sehr verehrte und den er als seinen spirituellen Lehrer betrachtete, wohl aber nie getroffen hatte, auch wenn er das Gegenteil behauptete.

37

37 Trebitsch-Lincoln (1879–1943), eine weitere schillernde und rätselhafte Person, die mit Tibet in Beziehung gebracht wird. Trebitsch-Lincoln war Abgeordneter im britischen Unterhaus, Spion für Deutschland und England, wurde wegen schwerer Betrügereien verurteilt, war für die US-Abwehr tätig, verbrachte drei Jahre im Zuchthaus, studierte in Ceylon (Sri Lanka) den Buddhismus, wurde in China zum buddhistischen Mönch ordiniert und scharte dort eine kleine Gruppe von westlichen Buddhisten um sich. Gleichzeitig schien er sich für die deutsche Abwehr zu betätigen und war an fantastischen Tibet-Plänen beteiligt. Wie Blavatsky, Gurdjieff und Roerich war er von der Existenz mächtiger tibetischer Meister, die über übermenschliche Kräfte verfügten, überzeugt. Er sah sich als langjähriges Mitglied des «Großen Rates der Gelbmützen-Lamas, die in Tibet und Indien besonderen Einfluss haben». Trebitsch-Lincoln wird mit okkultem Geheimwissen Tibets in Beziehung gebracht, das er sich in einem tibetischen Kloster geholt haben soll – obschon feststeht, dass er nie in Tibet weilte.
Es werden ihm gar Kontakte zu Hitler nachgesagt, den er angeblich über den Buddhismus informierte.

Trebitsch hatte schon lange den Wunsch gehegt, Tibet zu bereisen, wozu sich jedoch nie eine Gelegenheit ergab. Nun, anfangs 1941, sah er endlich seine Chance gekommen. Im Auftrag des Nazi-Geheimdienstes sollte er nach Tibet reisen, die tibetische Regierung unter deutschen Einfluss bringen und eine deutsche Radiostation aufbauen, um vom Dach der Welt aus antibritische Propaganda zu senden. Lhasa, der Sitz des Dalai Lama, wurde als probritisch angesehen, während Tashi Lhünpo, der Sitz des Panchen Lama, als antibritisch galt, was die Sympathien des englandfeindlichen Trebitsch für den Panchen Lama erklärt. Aufschlussreich ist der Wortlaut eines Telegramms des deutschen Generalkonsuls in Shanghai nach Berlin, in dem Trebitsch «als langjähriges Mitglied des Großen Rates der Gelbmützen-Lamas, die in Tibet und Indien besonderen Einfluss haben», charakterisiert wurde.[139]

Wohl weil Berlin auf diesen Plan nicht reagierte, versuchte Trebitsch, den in Tokyo stationierten und vorübergehend in Shanghai weilenden Polizeioberst Joseph Meisinger mit einer fantastischen Geschichte für seine Pläne zu gewinnen, was ihm offensichtlich anfangs gelang, obschon Meisinger als grobschlächtiger, äußerst misstrauischer Gestapo-Mann galt. Trebitsch erklärte Meisinger, die eine Art inoffizielle Weltregierung bildenden Weisen Tibets seien der Ansicht, für Deutschland sei der Zeitpunkt gekommen, Frieden zu schließen. Er, Trebitsch, sei von seinen tibetischen Meistern beauftragt worden, die notwendigen Schritte für den Frieden zu unternehmen. Er wünsche deshalb nach Berlin zu reisen, um dort Hitler zu treffen. Als Beweis dafür, dass er die Wahrheit sage, träten – so Trebitsch – sobald er mit dem Führer allein sei, drei der tibetischen Weisen aus einer Wand hervor.

Die von Trebitsch ausgeklügelten Pläne telegrafierte Meisinger an Himmler, der sich daraufhin mit Ribbentrop in Verbindung setzte. Dieser war so empört über Meisingers Einmischung in die Politik, dass er ihm streng verbot, weiter mit Trebitsch-Lincoln Kontakt zu haben.[140] Die schroffe Absage könnte mit dem spektakulären Flug von Rudolf Hess nach Schottland zu tun haben (10. Mai 1941), als die engen Kontakte von Hess zu Astrologen, Medien usw. bekannt wurden. Hitler hegte von da an noch größeres Misstrauen gegen Astrologie und Esoterik[141], ein Misstrauen, das Himmler, der oberste Chef von Meisinger, zwar nicht teilte, dem er sich aber beugen musste.

Seine chamäleonartige Anpassungsgabe, sein Hang zum Übertreiben, sein Sendungsbewusstsein sowohl auf religiösem wie auch politischem Gebiet und sein Durst nach östlicher Weisheit machten Trebitsch-Lincoln alias Moses Pinkeles alias Ignaz Trebitsch alias Thimotheus Lincoln alias Dr. Leo Tandler[142] mit dem buddhistischen Namen Chao Kung zu einer rätselhaften Figur, derer sich verschiedene Autoren gerne für eigene Zwecke bedienten. So wird Trebitsch-Lincoln mit okkultem Geheimwissen Zentralasiens, insbesondere Tibets, in Beziehung gebracht, und «es sei nicht undenkbar (man beachte die vage Formulierung), dass sich Trebitsch-Lincoln, wie Gurdjieff, Crowley[143] oder Haushofer übersinnliche Erkenntnisse in einem tibetischen Kloster geholt habe».[144] Es hätten auch Kontakte zwischen Karl Haushofer und Trebitsch-Lincoln bestanden.[145] Für einen Autor gilt er gar als Freund Hitlers, der diesen über den Buddhismus informierte. Er soll Mitglied «der tibetischen Agartha, das heißt der Priesterherrschaft der Lamas» gewesen sein[146] und sagte einem Reporter gegenüber den folgenden rätselhaften Satz: «Nicht Stalin, Hitler und Roosevelt führen den gegenwärtigen Krieg, sondern eine Handvoll Männer, die in Tibet leben oder die mindestens dort erzogen worden waren und jetzt in verschiedenen Teilen der Welt stationiert sind. Wir (Trebitsch zählte sich auch zu diesen weisen Männern aus Tibet) könnten den Krieg stoppen, aber wie Gott, der die schlechten Dinge sich ereignen lässt, greifen wir nicht zu früh ein. Aber eines Tages, wenn die Zeit reif ist, werden wir die Menschen aus dieser Katastrophe retten».[147]

Trebitsch-Lincoln fühlte sich als Auserwählter, als einer, der zu Höherem geboren ist, als «der größte Abenteurer des 20. Jahrhunderts», wie er in einer 1931 erschienenen Autobiographie suggerierte. Zu diesem Bild des göttlichen oder zumindest prophetischen und übermenschlichen Trebitsch-Lincoln passt auch die Behauptung, er hätte sich selbst einmal als Inkarnation des verstorbenen 13. Dalai Lama und des verstorbenen

Panchen Lama bezeichnet[148] und habe sich als tibetischer Lama gesehen, der den Namen Lama Djordi Den trug.[149] Auch wenn diese beiden Geschichten wegen mangelnder Überprüfbarkeit wohl dem Bereich der Fantasie zugeordnet werden müssen, Tatsache ist, dass Trebitsch-Lincoln in China zum «Bodhisattva» initiiert wurde, was ihn in seinem «Messias-Komplex» (Wasserstein) sicherlich bestärkte. «Trebitsch war ein extremes, aber in gewissem Sinn typisches Produkt einer Zeit des politischen Messianismus, als der allgemeine Wahnsinn einen großen Teil der Menschheit erfasste.»[150] – und Tibet war ein Teil dieser verrückten Geschichte.

Tibet-Okkultismus und die Thule-Gesellschaft

Unter Historikern ist ungeklärt, wie groß der Einfluss des Okkultismus auf Leute wie Hitler, Himmler (Reichsführer SS und ab 1943 Reichsinnenminister) und Hess (SS-Obergruppenführer, Reichsminister und Hitler-Stellvertreter) war. Goodrick-Clarke vertritt in seinem Buch *The Occult Roots of Nazism* die Ansicht, dass sich die Theosophie bei der unter völkischen Nationalisten und Pangermanen in Österreich weitverbreiteten Abneigung gegenüber dem Katholizismus als alternatives Glaubensbekenntnis geradezu aufdrängte: «Statt auf das Christentum bezog sie sich auf eine bunte Mischung von mythischen Traditionen und pseudowissenschaftlichen Hypothesen ... Nicht nur die Inhalte, sondern auch die Struktur des theosophischen Denkens waren für eine Umformung in völkisches Gedankengut wie geschaffen. Das implizite Elitedenken der verborgenen Mahatmas mit ihrer übermenschlichen Weisheit kam dem Verlangen nach einer hierarchischen Sozialordnung ... in idealer Weise entgegen.»[151] Dass jedoch Hitler an östlicher Esoterik oder gar Tibet interessiert gewesen sein soll, kann ausgeschlossen werden. Dennoch wird er immer wieder von neonazistischen Autoren mit Tibet in Beziehung gebracht. So nimmt Ravenscroft in *Der Speer des Schicksals* die von Bergier/Pauwels kreierte Fiktion geschickt auf, wenn er behauptet, Hitler habe regelmäßig mit dem «tibetischen Führer» in Berlin gesprochen, einem Mann mit erprobten hellseherischen Fähigkeiten, der in die Zukunft schauen konnte. Es seien – so Ravenscroft – Gerüchte im Umlauf gewesen, dass er den genauen Tag vorausgesagt habe, an dem Hitler Reichskanzler werden und der Zweite Weltkrieg beginnen würde.[152] Hitler, ein fanatischer Anhänger des Okkultismus, habe – so ein anderer Autor – die Absicht gehabt, das Schicksal Europas zu dem astrologischen Zeitpunkt zu bereinigen, der ihm von Pseudo-Eingeweihten in Lhasa übermittelt worden war. Diese «mit der Aura des Pittoresken umgebenen Persönlichkeiten ... spielten ein doppeltes Spiel: Sie führten den leichtgläubigen Hitler in die Katastrophe ... durch schlechte Ratschläge und Verrat.» Doch die Verschwörungstheorie geht noch weiter: «Die Lamapriester arbeiteten an einem Plan zur Ausübung der Weltherrschaft, der dem der Deutschen durchaus ebenbürtig war.»[153]

Es ist zwar erwiesen, dass sich Rudolf Hess und Haushofer gut kannten und dass Hess seinen Bekannten Hitler vorstellte. Doch daraus zu schließen, Karl Haushofer hätte einen entscheidenden Einfluss auf Hitler und sein Führerverständnis gehabt und hätte Teile der «Heimlichen Lehre», die vor allem den Ursprung der verschiedenen Menschenrassen betrafen, an Hitler weitergegeben[154], ist durch nichts zu belegen. Auch kann nicht bewiesen werden, dass Haushofers «Thesen» (welche?) über Hess an Hitler gelangten, als dieser in der Festung Landsberg eine Strafe absaß und an seinem Buch *Mein Kampf* arbeitete.[155]

Die wohl abwegigste Behauptung stammt vom chilenischen Faschisten Miguel Serrano (*1917), nach dem Hitler ein Avatar (eine göttliche Inkarnation), ein Bodhisattva (!) beziehungsweise ein Tulku (reinkarnierter Geistlicher) war, der sich vervielfältigen konnte und sich in mehreren Personen inkarnierte, so zum Beispiel in Mussolini und dem Inder Subhash Chandra Bose.[156] Nach Serrano «ist der esoterische Hitlerismus tantrisch» und Hitler war ein Tantra-Meister aus Shambhala, der wie die esoterischen SSler sexualmagische Riten praktizierte. Serrano pflegt auch den Mythos des nicht verstorbenen Hitlers. Obschon er in seiner früheren Heimat, dem Königreich Shambhala, lebe, könne man

38 Der chilenische Faschist Miguel Serrano (1917) ist einer der Hauptvertreter der These, dass führende Nazis wie zum Beispiel Hitler engstens mit Tibet verbunden waren und sind. Nach Serrano ist Hitler ein Avatar, eine göttliche Inkarnation, ein Bodhisattva beziehungsweise ein Tulku (reinkarnierter Geistlicher). Er sei auch ein Tantra-Meister aus Shambhala, der wie die esoterischen SSler sexualmagische Riten praktiziere. Da der Zugang zu Shambhala nicht mehr in Tibet liege, so Serrano, könne man «Tulku Hitler» nicht mehr dort antreffen. Er warte jedoch in der Antarktis auf den Tag, an dem er in einem Endzeitkrieg die Kräfte der Finsternis angreifen und besiegen werde, um danach das «Vierte Reich» zu errichten.

Hitler (nicht mehr) in Tibet antreffen. Seit dem Zweiten Weltkrieg sei der Zugang zu Shambhala zwischen Shigatse und Gyantse verschlossen und Shambhala befinde sich nun am Südpol, in der Antarktis. Dort warte «Tulku Hitler», um eines Tages in einem Endzeitkrieg die Kräfte der Finsternis anzugreifen und zu besiegen und danach das «Vierte Reich» zu errichten.[157]

Auf Betreiben des Okkultisten Rudolf Freiherr von Sebottendorff (1875–1945) wurde im November 1918 die Thule-Gesellschaft, eine völkische und antisemitische Loge, gegründet. Es ist höchst unwahrscheinlich, dass Hitler, der lediglich den Status eines «Gastes» inne hatte, aktiv am Leben dieser Gesellschaft teilnahm.[158] Hingegen gilt als gesichert, dass Rudolf Hess, der spätere Stellvertreter von Hitler, Mitglied der Thule-Gesellschaft war. Obschon sich nicht belegen lässt, dass Thule-Leute und die Thule-Ideologie jemals eine maßgebliche Rolle in der NS-Bewegung gespielt haben – nur ein kleiner Teil der Thule-Mitglieder hat sich aktiv am Aufbau der DAP und NSDAP beteiligt[159] –, gehen dennoch einige Autoren davon aus, dass Hitler und seine engen Freunde während der Entstehungsphase der NSDAP wichtige Inhalte der Thule-Gesellschaft übernommen haben.[160] Die neonazistischen Autoren gewichten erwartungsgemäß diesen Einfluss noch bedeutend stärker.

Wie stand es mit der von einigen Autoren behaupteten Prägung der Thule-Gesellschaft durch die «alten, teils geheimen, teils auch schlicht erfundenen Lehren aus Tibet und Indien»?[161] Sebottendorff persönlich sprach sich eindeutig dagegen aus, dass man «uns einzureden versucht, und die Welt glaubt es noch heute, die Urheimat der Völker sei das ostasiatische Hochland oder das Zweistromland. Aus dem Osten sei das Licht gekommen. Die neuere Forschung hat gezeigt, dass diese Annahme falsch ist, Nordeuropa, Norddeutschland ist der Stammsitz der Kulturträger, von hier haben sich von urgrauer Vorzeit an bis jetzt Ströme deutschen Blutes befruchtend ergossen.»[162] Diese klare Zurückweisung der Theorie, Zentralasien/Tibet sei das Rückzugsgebiet der alten Arier, durch Sebottendorf, den Gründer der Thule-Gesellschaft, hindert die Neonazis nicht daran, die Thule-Gesellschaft mit Tibet in engen Bezug zu bringen. So soll 1928 die Thule-Gesellschaft über die starke tibetische Kolonie in Berlin die Verbindungen zu den mönchischen Geheimgesellschaften Tibets aufgenommen haben, die selbst während des Zweiten Weltkriegs nie abgerissen seien. Als Schlüssel für die in dieser Zeit zwischen Berlin und Lhasa gewechselten Funksprüche diente angeblich das Buch *Dzyan*, «ein geheimes Zauberbuch tibetischer Weiser».[163] Wir erinnern uns: Es ist jenes Buch, das nach Auffassung der Theosophen Helena Blavatsky als Grundlage von *Die Geheimlehre* diente.

Gemäß van Helsing (alias Jan Udo Holey), dessen Verschwörungstheorien sich wie eine Mixtur aus *Mein Kampf*, wilder Science-fiction und Schwarzer Magie lesen[164], halfen tibetische Mönche auch im Hintergrund zusammen mit den Tempelrittern («Marcioniterorden») und den «Herren vom Schwarzen Stein» bei der Errichtung des Dritten Reiches, der Gründung der «Thule-Gesellschaft» und der höchsten Loge «Schwarze Sonne». Mit anderen Worten: Ein «tibetischer Schwarzmagierorden»[165] war maßgeblich an der Entstehung und Ausformung des Dritten Reiches beteiligt. Das deckt sich mit der Aussage, Hitler und der Thule-Orden seien das äußere Werkzeug einer Gruppe tibetischer Schwarzmagier gewesen.[166] Doch es kommt noch abwegiger: Die «Schwarze Sonne» hat nach Ansicht von Neofaschisten überall auf der Welt unterirdische Basen mit Millionen von Reichsdeutschen als Bewohnern. Eine riesige Basis befinde sich im Himalaja, «in weit über 5000 Meter Höhe», und der einzige Grund, warum die Chinesen Tibet angegriffen, die Mönche gefoltert und getötet hätten, liege in der Tatsache, dass die Chinesen im Auftrag der freimaurerischen Illuminati die Reichsdeutschen aufspüren und abschlachten sollten, um zu vereiteln, dass das neue Lichtreich aus Deutschland entstehe. Die Chinesen hätten jedoch keinen Erfolg, da die Deutschen in versteckten Tälern lebten, wo kein Chinese je hinkomme. Wie könnten sie auch, stehen doch die Reichsdeutschen unter dem Schutz der höchsten tibetischen Loge, den Gelug pa oder «Gelbkappen», von denen auch die Ariannis, die Bewohner des unterirdischen Reichs und Nachkommen von Außerirdischen, beschützt werden![167]

Tibet als Rückzugsgebiet von Reichsdeutschen, die sich mit den Gelug pas gegen die Chinesen verbündet haben – und auf den Tag warten, an dem sie ein neues Reich auf Erden schaffen können. Ein Kommentar erübrigt sich.

Die Anfänge des Agarthi-Mythos

Diese absonderliche Vorstellung ist Teil eines Mythos, dessen sich die Neonazis in verschiedenen Büchern bedienen und der in engem Bezug zu Tibet steht. Wir wollen uns im folgenden mit den verschiedenen Ausformungen dieses Mythos näher auseinandersetzen, da es sich dabei um ein weiteres wichtiges Puzzleteilchen handelt, das zuammen mit den vielen anderen unser heutiges Tibet-Zerrbild ergibt.

Eine frühe Version des Mythos findet sich in *Die Geheimlehre* der Theosophin Helena Petrovna Blavatsky. Es ist dies die bereits weiter oben dargestellte Schilderung des Untergangs von Lemuria und Atlantis und die darauf erfolgte Rettung einiger auserwählter Leute auf einer Insel im damaligen zentralasiatischen Meer, die dort lag, wo heute die Wüste Gobi ist, und die mit Shambhala gleichgesetzt wird.[168] In Shambhala wurde der Kern der «Fünften Wurzelrasse» gebildet, deren erste Unterrasse die indischen Arier bildeten und deren fünfte und damit höhere Unterrasse die Weißen sind. Atlantis ist dieser theosophischen Theorie zufolge das Mutterland der Hochzuchtrassen.

Wir wissen heute, dass sich Blavatsky bei der Schilderung dieser Legende von Bulwer-Lytton beeinflussen ließ, der jedoch in seinem Buch *The Coming Race* (Deutsche Ausgabe: *Vril oder eine Menschheit der Zukunft*) das unterirdische Reich nicht genau lokalisierte, es somit nicht mit dem Himalaja oder gar Tibet in Beziehung brachte. Dies hielt einen Autor dennoch nicht davon ab zu behaupten, im Roman von Bulwer-Lytton hätten sich «uralter tibetischer Schöpfungsmythos mit hoffnungsvoller Botschaft verbunden».[169]

Eine andere Quelle, welche den Mythos eines unterirdischen Reiches nährte, ist Ferdinand Ossendowskis (1878–1945) Buch *Tiere, Menschen und Götter*, in dem er Tibet als Land des Mysteriums, der übernatürlichen Kräfte und des geheimen Wissens erscheinen lässt. Ossendowski berichtet unter anderem auch über Agharti, ein unterirdisches Königreich. Einer alten Legende zufolge habe ein gewisser mongolischer Stamm, um den Anforderungen Dschingis Khans zu entgehen, sich in dem unterirdischen Land, dem «Mysterium der Mysterien», verborgen. Vor mehr als 60000 Jahren verschwand – so angeblich ein Mönch zu Ossendowski – ein Heiliger mit einem ganzen Menschenstamm unter dem Erdboden, um sich niemals wieder an der Erdoberfläche zu zeigen. Viele Leute, so auch Buddha Sakyamuni, hätten seither dieses Königreich besucht. Aber niemand wisse, wo es genau liege. In ihm sei das Volk gegen das Böse geschützt, Verbrechen gebe es in seinen Grenzen nicht. Das unterirdische Volk habe das höchste Wissen erreicht. Zum Königreich gehörten Millionen von Menschen, und ihr König sei der «König der Welt», der auch über die Menschen auf der Erdoberfläche herrsche, alle Kräfte der Welt kenne und in den Seelen der Menschen und in dem Buch ihres Geschickes zu lesen vermöge. Dieses Königreich, das sich über alle unterirdischen Gänge der Welt erstreckt, heiße Agarthi. Die Bewohner der zwei Kontinente, welche unter der Wasseroberfläche verschwanden (Atlantis und Lemuria), wohnten ebenfalls in diesem Königreich Agharti.[170] Ossendowski fährt mit einer genauen Beschreibung der Hauptstadt von Agharti und der Fähigkeiten der Agharti-Bewohner fort, womit wir uns hier nicht weiter beschäftigen wollen. Von einigem Interesse ist jedoch die Schilderung eines seltsamen Verfahrens, das hier erwähnt werden soll, weil es einen wiederkehrenden Tibet-Mythos aufnimmt: «Das Verfahren ist folgendes: Die höchsten Panditas bedecken ihre Augen mit einer Hand, die andere Hand legen sie unter den Hinterkopf jüngerer Männer, die sie so in tiefen Schlaf versetzen. Dann waschen sie die Körper der Schlafenden mit einem Aufguss aus Gras, machen sie gegen jeden Schmerz unempfindlich und härter als Stahl, wickeln sie in magische Tücher und binden sie. Dann beten sie zu dem Großen Gott. Die versteinerten Jünglinge liegen mit offenen und wachsamen Augen da. Sie hören, sehen und behalten alles, was um sie vor-

39 Ferdinand Ossendowski (1878–1945) ließ in seinem Buch *Tiere, Menschen und Götter* Tibet als Land des Mysteriums, der übernatürlichen Kräfte und des geheimen Wissens erscheinen und berichtete vom unter Zentralasien liegenden Land Agharti. Dessen Herrscher, der «König der Welt», kenne alle Kräfte und vermöge in den Seelen der Menschen und im Buch ihres Schicksals zu lesen. Einst würden die Völker aus Agarthi aus ihren Höhlen auf die Oberfläche der Erde kommen und ein neues Reich bilden. Was Ossendowski verschwieg: Diese wirre Agarthi-Geschichte geht nicht auf eine alte lokale Legende zurück, sondern auf ein Werk von Saint-Yves d'Alveydre, das 1910 erschienen war.

geht. Darauf tritt ein Goro (offenbar ein Synonym für Guru) an sie heran und heftet einen langen, festen Blick auf sie. Langsam erheben sich sodann ihre Körper von der Erde und verschwinden im Luftraum. Der Goro sitzt währenddessen da und starrt mit festem Blick in die Richtung, in die er die Boten entsandt hat. Unsichtbare Fäden verbinden seinen Willen mit ihnen.»[171] Unschwer ist hier die Beschreibung einer Levitation zu erkennen, die, wie wir noch sehen werden, zum Standardrepertoire tibetischer Geistlicher zu gehören scheint – zumindest nach Auffassung der «Tibet-Okkultisten». Auch ist man bei den «unsichtbaren Fäden» an die «Silberschnur» der Theosophen und eines Lobsang Rampa erinnert.

Der in Agharti herrschende «König der Welt» begibt sich gelegentlich zur Tempelhöhle, in der der einbalsamierte Körper seines Vorgängers in einem Sarg aus schwarzem Stein liegt (offenbar eine weitere Quelle für Lobsang Rampas *Das dritte Auge*). Dort steht der «König der Welt» in Berührung mit den Gedanken aller Männer, die das Los und Leben der Menschheit beeinflussen. Wenn diese Gott gefällig sind, wird der «König der Welt» sie fördern, wenn sie aber Gott missfallen, dann wird er sich ihnen entgegenstellen.[172]

In nicht allzu ferner Zukunft, nachdem die ganze Erde leer geworden ist und es nur noch Nacht und Tod gibt, wird ein neues Volk ein neues Leben beginnen. Doch danach folgen wiederum Jahre des Krieges und der Zerstörung, bis die Völker von Agharti aus ihren unterirdischen Höhlen auf die Oberfläche der Erde kommen und ein neues Reich bilden.

Obschon Ossendowski Agharti nicht genau lokalisiert, kann angenommen werden, sein Zentrum liege vor allem unterhalb Zentralasiens, da sich der Eingang zum Reich irgendwo in der Mongolei befinden soll. Zentralasien – und in engerem Sinn Tibet – ist somit die Gegend, aus der einst die Rettung der Welt, ein neues besseres Reich, kommen wird.

Der esoterische Schriftsteller René Guénon (1886 bis 1951), der in seinem 1921 erschienenen Buch *Le théosophisme* differenzierte Urteilsfähigkeit beweist, verteidigt in seinem posthum erschienen Buch *Der König der Welt* Ossendowskis Agarthi-Schilderungen. Doch sind seine Hinweise auf Tibet (und hier soll es nur um diese gehen) so fraglich und fehlerhaft, dass sein Buch keineswegs als Beleg für die Richtigkeit des von Ossendowski Geschriebenen herangezogen werden kann. So schreibt Guénon zum Beispiel von einer Dreiheit im Lamaismus, in der der Dalai Lama «die Heiligkeit (oder reine Geistigkeit) Buddhas darstellt», der Tashi-Lama «die (nicht magische, sondern ... eher theurgische) Wissenschaft» und der mongolische Bodgo-Khan «die materielle und kriegerische Stärke». Auch erwähnt er einen «kreisförmigen Rat» des Dalai-Lama, der aus zwölf großen «Namshans (oder Nomekhans)» bestehen soll,[173] eine Schilderung, die stark an d'Alveydre erinnert, nach dem zwölf Gurus den innersten und höchsten Kreis der Gesellschaft von Agarthi bilden.

Sven Hedin bestritt die Richtigkeit der Ossendowski-Berichte[174] und auch Marco Pallis[175] hat in überzeugender Art aufgedeckt, dass die von Ferdinand Ossendowski wiedergegebene Geschichte über Agharti und den König der Welt auf keinen Fall auf eine mongolische Legende zurückgeht, sondern ein Plagiat darstellt, eine Kopie einer 1910 erschienenen Geschichte von Saint-Yves d'Alveydre (1842–1909).[176] Obschon Ossendowski gewisse zentrale Namen veränderte (Agarttha in Agharti, Mahatma in Mahytma usw.), lassen sie sich alle auf Saint-Yves d'Alveydre zurückführen. Saint-Yves d'Alveydre beschrieb die Lage von «Agarttha», das ein Reich, eine Stadt und eine Universität in einem zu sein scheint, nur sehr vage als irgendwo im Himalaja: Unter 22 über den Himalaja verstreuten Tempeln bildet Agarttha «das mystische Nichts, das Unauffindbare».[177] Tibet oder Zentralasien wird in dieser frühen Version der Legende noch nicht erwähnt.

In Agarttha sind Gefängnisse, die Todesstrafe, Polizei und Gerichte – so d'Alveydre – unbekannt, ebenso das Elend, Prostitution, Trunksucht, Grausamkeit und Subversion. Den innersten und höchsten Kreis der streng hierarchischen Gesellschaft von Agarttha bilden zwölf höchste Gurus (bagwandas), Magier, über denen der papstähnliche Hohepriester Brâhatmah und seine beiden Beisitzer, der Mahatma und der Mâhânga thronen. Die zwölf Gurus erheben sich für die Vollführung gewisser Mysterien in die Luft[178], doch ist d'Alveydre nicht der einzige und auch nicht der erste, der von fliegenden Gurus im Gebiet des Himalaja berichtet. Auch Blavatsky, die sich dabei auf Huc bezieht, spricht – wie wir bereits gesehen haben – von solchen Levitationen. Wir werden später nochmals auf das Motiv der übernatürlichen Kräfte zurückkommen, da es im trivialen Tibetbild der Gegenwart einen besonderen Stellenwert einnimmt.

Millionen von «Zweimalgeborenen» wohnen gemäss d'Alveydre in Agarttha, der weitaus größte Teil in unterirdischen Städten. Unterirdisch sind auch die riesigen Bibliotheken, zu denen nur einer den Schlüssel besitzt: der höchste Hohepriester. Diese Passage erinnert stark an den von Bergier/Pauwels erwähnten «Mann mit den grünen Handschuhen», der regelmäßige Zusammenkünfte mit Hitler gehabt haben soll und als «Bewahrer der Schlüssel, die das Reich Agarthi öffnen» galt. Nach d'Alveydre beinhalten die Bibliotheken von Agarttha ein unermessliches Wissen über den Kosmos, das Göttliche, aber auch Geistes- und Naturwissenschaften, das zu kennen den westlichen Menschen ausgesprochen dienlich wäre. In Agarttha würden die Jünger von Moses und Jesus, aber auch die Forscher von allen Universitäten zu neuen Erkenntnissen gelangen. Das Resultat wäre eine friedliche Koexistenz aller Religionen und Wissenschaften in einer sogenannten «Synarchie». Dies ist eine patriarchale Dreierherrschaft von Lehre/Kultur, Recht und Wirtschaft.[179] Doch würde sich Agarttha dem Westen erst öffnen, wenn gewährleistet sei, dass dieses Reich weiterhin friedlich und unabhängig weiterexistieren könne.

Es kann nicht völlig ausgeschlossen werden, dass der Agarttha/Agarthi-Mythos trotz allem einen tibetischen oder mongolischen Kern hat, da mehrere Details an den Shambhala-Mythos erinnern. Allenfalls haben d'Alveydre und Ossendowski Bruchstücke von jenem Sambhala-Mythos aufgenommen und diese zu einem neuen Mythos geformt.[180]

Die Shambhala/Agarthi-Mythen der Neonazis

Die verschiedenen Legenden der Neonazis, mit denen wir uns in der Folge eingehender beschäftigen wollen, nehmen sowohl den theosophischen Shambhala-Mythos[181] als auch den von Saint-Yves d'Alveydre/Ossendowski kreierten Agharti-Mythos auf und verweben die beiden Mythen zu neuen verworrenen Legenden, welche Tibet in einem äußerst seltsamen Licht erscheinen lassen.[182]

Eine frühe und danach immer wieder zitierte Version der Legende veröffentlichten Bergier/Pauwels 1962 in ihrem Bestseller *Aufbruch ins dritte Jahrtausend*. Nach diesem Mythos lebte vor drei- oder viertausend Jahren im Gebiet der heutigen Wüste Gobi ein Volk mit einer sehr hohen Kultur. Infolge einer Katastrophe – vielleicht einer Atomkatastrophe – verwandelte sich das Land Gobi in eine Wüste, und die Überlebenden wanderten aus: ein Teil zog nach Nordeuropa, ein anderer in den Kaukasus ... Die Eingeweihten der Thule-Gesellschaft waren überzeugt, diese Auswanderer aus dem Lande Gobi bildeten die Grundrasse der Menschheit, den arischen Stamm.[183] Die großen Weisen siedelten sich nach der Katastrophe in einem riesigen Höhlenbezirk unter dem Himalaja an und spalteten sich in zwei Gruppen. Die eine folgte dem Weg der rechten Hand mit Agarthi im Mittelpunkt, die andere dem Weg der linken Hand, der über Shambhala (Shampullah) führte, die Stadt der Macht und Gewalt. Dieser Ursprungsmythos, der auf eine 1905 von Haushofer aus dem Orient mitgebrachte tibetische Sage zurückgehe, habe die Begründer der nationalsozialistischen Partei stark geprägt, ihnen Kraft, Vertrauen und Zuversicht gegeben.

Eine tibetische Sage am Ursprung der nationalsozialistischen Partei?

Diese von Bergier/Pauwels überlieferte Version enthält die wichtigsten Elemente des Mythos, der später von anderen übernommen wurde: Die im Gebiet Zentralasiens lebende arische Grundrasse, Shambhala und Agarthi. In späteren Ausschmückungen des Mythos kommt es jedoch zu Abweichungen, was die Bedeutung von Shambhala und Agarthi anbelangt.

In *Die schwarze Sonne von Tashi Lhunpo* von McCloud ging Thule (das der Autor offenbar mit Atlantis gleichsetzt) vor 12 000 Jahren in einer riesigen Katastrophe unter. Thule war das Reich einer Rasse, die von den Göttern abstammte. Diese verfügte über ein unbeschreibliches Wissen, das weit über das heute bekannte hinausging. Einige der Wesen aus Thule überlebten die Katastrophe. Sie zogen in die Welt und trafen dort auf die Anfänge der Menschheit, die gerade ihre ersten Schritte in die Geschichte machte und die Thule-Wesen als Götter verehrten.

Über die Frage, was die als Götter verehrten Thule-Wesen mit den Menschen tun sollten, entstand – so McCloud – ein Streit, welcher zur Bildung von zwei Fraktionen führte: Die eine Gruppe der Thule-Wesen wollte die Menschen an ihrem göttlichen Wissen teilnehmen lassen, aus den Menschen ihresgleich machen. Sie folgten dem «Weg der linken Hand» und nannten sich Agarthi. Die anderen, die weiterhin als Götter verehrt werden wollten, waren die Shambhala (Shamballah), die dem «Weg der rechten Hand» folgten.[184] Beide Gruppen vermischten sich im Laufe der Jahrtausende mit den Menschen, denen sie immer ähnlicher wurden.[185] Die Agarthi unterstützten den Thule-Orden und generell die Nazis, die Shamballah die Freimaurer[186], zwei verfeindete Gruppen, die seit ihrer Bildung im Kampf gegeneinander stehen.

Tibet nimmt in dieser Legende einen besonderen Platz ein. Eine der größten überlebenden Thule-Gruppen gelangte nämlich vor 12 000 Jahren in das Himalaja-Gebiet. Da diese in Tibet lebenden Wesen lange keinen Kontakt mit Menschen hatten, konnten sie ihr Wissen und ihre Fähigkeiten länger bewahren als Thule-Wesen anderswo. Doch leben die Männer von Agarthi nicht nur in Tibet, sondern seit Jahrtausenden unter den Menschen und versuchen immer wieder, die Kräfte der Shambhala zu besiegen, so beispielsweise als «Männer von Agarthi» (Nazis) im Dritten Reich. Doch die Shambhala- und Agarthi-Leute sind auch noch heute mitten unter uns, und ihr Konflikt ist noch lange nicht ausgestanden.

In *Der Speer des Schicksals* von Ravenscroft wurden die arischen Völker vom «großen Manu, dem letzten der Göttersöhne oder Übermenschen» aus Atlantis herausgeführt. Die Wanderung ging quer durch Europa und Asien zur Wüste Gobi und von dort zur Bergkette des Himalaja nach Tibet.[187] Die lichten Wesen ließen sich im Bergheiligtum des «Sonnenorakels» nieder, von wo aus die höheren Eingeweihten kraft ihrer Weisheit regierten. Doch es gelangten auch «Eingeweihte des Bösen» ins Gebiet des heutigen Tibet, wo sie sich in zwei riesigen Höhlen unterhalb der lichten Welt des «Sonnenorakels» niederließen. Die eine Gruppe (Orden) hatte sich Luzifer verschrieben. Es waren Eingeweihte des Agarthi-Orakels (der Linksweg), in Deutschland als «Gesellschaft der Grünen Männer» bekannt. Die andere Gruppe waren die Ahriman (der Rechtsweg), Adepten des Shambhala-Orakels.[188]

Eine weitere Variante des Mythos veröffentlichte van Helsing (Jan Udo Holey) in *Geheimgesellschaften und ihre Macht im 20. Jahrhundert.*[189] Nach ihm war Thule oder Ultima Thule die Hauptstadt des ersten von Ariern besiedelten Kontinents Hyperborea und älter als Lemuria und Atlantis. Die Hyperboreaner waren technisch weit fortgeschritten und flogen sogenannte Vrilya-Flugkörper.[190] Im Verlauf einer Eiszeit versank Hyperborea. Damals gruben die Hyperboreaner mit großen Maschinen riesige Tunnel in die Erdkruste und siedelten sich unter der Himalaja-Region an. Ihr Reich nannten sie Agartha oder Agarthi und seine Hauptstadt Shamballah. Van Helsing widerspricht somit der von McCloud, Ravenscroft und Bergier/Pauwels vertretenen Version, die Thule-Atlantier hätten sich in zwei Gruppen, die Agarthi – Thule-Gesellschaft beziehungsweise Nazis – und die Shamballah – Freimaurer und Zionisten – aufgeteilt.

Herrscher des unterirdischen Reiches, so fährt van Helsing fort, sei «Rigden Iyepo», der König der Welt, mit seinem Repräsentanten auf der Oberfläche der Erde, dem Dalai Lama, der bestätigt habe, die Leute aus Agarthi würden noch heute existieren.[191] Obschon van Helsing Karl Haushofer zitiert, verweist keine Fußnote auf ihn, stattdessen jedoch auf andere dubiose Quellen wie Bronder und Carmin. In der ihm typischen Art «verschleiert der neurechte Autor seine ideologischen Absichten mit einer geschickten Montage aus Fakten,

40 Die neonazistische Tibet-Okkult-Literatur wächst unaufhaltsam. Eines der neusten Beispiele ist das Buch *The Black Sun, Montauk's Nazi-Tibetan Connection* von Peter Moon. Darin wird behauptet, Tibet, das «Herz Zentralasiens», werde in unzähligen Legenden als Ursprungsort der Menschheit bezeichnet. Zahlreiche Initiierte seien auf ihrem Weg zur spirituellen Erleuchtung durch diese Gegend gezogen, so Haushofer, Gurdjieff, Crowley und Ron Hubbard (!), der Begründer der Scientology. Nach Moon sollen auf Long Island bei New York in den 50er und 60er Jahren Bön-Treffen stattgefunden haben, Zusammenkünfte von Ariern, in denen sonderbare Wissenschaft diskutiert wurde. Interessant ist die Tendenz des Autors, den tibetischen Buddhismus und damit auch den Dalai Lama, «eine äußerst tragische Figur», in Misskredit zu bringen und sich für den Bön-Glauben stark zu machen. Dieser sei vom Buddhismus tibetischer Ausprägung unterdrückt worden, und es gehe nun darum, ihm zu seinem alten Recht zu verhelfen. Dann würde Tibet wieder den wahren Tibetern zurückgegeben.

40

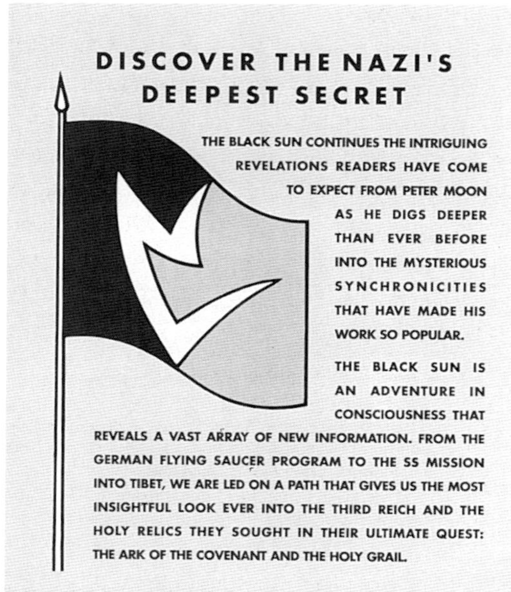

41

41 Peter Moon nimmt den Mythos der «Vril-Gesellschaft» (Leuchtende Loge), die unter direktem Einfluss tibetischer Lamas gestanden haben soll, wieder auf: Die Flagge dieser Gesellschaft enthalte im Zentrum ein tibetisches Zeichen, das «Vril» bedeute. Dies ist eine bewusste Irreführung der Leserschaft, denn weder ist das Zeichen tibetisch, noch ist den Tibetern eine Vorstellung bekannt, die mit dem «vril» eines Louis Jacolliot (1837–1890), eines Edward Bulwer-Lytton (1803–1873) oder eines Peter Moon vergleichbar wäre.

nicht nachprüfbaren Zeugenaussagen, Teilwahrheiten und faktisch unhaltbaren Interpretationen».[192] So behauptet er, es sei Hitlers Anliegen gewesen, in Kontakt mit den Nachfahren der arischen Gottmenschen zu kommen. Zu diesem Zweck habe er Eingänge in das unterirdische Reich Agarthi gesucht und während des Bestehens des Dritten Reiches seien zwei große Expeditionen der SS in den Himalaja unternommen worden, um diese zu finden.[193] Kurz: Hitler war – nach van Helsing – von der Suche nach dem unter Tibet liegenden Reich und der Thule-arischen Rassenlehre völlig eingenommen. Doch damit nicht genug: Unzählige junge Männer sollen während des Dritten Reiches von der «Schwarzen Sonne» ausgebildet, in der Wefelsburg geweiht und nach Tibet gesandt worden sein, um dort zu überleben und sich auf den großen Endkampf dieses Jahrhunderts vorzubereiten.[194]

Die neonazistische Tibet-Okkult-Literatur wächst unaufhaltsam. Eines der neusten Beispiele ist das Buch *The Black Sun, Montauk's Nazi-Tibetan connection* von Peter Moon, einem Freund von Jan van Helsing.[195] Darin behauptet Moon, Tibet, das «Herz Zentralasiens», werde in unzähligen Legenden und aktuellen Geschichten als Ursprungsort der Menschheit bezeichnet. Zahlreiche Initiierte seien auf ihrem Weg zur spirituellen Erleuchtung durch diese Gegend gezogen, so Haushofer, Gurdjieff, Crowley und Ron Hubbard (!), der Begründer der Scientology. Auch Josef Stalin (!) sei eng mit der zentralasiatischen Tradition verbunden gewesen.[196]

Moon, der Seriosität und Wissenschaftlichkeit dadurch vorspielt, dass ein ausführliches Register sein Buch abschließt, ist ein frappantes Beispiel für die unverfrorene Art, wie gewisse Autoren mit Informationen umgehen. Er versteht es, in einem kurzen Abschnitt drei fundamentale Lügen in die Welt zu setzen, wenn er behauptet, Karl Haushofer sei ein Mitglied der «Gelbmützen», die in Tibet unter dem Namen «Dugphas» bekannt waren, und damit ein Mitglied der Priesterschaft der einheimischen Bön-Religion gewesen. Abgesehen davon, dass Haushofer mit Bestimmtheit kein «Gelbmützen»-Mönch war, lautet der tibetische Name der Schule, die im Westen häufig mit «Gelbmützen» bezeichnet wird, Gelugpa (und nicht Dugphas, womit er wohl die Drug pas meint), und weder Gelugpa noch Drugpa können dem Bön-Glauben zugerechnet werden.

Interessanterweise widmet Moon der Bön-Religion ein ganzes Kapitel und bringt damit ein neues Element in die Okkult-Literatur über Tibet. Nach Moon sollen auf Long Island bei New York in den 50er und 60er Jahren Bön-Treffen stattgefunden haben, Zusammenkünfte von Ariern, in denen sonderbare Wissenschaft diskutiert wurde. Der Name, so Moon, legt nahe, dass der alten tibetischen Religion (Bön) anlässlich dieser Treffen Reverenz erwiesen wurde. Es hat keinen Sinn, auf Einzelheiten des Konglomerates von Idiotien, die uns Moon präsentiert, einzugehen. Interessant ist lediglich die Tendenz des Autors, den tibetischen Buddhismus und damit auch den Dalai Lama, «eine äußerst tragische Figur», von der erwartet werde, dass er (endlich) die wahren Dinge lehre, in Misskredit zu bringen und sich für den Bön-Glauben stark zu machen. Dieser sei vom Buddhismus tibetischer Ausprägung unterdrückt und verhüllt worden, und es gehe nun darum, ihm zu seinem alten Recht zu verhelfen. Dann würde Tibet wieder den wahren Tibetern zurückgegeben.

Wir erkennen in diesen Geschichten, in denen sich die Autoren bemühen, die Gräuel des Nationalsozialismus totzuschweigen, unschwer wesentliche Elemente der von den Neonazis verbreiteten Tibet-Mythen: Die geheimnisvollen Reiche ursprünglicher Arier in und unter Tibet (Shambhala und Agarthi), Hitlers Interesse an Tibet sowie die mit okkulten Aufgaben betrauten SS-Expeditionen auf das Dach der Welt. Mit Hugo Stamm können wir sagen: «Die braune Ideologie wird mystisch verbrämt und tendenziös interpretiert».[197]

Die neuste – sehr negative – Interpretation Shambhalas stammt vom Ehepaar Trimondi. Für sie trägt der Shambhala-Mythos ein äußerst dämonisches Potential in sich, das jeden Augenblick aktiviert werden könne, und es bestehe die Gefahr, dass sich die «Shambhala-Idee» zu einer panasiatischen Vision mit faschistoidem Charakter entwickle. Trimondis weisen auch – zu Recht – darauf hin, dass der Shambhala-Mythos vom japanischen Führer der AUM-Sekte Shoko Asahara aufgenommen wurde, nur ist ihre Interpretation völlig abwegig. Sie werfen dem Dalai Lama vor, er habe Asahara bewusst in den Shambhala-Mythos eingeweiht, um ihn dadurch gleichsam als Schachfigur in seinen Welteroberungsplänen zu benützen. Sie suggerieren, Asahara sei der nach außen hin projizierte Schatten des Dalai Lama. Er habe die Sünden des Dalai Lama, des eigentlichen Drahtziehers, auf sich genommen. Dabei übersehen die Autoren, dass Japaner die Shambhala-Vorstellung bereits viel früher, nämlich während ihrer Besetzung der Mandschurei, instrumentalisierten, und zum anderen, dass der Dalai Lama in seinen Belehrungen zum Kalachakra-Tantra die kriegerischen Seiten des Shambhala-Mythos nie erwähnt, es somit einer perfiden Unterstellung gleichkommt, wenn von einem «Shambhalisierungsplan» des 14. Dalai Lama gesprochen wird. Dass die Endzeitvision des Shambhala-Mythos manche Leute faszinierte, so zum Beispiel den burjatischen Lama Dorjeff (Dordjieff; Dorjijew), der Shambhala mit Russland identifizierte, kann nicht dem Dalai Lama oder allgemein den Tibetern zum Vorwurf gemacht werden. Dieser apokalyptische Teil des Mythos hat innerhalb der tibetischen Gesellschaft eine marginale Bedeutung, er hat jedoch die Aufmerksamkeit eines ansehnlichen westlichen und asiatischen Publikums auf sich gezogen. Auch ist nicht von der Hand zu weisen, dass vielen, die diesen Teil des Shambhala-Mythos für sich instrumentalisiert haben, eine gewisse Nähe zum Faschismus nicht abgesprochen werden kann. Daraus aber zu schließen, die Tibeter stünden dem Faschismus nahe, ist ein Trugschluss und ist genauso abwegig, wie wenn jemand behaupten würde, alle Inder stünden den Nazis nahe, weil die Nazis das in Indien weit verbreitete indische Hakenkreuz für ihre Zwecke verwendet haben.

Ursprünge der neonazistischen Tibet-Zerrbilder

Van Helsing vertritt die Meinung, Hitler habe sich vom Buch *The Coming Race* von Lord Bulwer-Lytton inspirieren lassen und auch vom Buch *Tiere, Menschen und Götter* von Ossendowski. Diese Behauptung ist durch nichts belegbar und ist höchst unwahrscheinlich[198], der Einfluss der beiden Autoren auf die Neonazis ist jedoch offensichtlich. Ihre Legenden übernehmen sinngemäß viele Passagen aus den erwähnten Büchern und aus theosophischen Quellen, wie folgende Beispiele aufzeigen.

Ravenscroft spricht von «Heimlicher Lehre», die vor etwa 10 000 Jahren unter den Eingeweihten im alten Tibet aufkam, was stark an *Die Geheimlehre* von Helena Blavatsky erinnert, die ja auch zu einem großen Teil auf dem archaischen tibetischen Buch *Dzyan* basieren soll. Ravenscroft vertritt die Meinung, dass sich die Eingeweihten damals durch gewaltige Zeiträume in die Vergangenheit zurückversetzen konnten, wodurch ihnen der geistige Ursprung der Erde und des Menschheitsgeschlechts offenbar wurde, und behauptet, dies sei dank des «dritten Auges» möglich gewesen, das in der «Akashischen Chronik» (Akasha-Chronik) lesen konnte.[199] Sogar Hitler wird mit diesem «dritten Auge» in Beziehung gebracht: Haushofer habe – so wird suggeriert – durch seine Belehrungen Hitlers «drittes Auge», das Chakra zwischen und hinter den Augenbrauen, aktiviert[200], und Hitler habe angeblich von seinem «Zy-

42

42 Die von Helena Blavatsky vertretene Idee, alle Menschen hätten einst ein «drittes Auge» gehabt, wird auch in einem Comic aus Japan aufgenommen. Darin ist die aus Tibet stammende Pai die letzte Überlebende der Triklopen.

klopenauge» gesprochen, einer Aktivierung der Zirbeldrüse (Epiphyse), was einen begrenzten Einblick in die Zeit gewährte.[201] Der Ursprung dieser Vorstellung ist evident: Bereits Blavatsky hatte in *Die Geheimlehre* von jenem «dritten Auge» geschrieben. Sie vertritt dort die Meinung, die frühe vierte Rasse könnte allenfalls dreiäugig gewesen sein, «ohne dass sie notwendigerweise ein drittes Auge in der Mitte der Stirne gehabt hat.» Dieses dritte Auge erlaubte ein geistiges inneres Schauen. Für die Okkultisten, die Schüler der esoterischen Symbologie sei dies keine Vermutung oder Möglichkeit, sondern einfach eine Phase des Gesetzes, des Wachstums, kurz: eine bewiesene Tatsache. Mit der Zeit «wurde ihr geistiges Schauen trübe; und dementsprechend begann Das Dritte Auge seine Kraft zu verlieren» ... Das dritte Auge verschwand, «und es wurde tief in das Haupt eingezogen und ist jetzt unter dem Haar vergraben.» Doch während der «Tätigkeit des inneren Menschen», das heißt in Trancezuständen und geistigen Visionen, schwillt das Auge wieder an und dehnt sich aus. «Das dritte Auge ist» – so Blavatsky – «tot und wirkt nicht länger; aber es hat einen Zeugen seines Daseins hinterlassen. Dieser Zeuge ist die Zirbeldrüse.»[202]

In der ariosophischen (zum Beispiel Jörg Lanz von Liebenfels) und in der neonazistischen Literatur wurde diese Theorie wieder aufgenommen, und wiederum handelt es sich dabei um eine Vorstellung, die mit Tibet in Beziehung gebracht wird, leben doch die direkten Nachfahren der Dreiäugigen, besonders weise Männer, angeblich noch heute im Gebiet Tibets und des Himalaja. Dieses Motiv hat Lobsang Rampa (Cyril Hoskins) geschickt in seinem Roman *Das dritte Auge* aufgenommen, und es wurde in den 80er Jahren auch in einer sehr erfolgreichen japanischen Comics-Serie übernommen: Diese handelt von einem seltsamen Mädchen namens Pai, das aus Tibet stammt. Sie ist die letzte Überlebende der Sanji Unkara oder Triklopen, welche eine ganz andere Entwicklung als die Hominiden hinter sich haben und das Geheimnis des ewigen Lebens kennen.[203]

Auch die von Blavatsky vertretene Lehre der Rassenentwicklung war, wie bereits dargelegt wurde, ein starker Impuls für die Ariosophie und deren Vertreter, so zum Beispiel für Guido von List und Jörg Lanz von Liebenfels. Die Wurzelrassen erscheinen ebenfalls bei Rudolf Steiner und tauchen in neuerer Zeit bei Wilhelm Landig und Ravenscroft wieder auf.[204]

Auf die Entlehnung des durch Helena Blavatsky ausführlich beschriebenen Shambhala-Mythos durch den Neonazismus ist bereits hingewiesen worden. Zur theosophischen Vorstellung, unterhalb Tibets befänden sich riesige Höhlen mit Bibliotheken (*Isis entschleiert*) und die weisen Männer der dritten, vierten und fünften Wurzelrasse hätten in unterirdischen Wohnungen geweilt (*Die Geheimlehre*), finden sich ebenfalls Parallelen in der neonazistischen Literatur, lokalisieren doch beispielsweise die Neonazis Agarthi- und Shambhala teilweise in großen Höhlen unterhalb Tibets. Dieses Höhlenmotiv hat ebenfalls Lobsang Rampa/Cyril Hoskins aufgenommen, der angeblich die «Zeremonie des letzten Todes» in einem Tempel tief unter dem Potala erlebte, und es kommt auch in anderen Tibet-Geschichten vor, beispielsweise im Spielfilm *Auf der Suche nach dem goldenen Kind* und in Comics der 80er Jahre.[205]

Alle diese Beispiele, die durch weitere ergänzt werden könnten, belegen, wie sehr sich die hier dargestellten Autoren von der Theosophie inspirieren ließen. Einige, so vor allem Ravenscroft, verarbeiteten auch anthroposophische Vorstellungen[206], wobei es schwerfällt, die beiden Quellen eindeutig zu trennen, da sich bekanntlich die Anthroposophie aus der Theosophie heraus entwickelt hat und viele Gemeinsamkeiten zwischen den beiden bestehen. Wichtige Anleihen machen die neonazistischen Autoren auch bei Gurdjieff und Ossendowski, während ihnen wohl d'Alveydre und Jacolliot unbekannt sind, da ihre Bücher heute kaum mehr erhältlich sind.

Willkürliche Geschichtsklitterung

Die weiter oben wiedergegebene Geschichte, welche die Flucht Hitlers beschreibt, beginnt mit dem Satz: «Es war einmal eine Leichenverbrennung». So beginnen bekanntlich viele Märchen, und so müssten die meisten bisher genannten Tibet-Berichte beginnen – denn auch sie gehören in die Kategorie der Märchen. Es gab keinen in Berlin lebenden Tibeter mit dem Übernamen «Der Mann mit den grünen Handschuhen», und da dieser nicht existierte, konnte sich Hitler bei ihm auch keinen Rat holen. Es gab keine tibetische Kolonie oder gar einen tibetischen Schwarzmagierorden in Deutschland. Aufgrund fremdenpolizeilicher Informationen aus jener Zeit befand sich damals nur ein einziger Tibeter in Deutschland, nämlich ein Diener des Forschers Albert Tafel, der später eine Deutsche heiratete.[207] Auch der angebliche Tibeter Burang, der 1947 das Buch *Tibeter über das Abendland* publizierte, erweist sich bei genauerer Prüfung als Nicht-Tibeter. Es handelt sich bei ihm um T. Illion, alias Nolling.[208] Kurz: Es gibt keinen Beweis für die Existenz eines im Dritten Reich lebenden und wirkenden tibetischen Mönchs, geschweige denn einer ganzen Gruppe oder gar Tausenden von Tibetern!

Auch existieren keine Beweise dafür, dass Gurdjieff und Trebitsch-Lincoln in Tibet waren, sieht man von ihren eigenen Behauptungen ab, die jedoch angesichts der unglaublichen Fabulierkunst der beiden stark angezweifelt werden müssen. Zudem lassen viele Detailinformationen ihre Tibetaufenthalte als höchst unwahrscheinlich erscheinen. Auch Karl Haushofer war, wie seine lückenlose Biografie aufzeigt, nicht in Tibet, konnte somit keinen Kontakt zu den «Gelbmützen-Mönchen» aufbauen. Er wurde zudem sicherlich nicht von Gurdjieff in das tibetische Geheimnis des «Zustandes der Erweckung» eingeweiht, da Gurdjieff keinen Kontakt mit Haushofer hatte[209] und in der tibetischen Tradition keine Einweihung in den «Zustand der Erweckung» bekannt ist. Es ist auch erwiesen, dass sich die Thule-Gesellschaft nicht mit asiatischen oder gar tibetischen Lehren befasste.

Ins Reich der Märchen gehören auch die diversen Versionen des Agarthi-Mythos, der weder in der Mongolei noch in Tibet bekannt ist. Weder Hitler noch Himmler waren, als Ernst Schäfer 1938 mit seiner Expedition nach Tibet aufbrach, am Auffinden von Agarthi interessiert. Das Interesse Himmlers an Tibet ist höchstens indirekt belegbar aufgrund von Notizen von Ernst Schäfer, Informationen von Bruno Beger und Aktivitäten, welche Himmler eindeutig plante oder unterstützte (Tibet-Expedition, Ahnenerbe usw.).

Lediglich Shambhala hat, zumindest was den Namen anbelangt, einen tibetischen Ursprung, doch ist die Legende, wie sie die Theosophen und neonazistische Kreise erzählen, in Tibet unbekannt – wie im 5. Teil aufgezeigt werden wird.

Aus vielen in diesem Kapitel zitierten Quellen wird eines deutlich: Das Wissen der zu Wort gekommenen Autoren um Tibet ist erschreckend gering. Offenbar hat sich kein Autor die Mühe gemacht, auf gut recherchierte Texte von Tibetologen und Religionswissenschaftlern zurückzugreifen, stattdessen werden Passagen aus dubiosen theosophischen Texten oder Romanen, wie diejenigen von Bulwer-Lytton, zitiert. Es herrscht ein «Plagiate-Chaos», jeder schreibt von jedem ab, teils unter Nennung der Quellen (wodurch der betreffenden Publikation einen Hauch von Wissenschaftlichkeit verliehen werden soll), zu einem großen Teil jedoch ohne genaue Quellenhinweise.[210] Tatsache bleibt, dass die beigezogenen Quellen in der Regel höchst dubios sind oder – wie es ein Kenner der Materie ausdrückt – «man beweist die ‹Wahrheit› einer Lüge mit der Lüge eines anderen.»[211]

Detlev Rose, der sich intensiv mit der Thule-Gesellschaft auseinandergesetzt und die verschiedenen Quellen kritisch analysiert hat, meint, «Inhalte ‹okkulter› Weltanschauungen seien nicht nachprüfbar, nicht beweisbar, nicht widerlegbar»,[212] eine Aussage, die wohl nur teilweise zutrifft. Es gibt viele okkulte Überzeugungen, die man in der Tat einfach glauben (oder ablehnen) muss, doch ist überall dort, wo sich der Okkultismus auf andere religiöse Systeme bezieht, andere religiöse Vorstellungen entlehnt – was im Okkultismus häufig der Fall zu sein scheint – eine Überprüfung möglich. Wie in diesem Kapitel aufgezeigt wurde, wird unter dem Mantel des Okkultismus sehr viel Falsches, Unwahres, Ungeheuerliches über Tibet und die tibetische Religion verbreitet – was ohne weiteres widerlegt werden kann, vorausgesetzt man hat das notwenige Grundwissen über Tibet und benutzt die zur Verfügung stehenden Quellen kritisch.

Charakteristisch für viele der hier vorgestellten Publikationen ist die schluddrige Art, Quellen zu verwenden, und das oftmals tendenziöse Zurechtbiegen von Informationen, um diese mit eigenen vorgefassten Meinungen in Übereinstimmung zu bringen. Zur Illustration mögen zwei Beispiele genügen, die durch zahlreiche weitere ergänzt werden könnten: Doucet behauptet in seinem Buch *Im Banne des Mythos*, das durch die zahlreichen Quellenhinweise und Fußnoten den Eindruck einer wissenschaftlichen Studie erwecken will, «die Upanishaden» seien «die Grundlage der geheimen buddhistischen Erkenntnislehre und der Psycho-Techniken der Äbte und Mönche in den Lama-Klöstern Tibets, wie sie durch Haushofer den Mitgliedern der Thule-Gesellschaft vermittelt wurden.»[213] Abgesehen davon, dass die hinduistischen Upanishaden keineswegs die Grundlage der buddhistischen Erkenntnislehre sind (höchstens in dem Sinn, dass sich der Buddhismus aus dem Hinduismus heraus entwickelt hat), werden in diesem einen Satz implizit mehrere Tibet-Mythen vermittelt: Der «geheime» Gehalt der buddhistischen Lehre, die besonderen «Psycho-Techniken», über welche tibetische Mönche verfügen sollen, sowie der bereits hinlänglich bekannte Mythos, Karl Haushofer hätte den Mitgliedern der Thule-Gesellschaft tibetische Weisheiten weitervermittelt. Eine noch absurdere Vermutung findet sich im gleichen Buch einige Seiten später, wenn Doucet schreibt: «Bei Berücksichtigung der nachweislichen Verbindungen des ‹Thule-Kreises› zu Tibet (Verbindungen, die, wie wir hier gezeigt haben, nicht nachzuweisen sind) und der Übernahme tibetischer Geheimlehren könnten das rückläufige Hakenkreuz und auch die Farbe der Parteiuniformen von der Sekte der Gelbmützen übernommen worden sein.»[214]

Es braucht nicht mehr viel, um die Gleichung aufzustellen: Deutsche SS-(Hinter)Männer = tibetische Gelbmützen-Mönche.

Eine solche Literatur als irrational zu bezeichnen, wie dies Detlev Rose[215] tut, ist zwar aufgrund seiner eigenen Argumentation nachvollziehbar, ist aber, zumindest was das in ihr gezeichnete Tibetbild anbelangt, zu schönfärberisch. Diese Literatur ist tendentiös, ist spekulativ (ohne dies klar zu deklarieren), ist neonazistische Literatur. Sie ist Literatur, die mit den Mitteln willkürlicher Geschichtsklitterung braune Ideologie wiederbelebt. Darüber mag auch nicht hinwegtäuschen, dass es unter diesen Autoren solche gibt, welche ihre Aussagen relativieren, wie beispielsweise Bronder, der im Kapitel über die okkulten Wurzeln des Nationalsozialismus schreibt, es solle nicht abgestritten werden, bei seinen Schilderungen würden sich Wahrheit und Dichtung miteinander verweben und das Angeführte sei zum Teil mangelhaft und unsicher belegbar.[216] Trotz dieser «Erkenntnis» enthält sein Buch viele Unwahrheiten, die bei einer sorgfältigen Recherche hätten vermieden werden können.

Dass in der neonazistischen Literatur Tibet zusehends an Bedeutung gewinnt und vermehrt «missbraucht» wird, dies aufzuzeigen, war das Hauptziel dieser letzten Kapitel.

Wie bereits erwähnt gehen viele Tibet betreffende Informationen aus dem nazistischen und neonazistischen Umfeld auf die Theosophie der Helena Blavatsky zurück, die selbst ja auch diejenigen Quellen verwendete, die ihr gerade passten – ohne diese kritisch auf ihren Wahrheitsgehalt zu überprüfen. Quellenkritik war ein Fremdwort für Blavatsky, Quellenkritik ist auch ein Fremdwort für die neuen Tibet-Okkult-Literaten. Es scheint, dass es den Autoren gar nicht um das Aufzeigen von Fakten geht, sondern um die Darstellung vorgefasster Meinungen: Tibet ist das Rückzugsgebiet der Atlantisbewohner und somit der frühen Arier; diese Früharier kennen Weisheiten, die den anderen Erdenbewohnern abhanden gekommen sind; es lohnt sich – nein, es drängt sich geradezu auf – diese Weisheiten kennenzulernen und deshalb mit den tibetischen Weisen in Kontakt zu treten, um ein neues besseres Reich auf dieser Erde zu schaffen. Die Frage bleibt bestehen, weshalb die Theosophen (und ihre Vorgänger) diese Tibet-Mythen schufen und die Neonazis sie weiterentwickeln, weshalb Tibet? Weshalb die tibetischen Mönche? Es sind dies Fragen, mit denen wir uns im 5. Teil vertiefter beschäftigen wollen.

43

Himmlers Interesse an Tibet und «Das Ahnenerbe»

Es wäre nun ebenfalls tendentiös und falsch, den Eindruck zu vermitteln, die Nazis hätten überhaupt kein Interesse an Tibet gezeigt oder Himmler habe gar keine Beziehung zu Asien/Tibet gehabt. Wir wollen im folgenden der tatsächlichen «Tibet-Connection» nachgehen, wobei wir uns vor allem auf die Vorarbeiten von Harald Bechteler und Reinhard Greve stützen können.[217] Dort, wo es sinnvoll erscheint, werden wir auch in diesem Kapitel auf die neonazistische Literatur verweisen.

Kristallisationspunkt der Beschäftigung mit Tibet war im Dritten Reich die Forschungs- und Lehrgemeinschaft «Das Ahnenerbe». Diese im Jahr 1935 gegründete Institution war vor allem dem großen Misstrauen Himmlers gegenüber den «Handwerksgesellen der Wissenschaft» zu verdanken. Er wollte im Ahnenerbe «wesentliche und wertvollste Forschungen» durchführen, die im nationalen und nationalsozialistischen Interesse lagen und von der offiziellen Wissenschaft nicht anerkannt bzw. sogar verfolgt wurden.[218] Insbesondere wollte man «Raum, Geist und Tat des nordischen Indo-Germanentums erforschen» und die «Ergebnisse in klarer, einfacher Form dem deutschen Volke vermitteln.»[219] Das Ahnenerbe, das zeitweilig 40 bis gegen 50 wissenschaftliche Abteilungen umfasste,

43 Kristallisationspunkt der Beschäftigung mit Tibet war im Dritten Reich die Forschungs- und Lehrgemeinschaft «Das Ahnenerbe», das ein Amt im Persönlichen Stab des Reichsführers-SS Himmler (1900–1945) wurde. Diese im Jahr 1935 gegründete Institution war vor allem dem großen Misstrauen Himmlers gegenüber den «Handwerksgesellen der Wissenschaft» zu verdanken. Himmler schien an östlichen Weisheitslehren und an Okkultismus interessiert zu sein, nicht aber, wie dies ab und zu behauptet wird, am Auffinden von Agarthi, das von einigen in Tibet vermutet wurde. Er glaubte kaum an die abstrusen Ursprungsmythen, wonach die Arier in einem Rückzugsgebiet in oder sogar unter Tibet lebten, und auch die Behauptung, Himmler habe auf Anregung von Karl Haushofer eine okkulte Schule errichtet und viele Mitglieder der Totenkopf-SS, der Gestapo usw. zu Kursen in Meditation, Transzendentalismus und Magie abkommandiert, entbehrt jeglicher Grundlage. Tatsache ist jedoch, dass Himmler 1938 regen Anteil an der Schäfer-Expedition nach Tibet nahm, die unter seiner Schirmherrschaft und in Verbindung mit dem Ahnenerbe stand. Himmler erhoffte sich von dieser Expedition wichtige wehrwissenschaftliche Daten, was sich zum Beispiel darin zeigt, dass Himmler Schäfer den Spezialauftrag gab, ein Super-Steppenpferd für Kriegszwecke zu züchten. Auch vermutete Himmler, dass «Reste der tertiären Mondmenschen, letzte Zeugen der verschollenen, ehemals weltumspannenden Atlantis-Kultur» in Tibet zu finden seien.

war jedoch – wie Heller/Maegerle zu Recht bemerken – keineswegs nur ein versponnenes Hobby Himmlers, sondern war auch an der Judenvernichtung beteiligt und wurde zu ihrer Rechtfertigung herangezogen. Das Ahnenerbe wurde in die SS integriert, es wurde ein Amt im persönlichen Stab des Reichsführers-SS Himmler, und seine Akademiker hatten SS-Ränge und trugen SS-Uniformen.[220]

Himmler schien an östlichen Weisheitslehren und an Okkultismus interessiert zu sein und soll oft die Bhagavad-Gîtâ mit sich getragen haben. Der Glaube der Indogermanen an die Wiedergeburt und an das Karma-Gesetz sagte ihm zu. So sprach er beispielsweise vom «Karma des Germanentums», demzufolge es Hitler vorbestimmt sei, das Germanentum zu retten. In Hitler habe – so Himmler – eine der ganz großen Lichtgestalten eine Inkarnation gefunden.[221] Himmler gefiel offenbar das hinduistische Kastensystem mit seiner klaren Hierarchie und Aufgabenzuteilung und er vermischte es mit seiner Herrenmenschenideologie. Besonders angetan war er von der Gestalt Krishnas, der – wie der Führer Hitler – sich in die Geschicke der Welt einmische, wann immer Unrecht aufkomme.[222]

Auch bei Himmler bleibt jedoch unklar, wie sehr er an die abstrusen Ursprungsmythen glaubte, wonach die Arier in einem Rückzugsgebiet in oder sogar unter Tibet lebten. Wegen der Überzeugung Himmlers, positive Eigenschaften seien ausschließlich im «nordischen Blut» vorhanden und ein wichtiges Ziel bestehe in einer Höherentwicklung dieser nordischen Rasse, kann davon ausgegangen werden, dass Himmlers Interesse an den angeblichen Ariern Zentralasiens höchst gering, ja wahrscheinlich nichtexistent war. Dies hindert die Neofaschisten aber nicht, Himmler dennoch mit tibetischem Okkult-Wissen in Beziehung zu bringen, jenes Tibet, das zur Projektionsfläche von braunen Okkultisten für ihren «esoterischen Hitlerismus» wird – dies ein Ausdruck des esoterischen Nationalsozialisten Miguel Serrano. Nach Ravenscroft begeisterte sich Himmler so sehr für die Lehre einer tibetischen Gruppe, die auf Anregung von Professor Karl Haushofer aufgebaut worden war, dass er eine okkulte Schule errichtete und viele Mitglieder der Totenkopf-SS, der Gestapo usw. zu «Kursen in Meditation, Transzendentalismus und Magie» abkommandierte.[223] Sogar die Welteislehre des Hanns Hörbiger wurde mit dem okkulten Tibet in Beziehung gebracht, indem behauptet wurde, die Kosmologie, die hinter der Lehre versteckt liege, sei vor 9000 Jahren im alten Tibet entstanden.[224]

Das Interesse Himmlers an Tibet ist wohl teilweise auf einen seiner Berater, Karl Maria Wiligut, zurückzuführen. Dieser «Rasputin Himmlers» behauptete, eine Reise nach Indien unternommen und dort ein Lamakloster besucht zu haben, eine Reise, die sich nach dem lückenlos vorliegenden Lebenslauf des Oberst nicht unterbringen lässt.[225] Aufschlussreich ist jedoch wieder die von Wiligut erzählte Geschichte, mit der er seine Reise gleichsam zu beweisen versuchte: Beim Abschied vom Lamakloster war er von den Mönchen in eine reiche Schatzkammer geführt worden und die heiligen Männer forderten ihn auf, soviel von den Schätzen zu nehmen, wie er Lust hätte. Der Alte schlug das Angebot höflich aus und nahm nichts von den Juwelen.[226] Später wurde von seinen esoterischen Freunden behauptet, das Treffen habe nur auf astraler Ebene stattgefunden (auch wenn Wiligut überzeugt davon war, die Indienreise und der Besuch im Lamakloster hätten stattgefunden) und sei ein Initiationserlebnis gewesen: Durch das Auschlagen der Juwelen bestand Wiligut eine wichtige Prüfung.

Wiligut war überzeugt davon, dass Lhasa zusammen mit Urga (Ulan Bator), den ägyptischen Pyramiden und Wien eine Art geomantisches Viereck bilden, in dessen Zentrum Utgart liegt, ein bereits in der Edda bekannter Ort, der identisch mit dem altrussischen Kloster Gora Blagodaty und der «Eisernen Stadt», die der persische Dichter Firdausi in seinem Königsbuch erwähnt, identisch sein soll. In dieser asiatischen Grundortung wirken starke Kraftstrahlen. So soll Wien unter Einwirkung von Strahlen aus Utgart und aus Urga stehen, während ein anderer Kraftstrom von den Pyramiden via Iran, Afghanistan und Belutschistan nach Lhasa verläuft.[227] Himmler glaubte offenbar an diese geomantische Theorie, und es ist nicht auszuschließen, dass er sich von der Schäfer-Expedition genauere Daten dazu erhoffte.

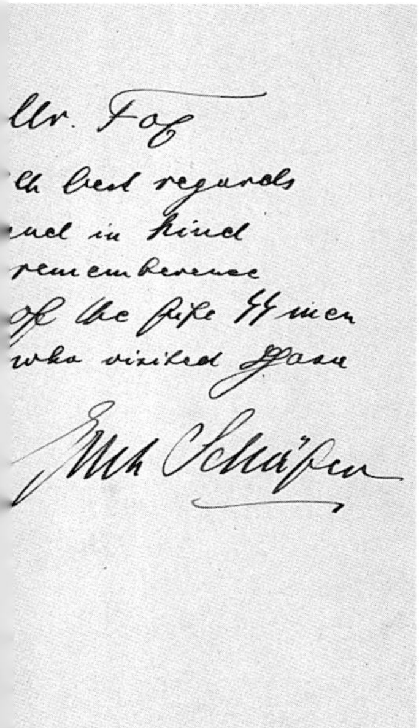

44 Die Briten beobachteten mit großer Skepsis die Mitglieder der Schäferschen Tibet-Expedition, die keineswegs ihre politische Herkunft verheimlichten. Dies belegt zum Beispiel diese Widmung Schäfers in einem Buch, das Reginald Fox, der Radiooperateur der britisch-indischen Regierung in Tibet, geschenkt erhielt: «Mit besten Grüssen und zum Andenken an die fünf SS-Männer, die Lhasa besuchten.»

Ernst Schäfer und seine SS-Männer

Ernst Schäfer (1910–1992) hatte bereits 1931/32 und 1934 bis 1936 zusammen mit dem Amerikaner Brooke Dolan an zwei amerikanisch-deutschen Expeditionen nach Osttibet teilgenommen, wonach er von Himmler zum SS-Untersturmführer ernannt wurde.[228] Im Jahre 1938 sollte er eine eigene deutsche Tibetexpedition leiten – «unter der Schirmherrschaft des Reichsführers SS Himmler und in Verbindung mit dem Ahnenerbe». Himmler nahm somit an der Schäfer-Expedition nach Tibet regen Anteil, war beim Einholen der benötigten Genehmigungen – unter anderem von den britisch-indischen Behörden – behilflich und bezahlte auch den letzten Teil des Rückflugs der Expedition[229]. Abgesehen davon trieb Schäfer die Gelder für die Expedition persönlich auf, wodurch er eine große Unabhängigkeit bei Planung und Durchführung hatte. Dies führte dazu, dass weitgehend Schäfer selbst die Forschungsgebiete definierte, so dass sich das Ahnenerbe gezwungen sah, sich vom Unternehmen zu distanzieren, da unter den gegebenen Umständen nicht damit gerechnet werden konnte, dass «den kulturwissenschaftlichen Absichten des Reichsführers SS» gedient werde.[230] Himmler ließ es sich dennoch nicht nehmen, vor der Abreise alle Tibet-Expeditionsteilnehmer zu einer Audienz einzuladen, jedem einen Angora-Wollpullover zu schenken, alle zur Wintersonnenwende 1938 zu befördern (Schäfer wurde Hauptsturmführer) und sie im August 1939, bei ihrer Ankunft in Deutschland, medienwirksam zu begrüßen, nachdem sie in Athen von der Privatmaschine Himmlers abgeholt worden waren. Schäfer, der wie ein Held gefeiert wurde, erhielt von Himmler einen vom Reichsführer signierten Totenkopfring und einen SS-Ehrendegen.[231]

Die Schäfersche Tibet-Expedition zeigt nochmals beispielhaft auf, wie raffiniert neonazistische Autoren Fiktion mit Geschichte verweben und ihre Ideologie verschleiern. In *Die schwarze Sonne von Tashi Lhunpo* hatte die Expedition die Aufgabe, der Thule-Sage nachzuspüren, und in *Der Speer des Schicksals* versuchten die deutschen Expeditionen, «die sich zwischen 1926 und 1942 jährlich (sic!) auf den Weg machten», Kontakte mit den Höhlengemeinschaften der Adepten von Agarthi und Shambhala anzuknüpfen. Sie sollten diese überreden, «die luziferischen und ahrimanischen Mächte in den Dienst des Nationalsozialismus zu stellen und die geplante Mutation zu unterstützen, welche die Geburt der neuen Rasse von Übermenschen anzeigen sollte.» Wilhelm Landig erwähnt ebenfalls in seiner Thule-Trilogie Schäfers Expedition nach Tibet, die esoterischen Zwecken gedient haben soll[232]. Denn Tibet ist – nach Landig – «das Reich der Schwarzen Sonne! Es ist der Sammelpunkt der esoterischen Kreise der Schutzstaffeln, deren Wissen auch Herr Himmler ahnte, aber nicht teilhaftig wurde».[233] Auch Carmin versucht seiner Leserschaft zu suggerieren, Himmler sei an den Expeditionen nach Tibet interessiert gewesen, weil er an die reale Existenz des Reiches Agarthi geglaubt habe.[234] Schließlich behauptet Bronder, die Schäfer-Expedition sei unter der Führung von Eva Speimüller und Karo Nichi gestanden, «einem Gesandten der tibetischen Agartha in Berlin». Sie habe dem Dalai Lama Funkgeräte zur Aufnahme von Verbindungen zwischen Lhasa und Berlin gebracht.[235] «Schäfers SS-Männer (wo bleibt da Eva Speimüller?) durften das sonst für Europäer und Christen gesperrte heilige Lhasa betreten – ja sogar den lamaistischen Prachttempel, der nur ein riesiges Symbol enthielt, das heiligste des Mongolentums: das Hakenkreuz.»[236] Das Hakenkreuz wird da zum verbindenden Symbol zwischen dem Deutschen Reich und Tibet, was nicht ganz abwegig ist, wenn man liest, was Schäfer anlässlich einer Geschenkübergabe dem tibetischen Regenten sagte: «Da das Hakenkreuz auch uns Deutschen höchstes und heiligstes Sinnbild bedeutet, so stehe unser Besuch unter dem Leitspruch: Treffen des westlichen und östlichen Hakenkreuzes in Freundschaft und Frieden ...»[237] Trotz dieser angeblichen Hakenkreuz-Affinität bleibt festzuhalten, dass das Hakenkreuz in Tibet nie den zentralen Stellenwert einnahm, wie uns in der oben erwähnten Geschichte vorgegaukelt wird. Der lamaistische Prachttempel, der nur ein Hakenkreuz enthalten soll, existiert nicht, er ist ein Märchen.

Die zuvor genannten okkulten Zielsetzungen und Hintergründe der Tibet-Expedition von Ernst Schäfer

45

45 Mitglieder der Schäfer-Expedition zu Besuch beim tibetischen Ministerrat. Die 1938/39 durchgeführte Expedition führte zu vielen Spekulationen. Unter anderem wurde vermutet, die Nazis hätten mit dieser Reise nach Tibet die Existenz der Höhlengemeinschaften von Agarthi und Shambhala beweisen wollen und esoterische Ziele verfolgt. Diese Thesen sind jedoch durch nichts zu belegen. Das Hauptziel der Schäfer-Expedition bestand im Sammeln von geophysikalischen, zoologischen, botanischen, geologischen, ethnologischen und anthropologischen – und damit auch rassenkundlichen – Daten.

sind – nach dem heutigen Kenntnisstand – aus der Luft gegriffen. Das Hauptziel der Schäfer-Expedition bestand im Sammeln von geophysikalischen, meteorologischen, zoologischen, botanischen, geologischen, ethnologischen und anthropologischen – und damit auch rassenkundlichen – Daten, «eine Gesamtschau seines Forschungsgebiets Innerasien: Erde – Pflanze – Tier – und Mensch, die Synthese im Goethe'schen und Humboldt'schen Sinn».[238] Zudem sollte er auch Ausschau nach germanischen Resten in Tibet halten und Forschungen zur Erhärtung der sogenannten Welteislehre betreiben.[239] Die von Hanns Hörbiger entwickelte Welteislehre, von der auch Adolf Hitler ein überzeugter Anhänger war[240], versuchte Katastrophen wie die Sintflut und das Ende von Atlantis zu erklären und postulierte einen ständigen Kampf zwischen dem Eis und der Glut im Weltall. In diesem Kampf sei die Triebkraft allen kosmischen Geschehens zu suchen.[241] Himmler erhoffte sich von den unter anderem auch in Tibet durchzuführenden Versuchen einen wesentlichen Beitrag zur sicheren Wettervorhersage, um im Kriegsfalle unabhängig von ausländischen Wetterdiensten zu sein. Er war somit vor allem an wehrwissenschaftlichen Daten interessiert, was sich zum Beispiel darin zeigt, dass Himmler Schäfer den Spezialauftrag gab, ein Super-Steppenpferd für Kriegszwecke zu züchten. Auch wies er das Ahnenerbe an, die während der Tibet-Expedition gesammelten Kulturpflanzen zu bearbeiten, unter anderem, um unempfindliche Getreidesorten zu züchten, damit Deutschland wirtschaftlich autark werde. Diese Art von Forschung entsprach den Interessen von Schäfer, der sich als angewandter Wissenschafter sah und sich nie für irgendwelche okkulte Theorien über Tibet erwärmte.[242]

Auch kann durch nichts belegt werden, dass Schäfer in irgendeiner Weise als politischer Verbindungsmann zwischen dem Deutschen Reich und Tibet gewirkt haben soll. Wir wissen einzig von einem Höflichkeitsschreiben des tibetischen Regenten an Hitler, das Schäfer nach Deutschland zurückbrachte, zusammen mit einem Geschenk, über das Hitler enttäuscht gewesen sein soll.[243] Das Schreiben verleiht völlig unverbindlich dem Wunsch Ausdruck, «die bisherigen freundschaftlichen Beziehungen zwischen unseren beiden Residenzen zu intensivieren. Ich glaube, dass Ihr, erhabener König, Herr Hitler, in dieser Angelegenheit mit mir übereinstimmend dies wie früher für wesentlich und nicht für gleichgültig erachtet.»[244]

Hauptverantwortlich für das Sammeln von anthropologischen Daten in der Schäfer-Expedition war Bruno Beger. Beger war Schüler von Hans Friedrich Karl Günther, eines führenden Ideologen des NS-Rassismus, für den galt: «Die wertvolle Rasse, die aufbauende, schöpferische, gestaltende, die helle heldische Rasse ist die nordische.»[245] Der «Professor für Rassenkunde» Günther interessierte sich im besonderen für den Adel, jenen Volksteil, dem der Wille zur Schaffung vorbildlicher Geschlechter eigen sei. Die ursprüngliche rassische Eigenart der Indogermanen habe sich, so Günther, beim Adel der Völker indogermanischer Sprache am besten erhalten.[246] Diese Vorliebe Günthers für den Adel war auch seinem Schüler Beger eigen, der dem tibetischen Adel besondere Aufmerksamkeit schenken wollte, weil er wie sein Lehrer Günther vermutete, nordische beziehungsweise europide Rassenelemente müssten sich vor allem in der Führerschicht und im Adel erhalten haben. Dies, so Beger in seinem Vortrag «Das Rassenbild der Tibeter», habe sich tatsächlich auf seiner Tibetreise bestätigt.[247] Da sich Adlige nie für anthropologische Messungen zur Verfügung stellten, bleibt offen, wie Beger zu dieser Schlussfolgerung gelangte.

Zusätzlich wollte Beger in Tibet nach Skelettresten früherer nordischer Einwanderer suchen und die nordische Rasse unter der tibetischen Bevölkerung erforschen,[248] denn – so Beger in einer Denkschrift, in der er Schäfer kritisierte – eine nationalsozialistische Expedition dürfe nur ein Forschungsziel besitzen: die Erforschung der «nordischen Rasse» in Asien. So erfasste er in Tibet 376 Personen anthropometrisch und fotografierte annähernd 2000 Tibeter. Kopfabformungen konnte er jedoch wegen Vorbehalten der Einheimischen nur sehr wenige herstellen.[249]

1939 wurde Schäfer mit einem «politischen Sonderauftrag» betraut. Er und einige weitere ausgewählte Männer sollten mit Waffen und anderen Geschenken die tibetische Armee gegen die britisch-indischen Truppen aufwiegeln. 1940 musste jedoch die Expedition auf Anweisung des Himmler-Rivalen Alfred Rosenberg mit dem Segen Hitlers abgesagt werden.

Im Januar 1940 wurde Schäfer Leiter der «Forschungsstätte für Innerasien und Expeditionen», die sich zur wichtigsten Abteilung innerhalb des Ahnenerbes entwickelte. Tibet war nun eindeutig Gegenstand einer «kriegswichtigen Zweckforschung»: Mit der Ausdehnung des Dritten Reiches gegen Osten und dem Vordringen der Japaner gegen Westen stellte sich die Frage, was mit dem dazwischenliegenden Tibet, dem einzigen, nicht in den Krieg verwickelten Staat jener Gegend, geschehen sollte. Konnten die Tibeter als «Bündnisrasse» eine bedeutende Rolle in einem panmongolischen Staatenbund unter der Ägide Deutschlands und Japans spielen?

Deutlicher Ausdruck des großen Interesses an Tibet war ein Befehl Himmlers im Frühjahr 1942, «dass die Tibet- und die gesamte Asienforschung (hier zentral) stärkstens ausgebaut werden soll».[250] Man plante eine weitere Tibet-Expedition, die jedoch der «Totalerforschung des Kaukasus» weichen musste, als deutsche Truppen im August 1942 den Kaukasus erreichten. Dennoch wurde die Tibetforschung intensiviert: 1943 wurde das «Sven Hedin-Institut für Innerasien» gegründet, dessen Aufgabe «die totale Erforschung des zentralasiatischen Lebensraums» war.[251] Dabei erlebte die rassenkundliche Forschung von Beger ihren schrecklichen Höhepunkt. Beger hatte sich auch nach der Tibetexpedition intensiv Rassenfragen gewidmet und war zu einem führenden Rassenexperten im Ahnenerbe geworden, wobei er sich immer mehr der «Prüfung der Rassen auf ihre Verwendbarkeit» widmete. Beger stand von allen Mitarbeitern Schäfers dem Nationalsozialismus am nächsten. Einige Indizien deuten darauf hin, dass er im Rahmen seiner «Mongolen-Forschung» für anthropologische Untersuchungen 115 Skelette von Häftlingen des Konzentrationslagers Auschwitz beschaffte. Er war vor allem an mongoliden Typen interessiert, von denen es aber in Auschwitz nur deren vier gab, sodass er seine «Forschung» auf Juden ausdehnte.

Die Skelettsammlung und die dazu gehörenden Daten existieren heute nicht mehr, da die Anweisung gegeben wurde, alles vollständig zu zerstören.[252] Wäre dieser «große wissenschaftliche Verlust für diese einzigartige Sammlung»[253] nicht ein mögliches Thema für einen kommenden neonazistischen Tibet-Roman, in dem die Verwandtschaft der Germanen mit den Tibetern ein für allemal bewiesen wird?

46

46 Hauptverantwortlich für das Sammeln von anthropologischen Daten in der Schäfer-Expedition war Bruno Beger, Schüler von Hans Friedrich Karl Günther, eines führenden Ideologen des NS-Rassismus. Beger schenkte dem tibetischen Adel besondere Aufmerksamkeit, weil er wie sein Lehrer Günther vermutete, nordische beziehungsweise europide Rassenelemente müssten sich vor allem in der Führerschicht und im Adel erhalten haben. Obschon sich nur Nicht-Adlige für anthropologische Messungen zur Verfügung stellten – Beger erfasste 376 Personen anthropometrisch und fotografierte annähernd 2000 Tibeter –, behauptete Beger später, seine These hätte sich bestätigt.

Das bedrohende Tibet

Die bisher zitierte Literatur geht teilweise auf neonazistische Autoren zurück, die sich immer wieder auf prominente Vertreter des Dritten Reiches beziehen – ohne überprüfbare Quellen zu nennen. In der nationalsozialistischen Literatur der 30er und 40er Jahre finden sich nur wenig Hinweise auf Tibet, und diese Stimmen empfinden Tibet eher als gefährliche Bedrohung denn als gelobtes Land. Der Buddhismus wird als «Zerfallserscheinung nordischen Rassengeists» gesehen.[254] Vom «Lamaismus» wird behauptet, er bedrohe mit seinen Verbündeten, den jüdischen Freimaurern und dem römischen Papsttum, Europas Völker.

Ähnlich negative Einschätzungen Tibets, vor allem seiner Religion, finden sich bereits anfangs des 20. Jahrhunderts. So beschreibt der Lyriker und Erzähler Max Dauthendey (1867–1918) in seiner Geschichte *Himalayafinsternis* einen tibetischen Tempel als «eine Art dunklen Stall mit Göttern – kein einziger friedlicher darunter –, die in wilden verrenkten Stellungen standen oder hockten. Ein paar tibetische Priester in schmutziggelben Kutten hockten am Boden, rauchten und tranken. Hinter dem Gefühl der dumpfen Dummheit, die in dieser stallartigen Tempelstube hockte, lag zugleich eine kaltblütige Grausamkeit. Sie blickte beinahe schelmisch aus den stieren Augen der kahlköpfigen tibetanischen Priester und grinste grotesk freundlich aus den lachenden Mäulern der Gesichtsmasken der im Halbdunkel hockenden Götterfiguren.»[255]

Eine weitere frühe negative Einschätzung der «lamaistischen Theokratie» stammt von S. Ipares – allenfalls beeinflusst vom Orientalisten Albert Grünwedel (1856–1935), dessen Veröffentlichungen in den 20er Jahren immer wirrer wurden. Ipares schreibt in seinem Buch *Geheime Weltmächte*, die östliche Welt bereite sich schon seit einiger Zeit zu einer ungeahnt großzügigen Abwehr gegen die Weltherrschaftspläne der weißen Völker vor. Hinter diesen in die große Weltpolitik drängenden und eintretenden Völkermassen des nahen und fernen Ostens wache aber – so Ipares – die okkulte «hierarchia ordinis» der lamaistischen Theokratie, welche den Osten unsichtbar beeinflusse und lenke.[256] Ganz ähnlich argumentiert auch J. Strunk in *Zu Juda und Rom–Tibet*, der von einer geheimen Weltleitung spricht, worunter er «alle die Organisationen, die sich der natürlichen Entwicklung eines Volkes entgegenstellen und die Völker in ihre absolute Gewalt bringen wollen», versteht. «Einem Spinngewebe gleich umspannen sie alle Staaten und Völker der Erde.» Zu diesen Organisationen zählt Strunk alle Weltreligionen, doch sei der Buddhismus zusammen mit dem Judentum, dem Chistentum und dem «Mohamedanismus» führend. Typisch für diese Religionen sei die starke Bindung durch Eide, der Aufbau der Priesterkaste, wobei die buddhistische beanspruche, die älteste zu sein. Sie glaube sich im Besitze des geheimsten Wissens. Ihre sichtbare Spitze sei der lebende Buddha, der Dalai Lama zu Lhasa.[257] Nach Strunk sitzt die Priesterkaste in Tibet und beobachtet das Wirken ihrer Beauftragten in aller Welt – einer Spinne gleich, deren Fäden

47

47 In *Zu Juda und Rom–Tibet* schildert J. Strunk Tibet als Teil einer weltweiten Verschwörung. Nach Strunk beobachtet die Priesterkaste in Tibet das Wirken ihrer überall tätigen Beauftragten – einer Spinne gleich, deren Fäden in alle Welt ausgespannt sind. Die Völker sollten, so Strunk, die große Gefahr erkennen, die ihnen vom «Dach der Welt» drohe, umso mehr, da die tibetische Priesterkaste sogar bestrebt sei, die Symbole des deutschen Volkes, so beispielsweise das Hakenkreuz, für sich zu beanspruchen.

in alle Welt ausgespannt sind. «Was da an Organisationen und neuen geistigen Strömungen neben- und durcheinander läuft, endet fast immer auf dem ‹Dache der Welt›, in einem Lama-Tempel, nachdem man jüdische oder christliche Logen durchschritten hat.»[258] Strunk schreibt in seinem «ersten Versuch, einer Entwicklungsgeschichte der geheimen Weltleitung», das Wirken der östlichen Priesterkaste sei bis in die Mitte des 19. Jahrhunderts kaum zu erkennen gewesen, doch entwickle sich seither eine lebhaftere Tätigkeit, wodurch die Lage der Völker schwieriger werde. Die östliche Priesterkaste wolle Judentum und Christentum verdrängen und an ihre Stelle treten. Sie scheine sogar bestrebt zu sein, «auch die Symbole des deutschen Volkes für sich zu beanspruchen, um ihrem Wirken so nationalen Anstrich zu verleihen. So müssen wir es zum Beispiel entschieden zurückweisen, daß die ‹Buddhistische Arbeitsgemeinschaft› Berlin das Hakenkreuz in ihre okkulten Symbole einflechtet.»[259] Wer finde, es sei lächerlich, «diesen schmutzigen, zerlumpten und närrischen Lama-Priestern so große Beachtung zu schenken, möge nur einmal in seinem Bekanntenkreis Umschau halten, er wird erschüttert sein, wie viele okkulte Gedanken er dort findet. Sie alle aber sind Wegbereiter für die Herrschaft der östlichen Priesterkaste, die an die Stelle der jüdisch-christlichen treten will.»[260] Diese sei jedoch nicht weniger verderblich, und das «lamaistische buddhistische Kollektiv», das an die Stelle des jüdisch-christlichen gesetzt werden solle, sei nicht minder furchtbar für die Völker. «Wie der Jude und Jesuit bemüht ist, alle Lebensäußerungen mit seinem Geiste zu durchdringen und für sich nutzbar zu machen, so tut dies auch die östliche Priesterkaste. Mögen darum die Völker die große Gefahr erkennen, die ihnen vom ‹Dache der Welt› mehr denn je droht. Mögen sie acht haben, daß ihr völkisches Freiheitsstreben nicht von diesen mißbraucht wird, denn der Geist Asiens steht schon mitten unter ihnen.»[261]

Wenn Strunk vom volk- und staatszerstörenden geheimen Wirken der Priesterkasten und überstaatlichen Mächte spricht, erinnert dies an General Ludendorff und seine Frau, die mit ähnlichen Argumenten gegen die Freimaurerei und das Christentum einen Kampf führten, den sie später – vermutlich beeinflusst durch Strunk – auch auf die «Asiatenpriester» ausdehnten[262], denen es gelungen sei, sich an die Spitze vieler Geheimorden zu setzen. Wie zuvor Strunk, bringt auch Ludendorff den Buddhismus mit dem Judentum und dem Christentum (womit er sicherlich den Katholizismus meint) in Beziehung: Das Judentum habe aus Ägypten und Babylon und den dortigen Mysterien geschöpft und sie für sich zurechtgestutzt und habe danach aus dem Buddhismus und dem «Krischnaismus» mit jüdischen Zutaten die Christenlehre fabriziert.

Ins Umfeld von Ipares, Strunk und Ludendorff gehört auch Wilhelmy, der von einem «Kreuzzug der Bettelmönche» schreibt. Die Lehre Buddhas, «dieser letzte und größte Pesthauch Asiens ist uns zugedacht, um uns abwehrarm zu machen, um uns endgültig als Volk germanischer Hochrasse mit schöpferischen Fähigkeiten vom Erdboden zu vertilgen, unser Gotterleben, das in Artreinheit wurzelt, zum Verstummen zu bringen!» Als Zentrum dieser Verschwörung lokalisiert er Tibet,

48

48 General Ludendorff schrieb 1941 zusammen mit seiner Frau das Buch *Europa den Asiatenpriestern?*, in dem die Buddhisten als Gefahr für den Westen dargestellt wurden, nicht zuletzt weil sie sich an die Spitze vieler Geheimorden gesetzt hätten. Diese Einschätzung widerspricht der neonazistischen Behauptung, führende Nazis hätten sich eingehendst für die buddhistischen Geheimlehren interessiert.

49

49 Auch Wilhelmy schreibt von einer drohenden Weltverschwörung und einem Kreuzzug buddhistischer Bettelmönche, die «das Volk germanischer Hochrasse» vom Erdboden zu vertilgen beabsichtigen. Als Zentrum dieser Verschwörung lokalisiert er Tibet, «mit seinen von Teufelsfratzen beherrschten zwei Millionen verdorrten und verhungerten Seelen». In Tibet sitzen die Drahtzieher, die die «fast erreichte Gottesnähe des Deutschen Volkes» in Gottesferne zu verwandeln und die Deutschen zu kreuzigen drohe. Doch da helfe nur eins: Die Bettelmönche müssen mit den so überreichlich zur Verfügung stehenden geistigen Waffen der Aufklärung besiegt werden.

«mit seinen von Teufelsfratzen beherrschten zwei Millionen verdorrten und verhungerten Seelen, die es sich noch zu hoher Ehre anrechnen, beim Ableben als Leichen von ihren Priestern zerstückelt und den Geiern zum Fraß vorgeworfen zu werden ... Der tibetanische Buddhismus ... ist offenbar berufen, eine mehr als geheimnisvolle Rolle zu spielen im großen Weltgetriebe der überstaatlichen Drahtzieher», zu denen Wilhelmy die Imperialisten in London, die Buddhisten in Tokyo, die Muslime in Mekka, die Antikapitalisten in Moskau, die Großkapitalisten in New York und die Katholiken in Rom zählt.[263] Alle «Geheimnisse» des Jesuitenordens, der Freimaurerei, der Theo-, Anthropo- und Ariosophen, der Mazdaznan-Neugeist-Buddha- und Eranos-Bewegungen, der «reinarischen» Religionskulte der Rassenmetaphysiker ... alle würden sie irgendwie geistig im Mystizismus tibetanischer Klöster münden.

Die Bettelmönche aus dem Osten drohen «die fast erreichte Gottesnähe des Deutschen Volkes» in Gottferne zu verwandeln. Doch da helfe nur eins: «Entweder, wir kreuzigen die Bettelmönche, d. h. wir nageln sie fest mit ihrer okkult verblödenden Afterwissenschaft, noch bevor sie Europas Grenzen erreicht haben mit unsern so überreichlich zur Verfügung stehenden geistigen Waffen der Aufklärung, oder die Bettelmönche kreuzigen uns.»[264]

Auch Alfred Rosenberg (1893–1946) nahm eine eindeutig antiasiatische Position ein. Nach ihm hatte der tibetische Lamaismus – neben anderen Orten des Rassenfeindes wie Syrien, Etrurien und vor allem Jerusalem – den römischen Katholizismus negativ beeinflusst. Dazu zählte er die Verwendung des Rosenkranzes, «dessen Mechanismus in der Gebetsmühle seine Vollendung gefunden hat» und den Fußkuss des Papstes, den auch der Dalai Lama verlange.[265] Doch widersetzte sich glücklicherweise – so Rosenberg – Martin Luther dem «Fortschreiten jenes zauberhaften Unwesens», welches aus Asien gekommen war. Wäre dies nicht geschehen, «wäre Europa heute bei dem Zustand der schmutzstarrenden Heiligen Indiens und Tibets angelangt, bei einem Zustand vollkommenster Verdummung, des furchtbarsten Aberglaubens, der Armut und des Elends – bei ständiger Bereicherung der Priesterkaste.» Die Priestergesellschaften Asiens, welche das

50

50 Auch Alfred Rosenberg (1893–1946) nahm eine eindeutige antiasiatische Position ein. Nach ihm hatte der tibetische Lamaismus – neben anderen Orten des Rassenfeindes wie Syrien, Etrurien und vor allem Jerusalem – den römischen Katholizismus negativ beeinflusst. Doch widersetzte sich glücklicherweise – so Rosenberg – Martin Luther dem zauberhaften Unwesen, welches aus Asien gekommen war. Wäre dies nicht geschehen, wäre Europa völlig verdummt und im furchtbarsten Aberglauben, in Armut und Elend steckengeblieben. Lhasa, Jerusalem und Rom waren für Rosenberg somit Orte des gegen die arisch-nordische Rasse gerichteten Feindes.

zaubergewaltige Priestertum Roms beeinflusst hatten, waren duch Martin Luther gebannt! Doch, so warnte Rosenberg, man solle nicht vergessen, «wenn es den protestantischen Geist nicht mehr geben sollte, die tibetanisch-etruskische Welt sich erneut offenbaren würde.»[266] Lhasa, Jerusalem und Rom sah Rosenberg somit als Orte des Feindes gegen die arisch-nordische Rasse. Die Frage bleibt im Raum stehen, weshalb die neonazistischen Autoren diese äußerst negative Einschätzung Lhasas/Tibets durch einen der wichtigen NS-Ideologen, «den Urheber des Rassenhasses» (Internationales Militärtribunal in Nürnberg), nicht zu Kenntnis nehmen und stattdessen Tibet als Hochburg der Reichsdeutschen darstellen. Weshalb berufen sich dieselben neonazistischen Autoren bei ihren Okkult-Theorien auf den Führer, wetterte doch der Diktator 1938 gegen die okkulten Neigungen von Parteigenossen mit den Worten: «Das Einschleichen mystisch veranlagter okkulter Jenseitsforscher kann in der Bewegung nicht geduldet werden.»[267]

Mögliche Anleihen bei kritischen Philosophen

Wie kam es zur negativen Einschätzung Tibets und der «asiatischen Priesterkaste» durch Ipares, Strunk, Wilhelmy, Ludendorff und Rosenberg? Welches waren ihre Quellen? Mit größter Wahrscheinlichkeit die Philosophen Rousseau, Kant, Herder und Nietzsche, die sich ihrerseits auf Missionare wie Grueber, della Penna und andere Kapuziner stützten, ohne ihre Quellen kundzutun. Kant (1724–1804) meinte zur Religion «der mongolischen Tatarn», worunter er die Tibeter verstand, sie sei «ein in das blindeste Heidenthum ausgeartetes katholisches Christentum».[268] Hier wie dort gibt es den «statutenmäßigen Gang zur Kirche», Wallfahrten, das Aufsagen von Gebetsformeln (Opfer der Lippen), das Opfer von Naturgütern, ja die Aufopferung seiner eigenen Person, indem man sich als Eremit, Fakir oder Mönch für die Welt verloren mache. Das war für Kant «Afterdienst Gottes (die Superstition)», das heißt Aberglauben, wozu er auch das «Gebetsrad» der Tibeter (Gebetstrommel) und das Aufhängen von Gebetsfahnen zählte. Solches «frommes Spielwerk und Nichtstuerei», solch «kriechenden Religionswahn», stellte Kant der «Tugendgesinnung» gegenüber, die er offenbar weder im Katholizismus noch in der Religion der Lamas fand.[269]

Zu den eher gemäßigten Kritikern gehörte der Philosoph Johann Gottfried Herder (1744–1803). «Aufs höchste unnatürlich ist der Zustand», so Herder, «zu welchem ihre Heiligkeit (der große Lama = Dalai Lama) aufstrebt: Er ist entkörperte Ruhe, abergläubische Gedankenlosigkeit und Klosterkeuschheit. Und dennoch ist kaum ein Götzendienst so weit als dieser auf der Erde verbreitet.»[270] Doch glücklicherweise würden nicht alle Tibeter die Gesetze der Lamas, nicht jede Torheit, befolgen, meint Herder, ansonsten das Geschlecht der Menschen aufhören würde. Der Tibeter heirate, obschon er damit sündige, «und die geschäftige Tibetanerin, die gar mehr als einen Mann nimmt und fleißiger als die Männer selbst arbeitet, entsagt gerne den höhern Graden des Paradieses, um diese Welt zu erhalten. Wenn eine Religion der Erde ungeheuer und widrig ist, so ists die Religion in Tibet ...»[271]

51

51 Kant (1724–1804) meinte zur Religion «der mongolischen Tatarn», worunter er die Tibeter verstand, sie sei «ein in das blindeste Heidenthum ausgeartetes katholisches Christentum». Hier wie dort gibt es den «statutenmäßigen Gang zur Kirche», Wallfahrten, das Aufsagen von Gebetsformeln (Opfer der Lippen), das Opfer von Naturgütern, ja die Aufopferung seiner eigenen Person, indem man sich als Eremit, Fakir oder Mönch für die Welt verloren mache. Das war für Kant «Afterdienst Gottes (Superstition)», das heißt Aberglauben, wozu er auch das «Gebetsrad» der Tibeter (Gebetstrommel) und das Aufhängen von Gebetsfahnen zählte. Solches «frommes Spielwerk und Nichtstuerei», solch «kriechenden Religionswahn», stellte Kant der «Tugendgesinnung» gegenüber, die er weder im Katholizismus noch in der Religion der Lamas fand.

52

53

52 Zu den eher gemäßigten Kritikern der tibetischen Religion gehörte der Philosoph Johann Gottfried Herder (1744–1803). Er empfand zwar die Religion der Tibeter als die ungeheuerste und widrigste dieser Welt, stellte aber auf der anderen Seite fest, dass glücklicherweise nicht alle Tibeter die Gesetze der Lamas befolgten. Zudem habe das «widerliche Regiment der Lamas» ein grobes, heidnisches Volk, das sich selbst für die Abkunft eines Affen halte, zu einem gesitteten, ja, in manchen Stücken feinen Volk erhoben, das dank dieser Religion eine Art Gelehrsamkeit und Schriftsprache kenne.

53 Jean Jacques Rousseau (1712–1778) vertrat in seinem *Contrat social* eine negative Einschätzung der tibetischen Religion. Für ihn war die «Religion der Lamas» eine «ziemlich bizarre Art von Religion», vergleichbar mit der Religion der Japaner und des römischen Christentums. Insbesondere erschien Rousseau die Vereinung von weltlicher und geistig-religiöser Macht in einer Person, dem Dalai Lama, völlig abwegig, das starre «lamaistische» System stand der von Rousseau propagierten Freiheit des Volkes, die in der Französischen Revolution ihre Verwirklichung finden sollte, diametral entgegen.

Dennoch sieht Herder einen Nutzen in dieser Religion: Dieses widerliche Regiment der Lamas habe ein grobes, heidnisches Volk, das sich selbst für die Abkunft eines Affen halte, zu einem gesitteten, ja, in manchen Stücken feinen Volk erhoben. Sogar im Glauben an die Seelenwanderung sieht Herder einen Nutzen, da dieser Glauben mitleidig gegen die lebendige Schöpfung mache, so dass diese «rohen Berg- und Felsenmenschen vielleicht mit keinem sanfteren Zaum als mit diesem Wahn ... gebändigt werden konnten». Diese tibetische Religion, «eine Art päpstlicher Religion», habe gar eine Art Gelehrsamkeit und Schriftsprache unter dieses Bergvolk und weiterhin unter die Mongolen gebracht, was ein Verdienst für die Menschheit sei.[272]

Kurz zuvor, 1762, hatte Jean-Jacques Rousseau (1712–1778) in seinem *Contrat social* eine weitaus negativere Einschätzung der tibetischen Religion vertreten. Er teilt die Religionen in drei Klassen ein und schreibt über die dritte: «Es gibt eine dritte, ziemlich bizarre Art von Religion, die die Menschen dadurch, daß sie ihnen zwei Gesetzgebungen, zwei Häupter und zwei Vaterländer gibt, widersprüchlichen Pflichten unterwirft und sie daran hindert, gleichzeitig fromm und Staatsbürger sein zu können. Solcherart ist die Religion der Lamas, solcherart die der Japaner, und solcherart ist das römische Christentum. Man könnte sie Priesterreligion nennen ... Die dritte (Art von Religion) ist so offensichtlich schlecht, daß es Zeit vergeuden hieße, es auch noch aufzeigen zu wollen.»[273] Für Rousseau war die Vereinung von weltlicher und geistig-religiöser Macht in einer Person völlig undenkbar, und die Übertragung der Souveränität des Volkes auf einen Herrscher wie den Dalai Lama war ihm ein Gräuel. Verständlicherweise, stand doch das hierarchische starre «lamaistische» System der von Rousseau propagierten Freiheit des Volkes, die in der Französischen Revolution ihre Verwirklichung finden sollte, diametral entgegen.

54

55

54 Georg Wilhelm Friedrich Hegel (1770–1831): Obschon Hegel es als empörend empfand, dass ein Mensch als lebendiger Gott verehrt wird, schien er eine gewisse Sympathie für die tibetischen Lamas zu haben. Diese seien nichts als Gestalten, in denen sich der Geist manifestiere, den die Lamas jedoch nicht als ihr Eigentum betrachteten. Der Geist sei «ein Allgemeines in sich selbst», welches bei den Tibetern, Indern und überhaupt bei den Asiaten «als das alles Durchwandernde» betrachtet werde. Für Hegel waren somit die Lamas völlig durchgeistigte Wesen: Die zauberten nicht, taten keine Wunder, «denn von dem, was sie Gott nennen, wollen die (die Lamadiener) nur geistiges Tun und Spenden geistiger Wohltaten».

55 Friedrich Nietzsche (1844–1900) verschonte die religiösen Tibeter nicht mit seiner Kritik. Für ihn waren sie «Arme im Geiste», welche eigentlich nie von sich aus Gedanken hätten. Doch ihre Gebete hätten zumindest einen Nutzen: «Da mögen sie nun ihr ‹om mane padme hum› unzählige Male wiederkäuen … oder sie mögen sich der Gebetsmühlen und der Rosenkränze bedienen, – die Hauptsache ist, daß sie mit dieser Arbeit für eine Zeit festgemacht sind und einen erträglichen Anblick gewähren … jene Armen im Geiste wissen sich nicht zu helfen, und ihnen das Gebets-Geklapper verbieten heißt ihnen ihre Religion nehmen».

«Dass nun ein Mensch als Gott verehrt wird, namentlich ein lebendiger, hat in sich etwas Widerstreitendes und Empörendes» meinte auch ein anderer Philosoph, Georg Wilhelm Friedrich Hegel (1770–1831), relativierte dann aber sogleich seine Kritik, indem er feststellte, es liege im Begriffe des Geistes, ein Allgemeines in sich selbst zu sein, welches bei den Tibetern, Indern und überhaupt bei den Asiaten «als das alles Durchwandernde» betrachtet werde. Und eben diese substantielle Einheit des Geistes «kommt im Lama zur Anschauung, welcher nichts als die Gestalt ist, in der sich der Geist manifestiert, und diese Geistigkeit nicht als sein besonderes Eigentum hat, sondern nur als teilnehmend an derselben gedacht wird.» Für Hegel waren die Lamas völlig durchgeistigte Wesen, die nichts mit den Lamas späterer Autoren gemein zu haben scheinen: Sie zauberten nicht, täten keine Wunder, «denn von dem, was sie Gott nennen, wollen sie (die Lamadiener) nur geistiges Tun und Spenden geistiger Wohltaten.»[274]

Auch Friedrich Wilhelm Nietzsche (1844–1900) verschonte die Tibeter nicht mit seiner Kritik, wenn er sie zusammen mit anderen Betenden als «Arme im Geiste» bezeichnete, welche eigentlich nie von sich aus Gedanken hätten. «Damit sie wenigstens nicht stören,» so Nietzsche, «hat die Weisheit aller Religionsstifter, der kleinen wie der großen, ihnen die Formel des Gebetes anbefohlen, als eine lange mechanische Arbeit der Lippen, verbunden mit Anstrengung des Gedächtnisses und mit einer gleichen festgesetzten Haltung von Händen und Füßen und Augen! Da mögen sie nun gleich den Tibetanern ihr ‹om mane padme hum› unzählige Male wiederkäuen … oder sie mögen sich der Gebetsmühlen und der Rosenkränze bedienen, – die Hauptsache ist, daß sie mit dieser Arbeit für eine Zeit festgemacht sind und einen erträglichen Anblick gewähren … jene Armen im Geiste wissen sich nicht zu helfen, und ihnen das Gebets-Geklapper verbieten heißt ihnen ihre Religion nehmen.»[275]

Gegen die «Rotmützen»: Gustav Meyrink

Eine Generation danach zeichnete Gustav Meyrink (1868 – 1932) in einigen seiner Erzählungen ein ähnlich negatives Bild der Tibeter, vor allem der sogenannten «Rotmützen», das seinerseits wohl die Negativbilder der Nazis beeinflusste. Doch Meyrink war kaum der Erfinder dieses spezifischen Negativbilds der «Rotmützen». Dieses scheint auf Helena P. Blavatsky zurückzugehen, die sich ihrerseits auf Berichte früher Missionare und eigene «Intuition» abstützte.

Die westlichen Tibetbilder haben zum Teil sehr tiefliegende, stark verzweigte Wurzeln.

56

In Meyrinks *Der violette Tod*, einer Geschichte, die in seinem ersten Erzählband *Der heiße Soldat und andere Geschichten* (1903) erschien, werden die Tibeter als Hüter von magischen Geheimnissen geschildert, mit denen sie «die hochmütigen Fremden» zu vernichten hoffen, wenn der große Tag heranbricht. Sir Hannibal Roger Thornton ist einer dieser Fremden, der mit eigenen Augen sehen will, ob dieses merkwürdige Volk der Tibeter tatsächlich okkulte Kräfte besitze. Er hat erfahren, in einem Seitentale des Himavat befinde sich ein ganz seltames Stück Erde – auf drei Seiten senkrechte Felswände, der einzige Zugang abgesperrt durch giftige Gase. In der Schlucht selbst lebe – mitten unter üppigster Vegetation – ein kleiner Volkstamm, der der tibetischen Rasse angehöre, rote spitze Mützen trage und ein bösartiges satanisches Wesen in Gestalt eines Pfaues anbete. Dieses teuflische Wesen habe die Bewohner im Laufe der Jahrhunderte die schwarze Magie gelehrt und ihnen Geheimnisse offenbart, die einst den ganzen Erdball umgestalten sollen. So habe es ihnen auch eine Art Melodie beigebracht, die den stärksten Mann augenblicklich vernichten könne.

Sir Roger, der diese Schlucht erforschen will, durchquert zusammen mit seinem tauben Gehilfen Pompejus die aus giftigen Gasen gebildete Wand mittels Taucherhelmen und stößt auf einer Wiese auf etwa hundert Tibeter, die rote spitze Mützen tragen. Die Tibeter sind in Schaffelle gekleidet, sehen aber kaum wie menschliche Wesen aus, «so abschreckend hässlich und unförmlich waren ihre Gesichter, in denen ein Aus-

56 Gustav Meyrink (1868 – 1932) zeichnete in in einigen seiner Erzählungen ein sehr negatives Bild der Tibeter, vor allem der sogenannten «Rotmützen», die er Dugpas nannte. Doch war Meyrink kaum der Erfinder dieses spezifischen Negativbilds, das auf Helena P. Blavatsky zurückzugehen scheint, stand doch Meyrink den Theosophen während kurzer Zeit sehr nahe. Einmal schilderte Meyrink die Tibeter als Hüter von magischen Geheimnissen. Ein andermal bezeichnete er die Dugpas als direktes Werkzeug der zerstörenden «teuflischen» Kräfte im Weltall. Die Dugpas seien Wesen, die man nicht mehr mit dem Namen Mensch bezeichnen dürfe. Sie würden den Pfad der linken Hand begehen – ein geistiger Weg voll Grauen und Entsetzlichkeit, während andere den Pfad des «Lichtes» beschritten – die Einswerdung mit Buddha.

druck furchterregender und übermenschlicher Bosheit lag.» Sie lassen die beiden nahe herankommen, dann – plötzlich – verschließen sie mit ihren Händen die Ohren und schreien etwas aus vollen Lungen. Der taube Pompejus versteht nichts, schaut zu seinem Herrn, doch was er nun sieht, treibt ihm alles Blut zum Herzen: Zuerst bildet sich eine Gasschicht um seinen Herrn, dann verliert die Gestalt Sir Rogers die Konturen, der Kopf wird spitzig, der ganze Körper schmilzt zusammen, und übrig bleibt ein hellvioletter Kegel von der Größe und Gestalt eines Zuckerhutes. Pompejus bleibt von diesem Schicksal verschont, kann sich retten und seine Geschichte noch zu Protokoll geben, bevor er an einer Wunde, die er sich im Kampf mit den Tibetern zugezogen hat, stirbt. Obschon taub, hat er wegen seiner Begabung des Lippenlesens herausgefunden, was die Tibeter ihm und seinem zu einem Zuckerhut zusammengeschmolzenen Herrn zugeschrien haben: «Ämälän», ein Wort, dessen Bedeutung er nicht herausfindet.

Sobald die unglaubliche Geschichte von Pompejus und seinem Herrn in der *Indian Gazette* veröffentlicht worden ist, häufen sich die Meldungen seltsamer Todesfälle: Zu Dutzenden verschwinden die zeitungslesenden Menschen vor den Augen der entsetzten Menge und verwandeln sich in violette kleine Pyramiden. Aus allen Ländern verkünden Schreckensbotschaften, dass der «violette Tod» überall fast gleichzeitig ausgebrochen sei und die Erde zu entvölkern drohe. Ein deutscher Gelehrter findet des Rätsels Lösung: Da nur Taube und Taubstumme von der Epidemie verschont bleiben, so schließt der Gelehrte richtigerweise, handle es sich «um ein rein akustisches Phänomen». Das Wort Ämälän sei ein geheimes tibetisches Wort, das man nicht hören dürfe, ansonsten man zu einem violetten Kegel degeneriere. Die Quintessenz seiner Belehrung: «Gehet zum Ohrenarzt, er soll euch taub machen und hütet euch vor dem Aussprechen des Wortes ‹Ä-mä-län›» – worauf er und seine Zuhörer sich in leblose Schleimkegel verwandelen … Die noch überlebenden Menschen haben sein Manuskript gefunden und seine Anweisung befolgt: eine taubstumme Generation von Menschen bewohnt heute den Erdball, regiert von einem Ohrenarzt. Schuld daran sind die Rotmützen-Tibeter aus der seltsamen Schlucht auf dem Dach der Welt.[276]

In *Das Grillenspiel*, einer Geschichte aus seinem Erzählband *Die Fledermäuse* (1916), spricht Meyrink von einer «tibetanisch-chinesischen Sekte – Dugpas genannt.» Diese sei als direktes Werkzeug der zerstörenden «teuflischen» Kräfte im Weltall anzusehen.[277] In diesem Roman sucht der westeuropäische Wissenschaftler Johannes Skoper in Tibet einen Dugpa-Mönch auf, einen «jener in ganz Tibet gefürchteten Teufelspriester, die, an ihren scharlachroten Kappen kenntlich, behaupten, direkte Abkömmlinge des Dämons der Fliegenschwämme zu sein. Jedenfalls sollen die Dugpas der uralten tibetischen Religion der Bhons angehören, von der wir so gut wie nichts wissen.» Jener Dugpa war ein «Wesen, das man nicht mehr mit dem Namen Mensch bezeichnen dürfe, und dem … infolge seiner Fähigkeit, Raum und Zeit als Wahnvorstellungen zu durchschauen, nichts unmöglich sei auf Erden zu vollbringen». In Tibet gebe es, so erfährt Skoper, zwei Wege, um jene Stufen zu erklimmen, die über das Menschtum hinausführen: den einen, den des «Lichtes» – der Einswerdung mit Buddha – und einen zweiten, entgegengesetzten: den «Pfad der linken Hand», zu dem nur ein Dugpa die Eingangspforte wisse – ein geistiger Weg voll Grauen und Entsetzlichkeit.

Der Dugpa lässt, als Johannes Skoper ihm endlich gegenübersitzt, auf wundersame Weise viele seltsame Grillen aus ihren Schlupfwinkeln im Boden hervorkriechen. Diese laufen zuerst planlos auf einer Landkarte Europas herum, die Skoper vor sich und dem Dugpa ausgebreitet hat. Doch als der Mönch mit einem Glasprisma einen Lichtfleck auf die Karte projiziert, beginnen die Grillen zu kämpfen, aus den friedlichen Grillen wird ein Klumpen sich auf die schauderhafteste Weise gegenseitig zerfleischender Insektenleiber.

Angeekelt von diesem schauerlichen Schauspiel, erkennt Johannes Skoper plötzlich in diesem zuckenden Grillenhaufen eine Million sterbender Soldaten, fühlt ein fürchterliches Verantwortungsgefühl in sich aufsteigen, weiß nicht mehr, ob es sich um Wirklichkeit,

Fantasie, Vision, um Echtes oder Schein handelt. Im Geiste sieht er, wie aus dem toten Grillenhaufen ein rötlicher Dunst aufsteigt und zu Wolkengebilden wird, die sich, den Himmel verfinsternd wie die Schreckgespenster des Monsuns, nach Westen wälzen. Meyrink scheint in dieser Geschichte zu suggerieren – die Drugpa-Mönche Tibets trügen die Verantwortung für eine sich aus dem Osten gegen Westen wälzende rötliche kriegerische Bedrohung.

Wir fühlen uns bei der negativen Charakterisierung der Rotmützen beziehungsweise Drugpas unweigerlich an Helena Blavatsky erinnert, welche an diesen keinen guten Faden ließ, wahrscheinlich beeinflusst durch eine Stelle in Orazio della Pennas Bericht.[278] Auch die Gleichsetzung der Rotmützen mit den Bhons, womit sicherlich die Bön-pos gemeint sind, geht auf Blavatsky zurück, welche die «rotmützigen Brüder des Schattens», wie bereits erwähnt, fälschlicherweise als Abkömmlinge der Bön-Religion, «die gänzlich auf Geisterbeschwörung, Hexerei und Wahrsagerei beruht», bezeichnete.[279] Meyrink stand den Theosophen in der Tat während kurzer Zeit sehr nahe – die Mitglieder der Prager theosophischen Loge kamen während einiger Zeit regelmäßig in der Wohnung von Meyrink zusammen. Zuvor hatte er seinem Leben, das sich durch «Liebschaften, Schachspiel und Rudersport» auszeichnete, ein Ende geben wollen. Im Moment, als er sich töten wollte, kam ihm jedoch ein Heft über Spiritismus, Spukberichte und Hexentum zu Auge. «Dies bis dahin mir nur vom Hörensagen bekannte Gebiet erweckte sofort mein Interesse derart, daß ich den Revolver für eine spätere, günstigere Gelegenheit in die Schublade sperrte ...», schrieb Meyrink. Er suchte in der Folge Zugang zu verschiedenen Zirkeln und Gruppen, unter anderem eben auch zu den Theosophen: «Geheimnisvolle und geheimnisvoll tuende alte und neue ‹okkultistische Logen› wurden mir aufgetan. Und abermals dauerte es Jahre, bis ich unversehrt sie wieder verließ mit der Erfahrung: auch hier nichts! Leeres Stroh! Nachplappern ungenauen Wissens.»[280] So distanzierte er sich auch von Blavatsky und ihrer Lehre, der «Schmutzwasserhose des heutigen theosophischen Okkultismus», wie er später schrieb.

Der «Antibuddha» Dalai Lama

Eine negative Einschätzung Tibets und seiner Bewohner stammt aus der Feder des Vielschreibers J. van Rijckenborgh, des Gründers des Lectorium Rosicrucianum. In seiner Broschüre *Licht über Tibet* hat sich auf dem Dach der Welt aus dem universellen Buddhismus eine naturmagische, morgenländische Karikatur des Kirchen-Christentums entwickelt, der Lamaismus. Doch sei daneben eine andere Bruderschaft wirksam, «eine Bruderschaft, die an vielen anderen Plätzen dieser Welt ihre Niederlassungen besitzt und mit allen ihren Verzweigungen verbunden ist – in Einheit, Freiheit und Liebe. Es ist eine Bruderschaft, die nur eine Hierachie anerkennt, nämlich die göttliche Hierarchie des Ursprünglichen Reiches, des Königreiches, das nicht von dieser Welt ist. Sie hat nur ein Ziel: die ganze gefallene Menschheit... in das Unbewegliche Königreich zurückzuführen.» Diese Brüder, sie werden Lohan genannt, beherrschen die Rezitation von Mantrams (Mantra), «die Gesänge der wahren Götter». Die Vertreter des Lamaismus jedoch ahmen in widerlicher Art die süßen Gesänge der Lohans nach, um Welt und Menschheit in Fesseln zu schlagen, was van Rijckenborgh «den magischen Griff Tibets nach der Menschheit» nennt.[281] Der Lamaismus ist eine Gegen-Bruderschaft, die über «Tausende von ihr errichtete Brennpunkte (Klöster) und über Millionen von Priestern verfügt. Sie handelt nach einem gewaltigen Plan und übt ihren Einfluß bis in die fernsten Schlupfwinkel dieser Erde aus. Sie ist vollständig auf dem laufenden über alles, was in dieser Welt geschieht. Nichts entgeht ihrer Aufmerksamkeit».[282] Die lamaistischen Brüder senden aus ihrem mächtigen Zentrum auf dem Dach der Welt bündelweise Gedankenstrahlen an die Menschheit aus, die «zur Instandhaltung dieser ungöttlichen Naturordnung beitragen.»[283] Während die schlechten Brüder des Lamaismus die Menschheit knebeln, opfern sich die Lohan, die guten Brüder, zur Befreiung der in Leid und Finsternis gefangenen Menschheit auf. Doch ist – dies ein Lichtblick für den Autor – die lamaistische Bruderschaft erfüllt von einer tödlichen Furcht vor einer geheimnisvollen Gegenkraft, die interessanterweise nicht von den Lohans zu kommen scheint und über die man nichts Genaueres erfährt. Allenfalls handelt es sich dabei um die «Innere Schule», welche das Lectorium Rosicrucianum mit Shambhala gleichsetzt, das «im Herzen der Wüste Gobi, irgendwo in Mittelasien» liegt und nur durch sieben geheime unterirdische Zugänge erreichbar ist.

Das Produkt der in *Licht über Tibet* vollzogenen Verschmelzung von theosophischem Mahatma-Glauben und Verschwörungstheorie, wie wir sie aus mancherlei Nazi-Literatur kennen, ist ein höchst ambivalentes Tibet: Das Dach der Welt beherbergt die Lohans, «Diener erhabener Art», aber gleichzeitig auch naturmagische, widerliche Priesterscharen, welche die Welt beherrschen wollen, indem sie «hinter den Kulissen an den Fäden ziehen.» Auch wenn Rijckenborgh es nicht explizit ausdrückt, wird in seinem Buch deutlich, dass nach ihm auch die tibetische Führung diese Zweiteilung widerspiegelt: Der Tescho-Lama (womit sicherlich der Panchen Rinpoche gemeint ist), der als wirklicher, großer Herrscher Tibets im Verborgenen wirkt, und der weniger mächtige Dalai Lama, der aber dadurch, dass er an die Öffentlichkeit tritt, bekannter ist. Er ist das Haupt der Priesterscharen des Lamaismus, jener «dialektischen Entstellung des ursprünglichen Buddhismus». Erneut, und nicht zum letzten Mal, stoßen wir hier auf das Phänomen, dass der normalerweise hoch verehrte Dalai Lama mitunter auch als «Antibuddha» gesehen wird.[284]

In einem Fall war der Dalai-Lama-Verwünscher einst gar ein Dalai-Lama-Verehrer, nämlich der Surrealist, Schauspieler, Dichter und Regisseur Antonin Artaud (1896–1948), der im Jahre 1925 folgende euphorische Botschaft an den 13. Dalai Lama richtete: «Wir sind Deine getreuen Diener, o Großer Lama, gib uns, sende uns Deine erleuchteten Einsichten in einer Sprache, die unsere angekränkelten Europäerhirne verstehen können, und ändere notfalls unseren Geist, gib uns einen Geist, der ganz diesen vollkommenen Gipfeln zugewandt ist, auf denen der Geist des Menschen nicht mehr leidet. ... Von runzligen Päpsten sind wir umgeben, von Literaten, Kritikern, Hunden ... Lehre uns, Lama, die materielle Levitation der Körper, und wie wir nicht mehr von der Erde niedergehalten werden.

57

57 Dalai-Lama-Verehrer und Dalai-Lama-Verwünscher in einem: der Surrealist, Schauspieler, Dichter und Regisseur Antonin Artaud (1896–1948). 1925 bat er den 13. Dalai Lama, den Europäern seine erleuchteten Einsichten zu senden, ihren Geist notfalls zu ändern und sie die Levitation zu lehren. Das Heil lag für Artaud in Tibet, die dort lebenden Weisen, die Dalai Lamas, hatten offenbar bereits gefunden, wonach die Surrealisten suchten. Doch ein zweiter Brief 1946 an den Dalai Lama wurde eine Schmähschrift, in der Artaud die Lamas nun Schweinehunde, ekelhafte Idioten, Ursache des Syllogismus, der Logik, der hysterischen Mystik, der Dialektik nannte und ihnen vorwarf, unberührt vom Kriege in Lhasa zu leben, ohne auf irgendein Vergnügen, sei dies sexueller oder kulinarischer Art, verzichten zu müssen. Diese Lamas, die Speicher «voll Opium, Heroin, Morphin, Haschisch, Narde, Muskat und anderen Giften» ihr eigen nannten, waren das Zentrum der Weltverschwörung geworden.

Denn du weißt wohl, auf welche transparente Befreiung der Seelen, auf welche Freiheit des Geistes im Geist, o annehmbarer Papst, o Papst im wahrhaften Geist, wir anspielen.

Mit dem Auge des Inneren betrachte ich dich, o Papst, auf dem Gipfel des Inneren. Im Inneren gleiche ich Dir, ich, Stoß, Idee, Lippe, Levitation, Traum, Schrei, Verzicht auf die Idee, schwebend zwischen all den Formen, und nichts als den Wind erhoffend.» ...[285]

Artaud erwartete demnach vom Dalai Lama Errettung von seinem Leiden, die ihm Europa mit seinem Papst und seinen Literaten nicht mehr gewähren konnten. Der Dalai Lama sollte ihm die Levitation beibringen, die Aufhebung der Erdanziehungskraft, das Schweben, kurz: All das, was ihm Europa mit seinen «Sprachspielen», mit seinem «Jonglieren mit den Formeln», mit seiner Logik und dem «Hammerwerk der Begrifflichkeit» nicht anbieten konnte. Es galt, «das große Gesetz des Herzens zu finden», weiter zu kommen als das, was die Wissenschaft jemals würde berühren können.[286] Das Heil lag in Tibet. Die dort lebenden Weisen, die Dalai Lamas, hatten offenbar bereits gefunden, wonach die Surrealisten suchten: Die Abwertung der Werte, die Entwertung des Geistes, die Auflösung der Evidenz, die Neueinteilung der Dinge, den Bruch und den Ausschluss der Logik.[287]

In dieser Einschätzung hatte sich Artaud gewaltig getäuscht, und mit ihm Heerscharen von Zivilisationsmüden. Denn Geist und Logik werden im tibetischen Buddhismus keineswegs verneint, und auch im tibetischen Buddhismus gibt es Pendants zu den runzligen Päpsten, Literaten, Kritikern und «Hunden». Artaud hatte offensichtlich auch übersehen, dass er in der Person des Dalai Lama eine jener Vaterfiguren anschrieb und ihr huldigte, gegen die sich die surrealistische Bewegung im Grunde genommen auflehnte. Offensichtlich realisierte dies Artaud viele Jahre später, denn sein zweiter Brief an den Dalai Lama im Jahr 1946 wurde eine Schmähschrift, in der er die Lamas plötzlich Schweinehunde, ekelhafte Idioten, Ursache des Syllogismus, der Logik (!), der hysterischen Mystik, der Dialektik nannte und ihnen vorwarf, unberührt vom Kriege in Lhasa zu leben, ohne auf irgendein Vergnügen, sei dies sexueller oder kulinarischer Art, verzichten zu müssen. Diese Lamas, die Speicher «voll Opium, Heroin, Morphin, Haschisch, Narde, Muskat und anderen Giften» ihr eigen nannten, waren nun plötzlich das Zentrum der Weltverschwörung.[288]

Die negative Einschätzung Artauds scheint in einer großen Enttäuschung zu gründen. Da der Osten und der Dalai Lama seine Sehnsucht nicht stillen konnten, fühlte sich Artaud betrogen, verletzt, gedemütigt. Hass und Verachtung waren die Folge. Interessanterweise stoßen wir immer wieder auf dieses «Artaud'sche Phänomen», die hasserfüllte Abtrennung fanatischer Dogmatiker von ihren Gurus. Die Dorje-Shugden-Affäre ist das augenfälligste Beispiel der Gegenwart, und auch hier wird der Dalai Lama, Symbolfigur für die tibetische Weisheit schlechthin, nicht verschont – im Gegenteil. Vom Hochverehrten wird plötzlich behauptet, er sei gar nicht der richtige Dalai Lama, wie sonst könne erklärt werden, dass es Tibet und seinen Bewohnern seit seiner Machtübernahme so schlecht gehe.

Entmythologisierung oder neue Mythen?

Auch die neueste Anti-Dalai-Lama- und Anti-Tibet-Kampagne stammt von zwei einstigen Tibetbegeisterten, die von sich selbst behaupten, sie hätten den «Tibet-Mythos» stark mitgeprägt: Herbert und Mariana Röttgen, welche unter dem vielsagenden Pseudonym Victor und Victoria Trimondi (was in etwa mit «Sieger und Siegerin der drei Welten», d.h. des Universums «übersetzt» werden kann) den Wälzer *Der Schatten des Dalai Lama* geschrieben haben. Es lohnt sich nicht, im Einzelnen auf die unzähligen Behauptungen der beiden Autoren einzugehen, da die meisten äußerst absurd und wirr sind. Wenn hier doch einige erwähnt werden, dann um aufzuzeigen, wie alte Negativmythen wiederbelebt werden. Das Buch ist wie die Anklageschrift eines Staatsanwalts angelegt, soll «eine spektakuläre Kriminalgeschichte des tibetischen Buddhismus» sein, mit «Anklagepunkten, Indizienmaterial, spirituellem Beweis- und Belastungsmaterial» gegen Schuldige und Drahtzieher.[289] Doch sehr schnell erweisen sich die «Indizien» als Trug- und Fehlschlüsse. Es werden viele höchst fragwürdige westliche Quellen herangezogen, so zum Beispiel Grünwedel, den die Röttgens selbst als irr und paranoid bezeichnen, Sierksma, Evola, Serrano und sehr viele anonyme Adressen aus dem Internet. Die über 1000 Jahre alten traditionellen Texte werden wortwörtlich genommen, ohne im geringsten die seit der Niederschrift erfolgte Exegese und Weiterentwicklung zu berücksichtigen. Eine weitere Unterlassung der Röttgens besteht darin, dass sie es nicht für nötig befanden, von tibetischen Meistern in die Geheimnisse der Schriften eingeführt zu werden. Am perfidesten sind die unzähligen Suggestivfragen, subtilen Unterstellungen und Spekulationen und die ständige Nennung von angeblichen Experten, deren Namen die Leserschaft jedoch nicht erfährt. Die Autoren verurteilen sowohl den 14. Dalai Lama wie auch den gesamten tibetischen Buddhismus und damit seine Anhänger. Dem Dalai Lama wird suggestiv Verbindung zum japanischen Giftgasguru Asahara vorgeworfen, die gewaltsame Unterdrückung der freien Religionsausübung, die Verwicklung in einen Ritualmord sowie

Beziehungen zum Nationalsozialismus.[290] Er sei ein «genialer Interpret des Doppelspiels»: Nach außen sei er ein Friedensapostel, im Ritualwesen jedoch konzentriere er sich auf das aggressive Zeittantra (Kalachakra-Tantra), in dem Zerstörungsfantasien, Allmachtträume, Eroberungswünsche, Zornausbrüche, pyromanische Besessenheiten, Erbarmungslosigkeit, Hass, Tötungswahn und Apokalypsen das Szenario beherrschen sollen.[291] Der Dalai Lama wird weiter als orientalischer Despot bezeichnet, als Magier, Manipulator, trojanisches Pferd, das die Kultur des Westens zu Fall bringen wolle. Er übe sexualmagische Techniken aus, ja sei der höchste Meister der sexualmagischen Riten und es gebe Gerüchte und Anspielungen (man beachte die vage Formulierung, die durch keine Quelle belegt wird!), die vermuten ließen, dass der 14. Dalai Lama tantrische Tötungsriten bewusst durchführe beziehungsweise durchgeführt habe.[292]

Gleich wie etwa sechzig Jahre zuvor Ipares, Strunk, Ludendorff, Wilhelmy und Rosenberg konstruieren die Röttgens eine Verschwörungsthese, nach der der Dalai Lama ein Weltenherrscher sei und eine globale «Buddhokratie» errichten wolle, indem er den Westen mit seinen «omnipotenten Lamas» unterwandere – man erinnert sich sogleich an den von Wilhelmy heraufbeschworenen «Kreuzzug der buddhistischen Bettelmönche» – und westliche Menschen, vor allem Frauen und große Filmstars, auf sublime Art zu einem Teil seines weltweiten Kalachakra-Projektes mache. Zu den vom Dalai Lama gesteuerten Personen sollen unter anderen die in der Zwischenzeit verstorbene grüne Politikerin Petra Kelly sowie die Popsängerin Patty Smith gehören.[293]

Es ist nicht weiter verwunderlich, dass auch die Religion, als deren Oberhaupt der Dalai Lama gilt, auf übelste Art diskreditiert wird, wobei die Autoren schon gar nicht mehr den Anschein zu erwecken versuchen, der Komplexität der tibetischen Religiosität gerecht werden zu wollen: Der tibetische Buddhismus wird unter tibetischem Tantrismus subsumiert, und darunter verstehen die Röttgens nichts Gutes: Erotischer Kult, energetischer Vampirismus, ritualisierte Frauenopfer, niedrigster Missbrauch der Frau, Nekrophilie, Ritualmorde, Knabenopfer, sado-masochistische Befriedigungen usw. Auch gebe es zwischen der tantrischen Weltanschauung und dem modernen Faschismus eine tiefe innere Verwandtschaft. Auch wenn der Dalai Lama immer wieder erkläre, er sei an der politischen Rechten nicht interessiert, so hätten sich – so die Autoren – «Ideologen und Theoretiker des Faschismus ausführlich, ja geradezu obsessiv mit Tibet, seiner Kultur und dem Ritualleben der Lamas auseinandergesetzt».[294] Das bekannteste Beispiel sei der Italiener Julius Evola (1898–1974). Dieser habe eine geniale Darstellung der Sexualität entworfen, die anhand von Kriterien aus dem Vajrayana, das heißt dem tibetischen Tantrismus, stammte – was jedoch höchst fraglich ist, finden sich doch in seinen Publikationen kaum Hinweise auf buddhistische Tantras. Ein anderer moderner Faschist, der im Shambhala-Mythos und im Tantrismus eine Heimat und eine Vorgängerin gefunden habe, sei der bereits weiter oben erwähnte Miguel Serrano. Die Brücke zwischen «Lamaismus» und Faschismus ist somit wieder einmal geschlagen, wobei unklar bleibt, auf wessen Seite die Sympathien der Autoren sind: Auf derjenigen der Faschisten oder auf der ihrer Gegner. Auf alle Fälle werden die beiden Neofaschisten Evola und Serrano seitenlang zitiert, und nichts deutet darauf hin, dass sich die Autoren von ihnen distanzieren. Im Gegenteil: Evolas Sicht des Tantrismus scheint den Röttgens zu entsprechen. Diese meinen auch, es wäre leichtfertig, Serrano als bedauerlichen Einzelfall abzutun, da er einen eminenten Einfluss in der internationalen Naziszene habe und aufgrund seiner sozialen Stellung als Diplomat vielfach ernst genommen werde.[295] Dass seine Quellen höchst suspekt sind, erwähnen die Trimondis/Röttgens nicht.

Auch wenn die behauptete innige Freundschaft zwischen Serrano und dem Dalai Lama ins Land der Fabeln gehört, stellt sich mit immer größerer Intensität die Frage: Weshalb erregt Tibet so sehr das Interesse der Neofaschisten? Was macht Tibet für sie so attraktiv? Was fasziniert so sehr am Shambhala-Mythos, dass er sowohl diejenigen, welche ihn pflegen, als auch solche, die ihn vehement bekämpfen, in ihren Bann zieht? Es ist dies eine Frage, der wir uns im 5. Teil dieses Buches nochmals zuwenden wollen, da ihre Beantwortung allenfalls helfen wird, die geheimnisvolle «Anziehungskraft» Tibets etwas zu lüften.

3. Teil

Auf der Suche nach «Shangri-La» und den weißen Lamas

Das Tibetbild in Literatur, Comics und Spielfilmen

Wo mit Weisheit alles geleitet wird, während draußen der Sturm tobt

«Wir verfolgen kein müßiges Experiment, keine bloße Laune. Wir hegen einen Traum, eine Vision. Es ist eine Vision, die zum erstenmal der alte Perrault hatte, als er im Jahre 1789 sterbend in seinem Zimmer lag. Er blickte damals zurück auf sein langes Leben ... Er sah die Völker mächtig erstarken, nicht an Weisheit, sondern an niedrigen Leidenschaften und Vernichtungswillen. Er sah die Macht ihrer Maschinen sich vervielfältigen, bis ein einziger bewaffneter Mann einem ganzen Heere des Sonnenkönigs gewachsen sein würde ... Er sah eine Zeit voraus, wo die Menschen mit ihrer triumphierenden Technik des Mordens so hitzig auf der ganzen Welt wüten werden, daß alles Kostbare in Gefahr geriete, jedes Buch und jedes Bild und alle Harmonien, alle durch Jahrtausende gesammelten Schätze, das Kleine, Zarte, Wehrlose ... Und das, mein Sohn, ist es, warum ich hier bin und warum Sie hier sind, und warum wir darum beten dürfen, den Untergang, der rings um uns droht, zu überleben ... Es gibt eine Möglichkeit. Die Aussicht besteht. Es wird sich ereignen, bevor Sie so alt sind wie ich ... Wir haben keine Gnade zu erwarten, aber wir dürfen ein wenig auf Gleichgültigkeit hoffen. Hier wollen wir bleiben, mit unsern Büchern und unsern Musiknoten und unsern Meditationen, um die gebrechlichen Verfeinerungen eines sterbenden Zeitalters zu bewahren und jene Weisheiten zu suchen, die einst den Menschen nottun werden, wenn alle ihre Leidenschaften verbraucht sind. Wir haben ein Erbe zu hüten und zu hinterlassen, und bis diese Zeit kommt, wollen wir so viel Freude genießen, als wir können ... Und dann, mein Sohn, wenn die Starken einander verschlungen haben, wird die christliche Lehre vielleicht endlich erfüllt sein und die Sanftmütigen werden die Welt erben.»[1]

Was hat diese Vision mit dem Tibetbild des Westens zu tun? Was verbindet sie mit Tibet?

Shangri-La! Jener Ort, an dem «die gebrechlichen Verfeinerungen eines sterbenden Zeitalters» und die «Schätze des Geistes» bewahrt werden. Shangri-La, wo «mit Weisheit und im Geheimen alles geleitet wird, während draußen der Sturm tobt.» Wo genau Shangri-La liegt und was Shangri-La ist, darüber wurde schon viel spekuliert. Ist die «Lamaserei» ein tibetisches Kloster oder vielmehr das Zentrum einer westlichen esoterischen Gesellschaft? Auf Tibet deuten eher Äußerlichkeiten wie die geografische Lage – irgendwo in dem Gebiet zwischen Baskul, Bangkok, Tschung-Kiang und Kaschgar[2] – und die im Tal unterhalb des Klosters lebende Bevölkerung – Chinesen und Tibeter –, auf den Westen die Herkunft der höchsten «Lamas» (der luxemburgische ehemalige Kapuzinermönch Perrault, der österreichische Henschell), die Bibliothek «mit dem Besten der Weltliteratur» in verschiedensten westlichen Sprachen, neben chinesischen und anderen östlichen Manuskripten sowie die Inneneinrichtung – Zentralheizung und luxuriöse Badewannen aus zartgrünem Porzellan, die aus den USA stammen. Auch die Leitgedanken dieser einzigartigen Anstalt können nicht eindeutig dem tibetischen Buddhismus zugeordnet werden, auch wenn gewisse Ähnlichkeiten mit dem buddhistischen «Mittleren Weg» zu Tage treten, wenn Tschang, ein chinesischer Lama, sagt: «Wenn ich es in wenige Worte fassen soll, mein werter Herr, dann

58

58 James Hilton (1900–1954), der Autor des Shangri-La-Romans *Der verlorene Horizont/ Irgendwo in Tibet* hat 1933 geschickt den Faden aufgenommen, den Helena Petrovna Blavatsky etwa sechzig Jahre zuvor zu spinnen begonnen hatte: Eine Bruderschaft, der vor allem Weiße angehören, sitzt in Shangri-La, irgendwo in Tibet, und zeichnet sich durch ihre besondere Weisheit aus. Mit ihrer Hilfe wird einst der Rest der Welt, der unheilvoll in Kriege verwickelt ist, eine Renaissance erleben. Die in Shangri-La aufbewahrten Weisheitsschätze scheinen nicht das Eigentum einer bestimmten Religion zu sein, sondern vereinen in sich Weisheiten verschiedenster Glaubensrichtungen. Ähnlich lautete das theosophische Vermächtnis der Helena Blavatsky, nur nannte sie das Land hinter den Bergen Shambhala, und ihre Weisen, die religiöse Ideen von überallher synkretistisch vermengen, waren fast ausschließlich Inder. Für Blavatsky war dies alles eine unumstößliche Gewissheit, James Hilton jedoch hat aus dem Stoff einen Roman gemacht, ein modernes, in mehreren Millionen Exemplaren verkauftes traumhaftes Märchen.

möchte ich sagen, daß wir vor allem an Mäßigung glauben. Wir lehren die Tugend der Vermeidung jeglichen Übermaßes, ein Übermaß an Tugend selbst inbegriffen, – wenn Sie das Paradoxon gestatten wollen … Wir herrschen mit mäßiger Strenge und sind dafür mit mäßigem Gehorsam zufrieden, und ich kann wohl rühmend behaupten, daß unser Volk mäßig nüchtern, mäßig keusch und mäßig ehrlich ist.»[3] Die Bewohner Shangri-Las sind weder Wüstlinge noch Asketen, sie dürfen mit Freude essen und trinken und müssen auch nicht vollständig keusch leben.

James Hilton (1900–1954), der Autor des Shangri-La-Romans *Der verlorene Horizont/Irgendwo in Tibet* hat 1933 geschickt den Faden aufgenommen, den Helena Petrovna Blavatsky etwa 60 Jahre zuvor zu spinnen begonnen hatte. Eine Bruderschaft – auch bei HPB sind ihre Hauptexponenten keine Tibeter – sitzt irgendwo in Tibet und zeichnet sich durch ihre besondere Weisheit aus. Mit ihrer Hilfe wird einst der Rest der Welt, der unheilvoll in Kriege verwickelt ist, eine Renaissance erleben, «eine neue Welt wird sich inmitten der Ruinen erheben, sich ungelenk, aber hoffnungsvoll regen und nach ihren verlorenen, sagenhaften Schätzen suchen», die verborgen hinter unerforschten, öden Gebirgsketten in Shangri-La aufbewahrt werden.[4] Diese Weisheitsschätze scheinen nicht das Eigentum einer bestimmten Religion zu sein, sondern stellen einen Synkretismus dar, vereinen in sich Weisheiten verschiedenster Glaubensrichtungen, vor allem der christlichen und buddhistischen. Ähnlich lautet das theosophische Vermächtnis der Helena Blavatsky, nur nennt sie das Land hinter den Bergen Shambhala, und ihre Weisen, die religiöse Ideen von überallher synkretistisch vermengen, sind fast ausschließlich Inder. Für Blavatsky war dies alles eine unumstößliche Gewiss-

59

59 Die Abgeschiedenheit und schwere Zugänglichkeit sind sicherlich ein Grund dafür, dass Tibet als geheimnisvolles Märchenland gilt. Der Autor James Hilton kultiviert die Vorstellung eines «hinter den sieben Bergen» liegenden Tibets durch seine meisterliche Schilderung der Entführung von fünf westlichen Menschen nach Shangri-La. Nicht durch eine mehrjährige Reise wie zur Zeit der frühen Missionare, sondern mit einem tollkühnen Flug über die höchsten Gipfel der Erde gelangen die Entführten irgendwohin, ans Ende der Welt, nach Shangri-La. Hilton war vielleicht der Erste, der die Abgeschiedenheit Tibets durch das Bild eines unendlich scheinenden Flugs darstellte – er sollte jedoch nicht der Einzige bleiben.

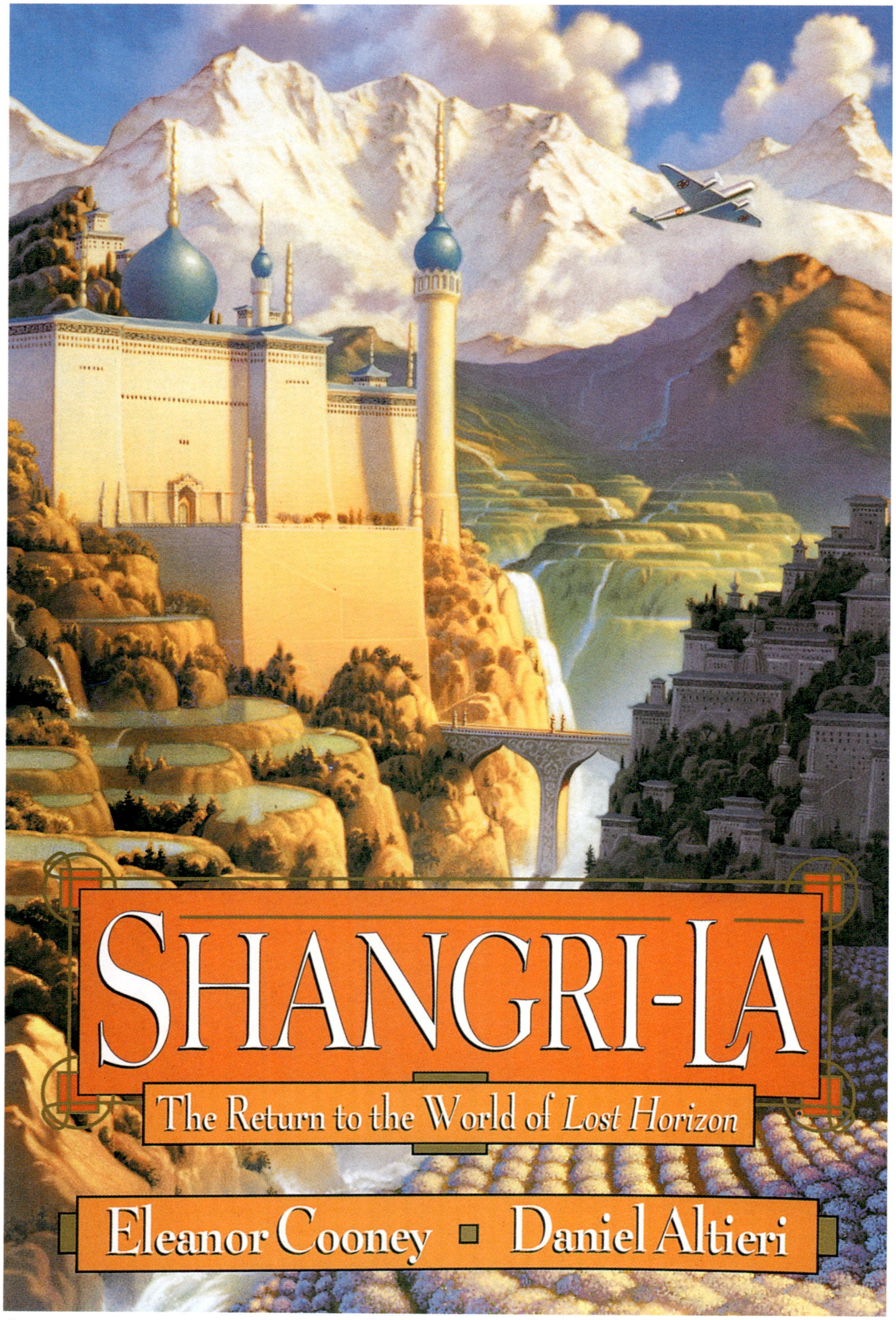

60

60 Obschon die «Lamaserei» Shangri-La irgendwo in Tibet zu liegen scheint, ist ihr kaum etwas Tibetisches eigen: Architektur, Lebensweise der Bewohner, aufbewahrte und traditierte Weisheiten sowie die Bewohner selbst sind westlichen Ursprungs, die Lamaserei ist viel eher das Zentrum einer westlichen esoterischen Gesellschaft als ein tibetisches Kloster, die «Lamas» sind Weiße, nicht Tibeter. Trotzdem ist Shangri-La zur Metapher des sakralen Tibets geworden, da ihm mehrere Züge eigen sind, die der Westen über Jahrhunderte hinweg dem sakralen Tibet andichtete: Shangri-La ist eine von Krieg, Gewalt und niedrigen Leidenschaften umbrandete Friedensinsel, wo eine hierarchisch gegliederte Bruderschaft eine lockere und dehnbare Autokratie über die Talbevölkerung ausübt und die Leute ein sehr hohes Alter erreichen.

heit, James Hilton jedoch hat aus dem Stoff einen Roman gemacht, ein modernes Märchen, das unvergleichlich erfolgreicher als Blavatskys Schriften wurde. Sein Buch erschien in mehreren Millionen Exemplaren auf der ganzen Welt. Hiltons tibetisches Utopia ist so erfolgreich, dass viele an die Existenz von Shangri-La glaubten und noch heute glauben. In der Zwischenzeit heißt eine große Hotelkette wie die von Hilton erfundene Lamaserei, Präsident Franklin D. Roosevelt benannte 1942 seinen Feriensitz im ländlichen Maryland nach ihr, weil er wie Shangri-La so abgelegen in den Bergen lag, wie Roosevelt einmal seinen Mitarbeitern sagte.[5] Die US Navy gab einem ihrer Flugzeugträger den Namen Shangri-La, zahlreiche Musikstücke und ein Flipperkasten der Firma Williams aus dem Jahr 1967 tragen den Namen[6], kurz: Shangri-La gehört heute zum internationalen Vokabular.

Mehrere Motive, die uns im Zusammenhang mit Tibet-Mythen bereits begegnet sind, hat Hilton in seinen Roman aufgenommen und belegen seine Belesenheit. So wusste er beispielsweise von den christlichen Missionaren, vor allem von den im 18. Jahrhundert in Lhasa stationierten Kapuzinern, und ihrer Suche nach möglichen nestorianisch-christlichen Nachkommen in Tibet. Auch waren ihm die wichtigsten alten Berichte – zumindest von ihrem Titel her – bekannt, auch diejenigen über die riesigen in Tibet lagernden Goldvorräte, die – so Hilton – auch im Tal unterhalb Shangri-La im Boden schlummern sollen.

Auch den Mythos der friedliebenden, in einem Paradies lebenden Tibeter nahm Hilton auf, denn Shangri-La und das darunter liegende Tal sind eine von Krieg, Gewalt und niedrigen Leidenschaften umbrandete Friedensinsel. Sie sind eine Gegenwelt zu der «triumphierenden Technik des Mordens», des Untergangs, des Dynamits und Stahls. In Shangri-La und im Tal gibt es weder Militär noch Polizei, Verbrechen sind sehr selten, und auch um Frauen wird kaum gestritten. Das Tal wird als «eingeschlossenes Paradies von erstaunlicher Fruchtbarkeit» geschildert, in dem «Ernten von ungewöhnlicher Mannigfaltigkeit in üppiger Fülle und unmittelbarer Nachbarschaft heranwachsen.»[7]

Hilton nahm ein weiteres Motiv auf, das mindestens auf Blavatsky zurückgeht: Das Jungbrunnen-Motiv: Wer in Shangri-La Aufnahme findet, altert weit langsamer als anderswo, so dass man mit achtzig noch jugendlichen Schrittes auf die Pässe steigen kann. Nicht wegen der Ausübung bestimmter Yogaübungen[8], nicht wegen eines besonderen Elixiers[9], sondern offenbar mit Hilfe von Methoden, die in Shangri-La so einfach wie anderswo unmöglich sind, über die der Leser jedoch stets im Ungewissen gelassen wird.[10] Offenbar gelten in Shangri-La andere Zeitgesetze, denn «die Zeit wog kaum so schwer wie eine Flaumfeder», so dass es den Lamas gelang, den Ablauf dieses kurzen, «Leben» genannten Zwischenspiels zu verlangsamen, wie einmal der Hohelama Perrault, selbst 250 Jahre alt, dem Romanhelden Conway sagte, den er zu seinem Nachfolger ernannte.[11]

Auch das aus frühen westlichen Shambhala/Agarthi-Mythen bekannte Motiv der Autokratie und des Patriarchats fehlt in *Der verlorene Horizont* nicht.[12] Diese und andere Übereinstimmungen sind kaum zufällig. Es scheint, als habe Hilton den Shambhala-Mythos sehr wohl gekannt und diesen umgeschrieben. Aus Shambhala wurde Shangri-La, von wo aus eine «lockere und dehnbare Autokratie» über die Talbevölkerung ausgeübt wurde, die – so Tschang – über demokratische Einrichtungen entsetzt gewesen wäre.[13] Eine straffe Hierarchie scheint für viele ein typisches Merkmal des tibetischen Paradieses zu sein, was angesichts der im alten Tibet tatsächlich ausgeübten Autokratie nachvollziehbar ist. Wenn Hilton suggeriert, dieses «Shangri-La-Tibet» werde einst die darniederliegende Welt retten, macht er Tibet zu einer Friedensinsel und zum Ort einer Renaissance – nicht aber einer Revolution. Werte wie Gemächlichkeit, Maßhalten, Autokratie werden – so Hilton – zu neuen Ehren kommen, die Welt retten. Tibet, das Traumland eines bewahrenden Konservatismus, der die patriarchale Theokratie hochhält.

Die Abgeschiedenheit, die schwere Zugänglichkeit, sind sicherlich ein Grund dafür, dass Tibet als geheimnisvolles Märchenland gilt. Hilton kultiviert die Vorstellung eines «hinter den sieben Bergen» liegenden Tibets durch seine meisterliche Schilderung der Entführung der vier Engländer und Amerikaner nach

61 Hiltons tibetisches Utopia ist so erfolgreich, dass viele an die Existenz von Shangri-La glaubten und noch heute glauben. Heute gehört Shangri-La zum internationalen Vokabular, eine große Hotelkette heißt wie die von Hilton erfundene «Lamaserei», Präsident Franklin D. Roosevelt benannte 1942 seinen Feriensitz im ländlichen Maryland nach ihr, Läden, Restaurants und gar eine nepalische Zigarettenmarke bedienen sich des von Hilton erfundenen Namens.

Shangri-La. Nicht durch eine mehrjährige Reise wie zur Zeit der frühen Missionare, sondern mit einem tollkühnen Flug über die höchsten Gipfel der Erde, der kein Ende zu nehmen scheint, gelangen die Entführten schließlich irgendwohin, ans Ende der Welt, nach Tibet. Hilton war vielleicht der Erste, der die Abgeschiedenheit Tibets durch das Bild eines unendlich scheinenden Flugs darstellte – er sollte jedoch nicht der Einzige bleiben. Nach Conway und seinen Begleitern gelangten viele weitere fliegend ins Märchenland Tibet, ein Motiv, das, wie wir noch sehen werden, vor allem in Comics immer wieder aufgenommen wird.

Mit einem Tibet-Klischee geht Hilton zurückhaltender um als andere Autoren. So soll zwar der Hohelama Perrault viele Versuche unternommen haben, sich in die Luft zu erheben (Levitation), er musste jedoch ernüchtert feststellen, dass ihm diesbezüglich keine Erfolge beschieden waren. Hingegen erwarb er sich Geschicklichkeit in der Telepathie und er schien über heilende Kräfte zu verfügen, «lag doch in seiner bloßen Anwesenheit etwas, das in gewissen Fällen zu helfen vermochte.»[14] Das Bild des in der Kunst der Selbstverteidigung bewanderten tibetischen Lamas ist Hilton ebenfalls unbekannt, ja «die kriegerische Ertüchtigung durch Sport» wird als barbarisch und als ein mutwilliger Ansporn aller niedrigen Triebe angesehen.[15] Wir werden sehen, dass der Kampfsport-Lama erst später «erfunden» wird – wahrscheinlich durch Lobsang Rampa alias Cyril Hoskins in den 50er Jahren.

Auch Shangri-La weist zwei Seiten auf – wie Tibet, das auf viele eine besondere Faszination ausübt, auf eine kleine Schar jedoch höchst negativ wirkt: Für die meisten ist es eine außergewöhnliche Gegend, ein Paradies. Andere jedoch, so beispielsweise Mallison, empfinden ihn als höllischen Ort, über dem etwas Finsteres und Böses liegt.[16] Sie glauben nicht an seine besonderen Qualitäten, an das Alter der Lamas von ein paar Hundert Jahren. «Aber, mein Gott, ich gäbe viel drum, wenn ich hier mit einer Ladung Bomben rüberfliegen könnte,» meint Mallison einmal gegenüber Conway, «weil dieser Ort, was immer er auch ist, dem Erdboden gleichgemacht gehört. Er ist ungesund und unrein – und übrigens, wenn Ihr Lügengarn auch wirklich wahr wäre, würde ihn das nur um so hassenswerter machen! Eine Schar von Hutzelgreisen, die hier wie Spinnen auf jeden lauern, der in die Nähe kommt … Es ist dreckig … Wer will schon überhaupt so alt werden, he?»[17] Unschwer ist hier ein Motiv zu erkennen, das uns bereits begegnet ist: Tibet als Ort der Weltverschwörung, wo schmarotzerhaft und selbstgefällig die Lamas wohnen, deren Spinnenfäden überallhin gespannt sind.

Hilton lokalisierte zwar Shangri-La irgendwo in Tibet, er setzte es jedoch – und dies wird meistens übersehen – nie mit Tibet gleich. Im Gegenteil: Er zeichnet vom eigentlichen Tibet ein eher negatives Bild. So steht an einer Stelle, die tibetischen Lamasereien seien keine hübschen Plätzchen und die Mönche seien in der Regel verkommen und schmutzig. Die Geschichten über außerordentlich lange Lebensdauer der Mönche seien Lügenmären, die man überall hören, aber nicht nachprüfen könne. Man schreibe den Lamas eine Menge höchst sonderbarer Kenntnisse und Mittel zur Lebensverlängerung zu, doch liefen diese Berichte auf dasselbe hinaus wie die indischen Seiltricks – «es sei immer etwas, das ein anderer gesehen hatte». Daneben hätten jedoch die Lamas abwegige Geschmäcker für Selbstzucht, indem sie splitternackt am Rand eines zugefrorenen Teichs säßen und ihnen eiskalte Tücher um ihren Leib gewunden würden.[18] Damit ist Hilton dem traditionellen tibetischen Shambhala-Mythos sehr nahe. Denn auch Shambhala liegt, wie wir noch sehen werden, nicht im eigentlichen Tibet, sondern hinter dem von Normalsterblichen bewohnten Tibet. Hinter Bergketten und Flüssen, irgendwo …

Das Shangri-La Hiltons ist ein Männerort. Abgesehen von der scheuen, nicht Englisch sprechenden Mandschu Lo-Tsen und der frömmlerischen Miss Brinklow kommen dort keine Frauen vor, auch wenn Tschang auf die Frage, ob es denn auch weibliche Lamas gebe, antwortet, man mache hier keine Unterschiede nach dem Geschlecht. Auf alle Fälle scheint Sex ein Fremdwort in Shangri-La zu sein, wo nicht einmal laszive Anspielungen gemacht werden.

Ähnlich männerdominiert ist Tibet auch in einem anderen äußerst populären Roman: *Das dritte Auge* von Lobsang Rampa.

Das dritte Auge

«Ich bin ein Tibetaner». So beginnt das erste Buch von Lobsang Rampa (1910–1981), das 1956 unter dem Namen *The Third Eye* (*Das dritte Auge*) im Verlag Secker & Warburg in London erschien und nach kurzer Zeit zu einem Bestseller wurde. Das Buch schildert in Form einer Autobiographie das Leben von Lobsang Tuesday (Dienstag) Rampa, dem Sohn eines der führenden Männer in der tibetischen Regierung, ein edler Mann von hohem Range, ein mehrfacher Millionär, der riesige Güter im ganzen Land, Juwelen und sehr viel Gold besaß.

Lobsang besuchte in Tibet die Schule, wo er unter anderem Tibetisch, Chinesisch, Rechnen und das Schnitzen von Holzdruckstöcken lernte. Mit Sieben – nach einer sehr strengen und harten Erziehung – sollte er in eine «Lamaserei» eintreten und dort zum Priester-Arzt ausgebildet werden. Der Eintritt in die Medizinschule auf dem Chagpori bei Lhasa war hart, Lobsang musste Proben bestehen, Schläge einstecken doch konnte er sich schließlich gegen die anderen durchsetzen, da er von einem alten Polizei-Mönch eine Art Judo gelernt hatte. Die Oberen hatten Lobsangs frühere Inkarnationen erforscht und dabei erkannt, dass er bestimmte Kräfte und Fähigkeiten in sich hatte, die sie nun wieder zu entwickeln gedachten. So wollten sie ihm beibringen hellzusehen, sich in den astralen Ebenen zu bewegen und ihn in den esoterischen Wissenschaften, in der Metaphysik und in der Medizin ausbilden. Doch um das Hellsehen zu entwickeln, musste an Rampas achtem Geburtstag eine kleine Operation am Kopf vorgenommen werden. Diese Öffnung des «dritten Auges» sollte es Lobsang Rampa ermöglichen, die Menschen so zu sehen, wie sie wirklich sind, und auch die Aura zu erkennen, die jeden Menschen umgibt, «den Reflex der im Innern brennenden Lebenskraft». Diese Operation stellte sich als größerer Eingriff als vermutet heraus: Bei vollem Bewusstsein bohrte ihm Lama Mingyar mit einer Art Spitzbohrer ein Loch in das Stirnbein, bis plötzlich ein blendender Blitz aufzuckte. Nun war Lobsang Rampa einer, der die Menschen so sehen konnte wie sie waren, und nicht mehr so, wie sie vorgaben zu sein, er hatte ein neues Sinnesorgan. Er lernte den Gesundheitszustand der Menschen an der Farbe und Intensität ihrer Aura erkennen, und er sah an der Art des Fluktuierens der Farben, ob jemand die Wahrheit redete oder nicht. Vor langer Zeit besaßen alle Menschen das dritte Auge, doch wollten sie die Götter verdrängen und versuchten sie zu töten, worauf die Götter zur Strafe das dritte Auge der Menschen schlossen.

Lobsang war nicht ein gewöhnlicher, sondern ein vom 13. Dalai Lama höchstpersönlich für wichtige Aufgaben ausgewählter Mönch. So musste er beispielsweise die Aura und damit die Absichten des englischen Diplomaten Charles Bell «lesen», als dieser den Dalai Lama besuchte, und erlernte die Krankheitsdiagnose aufgrund der Aura der Patienten. Auch hatte er schwere Prüfungen abzulegen, unter anderem im Judo, worin Lobsang stets der Beste war. Doch Lobsang Rampa war für noch Höheres auserkoren: Er sollte in der Hypnose alles Wis-

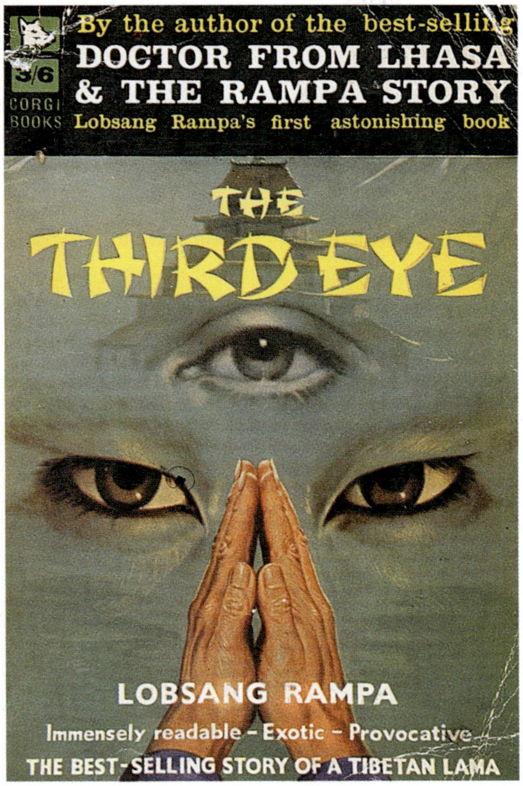

62

62 Lobsang Rampa behauptete, an seinem achten Geburtstag sei eine Operation an seinem Kopf vorgenommen worden. Seit dieser Öffnung des «dritten Auges», das seinem ersten Buch den Namen gegeben hat, sah er die Menschen so wie sie wirklich waren, er hatte ein neues Sinnesorgan, beziehungsweise ein Sinnesorgan, das früher alle Menschen besaßen, reaktiviert.

63 Lobsang Rampa (1910–1981), der Autor des 1956 erschienen Buches *Das dritte Auge*. Das Buch schildert in Form einer Autobiographie das Leben von Lobsang Tuesday (Dienstag) Rampa, dem Sohn eines der führenden Männer in der tibetischen Regierung. Recherchen eines Privatdedektivs ergaben jedoch, dass der geheimnisvolle Tibeter nicht Rampa, sondern Cyril Henry Hoskins hieß und dass er kein Tibeter, sondern ein Brite war. Dies hielt einige Verleger nicht davon ab, dennoch von einer authentischen Autobiographie eines tibetischen Mönchs zu sprechen, und noch heute scheinen viele Leute an die Authentizität Rampas zu glauben.

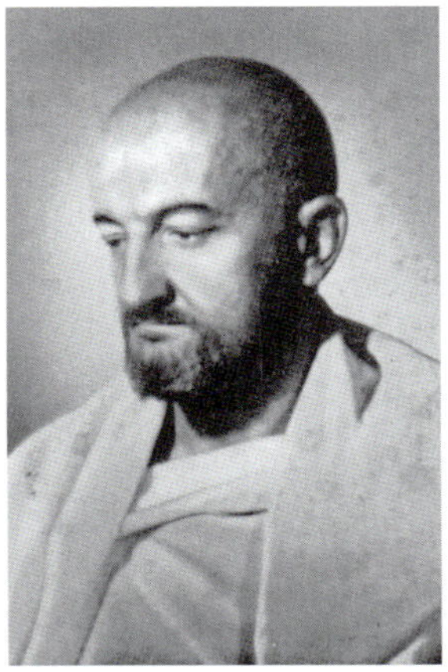

63

sen erlernen, über das seine Lehrer verfügten und danach ins Ausland gehen. Ihm wurde auch eine Ausbildung in «astraler Wanderung» zuteil, bei welcher der Geist oder das Ich den Körper verlässt. Doch damit nicht genug. Er wurde auch in der Kunst der Telepathie, der Hypnose, der Levitation und im Yoga unterwiesen.

Tibet war für Lobsang Rampa das Land der okkulten Kräfte und des esoterischen Wissens: «Unsere praktische Welt hat sich in langsamem Tempo entwickelt, so daß sich unser esoterisches Wissen erweitern und vertiefen konnte. Uns ist seit Jahrtausenden bekannt, daß es Hellsehen, Telepathie und andere ins Metaphysische reichende Dinge wirklich gibt. Es ist wahr, daß viele Lamas nackt im Schnee sitzen und durch die Kraft des Gedankens allein den Schnee rings um sich zum Schmelzen bringen können ... Manche Lamas, solche, die Meister des Okkulten sind, sind tatsächlich der Levitation fähig ... jene Kräfte sind keineswegs magischer Art, sie sind nur das Ergebnis der Anwendung natürlicher Gesetze.»[19]

Einfacher und weniger «plump» als die Levitation sei jedoch, so Lobsang Rampa, die Wanderung des Astralleibes, bei der der Geist oder das Ich den Körper verlasse, mit dem irdischen Leben nur durch eine «silberne Schnur» verbunden. Den meisten Lamas, wie auch ihm selbst, sei diese vertraut, und jedermann, der nur ein wenig Geduld habe, könne diese förderliche und ersprießliche Kunstfertigkeit erlernen.[20] Astralreisen seien, so schrieb Lobsang Rampa in seinem dritten Buch, genauso natürlich wie atmen, jeder reise astral im Schlaf.[21] Eine andere Fähigkeit, von der man sagen könne, es sei gut, dass sie nur äußerst wenige Menschen besitzen (er selbst gehörte nicht dazu), sei das Sichunsichtbarmachen: «In Tibet gibt es Menschen, die sich nach Belieben unsichtbar machen können, weil sie imstande sind, die Wellen, die von ihrem Gehirn ausgehen, abzuschirmen».[22]

Auch die Telekinese war eine Fertigkeit, die man in den tibetischen Klöstern erlernen konnte, denn «Gedanken sind, wie wir in Tibet wohl wissen, Energiewellen. Materie ist verdichtete Energie. Genau zielgerichtet und teilweise verdichtet, kann der Gedanke bewirken, daß sich ein Gegenstand ‹telekinetisch› bewegt.»[23]

Der Dalai Lama war mit einem Lama, der so viel wusste und konnte, sehr zufrieden, wollte aber, dass sich Lobsang noch weiter ausbilde, bevor er Tibet verlasse. So studierte er Anatomie auf den Plätzen, auf denen die Leichen zerstückelt wurden. Höhepunkt im Werdegang des Lobsang Rampa war die «Zeremonie des Kleinen Todes», welche tief unter dem Potala stattfand, in einem goldenen Höhlentempel, in dessen Zentrum ein schwarzglänzendes Haus stand, in dem sich drei schwarze Steinsärge mit je einem goldenen Leichnam befanden. Eingeweiht wurde er durch drei alte Männer, «vielleicht die erfahrensten Metaphysiker auf der ganzen Welt». Zwischen den Särgen erlebte er den kleinen Tod, eine Vorwegnahme des natürlichen Todes: Sein Astralleib hatte sich vom Körper getrennt, verbunden nur durch eine silberblaue Schnur (Silberschnur), und erlebte im Zeitraffertempo die Evolution der Erde aus dem Chaos zum jetzigen Zustand.

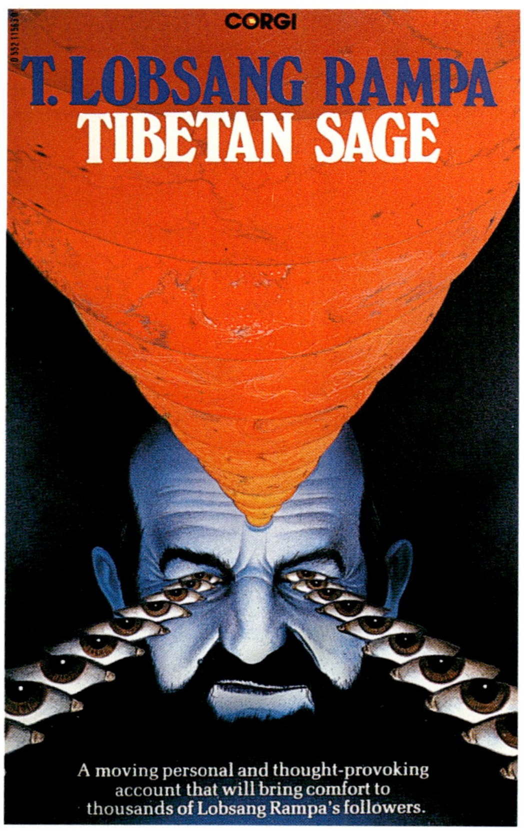

64a

64 Lobsang Rampas Bücher – insgesamt 19 – fanden eine treue Anhängerschaft und wurden zum Teil äußerst positiv aufgenommen. Dennoch war er von seinem ersten Buch an bis zu seinem letzten stets auf der Flucht vor Medienleuten, die vor allem das eine beweisen wollten, was ohnehin klar war: dass Lobsang Rampa gar kein Tibeter war.

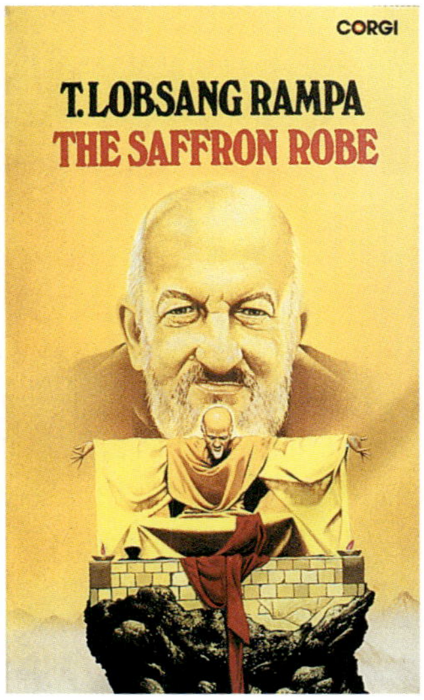

64b–g

Kurze Zeit nach dieser Initiation erhielt Lobsang Rampa den Befehl, als Arzt nach China zu reisen. Da wir uns hier mit dem Tibetbild und vor allem dem Tibet-Zerrbild des Westens beschäftigen, wollen wir dem Leben Lobsang Rampas in China, wo er Medizin an der Chungking-Universität studierte, in Japan, wo er die Explosion der ersten Atombombe erlebte, und in Korea nicht weiter folgen.

Das Buch *Das dritte Auge* bewies endlich und eindeutig, dass Helena Petrovna Blavatsky achtzig Jahre zuvor eben doch recht hatte: Es gab sie, diese seltene Spezies von tibetischen Lamas, welche okkulte Fähigkeiten besitzen, welche die Kunst der Levitation, der Telepathie und der astralen Wanderung des Ichs beherrschen. Die Meister aus Tibet zeigten sich zu Zeiten der Helena Blavatsky nur in äußerst seltenen Fällen im Westen und bedienten sich meistens eines Mediums, um ihre Botschaften zu übermitteln. Zudem waren es zur Hauptsache indische Arier. Nun wandte sich endlich einer dieser aus Tibet stammenden Weisen direkt an westliche Menschen und war mitten unter ihnen: er lebte in London – und es war ein Tibeter! 100 Jahre nachdem Morya zum ersten Mal der Helena Blavatsky in dieser Weltstadt erschienen war, hatte sich einer der Brüder genau diese Stadt als Wohnsitz ausgewählt. Endlich war die Zeit reif... wenn da nicht, wie bereits zu Zeiten der Helena Petrovna Blavatsky, einige Skeptiker gewesen wären, welche aufzuzeigen versuchten, dass Lobsang Rampas Lebensgeschichte ein Betrug und Lobsang Rampa eben doch ein Nicht-Tibeter war. Einer dieser Skeptiker war Marco Pallis. Er stellte nach Beratungen mit Hugh Richardson, einem früher in Lhasa stationierten Diplomaten und Tibetologen, und Heinrich Harrer, der zwischen 1943 und 1950 in Tibet lebte, den angesehenen Privatdetektiv Clifford Burgess aus Liverpool an. Ende Januar 1958 publizierte Burgess die Ergebnisse seiner in England und Teilen Schottlands durchgeführten Untersuchungen. Er stellte fest, der Autor von *Das dritte Auge* heiße nicht Lobsang Rampa, sondern Cyril Henry Hoskins[24] und dieser sei kein Tibeter, sondern ein Brite.

Unmittelbar danach, am 1. Februar 1958 erschien in der *Daily Mail* ein Artikel über den «Schwindel-Lama» mit der Hauptaussage: «Der Mann, von dem Tausende glauben, er sei der Lama mit dem dritten Auge, ist als Fälscher entlarvt worden.» Hoskins wurde in seinem Haus in Dublin von Journalisten belagert. Zuerst verweigerte er jedes Gespräch, unter dem Vorwand, er sei sehr krank, später gab er jedoch einem Journalisten ein kurzes Interview und gab diesem ein Tonband mit, auf dem er bestätigte, er sei in der Tat Cyril Henry Hoskins, doch habe ein tibetischer Lama von ihm Besitz ergriffen. Diese «Verwandlung» sei ihm, als er etwa 34 Jahre alt war, angekündigt worden, und am 13. Juni 1949 sei der Lama in der Tat in ihn eingedrungen. An jenem Tag stieg Hoskins auf einen Baum, wo er eine Eule fotografieren wollte. Doch der Ast, auf dem er saß, brach und er fiel hinunter. Das Nächste, woran er sich erinnerte war, dass er sich außerhalb seines Körpers befand und seinen Körper unter sich liegen sah. Ein Lama in Safran-Gewand näherte sich ihm und sagte: «Ich will deinen Körper». «Weshalb?», erwiderte Hoskins. «Weil ich keinen Paß besitze und sonst deportiert werde», antwortete der Lama. Da erkannte Hoskins, dass es sich um die angekündigte «Besitzergreifung» handelte, akzeptierte und der Lama ging in den Körper von Hoskins ein, und von diesem Moment an war Hoskins der tibetische Lama und Hoskins existierte nicht mehr.[25] In der Rampa-Story, dem dritten Buch von Hoskins, wurde die Motivation des gelbgewandeten Lama altruistischer dargestellt: Weil er sich gegen Not, Unverständnis, Unglauben und tiefsten Hass, kurz die Kraft des Bösen, behaupten wollte, war er bereit, den Körper eines anderen zu übernehmen.

Wer war Cyril Henry Hoskins, bevor Lama Lobsang Rampa (angeblich) in ihn eindrang? Hoskins wurde am 8. April 1910 als Sohn von Joseph Henry Hoskins, von Beruf Meister-Klempner, und Eva Hoskins-Martin in Plympton in England geboren und ging bis er 15 Jahre alt war zur Schule. Bereits als Kind hatte Cyril Hoskins einen auffallenden Charakter: Er war ein Einzelgänger, hatte keine Freunde, galt als merkwürdiges, äußerst verschrobenes und verwöhntes Kind. Abgesehen davon, dass er oftmals mit Elektrizität und Insekten Experimente durchführte, betätigte er sich kaum. Als Teenager half er zwar ab und zu seinem – offenbar strengen – Vater im Laden aus, lag aber oftmals während Tagen im Bett und galt als faul.

Als der Vater 1937 starb, zog er mit seiner Mutter zur Schwester nach Nottinghamshire, danach nach London, wo Hoskins in einer Firma arbeitete, die chirurgische Instrumente herstellte. Hoskins erlebte in London die Schrecken des Zweiten Weltkriegs, wurde arbeitslos, eine Firma nach der anderen lehnte ab ihn einzustellen.[26] Schließlich wurde er von einer Handelsschule, die Fernkurse anbot, angestellt, musste dort jedoch Arbeit verrichten, die er als langweilig empfand.[27] Im gleichen Jahr, 1940, heiratete er Sarah Anne Pattinson, eine Krankenschwester. In den Jahren danach wurde er immer seltsamer. So führte er seine Katze an einer Leine spazieren und nannte sich Carl KuonSuo beziehungsweise Carl Ku'an[28], eine Namensänderung, die 1948 offiziell anerkannt wurde. Nachdem er 1948 die Arbeit am Fernlehrinstitut verlassen und jeden Kontakt zu seinem früheren Leben abgebrochen hatte, verwischten sich seine Spuren. Offenbar ging es ihm nicht gut, er hatte Halluzinationen – allenfalls die Folge eines kleineren Unfalls im Sommer 1949 –, schien mit dem Leben zu hadern und das Gefühl zu haben, stets auf der Seite der Verlierer zu stehen. Er fühlte sich nicht wohl als Engländer, stattdessen interessierte er sich immer mehr für Tibet und die Länder des Fernen Ostens, die er in seinen Träumen sah[29], und kleidete sich von nun an «orientalisch»[30]. Ab und zu – so Rampas Frau – fiel er in Trance und sprach in einer unbekannten Sprache, «sicherlich einer östlichen.»[31] Für kurze Zeit arbeitete er offenbar in einem Fotolabor und als Gelegenheitsfotograf, wurde wieder arbeitslos ... und tauchte 1954 als Dr. Carl Ku'an in Bayswater, London, auf, wo er, immer wieder durch Krankheitsschübe geschwächt, *Das dritte Auge* schrieb, umgeben von seiner Frau und seinen beiden geliebten Siamkatzen. In der Zwischenzeit hatte er sich einen neuen Namen zugelegt als äußeres Zeichen seiner neuen Identität: Lobsang Tuesday (Dienstag) Rampa.[32] 1958 lebte er zusammen mit seiner Frau und einer Freundin der Familie, Shellagh Rouse, der Frau eines Versicherungsmaklers, in Howth nahe Dublin, wo er nach eigener Aussage die schönste Zeit seines Lebens verbrachte. Es gibt keinen Hinweis darauf, dass er bis zu diesem Moment je die britischen Inseln verlassen hätte. Als das Ehepaar Hoskins wegen der ständigen Kritik der Medienleute und Problemen mit den Steuerbehörden zusammen mit Shellagh Rouse und ihren beiden Siamkatzen England verließ, ging die Reise nicht Richtung Orient, sondern ins «Land der Indianer», nach New York und weiter nach Kanada, wo sich die fünf unter anderem in Montreal und in Vancouver niederließen. Es ist keineswegs abwegig von fünf Familienmitgliedern zu sprechen, betrachtete doch Lobsang Rampa die Familienfreundin Shellagh Rouse, die die Sekretariatsarbeiten erledigte, als seine Adoptivtochter und die beiden Katzen als «zwei weitere Frauen in meinem Haushalt», mit denen er sich nach eigener Aussage bestens unterhalten konnte, mit der einen zwar nicht verbal, sondern lediglich durch Telepathie, da sie taub war. Die eine nannte er Miss Cleopatra (Cléo) Rampa, die andere Miss Tadalinka (Tady) Rampa.[33] Lobsang Rampa lebte sehr zurückgezogen, wie ein Eremit, der von sich behauptete, kein sexuelles Leben zu haben.[34]

65

65 Lobsang Rampa/Cyril Hoskins liebte Katzen und behauptete, die tibetischen Klöster würden von Siamkatzen bewacht. Zwei Siamkatzen lebten zusammen mit seiner Gattin und einer Freundin der Familie in seinem «Vier-Frauen-Haushalt»: Miss Cléo Rampa und Miss Tady Rampa, mit denen er sich – nach eigener Aussage – bestens unterhielt – verbal mit der einen und telepathisch mit der anderen, da diese taub war ...

66 Die Hochschätzung seiner beiden Siamkatzen kommt in einer Art «Familienwappen» zum Ausdruck: Die Katzen halten das Licht (Kerze), das Lobsang Tuesday Rampa (LTR) mit seinen Büchern (links unten) entzündet hat. An Rampas angebliche tibetische Herkunft erinnern der Potala (links oben) und eine Gebetstrommel. Eingerahmt wird das Ganze von einer 108 Kügelchen zählenden Gebetsschnur.

66

Unzählige Leute schrieben Lobsang Rampa und wollten ihn treffen, was jedoch beinahe niemandem ermöglicht wurde. Nur ausgesprochen wenige Briefeschreiber sahen in ihm einen Betrüger, die meisten waren begeistert von ihm, fanden durch seine Bücher Hoffnung, Trost und neuen Mut, wie – stellvertretend für unzählige andere – die folgenden Briefzeilen belegen: «Ich bin zwanzig Jahre alt. Sie sind für mich der reinste Mensch überhaupt. Ich war recht enttäuscht vom Leben ... aber als ich Ihre Bücher las, habe ich mein Selbstvertrauen wiedererlangt und die Kraft, das Leben zu ertragen.»[35]

Lobsang Rampa war von seinem ersten Buch an bis zu seinem letzten[36] stets auf der Flucht vor missliebigen und sensationslüsternen Medienleuten. Nach Montreal waren Vancouver und Winnipeg weitere Lebensstationen. Rampa starb 1981 in Calgary.

67

67 Rampa/Hoskins mag zwar ein gewiefter Romanschreiber gewesen sein, er hatte jedoch von Tibet kaum eine Ahnung. Seine Bücher sind voller Erfindungen und Fehler, die er teilweise von anderen übernommen hatte, nicht ohne selbst von späteren Autoren imitiert zu werden, ein Perpetuum mobile der Tibetabsurditäten. Einer seiner Imitatoren ist der Comics-Künstler Jodorowsky, in dessen Serie *Der weiße Lama* zum Beispiel Mönche wie in Rampas *Das dritte Auge* in selbst gebauten Drachen in die Luft steigen.

Das Bild, das Lama Lobsang Rampa, alias Dr. Ku'an-Suo, alias Henry Hoskins, von Tibet zeichnet, ähnelt stark demjenigen von Helena Petrovna Blavatsky: «Tibet war ein theokratisches Land. Wir hatten keine Sehnsucht nach dem ‹Fortschritt› der Welt draußen. Wir wollten nichts anderes als uns der Meditation hingeben können und die Grenzen der Körperlichkeit überwinden. Unsere weisen Männer hatten seit langem eingesehen, daß es den Westen nach den Schätzen Tibets gelüstete, und sie wußten, daß der Friede das Land verließ, wenn es die Fremden betraten. Das Eindringen der Kommunisten in Tibet hat jetzt bewiesen, daß das richtig gedacht war.»[37]

Beide, Blavatsky und Hoskins, erzählten unglaublich Groteskes über das angebliche Leben in Tibet – und beide hatten eine enorm große Anhängerschaft, welche diesen Geschichten und ihren Schöpfern Glauben schenkte.[38] Noch heute ist das Interesse an Blavatskys und Rampas Büchern respektabel. Darauf deutet beispielsweise, dass ihre Bücher noch immer gelesen werden und dass sich im Internet mehrere Homepages zur Theosophie und Lobsang Rampa finden.[39]

Es würde viel zu weit führen, alle Erfindungen, Lügen und Fehler in *Das dritte Auge* aufzuzählen, doch einige sollen dennoch erwähnt werden – zum Amüsement der Leser, aber auch, weil wir damit noch mehr über das Tibet-Zerrbild erfahren, das sich viele Westler machen oder an das sie glauben.

Nach Rampa gab es in den Klöstern lamaistische Sparkassen[40] – wie wenn die Mönche Geld verdient hätten; Die Tempelschätze, «ungeschliffene Edelsteine, die rings um die heiligen Götterbilder lagen», wurden von Tempelkatzen, fast schwarzen Siamkatzen, bewacht[41] – die berühmten scharfen Hunde, welche in Klöstern als Wachtiere gehalten wurden, schienen zur Zeit Rampas nicht zu existieren; Die Mönche stiegen in selbst gebauten Drachen in die Luft[42] – obschon der tibetische Klerus strikt darauf achtete, dass keine technischen Geräte in Tibet Einzug fanden und schon gar nicht solche, welche den Zorn der Götter und Lokalgeister hätten erregen können, ganz abgesehen davon, dass es unmöglich wäre, mit dem in Tibet vorhandenen Material solche Drachen zu bauen; Butterlampen hingen nach Lobsang Rampa von den Ästen der Bäume herab, sie schwangen an den vorspringenden Dachtraufen der Häuser, und andere schwammen auf dem ruhigen Wasser des Sees[43] – in Tat und Wahrheit werden Butterlampen von den Tibetern ausschließlich (vor Altären) aufgestellt; Götterstatuen waren aus Jade, Gold oder aus Email[44] – nur nicht aus Bronze, aus der weitaus die meisten tibetischen Statuen gefertigt sind.

Was die tibetischen Kochgewohnheiten anbelangt, projizierte Hoskins allenfalls eigene Erlebnisse in die Geschichte, wenn er behauptete, das Kochen besorgten in Tibet nur die Männer, Frauen eigneten sich nicht zum Tsampa-Rühren oder zur Herstellung der richtigen Mischungen … Frauen eigneten sich lediglich zum

Abstauben (sic!), zum Reden und, natürlich, zu einigen anderen Dingen[45]; dass Leckerbissen der Tibeter eingelegte Rhododendronblüten (die es höchstens in Südtälern gab) und Haifischflоßen sein sollten, ist unmöglich, da Tibeter weder ungekochte Pflanzen noch Fische mögen und bei ihnen Rhododendron ohnehin als giftig gilt; und dass die Butterfässer Holz- oder Bambuszylinder und nicht Ziegenfellsäcke[46] sind, weiß jede Person, die einmal in Tibet, im nördlichen Nepal oder Bhutan war.

Der Katalog von Absurditäten könnte noch beliebig erweitert werden – die Tibeter tauchten neugeborene Kinder in eisige Flüsse, um zu prüfen, ob sie stark genug sind, um weiterleben zu dürfen[47]; die Leichenöffner untersuchten alle inneren Organe, um die Todesursache festzustellen[48] – doch wollen wir es hiermit bewenden lassen, denn die Zweifel werden zur unumstößlichen Gewissheit: Hoskins mag zwar ein guter Romanschreiber gewesen sein, er hatte jedoch von Tibet kaum eine Ahnung, und das Wenige, das er wusste, hatte er sich – wie seinerzeit Blavatsky – aus der Literatur zusammengeschrieben.[49] Hoskins hatte regen Gebrauch von Blavatskys Schriften gemacht, was er selbst in einem Interview mit seinem kanadischen Verleger Stanké zwar bestritt, obschon er im Vorwort der zweiten englischen Auflage von *Das dritte Auge* bestätigt hatte, die theosophische Literatur zu kennen. Seine Werke sind somit zu einem großen Teil Plagiate von Plagiaten. Teilweise setzte Hoskins jedoch andere Schwerpunkte als die alte Dame der Theosophie. Einige von HPB geschilderte Details wertete er auf und stellte sie als authentische Bestandteile tibetischer Lehre und Lebensauffassung hin. Dazu gehört zweifellos das «dritte Auge», das Blavatsky bereits in *Die Geheimlehre* erörtert hatte. Anhand des dritten Auges kann aufgezeigt werden, wie geschickt Rampa authentische Vorstellungen mit Pseudo-Tibetischem vermischte. In der Tat ist die Vorstellung eines dritten Auges in Tibet nicht unbekannt: Einige Bildnisse tibetischer Gottheiten und Götter weisen auf der Stirne ein drittes Auge auf, und in gewissen Meditationen wird der Stelle zwischen den Augenbrauen besondere Aufmerksamkeit geschenkt, doch ist kein einziges tibetisches Ritual bekannt, das auch nur annähernd dem von Hoskins geschilderten Initiations-Vorgang gleicht. Auch die dem dritten Auge zugeschriebenen Wirkungen – wie das Erkennen, welche Krankheit jemand hat, ob jemand die Wahrheit spricht usw. – entbehren jeglicher tibetischen Grundlage.

Einige weitere der von Hoskins geschaffenen Bilder wurden ins Repertoire der Tibet-Klischees aufgenommen und haben bis heute überlebt, so beispielsweise das Bild der im Nahkampf ausgebildeten Mönche. Denn anders als bei Blavatsky waren die Mönche nach Hoskins nicht nur abgeklärte, in der Einsamkeit lebende Meditierende, sondern waren Meister im Judo[50]. Der kämpfende tibetische Mönch taucht seit seiner Erfindung durch Rampa hier und dort auf, sei es in Comics, in Spielfilmen der 80er und 90er Jahre oder in Artikeln. So behauptet ein Autor, die Tibeter hätten während des tibetisch-britischen Krieges im Jahr 1904 (Younghusband-Expedition) die Wirksamkeit der tibetischen Kriegskunst unter Beweis gestellt. Dass sie unterlagen, verschweigt er dabei. Auch seien die tibetischen Mönche in Kampfsport ausgebildet worden, «je höher der Rang des Mönchs, desto härter und brutaler das Training, um Moral und Demut beizubringen».[51]

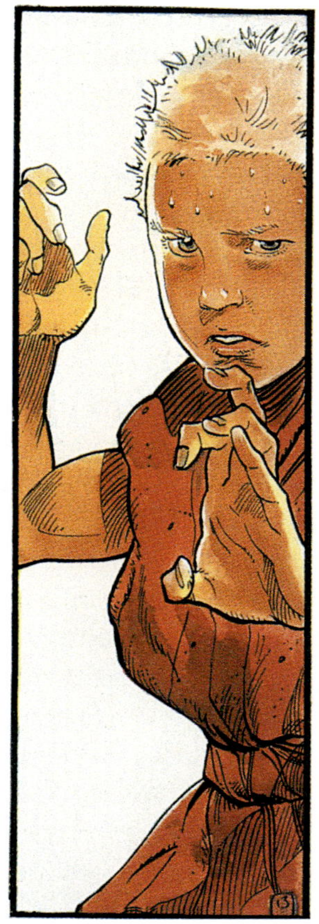

68a

68b

68 Auch andere von Rampa geschaffene Bilder wurden ins Repertoire der Tibet-Klischees aufgenommen und haben bis heute überlebt, so das Bild der im Nahkampf ausgebildeten Mönche. Denn anders als bei Blavatsky waren die Mönche nach Hoskins nicht nur abgeklärte, in der Einsamkeit lebende Meditierende, sondern Meister im Judo. Der kämpfende tibetische Mönch taucht seit seiner Erfindung durch Rampa hier und dort auf, sei es in Comics oder in Spielfilmen der 80er und 90er Jahre.

69

Zu den von Rampa aufgewerteten angeblich tibetischen Vorstellungen ist auch die «Silberschnur» zu erwähnen, welche in Blavatskys Schriften nur am Rande vorkommt. Unter der «odischen oder magnetischen Schnur» verstand Blavatsky eine Verbindungsleine zwischen dem Kopf des astralen und demjenigen des physischen Körpers, welche sie mit der Silberschnur im Alten Testament (Prediger 12,6) gleichsetzte.[52] Auch die Tradition der Rosenkreuzer kennt eine solche Silberschnur, eine dünne, glänzende, silbrige Schnur, welche nach Todeseintritt «die höheren Träger» (der Lebensleib, der Empfindungsleib und der Intellekt), mit dem dichten (physischen) Körper, den sie verlassen haben, verbindet. In *Das dritte Auge* nimmt Rampa oftmals auf diese Silberschnur Bezug[53], gibt gar eine Beschreibung dessen, was ein tibetischer Lama, welcher ein Totenritual durchführte, (angeblich) zu sehen bekam: «Über dem leblosen Körper verdichtete sich nun die Lebenskraft des Verstorbenen zu einem wolkenartigen Gebilde, das, wogend und brodelnd, allmählich die Gestalt des Verstorbenen annahm und mit seinem Körper noch immer durch die ‹silberne Schnur› verbunden war. Die Schnur wurde dünner und dünner ... wurde, sich verdünnend, zu einem bloßen Faden und löste sich dann völlig auf. Langsam, wie eine zarte Wolke am Himmel oder eine Weihrauchwolke im Tempel, entschwand das seltsame Formgebilde.»[54] Die silberne Schnur war auch die einzige Verbindung zwischen dem astralen Leib des Lobsang Rampa und seinem leblosen Körper, als Rampa in der oben beschriebenen dreitägigen Initiation ein «Eingeweihter» wurde, der die Fähigkeit hatte, die Vergangenheit zu sehen und die Zukunft kennenzulernen.[55]

Die Silberschnur, die übrigens jeglicher tibetischen Grundlage entbehrt, wurde in neuerer Zeit vom Comics-Künstler Jodorowsky in der Serie *Der weiße Lama* aufgenommen und kunstvoll bildlich dargestellt – eindeutig inspiriert von Rampas Roman, dessen «Autobiografie» – wie wir noch sehen werden – den Schöpfer von *Der weiße Lama* stark beeinflusst hat.

Ob Lobsang Rampa wirklich von seinen Episoden und Schilderungen okkulter Ereignisse überzeugt war, kann nicht schlüssig beantwortet werden, es ist jedoch wahrscheinlich, dass dem so war. Ähnlich wie Blavatsky war auch Rampa mit größter Wahrscheinlichkeit gespalten und schlüpfte von einer Person – Hoskins – in einer andere – Dr. KuonSuo beziehungsweise Dr. Ku'an – und dann sogar in eine dritte – Lobsang Rampa.

Rampa teilte mit Blavatsky einen weiteren Charakterzug: Wie Blavatsky beeindruckte Rampa/Hoskins die Leute um ihn herum durch seine äußere Erscheinung. Besonders auffallend waren seine «durchdringenden Augen», wie Frederic J. Warburg, sein englischer Verleger feststellte, der ohnehin von Hoskins eingenommen war, obschon er wusste, dass Hoskins ihn reingelegt hatte: «Der Lama beeindruckte mich, ich fand wirklich Gefallen an ihm, ... er war eine höchst ungewöhnliche Figur». Auch Rampas kanadischer Ver-

69 Rampa/Hoskins war – beeinflusst von Helena Blavatsky und den Rosenkreuzern – überzeugt, dass der Astralleib jedes Menschen den Körper verlassen könne, mit dem irdischen Leben nur durch eine «Silberne Schnur» verbunden. Die meisten Lamas könnten diese Technik bewusst anwenden, und jedermann, der nur ein wenig Geduld habe, könne sie erlernen. Der Comics-Künstler Jodorowsky hat auch die Silberschnur, die übrigens jeglicher tibetischen Grundlage entbehrt, kunstvoll bildlich dargestellt – eindeutig inspiriert von Rampas Roman.

leger, langjähriger Freund und Agent wider Willen, Alain Stanké, empfand Lobsang Rampa als eindrucksvolle Persönlichkeit. «Wenn man bei ihm zu Hause ist, hat man den Eindruck, man sei in einem großen Reich voller Frieden, der durch nichts gestört werden kann»[56], ein Eindruck, den Stanké im Verlaufe seiner Freundschaft mit Rampa etwas revidieren musste, stellte sich Rampa doch als unbequemes, forderndes und herrisches Gegenüber heraus.

Unbestreitbar hatte Hoskins mit seinen Büchern einen enormen Erfolg – und vor allem *Das dritte Auge* weist eine Reihe positiver Literaturkritiken auf.[57] Noch heute werden Rampas Bücher gerne gelesen und haben eine treue Anhängerschaft, wie das folgende Zitat aus einem Brief an den Autor des hier vorliegenden Buches belegt: «Nun, es scheint, dass Sie nicht die ganze tibetische Kultur und das innere Funktionieren der östlichen Klöster kennen. Dies ist das allergrößte Problem, wenn westliche Autoren östliche Kultur, Religion oder Bücher kritisieren. Ich zeige nicht mit dem Finger auf Sie, aber ich kenne viele Leute, die so sind. Was Sie bei Autoren, die diese oder jene Forschung betreiben, gelesen haben, ist nur die kleine Spitze dessen, was tibetische Mönche wirklich tun. ... Alle inneren Vorgänge in den Mönchen werden vor den Augen der Westler fern gehalten, da es so viele schwachsinnige Skeptiker gibt, die nichts Besseres zu tun haben, als zu kritisieren, und die nicht vollbringen können, wozu die Mönche fähig sind. ... Die inneren Vorgänge werden nicht offenbart, da viele Leute nicht an sie glauben ... Rampa hat uns jedoch die inneren Vorgänge der Lamas von sehr hohem Rang vorgestellt, von denen man sagen kann, sie seien Erforscher des Okkulten, des mystischen Teils der buddhistischen Lebensart.»[58]

Diese Einschätzung wird von höchster tibetischer Stelle nicht anerkannt. So teilte ein Sekretär S. H. des 14. Dalai Lama dem kanadischen Verleger und Autor Alain Stanké im Oktober 1972 mit, die Werke von Dr. T. Lobsang Rampa seien «höchst imaginär und von fiktiver Natur»[59]. Rampa selbst wies diese Kritik in der ihm eigenen geschickten Art zurück. Nicht der Dalai Lama habe den Brief verfasst, sondern ein subalterner Sekretär, der geschrieben habe, was ihm opportun erscheine. Welche Ausrede hätte Rampa wohl gehabt, wenn *Das Buch der Freiheit* bereits damals vorgelegen hätte, in dem der Dalai Lama schreibt, die Bücher Rampas entsprängen der schöpferischen Fantasie des Autors?[60]

70

70 Das «dritte Auge» von Lobsang Rampa geht mindestens auf Helena Blavatsky zurück, das diese in *Die Geheimlehre* beschreibt. Nach Blavatsky sind frühe Menschen wohl dreiäugig gewesen. Dieses dritte Auge erlaubte ein geistiges inneres Schauen, doch wurde es mit der Zeit trübe und verkümmerte zur Zirbeldrüse. In Trancezuständen und Visionen kann es jedoch wieder anschwellen. Inspiriert hat die Idee des dritten Auges nicht nur Lobsang Rampa, sondern auch mehrere Comics-Künstler.

Eine der deutlichsten Kritiken an Rampa stammt vom Ethnologen Agehananda Bharati, welcher Lobsang Rampa einen «esoterischen Erzbetrüger» und «Meisterschwindler» nannte[61] und der in einem Artikel unter dem Titel *Schein-Tibet: Der Ursprung und die Beharrlichkeit des Rampaismus* festhielt: «Jede Buchseite zeugt von der völligen Unkenntnis des Autors bezüglich dem Buddhismus als Praxis und dem Buddhismus als Glaubenssystem in Tibet oder anderswo. Das Buch zeigt auch eine schlaue Intuition für das, was Millionen von Leuten hören wollen. Mönche und Novizen, die auf riesigen Drachen vom Wind getragen werden; goldene Standbilder in verborgenen Zellen, welche frühere Inkarnationen des Menschen darstellen, der sie beobachtet; geheimnisvolle Schädelchirurgie, um das Auge der Weisheit zu öffnen.» Die Quintessenz seiner Analyse formulierte er in dem Satz: «Esoterisches Wissen kann man nicht aus esoterischen Lügen gewinnen.»[62]

Weniger streng behandelt der Tibetologe Donald S. Lopez den Autor Hoskins (den er Hoskin nennt), wenn er schreibt: «Die Darstellung des tibetischen Buddhismus gehört traditionellerweise einem Bereich an, in dem sich Wissenschaftliches und Populäres vermischen, der weder der einen noch der anderen Seite ganz zugehört. Dieses Zusammenfließen von Wissenschaftlichem und Populärem wird besonders deutlich in *Das dritte Auge*, wo Rampa die Berichte von Reisenden und Amateurforschern (die selbst halb zum wissenschaftlichen, halb zum populären Bereich zu zählen sind) mit Standardelementen des Okkultismus wie Astralreisen, altägyptische Rituale, usw. zu einem Buch verbindet, das weder ganz Tatsache noch ganz Roman ist. Natürlich war zur Zeit der Abfassung von Rampas ‹Memoiren› genügend Material aus der Feder von Wissenschaftlern, Reisenden und Theosophen vorhanden, um es ihm zu ermöglichen, ein Tibetbild zu entwerfen, in dem sein eigener Beitrag recht einleuchtend erscheinen konnte. Außerdem konnte er das Tibet der westlichen Fantasien so darstellen, dass er selber einen Platz darin fand.»[63]

Donald Lopez verwendete *Das dritte Auge* in einem Seminar für Studienanfänger, denen er die näheren Umstände nicht erörterte. Interessanterweise empfanden die angehenden Akademiker, die bereits Standardwerke zur tibetischen Geschichte und Religion gelesen hatten, *Das dritte Auge* als glaubwürdig und ansprechend, ja fanden, es sei sogar realistischer als alles andere, was sie über Tibet gelesen hatten.[64] Auch Bharati erzählt von einem Historiker, der von der Weisheit Rampas schwärmte. Als Bharati ihm die Fakten darlegte, war er sichtlich erschüttert, meinte aber, Rampa sei möglicherweise wirklich kein Tibeter, erfasse aber doch die Wahrheiten des Buddhismus. Als Bharati ihm jedoch entgegnete, dass dem genau nicht so sei, ließ sich der «akademisch einwandfrei ausgewiesene Akademiker» nicht überzeugen – er glaubte weiterhin an den Meister Rampa.

Ich musste, als ich über das «Experiment» von Lopez und die Geschichte von Bharati las, sogleich an jene Frau denken, die mir einmal erzählt hatte, sie sei auf einem Flug der Pakistan Airways über Shangri-La geflogen. Sie zweifelte nicht im geringsten an der Existenz von Shangri-La, hatte doch der Pilot an einer Stelle zwischen Pakistan und Zentralasien über den Bordlautsprecher verkündet, sie würden gerade das sagenumwobene Land überfliegen. Sollte, konnte man am Wahrheitsgehalt der Aussage einer Autoritätsperson, wie sie ein Pilot darstellt, zweifeln? Kann man, um auf Rampa zurückzukommen, die Aussagen eines Lamas in Frage stellen?

Wir werden sehen, dass unsere Tibetbilder und Tibet-Zerrbilder und damit auch Klischees viel mit Autorität und Charisma zu tun haben. Weshalb nahm Helena Blavatsky immer wieder auf die in Tibet lebenden «Meister» Bezug? Weshalb bediente sich Gurdjieff einer Gruppe von «sieben weisen Brüdern»? Weshalb spielen in der heutigen Werbung mehr und mehr tibetische Geistliche eine prominente Rolle? Offensichtlich haben seit Blavatskys «Meistern» die Geistlichen vom Dach der Welt eine solche Autorität und solches Charisma erlangt, dass das, was sie vertreten, als glaubwürdig, ja mehr noch, als sakrosankt gilt. Sakrosanktes pflegt man nicht zu hinterfragen, und wenn es dennoch getan wird, gilt man als «schwachsinniger Skeptiker», als «Dummkopf», «verbitterter Erdbewohner mit spöttischer Zunge», als «bösartiger Mensch, der lügnerische Geschichten verbreitet»[65] oder als «wissenschaftlicher Aristokrat», «grober Materialist» und «Positivist».[66]

Sexbesessene weibliche Inkarnationen

Wir haben gesehen, dass nach Hilton und Rampa die Weisen in Shangri-La beziehungsweise Tibet (fast) nur männlichen Geschlechts sind. Ganz anders in *Die Rose von Tibet* von Lionel Davidson, der uns folgende Geschichte erzählt: Im Januar 1950 macht sich Charles Houston auf die Suche nach seinem Stiefbruder, der mit einem Filmteam im tibetischen Hochland verschollen ist. Recherchen ergeben, dass er Aufnahme im Nonnenkloster Yamdring gefunden hat. Vergeblich bittet Houston die Behörden des Landes um Hilfe, denn diese haben Angst. Das weibliche Orakel von Yamdring hat prophezeit, das Kloster werde bald von einem Gast besucht, der von jenseits des Sonnenuntergangs komme. Es handle sich bei ihm um einen früheren Eroberer des Landes, der die Äbtissin und den Klosterschatz, zahlreiche Smaragde, mit sich nehmen werde.

Der nichtsahnende Houston gelangt trotzdem auf abenteuerliche Weise nach Tibet und zum Frauenkloster, wo er nach und nach von den verheerenden Geheimnissen erfährt. Es ist die Zeit des Frühlingsfestes.

Am letzten Tag strömen alle Gläubigen zur Äbtissin, um ihren Segen zu erhalten. Es handelt sich bei ihr um die 18. Inkarnation der Dämonin, welche in ihrer ersten Inkarnation zusammen mit einem Affen die ersten Menschen gezeugt hat. Auch Houston stellt sich in die Reihe der Segensuchenden, doch als er seinen Namen nennt, wird er zusammengeschlagen und ins Kloster getragen. Man vermutet in ihm die Wiedergeburt des Wüstlings Hu-Tzung, der vor rund 200 Jahren in der Gegend gewütet hat. Ob er es wirklich ist, soll durch eine Art Prüfung herausgefunden werden: Der Abt des Klosters legt einige Gegenstände aus dem Besitz des verstorbenen Hu-Tzung hin – drei Seidenjacken, drei Paar Stiefel, drei Dolche und drei Ringe –, und Houston muss je einen Gegenstand auswählen … und wählt richtig, das heißt die Gegenstände, die seinem Vorgänger gehört haben! Houston ist somit offensichtlich die Wiedergeburt von Hu-Tzung.

Das Yamdring-Orakel hat viele Jahre zuvor die Ankunft Houstons genau vorausgesagt. Das kann kein Zufall sein: Die Übereinstimmung des Namens (Hu-Tzung bzw. Houston), der genaue Zeitpunkt, die Herkunft aus dem Westen und die korrekte Auswahl der Gegenstände, als er auf die Probe gestellt wird. Dennoch kommen Zweifel auf. Handelt es sich allenfalls um das Gegenstück zum Wüstling Hu-Tzung, um einen Tulku, einen inkarnierten Mönch?

Der für die Auswahl zuständige Gouverneur entscheidet sich für die Variante Tulku: Houston wird als Inkarnation eines hilfreichen Lamas angesehen, der geschickt wurde, um die Mutter, die Äbtissin, zu beschützen. Von da an wird er mit größter Ehrerbietung behandelt, wobei seinen Füßen – jeder tibetischen Tradition widersprechend – ganz besondere Aufmerksamkeit geschenkt wird: Jedermann versucht, sie zu küssen, und jeden Morgen werden ihm von einer Frau die Füße liebkost. Alle wollen ihn berühren und abküssen … Der listige Houston schafft es schließlich, die Äbtissin zu treffen und mit ihr unvergessliche Nächte zu erleben. Bald wird ihm bewusst, das er die Äbtissin, die «Rose», befreien und mitsamt ihrem Smaragd-Schatz in Sicherheit bringen muss, eine Flucht, die nur ihm gelingt. Die Äbtissin bleibt in Tibet zurück, ob freiwillig oder gezwungen bleibt unklar.

Davidson verleiht seinem Roman durch das Einflechten historischer Fakten eine heimtückische Authentizität. In der Tat lebte in Tibet eine weibliche Inkarnation in einem an einem See liegenden Kloster. Diese Inkarnationslinie wies jedoch bis 1950, als der Roman spielt, nicht 18 Inkarnationen auf, sondern lediglich sechs. Das Kloster hieß Samding (und nicht Yamdring), und der See, der Yamdrok Tsho, ist nicht oval, sondern hat – nach tibetischer Auffassung – die Form eines Skorpions. Die tibetische Legende weiß auch zu berichten, dass eine der Samding-Inkarnationen im Jahre 1717 die Dsungaren vertreiben konnte. Die Hinweise auf die drohende chinesische Invasion, zur Zeit als die Geschichte spielt – Ende der 50er Jahre –, sowie die Nennung einiger konkreter historischer Details erwecken ebenfalls den Eindruck seriöser Recherche durch den Autor.

Abgesehen von den wenigen historischen Fakten strotzt jedoch Davidsons Buch vor Klischees. Das Nonnenkloster erweist sich als riesiges Bordell:

Die tausend Priesterinnen «tun es wie die Klapperschlangen! Sie tun es bei jeder Gelegenheit», klärt der tibetische Begleiter Houston bei seiner Ankunft in Yamdring auf. «Sie dürfen es nicht tun, aber sie tun es. Sie können sich nicht zusammenreißen. Die jungen tun es alle. Es ist das einzige Vergnügen, das sie haben. Sie leben in Steinzellen. Sie schlafen auf Steinplatten. Sie haben ein schweres Leben, Sir. Es ist kein Wunder, dass sie es so schrecklich gern tun ... Sie werden eingeschlossen, aber die Mönche schließen ihre Türen auf. Es gibt nur einhundert Mönche für alle diese Frauen ... Manche dieser Frauen können es in einer Nacht zehnmal machen.» Auch die Äbtissin ist unersättlich. Ihre Dienerin muss jeweils Männer zu ihr bringen, mit verbundenen Augen, die Hände auf dem Rücken zusammengebunden, manchmal vier oder fünf in einer Nacht. Einmal pro Jahr, am zweiten großen Klosterfest, hat der Abt das Privileg, die Äbtissin während drei Tagen und Nächten ganz für sich zu haben – eine Imitation der vor 700 Jahren erfolgten Vereinigung des Affen mit der Dämonin, die sich seither jedes Jahr wiederholt. Diese Legende ist im übrigen eine weitere Anlehnung an einen tatsächlichen tibetischen Mythos, der die Menschwerdung beschreibt.[67] Dieser ist jedoch in einer viel früheren Epoche anzusiedeln, als uns dies Davidson weismachen will.

Ob so vieler Promiskuität, so hingebungsvollen Sexlebens, gibt es naheliegenderweise auch Probleme, die jedoch dadurch aus der Welt geschafft werden, dass drei Frauen ständig mit Abtreibungen beschäftigt sein sollen ... Vom tibetisch-buddhistischen Gebot des Nichttötens hat Davidson offenbar nicht gehört! Und weshalb die Tibeterinnen abtreiben lassen, wenn sie so «vernarrt sind in Babys, egal von wem», wie Davidson einmal schreibt, ist nicht ganz einsichtig.

Neben Sex scheint Davidson am Dämonischen und Teuflischen, das die tibetische Religiosität angeblich auszeichnet, Gefallen zu finden. So beschreibt er, wie in einer Kapelle, dem Allerheiligsten des Klosters, 17 lebensgroße «Götzenbilder», die 17 früheren Verkörperungen der heutigen Äbtissin, sitzen. Davidson nennt sie «Teufelsköpfe tragende Dämoninnen». Sie sind unbekleidet und stützen ihre Brüste mit den Händen.

71

71 Das sakrale Tibet scheint fast ausschließlich von Mönchen belebt zu sein. Nonnen kommen kaum vor, oder höchstens als Sexbesessene, die im Gegensatz zu den Mönchen das Keuschheitsgelübde nicht einhalten können. In *Die Rose von Tibet* erweist sich ein Nonnenkloster als riesiges Bordell, in dem die Äbtissin die Unersättlichste zu sein scheint.

Offensichtlich hat sich Davidson bei diesen und ähnlichen anderen Beschreibungen von zornvollen Darstellungen tibetischer Gottheiten und von so genannten yab-yum-Bildern, Vater-Mutter-Darstellungen, inspirieren lassen, ohne ihre Bedeutung auch nur annähernd zu verstehen. Bei yab-yum-Darstellungen hält eine männliche Gottheit eine Göttin umschlungen, eine Darstellung der in der Meditation angestrebten Vereinigung von Methode (yab) und Weisheit (yum). Mit einer Verehrung des Phallus, «diesem Symbol, das den

Schlüssel zu so vielen Mysterien Tibets in sich birgt», hat dies nichts zu tun.[68]

Neben den hier geschilderten massiven Verzerrungen – Massensex und Satansbräuche im Nonnenkloster – erscheinen die zahlreichen anderen Klischees schon fast harmlos, so die Behauptung, Nonnen würden unter anderem grüne Kutten und auf ihren Köpfen hochgetürmten, ornamentalen Goldschmuck tragen, in Prozessionen in der einen Hand seidene Fahnen und in der anderen Gebetsmühlen (wieder einmal müssen die Gebetsmühlen bemüht werden) halten, Butterlampen mit irgendwelchen Halterungen an den Wänden befestigen, Heiligen die Füße küssen ... Schilderungen, die zum Teil frappante Ähnlichkeiten mit denjenigen der frühesten Missionare aufweisen. Was zur Entschuldigung der Missionare dienen darf, nämlich ihr Nichtwissen, hat bei Davidson kaum mehr Gültigkeit.

Um eine ebenfalls weibliche Inkarnation dreht sich der Roman *Frost of Heaven* von Junius Podrug. Wie im Roman von Lionel Davidson geht es zunächst um die Suche einer verschollenen Person, einem schottischen Piloten der britischen RAF, der während eines Aufklärungsfluges im Himalaja abgestürzt ist. Im Verlaufe des Romans stellt sich heraus, dass der Pilot McKinzie nach seinem Absturz von Tashivaana gefunden und in ihre Kloster gebracht worden ist, das in Shambhala (!) liegt. Tashivaana ist die 32. Inkarnation einer weiblichen Dämonin und Urmutter der Menschen, die das Grab des Affenkönigs, des Stammvaters, bis zu seiner allfälligen Rückkehr hütet. Da die Liebschaft zwischen Tashivaana und dem Piloten entdeckt wird, muss die weibliche Inkarnation Shambhala verlassen und stirbt bald darauf, während der Ex-Pilot von den Mönchen geblendet und in ein Verlies gesteckt wird. Das Geheimnis von Shambhala darf niemand kennen. Drei Jahre später wird die Wiedergeburt von Tashivaana gefunden und wächst in der Lamaserei in Shambhala auf. Sie wird im Wald außerhalb Shambhalas von einem Asketen und Magier in besondere tantrische Techniken eingeweiht, so in das Lung gom (rlung sgom; das mühelose sehr rasche Laufen) und die tu mo (gtum po bzw. gtum mo; Entwicklung der inneren Wärme). Von ihrem Lehrer wird erzählt, er könne Nachrichten mit dem Wind senden, jegliche Gestalt annehmen, mit bloßen Worten töten und seinen Geist überallhin senden. Tashi, die 33. Inkarnation, ereilt jedoch ein ähnliches Schicksal wie ihre Vorgängerin: Sie muss Shambhala verlassen, muss vor mongolischen Reitern fliehen, wird von tibetischen Nomaden aufgegriffen, als Sklavin verkauft, landet in einem Bordell und beschließt endlich – all diesen Schrecken entronnen – nicht nach Shambhala zurückzukehren, sondern im Westen nach dem Liebesglück zu suchen. Sie kehrt erst mit Peter auf der Suche nach seinem Vater ins tibetische Shambhala zurück. Doch in Shambhala entflammt durch gierige Eindringlinge ein Kampf, der zur Zerstörung dieses grünen Paradieses führt. Die Eishallen, welche den Sarkophag des Affenkönigs umgeben, beginnen einzustürzen, ein Vulkan bricht aus und alle sterben, ausgenommen Peter. Wer das Shambhala-Paradies unerlaubterweise betritt, entweiht es und kommt nicht ungestraft davon, er muss sterben.

Beide Geschichten, *Die Rose von Tibet* und *Frost of Heaven*, nehmen ein Motiv auf, das außerordentlich selten ist, nämlich die weibliche sakrale Person. In keiner anderen Geschichte, in keinem Spiel- oder Werbefilm, in keinem Comics findet man sie, die starke tibetische Nonne, den weiblichen Guru, die weibliche Inkarnation. Ein Hinweis auf die Emanzipation der Frau – zumindest in der Fantasie der beiden männlichen Autoren? Nur vordergründig, denn bei einer genaueren Analyse fällt auf, dass in beiden Geschichten, in denen weibliche Inkarnationen vorkommen, diesen ein Verhalten angedichtet wird, das keiner ihrer unzähligen männlichen Kollegen teilt: Beide verhalten sich nur vordergründig wie es von einer sakralen Person erwartet würde. Sie sind nämlich nicht fähig, das Keuschheitsgelübde einzuhalten, was ihren männlichen Kollegen offenbar ohne weiteres gelingt. So heißt es denn von Tashi: «Sie hatte in Sinkiang (im Bordell) erkannt, dass sie eine Frau aus Fleisch und Blut war, nicht ein religiöses Relikt. Sie konnte nicht nach Shambhala zurückkehren, um von vielen verehrt, aber von niemandem geliebt zu werden.»[69] Männliche Heilige scheinen über solchen sexuellen Bedürfnissen zu stehen und damit die weiblichen Inkarnationen bei weitem zu übertreffen.

Wo Außerirdische, Affen und Dämonen den Menschen zeugten

Man kann sich nicht des Eindrucks erwehren, Junius Podrug habe sich beim Schreiben seines Romans *Frost of Heaven* stark von Davidsons *Die Rose von Tibet* inspirieren lassen: Auch bei ihm geht es wie erwähnt um die Suche nach einem Vermissten, auch hier verliebt sich der Held in eine weibliche Inkarnation, die ebenfalls die Nachkommin einer weiblichen Dämonin und eines Affenkönigs ist.[70] Dazu erweist sich Shambhala als Schmelztiegel vieler Motive, die wir zuvor bereits teilweise kennen gelernt haben: Es birgt eine mächtige Energiequelle (man fühlt sich an die Kraft vril erinnert), deren Beherrschung die Weltherrschaft ermöglichen würde, und es gilt als Ursprungs- und Entstehungsort der Menschheit, was mit einer abstrusen Theorie belegt wird: Da der in Shambhala eingesargte Affenkönig im Grunde Kain sei, sähe man, wenn das Grab geöffnet würde – so der Priester im Roman –, beim Anblick des Leichnams gleichsam ins Gesicht Gottes, da Kain (= Affenkönig) ja nach dem Bilde Gottes geschaffen wurde. Hier wird somit der Mythos, Tibet sei das Ursprungsgebiet der Menschheit in übersteigerter Art wiederbelebt, eine Theorie, die – und dies ist neu – hier mit christlichen Glaubensinhalten in Beziehung gebracht wird.[71] Einer der Protagonisten geht jedoch noch weiter: Er ist überzeugt davon, der Affenkönig-Stammvater sei ein alter Astronaut, ein Außerirdischer, gewesen, dessen Raumschiff eine unvorstellbar starke Antriebskraft besaß, die noch heute wirke, eine Energiequelle, stärker als alles auf dieser Erde. Zeichen dieser Energie sei der Dunst über dem Tal, der die große Fruchtbarkeit inmitten der Eiswüste bewirke.[72]

Außerirdische kommen auch im Roman *Le tigre et le lama* vor, in dem Extraterrestrische auf ihren Reisen durch die Sonnensysteme Kontakt mit Tibetern aufgenommen haben. Auch im Roman *Endstation Tibet* scheinen Außerirdische von Tibet aus zu wirken, doch stellt sich schließlich heraus, dass die Wesen, die über das Fernsehen die sofortige globale und vollständige Abrüstung und Sofortmaßnahmen zur Bekämpfung der Arbeitslosigkeit, zur Wiedergutmachung von Kriegsschäden und zur Beendung der chinesischen Besetzung Tibets fordern, Wissenschaftler sind, welche sich der Rettung der Menschheit verschrieben haben. Der Held, der Journalist Pierre Massol, findet heraus, dass der Heimatflughafen eines Flugzeugs, dem er folgen kann, in einem Tunnel im Berginnern Tibets liegt. Über 300 international renommierte Wisenschaftler haben sich dort zurückgezogen, um mit modernsten technischen Mitteln eine globale Verbesserung der Lebensbedingungen zu erzwingen. Der «Weltverbesserungsversuch» schlägt fehl, die Medien melden eine Atomexplosion in einem angeblich menschenleeren Gebiet Tibets, nachdem Pierre Massol seine Informationen für zehn Millionen Dollar dem amerikanischen Geheimdienst überlassen hat. Für kurze Zeit hatten Wissenschaftler versucht, die Erde von Tibet aus in ein Paradies zu verwandeln, doch – so heiße es ja schon im Alten Testament: Der Mensch vertreibt sich selbst aus dem Paradies.

Das Motiv der in Tibet lebenden Außerirdischen findet sich auch andernorts, so zum Beispiel in einem

72a

72b

72 Tibet ist nicht nur das Rückzugsgebiet von weisen Mahatmas, sondern auch der (unfreiwillige) Zufluchtsort von Außerirdischen. Das Motiv der in Tibet lebenden und wirkenden Außerirdischen findet sich in Romanen und Comics, so in *Hamilton's creature* ...

Comic (*Hamilton's Creature*) und in Berichten, die den Anschein von wissenschaftlicher Seriosiät erwecken wollen, die jedoch aus Gründen, die sehr bald ersichtlich werden, ebenfalls der Kategorie der Science-fiction-Romane zugerechnet werden können. Mit einer dieser Geschichten wollen wir uns etwas eingehender befassen, da sie wegen ihrer Popularität das Tibet-Traumbild maßgeblich beeinflusst hat: «1938 führte ein Team von Archäologen hoch oben in den Bayan-Kara-Ula-Bergen, an der chinesisch-tibetischen Grenze, eine sehr genaue Untersuchung von einigen miteinander verbundenen Höhlen durch.» So beginnt unter dem Titel *Tibetische Steinscheiben* ein Bericht, der unter verschiedenen Malen so oder ähnlich veröffentlicht wurde.[73] «Ihr Interesse wurde durch eine Linie von Gräbern geweckt, die menschenähnliche Skelette enthielten von offensichtlich spindeldürren Körpern mit übergroßen Köpfen. Anfangs nahm man an, dass in den Höhlen eine bisher unbekannte Affenart Zuflucht gefunden hatte. Doch da diese Wesen ihre Toten begruben, verwarf man diesen Gedanken wieder. Eines Tages stieß ein Expeditionsteilnehmer auf eine große runde Steinscheibe, die zur Hälfte im Dreck einer Höhle vergraben war. Die Scheibe sah aus wie ein Objekt aus der Steinzeit. Sie wies in der Mitte ein Loch auf und eine spiralförmige Linie aus eng aneinandergereihten Buchstaben, doch niemand konnte die Bedeutung dieser Schrift verstehen. Die Scheibe von etwa dreißig Zentimetern Durchmesser und zwei Zentimetern Dicke wurde vorerst mit anderen Fundstücken aus der Gegend in einem Lager versorgt», so fährt der Steinteller-Bericht, einer der Klassiker der prä-astronautischen Literatur fort. «Während zwanzig Jahren versuchten Experten in Beijing die Schrift auf der Scheibe, zu der im Verlaufe der Zeit noch 716 weitere ähnliche Scheiben kamen, zu entziffern. Schließlich gelang es Dr. Tsum Um Nui, einige der in den Stein geritzten Zeichen zu übersetzen. Nach einem anfänglichen Verbot der chinesischen Akademie für Frühgeschichte durfte der Wissenschaftler dann seine Erkenntnisse doch noch publizieren. Danach mussten vor 12 000 Jahren Wesen aus dem All (nach einer Version der Geschichte sollen sie Dropa geheißen haben) auf der Erde notlanden und konnten unseren Planeten nicht mehr verlassen, da ihr Fluggerät nicht mehr genügend Kraft hatte. Sie versuchten, sich mit der im

72c

73

Absturzgebiet lebenden Bevölkerung, Dropas und Khams, zu befreunden, doch wurden sie gejagt und systematisch vernichtet, bis auch der Letzte dieser Außerirdischen tot war.» Was hat dieses Ereignis mit Tibet zu tun? Nicht viel, würde da nicht von «tibetischen Steinscheiben» die Rede sein, und würden nicht die «Dropa» und «Kham» erwähnt, Namen, die die Geschichte eindeutig mit dem Osten Tibets in Beziehung bringen, wo noch heute Drog pas und Kham pas leben.

Seitdem D. Agamon im Buch *Sungods in Exile* den Bericht eines gewissen Robin-Evans publiziert hat[74], ist die tibetische Herkunft der Steinteller für die UFO-logen noch offensichtlicher, auch wenn einige Konfusion entsteht, wenn er statt von den «Dropa» von den «Dzopa» schreibt. Doch soll hier nicht über solche Nebensächlichkeiten nachstudiert werden, vor allem auch weil sich Agamon selbst nicht im Klaren zu sein scheint, ob Dropa oder Dzopa die richtige Schreibweise sei. Wesentlich ist die Grundaussage: Irgendwo im Nordosten Tibets lebt ein Dropa oder Dzopa genanntes Volk, das elf seltsame Platten in einem geheimen, tief unter der Erde liegenden Tempel aufbewahrt (eigentlich zwölf, doch eine wurde gestohlen und nach Indien gebracht), die das Bindeglied zu den oben erwähnten Steintellern der Außeridischen zu sein scheinen. Im Jahre 1947 machte sich Robin-Evans klammheimlich auf den Weg in das unheimliche Land der Dzopa, nachdem ihm ein Professor Sergei Lolladoff, Professor für Anthropologie und Ethnologie, eine kuriose Steinplatte gezeigt hatte (die gestohlene Zwölfte!), die aufgrund mehrerer Hinweise aus Tibet zu stammen schien. So reiste Robin-Evans über Lhasa, wo er den zwölfjährigen Dalai Lama traf, ins Gebiet des Baian-Kara-Ula-Gebirges. Schon auf dem Weg in die schwer zugängliche Hochgebirgsregion nordöstlich des Himalaja gab es beunruhigende Vorfälle. Die in Tibet angeheuerten Träger ließen kurz vor dem Ziel den Engländer im Stich, denn sie hatten panische Angst vor dem Reich der Dzopas. Unter großen Schwierigkeiten erreichte der Forscher schließlich das Ziel, und nachdem er das Misstrauen der dortigen Einwohner überwunden hatte, wurde ihm eine Sprachlehrerin zugeteilt, die ihm Grundkenntnisse in der «Dzopa»-Sprache vermittelte.

Um seinem Buch einen Hauch von Authentizität und Seriosität zu vermitteln, druckte Agamon ein Foto des Herrscherpaars Hueypah-La (1,20 Meter groß) und Veez-La (1,07 Meter groß) ab. Doch dies hätte der Autor besser sein lassen. Spätestens beim Betrachten dieses Fotos wird der Schwindel offensichtlich. Wer sich ein bisschen in der Ethnographie Tibets auskennt, merkt, dass es sich dabei um ein (leicht retouchiertes) Bild eines wohlhabenden Ehepaars aus Zentraltibet handelt, erkenntlich am typischen, nur in der Region Tsang getragenen Kopfschmuck der Frau. Doch auch der Text erweist sich schnell als plumpe Fälschung. Dr. Robin-Evans erfuhr nämlich von Lurgan-La, dem religiösen Hüter der Dzopa, dass die Urheimat der Dzopa der Stern Sirius war. Vor etwa 20 000 Jahren und dann nochmals im Jahre 1014 unserer Zeitrechnung hatten, so Lurgan-La, Sirius-Bewohner zwei Expeditionen zur Erde unternommen. Bei ihrem ersten Besuch kopulierten die Außerirdischen mit irdischen auf Bäumen lebenden Affen, was zur Entstehung der ersten

73 ... und in sonderbaren «Tatsachenberichten», die jedoch der Kategorie der Science-fiction-Romane zugehören. Eine solche Geschichte ist der «Steinteller-Bericht», ein Klassiker der prä-astronautischen Literatur. In einer Variante dieser Geschichte lebt irgendwo im Nordosten Tibets ein Dropa oder Dzopa genanntes Volk, das auf zwölf seltsamen Platten seine Geschichte aufnotiert hat. Im Jahre 1947 machte sich Robin- Evans auf den Weg in das Land der Dzopa. Dabei erfuhr er, dass vor etwa 20 000 Jahren die Sirius-Bewohner ihre erste Expedition auf die Erde unternommen hatten, wo sie mit Affen kopulierten, was zur Entstehung des ersten Menschen führte. Bei einem zweiten Besuch konnten die Außerirdischen die Erde nicht mehr verlassen und lebten seither – als Dzopas – im östlichen Tibet.

«Göttersöhne» führte. Diese Begründer der Zivilisationen, von denen so manche alte Legende berichte, beherrschten wegen ihrer außerirdischen Intelligenz bald die anderen Lebewesen auf der Erde. Als sie den Planeten Erde zum zweiten Mal besuchten, konnten ihn die Wesen aus dem All nicht mehr verlassen, da die Anziehungskraft der hohen Berge Tibets zu stark war. Anfangs hatten die Außerirdischen, die den Absturz des Raumschiffs überlebt hatten, Mühe, sich in Tibet zurechtzufinden. Doch mit der Zeit lernten sie von der umliegenden Bevölkerung, wie man sich kleidet und die Felder bestellt, während sie sich durch ihre Heilmethoden einen Namen machten. Die direkten Nachkommen dieser fremden Wesen aus dem All, die sich nie mit der umliegenden tibetischen Bevölkerung vermischten, sind die etwa 10 500 Dzopa, die Robin-Evans 1947 in Osttibet besuchte, während die Menschen auf jenen ersten Besuch der Außerirdischen zurückgehen, als die Sirius-Bewohner mit den Baumaffen kopulierten. «Dein nächster Nachbar, der Präsident der Vereinigten Staaten, der Kaiser von Japan, du und ich, alle, die wir Menschen nennen, sind in Wirklichkeit zur Hälfte Abkömmlinge dieser im Weltraum geborenen Frauenschänder», schreibt Robin-Evans auf der letzten Seite seines Manuskipts, korrekterweise nicht ohne noch ein «falls die Geschichte stimmt» einzufügen... Dass übrigens Robin-Evans die liebenswerten in Osttibet lebenden direkten Nachkommen der Allbewohner, die Dzopa, wieder verlassen musste, ist nicht auf Hostilitäten zurückzuführen, sondern allein auf die Tatsache, dass er mit einer Dzopa ein Kind zeugte...

Es geht wohl nicht mehr lange, bis eine Expedition aufbricht, um herauszufinden, wie es jenem neuen Wesen, der Kreuzung eines Menschen mit einer Nachfahrin von Siriusbewohnern, in Tibet geht.

Die absonderlichen Geschichten zeigen, dass Tibet nicht nur das Rückzugsgebiet der Mahatmas ist, sondern auch der (unfreiwillige) Zufluchtsort von Außerirdischen, deren Nachkommen noch irgendwo im Osten Tibets leben. Für den «UFO-Papst» Erich von Däniken (*1935) sind solche Beziehungen Tibets zu Außerirdischen ohnehin bewiesene Tatsache und ein Beispiel mehr für seine Theorie, dass die Erde in vorgeschichtlichen Zeiten Besuche von unbekannten Wesen aus dem All erhalten hat. Als «Beleg» nennt von Däniken immer wieder die zwei gleichen Beispiele, nämlich die Genealogie der frühen Könige Tibets sowie eine Szene aus der Lebensgeschichte des Heiligen Padmasambhava. Gemäß tibetischer Legende stiegen vor sehr langer Zeit sieben himmlische Könige die Himmelsleiter herab. Sie wurden, so von Däniken, als Lichtgötter deklariert, die am Ende ihrer irdischen Tätigkeit wieder dorthin verschwanden, woher sie gekommen waren – in das All.[75] In der Padmasambhava-Hagiographie hat es von Däniken eine Szene angetan, in der beschrieben wird, wie der große Lehrer einst auf einem Pferd aus Gold und Silber davonritt. Beweis dafür, dass diese Szene nicht einfach der Fantasie eines inspirierten Geistlichen entsprungen ist, sondern «eine glänzende Reportage» einer effektiv erfolgten Reise ins All darstellt, ist für von Däniken folgende Beschreibung des Weg-

74

74 Um seinem Buch einen Hauch von Authentizität und Seriosität zu vermitteln, druckte Robin-Evans ein Foto des Herrscherpaares der ehemaligen Sirius-Bewohner, die irgenwo in Osttibet wohnen sollen, ab. Der Schwindel ist offensichtlich: Es handelt sich um ein (leicht retouchiertes) Bild eines wohlhabenden Ehepaares aus Zentraltibet, erkennbar am typischen, nur in der Region Tsang getragenen Kopfschmuck der Frau.

75

76

75/76 Auch für zwei bekannte «UFO-logen» bestehen zwischen Tibet und Außerirdischen enge Beziehungen: Nach Erich von Däniken waren die ersten Könige Tibets, die der tibetischen Legende gemäß jeweils vom Himmel herab- und beim Tode wieder emporstiegen, Außerirdische. George Adamski erlernte angeblich in einer tief unter dem Himalaja liegenden Schule die «universellen wahren Prinzipien» und erfuhr dabei auch Wichtiges über extraterrestrisches Leben.

flugs, wie sie in einer frühen Übersetzung eines tibetischen Texts zu finden sei: «Als sie hinblickten, sahen sie Padmasambhava so groß wie einen Raben; als sie wieder hinahen, sahen sie ihn so groß wie eine Drossel, und dann wieder glich er einer Fliege, und dann wieder erschien er unklar und verschwimmend so groß wie ein Läuseei. Und als sie wieder hinsahen, da sahen sie ihn nicht mehr.»[76] Wahrhaftig ein unumstößlicher Beweis, dass Padmasambhava, dessen Biografie übrigens noch sehr viele Rätsel aufgibt, ein Außerirdischer war.

Einen weiteren «Beweis» findet von Däniken dann noch bei Helena Blavatsky und in dem von ihr angeblich entdeckten Buch *Dzyan*. Heute wisse man, dass *Dzyan* «die phonetische Gesamtbezeichnung uralter tibetanischer Schriften» sei, behauptet von Däniken, ohne kundzutun, wie er weiß, dass man das weiß. Von Däniken weiß einfach! So kann er denn auch ohne weiteres das Buch *Dzyan* mit der neuesten Weltraumtechnologie in Beziehung bringen und suggeriert gar, es stehe für die Weltraumforschung Wesentliches in jenem Buch, zum Beispiel zur Form der zukünftigen Habitate im All, über die Art der langen Reise der Habitat-Bewohner, über neue Formen des Austragens befruchteter Eier im All ...[77]

Auch ein bekannter «UFO-loge», George Adamski (1891–1965), hatte angeblich einen heißen Draht zu Tibet. Er wurde, wie uns seine Jünger versichern, wie seinerzeit Helena Blavatsky in das geheime tibetische Wissen eingeführt.[78] Nach diesen Informanten reiste er mit 13 Jahren, begleitet von einem Familienfreund, in den Fernen Osten. Dort fand er in einer außerordentlichen Schule, die tief unter dem Himalaja versteckt war und in der ausgewählte Studenten einen stengen Lehrplan durchliefen, Aufnahme. Die außerordentlich sorgfältig ausgewählten Studenten wurden in universeller Mathematik, Molekularwissenschaft, Religion und Philosophie, der Wissenschaft der Gedankenübertragung (Telepathie) und vielem anderem unterrichtet. Adamskis Ausbildung in dieser Schule, deren genauer Standort aufgrund des Ehrenkodexes der Adamski-Jünger nicht bekannt gegeben wird, dauerte fünf Jahre. Es handelte sich nicht um eine tibetische Schule oder eine Schule, die mit irgend einer tibetischen religiösen Organisation verbunden war. In ihr wurden vielmehr «unverfälscht die universellen, Jahrtausende alten und wahren Prinzipien bewahrt, welche in den verschiedenen religiösen Systemen nur noch zum Teil enthalten sind», und wenn, dann leider stark entstellt. Ein Informant widerspricht jedoch dieser Ansicht, wenn er meint, Adamski habe während sechs Jahren an «der höchsten Schule des Kosmischen Gesetzes in einem Kloster Tibets» studiert und dort auch einen Abschluss erlangt, was ihm ermöglichte, von da an selbst zu unterrichten.[79] Obschon die Lage dieser im Gebiet Tibets liegenden Schule historisch gesehen nicht ganz zufällig sei, so berichten uns die Adamski-Anhänger, hänge sie doch vor allem mit der Weite und Isolation jener gebirgigen Region zusammen, und diese extreme Abgeschiedenheit sei der Grund dafür, dass es auch heute nicht möglich sei, versehentlich auf sie zu stoßen. Man könne auch nicht erwarten, einen Lehrer oder Schüler jener Schule zu treffen und ihm allenfalls den genauen Standort zu entlocken, da in der Zwischenzeit alle gestorben seien. So könne man niemandem glauben, der vorgebe, einmal mit jener Schule in Tibet in Beziehung gestanden zu sein.

Während der 20er und 30er Jahre ergänzte Adamski seine (angeblich) im Himalaja gesammelten Erkenntnisse und eröffnete 1936 in Laguna Beach in Kalifornien mit Hilfe einiger Freunde eine Schule, an der die Belehrungen und Instruktionen, die er zuvor in Tibet genossen hatte, weitergegeben wurden. An der «The Royal Order of Tibet» genannten Schule, manchmal auch Kloster genannt, wurde offenbar wenig «Tibetisches» gelehrt, dafür aber viel Theorie über extraterrestrisches Leben und Besuche aus dem All. Oder ist dies ein Trugschluss? Haben wir nicht von Agamon und Robin-Evans gelernt, dass Tibet – wegen der Außerirdischen vom Sirius, die sich an Affen unseres Planeten vergriffen – das Stammland der Menschen ist und von von Däniken, dass der Heilige Padmasambhava im Grunde genommen ein Außerirdischer war? Demnach würden Berichte über Außerirdische auch sehr viel über die Tibeter aussagen – und Berichte über Tibeter manches über Außerirdische. War es so gesehen falsch, die UFO-Berichte unter den Romanen zu subsumieren?

Geheimes Wissen

The Eternal Enemies ist ein Werk des Autors Leonard Sanders aus einer Serie über den Superhelden Loomis. Die Episode, ein Actionthriller mit vielen Toten und keiner einzigen Frau im ganzen Buch, spielt in Nepal und Tibet und ist nach sehr einfachem Muster gestrickt: Die Muslime (= heiliger Krieg) sind böse, ebenso die Chinesen (= Kommunismus), während die Tibeter, deren Buddhismus und Weisheit der Welt Nutzen bringen, und die Amerikaner (= Demokratie) gut sind.

Die Handlung in Kurzform: Owenby übernimmt den Auftrag, Loomis und eine Ladung Gewehre in ein unterirdisches Kloster 600 km nördlich der nepalischen Grenze nach Westtibet zu bringen. Vor der abenteuerlichen Reise weiß Loomis nicht, was ihn erwartet, erst im Kloster erfährt er von der Bedrohung des Klosters durch Muslime aus Turhan. Diese haben sich unter der Leitung von Oztrak mit Peking gegen Tibet verbündet. Ihr Ziel ist der heilige Krieg, «jihad», der von Peking zur Ausrottung der Tibeter geduldet wird.

Nachdem der Held die Bedeutung des Klosters erkannt hat – es beherbergt unersetzliche alte Manuskripte –, wird alles versucht, um wenigstens diese Manuskripte und auch die Mönche zu retten. Am Ende, nach endlosen Schlachten und heftigem Gemetzel, sind die fliehenden Mönche und die einmalige Bibliothek gerettet und die Armee geschlagen, Loomis hat seinen Auftrag erfolgreich erfüllt. Das alte Wissen, das über Jahrhunderte hinweg in Tibet aufbewahrt wurde, soll in ein neues Kloster nach Indien gebracht werden, zum Nutzen der Buddhisten, Christen, Juden, Hindus und Taoisten. Wiederum fragt man sich, wo da die Muslime bleiben. Ob sie unter «die anderen Religionen, die wir besitzen» fallen, ist eher unwahrscheinlich.[80]

Der Roman enthält aber auch zahlreiche gängige Tibet-Klischees: Tibet ist Aufbewahrungsort alter Weisheiten, denn das Kloster, dessen Schätze gerettet werden sollen, ist das reichste Lager alter Schriften in der Welt. «Wir sind die Bewahrer einiger der frühesten und wertvollsten Bücher der Menschheit ... die direkten Worte Buddhas ... frühe Texte des Alten Testaments ... älteste Versionen vieler Bücher des Neuen Testaments, eingeschlossen das sogenannte Q-Dokument mit vielen direkten Zitaten von Jesus, die in den frühesten Konzilen entfernt wurden und den modernen christlichen Wissenschaftlern unbekannt sind», sagt Lhalde zu Loomis.[81] Tibet als Hochburg uralten Wissens, ein Bild, das wir, wie bereits aufgezeigt wurde, vor allem den Theosophen zu verdanken haben. Gleichzeitig wird der Mythos genährt, Jesus sei in den «verlorenen Jahren», etwa zwischen seinem 12. und 30. Lebensjahr, in Indien gewesen, was in einer frühen Version des Lukas-Evangeliums, die sich ebenfalls in diesem tibetischen Kloster befinde, nachgelesen werden könne.[82] Dabei nimmt Leonard Sanders den bereits erwähnten alten Mythos auf, wonach besondere Beziehungen zwischen Jesus und dem tibetischen Kulturraum bestehen sollen.

Auch der friedliebende, nicht-tötende Tibeter darf nicht fehlen: Buddhisten seien Pazifisten, würden nie töten, nicht einmal, wenn sie sich selbst verteidigen müssen. Der Autor gerät jedoch in ein Dilemma, wenn die friedliebenden Mönche plötzlich den blutrünstigen, fanatischen, Kamikaze-ähnlichen Muslimen gegenüberstehen, die gegen die Tibeter einen heiligen Krieg führen.

Das Motiv des alleswissenden und allsichtigen Lamas, der voraussieht, dass die Feinde ins Kloster eindringen werden, wie auch das der Wiedergeburt begegnen dem Leser ebenfalls: Loomis, der Held, wird plötzlich gewahr, dass es sich bei den Feinden, denen er bald gegenüberstehen wird, um alte Bekannte handelt: Ein Kampf mehr in einer langen Kette von Kämpfen mit den «Eternal Enemies», den ewigen Feinden: «Du hast diesen Feind viele Male zuvor getroffen», sagt der Kamala Lama zu Loomis vielsagend. Als Loomis Kopf vom Lama berührt wird, strömt wohlige Wärme durch seinen Körper, er empfindet große Ruhe und einen noch nie zuvor erlebten Frieden. Unzweifelhaft macht der Autor mit seinem Lama Kamala eine Anleihe beim Oberlama Perrault aus *Der verlorene Horizont*, doch kann man sich nicht des Eindrucks erwehren, es handle sich lediglich um einen faden Abklatsch desselben.

Immerhin thematisiert der Roman ein interessantes Thema: das Dilemma, das sich bei einer nach innen gerichteten, auf Verzicht ausgerichteten Kontemplation und dem alltäglichen Überlebenskampf einer Mönchsgemeinschaft ergibt. Dieser Kampf kann soweit gehen, dass das eigene Kloster gegen Feinde verteidigt werden muss, wodurch man schlechtes Karma auf sich lädt, was an die Aufopferung eines Bodhisattva erinnert: Der gute Mensch wird schlecht, um den Schlechten gut zu machen.

Indem das Thema der kämpfenden und sich selbstverteidigenden Mönche thematisiert wird, räumt der Autor mit einem Klischee auf, das die Geschichte bereits seit langem widerlegt hat: dem des immer friedfertigen tibetischen Mönchs. Die Frage bleibt jedoch im Raum, ob es am Ende des Romans tatsächlich zu einer Wandlung im buddhistischen Sinn kommt, denn die Feinde, die Muslime, bleiben «ewige Feinde». Zumindest in diesem Punkt hat ein altes Klischee Bestand, das jedoch – auf den ersten Blick – nichts mit unseren Tibet-Stereotypen zu tun zu haben scheint. Doch auch die Ansicht, die Muslime seien böse und gemein, hat bei genauerer Betrachtung einen Bezug zu unseren Tibet-Mythen: Die tibetisch-buddhistische Kultur ist für viele Westler den islamisch oder hinduistisch geprägten Kulturen überlegen. Diese auf dem Evolutionismus basierende Sicht stellt eine nicht zu unterschätzende Grundlage von vielen positiven Tibet-Klischees des Westens dar, wie im 5. Teil aufgezeigt werden soll.

Das in Tibet gehortete geheime Wissen ist ein häufig in Romanen anzutreffendes Motiv. So enthält beispielsweise im Roman *Le tigre et le lama* eine Statue des Tang-Klosters in Bhutan Dokumente, welche Erstaunliches zur Quanten- und Relativitätstheorie und zur Entstehung der physischen Welt aussagen. Dieses Wissen stammt von Außerirdischen der großen Magellanwolke, denen es dank unermüdlicher spiritueller Suche gelungen ist, unglaubliche physikalische Kenntnisse und Einsichten zu erlangen, so u. a. wie die Energie der schwarzen Löcher genutzt werden kann. Dieses Wissen haben die Extraterrestrischen den Tibetern übermittelt, die es aufgeschrieben und in der Statue versteckt haben. Auch im Jugendroman *The Atom Chasers in Tibet* sucht eine Mission nach einem alten Manuskript, dem «Buch der Weisheit», das sich in einem versteckten Kloster in Osttibet befinden soll. Nach einer abenteuerlichen Reise – Notlandung, Überfall durch Banditen und Begegnung mit Yetis – gelangt die Expedition in ein verstecktes

77

77 Im Jugendroman *The Atom Chasers in Tibet* sucht eine Mission nach einem alten Manuskript, dem «Buch der Weisheit», das sich in einem versteckten Kloster in Osttibet befinden soll. Doch welche Überraschung und Enttäuschung! Beim Buch handelt es sich um den griechischen Text und die tibetische Übersetzung des 13. Kapitels des 1. Korintherbriefes, in dem die Liebe als höchste Gnadengabe lobgepriesen wird …

außerordentlich mildes Tal, wo sie von der Klostergemeinschaft freundlich aufgenommen wird. Nach einem weiteren Zwischenfall, einer Blinddarmentzündung des zehnjährigen (!) Klostervorstehers und einer Notoperation, werden die Suchenden endlich in die Bibliothek zum Buch der Weisheit geführt, das die Mönche für ihren kostbarsten Text halten. Doch welche Überraschung und Enttäuschung! Beim Buch handelt es sich um den griechischen Text und die tibetische Übersetzung des 13. Kapitels des 1. Korintherbriefes, in dem die Liebe als höchste Gnadengabe lobgepriesen wird …

Instant-Übungen zur Erreichung der Quelle der Jugend

«In den ersten beiden Wochen nach meiner Ankunft fühlte ich mich wie ein Fisch auf dem Trockenen. Ich staunte über alles, was ich sah, und manchmal konnte ich kaum glauben, was ich vor Augen hatte.

Eines Morgens nach meiner Ankunft erlebte ich die größte Überraschung meines Lebens. Ich hatte zum ersten Mal einen großen, wohlgeordneten Raum des Klosters betreten, der als eine Art Bibliothek für alte Manuskripte benutzt wurde. An einem Ende des Raums war ein bis zum Boden reichender Spiegel. Da ich während der beiden vergangenen Jahre ständig in dieser abgelegenen und primitiven Gegend umhergereist war, hatte ich während der ganzen Zeit nie mein Spiegelbild gesehen. So trat ich jetzt mit einiger Neugier vor das Glas. Ungläubig starrte ich auf das Bild, das ich vor mir hatte. Meine körperliche Erscheinung hatte sich so drastisch verändert, dass ich volle 15 Jahre jünger aussah. All die Jahre hatte ich gehofft, dass die ‹Quelle der Jugend› wirklich existierte. Jetzt hatte ich den physischen Beweis dafür vor meinen Augen.»

Colonel Bradford beschreibt hier, wie er nach einer langen und gefährlichen Expedition in die entfernten Gebiete des Himalaja schließlich das Kloster fand, das der Legende zufolge das Geheimnis ewiger Jugend und Verjüngung barg: *Die fünf Tibeter*. Die Informationen über dieses angebliche Kloster sind ähnlich wie bei Blavatsky, Gurdjieff und Gleichgesinnten äußerst spärlich, so dass sogar der Autor der Rahmenerzählung, Peter Kelder, meint, vieles klinge mehr wie Fantasie als wie Fakten, worin wir ihm voll zustimmen können. Ob die interessante Lebensweise der Lamas, ihre Kultur und ihre völlige Losgelöstheit von der Außenwelt für westliche Menschen wirklich so schwer zu verstehen sind, wie uns dies der Autor weiszumachen versucht, mag jedoch bezweifelt werden.[83]

Worin aber besteht das Geheimnis der Jugend und Verjüngung jenes Klosters im Himalaja? Es ist die Aktivierung der sieben Energiezentren, «kraftvolle elektrische Felder, unsichtbar für das Auge, aber nichtsdestoweniger sehr real», was sich wiederum positiv auf die «sieben Hormondrüsen im endokrinen System des Körpers» auswirkt. Die schnellste Art, Jugend, Gesundheit und Vitalität wiederzugewinnen, besteht demnach darin, die Energiezentren dazu zu bringen, sich wieder normal zu drehen, wozu man sich fünf einfacher Übungen bedient, welche eigentlich «Riten» sind. Das Resultat dieser Riten ist frappant, dies auf alle Fälle will uns Kelder in seiner Rahmengeschichte weismachen: Der 73-jährige Colonel Bradford wurde von den Mitgliedern des «Himalaya Club» nach seiner Rückkehr aus dem geheimnisvollen Kloster rund dreißig Jahre jünger geschätzt. Offenbar hatte er auch den sechsten Ritus eingehend praktiziert, denn erst dieser gewährleistet eine vollständige Wiederherstellung der Gesundheit und Jugend. Dieser sechste Ritus soll nur von denjenigen geübt werden, die einen Überschuss an sexueller Energie haben. Glücklicherweise handelt es sich auch dabei um eine «Instant»-Übung: Der Ritus sei so einfach, dass man ihn überall und jederzeit ausüben könne, wann immer man das Bedürfnis verspüre. Die Übung, die «Krönung des Ganzen!», ist in der Tat höchst banal. Die einzige Bedingung: Man muss einen sexuellen Trieb verspüren, sich sexuell vollendet fühlen und aufrichtig motiviert sein, dann kann man mittels der sechsten Übung diesen Trieb umwandeln und in die oberen Chakras «emporheben». So einfach wird man zum «Supermann» beziehungsweise zur «Superfrau», wird jeden Tag und jeden Augenblick jünger und erzeugt in sich selbst das «wahre Elixier des Lebens».

78 Obschon behauptet wird, zur Erreichung der Quelle der Jugend genüge die korrekte Ausübung der «Fünf Tibeter», erfinden clevere Geschäftsleute immer neue Produkte, auf die die treue Tibet-Gymnastikgemeinschaft hereinzufallen scheint: Ergänzende Bücher (*Die Fünf Tibeter* mit Kindern, *Die Fünf Tibeter*-Feinschmeckerküche usw.), Audio- und Video-Kassetten, Kurse und gar eine Essnez «aus 100% natürlichen ätherischen Ölen»: Der Duft zum Buch.

Im Vorwort schreibt ein Harry R. Lynn, es sei unmöglich zu sagen, ob Peter Kelders (Rahmen-)Geschichte von Colonel Bradford auf Fakten, Fantasie oder einer Mischung aus beidem beruhe, eine typische Relativierung, wie wir sie immer wieder in erfundenen Geschichten finden, an deren Authentizität nicht gezweifelt werden soll. Glaubwürdigkeit wird durch angebliche Offenheit und Relativierung vorgetäuscht. Dabei unterliegt keinem Zweifel, dass die Rahmengeschichte im besten Fall als Kurzroman, im schlechtesten als Lügenmär bezeichnet werden kann. Es wird zwar behauptet, das Kloster mit dem Geheimnis der «Quelle der Jugend» liege so abgelegen und isoliert, dass seine Mönche praktisch von der Außenwelt abgeschlossen sind – was heißen soll: Der Wahrheitsgehalt der Geschichte kann gar nicht bewiesen oder widerlegt werden. Ein möglicher Kritiker kann einfach darauf aufmerksam gemacht werden, noch nicht das richtige Kloster gefunden zu haben … Die Nichtexistenz des (fast) geheimen Klosters kann nicht bewiesen werden.

Die Unrichtigkeit der Geschichte kann dennoch belegt werden, und zwar aufgrund vieler falscher «Indizien», von denen nur einige wenige erwähnt seien: Es gibt mit Sicherheit in keinem abgelegenen tibetischen Kloster eine Klosterbibliothek, in der ein großer, bis zum Boden reichender Spiegel steht; im tibetischen Buddhismus spricht man von fünf, sechs oder acht Energiezentren (chakras), nicht aber von sieben; die Mönche produzieren nur in den seltensten Fällen das, was sie für ihre Nahrung benötigen, selbst; tibetische Mönche sind in der Regel keine Vegetarier und praktizieren schon gar nicht eine Art Trennkost, wie uns Kelder weismachen will. Ein Mahl, das nur aus Brot oder Gemüse besteht, ist in Tibet völlig undenkbar. Und völlig absurd wird es, wenn Kelder mit keinem Wort das gesunde Grundnahrungsmittel jeden Tibeters, ob jung oder alt, ob reich oder arm, erwähnt: Tsampa.

In einem Punkt hat der Autor recht. Obschon kaum bekannt, werden in Tibet in seltenen Fällen körperliche Übungen praktiziert, das sogenannte «Yantra Yoga» oder Yoga der Bewegungen. Doch handelt es sich dabei um eine ganz andere Art von Übungen, als die von Kelder in seinem Buch beschriebenen. Einzig der vierte «Tibeter» hat mit einer traditionell tibetischen Übung eine gewisse Ähnlichkeit, die sich jedoch bei genauerer Betrachtung als nur oberflächlich herausstellt: Die Ausgangsposition wie auch die Position des Kinns sind völlig anders. Während Kelder behauptet, man müsse beim Hochheben des Körpers den Kopf nach hinten sinken lassen, schreibt die tibetische Übung vor, das Kinn unbedingt auf die Brust zu drücken![84]

In einem wesentlich wichtigeren Punkt ist eine weitere Diskrepanz feststellbar: Kelder geht davon aus, die «Fünf Tibeter» könnten ohne weiteres allein durch die Lektüre seines Buches erlernt werden, gleichsam «unbelastet von schwierigen Disziplinen und Dogmen». Doch ein tibetischer Meister des traditionellen Yantra Yoga, Namkhai Norbu, betont, es genüge keineswegs, einfach ein Buch zu lesen und alleine zu beginnen, die Übungen zu praktizieren. Man brauche unbedingt eine direkte Überlieferung, das heißt einen erfahrenen Lehrer. Yantra Yoga zu praktizieren bedeute mit Energie zu arbeiten, und diese Arbeit mit Energie sei kein Spiel. «Man muss mit dem Lehrer zusammenarbeiten, da die einzige Möglichkeit, Yantra Yoga wirklich zu lernen … das Erfahren dieser Praxis und das Klären aller Zweifel darstellt.»[85] Paradoxerweise wurde das Buch, das tibetisches Pseudo-Yoga verbreitet, über dreißigmal neu aufgelegt und erlebte eine Auflage von gegen zwei Millionen Exemplaren. Jenes Buch jedoch, das von langjährigen Praktikanten des Yantra Yoga aus aller Welt unter Beizug tibetischer Originaltexte und nach eingehenden Diskussionen mit einem tibetischen Meister verfasst wurde, ist nur einigen Eingeweihten bekannt … Die Welt will getäuscht sein!

Viele der hier geschilderten Motive wiederholen sich in unzähligen anderen Romanen, so zum Beispiel die Lamas, die astral reisen, sich in größter Geschwindigkeit fortbewegen, hellsichtig sind, über weitere übernatürliche Kräfte verfügen und verborgene, alte Texte hüten, doch ein Grundmotiv vieler Geschichten wurde noch nicht genannt: die Suche. Da wird in fast jedem Roman nach Menschen gesucht – nach verschollenen Familienmitgliedern, Freunden oder Wissenschaftlern –, nach Yetis, alten Texten, Pflanzen oder gar

79 In seltenen Fällen praktizieren Tibeter körperliche Übungen, doch handelt es sich dabei um eine ganz andere Art von Übungen als die in den *Fünf Tibetern* beschriebenen. Paradoxerweise ist das Buch, das von langjährigen Praktikanten des sogenannten Yantra Yoga unter Beizug tibetischer Originaltexte und nach eingehenden Diskussionen mit einem tibetischen Meister verfasst wurde, weitgehend unbekannt, während das Schwindelbuch von Peter Kelder eine Auflage von gegen zwei Millionen erlebte. Die Welt will getäuscht sein!

80

80 In *Die Fünf Tibeter* wird behauptet, in einem tibetischen Kloster werde das Geheimnis der Jugend und Verjüngung bewahrt. Es bestehe in der Aktivierung der sieben Energiezentren (hier Darstellung von sieben Chakras auf einer Plattenhülle, die keinen Bezug zu den *Fünf Tibetern* hat), was sich positiv auf die sieben Hormondrüsen im endokrinen System des Körpers auswirke. Die schnellste Art, Jugend, Gesundheit und Vitalität wiederzugewinnen bestehe darin, die Energiezentren dazu zu bringen, sich wieder normal zu drehen, wozu man sich fünf einfacher Übungen bediene, eine Art Yogaübungen. Diese Übungen erlernte einst ein britischer Oberst in einem abgelegenen tibetischen Kloster, dessen genaue Lage aber nicht preisgegeben wird. Stattdessen vermarkteten einige clevere Westler das geheime Wissen Tibets – ungeachtet des geistigen Urheberrechts, das bei den Tibetern liegen dürfte, sollte die Geschichte stimmen …

dem Ursprung der Menschheit. Tibet scheint das Land der verschollenen Menschen und der absonderlichen Schätze zu sein, die es zu entdecken gilt. Die Suche geht dabei stets von Weißen aus, zum Teil auch weißen Lamas[86], die den Gang der Geschichte bestimmen.

In allen diesen Romanen bringt der weiße Westler das sakrale Tibet und die Lamas unter seine Kontrolle. Es gibt nichts, das die tibetischen Lamas tun, was die Weißen nicht besser können. Geschaffen werden «Tibet-Faksimiles», rationale und intellektuelle Weiße, die die Tibeter verdrängen, um die Welt vor dem Bösen – Nazis, Chinesen oder andere «Böse» wie Muslime oder Japaner – retten sollen.[87] Ähnliches geschieht auch, wie wir später sehen werden, in den meisten Spielfilmen.[88]

Tibet in Comics: Lamas, Mönche und Tulkus …

Seit den 50er Jahren ist eine beachtliche Anzahl von Comics erschienen, welche in der einen oder anderen Art in Tibet spielen oder zumindest einen engen Bezug zu Tibet haben.[89] Es gehört zu den Charakteristika der Comics, dass sie oft eine andere Realität abbilden wollen, in der das Irrationale, Skurrile, Ungewöhnliche, Bedrohliche, Unbewusste und Märchenhafte vorherrscht. Man würde dem Comic somit nicht gerecht, würde man alle in ihnen enthaltenen Tibet-Kuriosa und -Absurditäten in Abrede stellen oder ihre Nichtexistenz «beweisen» wollen. Es würde bedeuten, die Comics ihrer Substanz zu berauben. Es geht hier somit nicht um eine Bewertung, sondern darum aufzuzeigen, welche Tibetbilder in den Comics vorherrschen, welche «Urbilder» und welche möglichen Ursprünge hinter bestimmten Bildern liegen. Eine kritische Distanz ist jedoch dort angebracht, wo festgefahrene Klischees, welche borniert, rassistisch oder anderswie diskriminierend sind, perpetuiert werden. Ein Paradebeispiel für ein solches Comic ist *Der Lama von Lhasa* (1979), ein Sammelsurium von angeblichen ethnographischen Fakten: gegrüsst wird mit herausgestreckter Zunge («die tibetanische Begrüssungssitte»), die Einheimischen können den Buchstaben r nicht aussprechen, sie lächeln immer, als Bestrafung erhält man einen Holz-Schandkragen und man isst hundertjährigen Yakkäse, Schwalbennester und faule Eier. Ähnliches erfährt man im Comic *In Hight Tibet* (1952), in dem Mickey Mouse ebenfalls mit herausgestreckter Zunge gegrüsst und mit Tee aus sechsjähriger Yakbutter abgefüllt wird.

81 a–c

81 d

81 Die im sakralen Tibet lebenden Mönche, Lamas und Tulkus können sich in Luft auflösen … beherrschen die Kunst der Levitation, des in der Luft Schwebens, oder können willentlich den Tod herbeiführen und zusammenschrumpfen …

81 e

«Wisse, edler Fremdling, dass hier in Tibet Dinge möglich sind, die die Menschen des Westens für unmöglich halten!», sagte einmal der Abt eines tibetischen Klosters zu Kapitän Haddock in *Tim in Tibet*, und sprach damit etwas aus, was in einer sehr großen Zahl von Tibet-Comics zum Ausdruck kommt: Tibet ist das Land der Wunder wirkenden Mönche, ja man erhält beim Durchlesen der Tibet-Comics den Eindruck, Tibet und der Himalaja würden fast ausschließlich von solchen Mönchen bewohnt. Laien scheint es nicht zu geben, und wenn, dann sind sie höchstens Statisten ohne tragende Rollen.

82a

82b

82c

82d

Die Mönche, Lamas und Tulkus (die Begriffe werden als Synonyme verwendet) sind häufig alles durchschauend und allwissend. Sie können sich in Luft auflösen und erreichen den «Zustand der vierten Dimension»[90] und beherrschen die Kunst der Levitation, des in der Luft Schwebens.[91] In der Regel sind sie freundlich und höflich, nur in *Der weiße Lama* (1988–1992) sind einige Mönche äußerst brutal – kritische Mönche werden in unterirdischen Kellern umgebracht oder lebendig eingemauert, und in der gleichen Comicserie schrecken die Bönpos nicht einmal vor Menschenopfern zurück. Auch in einigen anderen Comics nehmen die Mönche unvermittelt sehr destruktive Züge an, wenn sie zum Beispiel in völlig unbuddhistischer Art Uneinsichtige mit dem Tode bestrafen.[92]

Nonnen scheint es in Tibet nicht zu geben, einzig in *Jonathan* kommt Miyma, die allwissende Zauberin des weißen Berges, vor – als große Ausnahme. Ansonsten ist die in den meisten Comics zur Darstellung kommende Welt der Religion den Männern vorbehalten.

82e

82 ... und sind häufig alles durchschauend und allwissend. In der Regel sind Mönche freundlich und höflich, doch manchmal sind sie äußerst brutal und schrecken nicht einmal vor Menschenopfern zurück. (82g–k) Nonnen scheint es in Tibet nicht zu geben, einzig in *Jonathan* kommt Miyma, die allwissende Zauberin des weißen Berges, vor – als große Ausnahme (Bild rechts). Ansonsten ist die in den Comics zur Darstellung kommende Welt der Religion den Männern vorbehalten.

82f

82g

82h

82i

82k

Relativ viele Comics nehmen ein Phänomen vorweg, das im realen Alltag des tibetischen Buddhismus erst später aktuell werden soll, das wir aber bereits von einigen Romanen her kennen: Auch ein Westler kann ein Mönch der tibetischen Tradition werden, ja gar ein reinkarnierter Mönch (Tulku) sein. Wegbereiter für diese Idee ist wahrscheinlich Lobsang Rampa/Hoskins mit seinem *Das dritte Auge*. Am deutlichsten werden rampaeske Mythen und Stereotypen in *Der weiße Lama* umgesetzt. Darin fehlen die auf Drachen fliegenden Mönche genauso wenig wie die gänzlich unübliche Art der Aufnahme eines Novizen in das Kloster Chakpori – Gabriel muss drei Tage im Klosterhof sitzen und darf sich nicht bewegen, nach seiner Aufnahme erkämpft er

83 b

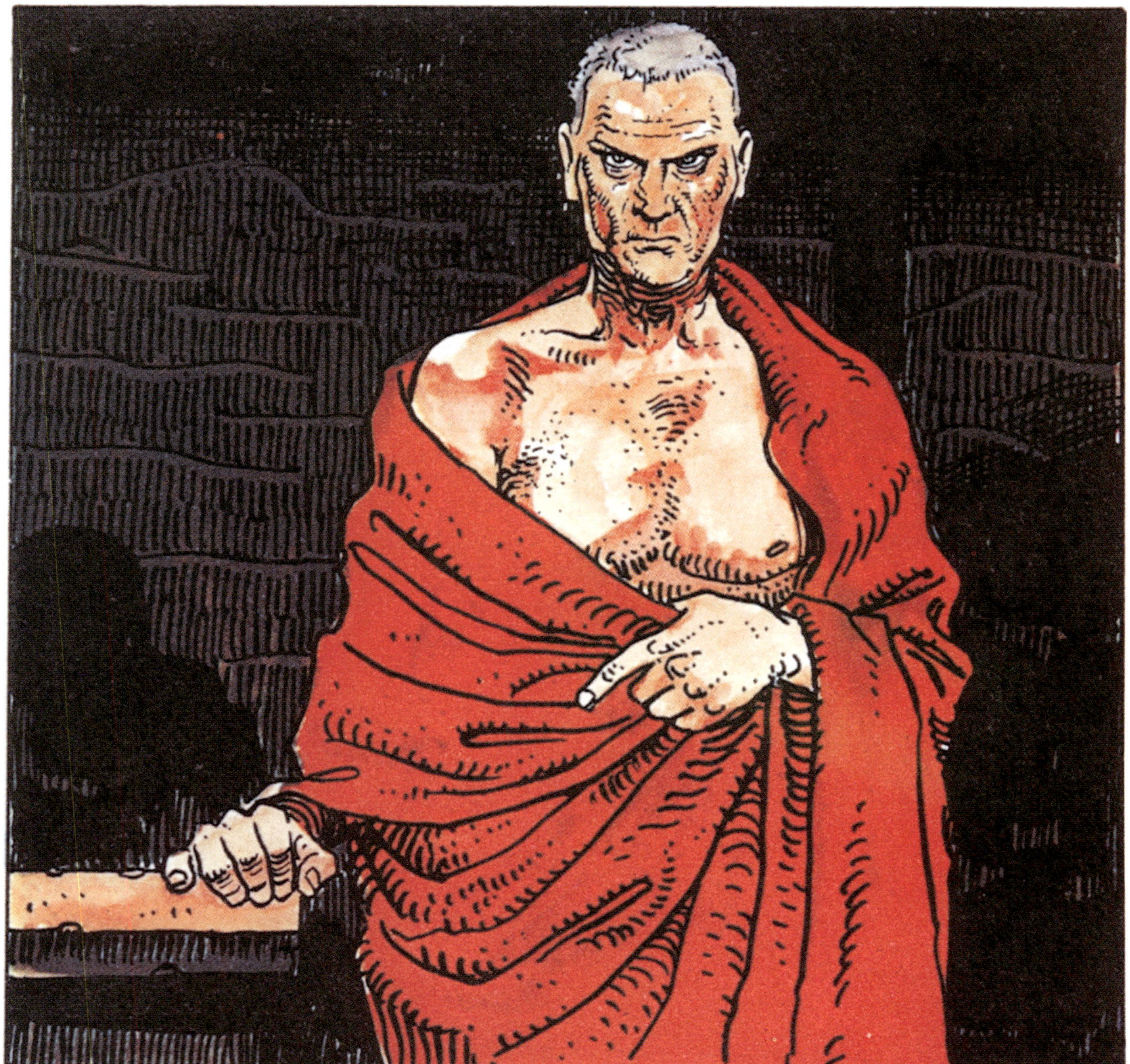

83 a

83 Das sakrale Tibet und der Himalaja werden, schenkt man Romanen und Comics Glauben, fast ausschließlich von Mönchen bewohnt. Laien scheint es nicht zu geben, und wenn, dann sind sie höchstens Statisten ohne tragende Rollen. Doch wer denkt, im sakralen Tibet seien die *tibetischen* Mönche die Hauptakteure, täuscht sich: In vielen Romanen und Comics spielen weiße Mönche die Hauptrollen.

83c

sich den Respekt des Novizen-Vorstehers, indem er den kampferprobtesten Mönch des Klosters besiegt. Auch die vergötterten Katzenwächter kommen vor, welche die Schätze des Klosters bewachen und – in nicht sehr buddhistischer Art – von den Mönchen mit weißen Mäusen bei Laune gehalten werden![93] Statt des Einmeisselns des «dritten Auges» wird im dritten Band des *Weißen Lama* das «dritte Ohr» geöffnet, damit Gabriel alle molekularen Schwingungen als akustische Signale wahrnehmen und über die Zirbeldrüse in geistige Bilder umsetzen kann. Von diesem Moment an ist Gabriel, ähnlich wie seinerzeit Lobsang Rampa nach der Öffnung des dritten Auges, in der Lage, Farbtöne, Gedanken und Auren anderer Menschen zu sehen. Und gleich wie Rampa unternimmt Gabriel Astralreisen, bei denen der Astralkörper mit dem physischen Körper durch eine feine Schnur verbunden bleibt – die Silberschnur Rampas, der Theosophen und Rosenkreuzer.

83d

Nachdem Jerry Siegel und Joe Shuster 1938 die erste Superman-Geschichte publiziert und damit eine Art Comics-Revolution ausgelöst hatten, kam es zu einer Flut von ähnlichen Serien. Die Helden einiger dieser Serien eilen auch den Tibetern zu Hilfe und beschützen diese gegen das Böse. Eine der ersten solchen Geschichten ist *Trouble in Tibet* (1941), in der Steve Conrad den High Lama, Abt eines tibetischen Klosters, der von einem Chinesen abgesetzt und ins Gefängnis gesteckt wurde, rettet und so wieder zu Amt und Würden verhilft. Kurz darauf erschien *At the Top of the World* (1942), in dem die Rettung von Ted Crane kommt, der die Pläne der Japaner vereitelt, die Briten «bis auf die andere Seite von Suez» zurückzudrängen. Auch verhindert er die Entführung des jungen Dalai Lama, der ihm anbietet, in Lhasa zu bleiben und «Head Lama» zu werden – wohl das erste Mal, dass ein westlicher Mensch beinahe ein Lama wird. Die Japaner werden auch in *Treachery in Tibet* (1946) als Gegner Indiens dargestellt – Nachwehen des Zweiten Weltkriegs. Doch der «Superman» Spy Smasher besiegt den aus dem Grab wiederauferstandenen Japaner, der sich als Tukul (sic!) verkleidet hat und der versucht, die Bewohner von Aki Rema, einem kleinen Königreich in Tibet, für die japanische Militäraktion gegen Indien zu gewinnen. Spy Smasher führt diesen Kampf nicht allein, sondern zusammen mit den Bewohnern von Aki Rema, welche sich von «friedlichen Schafen» zu «rasenden Rammböcken» verwandeln, als das Kriegshorn geblasen wird.[94] Eine Art westlicher Superman eilt auch in *Quisling Quest in Tibet* (1946) den Tibetern zu Hilfe, in diesem Fall einem ahnungslosen Abt, der ohne es zu wissen Nazikriegsverbrecher beherbergt – «der Arm der Untergrund-Nazis reicht weit, sogar bis Tibet!». In allen diesen Comics sind die tibetischen Lamas keineswegs allwissend – im Gegenteil: Sie sind leichtgläubig und lassen sich von den Bösen täuschen. Die Rettung kommt eindeutig noch von westlichen Menschen.

84a

In anderen Comics, in denen nicht-tibetische weiße Mönche/Lamas vorkommen, müssen diese eine Mission im Westen erfüllen – immer in New York, dem Symbol für die dekadente Welt. Dort kämpfen sie, teils aus Tibet unterstützt[95], gegen das Böse im Menschen, das diese krank macht[96], oder gegen professionelle Verbrecher.

Die Comics *The Origin of an Avenger* (1966) und *The Court of Crime* (1944) haben offensichtlich dem Spielfilm *The Shadow* Pate gestanden, den wir später noch detaillierter vorstellen werden. In *The Court of Crime* kehrt der reiche junge Amerikaner Jethro Dumont als Tulku zusammen mit seinem Diener Tsarong nach New York zurück, nachdem er viele Jahre lang in einem tibetischen Kloster die «friedlichen Ideen des Lamaismus» kennengelernt hat, die er nun in Amerika verbreiten will. Kaum ist Dumont in Amerika angelangt, trifft eine verirrte Kugel eines unbekannten Täters ein unschuldiges kleines Mädchen. Dumont beschließt, mit seinen in Tibet erlernten und durch Meditation erworbenen übernatürlichen Kräften gegen das gesamte Verbrechertum New Yorks anzutreten. Mit den Worten «Om mani padme hum», denen aus einem weit entfernten Tempel in Tibet auf mysteriöse Art geantwortet wird, verwandelt sich Dumont in den «Grünen Lama», der jedoch überhaupt keine Ähnlichkeit mit einem Lama hat, sondern wie ein Superman aussieht. Geschminkt und damit nicht als Dumont erkennbar, ermittelt er gegen einen Verbrecherring, wird jedoch, als er ins Wasser fällt, entdeckt und erkannt. In höchster Not retten ihn die Worte «Om mani padme hum» und ihr Echo aus dem fernen Tibet. Dennoch wird Dumont von den Gangstern gefangen genommen und soll getötet werden, doch ist er unverletzlich: Kugeln prallen an seinen stahlharten Muskeln ab, eine Axt splittert, Ketten reißen, der grüne Lama vermag gar ein Geschoss einer Schiffskanone mit der Brust aufzuhalten. Schließlich bremst er schwimmend und mit bloßer Hand das Schiff der Verbrecherbande, lässt es auf Grund laufen und übergibt die Mannschaft der Polizei. Die magische Formel rückwärts gesprochen («Hum padme mani om») lässt Dumont wieder zum jungen reichen Playboy werden.

Im Comic *The Origin of an Avenger* (1966) findet sich das Motiv der in einem New Yorker Museum eingetroffenen Kiste ohne klaren Absender, die einen bedrohlichen Inhalt verbirgt, ein Motiv, dem wir ebenfalls im Film *The Shadow* begegnen werden. Befindet sich im Film im Sarkophag der Bösewicht Shiwan Khan, der letzte Nachkomme von Dschingis Khan, kommen im Comic Jahrmillionen alte Dinosauriereier zum Vorschein, aus denen riesige prähistorische Kreaturen schlüpfen und New York zu zerstören drohen – ein «Geschenk» des in einer Höhle im Himalaja lebenden «Verhüllten», des personifizierten Bösen, den aber der einsame Rächer besiegt. In jedem dieser Comics, in denen ein westlicher Tulku in New York aktiv ist, erscheint der Held wie eine Mischung zwischen Robin Hood und Superman. Es sind weiße Helden, die jedoch ihr Wissen und Können in Tibet erworben haben, mit dem sie noch immer verbunden sind.

84b

84 Nicht-tibetische, weiße Mönche, die ihr Wissen und Können in Tibet erworben haben, müssen häufig eine Mission im Westen erfüllen – immer in New York, dem Symbol für die dekadente Welt. Dort kämpfen sie, teils aus Tibet unterstützt, gegen das Böse im Menschen, das diese krank macht, oder gegen professionelle Verbrecher. In *The Green Lama* beschließt Dumont, mit seinen in Tibet erlernten und durch Meditation erworbenen übernatürlichen Kräften gegen das gesamte Verbrechertum New Yorks anzutreten. Mit den Worten «Om mani padme hum», denen aus einem weit entfernten Tempel in Tibet auf mysteriöse Art geantwortet wird, verwandelt sich Dumont in den «Grünen Lama», der jedoch von seinem Äußern her eher einem Superman als einem tibetischen Mönch gleicht.

… Shangri-La und Yetis …

Comics sind Märchen der Gegenwart und sagen viel über die Ängste und Sehnsüchte der Zeit aus, in denen sie entstanden sind. In den Comics der 40er, 50er und 60er Jahre ist ein weiteres Objekt der menschlichen Comics-Sehnsucht das Land Shangri-La, das auch andere Namen erhält wie Tralla-La, Shangreet-Lo oder einfach «das Tal der ewigen Jugend».

Von den vorliegenden Comics erwähnt eines aus dem Jahr 1946 – *Bugs Bunny's Dangerous Venture* – zum ersten Mal Shangri-La bzw. einen ähnlichen Namen: Shangreet-Lo, das in den verbotenen Bergen Tibets liegen soll. Seine Bewohner seien zivilisiert, aber Besucher würden nicht selten umgebracht.

In den 50er Jahren hört auch Onkel Dagobert von einem Tal der ewigen Jugend im Himalaja, das er aufsucht, um so alt zu werden wie der älteste Talbewohner, der es immerhin auf 700 Jahre gebracht hat. Ein shangrila-artiges Tal kommt bald darauf, 1954, in einem weiteren Comic von Carl Barks vor: *Uncle Scrooge in Tralla-La*. Onkel Dagobert, von der Verwaltung seines Reichtums und Bittstellern aller Art überfordert, erleidet einen Nervenzusammenbruch und träumt von einem Ort, wo Geld und Reichtum keine Rolle spielen. Sein Arzt weiß von einem geheimnisvollen Tal mit Namen Tralla-La im Himalaja, und der überarbeitete und erholungsbedürftige Enterich beschließt mit Donald und Neffen dorthin zu fliegen. Niemand kennt den Weg nach Tralla-La, doch einem von Onkel Dagobert angeheuerten Piloten gelingt es, per Radar das runde Tal ausfindig zu machen, über dem Onkel Dagobert mit seinen Begleitern mit Fallschirmen abspringt – ein häufig auch in anderen Tibet-Comics anzutreffendes Motiv. Die Bewohner des Tals kennen keine Geldgier und schätzen die Freundschaft als höchsten Wert, bis einer der Talbewohner einen von Dagobert aus dem Flugzeug geworfenen Flaschendeckel findet. Das dadurch ausgelöste Chaos – der Deckel wird zu einem außerordentlich begehrten Wertgegenstand – führt zur Ausweisung der Fremden, und Tralla-La versinkt wieder in seinem Dornröschenschlaf. Später gelangen Onkel Dagobert, seine Neffen und Donald auf der Suche nach dem Staatsschatz des Kublai Khans nochmals per Zufall in das geheime Tal (*Wiedersehen mit Tralla La, 1996*), aus dem sie jedoch wiederum unverrichteter Dinge hinausgespült werden. Shangri-La ist eine geheime Region, die nur diejenigen beherbergt, die sich seinen Gesetzen unterwerfen – dies vermitteln auch die anderen Shangri-La-Comics, wie zum Beispiel *Bugs Bunny's Dangerous Venture* (1946).

85

85 In den Comics der 40er, 50er und 60er Jahre ist ein Objekt der menschlichen Comics-Sehnsucht das Land Shangri-La, das auch andere Namen erhält wie Tralla-La, Shangreet-Lo oder einfach «das Tal der ewigen Jugend». Im Comics *Bugs Bunny's Dangerous Venture* aus dem Jahr 1946 wird zum ersten Mal Shangri-La bzw.das ähnlich tönende Shangreet-Lo erwähnt, das in den verbotenen Bergen Tibets liegen soll. Seine Bewohner seien zivilisiert, aber Besucher würden nicht selten umgebracht.

In *The Man Who Found Shangri-La* (1964) treffen in diesem perfekten Land von unglaublicher Schönheit gute Menschen auf reiche, zufriedene und friedliche Bewohner, den schlechten jedoch zeigt sich Shangri-La als ein Horrorszenario, ein Ruinenfeld mit wilden, heruntergekommenen bedrohlichen Menschen: Jedem das Shangri-La, das er verdient.

Allen diesen Shangri-Las ist eigen, dass der Zutritt ausgesprochen schwierig ist, nur wenige schaffen es, dorthin zu gelangen – genauso wie das Shangri-La von James Hilton nur einer ganz kleinen Schar zugänglich war. Das Motiv der beschwerlichen Flugreise und der Bruchlandung, wie es im Buch *Lost Horizon/Verlorener Horizont* beschrieben wird, wiederholt sich auch in relativ vielen nicht dem Shangri-La-Typus zugehörenden Comics.[97] Eine Metapher für die Abgeschiedenheit, die Unzugänglichkeit Tibets.

86 a

86 b

86 1964 erschien ein Comic, das direkt auf Hiltons Shangri-La Bezug nahm (*The Man who found Shangri-La*). Gleich wie in Hiltons Roman schätzen die einen Shangri-La als perfektes Land von unvorstellbarer Schönheit, in dem alle in Frieden, Glück und Zufriedenheit leben. Schlechten Menschen jedoch zeigt sich Shangri-La als ein Horrorszenario, ein Ruinenfeld mit wilden, heruntergekommenen bedrohlichen Menschen: Jedem das Shangri-La, das er verdient.

87a

87b

87c

87 Ein Grundmotiv mancher Tibet-Romane und -Comics ist die Suche – häufig die Suche nach den Yetis, jenen geheimnisumwitterten Schneemenschen. Es geht dabei stets darum, den Yeti als Erster zu entdecken – trotz beharrlicher Warnungen durch Einheimische. Und immer wieder werden die westlichen Jäger für ihre Gier bestraft. Die heile geheimnisvolle Welt Tibets muss in Ruhe gelassen werden, man darf sie nicht ungesühnt stören und erforschen.

Etwas später als die ersten Shangri-La-Comics kommen die Yeti-Geschichten auf, die bis in die 70er Jahre überdauern. Es geht dabei stets darum, den Yeti als Erster zu entdecken – trotz beharrlicher Warnungen durch Einheimische. Und immer wieder werden die westlichen Jäger für ihre Gier bestraft, sei es durch die Naturgewalten, die Yetis selbst oder eine Art Karma, wie in *Ich fand den schrecklichen Schneemenschen* (1975). In diesem Comic wird der nichtbelehrbare Yeti-Sucher durch einen alten Lama in den Yeti verwandelt und behält dessen Gestalt so lange bei, bis ein anderer gieriger Yeti-Sucher auftaucht. Die heile geheimnisvolle Welt Tibets muss in Ruhe gelassen werden, man darf sie – wie wir bereits zuvor gesehen haben – nicht ungesühnt stören und erforschen.

Nur in wenigen Fällen trennen sich die beiden Spezies – Mensch und Yeti – in Frieden, wie beispielsweise in *Tim in Tibet*. Dort entpuppt sich der Yeti nicht als schrecklicher Schneemensch, sondern als mitfühlendes, beinahe menschliches Wesen, das steinerweichend brüllt, als es realisiert, dass der ihm ans Herz gewachsene Tschang ihn für immer verlässt.

Nach einer zwanzigjährigen Hochblüte taucht der Yeti beziehungsweise der Schneemensch nur noch selten auf, als eines von vielen anderen Klischees.[98] Stattdessen wird Tibet zum Ort der Weltverschwörung. Damit erlebt in den 80er und 90er Jahren ein altes Motiv aus den 30er Jahren eine Renaissance. Drohte jedoch in den 30er Jahren Gefahr vom «Kreuzzug der Bettelmönche» (Wilhelmy) und von der «okkulten hierarchia ordinis der lamaistischen Theokratie» (Ipares), kommt es in den Comics zu einer seltsamen Neuformulierung der von Tibet ausgehenden Weltbedrohung, die ihre Wurzeln in neonazistischer Literatur zu haben scheint.

88 a,b Nur in wenigen Fällen leben Mensch und Yeti in Frieden, so beispielsweise in *Tim in Tibet* und *Der weiße Lama*. Dort entpuppt sich der Yeti nicht als schrecklicher Schneemensch, sondern als mitfühlendes, beinahe menschliches Wesen.

88 a

88 b

... Nazis, Agartha, Thesophen und Rampa

In den vielen Comics ist Tibet lediglich ein Ort, an dem Dinge geschehen, auf die die Tibeterinnen und Tibeter kaum Einfluss nehmen können: ein abgeschiedener, leerer Raum, der manchmal als Rückzugsgebiet irrer Wesen dient. In den beiden typischsten Geschichten dieses Genres, *Tödliche Kälte* (1990) und *Countdown des Wahnsinns* (1986), geht es um einen Kampf böser Welteroberer, die unterhalb Tibets in Höhlen leben, gegen die lichte Welt. In *Tödliche Kälte* sind die Bösen uralte SS-Schergen, die 1943 von Hitler mit dem Auftrag, politische und esoterische Informationen für seine Rassenlehre zu sammeln, nach Tibet gesandt worden sind, was an die Schäfer-Expedition und die ihr angedichteten Geheimaufträge erinnert. In Tibet werden sie im Kloster Peng-Boche (erinnert an das im nepalischen Khumbu liegende Pangboche) stationiert, in dem anfänglich noch Mönche wohnen, die in die Geheimnisse der Magie eingeweiht sind. Benötigtes Kriegsmaterial wird per Luftfracht eingeflogen und die Soldaten bauen einen unterirdischen Bunker und warten auf Befehle – vergeblich, denn nach dem Krieg werden sie vergessen. Jahre später wird ein ehemaliger SS-Lagerkommandant, Zimmermann, auf den vergessenen Nazi-Stützpunkt und die letzte aktive Bastion des Nationalsozialismus aufmerksam und baut das Kloster und den darunter liegenden Bunker zum Hauptquartier und hochtechnisierten Zentrum seiner SS-Organisation «Anti» um. Von dort aus kann sich Zimmermann mit einem Supercomputer weltweit Informationen aus allen Datennetzen beschaffen und Menschen über eingepflanzte oder in Kleidern versteckte Sender manipulieren und zu willenlosen Mitarbeitern abrichten. So lässt er beispielsweise in einem «Tcheud» genannten Ritual tibetische Mönche sich selbst verbrennen. Sicherlich wird unter «Tcheud» das «gcod» genannte tibetische Ritual der Selbstaufopferung gemeint, das in diesem Comic als eine scheußliche und irre Blutrauschorgie erscheint.

Dem Superagenten Pharaon gelingt es schließlich, die Computeranlage zu zerstören, Zimmermann und den tibetischen Kollaborateur Obersturmführer Tsering zu töten und die manipulierten Mitarbeiter zu befreien.

89

89 Tibet als Ort der Weltverschwörung. In den 80er und 90er Jahren erlebt ein altes Motiv aus den 30er Jahren eine Renaissance. Drohte damals Gefahr von der okkulten lamaistischen Theokratie, kommt es in den Comics zu einer in nazistischer Literatur fußenden Neubelebung der Idee, von Tibet gehe eine Weltbedrohung aus. In *Tödliche Kälte* (1990) und *Countdown des Wahnsinns* (1986) kommt es zu einem Kampf böser Welteroberer, die unterhalb Tibets in Höhlen leben, gegen die lichte Welt. Während in neonazistischer Literatur oft eine enge Zusammenarbeit von Tibetern und Nazis suggeriert wird – Tibet wird als Rückzugsgebiet von Reichsdeutschen geschildert, die sich mit den Gelug pas gegen die Chinesen verbündet haben und auf den Tag warten, an dem sie ein neues Reich auf Erden schaffen können –, treten die Tibeter in den beiden Comics als Gegner der Nazis auf, mit Ausnahme des Obersturmführers Tsering in *Tödliche Kälte*. In diesem Comic sind die Bösen uralte SS-Schergen, die 1943 von Hitler mit dem Auftrag, politische und esoterische Informationen für seine Rassenlehre zu sammeln, nach Tibet gesandt worden sind.

Die Anlage wird dem ewigen Eis und der tödlichen Kälte überlassen. Zur lichten Welt gehören neben Pharaon und seiner Begleiterin Chrystal auch ein tibetischer Mönch, der – wie könnte es anders sein – über übersinnliche Kräfte verfügt. Er erzählt von «Sieben Weisen» (Gurdjieff lässt grüssen), die die Welt im Gleichgewicht halten, bis sie von einem «Achten» besiegt würden.

Aufschlussreich ist, wie Authentizität vorgetäuscht wird, wie dem Comic – trotz skurrilen Ablaufs – ein Glaubwürdigkeitssiegel aufgedrückt wird: Am Ende der Geschichte wird auf angebliche Zeugenaussagen hingewiesen, welche Verbindungen zwischen der Waffen-SS und den tibetischen Magiern bestätigten. Es seien nach dem Einmarsch der russischen Truppen in Berlin im Mai 1945 mehr als tausend Leichen Freiwilliger gefunden worden, die deutsche Uniformen trugen, aber weder Ausweispapiere noch Abzeichen bei sich hatten. Alle diese Soldaten stammten aus dem Himalaja. Wir erinnern uns: Diese angeblichen Fakten wurden erstmals von Bergier/Pauwels anfangs der 60er Jahre veröffentlicht. Sie wurden nie verifiziert, fanden aber nichtsdestotrotz immer wieder Eingang in Romane, sogenannte Fachbücher ... und Ende der 80er Jahre nun auch in diesen Comic.

90 a

Auch im Comic *Countdown des Wahnsinns* geht es um Nazi-Überlebende in einer Geheimbasis unter dem Himalaja, welche die Welt beherrschen und eine ideale Gesellschaft schaffen wollen, in der die Menschen auf ewig gleich sind und in der der Einzelne keinen eigenen Willen mehr hat. Auch hier kommt es zu einem Kampf zwischen dem Guten, in diesem Fall in der Gestalt des «Dalai Lama Sakyamuni Padma Vajrasattva» (ein völliger Fantasiename) und seinen Verbündeten, sowie dem Bösen. Dieser heißt Dr. Wreibritisch-Lincorn (eine Verballhornung von Trebitsch-Lincoln, den wir bereits kennengelernt haben), einem ehemaligen Nazi, der über hochkomplexe Technologien verfügt und offenbar eine dämonische Wiedergeburt «Shivas» ist, welcher unterhalb des «Sumeu» die Hölle «Avici» wiedererschaffen hat. Authentizität wird in diesem Comic durch die häufige Verwendung tibetischer und indischer Begriffe vorgegaukelt wie Sumeu (richtig Weltenberg Sumeru), Avici (buddhistische Hölle), Shiva, Dalai Lama, Sakyamuni, Padma und Vajrasattva und Agartha, dem angeblichen Kloster des Dalai Lama. Der letztgenannte Name schlägt den Bogen zu van Helsings Buch *Geheimgesellschaften*, nach dem zwar die Hyperboreer Agartha bewohnen, deren Repäsentant auf Erden jedoch der Dalai Lama sei. Die beiden hier besprochenen Comics nehmen die von van Helsing postulierte Nazi-Tibet-Connection auf, unterscheiden sich jedoch in einem wesentlichen Punkt von van Helsings Theorie: Während er ein enges Zusammenarbeiten der Tibeter und Nazis suggeriert – Tibet wird von ihm als Rückzugsgebiet von Reichsdeutschen geschildert, die sich mit den Gelug pas gegen die Chinesen verbündet haben und auf den Tag warten, an dem sie ein neues Reich auf Erden schaffen können –, treten die Tibeter in beiden Comics eindeutig als Gegner der Nazis auf, mit Ausnahme des Obersturmführers Tsering in *Tödliche Kälte*.

90 b

90 c

90 In *Countdown des Wahnsinns* ist die Verkörperung des Bösen ein ehemaliger Nazi, der über hochkomplexe Technologien verfügt und eine dämonische Wiedergeburt «Shivas» ist. Er nimmt den Kampf gegen den Dalai Lama auf, der das Kloster Agartha bewohnt.

91

91 In der Weltverschwörungsgeschichte *Der Kampf um die Welt* ist der Bösewicht, der die Weltherrschaft erlangen will, der tibetische Kaiser Basam-Damdu, den Details als naziähnlichen Despoten kennzeichnen. Er sowie die von ihm unterhalb Lhasas errichtete Raketenbasis wird durch die beiden Helden Blake und Mortimer besiegt.

In einer weiteren Weltverschwörungsgeschichte – *Der Kampf um die Welt* – ist ebenfalls von einem Reich die Rede, das an Agartha erinnert, dessen Name aber nicht erwähnt wird. In dieser vom bekannten Comics-Zeichner Edgar P. Jacobs bereits 1946 publizierten, erst in den 80er Jahren auf Deutsch erschienenen Geschichte werden in unterirdischen Fabriken unterhalb Lhasas in gigantischem Ausmaß Waffen produziert, unter anderem Atombomben, als Vorbereitung auf einen dritten Weltkrieg. Der Bösewicht ist in diesem Fall der tibetische Kaiser Basam-Damdu, den Details als naziähnlichen Despoten kennzeichnen und der die Weltherrschaft erlangen und die anderen Völker unterdrücken will. Ihm steht der skrupellose Colonel Olrik zur Seite. Die Geschichte endet mit dem Tod des Kaisers sowie der Zerstörung der Raketenbasis in Tibet und des Kaiserpalastes durch die beiden Helden Blake und Mortimer, die sich eines vielseitig einsetzbaren Flugzeugs (Espadon, Schwertfisch) bedienen. An Tibet erinnert in dieser Geschichte nur die Architektur. Für den Kaiserpalast hat sicherlich der Potala als Vorbild gedient, ein großer Stupa sieht dem Kumbum-Stupa von Gyantse ähnlich und einige weitere Stupas sind ebenfalls tibetischer Provenienz. Details in den in «Tibet» spielenden Szenen, wie Gesichtszüge, Kleider, Innenarchitektur und Schrift, erinnern jedoch an China. So wird denn auch in der französischen Ausgabe «Lhassa» als «neue Hauptstadt des großen gelben Weltimperiums» bezeichnet, und Basam-Damdu wird Herrscher «der Gelben» genannt, eine Vermengung von Tibet-Mythen und der Angst vor der «Gelben Gefahr».

Agartha sowie neu-theosophisches und «rampaeskes» Gedankengut erscheinen auch in einem Comic eines anderen Genres, nämlich in einem Yeti-Comic. In dieser Geschichte, *Der Schneemensch* (1991), findet ein Reporter auf der Suche nach den Yetis im Gebiet des Everest Aufnahme in einem tibetischen Kloster, wo ihn ein seltsamer Alptraum quält. Dabei entdeckt er in einer Ahnengalerie mumifizierter und mit Gold überzogener Mönche sein eigenes Ebenbild, welches wieder zu leben beginnt. Eine Stimme heißt ihn als Bruder Yza Migdama Lah-Lu (angeblich ein tibetischer Name) in der Vereinigung der Agartha willkommen. Er sieht sich nackt durch die Bibliothek des Paradieses hetzen, in der die gesamte Vergangenheit, Gegenwart und Zukunft, alle Leben und Nicht-Leben, aufbewahrt werden. Der Reporter realisiert später, dass er in die Bruderschaft der Agartha zurückgekehrt ist. Diese Bruderschaft widmet sich in dem völlig abgeschiedenen tibetischen Kloster unter der Leitung des Oberpriesters Mahatma seit jeher Frieden und Forschung.

Damit kein Unbefugter das Kloster betritt, umgeben die Mönche das Kloster mit einem Hypnosefeld, das die «atavistischen Ängste» der Reisenden erweckt. Diese sehen dann statt der Mönche Schneemenschen, haben Angst und rennen davon. Von Zeit zu Zeit ziehen von diesem Kloster und anderen ähnlichen Zentren Agartha-Jünger in die Welt hinaus, um sich unter die Menschen zu mischen, um ihr Wissen über erwachtes Bewusstsein und das Über-Ich zu verbreiten und Ratschläge zu erteilen. Unschwer sind hier mehrere typische theosophische und rampaeske Motive zu erkennen: Der angeblich tibetische Name Yza Migdama Lah-Lu ist fast wortwörtlich ein Plagiat aus Rampas *Das dritte Auge*, das im Comic natürlich auch erwähnt wird.[99] Die alles Wissen enthaltende Agartha-«Bibliothek», so etwas wie ein universelles Gedächtnis, erinnert an die Akasha-Chronik, die Bruderschaft und ihr Führer Mahatma an die theosophischen Mahatmas, die ja den Theosophen wie auch den «Rampasophen» zufolge ebenfalls von Zeit zu Zeit in die weite Welt hinausziehen, um ihr Wissen anderen zu vermitteln. Denn die Bruderschaft, die sich seit undenklichen Zeiten dem Frieden und der Forschung widmet, hütet ein allumfassendes Wissen.

Das uralte geheime und in Tibet aufbewahrte Wissen ist ein Motiv, das auch in anderen Comics auftaucht: In *The Origin of the Avenger* enthalten alte Schriftrollen Anweisungen, wie das ungenützte Potential des Gehirns gebraucht werden kann, in *Mitternacht in Rhodos* geht es um eine Bibliothek alter wertvoller tibetischer Texte, welche das gesamte Wissen des tibetischen Volkes sowie Informationen über chinesische Militäroperationen und Standorte nuklearer Waffen in Tibet enthalten, und in *Der weiße Lama* suchen Chinesen nach dem Zugang zu einem geheimen Archiv, welches die Essenz des Wissens einer alten Zivilisation enthalten soll. Auch Gebetsmühlen enthalten manchmal schriftliche Geheimnisse, so in *Tödliche Kälte* – ein Zettel mit dem Namen eines wichtigen Klosters – und in *Top Secret*, wo in einer Gebetstrommel eine Nachricht eines verschollenen und in Tibet gefangengehaltenen deutschen Atomphysikers zum Vorschein kommt. Zu den Geheimtexten gehört auch die Formel «Om mani padme hum», die in den Comics ab und zu ertönt.[100]

Es ist von einigem Interesse, mit welchen «ethnographischen» Details die Comics-Zeichner, von denen sicherlich die wenigsten in Tibet oder im Himalaja gewesen sind, ein tibetisches Ambiente zu schaffen versuchen. Sie geben uns Aufschluss über ihre – und damit in gewissem Sinn auch unsere – Tibet-Klischees. Häufiges Motiv sind tibetische Paläste, sei es der Potala-Palast mit seinen goldenen Dächern[101] oder der alte Königspalast von Leh[102] sowie andere bekannte Bauwerke wie die bhutanischen Klöster Taktsang[103] oder Tongsa[104]. Auch der Stupa ist ein häufig anzutreffendes Bauwerk, sei es in der Form des bekannten Swayambunath- oder Bodnath-Stupa oder als einfachere Form, wie man sie in Ladakh, Nordnepal oder Tibet findet.[105] Zornvolle Gottheiten, die manchmal zu Leben erwachen, treten unverhältnismäßig oft auf[106], und auch der Dalai Lama ist ein relativ beliebtes Motiv.[107] Zum tibetischen Ambiente scheint für einige Autoren auch die besondere Art der Bestrafung zu gehören: der Holzkragen, den man in Tibet gewissen Gefangenen umlegte.[108]

Da die Zeichner in den seltensten Fällen selbst in Tibet waren, dienten oftmals Fotos aus bekannten Büchern als Vorlagen. So hat beispielsweise Hergé nachweisbar Fotos von Giuseppe Tucci, Heinrich Harrer, Lowell Thomas und Ernst Krause (Schäfer-Expedition) für *Tim in Tibet* abgezeichnet und dabei – mit wenigen Ausnahmen – eine glückliche Hand gehabt, was man von anderen Autoren nicht immer sagen kann.[109] Vor allem in billigen Comics (zum Beispiel der Serie Gespenstergeschichten), werden Details aus verschiedensten Regionen, ja sogar Kulturen wahllos nebeneinandergestellt. So wurde für das erste Bild in *Das Rätsel der Dämonenglocken* der Potala als Vorlage verwendet, während ein paar Bilder später für dieselbe Klosteranlage das «Tigernest» (Taktsang) in Bhutan kopiert wurde. Einem Stupa setzte der Zeichner Ertugrul einen Turm wie ein Minarett auf, in dem eine «himmlische Glocke» aufbewahrt werden soll, einmal diente ihm für eine Szene eines religiösen Tanzes ('cham) ein Stupa aus Ladakh als Vorlage, einem Wächter aus Stein setzte er den Kopf einer thailändischen Statue auf und sein Abt gleicht eher einem Zauberer aus einem europäischen Märchenbuch als einem tibetischen Mönch.

92 a

92 b

92 Da die Comics-Zeichner in den seltensten Fällen selbst in Tibet waren, dienten oftmals Fotos aus bekannten Büchern als Vorlagen. (92 a) Vor allem in billigen Comics werden Details aus verschiedenen Regionen, ja sogar Kulturen wahllos vermischt. So setzte der Zeichner Ertugrul vor ein Potala-ähnliches Gebäude einen Stupa hin, den er zu einer Art Minarett umfunktionierte. (92 b)

Auf der Suche nach der Erinnerung

Zwei Comic-Geschichten zeichnen sich durch sorgfältige Recherche und damit eine große Detailtreue aus: *Tim in Tibet* und *Jonathan*. Interessanterweise entspringen beide Geschichten demselben Motiv: Sowohl Hergé, der Schöpfer von *Tim in Tibet*, wie auch Cosey, der *Jonathan* erschuf, projizieren ihre Suche beziehungsweise Erinnerung an eine reale Person aus ihrem Leben, die ihnen viel bedeutet hat, in ihren Comic. In *Tim in Tibet* suchen der Titelheld und sein Hund Struppi den Chinesen Tschang, von dem alle annehmen, er sei bei einem Flugzeugbsturz im Himalaja gestorben, mit Ausnahme von Tim, der felsenfest davon überzeugt ist, dass er noch lebt. Hergé verarbeitete mit diesem zentralen Motiv seines Tibet-Comics seine eigene Suche nach dem Chinesen Tchang Tchong-Jen, der Hergé beim Erschaffen des Comics *Der blaue Lotus* eingehendst beraten hatte. Hergé bewahrte dies davor, einen ähnlich kolonialistischen, rassistischen und stereotypen Comic zu schaffen wie beispielsweise den zuvor erschienenen *Tim im Kongo*, zudem hatte er einen guten Freund gefunden. Diese Freundschaft brach auch dann nicht ab, als Tchang 1935 nach China zurückkehrte. Dort verlor sich jedoch wegen der politischen Umwälzungen jede Spur. Hergé glaubte auch mehr als zwanzig Jahre nach seinem Verschwinden nicht an den Tod des Freundes, und 1981 gelang es ihm tatsächlich, seinen chinesischen Freund Tchang Tchong-Jen zu finden und aus China herauszuholen.

93 b © Hergé/Moulinsart 1999

In einer tiefen Lebenskrise und konfrontiert mit dem Ratschlag eines Psychiaters, das Zeichnen aufzugeben, schuf Hergé 1960, 31 Jahre nach Erfindung des «Tintin», *Tim in Tibet*. Mit diesem Comic kämpfte Hergé gegen die Hoffnungslosigkeit … und schuf einen Comic der Hoffnung, der Selbstaufopferung und der Freundschaft: Tim findet, nachdem er sein Leben mehrmals aufs Spiel gesetzt hat, seinen verschollenen Freund Tschang – und sein Schöpfer Hergé sich selbst. Aufschlussreich ist, wie sehr sich Hergé in dieser seiner persönlichsten und von ihm am meisten geschätzten Geschichte von Träumen leiten lässt und dem Übernatürlichen eine so zentrale Rolle zumisst. Der Einfluss Tibets? Jenes Tibets, in dem – so lässt Hergé die Leserschaft glauben – gewisse Mönche eben trotz allem über übernatürliche Kräfte verfügen, wie beispielsweise der schwebende und hellseherisch begabte «Gesegneter Blitz».

93 *Tim in Tibet*. In diesem Comic sucht Tim seinen verschollenen chinesischen Freund Tschang, den er schließlich in einer Höhle findet. In seiner persönlichsten und von ihm am meisten geschätzten Geschichte lässt sich der Schöpfer von Tim und Struppi, Hergé, von Träumen leiten. Ist dies der Einfluss Tibets, in dem – so lässt Hergé die Leserschaft glauben – gewisse Mönche wie beispielsweise der hellseherisch begabte «Gesegneter Blitz» über übernatürliche Kräfte verfügen?

93 a © Hergé/Moulinsart 1999

93 c

94

94 Zuerst nur wenige – immerhin dauerte die Reise zur Zeit der Missionare manchmal einige Jahre –, danach viele, heute Legionen haben sich wirklich oder fiktiv auf den Weg nach Tibet gemacht, angetrieben von der Hoffnung, auf dem Dach der Welt ein Paradies zu finden. Beinahe jede der hier vorgestellten Tibet-Geschichten schildert eine solche Suche. Besonders ausgeprägt ist dieses Motiv in den Comics *Auf der Suche nach der Erinnerung* und *Tim in Tibet*.

Mit *Jonathan* (ab 1985), vor allem mit dem ersten der elf Bände, *Auf der Suche nach der Erinnerung*, hat auch Cosey ein Comic geschaffen, mit dem er den Velust seines Freundes, Jonathan, zu verarbeiten versucht. Cosey und Jonathan fuhren in ihren Jugendjahren in den Schweizer Alpen gemeinsam Ski oder Motorrad, als Lektüre die Veden, die Bhagavad Gîta, Comics, C.G. Jung oder Woody Allen in den Taschen. Jonathan war im wirklichen Leben wie im Comic seltsam und exzentrisch. Er wollte mit dem Motorrad auf den Kilimandscharo fahren, verreiste schließlich nach Nepal, wo er in einer psychiatrischen Klinik landete, nachdem man ihn halb tot an der tibetisch-nepalischen Grenze gefunden hatte. Jonathan blieb nicht in der Klinik. Er lief davon, Richtung Himalaja und Tibet – davon ist Cosey überzeugt. Und es ist auch dort, wo seine Geschichte, eine elfteilige Serie, beginnt. Der Comic ist so gesehen keine völlige Fiktion, sondern enthält wohl mehr Autobiographisches als alle anderen Comics. Cosey berichtet mit viel Einfühlungsvermögen und aufgrund persönlicher Erfahrungen von wahren Menschen und Ereignissen. Zwar kommen hier und dort gängige Motive zur Darstellung wie die Suche nach einem neuen Dalai Lama oder diejenige nach dem Schneemenschen, auch ist er spürbar von der tibetischen Mystik fasziniert. Es fehlen jedoch die plumpen Stereotypen anderer Comics, so dass von einer außergewöhnlichen Comic-Serie gesprochen werden darf, «deren Qualität sich nicht allein in der Handlung entfaltet», so der Klappentext, «sondern faszinierende Erfahrungen in einer fremden Kultur atmosphärisch dicht vermittelt.»

Zusammenfassend lässt sich festhalten: Auch in den Comics kehren Motive wieder, die wir bereits in den Tibet-Romanen kennengelernt haben: Die allwissenden, über übermenschliche Kräfte verfügenden, z.T. uralten Mönche/Lamas/Tulkus – keine Nonnen; Tibet als Gegend des Friedens, des langen Lebens, des Geheimwissens, das dem Planeten Erde Rettung bringen könnte; Tibet aber auch als Ort, in dem es bedrohliche und manipulative Kräfte gibt. Einerseits dargestellt durch schlechte Geistliche, die schwarze Magie anwenden (*Der weiße Lama* und *The Black Lama*), andererseits durch moderne, vor allem von Westlern kontrollierte Technologie, die im Untergrund in geheimnisvollen, riesigen Höhlen auf ihren Einsatz wartet. Die lichte überhelle Welt Tibets zeichnet scharfe Schattenbilder. Irgendwo zwischen dieser lichten und dunklen Welt ist der Schneemensch, der Yeti, angesiedelt, der die Ambivalenz, die Tibet anhaftet, widerzuspiegeln scheint: Einmal ist er ein friedliches, weises Wesen, mal ist er scheußlich, gefährlich und wild. In *Der Schneemensch* ist seine Erscheinung abhängig von der Einstellung der Leute, die ihm begegnen. «Wir erscheinen euch groß oder klein, behaart oder bloß drohend oder traurig … eben so, wie es euch die persönliche Angst eingibt», sagt ein Lama dem in einem Agartha-Kloster gelandeten Reporter, eine Subjektivität, die – so wird immer deutlicher – auch auf unsere Tibetbilder zutrifft. Diese sind zwar nur äußerst selten von Angst geprägt, aber von persönlichen Emotionen, Gefühlen, Bedürfnissen, Träumen, die in den Comics und vermehrt auch in der Werbung sowie ganz allgemein vom Kommerz aufgenommen und benutzt werden. In welcher Art soll in den nächsten Kapiteln untersucht werden.

Erste Dokumentarfilme

Anhand der in den 20er Jahren des 20. Jahrhunderts entstandenen ersten britischen Tibetfilme kann aufgezeigt werden, wie sehr die Herstellung solcher Dokumentarfilme von Anfang an ein dialektischer Prozess war, den die Gefilmten genauso sehr beeinflussten wie die Filmenden: Einige Szenen aus dem Film *Epic of Everest* (1924), aber auch der öffentliche Auftritt von tanzenden tibetischen Mönchen vor der Aufführung des Films in London verstimmten die tibetische Regierung in hohem Maße. Der größte Stein des Anstoßes war eine Filmsequenz, in der ein Tibeter einen kleinen Jungen entlauste und die gefangenen Läuse zu verzehren schien, eine Szene, die wegen des Protestes aus dem Film entfernt werden musste. Der Film und die Aufführung der Mönche hatten in Tibet politische Konsequenzen und führten zu einem Streit zwischen Traditionalisten und Modernisten, in dem letztere unterlagen. Eine weitere Everest-Expedition wurde abgeblasen, man degradierte tibetische Offiziere, und in der Folge konnten nur noch sehr wenige Filme in Tibet gedreht werden. Mit Peter Hansen können wir somit folgern, dass «Tibeter wie Briten gemeinsam zur Herstellung filmischer Mythen von Tibet beitrugen» und dass die damals entstandenen Filme eine Art «interkulturelle Konstruktion Tibets» waren.[110] Die Tibeter, die keineswegs abgeneigt waren, gefilmt zu werden, gaben von allem Anfang an zu erkennen, welche Bilder sie tolerierten und welche nicht, und sie ließen alle Interessenten ihre Sanktionsmöglichkeiten wissen, nämlich der Entzug der Einreise- oder zumindest der Filmbewilligung. Zwar drehte jeder der in Sikkim stationierten britischen politischen Gesandten in den späten 20er und frühen 30er Jahren Filme in Tibet, doch «findet man (in diesen Filmen) sowohl die britischen Projektionen ihrer Mythen über Tibet, als auch die Vorstellungen der Tibeter, was in Tibet wert sei, gefilmt zu werden.»[111] Ein wesentlicher Austausch und eine Art freiwillige Zensur über Inhalte fand anlässlich von Vorführungen in Lhasa statt, an denen die neuen Filme den Gefilmten – hauptsächlich die tibetische Oberschicht – gezeigt wurden. «Die britischen Filmparties brachten den Tibetern die Bilder von Tibet, die sie selbst sehen wollten … Ebenso bedeutsam sind die Bilder, die das tibetische wie das britische Publikum nicht zu sehen bekam. Es sah nie Darstellungen des Alltagslebens in Tibet, wie die aus dem Everest-Film, an denen die Tibeter so großen Anstoß genommen hatten. Selbst Szenen, die so wenig Anstoß erregen konnten wie die Bilder von tibetischen Bauern bei der Arbeit in F. M. Baileys Filmen, waren nicht mehr zu finden.»[112]

Das hier Gesagte, das auf nichtbritische Filmer wie zum Beispiel Filchner wahrscheinlich nicht so uneingeschränkt zutreffen dürfte, zeigt das eine: Das Bild, das sich der Okzident vom Orient – in diesem Fall Tibet – macht, ist nicht ausschließlich vom Westen bestimmt, wie E. Said in seinem berühmten Buch *Orientalism* meint. Die Tibeter beziehungsweise die tibetische Elite in Lhasa, beeinflussten das in westlichen Filmen zum Ausdruck kommende Tibetbild mit. Dies trifft zumindest auf die Zeit vor der Besetzung Tibets durch China und die anschließende Flucht zu. Erst in den nach 1959 gemachten Filmen werden die Tibeter zu «Opfern», die kaum mehr auf die Inhalte Einfluss nehmen können, so dass mit Lorenz Schaedler gesagt werden kann: «Tibet hat keine Stimme, es wird vertreten … Tibet als Subjekt existiert nicht, nur der Filmemacher, der nach etwas sucht – und es auch meistens findet.»[113] Es falle auf – so der Autor –, dass in jedem dieser Filme, auch solchen, die nicht primär die tibetische Religiosität zum Thema haben, in der einen oder anderen Art der Buddhismus dargestellt werde, und dass sich in den Filmkommentaren eine Faszination für die Omnipräsenz des Buddhismus äußere, während ein tiefergreifendes religiöses Verständnis fehle.

Die starke Gewichtung des Religiösen zeigt sich beispielsweise in der Tatsache, dass weitaus die meisten Tibet-Dokumentarfilme religiöse Themen darstellen, vor allem einmalige, spektakuläre, geheime Riten wie Klostertänze und Initiationen. Viele widmen sich dem Phänomen der Reinkarnation oder dem sexuellen Symbolismus des tantrischen Buddhismus[114] – lauter Motive, die, wie wir noch sehen werden, auch in Spielfilmen zur Darstellung kommen. Doch auch diese späteren Dokumentarfilme sind das Produkt eines wechselseitigen Prozesses: Tibetische Geistliche tolerieren, ja fördern Filme über religiöse Themen, da dadurch über den Aspekt tibetischer Lebensweise berichtet wird, den sie als am wertvollsten erachten. Andererseits befriedigen diese religiösen Filme die Bedürfnisse zahlreicher am Buddhismus Interessierter – früher nur westlicher, heute vermehrt auch asiatischer. Und sie scheinen dem Wunsch vieler nachzukommen, exotische, einmalige Riten in voyeuristischer Art «entdecken» zu können.

95a

In letzter Zeit nehmen Tibeter die Kamera vermehrt selbst in die Hand – in der Regel in Zusammenarbeit mit einer nicht-tibetischen Person. Erinnert sei an Tenzing Sonam und Ritu Sarin (*The Reincarnation of Khensur Rinpoche*, 1991), Lobsang und Sylvia Sensiper (*Films are Dreams that Wander in the Light of Day*, 1991), Tashi Tsering und Vadim Jendreyko (*Exiltibeter zwischen zwei Kulturen*, 1985), Tsering Rhitar (*The Spirit Doesn't Come Anymore*, 1997) oder der Mönch Khyentse Norbu in einem Spielfilm (*Phörpa/The Cup*, 1999), was ein Filmfachmann folgendermaßen kommentierte: «Es braucht nicht (mehr) den Kommentar eines selbsternannten Spezialisten, es sind die TibeterInnen, die zum ersten Mal wirklich zur Sprache kommen. Es wurde langsam Zeit!»[115] Dass es sich bei den von Tibetern gemachten Filmen aber erst um einen äußerst bescheidenen Anfang handelt, zeigt die Flut von Filmen, die zur Zeit auf den Markt kommen: Tibeter sind dort in der Regel höchstens als Berater zu finden.

Mit diesen Hinweisen auf das in Dokumentarfilmen von Tibet gezeichnete Bild wollen wir es hier bewenden lassen. Die Zahl der in den vergangenen Jahren entstandenen Tibetfilme ist so enorm groß, dass es äußerst schwer fällt, die Übersicht zu bewahren und den mannigfachen Strömungen gerecht zu werden (Fernsehfilme unterschiedlichster Qualität; abendfüllende Dokumentarfilme; wissenschaftliche Filme; von chinesischen und von tibetischen Dokumentarfilmern gedrehte Filme usw.).

Im folgenden wollen wir uns mit einem Genre von Filmen eingehender auseinandersetzen, das mehr noch als Dokumentarfilme gängige Tibetbilder vermittelt, und das bis heute kaum analysiert wurde: mit westlichen Spielfilmen, in denen Tibet zur Darstellung gelangt.[116] Dabei werden auch Filme vorgestellt, in denen nur in kurzen Szenen auf Tibet Bezug genommen wird, denn auch diese Sequenzen geben Aufschluss über die Art, wie Tibet wahrgenommen wurde und heute wahrgenommen wird.

95 Filmemachen als spirituelle Übung: der Mönch und Tulku Dzongsar Khyentse Rinpoche (Khyentse Norbu) schuf 1999 den Film *Phörba*. Der Film räumt mit mehreren Tibet-Klischees auf. Er zeigt, dass Tradition und Weltlichkeit einander durchaus versöhnlich begegnen können (NZZ), dass die Tibeter E-Mail, Telefax und Internet nicht stoppen können, sondern sich der modernen Welt anpassen und gleichzeitig die alte Tradition und Kultur mit ihren Werten bewahren müssen (Khyentse Norbu). Schließlich ist der reizvolle, heitere Streifen Beweis dafür, dass die Tibeter selbst sehr wohl in der Lage sind, sich und ihre Lebensart darzustellen. Es braucht nicht (mehr) den Kommentar eines selbsternannten Spezialisten, es sind die TibeterInnen, die zum ersten Mal wirklich zur Sprache kommen. Es wurde langsam Zeit! Dass es sich bei den von Tibetern gemachten Filmen aber erst um einen äußerst bescheidenen Anfang handelt, zeigt die Flut von Filmen, die zur Zeit auf den Markt kommen: Tibeter sind dort in der Regel höchstens als Berater zu finden.

95b–d

Frühe Spielfilme mit einem Bezug zu Tibet

1928 entstand in Russland unter der Leitung von Vsevolod Illarionovich Pudovkin der Film *Sturm über Asien*. Obschon ein Film über die Mongolei, kann er dennoch als erster Spielfilm mit tibetischem Bezug bezeichnet werden, denn die mongolische Kultur wurde ab dem 16. Jahrhundert sehr stark von Tibet geprägt, und in der Mongolei entstand ein klerikales System, das dem tibetischen sehr ähnlich ist. Im Film wird der prunkvolle mongolisch-tibetische Klerus vor allem im ersten Teil dargestellt – mit Elementen, die zum Repertoire der Tibet-Klischees zu gehören scheinen: Der «Lamaismus» wird als Spiegelbild des Katholizismus gesehen (in einem Gespräch zwischen einem britischen Oberst und seiner Frau wird der «verfilzte, nach Knoblauch riechende wilde Abt» eines Klosters als buddhistische Version des Papstes bezeichnet), es werden die obligaten religiösen Tänze ('cham) aufgeführt, und auch eine junge Reinkarnation kommt im Film vor, die trotz ihres zarten Alters «alles versteht», wie einer der Mönche den Besuchern sagt.

Das heile Leben im Kloster steht in krassem Gegensatz zum Überlebenskampf der Partisanen, geldgierigen Händlern und ausländischen Imperialisten und zur Revolution der Bolschewiken. Der Film nimmt Partei für ein Volk, das – so der Film – ausgebeutet und wie eine Marionette behandelt wird, sinnbildlich dargestellt durch den Helden Lubsang, der sich vom schwachen Pelzkleinhändler zum Revolutionär wandelt, der sein Volk auffordert, sich zu erheben. Das zeitkritische Dokument weist eine Filmästhetik auf, wie wir sie in späteren Tibetfilmen kaum mehr antreffen werden. Zu dieser Ästhetik trägt unter anderem die beeindruckende Authentizität bei: Mongolen werden von echten Mongolen dargestellt, Klosterszenen spielen in einem wirklichen Kloster, in dem die Ritualgegenstände, der überlebensgroße Buddha und die rituelle Musik genuin sind. Dies wiederum erlaubte es der Kamera, beeindruckende Großaufnahmen zu machen, ohne Gefahr zu laufen, es könnte plötzlich hinter dem Bild ein Trugbild erkannt werden. Man sollte meinen, eine solche Authentizität sei eine Selbstverständlichkeit, wir werden aber feststellen, dass Hollywood erst etwa sechzig Jahre nach diesem russischen Film – mit dem Film *Kundun* – ihre Notwendigkeit und ihren Reiz erkannte.

96a

96b

96 Obschon ein Film über die Mongolei, kann *Sturm über Asien* als erster Spielfilm mit tibetischem Bezug bezeichnet werden, denn die mongolische Kultur wurde ab dem 16. Jahrhundert sehr stark von Tibet geprägt. Der Film enthält zwar Elemente, die zum Repertoire der Tibet-Klischees gehören – so wird der «Lamaismus» als Spiegelbild des Katholizismus dargestellt –, doch das zeitkritische Dokument weist eine beeindruckende Authentizität auf: Mongolen werden von echten Mongolen dargestellt, Klosterszenen spielen in einem wirklichen Kloster, in dem die Ritualgegenstände, der überlebensgroße Buddha und die rituelle Musik genuin sind. Es sollte etwa sechzig Jahre gehen, bis auch Hollywood – in *Kundun* – den Wert und Reiz authentischer Schauspieler und Szenerien erkannte.

97 a

97 b

97 Die Abgeschiedenheit und Unzugänglichkeit Tibets – nicht seine eigene Religiosität und Weisheit – haben es zum idealen Ort des utopischen Refugiums eines James Hilton (Autor des Bestsellers *Verlorener Horizont/Irgendwo in Tibet*) und Frank Capra (Regisseur der ersten Verfilmung) gemacht. Tibet an sich interessierte nicht. Zwar sind im Film einige tibetische Ersatzstücke erkennbar – Kleider, wie sie der tibetische Adel trug, ein paar wenige Yaks, Stupas – doch ansonsten scheint sich die Geschichte in einem Luxushotel abzuspielen, dessen Architektur und Inneneinrichtung westlich sind.

Der zweifellos bekannteste Spielfilm der Kategorie Tibetfilme war die Verfilmung des Bestsellers *Lost Horizon* durch Frank Capra im Jahre 1937. Der Film weicht nur in Details vom Roman ab, auf den wir bereits eingegangen sind.[117] Da es hier vor allem um unsere Tibetbilder geht, interessiert uns, wie Frank Capra Shangri-La optisch darstellt. Erkennt man tibetische Elemente, beispielsweise in der Architektur, in der Kleidung, in der materiellen Kultur ganz allgemein? Die Antwort lautet kurz und bündig «nein». Das einzige, das an den tibetischen Lebensraum erinnert sind – sieht man von einigen wenigen Kleidern und Musikinstrumenten ab – Nachbildungen von Stupas, vor denen einmal gar ein paar Yaks durchziehen. Die Stupas fallen jedoch trotz ihrer Wirklichkeitsnähe neben der restlichen Architektonik von Shangri-La, die eindeutig Merkmale der westlichen Architektur der 30er Jahre aufweist, nicht ins Gewicht. Abgesehen davon kann mit bestem Willen nichts Tibetisches erkannt werden, keine Buddhastatuen, tibetische Ritualgegenstände, Gebetstrommeln, lange Trompeten, keine tibetische Gebete oder Ritualmusik.

Wie im Roman sind es Weiße, die die Hauptrollen spielen, doch wo sind im Film die tibetischen und chinesischen Bewohner des «Blauen Tals» unterhalb Shangri-La geblieben? Statt Flachdachhäusern wird eine Siedlung irgendwo in den Alpen gezeigt, ein Handwerker zieht Kerzen (die in Zentralasien und Tibet unbekannt sind), und die Kinder, die neben ein paar Trägern einzigen Menschen von eindeutig asiatischer Herkunft, singen «Guten Abend, gute Nacht»... Diese Hinweise sollen nicht als Kritik am ganzen Film verstanden werden, der ausgesprochen gut bei Kritikern und Publikum ankam, sondern lediglich aufzeigen, dass es dem Regisseur schwer fiel, wenn nicht Shangri-La selbst, das ja auch im Roman kaum Tibetisches erkennen lässt, so doch zumindest die Umgebung tibetisch erscheinen zu lassen. Hier kommt noch deutlicher als im Roman zum Ausdruck, dass weder für Frank Capra noch für das Publikum Tibet ein realer Ort war. James Hilton hatte Tibet als Standort von Shangri-La gewählt, weil es sich wegen seiner Abgeschiedenheit so sehr dazu eignete, all die Träume aufzufangen, welche die westlichen Menschen in den 30er Jahren nach der großen Wirtschaftskrise und angesichts von drohenden Kriegen hatten. So beginnt denn auch der Film mit einem Vorspann, der die suggestive Frage stellt: «In diesen Tagen von Kriegen und Kriegsgerüchten – haben Sie in dieser Zeit noch nie von einem Ort geträumt, in dem Frieden und Sicherheit herrschen, wo das Leben nicht ein Kampf ist, sondern eine andauernde Freude? Bestimmt haben Sie es, so wie es alle Menschen seit alters her getan haben. Stets derselbe Traum. Manchmal nennt man ihn Utopia, manchmal den Jungbrunnen, manchmal nur ‹diese kleine Hühnerfarm›.»

97c

97d

98a

98 Wie im Roman spielen in beiden Verfilmungen von *Lost Horizon* (hier Szenen aus der Version des Jahres 1972) Weiße die Hauptrollen, Tibeter kommen darin nicht vor. Darüber kann auch nicht hinwegtäuschen, dass der in der Hierarchie von Shangri-La am höchsten stehende Pater Perrault «Oberlama» genannt wird. Von seiner Herkunft, in seiner äußeren Erscheinung, aber auch in seinen Gesprächen erinnert er eher an einen weisen Nathan als an einen tibetischen «Hoch-Guru».

98 b

Die Abgeschiedenheit und Unzugänglichkeit Tibets – nicht seine eigene Religiosität und Weisheit – haben es zum idealen Ort des utopischen Refugiums eines James Hilton und Frank Capra gemacht. Tibet an sich interessiert nicht. Darüber kann auch nicht hinwegtäuschen, dass der in der Hierarchie von Shangri-La am höchsten stehende Pater Perrault «Oberlama» genannt wird. Von seiner Herkunft, in seiner äußeren Erscheinung aber auch in seinen Gesprächen erinnert er statt an einen tibetischen «Hoch-Guru» eher an einen weisen Nathan.

98 c

1972 kam es zu einem Remake des Films, der wegen seiner grässlich kitschigen Gesangs- und Tanzeinlagen, aber auch wegen seiner Poesielosigkeit und der schlechten Dramaturgie zu einem riesigen Flop wurde. Auch in dieser «aufgewärmten Filmspeise», so ein Kritiker, erinnert nichts an den tibetischen Standort Shangri-Las: Die Architektur ist ein Gemisch von Neoklassizismus und maurischem Stil, die Gewänder der «Mönche» gemahnen höchstens wegen ihrer roten Farbe an tibetische Mönchskleidung, und nirgends ist ein tibetischer Gegenstand, sei es ein Kultobjekt, ein Musikinstrument oder ein Alltagsgegenstand, auszumachen. Nichts vermag die Stumpfsinnigkeit und Trivialität des Films besser wiederzugeben, als das Schlusslied, ein Loblied auf das im fernen Tibet liegende Shangri-La:

«Fern der Erdenzone wartet eine Welt, dort hat die Kanone nie gebellt!

Dort gellt Kriegsgeschrei nimmer mehr in dein Ohr.»

99

99 Filmplakat von *Lost Horizon*

Ende der 40er und in den 50er Jahren folgten einige weitere Tibet-Spielfilme, die jedoch nie den Ruhm der ersten Verfilmung von *Lost Horizon* erlangten: *Black Narcissus* (1947)[118], *Das verlorene Gesicht* (1948), *Sturm über Tibet* (1952)[119] und *Yeti, der Schneemensch* (1957).

Das verlorene Gesicht (1948) erzählt die rätselhafte Geschichte einer jungen Frau, die eine Zeit lang ein zweites Ich annimmt, das, wie sich im Verlauf des Films herausstellt, dasjenige einer Tibeterin zu sein scheint.

In Stuttgart wird eine offensichtlich weiße Frau mit asiatischen Gesichtszügen aufgegriffen und in eine psychiatrische Klinik eingewiesen. Dort findet sie zur Sprache zurück, die aber niemand versteht. Die fremde Frau wird Luscha genannt und in der Anstaltsküche beschäftigt, wo sie bald Verena von A.[120], die Leiterin der Theosophischen Gesellschaft in Stuttgart, in Begleitung zweier Sprachwissenschaftler besucht. Diese kommen zu dem Schluss, Luscha stamme aus Tibet, denn als ihr eine Buddhastatue gezeigt wird, nimmt sie sie in die Hände, stellt sie auf einen Fenstersims und verneigt sich davor, was der anwesende Professor mit dem Satz kommentiert: «Man könnte denken, eine Buddhistin strengster Observanz – Tibet, typisch Tibet!» Dieser Eindruck wird noch verstärkt, als Luscha alle in der Nähe liegenden Messer einsammelt und auf die Seite legt, was der Assistent als weiteren Beweis für die tibetische Herkunft Luschas deutet. In der Nähe eines Buddhabildes dürften – so der Assistent – keine Gegenstände liegen, mit welchen man töten könne.

100 b

Mit den Worten «vielleicht ist sie uns gesandt worden, vielleicht hat sie eine Aufgabe an uns zu erfüllen», demonstriert Frau von A. ihre theosophische Herkunft, und dass sie an die Aufrichtigkeit des Mädchens glaubt. Luscha, die bei Frau von A. Aufnahme findet, wird mehreren Experimenten unterworfen, doch ihre genaue Herkunft lässt sich nicht enträtseln. Als ein Gipsabdruck ihres Gesichtes genommen wird, verschwinden die asiatischen Züge, Luscha erkennt die Anwesenden nicht mehr und wird offensichtlich wieder zu der Frau, die sie vorher war: Johanna, die zuvor aus einer Erziehungsanstalt entflohen war, einen Unfall hatte und danach, mit einem neuen Ich, von der Stuttgarter Polizei aufgefunden wurde.

An einem Kongress der Theosophischen Gesellschaft rätseln Podium und Publikum über dieses seltsame Phänomen einer vermuteten Bewusstseinsspaltung beziehungsweise Persönlichkeitsveränderung. Woher kam die fremde Sprache, woher wusste Luscha sich wie eine Buddhistin zu verhalten, wie könnte dies

100 a

100 *Das verlorene Gesicht* (1948) erzählt die rätselhafte Geschichte einer jungen Frau, die eine Zeit lang ein zweites Ich annimmt, das, wie sich im Verlauf des Films herausstellt, dasjenige einer Tibeterin zu sein scheint. Als ein Gipsabdruck ihres Gesichtes genommen wird, verschwinden die asiatischen Züge, und die Frau wird wieder zu derjenigen, die sie vorher war. «Vielleicht haben wir wirklich am Ende der Welt Menschen, tibetanische Priester oder indische Heilige, mit solchen Kräften, dass sie von einem anderen Menschen Besitz ergreifen können und ihn zu einem wahrhaft Besessenen machen», meint jemand im Film zu dieser Geschichte.

alles erklärt werden? Die Antwort des Professors ist von einigem Interesse, da in ihr ein Gedanke zum Ausdruck kommt, den wir bereits von der Theosophie, aber auch von Lobsang Rampa her kennen: «Vielleicht gibt es im Menschen wirklich geheime Kräfte, die auch über größere Zeiträume und große Entfernungen auf einen anderen überspringen und ihn verwandeln können. Vielleicht haben wir wirklich am Ende der Welt Menschen, tibetanische Priester oder indische Heilige, mit solchen Kräften, dass sie von einem anderen Menschen Besitz ergreifen können und ihn zu einem wahrhaft Besessenen machen.» Und als ein Mann aus dem Publikum erwidert, man dürfe doch in der Wissenschaft nicht mit Vermutungen arbeiten, mit Rätseln und Geheimnissen, antwortet der Professor: «Damit arbeiten nicht, aber damit rechnen müssen wir. Und ich finde, das ist gut. Es ist gut, dass es in unserer erforschten Welt immer noch Geheimnisse gibt.» Der Professor will somit nicht in theosophischer Art Wissenschaft und Religion zusammenführen, sondern wünscht sich lediglich eine Wissenschaft, die Ehrfurcht vor dem Rätselhaften und Geheimnisvollen hat, eine Wissenschaft, für die übermenschliche Kräfte tibetischer Lamas oder indischer Yogis grundsätzlich im Bereich des Möglichen liegen. Die übernatürlichen Kräfte der tibetischen «Brüder» werden nicht in der Art der Theosophen oder Esoteriker als Selbstverständlichkeit hingestellt. Sie werden lediglich als Möglichkeit betrachtet, die so lange im Raume stehen bleibt, bis ihre Nicht-Existenz bewiesen ist. Doch kann die Nicht-Existenz eines Phänomens, auch wenn dieses noch so abwegig und unwahrscheinlich erscheint, bewiesen werden? Es ist dies eine Frage, die uns im Zusammenhang mit den Tibet-Mythen immer wieder beschäftigt und im 5. Teil eingehender erörtert wird.

Auch im Film *Storm over Tibet* (1952) geht es um eine Maske. Diese Maske vom Totengott Sindja (gShin rje; Yama) hat Bill March in einem tibetischen Tempel gestohlen, was ihm Unglück bringt: Er stürzt mit seinem Flugzeug über tibetischem Gebiet ab und gilt als verschollen ... bis sein ehemaliger Freund David Simms in Los Angeles ein Paket erhält, in dem die Maske liegt. David macht sich zusammen mit der Frau von Bill March auf den Weg, um in auf keiner Karte verzeichnetem Gebiet im Himalaja das Geheimnis von Sindja zu ergründen.[121] Er ist überzeugt, dass Bill noch lebt, denn

101

101 Die Faszination des geheimnisvoll Dämonischen und des allwissenden Lama: Im Film *Storm over Tibet* (1952) geht es um eine Maske des Totengottes «Sindja», die Bill March in einem tibetischen Tempel gestohlen hat, was ihm Unglück bringt: Er stürzt mit seinem Flugzeug über tibetischem Gebiet ab und gilt als verschollen ... bis sein ehemaliger Freund David Simms in Los Angeles die Maske zugeschickt erhält.

102

102 Überzeugt, dass Bill noch lebt, macht sich David auf die Suche des Verschollenen. Obschon ihn ein Mönch warnt, der Berg werde gegen ihn sein, sucht er in einer waghalsigen Expedition seinen Freund, kommt dabei beinahe um und kehrt unverrichteter Dinge ins Kloster zurück. Dort hört er, dass Bill March bereits kurz nach dem Absturz verstorben sei. Die lebensgefährliche Expedition hatte dennoch einen Sinn: Damit sollte, so der allwissend erscheinende Mönch, Davids Schuld, die ihm ins Gesicht geschrieben stand, gesühnt werden.

wer sonst hätte ihm die Maske senden sollen? Bevor er sich am Amne Mandu auf die Suche macht, besucht er einen hohen Mönch, der ihm voraussagt, der Berg werde gegen ihn sein, was sich denn auch bewahrheitet. David kommt beinahe um und kehrt unverrichteter Dinge ins Kloster zurück. Dort eröffnet ihm der Mönch, sein Freund sei nach dem Absturz im Kloster gepflegt worden, dann aber leider verstorben. Er habe dies David nicht sagen können, da er «Schuld im Gesicht Davids gesehen habe», die er mit seiner lebensgefährlichen Suche sühnen musste. Nun habe er sich von seiner Schuld befreit.

Ein «Tibet-Geheimnis», das die Leute jener Zeit besonders beschäftigte, war das «Loch Ness des Himalaja», der Yeti, ein Phänomen, das der Film *Yeti, der Schneemensch* (1957) aufnimmt. Dr. John Rollason, seine Frau und ein Assistent sammeln in Tibet Heilkräuter und seltene Pflanzen für eine Botanik-Stiftung. Doch Rollason hat insgeheim noch anderes im Sinn. Er will zusammen mit weiteren, später zur Gruppe stoßenden Expeditionsteilnehmern nach dem Schneemenschen suchen.

Die Expeditionsteilnehmer sind Gäste des Hon-Yuk-Klosters, dessen «Lama» die Fremden durch seine hellseherischen Fähigkeiten in Erstaunen versetzt. So ist er imstande, die Ankunft von Leuten vorauszusagen, von denen er gar nichts gewusst hat. Auf die Frage, wie dies möglich sei, antwortet der Mönch: «Hier entwickelt man seine Sinne, alle die man hat. Hier haben Sie die Zeit, sich vieler Dinge bewusst zu werden.»

Abgesehen von diesem wohlbekannten Motiv des allwissenden, telepathisch veranlagten tibetischen Geistlichen zeigt der Film auch die immer wieder feststellbare, konträre Einstellung der Westler gegenüber Tibet und den Tibetern: Entweder liebt man sie oder verachtet sie, ein Dazwischen scheint es nicht zu geben. Rollason, der offensichtlich mehr als die anderen über die Gegend und ihre Bewohner weiß, findet das Land attraktiv und begegnet den Klosterbewohnern mit Fairness und Achtung. Andere Expeditionsteilnehmer möchten möglichst schnell aus diesem furchtbaren Land mit seiner Kälte, seinem schlimmen Aberglauben und seinen furchtbaren Gerüchen verschwinden, denn in diesem vor Kot triefenden Land gibt es nur Felswege, ungebildete, habgierige Leute, die eine abscheuliche Küche ihr eigen nennen, und abscheulich ist auch der Yeti, auf dessen Suche sie sind. Der Lama lässt durchblicken, dass er nicht an die Existenz des Yeti glaubt, dieses Tier existiere nur in den Köpfen der Fremden. Auch rät er sibyllinisch den Expeditionsteilnehmern, bei der Suche demütig zu sein. Der Mensch stehe kurz davor, sich selbst zu vernichten, statt sein Territorium zu vergrößern, müsste er nachdenken, wer ihm als Erbe nachfolgen solle.

Die Suche nach dem Yeti entwickelt sich zu einem Drama. Der tibetische Führer flieht halsüberkopf, als eine Yetihand unter der Zeltplane erscheint, ein Yeti wird erlegt, der sensible Fotograf dreht durch, da er das Heulen des Yetis nicht mehr erträgt, einer stirbt an einem Herzschlag, und ein anderer löst durch Revolverschüsse eine Lawine aus, die ihn begräbt. Nur Rollason überlebt die Begegnung mit den Yetis, doch behauptet er nach seiner Rückkehr ins Kloster, das, wonach er gesucht habe, existiere nicht. Gedächtnisverlust oder bewusstes Vorenthalten der Wahrheit? Wohl Letzteres, denn hoch oben in den Bergen sagte Rollason seinem damals noch lebenden Gefährten die folgenden bedeutungsschweren Worte: «Die Yeti sind keine gewaltsamen Wesen ... Sie warten darauf, dass die Menschheit ausstirbt. Vielleicht sind wir die Wilden, sind wir für sie das Mittelalter. Vielleicht sind wir keine Homo sapiens, denkende Menschen, denn wo hat uns das Denken hingeführt? Bestimmt nicht zur Weisheit, vielmehr zur Zerstörung. Wenn die Welt von diesen Kreaturen erfährt, werden sie zerstört … Werden die Yetis mit uns fertig, ist ihr Geheimnis bewahrt. Ihre einzige Überlebenschance … vielleicht bis ihre Zeit gekommen ist.» Die Yetis sind somit weise, geheimnisvolle Wesen, die warten, bis die Zeit reif ist. Da sie in Gefahr sind, von den Menschen ausgerottet zu werden, verneint man besser ihre Existenz. Alles deutet darauf hin, dass Rollason deshalb überlebt hat, weil er das Geheimnis der Yeti nicht verraten hat. So kommt er dem Lama nahe, der, daran lässt der Film keinen Zweifel, von Anfang an alles wusste – womit das Bild des allwissenden tibetischen Lamas nochmals bestätigt wird.

Werfen wir noch einen kurzen Blick auf die Art, wie die tibetische Kultur im Film *Yeti, der Schneemensch* dargestellt wird: Bereits die ersten Einstellungen verraten, dass sich die Verantwortlichen vor den Dreharbeiten wohl nie in einem tibetischen Kloster umgesehen hatten: Im Klosterhof erkennt man an einer Säule eine aus Südostasien stammende Dämonenmaske, der Altar steht halb im Freien, was zur Folge hat, dass die Mönche zum Beten draußen sitzen, sogar wenn es schneit. An den Wänden sind Zeichnungen von Drachen so aufgemalt worden, wie man sie in einem tibetischen Tempelraum nie antreffen würde, und das Glockengeläute weckt Assoziationen an eine westliche Kirche, nicht aber an ein tibetisches Kloster. Der Abt wird von einem Weißen gespielt, der es nicht zustande bringt, wie ein buddhistischer Mönch im Yogasitz zu verharren. Um seinen Hals hängt ein Amulettkästchen, wie es Frauen zu tragen pflegen. Doch das Seltsamste ist zweifellos die Darstellung von Maskentänzen ('cham), bei denen weder die Masken noch die Musik noch die Musikinstrumente (mit einer Ausnahme) tibetisch sind. Einer fiedelt gar fröhlich auf einem tibetischen Saiteninstrument, obschon solche Instrumente für religiöse Zwecke nie Verwendung finden …

103 b

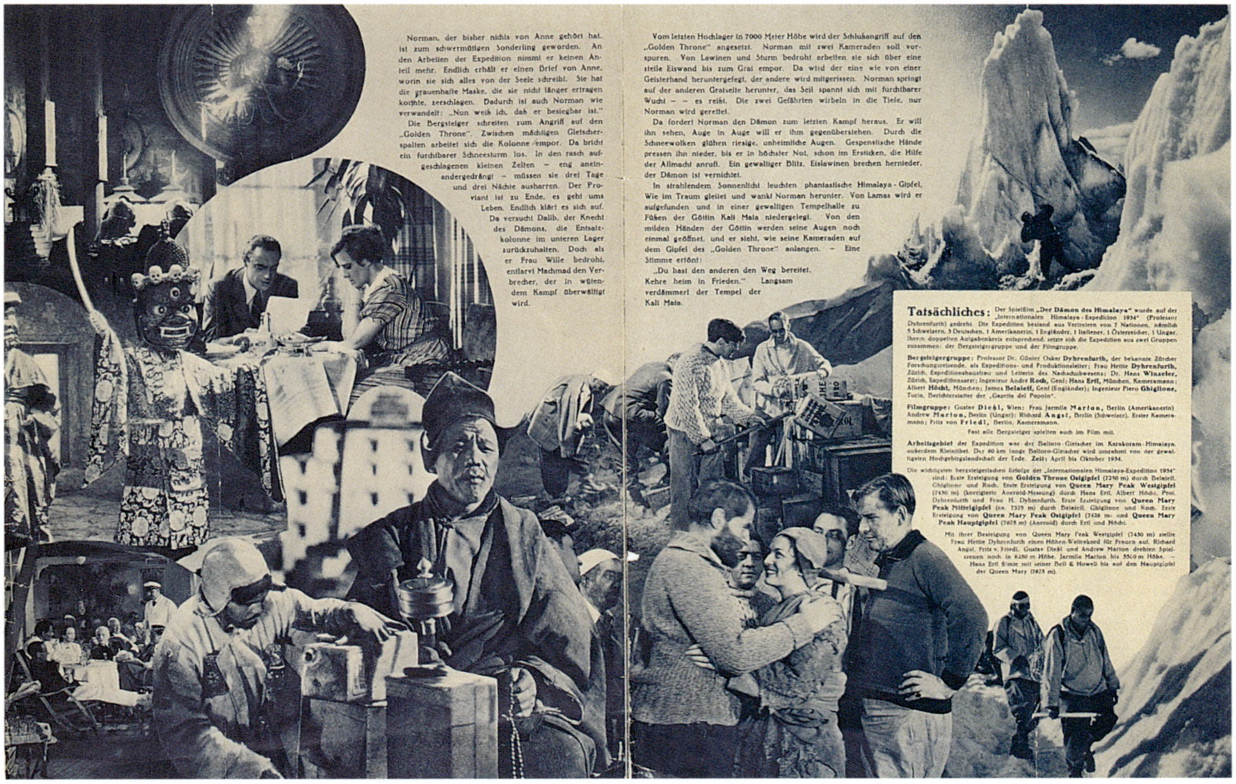

103 Im Film *Storm over Tibet* wurden viele Aufnahmen verwendet, die Prof. G.O. Dyhrenfurt im Karakorum und in Ladakh (Kloster Lamayuru) für seinen Film *Der Dämon des Himalaya* (1935) gedreht hatte. Auch in diesem Film geht es um eine Bergsteiger-Expedition, die sich als äusserst gefährlich erweist, da ein mächtiger auf dem Berg wohnender Dämon, der durch eine tibetische Tanzmaske dargestellt wird, die Expedition zu vereiteln versucht.

103 a

1984 drehte John Byrum den Film *Auf Messers Schneide* aufgrund des gleichnamigen bekannten, von W. Somerset Maugham geschriebenen Romans, der 1946 bereits zum ersten Mal verfilmt worden war. Larry Darell, der sich nach dem Ersten Weltkrieg weder in Amerika noch in Frankreich zurechtfindet, sucht den Sinn des Lebens in Asien. Dies tut er auf den Rat eines Kumpels hin, der ihm zwar eine Übersetzung der Upanishaden schenkt, aber gleichzeitig meint, man finde in den Büchern keine Antwort, sondern müsse sich selbst auf den Weg machen. Larry landet im Film, anders als im Roman nicht im indischen Aschram eines Yogi, eines Heiligen, sondern in einem tibetischen Kloster in den Bergen, irgendwo im Himalaja oder in Tibet.[122] Der Abt des Klosters, der Larry dank seinen telepathischen Fähigkeiten bereits erwartet hat (schon wieder ein hellsichtiger Mönch!), schickt den suchenden Westler in eine Hütte auf dem Gipfel eines schneebedeckten Berges. Dort angelangt, meditiert Larry und liest aus einem gebundenen Buch, bei dem es sich wohl um die ihm geschenkten Upanishaden handelt. Nach der Lektüre verbrennt Larry den Band, eine Handlung, die schwer zu deuten ist: Hat die Meditation hoch oben in den tibetischen Bergen den Sinn des Lebens aufgezeigt, so dass Larry von nun an auf religiöse Texte verzichten kann?

Das abgeschiedene Tibet wird in Zwischenschnitten der dekadenten Welt der westlichen High Society gegenübergestellt: Hier Ruhe, Spiritualität und Herzlichkeit, dort Glamour, Arbeitslosigkeit, Wirtschaftskrise, Alkoholismus und Depressionen. Larry ist jedoch nach seiner Meditation auf dem tibetischen Gipfel bereit, wieder in diese degenerierte Welt zurückzukehren. Wieder im Kloster nimmt er Abschied vom Abt, der bedauert, dass Larry wegzieht. Dieser entgegnet, es sei einfach, auf dem Gipfel eines Berges ein Heiliger zu sein, worauf der Mönch erwidert, Larry sei schon nahe daran, doch der Pfad der Erlösung sei schmal, darauf zu wandeln sei genauso schwierig, wie auf der Schneide eines Messers (= Titel des Films) zu gehen.

Der weitere Verlauf der Geschichte hat keinen Bezug zu Tibet mehr, höchstens einen indirekten: Larry ist nach seinem Aufenthalt in einem tibetischen Kloster ausgeglichener und versucht, anderen zu helfen, indem er ihnen Zuversicht gibt und Freude bereitet. In einem der Schlusssätze bekennt er, er habe versucht, ein guter Mensch zu sein, man dürfe jedoch keine Belohnung erwarten, mindestens nicht eine unmittelbare. Ob damit an den Karma-Glauben angespielt wird, bleibt offen. Nach seiner langen Odysee, bei der der Aufenthalt in Tibet zweifellos die entscheidende Wendung gebracht hat, will Larry zurück nach Hause, nach Amerika. Das Schlussbild stimmt optimistisch: Larry erklimmt forschen Schrittes eine lange, solide Steintreppe ...

104

Es ist aufschlussreich, dass John Byrum den sorgenden Geistlichen nicht wie im Roman in Indien ansiedelt, sondern irgendwo in Tibet. Diese Verlagerung des sakralen, heilbringenden Orts von Indien nach Tibet ist wohl Folge der Entmystifizierung Indiens zwischen dem Erscheinen des Romans (1944) und demjenigen der zweiten Verfilmung (1984) sowie der im gleichen Zeitraum politisch bedingten Isolation Tibets, die die Mystifizierung dieses Landes verstärkt haben mag.

Auf Messers Schneide ist einer der wenigen vor den 90er Jahren entstandenen Filme, dessen Tibetszenen an Originalschauplätzen gefilmt worden sind und in dem die einheimischen Akteure von Tibetern beziehungsweise Ladakhi gespielt werden. Aus diesem Grunde sind die Szenen sehr viel authentischer als in den meisten anderen Tibet-Spielfilmen.

Dass es sogar Mitte der 80er Jahre keineswegs selbstverständlich war, dass Asiaten sich selbst spielen, zeigt die Verfilmung eines anderen bekannten Romans:

104 1984 drehte John Byrum den Film *Auf Messers Schneide* aufgrund des gleichnamigen bekannten, von W. Somerset Maugham geschriebenen Romans, der 1946 bereits zum ersten Mal verfilmt worden war. Es ist aufschlussreich, dass John Byrum den Geistlichen, der Larry bei der Suche nach dem Sinn des Lebens hilft, nicht wie im Roman in Indien ansiedelt, sondern irgendwo in Tibet. Diese Verlagerung des sakralen, heilbringenden Orts von Indien nach Tibet ist wohl Folge der Entmystifizierung Indiens zwischen dem Erscheinen des Romans (1944) und demjenigen der zweiten Verfilmung (1984) sowie der im gleichen Zeitraum politisch bedingten Isolation Tibets, die die Mystifizierung dieses Landes verstärkt haben mag. *Auf Messers Schneide* ist einer der wenigen vor den 90er Jahren entstandenen Hollywood-Filme, dessen Tibetszenen an Originalschauplätzen gefilmt worden sind und in dem die einheimischen Akteure von Tibetern beziehungsweise Ladakhi gespielt werden.

105 In den meisten Hollywood-Filmen, die vor den 90er Jahren erschienen sind, werden Asiaten von Weißen gespielt, so auch in den beiden Verfilmungen des Romans *Kim* von Rudyard Kipling. Auch in Kleidung und Zubehör wurde kaum Authentizität angestrebt. In der zweiten Verfilmung (1984) trägt der «Lama» gelbe Kleidung, die weder im Schnitt noch in der Farbe dem Gewand eines tibetischen Mönchs gleicht, und um seinen Hals hängt ein normalerweise von Frauen getragenes Amulettkästchen.

Kim (1984) von Rudyard Kipling.[123] Der Film hält sich recht eng an den Roman, sieht man von der Sequenz ab, in der die russischen Geheimagenten versuchen, den Fluss Jamuna durch eine Explosion umzulenken und damit Delhis Wasserversorgung abzuschneiden.

Vor dem Hintergrund des Tibetbildes, mit dem wir uns hier beschäftigen, interessiert vor allem, wie der Lama im Film dargestellt wird. Zuerst springt in die Augen, dass wie in anderen vergleichbaren Filmen ein Weißer den Heiligen spielt, wodurch der von Kipling in seinem Roman bewusst herausgearbeitete Antagonismus zwischen dem alten, weisen asiatischen Lama und dem jungen, quirligen westlichen Kim nicht zur Geltung kommt. Zwar hüllte man den Lama in asiatisch anmutende gelbe Kleidung – diese gleicht aber weder im Schnitt noch in der Farbe dem Gewand eines tibetischen Mönchs. Um seinen Hals hängt ein von Frauen getragenes Amulettkästchen und er hat eine seltsame rote Mütze auf – wodurch der uralte, von Blavatsky überstrapazierte Mythos vom tibetischen Rotmützen-Mönch zu neuem Leben erweckt wird. Schließlich hat der Lama lange weiße Haare, die ungekämmt nach unten fallen – nicht beachtend, dass, abgesehen von ganz wenigen Ausnahmen, die tibetischen Mönche kahlköpfig sind, und die wenigen Geistlichen mit langen Haaren diese zu einem Knoten zusammenbinden. Dies alles lässt den Lama lächerlich erscheinen, wozu auch seine läppische Rezitation des bekannten Mantra «Om mani padme hum» beiträgt, das die Tibeter als «Om mani peme hung» aussprechen. Gänzlich albern wird es, wenn der Lama das Mantra im Zug sitzend spielerisch in «Om mani padme lokomotive hum» abändert.

105

106

In der 1950 zum ersten Mal erfolgten Verfilmung mit dem Titel *Kim – Geheimdienst in Indien* hat der Lama eine eher nebensächliche Rolle, da die Geheimdienstszenen eindeutig überwiegen. Auch hier spielt ein Weißer den Lama, dessen Kleidung jedoch überzeugender wirkt als in der Verfilmung aus dem Jahr 1984. Er trägt ein Kleid, das demjenigen eines tibetischen Mönchs – zumindest farblich – recht ähnlich ist, und um den Hals statt einer Schmuckkette einen Rosenkranz. Die langen weißen, nach unten fallenden Haare bedeckt jedoch auch in dieser frühen Version ein seltsamer roter Hut, der von seiner Form her eher einem Cowboyhut ähnelt als einer Kopfbedeckung tibetischer Mönche.

106 In der 1950 zum ersten Mal erfolgten Verfilmung von *Kim* trägt der Lama zwar ein Kleid, das demjenigen eines tibetischen Mönchs – zumindest farblich – recht ähnlich ist, sowie einen Rosenkranz, doch die langen weißen, nach unten fallenden Haare bedeckt ein seltsamer roter Hut, der von seiner Form her eher einem Cowboyhut ähnelt als einer Kopfbedeckung tibetischer Mönche.

Magische Kultgegenstände, Reinkarnationen und übermenschliche Kräfte

Ab Mitte der 80er Jahre kamen mehrere Filme in die Kinos, die unter dem Titel «Blödel- und/oder Kampfsportfilme» subsumiert werden können. Sie werden hier relativ ausführlich beschrieben, trotz oder gerade wegen ihrer Trivialität und obschon in ihnen Tibet zum Teil nicht im Zentrum der Handlung steht, da sie einige bereits bekannte, teils aber auch neue Facetten des Tibet-Zerrbildes zeigen und weil einige dieser Filme äußerst populär sind.

In den ersten Szenen des Films *Auf der Suche nach dem goldenen Kind* (1986) sehen wir einen jungen Mönch in einem Kloster im Nordosten Tibets. Offenbar handelt es sich um die Inkarnation eines verstorbenen Mönchs, denn es liest zur Verwunderung und Freude der anwesenden Mönche aus vielen Rosenkränzen den richtigen aus, was an ähnliche Prüfungen beim Auffinden tibetischer Inkarnationen erinnert. Auch vollführt der Junge dank seiner übermenschlichen Kräfte Wunder, kann er doch beispielsweise einen toten Papageien zum Leben erwecken. Das glückliche und friedliche Leben des jungen Mönchs dauert nicht lange, denn die Verkörperung des Bösen, Sardo Numspa, entführt das Kind und bringt es nach Los Angeles. Dort lebt auch Chandler Jarrell, ein engagierter, leicht exzentrischer Sozialarbeiter, dessen Aufgabe darin besteht, vermisste Kinder zu finden. Eine Tibeterin (die zwar eher wie eine Nepali aussieht) wird auf den in einer Fernsehsendung auftretenden Jarrell aufmerksam, da sie auch ein vermisstes Kind sucht, nämlich das aus Tibet entführte «goldene Kind».

Jarrell erfährt, das tibetische Kind, dessen Schicksal es sei, die Welt zu retten, drohe der Menschheit verloren zu gehen. Dies würde einen enormen Verlust darstellen, werde doch ein solch vollkommenes Kind, ein goldenes Kind, nur alle tausend Generationen geboren. Dieser «Bote des Erbarmens» sei gekommen, um die Menschen zu retten. Wenn er sterbe, werde auch das Mitgefühl verschwinden, und die Welt werde zur Hölle. Doch sei noch nicht alles verloren: Das Nechung-

106

107 Schon die ersten Szenen des Films *Auf der Suche nach dem goldenen Kind* (1986) vermitteln typische westliche Bilder des sakralen Tibet: Vor einer überdimensionierten Buddhastatue betende Mönche (dass es sich vom Stil her nicht um eine tibetische Statue handelt, scheint nebensächlich zu sein), ein junger Mönch, der sich als Inkarnation zu erkennen gibt und der über übernatürliche Kräfte verfügt: Er kann einen tot geglaubten Papageien zum Leben erwecken.

Orakel habe vorausgesagt, das goldene Kind werde in «die Stadt der Engel» (Los Angeles) gebracht und von einem Mann gerettet, welcher kein Engel sei – von Jarrell.

Jarrell ist zwischen Skepsis und Pflichtbewusstsein hin- und hergerissen, doch willigt er schließlich ein, das goldene Kind zu suchen, nachdem es ihm in einer Vision erschienen ist und er realisiert hat, dass Sardo Numspa vor nichts zurückschreckt. Vorerst scheint dem Kind keine Gefahr zu drohen, da es noch immer über übermenschliche Kräfte verfügt: Im Zentrum eines Mandala sitzend, kann es nach ihm geschleuderte Steine durch Handaufhalten ablenken, es verformt eine Pepsi-Cola-Büchse durch Konzentration in ein tanzendes Männchen, lässt die Schale mit Haferbrei und Blut umkippen, ohne sie zu berühren, und ernährt sich nur von einigen wenigen Pflanzenblättern.

Jarrell erfährt, dass er sich in Tibet einen geheimnisvollen Ritualdolch aneignen muss, der eine sehr ambivalente Wirkung haben kann: In den Händen des Bösen vermag er das goldene Kind zu töten, in den Händen eines «Supermanns» jedoch wird er zum Instrument der Rettung. So reisen Jarrell und seine Freundin Kee Nang nach Tibet, um den Dolch in einem abgelegenen Kloster zu holen. Nachdem sie dort angelangt sind, muss Jarrell beweisen, dass er «reinen Herzens» ist, indem er eine lebensgefährliche Prüfung zu bestehen hat: Er wird aufgefordert, den Ritualdolch am Ende eines unterirdischen Saals zu holen und hat dabei, von Säule zu Säule springend, eine Geschicklichkeitsprüfung zu bestehen, was ihm auch gelingt, so dass er sich des Dolches bemächtigen kann.

Zurück in Los Angeles kommt es zum Schlusskampf: Jarrell gelingt es, Sardo Numspa zu erstechen. Das goldene Kind aus Tibet, das zuvor immer wieder seine übermenschlichen Fähigkeiten unter Beweis gestellt hat, erweckt die vom Bösewicht ermordete Freundin Jarrells zu neuem Leben und wird von ihr nach Tibet zurückgebracht.

Auch wenn Jarrell am Ende als Held dasteht, so wird doch deutlich, dass er es allein nie geschafft hätte: Das goldene Kind aus Tibet stand ihm stets hilfreich zur Seite – nicht mit Körperkraft, sondern mit der Kraft seiner Gedanken. Zudem benötigte Jarrell den geheimnisvollen Ritualdolch aus Tibet.

108 Ein tibetischer Ritualdolch (phurbu) als Wunderwaffe eines westlichen Supermans: Jarrell, der dem in Gefangenschaft lebenden tibetischen inkarnierten Mönch, dem goldenen Kind, zu Hilfe eilen will, muss sich in Tibet einen geheimnisvollen Ritualdolch aneignen. Mit diesem kann Jarrell nach langen Kämpfen schließlich die Verkörperung des Bösen, Sardo Numspa, erstechen.

108 a

108 b

Ein tibetischer Ritualdolch wird in einem späteren Film – *Shadow und der Fluch des Khan* (1994) – zum allmächtigen Wunderwerkzeug. Die Geschichte beginnt in Tibet, wo der als Schlächter von Lhasa bekannte mörderische Drogenboss Yin Po über ein Opium-Königreich regiert. Doch wird er eines Tages von einem tibetischen spirituellen Meister, dem «Tulku» (was die tibetische Bezeichnung für einen inkarnierten Mönch ist), entführt und in sein – aus dem Nichts entstandenen – Kloster gebracht. Der Tulku lässt Yin Po wissen, dass er ihn bestens kenne und wisse, dass sein richtiger Name Lemont Cranston laute und er im Grunde genommen ein Amerikaner sei. Er, Tulku, wolle von nun an sein Lehrer sei und ihn erlösen, denn er wisse, dass die Bestie immer wieder in Yin Po durchbreche. Doch Yin Po will vorerst nicht erlöst werden. Cranston alias Yin Po ergreift einen tibetischen Ritualdolch, einen Phurbu, und springt damit auf den Tulku zu, der sich dem Angreifer dadurch entzieht, dass er sich außer Reichweite «beamt». Der Ritualdolch entschwebt Cranston, richtet sich gegen ihn, bohrt sich in seinen Oberschenkel und beißt, nachdem das starre Gesicht des Ritualdolchs zu Leben erweckt ist, schließlich in seine Hand. Cranston ist besiegt – und gleichzeitig erlöst. Als Gegenleistung muss er den Kampf gegen das Böse aufnehmen. Zu diesem Zweck hat ihm der Tulku beigebracht, den Geist der Menschen zu verdunkeln, ihren Blick durch die Kraft der Konzentration zu vernebeln, in der Art, dass man schließlich nur noch das sieht, was man nicht verstecken kann: den eigenen Schatten. Mit dieser Fähigkeit kehrt Cranston in seine Heimat zurück, «die erbärmlichste Brutstätte der Niedertracht, die wir alle kennen»: New York City.

Sieben Jahre später sehen wir, wie Cranston in New York auf Verbrecherjagd geht -mittels telepathischer Fähigkeiten und befähigt, sich bis auf seinen Schatten unsichtbar zu machen. Er führt ein Doppelleben: Wenn er Menschen vor dem Tod rettet, die er danach als Agenten des Guten einsetzt, und wenn er gegen das Böse ankämpft, ist er der schwarz bekleidete Shadow mit seinem typischen, das Gesicht verdeckenden großen

109

109 Ein tibetischer Ritualdolch (phurbu) spielt auch im Film *Shadow und der Fluch des Khan* (1994) eine zentrale Rolle und wird zum allmächtigen Wunderwerkzeug, das den Bösewicht Cranston, alias Yin Po, besiegt. Dieser stellt sich hierauf als «Shadow» (Schatten) in den Dienst des guten Tulku (inkarnierter Mönch) und geht in New York auf Verbrecherjagd. Sein größter Gegner ist Shiwan Khan (Bild), der den Ritualdolch des Tulku in seinen Besitz gebracht hat. Anfangs scheint Shiwan Khan stärker zu sein, doch im Endkampf siegt Cranston, nicht zuletzt wegen des tibetischen Ritualdolchs, der dem Guten mit seiner segensreichen Kraft hilft.

Hut, im Alltag ist er ein ganz normaler Bürger der oberen Mittelklasse.[124]

Sein größter Gegner ist Shiwan Khan, der einem silbernen Sarkophag entsteigt, welcher ins Museum of Natural History geliefert wurde. Shiwan Khan, der – so der Museumskurator – letzte Nachkomme von Dschingis Khan, beherrscht wie Cranston die Künste der Geistkonzentration. Er will die ganze Welt unterwerfen, und der einzige, der ihn dabei aufhalten kann, ist Cranstons Alter Ego, der Schatten / The Shadow. Khan versucht sich einer furchtbaren neuen Waffe zu bemächtigen. Zu diesem Zweck meditiert er vor einem großen Mandala, das kraft seiner Gedanken in einzelne Teile zerfällt, was ihm erlaubt, telepathisch Kontakt mit einem Wissenschaftler aufzunehmen, welcher in einem Labor des amerikanischen Kriegsministeriums eine äußerst gefährliche Bombe baut. Dank dieser telepathischen Kontaktaufnahme gelingt es Khan, den Wissenschaftler mitsamt seiner Bombe zu entführen. Shadow stellt sich Shiwan Khan und seinen mongolischen Kriegern in den Weg, beide kämpfen mit physischer Gewalt und mit mentalen Kräften. Anfangs scheint Shiwan Khan als Sieger aus dem Kampf hervorzugehen, da er vor seiner Reise nach New York den «Tulku» in Tibet ermordet und den tibetischen Ritualdolch in seinen Besitz gebracht hat. Im Endkampf bohrt sich der Dolch beinahe in die Kehle von Cranston, der jedoch dank seiner enormen Geisteskraft den Ritualdolch besänftigt und schließlich Shiwan Khan besiegt.

Auch im Film *Ich bin Du* (1988) spielt ein tibetischer Ritualgegenstand eine zentrale Rolle – dieses Mal eine Schädelschale. Aus einem thailändischen Kloster wird eine mit Gold und Silber reich verzierte tibetische Schädelschale entwendet, die fälschlicherweise bei einem amerikanischen Geschäftsmann landet, der sich auf Einkaufstour in Thailand befindet. Wieder zu Hause hat der Vater mit seinem Sohn eine Auseinandersetzung, in deren Verlauf beide wünschen, die Identität zu wechseln, in der Art, dass der Vater zum Sohn wird und der Sohn zum Vater. Als beide dies gleichzeitig wünschen und zufällig den aus Tibet stammenden Schädel berühren, kommt es zu einer «Transmogrifikation»: Der Vater wird tatsächlich äußerlich zum Sohn und geht wieder zur Schule, während der Sohn zum Vater wird und als Vizepräsident im Warenhaus arbeitet. Der Vorgang der Umwandlung wird von einer spektakulären Darbietung begleitet, was den übernatürlichen Charakter des Prozesses unterstreicht: Augen- und Mundhöhlen der Schädelschale beginnen fahl zu leuchten und Rauch entweicht dem Schädel.

110

110 Ein pseudo-tibetisches Ritualgerät, eine Schädelschale, die im Film *Ich bin Du* (1988) eine «Transmogrifikation» bewirkt: Indem Vater und Sohn die Schädelschale gleichzeitig berühren, wird der Vater äußerlich zum Sohn, während der Sohn in den Körper des Vaters zu schlüpfen scheint und als Vizepräsident im Warenhaus arbeitet. Der Vorgang der Umwandlung wird von einer spektakulären Darbietung begleitet: Augen- und Mundhöhlen der Schädelschale beginnen fahl zu leuchten und Rauch entweicht dem Schädel.

Nach einer wechselvollen Geschichte mit vielen ulkigen Erlebnissen suchen Vater und Sohn Rat bei einem Professor des Naturhistorischen Museums, ohne ihm zu enthüllen, was genau geschehen ist. Dieser erklärt, für die tibetischen Lamas sei der Schädel ein Symbol der Vergänglichkeit. «Sie betrachten ihn als eine der vielen Behausungen, die von der Seele bewohnt werden – auf ihrer endlosen Reise der Wiedergeburt.» Von der Transmogrifikation hält der Professor nicht viel, diese gehöre ins Gebiet des Aberglaubens. Stattdessen zeigt er großes Interesse am tibetischen Schädelobjekt, das er einem tibetischen Lama zeigen möchte. Vater und Sohn erhoffen sich Hilfe von jenem Lama, sind sich aber nicht sicher, ob er nicht einer jener «ausgeflippten Irren ist, die dir am Flughafen Malbücher verkaufen wollen und dir erzählen, das Leben sei eine Tulpe». Doch der Lama, der im Film nichts mit einem tibetischen Lama gemein hat, da er ein schwarzes Gewand trägt und sein Gesicht eher dem eines konfuzianischen Priesters ähnelt, scheint den beiden den richtigen Rat zu geben: Als sie sich zu Hause die Rückwandlung wünschen und dabei den Schädel berühren, nehmen Vater und Sohn wieder den eigenen Körper an.

In diesen drei Spielfilmen wird eines deutlich: Tibetische Ritualgegenstände sind Wunderwerkzeuge, sind die tibetische Version eines Zauberstabs. Echte Reinkarnationen sind jedoch wegen ihrer inneren Kräfte nicht unbedingt auf solche Hilfsmittel angewiesen, wie der Film *Prince of the Sun* (1991) zeigt. Darin lässt der angesehene, nahe vor dem Tod stehende Abt eines alten tibetischen Klosters zwei Mönche zu sich kommen und erklärt ihnen, wie sie nach seinem Tod seine Reinkarnation in der Gestalt eines kleinen Jungen, eines «lebenden Buddha», wiederfinden können. Dieser werde Frieden und Harmonie in die Welt bringen. Der Meister schweigt, konzentriert sich kurz, eine gelbe Swastika bewegt sich spiralförmig über seinen Körper, welcher sich entzündet und vollständig entschwindet. Zurück bleibt ein kleiner Stein, der jedoch vom Bösewicht Khentse weggeschnappt wird. Sein Gegner, der gute Khenlun, entkommt und gelangt nach einem heftigen Kampf gegen seine Verfolger nach Hongkong.

Fünf Jahre später will Khenlun die in der Zwischenzeit gefundene Inkarnation des Abtes nach Tibet begleiten, doch als die beiden die chinesische Grenze überschreiten, wird er getötet. Der Kleine entkommt und findet schließlich eine Unterkunft, wo der Geist Khenluns dem inkarnierten Kind die Techniken der Selbstverteidigung beibringt. Khenlun erscheint auch seiner Schülerin Bencheuk, die er beauftragt, den Knaben aufzuspüren und nach Nepal zu bringen. Eines Nachts spricht Khenlun zum Mönchsjungen – als Sprecher in Mönchskleidung am Fernsehen – und sagt ihm, er habe zwar jemanden zu seinem Schutz gesandt, wolle ihm persönlich aber auch noch beibringen, durch die Fähigkeit, die Gedanken anderer zu lesen und übermenschliche Kräfte zu entwickeln, sich selbst zu verteidigen. Nebenbei demonstriert er seine eigenen übermenschlichen Kräfte, indem er kraft seiner Konzentrationsfähigkeit Gegenstände durch die Luft fliegen lässt, eine Fähigkeit, die er auch den jungen inkarnierten Mönch lehren will: «Du musst alle deine Kräfte konzentrieren und fokussieren. Sobald du dies beherrschst, kannst du willentlich alle Objekte bewegen und die Wirklichkeit nach deinen Wünschen verändern, und wenn du dies übst, kannst du dies so-

111a

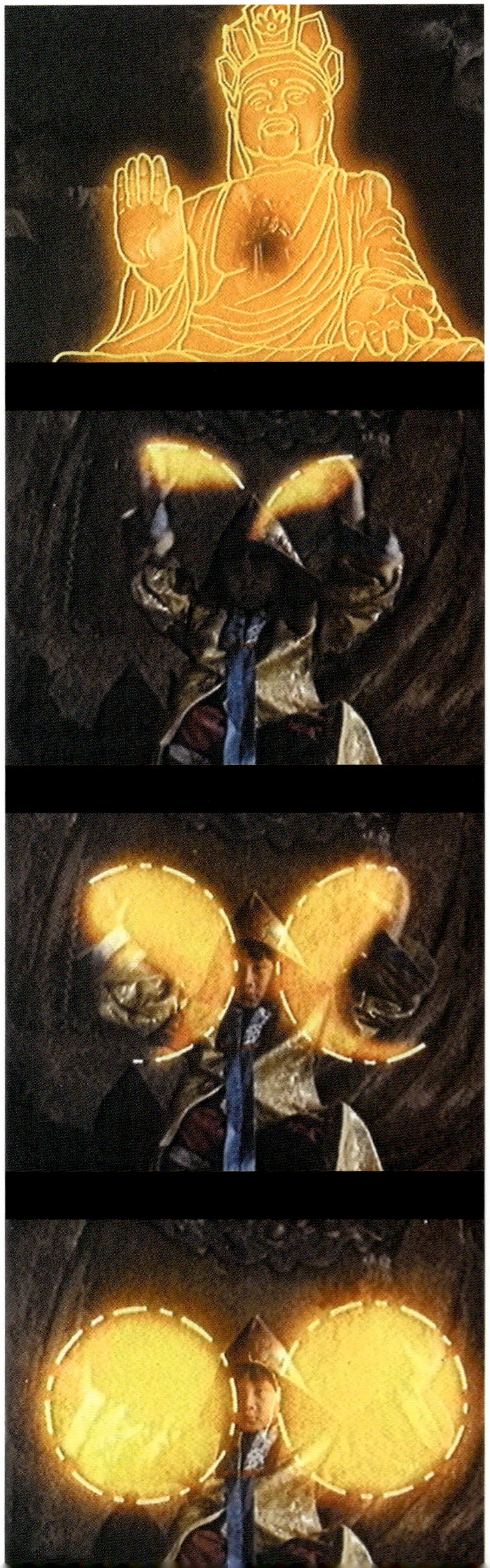

111 b

111 c

gar tun, wenn du meilenweit entfernt bist.» Gleichsam als Beweis für seine übernatürlichen Kräfte lässt er den Jungen in die Höhe schweben.

Die bösen Mönche finden das Kind, das jedoch mit Hilfe seiner Beschützerin die Feinde besiegt. Nach weiteren Kämpfen und einer Flucht an einen Pilgerort wird die spirituelle Kraft des Kindes «entzündet»: Durch Reflexion fällt gebündeltes Sonnenlicht auf den jungen inkarnierten Mönch, der sich dermaßen mit Energie auflädt, dass er vom Boden abhebt und sich in den «Sonnenprinz» verwandelt. Mit einigen grazilen Handbewegungen bekämpft er Khentse und seine Lamas mit Flammenblitzen und farbigen Energiefeldern. Durch die Anrufung der tausend Buddhas gelangt der Bösewicht in einem rasanten Sturzflug in die Unterwelt und wenig später wird der «lebende Buddha» in einer feierlichen Zeremonie inthronisiert.

Der Film vereinigt mehrere typische Tibet-Klischees, die wir bereits kennengelernt haben: Die Kraft der Tulkus sich zu entmaterialisieren (der alte Tulku verwandelt sich in einen kleinen Stein) und «astral» zu reisen, die Fähigkeit, die Naturgesetze aufzuheben und zum Beispiel Gegenstände durch die Luft fliegen zu lassen, sowie die Levitation und der magische «friedliche Kampf» einzig durch Handbewegungen und Anrufungen.

111 Der Film *Prince of the Sun* (1991) vereinigt exemplarisch die bekanntesten Tibet-Klischees: Mönche beherrschen die Kunst der Telekinese, der Levitation, der Entmaterialisierung, der Astralreise und der rein mentalen Besiegung des Bösen, unterstützt durch wundersame Lichterscheinungen und magische Handbewegungen. Doch auch der Mythos des kampfsporterprobten tibetischen Klerus wird im Film gepflegt: Vor einer Buddhastatue kämpft die Nonne Benchenk mit einem Mönch und besiegt ihn.

Zu einem Sammelsurium von Tibet-Klischees kommt es auch im Film *Ace Ventura – jetzt wird's wild* (1995). Darin zieht sich der Hauptdarsteller Ace nach einem missglückten Versuch, einen Waschbären zu retten, in ein Kloster hoch oben in den Bergen Tibets zurück, wo er sich erholt, zu neuen Kräften kommt und «seinen Frieden findet»: Er meditiert in tibetischer Mönchskleidung im Lotussitz, um seinen Kopf, auf dem er einen tibetischen Mönchshut trägt, schwirren Schmetterlinge und um ihn herum liegen Tiere, wilde und domestizierte friedlich nebeneinander. In diesem «erleuchteten» Zustand findet ihn der Brite Fulton Greenwall vor, der Ace dazu überreden soll, eine gestohlene heilige weiße Fledermaus für ein afrikanisches Volk wiederzubeschaffen. Ace, der von sich selbst behauptet, er sei im tibetischen Kloster ein «Kind des Lichts» geworden, weigert sich anfänglich, Tibet zu verlassen, da er die «omnipotente hypergalaktische Einheit» (offenbar das Ziel der buddhistischen Meditation?) noch nicht erlangt habe. Für den tibetischen Abt scheint dies kein Problem darzustellen: Mit einer beschwörenden Armbewegung bewirkt er, dass Ace diesen sonderbaren Zustand der Einheit mit allem erlangt und händigt ihm noch ein – ägyptisches (!) – «Amulett der spirituellen Vollkommenheit» aus. Als Ace das Kloster verlässt, feiern die Mönche den Abschied mit einer Orgie, in der reichlich Champagner (!) fließt, was die Mönche zu akrobatischen Sprüngen animiert – all dies im Tempel, vor den Augen eines überdimensionalen sitzenden Buddha.

Viel später, als Ace in Afrika weilt und mit der Lösung des ihm übertragenen Falls nicht weiterkommt, erinnert er sich des Abtes im weit entfernten Tibet. In Meditation versunken nimmt er mit dem Abt, der gerade «Om ni padme» rezitiert, telepathisch Kontakt auf, indem er bzw. seine «Aura» in großer Geschwindigkeit durch die Luft saust, bis er beim Kloster in Tibet anlangt. Vor dem Abt in der Luft schwebend, bittet Ace diesen um Rat und muss dabei erneut feststellen, dass er, wie es einem tibetischen Mönch gebührt, alles weiß. Es versteht sich von selbst, dass er auch in der Lage ist, Ace aus der Klemme zu helfen. Man fragt sich, wie dieser dämliche Film 44 Millionen Dollar gekostet haben kann. Immerhin gelang dem Regisseur Steve Oedekerk eine Meisterleistung, indem er einige sehr

112

112 Zu einem Sammelsurium von Tibet-Klischees kommt es auch im Film *Ace Ventura – Jetzt wird's wild* (1995). Darin zieht sich Ace in ein Kloster hoch oben in den Bergen Tibets zurück, wo er «seinen Frieden findet» und in tibetischer Mönchskleidung meditiert, während um seinen Kopf, auf dem er einen tibetischen Mönchshut trägt, Schmetterlinge schwirren. In diesem «erleuchteten» Zustand findet ihn der Brite Fulton Greenwall vor, der Ace dazu überredet, eine schwierige Aufgabe in Afrika zu lösen. Als Ace mit der Lösung des ihm übertragenen Falls nicht weiterkommt, erinnert er sich des tibetischen Abtes. In Meditation versunken saust er bzw. seine «Aura» in großer Geschwindigkeit nach Tibet. In der Luft schwebend bittet Ace den Abt um Rat, der, wie es einem tibetischen Mönch gebührt, alles zu wissen scheint.

zentrale Tibet-Klischees auf wenigen Metern Film zu vereinen wusste: der allwissende und über übermenschliche Kräfte verfügende Mönch, die Levitation, die Fähigkeit, sich an einen beliebigen Ort zu «beamen», die Rezitation des (verstümmelten) Mantra «Om mani padme hum» und die Magie tibetischer Amulette. Dass es nicht ein tibetisches, sondern ein ägyptisches Amulett ist, fällt angesichts so vieler Banalitäten nicht mehr ins Gewicht.

Das in den vorgestellten Filmen gezeichnete Tibetbild ist erschreckend dürftig. Keiner der Filme wurde in tibetischem Gebiet gedreht oder in Regionen, welche Tibet ähneln. Die Architektur ist nur in seltenen Fällen tibetisch[125], die Darsteller sind keine Tibeter, sie tragen kaum tibetische Kleidung, und nicht einmal die ihnen in den Filmen verliehenen Namen lassen ihre (angeblich) tibetische Herkunft erkennen. Über die Kultur erfährt man nichts Typisches, höchstens «Stereotypisches»: In Tibet leben Lamas (fälschlicherweise wird Lama als Synonym für Mönch verwendet), die sich durch übermenschliches Können – zum Beispiel Levitation –, Wissen und besondere Ritualpraktiken auszeichnen. Zudem scheint eine der Hauptbeschäftigungen dieser Lamas/Mönche die Ausübung von Kampfsportarten zu sein. In beinahe allen diesen Filmen taucht als wesentliches Motiv die Reinkarnation auf oder ein der Reinkarnation sehr ähnlicher Vorgang.[126]

Tibetische Kultgegenstände – Ritualdolche, Mandalas, Schädelschale und Amulett – scheinen es den Filmemachern besonders angetan zu haben und werden als magische Objekte mit einem Eigenleben dargestellt, was in *Shadow und der Fluch des Khan* besonders deutlich wird, wo der Ritualdolch zu Leben erwacht. Seine Augen beginnen sich zu bewegen, der Mund öffnet sich und spitze, grässliche Zähne kommen zum Vorschein. Der Phurbu rast zudem im Raum herum, dringt in seine Opfer ein, windet sich, wenn ihn die falsche Person in den Händen hält und verwandelt sich einmal gar in ein skorpionartiges Wesen. Der Ritualdolch in *Auf der Suche nach dem goldenen Kind* symbolisiert Macht und Überlegenheit. Wer den Dolch nach harten Prüfungen in seinen Besitz bringt, ist Herrscher. Die

112

113 Tibetische Kultgegenstände wie Ritualdolche, Mandalas, Schädelschalen und Amulette scheinen es den Filmemachern Hollywoods besonders angetan zu haben. Sie werden als magische Objekte dargestellt, was in *Shadow und der Fluch des Khan* besonders deutlich wird, wo der Ritualdolch zu Leben erwacht. Er saust durch die Luft, öffnet den Mund, zeigt spitze, grässliche Zähne und beißt mit diesen in die Hand seines Feindes.

Schädelschale in *Ich bin Du* hat angeblich einen Bezug zur Vorstellung der Wiedergeburt. Die Tibeter – so der Professor – sollen den Schädel als Sitz der von Wiedergeburt zu Wiedergeburt reisenden Seele betrachten, was erklärt, weshalb es zu der geschilderten «Wiedergeburt auf Zeit» kommt, bei der der Vater in den Körper des Sohns schlüpft – und umgekehrt. Und auch das Amulett in *Ace Ventura* nimmt eine zentrale Stellung ein, da Ace das Kloster nicht ohne das Amulett verlassen will, was weise war, hilft es ihm doch am Ende des Films «aus der Scheiße».

Aufschlussreich ist auch die Verwendung von Mandalas in zweien dieser Filme: In *Auf der Suche nach dem goldenen Kind* sitzt das goldene Kind als Gefangener des dämonischen Sardo Numspa im Zentrum eines auf den Boden gemalten Mandala, das offenbar den Zweck hat, die übermenschlichen Kräfte des Kindes zu bannen. Bannende Wirkung wird auch einem anderen im gleichen Film vorkommenden Mandalabau zugeschrieben: In einem Raum, in dem das goldene Kind gefangengehalten worden ist, entdeckt Jarrell auf den vier Wänden aufgemalte Bannsprüche, welche die Kräfte des Kindes brechen sollen. Dass die Schriftzeichen – tibetische wie auch nepalische – keinen Sinn ergeben, kümmert den Regisseur nicht. Die «tibetischen» Szenen dieses Films wurden ja ohnehin in Nepal gedreht.

Fazit: Die tibetischen Ritualgegenstände werden in den Filmen völlig zweckentfremdet. Sie sind Objekte einer sakralen Technologie, die zur Erreichung äußerlicher Ziele dienen und sind ihres wahren spirituellen und rituellen Sinns beraubt. Die tibetische Religion erhält dadurch den Anstrich eines mechanistischen Zauberkults.

Dies wird durch die häufig in den Filmen dargestellte Verwendung von Gebetstrommeln noch unterstrichen. Beinahe kein Film, in dem nicht solche Gebetstrommeln vorkommen, von riesengroßen bis zu kleinen, sowohl korrekt im Uhrzeigersinn wie auch – aus buddhistischer Sicht – falsch gedrehten.

In allen zu dieser Kategorie gehörenden Filmen kommen Wissende vor (seien dies westliche Wissenschaftler oder tibetische sowie weiße «Lamas»), was ihren märchenartigen Verlauf noch unterstreicht. Durch ihre Einsicht und Bildung erkennen die Wissenden Zusammenhänge und decken den tieferen Sinn einer bestimmten Erscheinung auf. In *Shadow und der Fluch des Khan* ordnet ein Museumskurator den Sarkophag dem Dschingis Khan zu, und auch in *Ich bin Du* wird die Bedeutung der Schädelschale in der tibetischen Religion durch einen Museumskurator aufgezeigt. Die tibetisch-buddhistische Mönche oder Tulkus besitzen alle übermenschliche Kräfte und geben stets den richtigen Rat. Sie sind allwissend. Sogar im Kampffilm *Die Herausforderung* (1996) übernimmt der Hauptmönch eine Funktion, die derjenigen der Wissenden in den anderen Filmen ähnlich ist, indem er zu den Kämpfen einlädt und diese auch leitet. Im Zentrum des Geschehens steht ein geheimes Treffen der berühmtesten und besten Kampfsportler des Globus. Jedem dieser Kämpfer wird von einem tibetischen Mönch, der einer geheimen Bruderschaft anzugehören scheint, eine keineswegs tibetisch aussehende Schriftrolle überreicht, die neben der Einladung auch eine Landkarte enthält. Der Held des Films, Chris Dubois, gelangt auf vielen Umwegen und nachdem er sich des Wettkampfs in Tibet würdig gezeigt hat ebenfalls in die «verlorene Stadt» – in Begleitung von Banditen, welche den Wettkampfpreis, einen großen goldenen Drachen, stehlen wollen. Dass der Hauptteil des Films in Tibet spielt, weiß man nur dank eines eingeblendeten Textes. Würde dieser fehlen, würde man die geheime Stadt irgendwo in Südchina oder Nordthailand vermuten: Der Hauptmönch gleicht einem konfuzianischen Priester, die Mönche tragen Kleider, die an diejenigen thailändischer Mönche erinnern, die Architektur und der als Hauptpreis ausgesetzte goldene Drachen sind chinesischer Machart, und am Stadttor wie im Kampfraum stehen überdimensionierte chinesische Statuen.

Das Motiv des erfahrenen allwissenden Meisters, der oftmals den Lauf der Geschichte verändert, ist auch in früheren Spielfilmen zentral: In *Auf Messers Schneide* und in *Yeti, der Schneemensch* werden die Klosterbesucher bereits vom hellsichtigen Abt erwartet und in *Kim* hat der Lama, der auf der Suche nach dem Fluss ist, die Rolle des aufgeklärten Wissenden, der dem Jungen Kim Lebensweisheiten vermittelt.

Die surreale Dekonstruktion von Sinnsuche

Einen «Blödelfilm» besonderer Art bildet *Ab nach Tibet!* (1993) von Herbert Achternbusch, in dem die Hauptperson Hick nicht eigentlich ein Clown oder ein Komiker ist, sondern «die Maske des Herumkasperns benutzt.»[127] Der Film ist in zwei Teile gegliedert. Der erste spielt im München im Jahre 1993, das sich als Tummelplatz des Samsara, des leidhaften Lebenskreislaufes erweist, dem Hick dadurch zu entfliehen versucht, dass er stirbt und sich in eine im Jahr 1662 in Tibet lebende Inkarnation (zurück)verwandelt, als die er sich im zweiten Teil mit dem Titel «Die letzte Illusion» zeigt: der Mönch «Lachender Fluss». Ist er in München eine Art Kasperl, erscheint er in Tibet als Wesen zwischen rührigem Mönch und Guru, der zwar dem Zen näher zu stehen scheint als dem tibetischen Buddhismus – zumindest was seine kärglichen «Belehrungen» anbelangt, die an Koans oder surrealen Nonsens erinnern: «Nix ist besser als gar nix»; «Wer an Gott glaubt, den wird der Teufel holen»; «Ich möchte endlich, wenn du mit mir sprichst, dass du schweigst».

Im Film verwischen die Grenzen des Raums und der Zeit, die Grenzen zwischen Banalität und Weisheit, zwischen Samsara und Erlösung – ein buddhistischer Film? Der Buddhismus hat nachweisbar seine Spuren in Achternbusch hinterlassen, hatte er doch auf die Wände einer Kammer in seiner Wohnung den buddhistischen Weg zur Erleuchtung gemalt – einen schwarzen Elefanten (Geist), der auf einem Weg nach oben schreitet und dabei stets weißer wird, eine Malerei, die auch im Film zu sehen ist. Auch erzählt Achternbusch eine (erfundene?) Geschichte, wonach er in seiner Jugend Hähnchen schlachten musste. Er habe jeweils «Verurteilten» die Augen zugehalten und mit dem Beil den Kopf abgehackt und dabei geschrien: «Ab nach Tibet!» «Warum wohl?», so fragt Achternbusch. «Es schien mir das einzige noch mögliche Land für eine Wiedergeburt der Hähne. Da fällt mir gerade ein, dass ich als Neunzehnjähriger im Vorortszug, als er in dem tödlich langweiligen Bahnhof von Planegg stand, eine Vision hatte: es war Nacht, ich tanzte um ein Holz-

114

114 Ausgangspunkt der Traum-Geschichte *Ab nach Tibet* von Herbert Achternbusch ist die Stadt München, von der eine Reiseleiterin sagt: «Nur für die jüdische und tibetische Kultur scheint in dieser Stadt kein Unterbringungsbedürfnis zu bestehen. Nun wird aber gerade der tibetischen Kultur nach einer Prophezeiung des Nostradamus in unserer Stadt ein Triumphzug bereitet werden.» Trotz dieser Prophezeiung machen sich Hicks und Sue (oder die Zuschauer?) auf den Weg nach Tibet, wo man Hicks als Mönch sieht. Doch dieser scheint nicht im 20. Jahrhundert, sondern im Jahr 1622 zu leben – als Weiser oder Irrer?

feuer. Es war in Tibet. Ich hielt das skelettierte Becken meiner Mutter um den Kopf und tanzte. Da gibt es sicher einen Zusammenhang.»[128] Weshalb Tibet ihm als einziges noch mögliches Land für eine Wiedergeburt erschien, verrät uns Achternbusch nicht. Auch die Kurzerzählung *Tibet*[129] kann uns da nicht weiterhelfen, in der er übrigens bereits über eine Reise nach Tibet nachdenkt, und in der er auch eine «Rückerinnerung» macht und sich 700 Jahre zuvor in Tibet sieht … Vielleicht fasziniert Tibet einfach wegen seiner Abgeschiedenheit, Jenseitigkeit, Andersartigkeit? Allenfalls auch wegen der in Tibet kultivierten Sterbepraktiken und intensiven Beschäftigung mit dem Tod, ein Thema, das Achternbusch immer wieder beschäftigt hat? Oder weil sich die (tibetischen) Buddhisten immer wieder intensiv mit der Problematik des Benennens und Benamsens von Dingen auseinandergesetzt haben? Es ist dies offensichtlich eine Thematik, die auch Achternbusch beschäftigt, wenn er im Film sagt: «Es ist nicht gut, wenn man den Dingen Namen gibt. Du weißt alles und sagst nichts mehr», oder wenn Hicks auf die Frage seiner Geliebten (oder Tochter? oder beides?), was das Leben sei, antwortet: «Fasanen und Enten.»

Der Film evoziert viele Fragen. Ist das weiße Blatt Papier, das Lachender Fluss/Hicks als Herz hat, eine Metapher für die buddhistische Leerheit? Ist *Ab nach Tibet!* somnambuler Spaß mit Bildern aus einem schrägen Alpen-Absurdistan (Berliner Morgenpost), Dokumentarfilm der Träume Achternbuschs (Luisa Francia) oder Spielfilm, der mit buddhistischen Einsichten mehr als alle anderen hier besprochenen Filme zu tun hat? «Om mani peme hum, mich haut's gleich um» würde Hicks wohl antworten.

Tibet als Hort mirakulöser Kräuteressenzen

Im Film *Alice* (1990) wird Tibet zwar kaum erwähnt, dennoch spielt es eine mehr als nur nebensächliche Rolle, da Tibet und der Himalaja mit einem zentralen Motiv des Films in Beziehung gebracht werden, nämlich mit den potenten Kräutermitteln, welche Alice in diesem modernen Märchen verabreicht bekommt. Alice ist eine neurotische, reiche Hausfrau aus Manhattan, die sich in einen Musiker verliebt hat, die es aber nicht wagt, ihre sechzehnjährige Ehe durch einen Seitensprung in Gefahr zu bringen. Sie leidet unter diversen physischen und emotionalen Problemen und sucht deshalb einen chinesischen Kräuterdoktor auf. Die erste Kräuterpille bewirkt, dass Alice ihre Hemmungen verliert und ihren heimlichen Schwarm anspricht. Die zweite Medizin sind Kräuter, durch die Alice unsichtbar wird. Beim dritten Mal erhält sie Kräuter, die sie verbrennen muss, wonach ihr der Geist eines toten Jugendfreundes erscheint, der sie in ihren Liebesangelegenheiten berät. Indirekt kann man schließen, dass die verabreichten Kräuter aus Tibet stammen, wie die folgende Szene zeigt:

Dr. Yang: «Mrs. Tate, kommen sie herein. Äh, bitte entschuldigen Sie (das) Aussehen, Dr. Yang (muss) abreisen.»

Alice: «Sie fahren weg?»

115

115 Im Film *Alice* (1990) wird Tibet und der weitere Raum des Himalaja mit mirakulösen Kräutern in Beziehung gebracht. Einige vermögen emotionale Defizite zu heilen, andere machen unsichtbar (Bild), erwecken Verstorbene wieder zum Leben oder ergeben mit Flüssigkeit einen starken Liebestrank. Dies alles erlebt auch Alice, eine neurotische, reiche Hausfrau aus Manhattan, die schließlich – nicht zuletzt wegen dieser aus Tibet stammenden Kräuter – ihren alten Lebensstil aufgibt und sich in den Dienst von Armen stellt.

Dr. Yang: «Äh, ja muss für eine Weile nach Tibet reisen. Alte Schriftrollen entdeckt worden – neue Heilmittel – äh, Dr. Yang muss immer fortfahren mit Weiterbildung, äh, gut für meine Patienten und hält Dr. Yang jung ...»

Man hat den Eindruck, dass es sich bei der Reise von Dr. Yang nach Tibet nicht um seine erste Reise aufs Dach der Welt handelt, dass somit die Mittel, welche die Menschen ihre Hemmungen vergessen lassen, unsichtbar machen und gar einen Toten zum Leben erwecken, allesamt aus jener Weltgegend stammen. Ganz klar wird dies, als Dr. Yang nochmals Kräuter verabreicht, die man nur im Himalaja finde. Es handle sich um Kräuter, die in Flüssigkeit aufgelöst einen starken Liebestrank ergäben. «Die Kräuter sind stark – die Wahl Sie haben – klug nutzen», sagt Dr. Yang. Kurz darauf beweist das Mittel seine Wirkung: Ein Koch, der das Mittel für Muskatnuss hält, mischt es unter eine Eierspeise, die an einer Party angeboten wird, mit dem Resultat, dass alle anwesenden Männer ihre Liebe und Leidenschaft für Alice erklären.

Wiederum wird Tibet und der weitere Raum des Himalaja mit etwas Mirakulösem in Beziehung gebracht. Dieses Mal sind es Kräutermittel, welche nicht physische Krankheiten zu heilen vermögen, sondern emotionale Defizite. Die Kräutermittel sind schließlich so machtvoll, dass Alice ihren alten Lebensstil aufgibt und – ganz im Sinne des buddhistischen Mitleidens, ohne dass dies explizit ausgedrückt wird – sich in den Dienst von Armen stellt. Hier wie in anderen Filmen mit Tibet-Motiven erfolgt die Wendung in der Geschichte nicht durch einen inneren Prozess, sondern durch geheimnisvolle heilsame Objekte. Vom Buddhismus, der der tibetischen Medizin zugrundeliegt, erfährt der Zuschauer von *Alice* ebenso wenig wie in den anderen Filmen, wobei durch diesen Vergleich keineswegs der Eindruck erweckt werden soll, *Alice* sei sonstwie von vergleichbarer Qualität wie die zuvor behandelten Blödel- und Kampfsportfilme.

Aus Tibet stammende Pflanzenessenzen tauchen auch im Softporno-Film *Emmanuelle in Tibet* (1993) auf. «In den heiligen Bergen von Tibet ist Emmanuelle eine geheimnisvolle Kraft verliehen worden», so eine Stimme zu Beginn des Films, «eine Kraft, die sie für alle Männer unwiderstehlich macht. Ein einziger Tropfen einer jahrtausendealten Pflanzenessenz genügt, und sie verjüngt sich, oder es wird ihr möglich, in die Seele einer anderen Frau einzudringen.» Was Wunder, dass Emmanuelle verspricht, eines Tages wieder ins Hochgebirge von Tibet zurückzukehren. Ihr Leben habe sich, so Emmanuelle, seit sie dort gewesen sei, verändert. «Ich habe viel gelernt – bin durch Höhen und Tiefen meiner Gefühle gegangen. Doch ich musste meinen Weg suchen, meine Wahrheit finden.»

«Wieso hatte ich mir dieses Kloster ausgesucht?», fragt sie später. «Ich weiß es nicht. Nennen Sie es höhere Fügung oder Schicksal. Ich wollte meine innere Mitte finden, meinen Seelenfrieden oder was die Buddhisten unter Harmonie verstehen. Diese Leute lehren dort eine Religion, die einem den inneren Frie-

116

116 Aus Tibet stammende Pflanzenessenzen tauchen auch im Softporno-Film *Emmanuelle in Tibet* (1993) auf. In den heiligen Bergen von Tibet sucht Emmanuelle ihre innere Mitte und den Seelenfrieden, sie findet jedoch eine geheimnisvolle jahrtausendealte Pflanzenessenz, die sie für alle Männer unwiderstehlich macht – auch für den alten Meister, der ihr die Essenz überreicht. Abgesehen vom Motiv der magischen tibetischen Essenz, welche wie Wasser aus dem Jungbrunnen wirkt, bekräftigt der Film auch das Motiv des tantrischen Sex, wenn die beiden dank der Pflanzenessenz Junggewordenen, der Meister und Emmanuelle, sich in Liebe vereinigen.

den verleiht. Sie lehren einem alles über Gott, aber sie geben ihm andere Namen, genauer gesagt, sie geben ihm gar keinen Namen, weil er in ihnen ist.»

Emmanuelle fährt fort: «Ich war noch nicht lange im Tempel – nach einigen Wochen der Exerzitien wurde ich eingeweiht. Mir begann diese Art der Lebens zu gefallen. Es schien mir, als könnten die Tibeter die Zeit anhalten und die Jahreszeiten umblättern wie die Seiten eines Buches. Zu dieser Zeit ... wusste ich nicht, was ich wollte, wohin mich mein Weg führte, worin der Sinn meines Lebens liegen sollte. Doch dann wurde ich zum Meister gerufen – ich hatte ihn noch nie zuvor gesehen ...».

Der Mönch sagt ihr, es werde ihre eine Gnade zuteil, denn sie sei auserwählt worden, einen Platz unter den Unsterblichen einzunehmen, und sie sei dazu auserkoren, zur Inkarnation einer jeden Frau auf dieser Erde zu werden. Mit diesen Worten gibt ihr der Mönch eine Pflanzenessenz, die eine magische Kraft besitzen soll. Emmanuelle müsse nur einige Tropfen dieser Essenz zwischen ihre Brüste geben, dann könne sie in die Seele einer jeden Frau eindringen, und alle ihre Wünsche würden erfüllt werden. Diese Substanz sei die Essenz des Lebens, sie sei die Erkenntnis und die Wahrheit, sie sei der ewige Quell der Jugend. Wenn die eigene Seele leide und das Herz blute, werde die Substanz zur höchsten Harmonie verhelfen, Wunden heilen und Frieden bringen.

Nachdem er dies gesagt hat, verjüngt sich zuerst der Meister, dann Emmanuelle unter Blitz und Donner, worauf sich die beiden vereinigen.

Abgesehen vom Motiv der magischen tibetischen Essenz, welche die Person, die diese Mittel anwendet, in andere Menschen schlüpfen lässt (was wieder an eine Art Inkarnation erinnert), Harmonie bringt und – last but not least – wie Wasser aus dem Jungbrunnen wirkt, ist in *Emmanuelle in Tibet* auch das Motiv des tantrischen Sex gegenwärtig. Zum Beispiel in der Szene, in der die beiden Junggewordenen, der Meister und Emmanuelle, sich vereinigen, aber auch kurz vor Ende des Films, als Jenny mit einem tibetischen Mönch ein Gespräch über Sex in seiner Glaubensrichtung führt. Der Mönch vertritt die Meinung, das in seiner Religion geltende Keuschheitsgelübde überlasse dem Einzelnen die Verantwortung. «Unsere Religion hat gegen den Geschlechtsakt an sich nichts einzuwenden, er ist eine niedere Stufe der Spiritualität», worauf Jenny findet, dies sei eine wunderbare Religion, ja, ihrer Ansicht nach sei dies die Form der Spiritualität. Tibet nicht nur als Hort magischer und esoterischer Wunderkräfte und Riten, sondern auch als Ort, in dem das körperliche Wohlbefinden (Gesundheit, Sex, Alter) zur Vollendung gebracht werden kann.

Twin Peaks: Die tibetische Methode

Die in Tibet verborgenen Geheimnisse sind unerschöpflich. In Tibet kommen nicht nur Kampfsportler, an Reinkarnation Glaubende und an potenzverstärkenden Mitteln Interessierte auf ihre Rechnung, sondern sogar Detektive finden in der tibetischen Lebensweise Inspiration. In *Twin Peaks*, einer sehr populären Fernsehserie aus den USA, zeichnet sich der Held, Detektiv Dale Cooper, durch eine besondere Art der Ermittlung aus. Neben der herkömmlichen Untersuchungsart, bei der auf logisches Denken, Spurensicherung und Muskelkraft Wert gelegt wird, wendet er Intuition, Visionen und Träume an. Wen wundert's, dass er diese irrationale Methode «die tibetische Methode» nennt, die ihm im Schlaf gegeben wurde. «Seit ich vor drei Jahren diesen Traum hatte», so Cooper zu einem Polizisten, «geht mir die Not des tibetischen Volkes sehr nahe, und ich wünsche sehr, ich könnte ihm helfen. Als ich übrigens aus diesem Traum erwachte, da stellte ich fest, dass ich ohne mein Dazutun eine deduktive Technik kennengelernt hatte, bei der die Geist-Körper-Koordination mit den tiefsten Schichten der Intuition zusammenspielt.»[130]

An anderer Stelle bringt Detektiv Cooper ebenso nebulös die tibetische historische Vergangenheit mit dem aktuellen Kriminalfall, an dem er eben arbeitet, in Beziehung, wenn er sagt: «Die buddhistische Tradition erreichte das Land des Schnees im 5. Jahrhundert n. Chr. Der erste König, der vom Dharma berührt wurde, war König Hop-thong-thor-bu-nam-bu-tsang

117

(ein völlig entstellter Name). Er und seine Nachfolger galten als die ‹glücklichen Generationen›. Einige Historiker siedeln sie in einem Wasserschlangen-Jahr an, 213 n. Chr., andere wiederum bringen sie mit einem Jahr des Wasserbüffels in Verbindung, 173 n. Chr. Ziemlich verblüffend, nicht wahr?» Darauf antwortet Agent Rosenfeld: «Agent Cooper, das freut mich ja außerordentlich, dass das Dharma zu König Ho-Ho-Ho kam, ehrlich. Nun versuche ich aber gerade ziemlich angestrengt, mich auf gewisse drängende Probleme unseres Jahrhunderts und hier in *Twin Peaks* zu konzentrieren.» Darauf Agent Cooper vielsagend: «Albert, Du würdest staunen, wenn Du wüsstest, wie nah diese beiden Dinge verwandt sind.»[131] Das tibetische Dharma (die buddhistische Lehre) bemächtigt sich Hollywoods, Hollywood bemächtigt sich des Dharma.

117 Sogar Detektive finden in der tibetischen Lebensweise Inspiration. In der TV-Serie *Twin Peaks* wendet der Detektiv Dale Cooper unter anderem «die tibetische Methode» an, nämlich Intuition, Visionen und Träume. Die Lösung von Kriminalfällen mit Hilfe des Dharma (buddhistische Lehre)!

4. Teil

Auf der Suche nach «Dharma-La» und den tibetischen Lamas

Das Tibetbild in Spielfilmen der 90er Jahre, in Werbung und Kommerz

Die tibetischen «Brüder» werden entdeckt

Wurden in den bisherigen Filmen die Tibeter durch Nicht-Tibeter gespielt, d. h. war in ihnen die Vorstellung des «weißen Lamas» noch immer nicht überwunden, kamen in den 90er Jahren endlich Filme auf den Markt, in denen die Tibeter selbst ihre eigenen Rollen spielen durften. In ihnen wird noch immer in erster Linie das sakrale Tibet dargestellt, das nun aber nicht mehr von «weißen Lamas», sondern von tibetischen Mönchen und dem Dalai Lama bewohnt wird. Die Brüder einer Helena Blavatsky sind schließlich – nach über 120 Jahren – echte Tibeter geworden. Teilweise leben sie noch immer im fernen mystischen Tibet, doch in einem Film, *The Little Buddha*, haben sie bereits den Sprung in die westliche Welt gemacht. Diese Filme gehören einer neuen Phase der Tibet-Rezeption an: Die Phase des «Dharma-La» hat begonnen, die Darstellung des tibetischen Buddhismus und seiner angeblich nur positiven Wirkungen auf den westlichen Menschen.

Der erste Film dieser (ungeplanten) «Trilogie», *Little Buddha* (1993), ist nicht als Tibetfilm konzipiert, sondern ist zuerst einmal ein Streifen über das Leben des historischen Buddha Sakyamuni. Der Regisseur Bernardo Bertolucci verknüpfte jedoch den historischen Teil geschickt mit einer Rahmengeschichte aus der Gegenwart, in der das Thema Reinkarnation thematisiert wird. Da in diesem in den USA, Nepal und Bhutan spielenden Erzählstrang tibetische Mönche eine wesentliche Rolle spielen und es im Film um ein Motiv geht, das in letzter Zeit immer wieder im Zusammenhang mit dem tibetischen Buddhismus genannt wird, nämlich die Frage der Reinkarnation, ist es naheliegend, dass hier, wo es um unsere gegenwärtigen Tibetbilder und -zerrbilder geht, auf den Film näher eingegangen wird. Dabei wollen wir uns nicht mit der Darstellung des frühen Buddhismus – anhand des Lebens Buddhas – beschäftigen, trotz der darin enthaltenen Klischees und Peinlichkeiten, sondern auf die Szenen beschränken, in denen auf den Buddhismus tibetischer Ausprägung Bezug genommen wird.

Wie gesagt bildet die Geschichte mit den tibetischen Mönchen die Rahmengeschichte, die immer wieder unterbrochen wird, um das Leben Gautama Buddhas in Rückblenden darzustellen. Tibetische Mönche, die seit der Besetzung ihres Landes in Bhutan leben, suchen die Reinkarnation des Lama Dorje. Verschiedene Zeichen deuten darauf hin, dass der verehrte Mönch in Seattle (USA) wiedergeboren wurde. Dort finden die Mönche aus Tibet dank einer Vision die Familie Conrad, deren Sohn Jesse sie als Inkarnation des verstorbenen Lama erkennen. Die Eltern von Jesse, selbst keine Buddhisten, sind hin- und hergerissen, wissen nicht, was sie von der Sache halten sollen, bis sich der Vater bereit erklärt, mit den tibetischen Mönchen und Jesse nach Nepal zu reisen, wo sich der Knabe letzten Prüfungen unterziehen soll, genauso wie ein weiterer Kandidat, den man in Kathmandu gefunden hat. In der Hauptstadt Nepals angelangt, erfahren die mit der Suche Beauftragten, dass noch eine Kandidatin im Süden Nepals entdeckt wurde. Da alle drei die Prüfungen bestehen – es geht dabei in erster Linie darum, dass sie aus mehreren Hüten denjenigen ihres verstorbenen Vorgängers auslesen –, werden sie alle als Inkarnationen von Lama Dorje anerkannt. Es komme manchmal vor, sagt ein Mönch, dass es drei Reinkarnationen eines Lamas gebe, drei getrennte Manifestationen des Körpers, der Sprache und des Geistes.

118

119

Der dem tibetischen Buddhismus eigene Glaube an die Reinkarnation von verstorbenen Mönchen ist das zentrale Motiv der Filmrahmenhandlung. Daneben werden vor allem Äußerlichkeiten des tibetischen Buddhismus dargestellt, wie die Herstellung eines Mandalas, die Trance eines Orakels und – völlig aus dem Zusammenhang gerissen – sakrale Tänze ('cham). Über die buddhistische Lehre und Umsetzung im Alltag erfährt man praktisch nichts.

Die Hervorhebung des Reinkarnationsglaubens birgt eine gewisse Gefahr (dies gilt selbstverständlich nicht nur für diesen Film): Solche, denen der Buddhismus unbekannt ist, können den Eindruck erhalten, der Reinkarnationsglaube sei eigentlich eine sehr praktische Angelegenheit: Jeder und jede kann ohne viel beitragen zu müssen die Reinkarnation eines Mönchs werden, sei es wie im Film ein Kind einer gut situierten Familie in den USA, ein Straßenjunge aus Kathmandu oder ein Mädchen aus dem Süden Nepals. Der Glaube an das Gesetz des Karmas (das Gesetz der wirkenden Tat) wird kaum erwähnt, und dadurch wird dem Zuschauer ein sehr zentraler buddhistischer Glaubensinhalt vorenthalten, nämlich dass die Art der Wiedergeburt einzig und allein von den früheren Gedanken, Worten und Taten abhängt. Auch erfährt man kaum, welche Gedanken, Worte und Taten nach buddhistischer Auffassung als förderlich und welche als schädlich gelten.

Der Film ist auch, da in ihm eine der drei Inkarnationen des Lama Dorje ein Mädchen ist, unehrlich und mystifizierend. Grundsätzlich steht einer weiblichen Reinkarnation eines Mönchs zwar nichts im Wege, doch ist in der langen tibetischen Tradition keine einzige Reinkarnations-Konstellation bekannt, welche der im Film gezeigten gleichkäme. «In dieser Hinsicht ist der Film *Little Buddha* ein besonders bedauerlicher Verlust, weil er den Buddhismus in eine Art magisches Fahrzeug verwandelt, bei dem es um wenig mehr geht als um eine ausgefallene Form der Seelenwanderung», schlussfolgert Pico Iyer in *Tricycle*[1] und fährt fort: «Nicht nur weil er sie geringschätzt, erweist er der buddhistischen Lehre einen schlechten Dienst, sondern vor allem weil er sie bis zur Unkenntlichkeit romantisiert und in einen ‹special effect› ohne irgendwelche Beziehung zum Hier und Jetzt verwandelt. Statt den Buddhismus unserem täglichen Leben näher zu bringen, entrückt er ihn in weite Ferne. Und statt einer leicht verständlichen Einführung in die Lehre des Buddha – einem A-B-C des Buddhismus sozusagen – setzt er uns etwas völlig F-R-E-M-D-E-S vor.»[2]

Was vor allem stört: Buddha wird in diesem Film von einem Weißen gespielt, d. h. die Vorstellung des «weißen Gurus» ist noch immer nicht überwunden. Ganz anders in den beiden folgenden Filmen, in denen – endlich – Betroffene ihre eigenen Rollen spielen dürfen.

118/119 Im Film *Little Buddha* scheint Hollywood langsam und zögerlich den eigenen Wert tibetischer Kultur zu entdecken. Zwar spielt noch immer ein Weißer den historischen Buddha, und als Inkarnation des Lama Dorje steht Jesse, der Sohn einer amerikanischen Familie, im Zentrum des Geschehens. Doch sind die beiden weiteren Inkarnationen asiatische Kinder, und die Szenen in tibetischen Klöstern sind an Originalschauplätzen gedreht worden. Der tibetische Buddhismus erscheint aber im Film noch immer als eine Art magisches Fahrzeug, bei dem es um wenig mehr als um eine ausgefallene Form der Seelenwanderung geht.

120

120 Weitere Hollywod-Klischees: In *Sieben Jahre in Tibet* wird bis auf wenige Szenen ein sehr idyllisches Tibet gezeigt, und die Hauptperson, der Westler Heinrich Harrer, erscheint in Comics-Manier als einer, der sich in einem schwierigen Prozess der inneren Läuterung vom NS-Bösewicht in einen Superman verwandelt.

In *Sieben Jahre in Tibet* und *Kundun*, die 1997 in die Kinos kamen, geht es um das Tibet unmittelbar vor und während der chinesischen Besetzung. In *Sieben Jahre in Tibet* wird – bis auf die Szenen mit den chinesischen Invasoren – ein sehr idyllisches Tibet gezeigt – unkritisch, treuherzig, naiv. Es findet sich kein Hinweis auf die teilweise ungerechten sozialen und wirtschaftlichen Verhältnisse oder auf das Rechtssystem mit seinen häufig grausamen Bestrafungsmethoden.

Kundun ist diesbezüglich ehrlicher. Der Zuschauer sieht, wenn auch nur kurz, eine der grausamen Bestrafungsmethoden, einen Gefangenen mit Fußfesseln, und erfährt etwas über die bürgerkriegsähnlichen Reting-Wirren, die Tibet in den 40er Jahren stark erschütterten. Er ist aber auch in einer anderen Beziehung ehrlicher als *Sieben Jahre in Tibet*: In ihm wird nicht der Fehler begangen, die Lebensgeschichte der zentralen Figur, in diesem Fall des Dalai Lama, nach Hollywood-Art zu dramatisieren. In *Sieben Jahre in Tibet* hingegen macht der Regisseur Heinrich Harrer zum Helden, zum Comic-Superman. Er dichtet ihm eine innere Läuterung an («Harrer kehrt ohne Besitztümer zurück, außer mit seinem geläuterten Ego, und er ist glücklich geworden»), die angeblich durch seinen Kontakt mit dem Dalai Lama bewirkt wurde, wie das folgende Gespräch zwischen dem Dalai Lama und Heinrich Harrer belegt. Als der Film-Dalai Lama fragt, was Harrer am Bergsteigen fasziniere, antwortet dieser: «Man ist erfüllt von der tiefen und mächtigen Gegenwart des Lebens. Das fühle ich sonst nur in seltenen Augenblicken.» Dalai Lama: «Wann?» Harrer: «In Eurer Gegenwart, Kundün.» Jean-Jacques Annaud belebt damit die alte, bereits wohl bekannte Vorstellung wieder, dass niemand sich dem positiven, spirituell-geistigen Fluidum Tibets und insbesondere des Dalai Lama entziehen kann. Zweifellos hatte Harrer in der letzten Zeit seines Tibetaufenthalts einen engen Kontakt zum Dalai Lama, der sich durch Freundschaft und Intimität auszeichnete. Es war jedoch ein einseitiges Geben und Nehmen und nicht ein «wechselseitiges Lernen und Reifen»: Harrer brachte – oft gegen den Widerstand der für das Wohl des Dalai Lama verantwortlichen Beamten – dem jungen Herrscher die Außenwelt näher, doch nahm Harrer dabei kaum etwas von der geistig-spirituellen Welt des Dalai Lama auf. Er war – dies zeigt sich in seinem Buch *Sieben Jahre in Tibet*, dies bestätigte er auch dem Autor gegenüber in Gesprächen – nicht am tibetischen Buddhismus interessiert, nicht an der buddhistischen Ethik, nicht am buddhistischen Läuterungsprozess des Geistes. Interessanterweise wird nun aber in sehr vielen Filmkritiken gerade das Aufzeigen dieses angeblichen Prozesses des wechselseitigen Lernens und Reifens als besondere Leistung von Annaud hingestellt. Es ist die Rede von einer «kathartischen Entwicklung», von einer «Selbstfindung» Harrers, von einem «Vorgang der Menschwerdung» und von einer «Sensibilität, mit welcher Jean-Jacques Annaud diesen langwierigen, schwierigen, von Rückfällen heimgesuchten Prozess darstellt».[3]

Es scheint, als wollte Annaud, als wollten die Medien, einen (nachträglichen) Grund finden, weshalb in einem abendfüllenden Film ein ehemaliger Nazi als Held zur Darstellung gelangte. Nachdem die deutsche Zeitschrift *Stern* Ende Mai 1997 enthüllt hatte, dass Harrer ein bekennender Nazi war, musste man aufzeigen, weshalb der Film dennoch, oder erst recht, Sinn machte: Aus einem Oberscharführer der SS war – durch seinen Kontakt mit Tibetern – ein geläuterter, selbstloserer Mensch geworden! Und damit war ein weiterer Puzzleteil des Tibet-Zerrbildes gelegt.

Der narzistische Einzelgänger Heinrich Harrer war auch nach seinem Aufenthalt ein Einzelgänger und entwickelte sich in Tibet nicht zum sorgenden Vater oder gar zum edlen Idealisten, der sich für die politische Zukunft der Tibeter engagierte, indem er sich gegen den Verräter Ngapö Ngawang Jigme auflehnte. Er war aber auch nicht der NS-Bösewicht oder «Bastard», zu dem ihn einige Medien nach den *Stern*-Enthüllungen machten. Harrer war zweifellos vor und nach Tibet ein Opportunist, der seine NS-Mitgliedschaft fälschlicherweise verschwieg und längere Zeit bestritt und beschönigte, doch war er nie nachweisbar an einer der Gräueltaten des NS-Reichs beteiligt, und ihm kann bis heute weder Antisemitismus noch Rassismus angelastet werden. An keiner Stelle seines unveröffentlichten, dem Autor jedoch zugänglichen Tagebuchs findet sich eine Stelle, welche Harrer als Nationalsozialisten entlarvt. Damit soll die nachgewiesene NS-Nähe Harrers nicht beschönigt, sondern lediglich ins richtige Licht gestellt werden. Es bleibt eine Tatsache, dass Heinrich Harrer 1938 Mitglied der NSDAP (Nationalsozialistische Deutsche Arbeiter Partei) und der SS (Schutzstaffel) im Rang eines Oberscharführers (eine Art Feldwebel) wurde und dass er ab 1933 Mitglied des bis 1938 illegalen NS-Lehrerbundes in Graz war. Umstritten ist, ob er bereits 1933 der SA (Sturmabteilung) beitrat. Harrer selbst verneint dies, gibt aber zu, dass er auf einem Antragsformular eine solch frühe Mitgliedschaft vortäuschte, um schneller die Genehmigung für die Heirat mit seiner ersten Frau zu bekommen.[4]

Bezeichnenderweise benutzten einige Medienleute die Gelegenheit der *Stern*-Enthüllungen dazu, wieder einmal den Nazis mysteriöse okkulte Forschungen in Tibet und die Bildung einer deutsch-tibetischen Allianz anzudichten, und einer fragte gar spekulativ, ob Harrers und Aufschnaiters Flucht nach Tibet nicht Teil dieses Nazi-Plans gewesen sei. Denn, so argumentiert dieser Journalist: Tsarong, ein guter Freund von Harrer und Aufschnaiter, sei einige Jahre zuvor ein enger Vertrauter von Bruno Beger gewesen, den wir bereits als überzeugten Rassentheoretiker kennengelernt haben. Weshalb, so fragt der Schreiber, erwähnt Harrer in seinem Buch nicht, dass einige Jahre zuvor im Haus, in dem er wohnte, Beger ein- und ausging, und scheint mit dieser Frage suggerieren zu wollen, es habe eine Beziehung zwischen Harrer und der SS-Expedition von Schäfer bestanden.[5] So einfach ist Geschichtsklitterung.

121

121 Im Vergleich mit *Sieben Jahre in Tibet* vermittelt *Kundun* ein authentischeres Bild von Tibet. Einmal, weil die Hauptdarstellerinnen und -darsteller ausschließlich exiltibetische Laien sind und sich der Regisseur, Martin Scorsese, darum bemüht hat, einzelne Szenen mit einem unglaublichen Aufwand bis in kleinste Details korrekt zu spielen. Andererseits weil auch einige Schattenseiten des tibetischen Lebens zur Darstellung kommen, und schließlich, weil in diesem stillen, ruhigen Film geschichtliche Ereignisse sowohl faktisch als auch in der zeitlichen Abfolge richtig gezeigt werden.

Im Vergleich mit *Sieben Jahre in Tibet* vermittelt *Kundun* ein authentischeres Bild von Tibet. Einmal, weil die Hauptdarstellerinnen und -darsteller ausschließlich exiltibetische Laien sind und sich der Regisseur, Martin Scorsese, darum bemüht hat, einzelne Szenen mit einem unglaublichen Aufwand bis in kleinste Details korrekt zu spielen, und dabei keine Mühe und Geld gescheut hat, die Gebäude, die Innenräume, die Gewänder sowie die rituellen und profanen Gerätschaften meisterhaft nachzubilden. Andererseits, weil, wie bereits erwähnt, auch einige Schattenseiten des tibetischen Lebens zur Darstellung kommen, und schließlich, weil in diesem stillen, ruhigen Film geschichtliche Ereignisse sowohl faktisch als auch in der zeitlichen Abfolge richtig gezeigt werden – ganz im Gegensatz zu *Sieben Jahre in Tibet*, wo Harrer, der Zentraltibet bereits 1950 verließ, den Einmarsch chinesischer Truppen in Lhasa erlebt wie auch die Unterzeichnung des 17-Punkte-Abkommens (1951). In *Sieben Jahre in Tibet* kommt es ferner zum ersten wichtigen Treffen zwischen dem Dalai Lama und chinesischen Gesandten in Lhasa statt im Chumbital in Südtibet, und die Flucht des Dalai Lama in den Süden des Landes erfolgt auf Anraten Harrers hin – alles «Fakten», die so nicht stimmen.

Kundun vermittelt auch mehr authentische Informationen über die tibetische Religiosität, nicht nur über die zahllosen zum Teil pompösen Zeremonien (wie zum Beispiel der einprägsame Auftritt des Staatsorakels), sondern auch über die besondere Art der Leichen-«Bestattung»[6] wie über die buddhistische Lehre. Während in *Kundun* die für jeden Buddhisten zentralen Vier Edlen Wahrheiten und die Frage nach den Ursachen des Leidens erörtert werden, liefert *Sieben Jahre in Tibet* bezüglich der tibetischen Religion Platitüden, so beispielsweise wenn die Schneiderin Pema, als sie mit Harrer über den Sinn und Unsinn des Bergsteigens diskutiert, sagt: «Das ist noch ein Unterschied zwischen unserer Kultur und eurer. Ihr verehrt den, der sich an die Spitze kämpft, nach oben, überall im Leben; wir den, dem es gelingt, sich selbst, sein Ich zu überwinden. Für einen Tibeter ist diese Überwindung der Sinn des Lebens». Als ob jede Tibeterin und jeder Tibeter ein kleiner Dalai Lama oder Milarepa wäre!

Zu einer übersteigerten Darstellung tibetischer Spiritualität kommt es in *Sieben Jahre in Tibet* auch in der Szene, welche selbst Tibeter zum Lachen bringt: Nachdem die Aushubarbeiten für das geplante Kino begonnen haben, weigern sich plötzlich die Arbeiter weiter-

122

122 Die peinlich-lächerliche Wurmszene in *Sieben Jahre in Tibet*: Auf einer Baustelle werden Mönche beigezogen, welche bei den Aushubarbeiten zum Vorschein kommende Regenwürmer unter Gebetsrezitation einsammeln, wegtragen, an einer anderen Stelle aussetzen bzw. eingraben und die darüber aufgehäufte Erde sogar mit Wasser beträufeln.

zugraben, und Harrer fragt, was die Leute hätten. Da antwortet ein Tibeter: «Würmer, bitte keine Würmer mehr verletzen …». Und als Harrer ungläubig «Würmer?» fragt, sagt ihm der Tibeter: «In früheren Leben unschuldiger Wurm vielleicht ihre Mutter gewesen – bitte nicht mehr verletzen, das nicht gut – bitte aufhören.» Völlig fantastisch wird es, wenn auf der Baustelle Mönche beigezogen werden, welche die Regenwürmer unter Gebetsrezitation einsammeln, wegtragen, an einer anderen Stelle aussetzen bzw. eingraben und die darüber aufgehäufte Erde sogar mit Wasser beträufeln. Bei einer anschließenden Audienz Harrers beim Film-Dalai Lama sagt dieser lachend: «Wie du siehst, glauben wir, dass jedes lebende Wesen in einem früheren Leben unsere Mutter gewesen sein könnte, deshalb müssen wir sie respektieren und ihnen danken für ihre Güte.» Die anschließende Aufforderung des Dalai Lama, niemals einem Wesen etwas zuleide zu tun, ist zwar in der Tat ein sehr zentrales ethisches Gebot des Buddhismus, doch ist die Begründung falsch: Nicht weil dieses Wesen allenfalls die Reinkarnation der eigenen Mutter sein könnte, sondern aus allgemeinem umfassenden Mitleiden heraus und – dies eine angenehme Nebenwirkung – weil man sich durch solches Verhalten ein gutes Karma schafft.

Doch auch *Kundun* weist einen blinden Fleck auf, bezeichnenderweise dort, wo es um die Darstellung von Heinrich Harrer geht: In *Kundun* kommt «Henrig» (so wurde Harrer vom Dalai Lama genannt) überhaupt nicht vor – vermutlich wegen der während der Dreharbeiten bekannt gewordenen nationalsozialistischen Vergangenheit Harrers. Dieses Ausblenden einer Person, die immerhin fast ein Jahr lang ein intimes Verhältnis zum jungen Dalai Lama hatte, passt nicht zu dem Bemühen nach Authentizität, das den Film ansonsten auszeichnet. Dabei hätte die Darstellung dieser ungewöhnlichen Beziehung so reizvoll sein können, weil sie es erlaubt hätte, bislang unbekannte Seiten von Kunduns Leben aufzuzeigen. Zum Beispiel, dass der Dalai Lama und Heinrich Harrer wegen des misstrauischen Klerus mittels Geheimbriefen korrespondierten oder Pläne ausheckten, wie der Dalai Lama aus Tibet herausgeflogen werden könnte.

Einem Motiv wollen wir uns noch kurz zuwenden, einmal, weil es in beiden Filmen vorkommt, und zum zweiten, weil es zumindest in einem der Filme, *Kundun*, zu einem Leitmotiv wurde. Es handelt sich dabei um den Prozess der Herstellung und Zerstörung eines Sandmandalas. Bereits in früheren Filmen kommen, wie wir gesehen haben, Mandalas oder mandalaähnliche Strukturen vor, doch sind sie dort eher magische Objekte, die zur Erreichung eines bestimmten Ziels dienlich sind. In *Kundun* jedoch bildet die Herstellung und anschließende Zerstörung eines Sandmandalas eine Art Rahmenhandlung, kaum wahrnehmbar, eingeblendet zu Beginn und am Ende des Films, subtil eine buddhistische Weisheit ausdrückend: Alles ist zusammengesetzt, besteht in Abhängigkeit von anderem, ist einem ständigen Wandel unterworfen und ist damit vergänglich. Ein Mandala als Sinnbild für die Vergänglichkeit des Landes Tibet. Auch in *Sieben Jahre in Tibet* wird ein Sandmandala gestreut, durch das trotz der Kürze der Szene eine zentrale Aussage vermittelt wird: Die brutale Zerstörung des auf den Boden gestreuten Mandalas durch einen chinesischen General steht für die Zerstörung der gesamten tibetischen Kultur durch die Chinesen.

In einem Punkt sitzen beide Filme demselben Mythos auf. Beide suggerieren einen altbewährten Pazifismus Tibets. In *Kundun* liest der Zuschauer bereits im Vorspann den Satz: «In einem sonst kriegerischen Asien praktizieren die Tibeter seit mehr als Tausend Jahren Gewaltfreiheit», und in *Sieben Jahre in Tibet* erklärt der junge Dalai Lama den ihm gegenübersitzenden chinesischen Generälen, die Tibeter seien ein friedliebendes Volk, das Gewalt grundsätzlich ablehne.

Beiden Filmen, *Kundun* und *Sieben Jahre in Tibet*, kommt zweifellos ein nicht zu unterschätzendes Verdienst zu: Sie machen ein großes Publikum auf Tibet und dessen jüngste Geschichte aufmerksam. Durch sie erfahren Menschen, die kaum wussten, wo Tibet liegt, zum ersten Mal von der chinesischen Besetzung Tibets, das zwar nicht ein Paradies war, wie dies Harrers Begleiter Peter Aufschnaiter einmal in *Sieben Jahre in Tibet* suggeriert, aber auch nicht die Hölle auf Erden, wie uns die chinesische Propaganda weiszumachen versucht.[7]

Der Jetset spielt (tibet) verrückt

«Es sind die TibeterInnen, die zum ersten Mal wirklich zur Sprache kommen. Es wurde langsam Zeit!» Dieser für das neuere Dokumentarfilmschaffen zutreffende Satz hat auch seine Gültigkeit für die Ende der 90er Jahre produzierten Spielfilme. Hollywood hat endlich entdeckt, dass tibetische Kultur nicht nur in der Fantasie existiert, sondern eine Realität ist, gelebt von wirklichen Menschen – Tibeterinnen und Tibetern.

Aber bitte nicht Göttinnen und Götter! Denn derzeit scheint das Pendel in die andere Richtung auszuschlagen: Wurden die Tibeter in der Filmwelt während langer Zeit gesichtslos, unfassbar, fremd und manchmal gar etwas dümmlich dargestellt, werden sie heute immer mehr vergöttlicht. Zwar haftete ihnen und ihrer Kultur schon immer etwas Besonderes an, etwas Übernatürliches, das aber gleichzeitig auch etwas Magisch-Zweideutig-Gefährliches in sich barg. Magische Ritualdolche und Schädelschalen, levitierende Mönche, Wundermixturen, all dies sind äußere Zeichen dieser esoterischen Seite Tibets in vielen frühen Filmen. In letzter Zeit ist eine neue Dimension dazugekommen: Die Vergöttlichung Tibets, an der einige Exponenten des Hollywood-Establishments mitwirken, so beispielsweise Martin Scorsese, wenn er auf die Frage, was ihn an Tibet so fasziniere, antwortet: «Die Idee des Shangri-La, des Verborgenen und Geheimen, das Gefühl des Friedfertigen, Magischen, Spirituellen, die Religion, das Gute im Menschen, die Gewaltlosigkeit.»[8] Auch Richard Gere vergöttlicht Tibet, wenn er sagt: «Tibet existiert auf vielen Ebenen. Es ist die reine Traumlandschaft der Götter und Göttinnen. Es ist die letzte Verbindung zu den alten Weisheitszivilisationen und ihren hart erkämpften Einsichten in die grenzenlosen und tiefen Geheimnisse des menschlichen Herzens und des menschlichen Geistes. Zugleich ist es heute der Schauplatz einer menschlichen Tragödie, die an Brutalität kaum zu überbieten ist.» Diese Schilderung erinnert an eine Schwarzweiß-Malerei: Hier das reine, von Göttinnen und Göttern bewohnte Land mit der letzten und einzigen Verbindung zu alten Weisheiten und Geheimnissen, dort die brutale Macht China, welche dies alles zerstört.

Bei einer fairen Auseinandersetzung mit dem Tibetbild (oder vielleicht würden wir besser von Tibetbildern sprechen?) sollten wir unbedingt die verschiedenen Argumentationsebenen auseinanderhalten: Die Einschätzung der tibetischen Kultur und Lebensweise und die damit verquickte Analyse unseres Tibetbildes kann, ja muss, unabhängig von der Einschätzung der historischen Fakten erfolgen. Denn sonst tun wir es den Chinesen gleich. Bekanntlich begründen diese die Knebelung Tibets unter anderem mit der Rückständigkeit der tibetischen Kultur und Gesellschaft. So falsch diese Argumentationsweise ist, so falsch ist es aber auch, das Umgekehrte zu tun und zu sagen: Weil Tibet ein Land der Götter war, weil Tibet der Ort war, wo die letzten Weisheitslehren praktiziert wurden, ist die chinesische Okkupation zu verurteilen. Die Beurteilung der Rechtmäßigkeit bzw. Unrechtmäßigkeit der chinesischen Herrschaft in Tibet hat nichts zu tun mit der Frage nach der (angeblichen) kulturellen und spirituellen Überlegenheit Tibets. Dies sind zwei voneinander getrennte Diskussions- und Argumentationsebenen. Selbstverständlich müssen bei der Diskussion der Geschichte und Politik Tibets auch kulturelle und soziologische Fakten mitberücksichtigt werden (zum Beispiel ob in einem bestimmten Gebiet ein tibetischer Dialekt gesprochen wurde), doch dürfen wir uns dabei nicht von einem (verkappten) Evolutionismus lenken lassen.

Was ist damit gemeint? Es ist dies jene Theorie, nach der sich die Menschheit von einem einfachen, primitiven, barbarischen Zustand zu einem komplexen, heilvollen Dasein entwickelt. Diesem Evolutionismus liegt auch die Vorstellung zugrunde, dass die Menschheitsentwicklung mit der Entwicklung des Kindes zum Erwachsenen gleichgesetzt werden kann, mit dem Entstehen von Vernunft aus Unvernunft sowie dem Werden von psychisch hochentwickelten Zivilisierten aus neurotischen Wilden. Der mit der französischen Aufklärung aufkommende Evolutionismus ist einer dieser verhängnisvollen Mythen unserer Gesellschaft, die zwar offiziell kaum mehr gelehrt und vertreten werden, aber trotzdem mehr oder weniger unbewusst weiter schwelen. Unter anderem auch in den Köpfen vieler Tibet-Schwärmer. Für sie ist der erstrebte Heilszustand nicht die «Zivilisation» mit ihren technischen, sozialen und politischen Errungenschaften, sondern die «Tibetisation».

Einer der deutlichsten Vertreter dieser «Tibetisierten» (der sich deutlich von den «Zivilisierten» abheben will) ist zwar keine Filmgröße, doch ein Mann, der dem Showbusiness sehr nahe steht und sich gerne in der Glamourwelt der Medien bewegt. Es ist dies Robert (Bob) Thurman, manchmal auch liebevoll «Buddha-Bob» genannt, von dem Erik Davis in *The Village Voice*[9] schrieb: «Kein zeitgenössischer westlicher Buddhist verbindet Gelehrsamkeit und Pop-Wunschträume mit soviel Flair wie Robert Thurman, seines Zeichens Ex-Mönch, Professor an der Columbia Universität, *Tricycle Magazine*-Guru, Präsident des Tibet House, Vater von Uma (Schauspielerin) und amerikanischer Frontmann des Dalai Lama. Thurman spielt die Rolle des orientalistischen Gelehrten als buddhistischer Impresario mit viel Geschick. Er verkehrt mit Filmstars, schreibt Bücher und pflegt einen derart charismatisch-feurigen Vorlesungsstil, dass er auch schon der Billy Graham des Buddhismus genannt worden ist.»

Wegen Thurmans Nähe zum Jetset und damit auch der amerikanischen Filmwelt und der nicht unbedeutenden Rolle, die er in den amerikanischen Medien spielt, wollen wir uns mit seinem Tibetbild etwas näher befassen. Robert Thurman ist überzeugt davon, nicht nur die buddhistische Bewegung brauche Tibet, eine Art tibetische Heilsarmee, sondern alle Menschen, um sich selbst wirklich erkennen zu können. «Wir müssen handeln, bevor sich ein weiterer Holocaust ereignet. Tibet ist die letzte Bastion von Buddhas friedlicher Armee. Wenn die tibetische Ökologie, die tibetische Gesellschaft, das tibetische Dharma (buddhistische Lehre) durch jene andere Armee, welche die Außenwelt modernisiert und militarisiert, vernichtet und zerstört wird, dann ist unser Planet endgültig verloren. Das Experiment ist gescheitert. ... Tibet ist eine Alternative für den ganzen Planeten; es zeigt in eine friedliche Richtung, die der Planet schon vor vierhundert Jahren hätte einschlagen können. Tibet ist der Beweis dafür, dass wir das Paradies haben können, dass wir Shambhala haben können, dass wir den Garten Eden haben können. Kein Problem. Aber nicht, indem wir weiterwursteln

123

123 Hollywoods Liebesaffäre mit Tibet: «Vom visuellen Himalaja-Zuckerguss Hollywoods zum koboldhaften Macintosh-Grinsen des Dalai Lama, vom Buddhismus der Beastie Boys zu den unzähligen ‹Free Tibet›-Klebern – kein Zweifel: Tibet hat sich den Zeitgeist dienstbar gemacht. ... Doch bleibt Tibet eine hybride, halb-erfundene Landschaft, ein seltsames Gemisch von Realität und Fantasie, von Gelehrsamkeit und populärem Wunschtraum.» (Erik Davis in *The Village Voice*, August 19–25, 1998)

wie bisher mit ‹business as usual›. … Die Zone des Friedens, die sich über den ganzen Planeten erstrecken sollte, beginnt in Tibet.»[10]

Erneut erkennen wir hier das Motiv des dem Frieden, dem Pazifismus verschriebenen Tibets. Für Thurman sind die Tibeter nicht erst in den letzten fünfzig Jahren Pazifisten, sondern sie wurden es bereits, als der Buddhismus im 7. Jahrhundert in Tibet eindrang. Damals – so Thurman – realisierten die wilden, schrecklichen Tibeter, die sich ständig zusammenschlugen, dass es noch etwas Anderes gab, nämlich Meditation und Logik, sie wurden von Welt-Eroberern zu Selbst-Erobereren.[11] «Die Herrscher meditierten, und alle wurden umerzogen und die Tibeter wurden zahm und friedlich. Ihre Feinde waren so weit weg, dass sie sich das leisten konnten. Und schließlich übernahmen die Klöster die Regierung des Landes. Aber nicht wie die Protestanten. Die protestantische Ethik zerstörte das Mönchstum und löste die industrielle Revolution aus. Aber im Tibet geschah gerade das Gegenteil: das Mönchstum selbst machte eine industrielle Revolution.» Mit dieser «Revolution» meint Thurman offensichtlich das, was er «Erleuchtungs-Industrie» nennt, die er an Beispielen etwas verdeutlicht. (Weshalb er von «industrieller» Revolution spricht, ist nicht ganz klar.) Er sieht ein Land, in dem die Regierung und alle Steuergelder dazu da sind, dass jedermann unterstützt wird, um selbstlos erleuchtet zu werden. Das hieße, jede Person könnte sich bei Bedarf für Meditationen zurückziehen und würde dabei kostenlos Essen erhalten. Er suggeriert dem Leser, dass dies so in Tibet gewesen sei, übersieht dabei aber, dass sich im alten Tibet aus wirtschaftlichen Gründen nicht jedermann, dem es gerade behagte, für einen «Erleuchtungstrip» zurückziehen konnte, und dass viele derjenigen, welche sich für den Weg zur Erleuchtung entschieden und in einem Kloster Aufnahme gefunden hatten, hart arbeiten mussten ohne große Chancen, sich dem eigenen Erleuchtungsweg zuzuwenden. Zudem lebten die vielen Mönche keineswegs nur «zahm, voller Liebe, selbstlos, freundlich, frei von Eifersucht und Gier», sondern beargwöhnten sich zum Teil, ja schlugen sich machmal gar die Köpfe ein – im Namen der Religion.

Was der gegenwärtige 14. Dalai Lama abgeschafft sehen möchte, nämlich das alte Herrschaftssystem, vergöttert Thurman, wenn er sagt: «Tibet hat ein ganz anderes Verantwortungsbewusstsein entwickelt. Der Dalai Lama ist das Staatsoberhaupt. Wir finden das komisch. Eine erleuchtete, heilige Person können wir uns nur machtlos vorstellen; ja, wir vermuten sogar, dass irgend etwas nicht stimmt, wenn solche Personen nicht machtlos sind. Aber eine erleuchtete Person muss Verantwortung – also auch Macht – übernehmen. Und Tibet ist auf der ganzen Welt der einzige Ort, wo politische Macht und Erleuchtung ein und dasselbe sind.»

Bob Thurman möchte das tibetische Modell auf die ganze Welt übertragen – sogar mit Hilfe der Chinesen: «Wenn Deng Xiaoping (die Rede und der Artikel stammen aus einer Zeit, als Deng noch lebte) klug wäre, würde er mit der ganzen Welt sagen: Befreit die Tibeter! Trainiert zehn Millionen Dalai Lamas, schickt 500 nach Iowa, Kansas, Moskau, Paris, Tokyo, Washington D.C., und lehrt den Leuten dort zu beten und zahm zu werden, bevor sie Neutronenbomben auf uns abwerfen! Die Welt sollte darum beten, dass Tibet zu uns kommt und uns zum Abkühlen bringt»[12], dass die buddhistischen Agenten einer «coolen Revolution» die nihilistische Zivilisation des Westens zu einer Kehrtwendung veranlassen. Der Beleg, dass eine solche «Innere Revolution» gelingen kann, ist für Thurman Tibet, jene demilitarisierte und sozial-harmonische «Aufklärungs-Fabrik» mit seinen Klöstern, die er manchmal «Glückseligkeits-Fabriken» nennt.[13] Dazu nochmals Erik Davis: «… Man kann sich des Eindrucks nicht erwehren, dass Thurman ein bewusst romantisiertes Bild zeichnet, das den widersprüchlichen Bedürfnissen des Westens – der Modernität zu entfliehen und sie gleichzeitig zur Vollendung zu bringen – bestens entgegenkommt.»[14]

Die Welt muss nicht mehr darum beten, dass Tibet zu uns kommt, denn es ist schon mitten unter uns. In Filmen, aber auch in Romanen, Comics, in der Werbung und – dies die neuste Entwicklung – Tibet verkommt mehr und mehr zu einem kommerziellen Produkt, wobei die Vermarktung stark amerikanische Züge annimmt: Die «Amerikanisierung» des Tibetbilds.

Tibetische Mönche als echte Werbetypen

Kein Fernsehwerbefilm mit Tibetbezug ohne Mönche! In keinem anderen der in diesem Buch untersuchten «Medien» wird Tibet so ausschließlich mit der «Berufsgruppe» Mönch assoziiert wie in der TV-Werbung und in der Werbung ganz allgemein.[15] Die Werbung hat in den Mönchen neue «echte Typen», Leute im Trend gefunden[16]: In sechzehn der insgesamt siebzehn uns bekannten TV-Werbespots spielen Mönche eine zentrale Rolle, in zwölf kommen ausschließlich Mönche vor.[17]

Obschon in drei Spots Mönche gezeigt werden, die nicht eindeutig der tibetischen Tradition zugerechnet werden können, werden sie hier mitberücksichtigt, denn höchstens der Fachmann kann dies aufgrund von Details an der Kleidung erkennen.[18] Mit größter Wahrscheinlichkeit waren sich die Werbefilmer bei der Produktion der Unterschiede in der Kleidung gar nicht bewusst und wollten – wegen der Popularität der tibetischen Mönche – dem Zuschauer den Eindruck vermitteln, es handle sich um Vertreter des tibetischen Buddhismus. Darauf deutet beispielsweise die Werbung für *Danka*-Faxgeräte. Der darin vorkommende Mönch ist zwar von seiner Kleidung her eindeutig kein tibetischer Mönch, dennoch trägt der Werbespot den Namen «Dalai Lama», die Assoziation mit tibetischen Mönchen, ja gar mit dem Dalai Lama, ist also gewollt. So nennt denn auch der *Danka*-Vertreter im Film den Mönch «Dali», was das zuvor Gesagte unterstreicht: Der Laie denkt, wenn er den Mönch zum ersten Mal erblickt und die Anrede hört, augenblicklich an den «Dalai», d. h. an den Dalai Lama bzw. einen Vertreter des tibetischen Klerus. Auch der Mönch, der in einem Werbespot für das *Königspilsner* wirbt, ist aufgrund seiner Kleidung nicht ein tibetischer Mönch. Im *Xtreme Information Ltd.*-Archiv, einem Werbefilmarchiv, läuft der Spot jedoch unter dem Stichwort «Tibetan Monk».[19]

Was die Authentizität anbelangt, wird in den Werbespots – mit einer Ausnahme (*Xara Coupé*) – ohnehin nicht Exaktheit angestrebt. In zwei Spots beten tibetische Mönche in einem angeblich tibetischen Kloster, für dessen Außenaufnahmen aber newarische Architektur herhalten musste (*Renault Clio* und *Sampo*); in der *Biogran*-Werbung erfährt man, die tibetischen Mönche würden bis zu 120 Jahre alt; im *Tchaé*-Film, in dem *Lipton* für Grüntee wirbt, serviert ein tibetisch gekleideter Mönch den Tee in einem an Japan erinnernden Raum und im *Baygon*-Film versprüht ein meditierender (und levitierender) Mönch ein Mückenvertilgungsmittel, ein unverzeihbarer Fehler, bedenkt man das buddhistische Gebot des Nicht-Tötens. Dieser Fehler wird zur Geschmacklosigkeit, wenn der als Auftraggeber fungierende *Bayer*-Konzern entschuldigend schreibt: «Dieser Film wurde mit rein positiven Absichten hergestellt. So hat uns der buddhistische Mönch, Symbol für den Frieden des Geistes, geholfen, die Stille, welche die Produkte von *Baygon* mit sich bringen, weiterzuvermitteln. Wir hatten nie die Absicht, in irgendeiner Art die buddhistischen Prinzipien zu verletzen, und vor allem nicht, ihnen mit einem Vorurteil zu begegnen. Ganz im Gegenteil: Wir haben in diesem Film lediglich positive Werte aufgezeigt: friedliche Bilder, Kinder, die Stille und den

124

124 Die Werbung hat in den tibetischen Mönchen neue «echte Typen», Leute im Trend gefunden. In fast allen TV-Werbespots mit Tibetbezug spielen Mönche eine zentrale Rolle und auch in vielen Inseraten werben tibetische Mönche für Konsumgüter – häufig moderne Technologie wie Computer, TV-Geräte oder Autos.

Frieden des Geistes.» Offen bleibt jedoch trotz allem, welche Analogie zwischen der Geistesruhe eines Meditierenden und der Todesruhe, welche ein *Baygon*-Produkt durch das Töten von lästigen Mücken zur Folge hat, besteht.[20]

Interessanterweise wird in der Mehrzahl der Werbefilme für moderne westliche Technologie geworben: für Autos, Computer, Fernsehgeräte, Büromaschinen – insbesondere Fax-Geräte – und für einen Staubsauger.

125

125 Werbung mit unlauteren Methoden: Ein (angeblich) buddhistischer Mönch wirbt für ein Mückenvertilgungsmittel von *Bayer*. Meditative Levitation – dank Tod versprühendem *Baygon Max*!

Ein Werbespot bewirbt einen Mückenspray, die restlichen Werbespots werben für Produkte aus dem Lebensmittelbereich: für Tee, Bier, Käse, einen Riegel, Lutschtabletten und ein Aufbaupräparat. Bei vielen dieser Produkte handelt es sich um solche, die die obere Mittelschicht ansprechen, was teilweise erklären mag, weshalb tibetische Mönche als Werbeübermittler eingesetzt werden: Für die obere Mittelschicht sind Mönche und der tibetische Buddhismus, den sie verkörpern, «chic» und «in», während sich untere Schichten mit tibetischen Mönchen schwerlich identifizieren würden.

Jungbrunnen und Levitation

Nur ein Werbespot, derjenige für das Aufbaupräparat *Biogran*, nimmt das Klischee des tibetischen Jungbrunnens auf, drei das Phänomen der Levitation (*Electrolux*, *Lerrdammer* und *Baygon*).

Zu Beginn der unspektakulären *Biogran*-Werbung[21] sieht man Bilder von betenden tibetischen Mönchen, die durch ihre grau-braune Farbe den Eindruck erwecken, es handle sich um Aufnahmen aus dem alten Tibet. Auf das gute alte Tibet nimmt denn auch der erste Satz Bezug: «Tibetische Mönche werden bis zu 120 Jahre alt, ohne Trinken, ohne Rauchen und natürlich ohne Sex.»

Nun folgt bildlich und textlich ein Sprung in die Welt des Zuschauers: Auf einer Tischfläche steht ein mit Milch gefüllter Krug. Von rechts wird eine Dose mit der Aufschrift *Biogran* hingestellt. Kommentar: «Falls auch Sie länger Leben möchten, aber nicht zum Mönchsein berufen sind, trinken Sie *Biogran*. Wenn Sie Ihren Lebensstil nicht ändern können, nehmen Sie *Biogran* … *Biogran* verzöööögert das Altern.»

Der Mythos, in Tibet würden wie in Shangri-La die Menschen sehr alt, wird in dieser Werbung reaktiviert. Grund für das (angeblich) hohe Alter der Tibeter ist kein Elixier, sondern – ähnlich wie im Shangri-La-Roman von James Hilton – ein mäßiger Lebensstil: ein Leben ohne Alkohol, ohne Rauchen und ohne Sex. Dem westlichen Zuschauer kann dieser Weg nicht zugemutet werden. Stattdessen bietet ihm *Biogran* einen «Instant»-

126

126 Tibetisch aussehender Mönch in japanischem Ambiente. Mit Grüntee gegen den Großstadtstress.

Weg an: Auch der Zuschauer kann die Annehmlichkeit des Shangri-La-Tibets genießen, nämlich ein hohes Alter, ohne auf seinen Lebensstil, d. h. auf all die großen und kleinen Abweichungen von der Mäßigung, verzichten zu müssen: *Biogran*. Das Elixier lässt einen so lange leben wie den maßvoll lebenden, stets betenden tibetischen Mönch, der ganz am Schluss des Werbespots nochmals zu sehen ist.

Nicht langes Leben, sondern die Bewältigung von Stress in einer Großstadt verspricht die Werbung für den Grüntee (*Tchaé*) von *Lipton*. Der Film arbeitet mit einem Antagonismus: Zuerst Bilder des beängstigenden, aggressiven Großstadt-Chaos, dargestellt durch Autos, hektische Menschen, die aus einer Drehtüre «herausgeschleudert» werden, im Hintergrund das Heulen einer Sirene. Diese Szenen, alle in Grauton, werden plötzlich von einem tibetischen Mönch – dieser in Farbe – aus der Bildfläche geschoben, gleichzeitig ertönt ein tiefes «OM», und der Mönch richtet sich mit folgenden Worten an das Publikum: «Ich erlaube mir, allen Stress zu unterbrechen. Ich habe Ihnen eine Tasse *Tchaé* mitgebracht.» Der Mönch geht in einem unmöblierten hellen Raum, in dem nur zwei Sitzkissen am Boden liegen (Assoziation: japanischer Teeraum), auf einige am Boden stehende Gegenstände zu: zwei Trinkschalen, ein Teekrug (alles nicht tibetisch, sondern eher japanisch) und eine *Tchaé*-Packung. «Ich habe Ihnen eine Tasse *Tchaé* gebracht … denn nur das grüne Blatt beruhigt den Berg. Nehmen Sie sich die Zeit, diesen frischen Geschmack zu würdigen, der den Geist weckt und den Körper belebt.» Bei diesen Worten bewegt der Mönch seine beiden Hände von seiner Brust über den Kopf und kreisförmig wieder herunter. «Ich lade Sie dazu ein, die Geheimnisse des Orients kennenzulernen.» Der Mönch bringt ein mit einem weißem Tuch bedecktes Tablett mit einer Trinkschale voll Tee. Das zweitletzte Bild weist einen symmetrischen Aufbau auf: Eine *Tchaé*-Dose in der Mitte, je eine links und rechts davon, ganz links ein schwarzer Teekrug und davor einige Beutel *Tchaé*, ganz rechts eine Trinkschale und davor der Schriftzug *Lipton*.

Die letzte Szene macht den Bogen zu der ersten: Der Mönch fährt entspannt, d. h. ohne Anzeichen von Stress, zwischen zwei stehenden Autokolonnen hindurch, keck zweimal die Fahrradglocke läutend … Er hat den Stress – dargestellt durch den stehenden Verkehr – dank *Tchaé* zum Stillstand gebracht und kann sich selbst leicht und ohne Probleme fortbewegen.

Auffallend an diesem Spot ist die Vermengung zweier asiatischer Kulturen. In dieser Szenerie würde man eine Japanerin oder einen Japaner erwarten, allenfalls einen Zen-Mönch. Stattdessen tritt ein tibetisch aussehender Mönch auf, als solcher nur an seiner Kleidung erkennbar. In seinem Verhalten, Art des Gehens und Handbewegungen, erinnert er wiederum eher an einen Japaner als an einen Tibeter. Wie bereits erwähnt interessiert ethnographische Exaktheit nicht. Ohne Skrupel werden gängige positive Asienbilder – Zen, japanische Teezeremonie, Mantra (Om), tibetischer Mönch, Mudra (Handbewegung) – zu neuen Bildern zusammengestückelt.

Von den drei «Levitations-Spots» wollen wir uns auf einen beschränken, auf denjenigen für einen *Electrolux*-Staubsauger.[22] Ein Mönch öffnet eine Türe und schaut in einen tempelartigen Raum, erkennbar an (nicht-tibetischen) Säulen und der vorherrschenden dunkelroten Farbe. Im Raum sitzen neun Mönche in Meditationshaltung, acht davon schweben etwa einen Meter vom Boden entfernt in der Luft. Der neunte, mittlere Mönch fliegt langsam auf dieselbe Höhe.

Neue Einstellung: Der Mönch, der zuvor zur Türe reingeschaut hat, fährt mit einem Staubsauger über den großen (nicht-tibetischen) Teppich, der den Tempelraum auskleidet, und reinigt den Teppich unterhalb des mittleren Mönchs. Als er damit zu Ende ist, bewegt sich der meditierende Mönch abrupt nach unten und landet – gut hörbar – wieder auf dem Boden. Dies erfolgt in der gleichen Art, nur schneller, auch mit den anderen levitierenden Mönchen. Kommentar: «Wenn das Reinmachen schnell erledigt sein muss, nehmen Sie den *Breitspur-Electrolux*. Er ist 25 Prozent breiter als die meisten anderen Staubsauger.»

Als alle Mönche wieder am Boden sitzen, ergibt sich ein streng symmetrisches Gruppenbild: Im Hintergrund sind – zentral auf die Mitte des Bildes ausgerichtet – vier Säulen zu sehen, welche das Bild in fünf Teile gliedern, eine Ordnung, der sich die davor sitzenden Mönche zu unterwerfen scheinen: In der Mitte und der Kamera am nächsten der Hauptmönch, links und rechts je vier Mönche, je weiter vom zentralen Mönch entfernt, desto weiter hinten im Raum.

127

127 Sauberkeit in einem tibetischen Kloster dank Levitation und *Electrolux Widetrack*.

Nach Detailaufnahmen des Staubsaugers öffnen die meditierenden Mönche ihre Augen. Schlussbild (Standbild): Staubsauger und Text: *Wide Track*, Intelligent design from *Electrolux*.

Besonders interessant an dieser Werbung ist – abgesehen von der Tatsache, dass darin der Levitations-Mythos aufgenommen wird – das ikonenartige Gruppenbild der neun Mönche. Wir werden sehen, dass in der hier zur Diskussion stehenden Tibet-Werbung dieser Ikonen-Aufbau immer wieder angewandt wird.

Die Verbrüderung von moderner Technologie und traditioneller Religion

TV-Werbung mit Tibet-Bezug bedient sich, wie bereits erwähnt, fast ausschließlich tibetischer Mönche und wirbt mehrheitlich für moderne westliche Technologie. Berücksichtigen wir auch Produkteinserate, die einen Bezug zu Tibet herstellen, fällt dasselbe auf: Da werben ein alter und junger Mönch für ein Kletterseil (*Beal*), ein Mönch animiert zum Kauf eines Camcorders (*JVC*), der Dalai Lama bewirbt *Apple*, der Tibetologe Glenn Mullin und vier Mönche aus dem tibetischen Drepung-Kloster werben für ein *Apple*-Laptop, der Mönch Lobsang Namgyal für eine modische Brillen-Kollektion (*Silhouette*) usw. Welches mögen die Gründe dafür sein, weshalb mehr und mehr Werbefachleute Tibet entdecken und für ihre Zwecke brauchen und missbrauchen? Zur Beantwortung dieser Frage wollen wir die Bild- und Wortsprache einiger dieser Werbungen genauer analysieren.

Karge Felslandschaft, in talartigem Einschnitt ist die Spitze eines Stupa zu sehen. Etwa zwanzig Mönche sitzen auf einem Felsen. Nacheinander Nahaufnahmen von einzelnen Mönchen und dazu der folgende eingeblendete Text: «Eine wunderbare Sache. – Ganz Ihrer Meinung. – IBM und *Lotus* in geistiger Harmonie. Stellen Sie sich vor … Tausende von Notes Workgroups. Arbeiten überall im Universum zusammen. Auf praktisch jeder beliebigen Plattform. Kosmisch. – Hey, nicht so laut. Es gibt Leute, die wollen mit ihren Gedanken allein gelassen werden.»

Standbild: IBM – Lösungen für einen kleinen Planeten.

Mönche gehen über die Felsen im Gänsemarsch weg, das Bild wird eingefroren.

Im gesamten Werbespot wird kein Computer gezeigt noch das Wort Computer verwendet. Dass es sich um eine Computerwerbung handelt, erfährt der Zuschauer allein durch einzelne Wörter des eingeblendeten Textes: IBM, *Lotus*, Notes Workgroups, Plattform. Subtil werden mit einem Wortspiel Gegensätze erwähnt, die – so die Werbung – keine sind, keine zu sein brauchen: «IBM und *Lotus* in geistiger Harmonie». *Lotus* kann zwar als Softwarename von IBM verstanden werden («die übermenschliche Software»[23]), in dieser Werbung hat Lotus aber zweifellos eine weitere Bedeutung: Lotus, die heilige Blume des Buddhismus, steht hier als Symbol für die buddhistische Religion. Mit anderen Worten: Zwischen IBM und *Lotus*, der modernen Computerwelt und der traditionellen Welt des Buddhismus, gibt es keine Dissonanz, sondern beide sind «in geistiger Harmonie». Sie passen so gut zusammen, dass sich der eine oder andere Mönch sogar schon vorstellt, diese Technologie könnte nutzbringend für das gesamte Universum angewandt werden. Eine das gesamte Universum umfassende Religion stützt sich auf eine das gesamte Universum umfassende Technologie ab. Beide – Buddhismus und IBM – sind kosmisch, universell … sind ebenbürtig! Die Computertechnologie eine Art universeller Religion? Was eine Helena

128

128 Tibetische Mönche werben vor Himalaja-Kulisse für IBM. IBM und Buddhismus in geistiger Harmonie.

129 a

b

129 Der Fehltritt von *Guérlain*: Ein Model saß auf einem Pseudo-Mani-Stein und entweihte damit die (pseudo-) tibetischen Schriftzeichen. Der Protest von Buddhisten und Tibetologen führte zu einer Korrektur – und einem indirekten Eingeständnis des Frevels: Die Schriftzeichen wurden entfernt (linkes Bild).

Petrovna Blavatsky und mit und nach ihr viele weitere Theosophen postulierten, die Einheit und universelle Bruderschaft der großen Religionen (vor allem des Christentums und Buddhismus), wird heute unter neuen Vorzeichen propagiert: Nicht Buddhismus und Christentum, sondern Buddhismus und Informatik sollen sich verbrüdern. Der Glaube an die Universalität der modernen Technologie gibt dieser Züge einer Religion. Was liegt da näher, als mit den Brüdern einer anderen universellen Religion Kontakt aufzunehmen – mit Mönchen in Tibet, den Nachkommen der Blavatskyschen Mahatmas?

Damals wie heute sind die Ansprechpartner in Tibet «Brüder», nicht Schwestern. Die Tibet-Werbung ist völlig männerzentriert. In allen Werbespots kommen in den Hauptrollen ausschließlich Männer vor – Mönche. Frauen sind höchstens Statisten. Die männerdominierte Welt des traditionellen tibetischen Wissens steht der männerdominierten Welt des westlichen Technologiewissens gar nicht so ferne. Kommt es da zu einer «Verbrüderung» der (männlichen) Wissenshalter hüben und drüben, im traditionellen Tibet und im modernen Westen?

In einer der wenigen Werbungen mit Tibet-Bezug, in der eine Frau im Zentrum steht, zwar nicht eine tibetische, sondern eine westliche, kam es zum Eklat, weil die Werber ein Sakrileg begingen. Sie setzten in einer Werbung für das Parfüm *Un Air de Samsara* (*Guérlain*) eine Frau auf einen Felsen, in dessen Seite stümperhaft eine Art tibetische Schriftzeichen eingemeißelt waren, einem tibetischen Mani-Stein ähnlich. Die Reklame führte zu einem Protest französischer Buddhisten und Wissenschaftler, da die Schrift für die Tibeter als heilig gilt, die wie alles Sakrale weder mit Füßen noch mit dem Hintern berührt werden darf. *Guérlain* sah sich gezwungen, das Bild abzuändern: Die Frau saß danach auf einem kahlen Felsen, aus dem die tibetischen Schriftzeichen wegretuchiert worden waren. Einzig eine im Wind flatternde Gebetsfahne lässt noch erahnen, dass sich die Frau irgendwo in Tibet oder im Himalaja aufhalten könnte.

Eine ähnliche Botschaft wie im zuvor erwähnten IBM-Werbespot wird auch in einem taiwanischen Werbefilm vermittelt. Darin wird der Betrachter mit einigen wenigen Bildern in die Welt eines Klosters irgendwo im Himalaja oder in Tibet versetzt: Betender tibetischer Mönch, Berge, große rotierende Gebetstrommel, Mönche, die vor nepalischem Tempel stehen (der Tempel steht offensichtlich für das Äußere eines tibetischen Klosters), und Mönche, die tibetische Ritualinstrumente spielen.

Die nächste Einstellung zeigt von oben den Mittelgang eines Tempels mit links und rechts am Boden sitzenden, der Mitte des Gangs zugewandten Mönchen. Ein Mönch nähert sich im Gang langsam der «Apsis», d. h. dem Ort, an dem sich üblicherweise ein Altar mit Gottheiten und Opfergaben befindet, an dem im Film jedoch ein großer Fernsehapparat steht. Die Sakralität des «Technik-Buddha» wird noch dadurch verstärkt, dass drei in der Nähe des TV-Monitors sitzende Mönche ihre Köpfe nach vorne senken, wie wenn sie sich vor dem «TV-Buddha» verneigen würden.

Unvermittelt greift ein junger Mönch in sein Mönchsgewand, nimmt eine Fernbedienung heraus und stellt damit den Fernseher an, in dem gerade ein Fußballmatch übertragen wird. In diesem Moment drehen einige Mönche, die außerhalb des Tempels stehen, um ihre eigene Achse und rennen ins Tempelinnere, wo bereits eine Schar von Mönchen ungeordnet nebeneinander sitzt und gebannt, mal lachend, mal johlend, auf den Fernseher schaut. Da nähert sich von hinten ein älterer Mönch, der mit der Fernbedienung resolut den Fernseher abstellt. Die Mönche schauen teils erstaunt, teils entsetzt nach hinten.

Die nächste Einstellung zeigt den alten Mönch in seiner schön möblierten Zelle – offenbar handelt es sich bei ihm um eine klerikale Respektsperson. Der Alte hält in der Hand die Fernbedienung einer Spielkonsole für – die nächste Einstellung macht es deutlich – ein *Nintendo*-Spiel, das er mit großem Vergnügen spielt. Der Fernseher, den er fürs Spielen verwendet, ist mit dem aus dem Tempel identisch, so dass vermutet werden kann, dass der Alte ihn für sich aus dem Tempel in sein Zimmer transportieren ließ. Hier nimmt der Fernseher wie zuvor im Tempel eine sehr sakrale Position ein: Er steht statt einer Statue in der Mitte des Zimmeraltars etwas erhöht auf einem in den heiligen Farben gelb und rot verkleideten Podest, davor einige Reihen von Opferschälchen. Vom Rücken her nähert sich ein junger Mönch mit strahlendem Gesicht und sagt: «Lass mich doch aufs Internet gehen, damit ich etwas über die Sternenkunde erfahren kann», worauf einige Astrologie-Internetseiten auf dem Bildschirm erscheinen und danach eine Internetseite, in deren Mitte «TV» steht, umgeben von den Wörtern: Computer, Game, Net. Das Fernsehgerät wird links und rechts von je einer roten Tempelsäule eingerahmt: Der TV-Monitor als modernes Heiligtum.

In der Schlussszene erinnert nichts mehr an die Hightech-Welt. Beide Mönche sitzen in Abgeschiedenheit auf einem Felsen und scheinen zu meditieren, bis der ältere zum jüngeren Mönch sagt: «Lebender Buddha (Rinpoche), Bill Clinton hat Dir ein e-mail geschickt.» Standbild am Schluss: *Sampo*.

Viele dieser (TV-)Werbungen verstoßen gegen die Wahrnehmungserwartungen der Konsumenten. Sie arbeiten mit der Gegensätzlichkeit zweier Welten, mit dem Paradoxen. Es wird suggeriert, das, wofür geworben wird, passe im Grunde genommen nicht in die

130

130 Ein *Sampo*-Fernseher hat Buddha vom Altar verdrängt – sowohl in der klösterlichen Versammlungshalle als auch auf dem Altar des Abtes. Statt Gebet ein TV-Fußballspiel, statt Bücherlesen ein Computer-Spiel und ein e-mail von Clinton …

Welt der Tibeter. Hier im Westen verwenden wir eine ausgeklügelte Technologie, dort in Tibet haben sie eine faszinierende Spiritualität und übermenschliche Kräfte. Aber – und dies ist das Muster hinter vielen dieser Werbungen: Die Paradoxie, das Dilemma existiert nur scheinbar. Auch die Tibeter, die der fremden Welt des Geistes angehören, können diese moderne Technologie genauso anwenden wie die westlichen Menschen, ja auch sie sind von ihr fasziniert und wollen sie gebrauchen, wie der alte Mönch, der zusammen mit einem jungen ein TV-Spiel spielt, oder, wie wir noch sehen werden, der junge Mönch, der mit einem *Renault Clio* auf- und davonfährt. Sogar bedürfnislose Menschen (Gibt es etwas Bedürfnisloseres als einen buddhistischen Mönch?) haben ein Sehnen nach moderner Technologie, und sogar sie, die doch technische Nieten sein müssen, können mit dieser Technologie umgehen. So enthält zum Beispiel die Printwerbung für einen *MacIntosh*-Laptop mit buddhistischen Mönchen implizit die Aussage: Diese Mönche stammen zwar aus einer völlig nicht-materialistischen, nicht-technischen Welt – aber sogar ihnen hilft die Computertechnologie. Oder im Fall einer Werbung für ein Fax-Gerät: Sogar ein im fernen Tibet wirkender Mönch kann seine seelsorgerische Arbeit nicht mehr ohne Faxgerät (und Handy) erfüllen, wie der folgende *Danka*-Werbespot zeigt:

Ein Mann mit weissem Hemd und Krawatte fährt in einem Jeep, auf dem *Danka* steht, eine steile Bergstraße hinauf, links und rechts schneebedeckte Felsen. In der nächsten Szene klettert der *Danka*-Mann, der in seiner Rechten einen Aktenkoffer trägt, um eine vorspringende Felskante, über Schnee und – gleichsam mit letzter Kraft – über eine Klippe. Dazu der gesprochene Text: «Probleme mit Ihren Büromaschinen? – Rufen Sie *Danka*. Ganz gleich, wo sich Ihr Geschäft befindet, wir werden innert höchstens zwei Stunden bei Ihnen sein.»

Der *Danka*-Mann gelangt auf eine kleine, mit Schnee bedeckte Ebene, wo sich ein höhlenartiges Tempelchen befindet, in dem ein rötlich bekleideter buddhistischer Mönch sitzt.

Mönch: «Willkommen, mein Sohn.» – *Danka*-Mann: «Hallo Dali.» – Mönch, Dali genannt: «Alle möchten Bescheid wissen über die Fakten des Lebens.»

131

Gleichzeitig zeigt die Kamera ein links vom Mönch hängendes Plakat mit dem Text the *Fax of Live*, das *Fax(gerät) des Lebens* (ein Wortspiel, das im Englischen besonders gut funktioniert, da «facts of life» und «fax of live» sehr ähnlich klingen).

131 Der «Dali» als Vermittler von Lebensfakten und «Lebensfaxen» – dank *Danka*-Faxgerät.

«Aber wie Du siehst, sitze ich ganz schön in der Klemme.» Der Mönch zeigt zum unter dem Plakat stehenden Fax-Gerät, in dem es zu einem Papierstau gekommen ist. – *Danka*-Vertreter: «Das bring' ich in Ordnung.»

Großraumbüro mit vielen Bürogeräten, eingeblendet: 2-Stunden-Service-Garantie. Als gesprochener Text: «Nur *Danka* bietet Kopierer, Faxgeräte und digitale Systeme und dazu noch eine solche klasse Service-Garantie.»

Der *Danka*-Mann wieder in den Bergen beim Dali, der sagt: «Du bist aber sehr weise für Dein Alter, *Danka*-Mann.» – Dali erhält einen Anruf auf seinem Handy, hört und sagt: «Maureen, nicht jetzt – ich bin mit einem Kunden beschäftigt.» Zum *Danka*-Vertreter gewandt: «Sie lassen Dich einfach nicht in Ruhe.»

Gesprochener Text: «*Danka*-Produkte von Weltklasse, Service von Weltklasse.»[24]

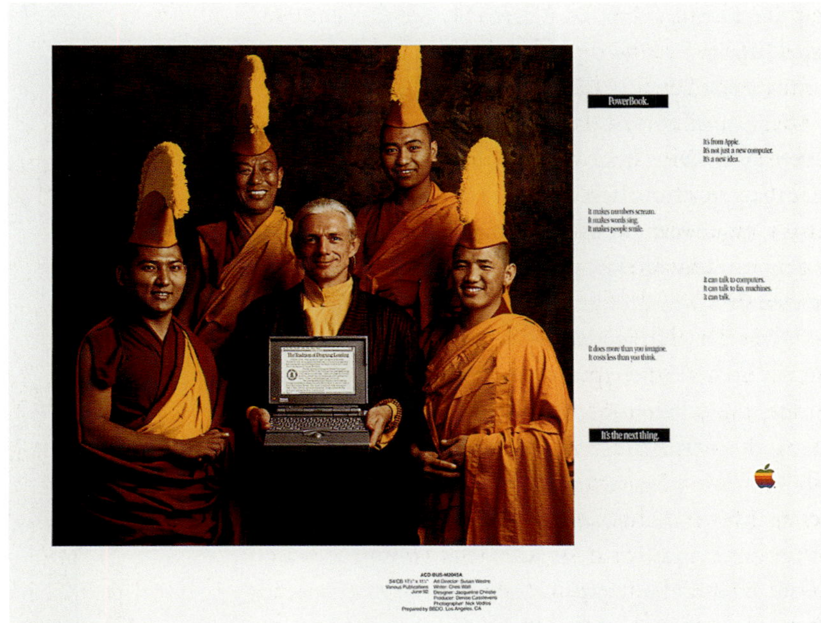

132

132 Werbungen mit Tibet-Bezug sind oft streng symmetrisch aufgebaut und erinnern an Ikonen. In diesem Fall weist die Werbung zudem einen Mandala-ähnlichen Aufbau auf: In der Mitte eine zentrale Figur, um die sich – gleichsam in den vier Himmelsrichtungen – vier weitere Mönche anordnen. Wie ein authentisches Mandala nicht nur Symmetrie ausdrückt, sondern auch eine klare Hierarchie, scheint auch in diesem «Werbe-Mandala» die zentrale Figur eindeutig höher als die anderen zu stehen. Denn es ist diese Person – bemerkenswerterweise ein Westler –, die den Gegenstand trägt, der mit dem rechts stehenden Text in überschwänglichen Tönen beworben wird: ein *Apple*-Laptop.

In manchen Werbespots geht es jedoch um mehr als um den Nachweis, dass das richtige Gerät auch von jemandem benutzt werden kann, der sich dem spirituellen Leben verschrieben hat. Manche Werbespots bieten ein weitaus komplexeres Paradox, welches das Produkt, für das geworben wird, lösen kann. Eine frühe Werbung dieser Art ist die bereits erwähnte, in vielen Magazinen im Sommer 1992 erschienene Druckwerbung für ein *MacIntosh*-Laptop. Ein symmetrisches Bild: In der Mitte steht ein Westler, der vor sich einen Laptop hält, dessen Bildschirm dem Betrachter zugewandt ist. Er ist umringt von vier Mönchen, zwei links und rechts vor ihm stehend, zwei weitere hinten und ein wenig erhöht, ebenfalls zur Linken und Rechten. Man fühlt sich an den Grundaufbau eines Mandalas erinnert mit einer zentralen Gottheit in der Mitte und vier weiteren Gottheiten in den vier Himmelsrichtungen. Die vier tibetischen Mönche, die alle einen gelben Hut tragen, lächeln, der weiße Mann schmunzelt lediglich. Auf dem Bildschirm ist ein Text erkennbar, der sich auf die vier Mönche und den Grund ihres Hierseins bezieht. Auf der rechten Seite des Bildes steht ein Werbetext für den *MacIntosh*, den der Weiße in seinen Händen hält. Der Text auf dem Bildschirm beschreibt unter dem Titel «Die Tradition von Drepung Loseling» das Drepung-Kloster und eines seiner Departmente (Loseling), das nach den Ereignissen in Tibet in den 50er Jahren nach Südindien übersiedelt wurde. Dort arbeitet eine kleine Schar von Mönchen an der Erhaltung des kulturellen Erbes dieser spirituellen Institution. Loseling habe, so steht weiter im Text, 1988 seine erste Amerika- und Europa-Tour durchgeführt und sakrale Musik und Tänze für den Weltfrieden aufgeführt. Auf der gegenwärtigen Tour würden zur Reinigung und Heilung unseres geplagten Planeten traditionelle tibetische Praktiken angewandt.

Dieser mit Hilfe eines hypermodernen Mediums vermittelte Text sagt somit zur Hauptsache aus, dass die alte Spiritualität Tibets dem kranken Planeten Erde helfen soll, Tradition hilft der maroden Moderne. Doch steht im Zentrum des Inserats weder ein tibetischer sakraler Gegenstand noch ein Tibeter, sondern ein Computer und ein Westler, an dem das einzig Tibetische sein gelbes Hemd mit Stehkragen ist. Geworben wird für einen Gegenstand aus eben dieser nicht-traditionellen, modernen Welt, die offensichtlich heilungsbedürftig ist. Paradox? Nur teilweise!

Der Planet mag Hilfe brauchen, *MacIntosh* nicht. *MacIntosh* liefert – und damit kommen wir zum haiku-artig formulierten Text auf der rechten Seite – die Lösung! Der Laptop von *Apple* «ist eine neue Idee. ... Er kann zu Computern sprechen. Er kann zu Fax-Geräten sprechen. Er kann sprechen.» Das heißt, er kann kommunizieren, sogar mit der so unkompatibel erscheinenden Welt des traditionellen spirituellen Tibets, das – dank moderner Technologie – seine Praktiken zur Rettung des Planeten weiterverbreiten kann.[25]

Ein weiteres Beispiel für einen Werbespot, in dem mit dem Paradoxen gespielt wird, bewirbt einen *Renault Clio*: Auf einem Klosterdach spielen zwei tibetische Mönche mit gelben Hüten auf langen Trompeten. Große Gebetsfahnen flattern im Wind, im Hintergrund Berge, offensichtlich ist man irgendwo im Himalaja/Tibet. In einer der nächsten Szenen sieht man betende Mönche in einem tibetischen Tempel. Einige Mönche spielen Oboen, deren Ton langsam in europäische Musik wechselt. Ein Mönch öffnet das Tempeltor. Die Kamera zeigt von neuem Standort aus, wie von oben zwei Mönche die Treppe eines – nun plötzlich newarischen – Tempels hinunterschreiten.

Der alte zum jungen Mönch: «Vergiss niemals, den persönlichen Werten den Vorzug vor den materiellen zu geben.»

Drehende mittelgroße Gebetstrommeln; die beiden gehen über einen weiträumigen newarischen Platz und nähern sich einem dort abgestellten Auto. Der Alte sagt, während er sich mit dem jüngeren Mönch dem Auto nähert:

«Und hier ist das Auto dazu. Es kostet nur 51600 Francs und bietet alle Reichtümer der Großen. Aber ohne deren Maßlosigkeit.»

Als die beiden Mönche beim Auto angelangt sind, hält der Alte einen Autoschlüssel in seiner ausgestreckten Rechten und sagt: «Wenn es dir gelingt, diesen Schlüssel zu nehmen, wirst Du in die Welt zurückkehren können.» Der junge Mönch bewegt seine Hand blitzschnell gegen die Hand des Alten, dieser schließt sie ebenso schnell zur Faust, zieht die geschlossene Hand zurück, öffnet sie und ist sichtlich erstaunt, sie leer zu finden. Der Junge war schneller.

133

133 Sogar bedürfnislose Menschen (gibt es etwas Bedürfnisloseres als einen buddhistischen Mönch?) haben ein Sehnen nach moderner Technologie, und sogar sie, die doch technische Nieten sein müssen, können mit dieser Technologie umgehen. Vor allem, wenn es sich um einen *Renault Clio* handelt, ein Auto, das den buddhistischen Weg der Mitte, des richtigen Maßes, befährt. «Vergiss niemals, den persönlichen Werten den Vorzug vor den materiellen zu geben» ... ... «und hier ist das Auto dazu. Es kostet nur 51600 Francs und bietet alle Reichtümer der Großen. Aber ohne deren Maßlosigkeit.» – «Wenn es dir gelingt, diesen Schlüssel zu nehmen, wirst Du in die Welt zurückkehren können.» – «Möge der *Clio* mit Dir sein.»

Der junge Mönch steigt in das Auto – lediglich dargestellt durch eine Detailaufnahme der Fronttüre, hinter der ein Zipfel des Mönchskleids verschwindet, bevor die Türe zufällt.

Das Auto biegt um eine Hausecke, das Gesicht des Alten, das zuerst bildfüllend ist, entfernt sich (wie wenn die Kamera durch das Heckfenster des wegfahrenden Autos filmen würde), und man hört, was der alte Mönch denkt: «Möge der *Clio* mit Dir sein».

Schlussbild: Der von hinten gefilmte *Renault Clio* fährt schnell davon, bei einem newarischen Tempel vorbei über den großen Platz. Schrift: «Clio, a partir de 51600 F; Mais que reste-t-il aux grandes?»

Auch dieser Werbespot spielt wie erwähnt mit dem Paradoxen. Paradox ist einmal die an den Jungen gerichtete Ermahnung des alten Mönchs: «Vergiss niemals, den persönlichen Werten den Vorzug vor den materiellen zu geben.» Nicht den spirituellen Werten soll der junge Mönch den Vorzug geben, was im Grunde genommen von einem buddhistischen Mönch erwartet würde, sondern den persönlichen. Was darunter zu verstehen ist, bleibt vorerst unklar, bis der Alte sagt: «Und hier ist das Auto dazu. Es kostet nur 51600 Francs ...» Ein weiteres Paradox: Was für jedes Auto gilt, trifft offenbar nicht auf den *Renault Clio* zu: Der *Renault Clio* gehört nicht zu den materiellen Werten. Vielleicht weil er alle Reichtümer seiner größeren Brüder – mit Maß – anbietet? Soll da suggeriert werden, es sei ein «buddhistisches» Mittelmaß-Auto, das den buddhistischen Weg der Mitte, des richtigen Maßes, befährt?

Ungewöhnlich auch die Prüfung, welcher der junge Mönch unterzogen wird, und die Belohnung, die ihm bei Bestehen winkt: «Wenn es dir gelingt, diesen Schlüssel zu nehmen, wirst Du in die Welt zurückkehren können.» Auch dies ein Paradox, besteht doch das Ziel des buddhistischen Mönchs eben gerade nicht in der Rückkehr in die Welt, geschweige denn, dass einen der eigene Lehrer dazu auffordert und gar noch wünscht «Möge der *Clio* mit Dir sein». Dies kommt der Gleichsetzung eines westlichen Konsumgutes mit Buddha gleich, denn müsste der Wunsch eines Mönchs nicht viel eher lauten: «Möge Buddha mit dir sein»? Das Auto als Buddha, als Gott![26]

Die Auto-Reinkarnation

Zu einer Gleichsetzung eines Autos mit dem höchsten buddhistischen Zustand kommt es in einem weiteren für ein französisches Auto werbenden Spot – *Xara Coupé* – mit dem Titel «Die Reinkarnation»:

Sicht von ferne auf eine Bergflanke, über die sich im Gänsemarsch Menschen bewegen, die eine feine, sich langsam bewegende Linie bilden. Man hört Gebete, sieht Mani-Steine in geheimnisvollem Licht. Die Leute ziehen zu einem Kloster. In dessen Hof ist ein Toter aufgebahrt, offenbar ein hoher Mönch. Eine Inkarnation? Sein Kopf wird mit einem Tuch zugedeckt. Gesprochener Text: «Als die Zeit kam, seinen Körper zu verlassen, da war der Geist des Großen Lamas so rein, dass er für seine Wiedergeburt die Gestalt eines einfachen Wassertropfens wählte.»

Ein jüngerer Mönch sieht zu einer Glocke hinauf, von deren Klöppel sich ein Wassertropfen löst. Gleichzeitig ertönt ein vibrierender Klang. Kommentar: «Weil er jegliches Verlangen nach Reichtum und irdischen Vergnügungen abgelegt hat, wird er bei seiner Wiedergeburt strahlen wie ein Diamant.»

Großaufnahme des Gesichts eines alten ladakhischen Laien, vor dem der Tropfen hinunterfällt.

Hoch oben vom Klosterdach schaut die Kamera in die Ebene vor dem Kloster. Dort haben sich viele Leute versammelt für die Verbrennung des Toten, welche die nächsten Szenen zeigen. Kommentar: «Befreit von den Fesseln der menschlichen Gestalt wird er bei seiner Wiedergeburt fliegen wie der Wind.»

Bild von einem Mönch, der nach oben schaut und beide Hände so vor sich hält, als ob er etwas von oben Fallendes auffangen möchte. Der Wassertropfen fällt von oben herunter, zwischen den beiden Händen des Mönchs hindurch, der dem Tropfen nachschaut. «Genau tausend Monde später ... führte ihn das Schicksal zur perfekten Reinkarnation.» In Großaufnahme und aus der Vogelperspektive sieht man den Tropfen, der sich mit hoher Geschwindigkeit von der Kamera weg auf eine Strasse zu bewegt, die das Bild von oben nach unten durchquert – eindeutig keine Straße im ariden Himalaja mehr, da sie von vielen Blättern zugedeckt ist.

134

134 Perfekter Geist und perfekte Materie sind (fast) eins: Der Geist eines vollkommenen tibetischen Weisen in Form eines Tropfens verkörpert sich (beinahe) in der höchsten Autoperfektion, einem *Xara Coupé*. «Als die Zeit kam, seinen Körper zu verlassen, da war der Geist des Großen Lamas so rein, dass er für seine Wiedergeburt die Gestalt eines einfachen Wassertropfens wählte.» … «Weil er jegliches Verlangen nach Reichtum und irdischen Vergnügungen abgelegt hat, wird er bei seiner Wiedergeburt strahlen wie ein Diamant.» … «Befreit von den Fesseln der menschlichen Gestalt wird er bei seiner Wiedergeburt fliegen wie der Wind.» … «Genau tausend Monde später … führte ihn das Schicksal zur perfekten Reinkarnation.»

Auf der Straße fährt ein Auto – offensichtlich «Die Reinkarnation». Wechsel des Kamerastandorts: Auto von vorne, von hinten; es wird ersichtlich, dass sich das Auto in einer Allee fortbewegt.

Wieder aus der Vogelperspektive der fallende Tropfen, der sich schnell dem Auto nähert. Diverse Nahaufnahmen des vorbeifahrenden Autos von der Seite. Schlussszene: Auto von hinten, das sich auf der mit Bäumen gesäumten Straße entfernt. Hinter dem Auto eine Pfütze, in die der Tropfen fällt. Dieser hat offenbar ganz knapp seine neue Inkarnation verpasst … oder doch nicht?

Ein Auto, der *Xara Coupé*, wird in diesem Film (beinahe) zur Reinkarnation eines verstorbenen Tulku. Mehr noch: eines von den Fesseln der menschlichen Gestalt befreiten Tulku, d. h. eines Tulku, der wegen seiner Perfektion nicht mehr wiedergeboren wird, das heißt Buddhaschaft angenommen hat. Erinnern wir uns, was über die zukünftige Reinkarnation des hohen Lamas gesagt wurde: Sie sei makellos rein, werde strahlen wie ein Diamant (ebenfalls ein Symbol für Reinheit und Perfektion) und fliegen wie der Wind. Genau tausend Monate später scheint sich der Lama als Ort der Wiederverkörperung ein Auto ausgelesen zu haben, das, so wird suggeriert, der Diamant unter den Autos, die Auto-Perfektion, ist. Perfekter Geist und perfekte Materie sind (fast) eins. Wieder ein Paradox.

Die Aufnahmen dieses Werbespots sind zwar superb, meisterhaft. Die Hersteller, Michel Rivière und *Partho Sen Gupta* von *IF Productions*, achteten auf ethnografische Authentizität und griffen nie zu faulen Kompromissen. Dennoch bleibt ein ungutes Gefühl, denn der Spot verletzt mit seiner Hauptaussage grundlegende religiöse Gefühle. Die Verletzten jedoch können sich nicht wehren. Was passierte, wenn der *Xara Coupé* als wiederauferstandener Christus dargestellt würde?[27]

Mit der Kargheit, Abgeschiedenheit und geistig-spirituellen Welt des tibetischen Buddhismus spielt auch der Werbefilm für einen *Thomson*-Fernseher. Ähnlich wie in den anderen Filmen, in denen tibetische Mönche die Hauptrolle spielen, wird der Zuschauer durch mehrere kurze Szenen eingestimmt: Ein metallener, goldglänzender Ehrenschirm auf einem Klosterdach,

135

135 Junge tibetische Mönche und die grandiose Landschaft auf dem Dach der Welt dienen hier als Synonyme für Menschheit und Universum, für Zukunft und Unendlichkeit, die nur ein Gerät richtig wiedergeben kann, ein *Thomson*-Fernseher.

im Hintergrund eine schöne Berglandschaft, man hört einen Gong, ein junger tibetischer Mönch (vielleicht eine junge Nonne?) schaut aus einem Fenster. Eine Kinderstimme sagt: «Eines Tages wird man sich am Rande der Welt hinsetzen, um alle Planeten zugleich sehen zu können.» Junge Mönche oder Nonnen springen über den Klosterhof und durch ein Tor ins Freie. Sie rennen einen Hang hinauf, einer großen Felsspalte entlang, neben einem Mani-Stein vorbei, noch weiter hinauf. Männerstimme: «Weil die Kinder die Boten der Zukunft sind, haben wir viel von ihnen zu lernen.» Als sie oben auf dem Berg angelangt sind, werden in Nahaufnahmen ihre Gesichter gezeigt. Zu diesen extremen Nahaufnahmen – man sieht nur Ausschnitte der Kinderköpfe – bildet die nun folgende Weitwinkelaufnahme einen deutlichen Kontrast: Die zuvor übergroß dargestellten Kinder verschwinden fast in der nächsten Szene: Man sieht drei nahe beieinandersitzende Mönche von hinten als kleine schwarze Silhouetten vor einem grandiosen Bergpanorama, das sie betrachten. Kommentar: «Zum Beispiel verdienen es solche Anblicke in ihrer gesamten Ausdehnung gesehen zu werden.» Nochmals abrupter Schnitt: Ein Fernsehgerät wird eingeblendet. Ihre Fernsehgeräte *Thomson* … *Thomson* autant voir grand.

Auch dieser Spot arbeitet mit Gegensätzen: Die geistig-spirituelle Welt des tibetischen Buddhismus wird der Kommunikationstechnologie der westlich-materiellen Welt gegenübergestellt, der kleine Mensch dem gigantischen Universum. Das Fernsehgerät *Thomson*, so wird suggeriert, ist das richtige Gerät, um alle Aspekte aufzuzeigen, jeden Blickwinkel zu ermöglichen.

Das unvereinbar Scheinende kann überwunden werden! Wer es nicht glaubt, soll sich nach den tibetischen «Mahatmas», den Lamas, umsehen. Diese levitieren, spielen Basketball, kommen gegen den Großstadtstress an, entwerfen Vodka-Flaschen, machen Computer zu Buddhas, fahren ohne Probleme Auto, ja reinkarnieren sich gar in einem Auto. Materie und Geist, Technik und Religion, Großstadt und Kloster sind nur scheinbar gegensätzlich, widersprüchlich und unvereinbar – was ja bereits die Theosophin Blavatsky in ihrem Buch *Die Geheimlehre* erkannte, trug doch dieses Werk den Untertitel «Vereinigung von Wissenschaft, Religion und Philosophie» …

Werbe-Ikonen

Wir haben bereits verschiedentlich auf den ausgesprochen symmetrischen Aufbau einzelner «Schlüsselbilder» in verschiedenen Spots und gedruckten Werbungen hingewiesen. Sowohl die (gedruckte) *MacIntosh*-Laptop-Werbung als auch ein TV-Spot aus Taiwan (Teewerbung) zeigen den Grundaufbau eines Mandalas, des Inbegriffs der Symmetrie: In der Mitte eine zentrale Figur, um die sich – in den vier Himmelsrichtungen – vier weitere Mönche anordnen.[28]

Ein Mandala drückt nicht nur Symmetrie aus, sondern auch Hierarchie. Die zentrale Figur ist eindeutig höher als die anderen. In der *Apple*-Werbung hält die mittlere Person das Produkt, um das es in der Werbung geht, einen Laptop, in ihren Händen, in der Tee-Werbung aus Taiwan ist der mittlere Mönch der Verkünder der Werbebotschaft, während die ihn umgebenden Mönche schweigen. Hierarchie und damit Autorität zeichnet auch einige andere hier vorgestellte Werbungen aus, so den Werbespot für einen *Sampo*-Fernseher und denjenigen für einen *Renault Clio*. In Letzterem wird die Autorität des Lehrers dadurch betont, dass er seinem Schüler (angeblich tibetische) Weisheiten weitervermittelt. Dies erfolgt auch in dem gedruckten Inserat, das für ein *Beal*-Kletterseil wirbt: Der im Hintergrund sichtbare alte Mönch scheint dem vor ihm in würdevoller Haltung sitzenden Novizen – und damit auch dem Leser – die wiederum angeblich tibetische Weisheit auf den Weg zu geben: «Wenn Deine Seele und Dein Körper aufs engste miteinander verbunden sind, dann, und nur dann wirst Du ein Ganzes bilden, das in der Lage ist, der vertikalen Welt die Stirn zu bieten.»

Wir haben gesehen, wie sehr die männliche «lamaistische» Hierarchie den Westen seit Jahrhunderten fasziniert hat. Dalai Lamas, Panchen Lamas, Tulkus, obskure Geistliche wie die Mahatmas oder die «sieben Wesen» und andere fragwürdige Mönche haben die westliche Fantasie immer wieder angeregt. Die Werbungen, welche die Hierarchie, Ordnung und spirituelle Autorität betonen, scheinen dieses Interesse, das wohl noch mehr ist, nämlich ein tiefliegendes Bedürfnis, wieder aufzunehmen. Darauf deutet auch die bereits erwähnte Tatsache, dass in keinem einzigen Werbespot und in keiner Werbung tibetische Frauen vorkommen. Betrachtet man das Tibetbild der Werbung, leben in Tibet nur Mönche. Keine Laien, keine Frauen, keine Nonnen.[29]

137

136

136/137 Weitere ikonenartige Tibetwerbungen: Mönche werben für einen tibetischen Tee – meditative Ruhe ..., ein Kletterseil – Sicherheit ...

138

138 ... einen Camcorder – totale Erleuchtung.

139a

b

c

139a–c Mit Buddha Sakyamuni für *Swissair* werben. Mit *Condor* fliegen wie ein wunschlos glücklicher tibetischer Lama. Buddhistische Statue als Symbol für die Reise nach Innen.

Neben den eindeutig Mandala-artig aufgebauten Werbungen bzw. Werbeelementen sind andere symmetrische Bilder erkennbar, die am ehesten mit dem Begriff «Ikone» zu umschreiben sind, einem Begriff, der selbstverständlich die hier mit «Mandalas» bezeichneten Werbebilder miteinschließt: Klar auf eine Mittelachse ausgerichtete Bilder, in deren Zentrum das Sakrale bzw. das zum Sakralen hinaufstilisierte Produkt steht. Solche Ikonen sind neben den bereits erwähnten «Mandalabildern» im *Electrolux-*, *Sampo-*, *Xara-*, und *Tchaé*-Spot enthalten. In der *Electrolux*-Werbung die acht links und rechts vom zentralen Mönch angeordneten Mönche, in der *Sampo*-Werbung das von zwei Säulen eingerahmte «Ikonoskop» (Fernsehgerät), das wie ein Altar erscheint, im *Tchaé*-Spot die mittebetonte Anordnung von drei Dosen und weiteren Gegenständen und im *Xara*-Spot schließlich das genau in der Mitte der Bildfläche zu sehende Heck des Autos, das sich auf einer Straße wegbewegt, welche den Bildschirm in zwei genau gleich große Teile teilt.

In vielen Werbungen wird auf authentische tibetische Kultbilder zurückgegriffen, was den Ikoneneffekt noch verstärkt. So beispielsweise in einer *Swissair*-Werbung (Operationelle Kampagne Österreich), welche einen Ausschnitt aus einem tibetischen Rollbild – den historischen Buddha auf einem Löwenthron sitzend – zeigt. Die entspannte Meditationshaltung des Buddha will Assoziationen wecken, die durch den darunter stehenden Text noch verstärkt werden: entspannt, bequem, komfortabel, verwöhnt, Gastfreundschaft, Schweben und Fernostreise sind die assoziativen Begriffe, welche zwischen der Ikone «Buddha» und der zu verkaufenden Dienstleistung – schnelles und bequemes Reisen von Österreich via Zürich nach Asien – einen Bezug schaffen wollen.

Eine Werbung des Ferienfliegers *Condor* bezweckt etwas Ähnliches. Diese zeigt bildfüllend die tibetische Bronzestatue eines Mönchs, der in Meditationshaltung auf einem bequemen dreischichtigen Thronkissen sitzt und offenbar wunschlos glücklich ist. Darauf deuten

140

141

140/141 Wozu tibetische Buddhas und Gottheiten alles herhalten müssen: Plakat mit Buddha Vajradhara, das auf Veranstaltungen anlässlich des ersten Todestags von Prinzessin Diana in Zürich hinweist. Der historische Buddha mit Kochmütze: Mit einer tibetischen Statue für ein Zen-Kochbuch werben.

die leer gelassene Gedankenblase und der Text unter der Statue: «Unsere Comfort Class macht Sie wunschlos glücklich.» Eine ähnliche Werbung stammt vom *Lotus Travel Service* in München. Dieser wirbt mit einer Postkarte, auf der ein Buddha Amitayus vor Palmenhintergrund zu sehen ist, für «Reisen zu sich und anderen». 1998 wurde für Erinnerungsaktivitäten anlässlich des ersten Todestags von Diana, der Prinzessin von Wales, mit einem hellblauen Plakat geworben, in dessen Zentrum ein großer Buddha Vajradhara sitzt, auch dies eine «Ikonenwerbung».

Mit einer tibetischen Statue machte die *Stadtsparkasse Köln* auf sich aufmerksam, ein Beispiel, das nochmals aufzeigt, wie klischee- und fehlerbeladen die Werbung oft ist: Bildfüllend ist ein Ausschnitt einer stehenden Statue zu sehen, die dadurch auffällt, dass sie drei Köpfe und acht Arme hat. Kommentar zur Statue: «Avalokideshwara, der indische Gott der Vielseitigkeit.» Den Werbern ist es gelungen, in diesem kurzen Satz drei Fehler zu machen, eine kaum zu überbietende Leistung: Erstens sollte das d im Namen des «Gottes» ein t sein, zweitens ist es falsch, bei diesem aus dem tibetischen Buddhismus stammenden Bodhisattva von einem indischen Gott zu sprechen, und zu guter Letzt ist Avalokiteśvara nicht der Gott der Vielseitigkeit, sondern der Bodhisattva (Erleuchtungswesen) des Mitleidens. Dass die Figur nicht komplett ist – es fehlen ihr acht Köpfe –, sei nur am Rande vermerkt. Ob angesichts dieser vielen Ungenauigkeiten und Fehler den Bankherren der Satz «Wir finden, dass er (der angebliche Avalokideswara) recht gut zu uns passt» noch immer gefällt? Ein Lügengespinst als Symbol für die

Vielfältigkeit einer Bank, die in der ersten Zeile des Inserats – «Tschüss Vorurteil» – Hoffnungen weckt, mit Vorurteilen aufzuräumen. Halbwahrheit sei die Essenz der Werbung, wird von Werbefachleuten behauptet[30], wobei es Grenzen der «erlaubten Lüge» (permissible lie) gebe. Es bleibt dem Leser überlassen zu entscheiden, ob diese im vorliegenden Fall überschritten wurde.

Wie problematisch die Verwendung religiöser Symbole und Ikonen in der Werbung sein kann, zeigt neben den bereits erwähnten Beispielen (*Un air de Samsara*, *Baygon*'s Mückenvertilger) auch eine Werbung, die exemplarisch das Paradoxe und die Ikonolatrie, die Bildverehrung, vereint. Zudem ist sie ein gutes Beispiel für den so genannten Reduktions- oder Minimalstil, die Reduzierung der Werbebotschaft auf eine zentrale Idee. Es handelt sich dabei um ein *Apple*-Inserat, das u. a. auch als Großplakat in amerikanischen Städten zu sehen war. Darauf ist eine schwarz-weiße Porträtaufnahme des 14. Dalai Lama zu sehen.[31] Dieser schaut den Zuschauer direkt an, leicht lächelnd, die beiden verschränkten Hände vor der Brust haltend. Rechts oben als einziger Farbtupfer der angeknabberte *Apple*-Apfel, darunter die Botschaft: Think different. Unten rechts – gleichsam wie eine Antwort auf die Frage, was denn mit dem «Anders Denken» gemeint sein könnte, die Internetadresse von *Apple*: www.apple.com. Der Dalai Lama als Vorbild für das andere, abweichende, außergewöhnliche, besondere Denken, eben das «*Apple*-Denken». Die vollkommene Spiritualität und die vollkommene Computertechnologie (selbstverständlich von *Apple*) sind kompatibel, da eins: vollkommenes universelles Wissen! Die Botschaft hat jedoch einen Schönheitsfehler: Sie ist wie alle der hier dargestellten Werbebotschaften nicht universell gültig, auch wenn sie diesen Eindruck vermitteln will. Sie ist von den Tibetbildern der Konsumenten abhängig. Eine andere Ideologie, diejenige des marktwirtschaftlichen Sozialismus Chinas, konnte mit der Botschaft der *Apple*-Werbung nichts anfangen, was zur Folge hatte, dass *Apple* sie in Asien nicht einsetzen konnte. Die Asiaten – insbesondere die in der Volksrepublik China lebenden Chinesen – haben ihre eigenen Tibetbilder und -klischees.[32]

142

142 «Wenn die Tibeter solche Projekte (*Apple*-Werbung mit dem Dalai Lama) fördern, riskieren sie, ein Zerrbild ihrer Kultur zu geben; wenn sie es nicht tun, dann droht ihre Kultur ganz zerstört zu werden … Das Gute in uns hofft vielleicht, dass es dem Dalai Lama gelingen möge, die Massenmedien in größerem Maß für seine spirituellen Zwecke zu nutzen, als diese ihn ihrerseits für ihre weniger erhabenen Ziele instrumentalisieren. Doch dieser Hochseilakt ist gefährlich, denn das Medium selbst gefährdet die Botschaft …» (Pico Iyer, *The New York Times*, April 24, 1998)

Die Kommerzialisierung und Trivialisierung Tibets

«Es ist offiziell. Kristalle sind out, tibetischer Buddhismus ist in.» (Aus einem J. Peterman-Katalog, USA)

Der Kommerz hat Tibet entdeckt. In den letzten Jahren ist Tibet, sind – wie wir bereits gesehen haben – vor allem die tibetischen Mönche, verstärkt in der Werbung präsent. Aber es finden sich auch immer mehr Produkte, die als «Tibet-Produkte» bezeichnet werden können. Bekannte Firmen kreieren eine Art «Tibetoiserien», Tibet-Collections, oder geben ihren Kollektionen zumindest einen Tibet-Touch. So schuf *Hermes* ein Seiden-Halstuch, auf dem sich tibetische Pilger um einen Stupa, der demjenigen von Bodhnath gleicht, bewegen. *Swatch* produzierte eine Uhr mit dem Namen «Lama», auf deren Zifferblatt ein tibetischer Glücksknoten zu sehen ist.[33] *Silhouette* gab eine Brillenkollektion unter dem Titel «Tibet-Collection» heraus, *Mephisto* machte unter dem Titel «Tibet» eine Werbekampagne für seine Schuhe. Auch in Spielen wird – zumeist das sakrale – Tibet dargestellt, sei dies im Flipperkasten *Shangri-La* der Firma W. Williams aus dem Jahr 1967, in Würfel- (*Mo*), Karten- (*Secret Dakini Oracle*) und Gesellschaftsspielen (zum Beispiel *Samsara*) oder modernen Computerspielen, in denen einzelne Szenen in Tibet handeln, so in *Tombrider II*, *Hexen*, *Megarace* und *Tim in Tibet*. Schließlich seien hier der Vollständigkeit halber noch einmal die Comics, Romane und vor allem die Spielfilme erwähnt, welche auf der Tibet-Kommerzwelle reiten.

Eine relativ neue Objektgruppe bilden tibetische Dharma-Produkte, das heißt Gegenstände, die vorgeben, einen Bezug zum tibetischen Buddhismus zu haben, und aus diesem Grund besonders förderlich und heilsam sein sollen. Wir wollen uns im folgenden mit einigen dieser Produkte aus dem «spirituellen Supermarkt» näher beschäftigen, da auch sie über die westlichen Tibet-Klischees Aufschluss geben.

«Wollten Sie nicht schon lange etwas für sich tun? Um fitter zu sein; um sich wohler zu fühlen; ... um sich jünger zu fühlen; ... um Stress besser zu bewältigen; um Nervosität, Angst und Sorgen besser abzubauen; ... um erfolgreicher zu sein; um körperlich und geistig beweglich zu bleiben; um körperliche Beschwerden zu mildern; um für den täglichen Lebenskampf besser gewappnet zu sein; ... ohne großen zeitlichen Aufwand? ohne große Anstrengung? ohne teure Ausrüstung? Dann sind ‹Die Fünf Tibeter› genau die richtigen fünf Übungen für Sie!»

Dies eine Passage aus einem Prospekt, in dem für eines der erfolgreichsten «tibetischen» Dharma-Produkte geworben wird: *Die Fünf Tibeter*, die wir bereits kennengelernt haben. Hier wird ausschließlich Ich-bezogen argumentiert, die Befriedigung der eigenen Bedürfnisse ist das Ziel. Übergeordnete altruistische Ziele werden nicht einmal ansatzweise erwähnt. So auch beim folgenden Produkt:

143

143 Bekannte Firmen kreieren in letzter Zeit eine Art «Tibetoiserien»: Ein *Hermes*-Foulard, auf dem das sakrale Tibet für einmal nicht nur Mönchen vorbehalten ist. Unter den Pilgern, die um den großen Stupa von Bodhnath kreisen, erkennt man auch viele Laien, von denen einige Gebetstrommeln in den Händen halten.

144

145

146

144–147 Auch in Spielen wird – zumeist das sakrale – Tibet dargestellt, sei dies auf dem Flipperkasten Shangri-La der Firma W. Williams aus dem Jahr 1967 (146), in astrologischen Spielen (*Mo* und *Geheimes Dakini Orakel*, 147) und Gesellschaftsspielen (z. B. *Samsara*, 145) oder modernen Computerspielen, in denen einzelne Szenen in Tibet handeln, so in *Tomb Rider II* (144), *Hexen*, *Megarace* und *Tim in Tibet*. Bei genauerem Hinsehen zeigt sich jedoch, dass viele Elemente und Motive der angeblich tibetischen Spiele keinen Bezug zu Tibet haben: Die meisten Karten der astrologischen Spiele erinnern an Tarotkarten oder zeigen hinduistische Gottheiten und Symbole, und die Architektur in den Computerspielen und auf dem Flipperkasten weist mehr nepalische, chinesische oder japanische als tibetische Charakteristika auf.

SECRET DAKINI ORACLE
A Tantric Divination Deck
44046-01
26.10
MO
JEU DIVINATOIRE TIBETAIN
Jay Goldberg et Doya Nardin
Textes de Mipham
Préface de Sa Sainteté Sakya Trizin
AMRITA
UN LIVRE + UN JEU + UN DÉ
0 JOKER

147

«Der Geruch von Wacholder, Sandelholz, Kardamon, schwarzem Pfeffer, schwarzen Senfkörnern und einer Aphrosidiakum-Mischung aus 16 Kräutern, die nach einem uralten, überlieferten Rezept von tibetanischen Ärzten hergestellt wird, schafft die beste Voraussetzung für Romantik und Liebe ... Das tibetanische Liebeskissen parfümiert das Bett und schafft die beste Voraussetzung für Romantik und Liebe. Das ideale Hochzeits-, Valentinstags- oder Geburtstagsgeschenk.»

Mit diesen Worten warb *The Body Shop* für ein unscheinbares Kissen aus rotem Glanzstoff, das gemäß Produkteinformation taube Frauen in Kathmandu hergestellt hatten. Damit wurde einmal mehr der Tibet-Eros-Mythos kultiviert, wie er in populären Büchern über sogenannten tibetischen Tantra gepflegt wird.[34] Für die Authentizität des Produkts garantieren tibetische Ärzte und ein uraltes Rezept. Ein solches jahrhundertealtes Rezept dient auch bei den *Precious Gem Formulas of the Himalayas, Golden Dragon Series* als Garant für den Erfolg. Es handelt sich dabei um ein mit Eau de Toilette gefülltes Fläschchen, dessen Vorderseite eine Farbabbildung eines tibetischen Heiligen – wahrscheinlich Tsong kha pa – ziert und auf dessen Rückseite folgende Informationen zu finden sind:

«Aus fein zermahlenen Edelsteinen. In den USA hergestellt. ... Dies ist das mächtigste, während Jahrhunderten angewandte Rezept, um Liebe und einen Lebensgefährten zu gewinnen. Sie werden (bei Anwendung) unmittelbar realisieren, wie die Leute Sie mit Liebe, Freundlichkeit, Geduld und Respekt behandeln. Füllt ihre Aura mit ‹anziehender Energie›. Großer Erfolg für Ihr Anstellungsgespräch; hilft gegen Scheu, für öffentliches Sprechen; erzeugt ein diamantähnliches Licht in der Aura. Auf Herz und Kopf sooft wie nötig zu sprühen und einzureiben.» Ein typisches Beispiel für einen «Eigennutz-Dharma-Artikel», der durch seine Etikette Assoziationen an tibetischen Buddhismus und den Himalaja weckt und in der Produkteinformation diese mit wundersamen Wirkungen in Beziehung bringt.

Einem «Eigennutz-Dharma-Artikel», der «Schamanenjacke», werden gar magische Kräfte zugebilligt:

«Jetzt ist es offiziell: Kristalle sind out, tibetischer Buddhismus ist in.

In Amerika schießen Klöster wie Pilze aus dem Boden. Hollywood-, Rock- und Wall-Street-Stars singen ‹Om mani padme hum›. Aber warum denn hinterher rennen, wenn Sie gleich alle überholen können?

Lange bevor der Buddhismus in Tibet Fuß fasste, kamen dort die einheimischen Bön-Schamanen ganz gut zurecht, ohne auf den Glauben an eine persönliche Existenz verzichten zu müssen (wie dies von guten Buddhisten verlangt wird).

Beflügelt durch ihre zeremoniellen Jacken widmeten sie sich ganz den alltäglichen Dingen wie dem Lindern von Zahnschmerzen und sorgten dafür, dass ihr Vorrat an Hordeum vulgare nie zu knapp wurde. Sie konnten durch die Luft fliegen, verständigten sich durch Telepathie und fügten ihren Feinden interessante Sachen zu.

Bestimmt möchten auch Sie jemanden quälen, zum Beispiel indem Sie neun verschiedene Arten von zerstörerischen Hagelstürmen auf ihn oder sie loslassen?

Authentische Bön-Schamanenjacke, handgenäht in Nordindien von tibetischen Flüchtlingen, die wissen, worauf es ankommt. Wolle mit aufgestickten wollenen Dorjes (stilisierte Blitze) ... Nahtbündige Taschen für magische Kräuter. Perlenbesetzte Quasten zum Ableiten überschüssiger Energien ... (Aber ganz sicher kriegen Sie den gewünschten Tisch, wenn Sie die tragen).»

Diese Produkteinformation nimmt subtil gängige Klischees auf: Bönpos verzichten im Gegensatz zu den Buddhisten nicht auf eine persönliche Existenz (Selbst), sie sind Heiler, fliegen durch die Luft, sind telepathisch begabt und fügen ihren Feinden Schlechtes zu. Ihr Requisit: eine Schamanenjacke, hergestellt durch kundige tibetische Flüchtlinge. Was gibt es Besseres für den Überlebenskampf in den USA?

Im Grunde genommen sollten buddhistische Produkte nicht zum eigenen Nutzen erworben werden, sondern zum Heil aller leidenden Lebewesen. Bei einigen Dharma-Artikeln wird in der Tat an den Altruismus appelliert, so im Fall von Anhängern in der Form von kleinen Gebetstrommeln, die auf Mikrofilm sehr

148

148 Kultivierung des Tibet-Eros-Mythos mit dem «Tibetanischen Liebeskissen» von *Body Shop*; für die Authentizität des Produkts garantieren tibetische Ärzte und ein uraltes Rezept. *Precious Gem Formulas of the Himalayas*, Eau de Toilette; Ein typischer «Eigennutz-Dharma-Artikel»: «Dies ist das mächtigste, während Jahrhunderten angewandte Rezept, um Liebe und einen Lebensgefährten zu gewinnen. Sie werden (bei Anwendung) unmittelbar realisieren, wie die Leute Sie mit Liebe, Freundlichkeit, Geduld und Respekt behandeln. Füllt ihre Aura mit ‹anziehender Energie›. Großer Erfolg für Ihr Anstellungsgespräch; hilft gegen Scheu, für öffentliches Sprechen; erzeugt ein diamantähnliches Licht in der Aura. Auf Herz und Kopf sooft wie nötig zu sprühen und einzureiben.» *Fit und jung ein Leben lang*: Das schier Unglaubliche ermöglichen «Tibeter», der Fantasie geschäftstüchtiger Westler entsprungene banale Turnübungen.

viele Mantras enthalten und die trotz ihrer Kleinheit gedreht werden können:

«Dharma-Räder, Mantras aus Mikrofilm. Schön gefertigte Gebetsräder-Anhänger aus Sterling Silber; Dreitausend bis hundertausend Mantras in jedem Rad. Unsere Absicht ist es, dass die drehenden Gebetsräder mit dem von ihnen ausgehenden Segen alle fühlenden Lebewesen umschließen, ihr Geist und Herz dem Dharma öffnen und ihre Erlangung der Befreiung beschleunigen. Für Informationen und Bestellungen rufen Sie uns an oder senden Sie ein e-mail. Bitte besuchen Sie unsere Webseite; Wir akzeptieren Visa/Mastercard & Amex; Zehn Prozent unserer Verkäufe werden Dharma-Projekten und -Aktivitäten in der ganzen Welt überwiesen.»

Der Altruismus entpuppt sich bei näherer Betrachtung oft als verkappter Eigennutz, so im folgenden Fall:

«Das Zeit-Rad … Kalachakra – Sei ein Krieger für den Weltfrieden! Die Designeruhr, deren Erschaffung durch sakrale tibetische Kunst inspiriert wurde und die durch Seine Heiligkeit den 14. Dalai Lama gutgeheißen wurde, ist dem Streben nach Erleuchtung, nach Weltfrieden und einem freien Tibet gewidmet. … Das zentrale Symbol verkörpert die gesamte Essenz der Kalachakra-Lehre. Tibetische Buddhisten glauben an seine beschützende Kraft und seinen Segen. Man glaubt, der ständige direkte Kontakt mit dem Emblem durch Sehen, Berühren oder Tragen, schaffe die Basis zur Befreiung aus dem leidhaften Lebenskreislauf (Samsara) – in diesem Leben oder in einem nahen zukünftigen Leben.»

So heißt es in einem Inserat, das für eine Uhr wirbt, auf deren Rand «Kalachakra» steht und deren Zifferblatt ein Kreis aus stilisierten Lotosblütenblättern ziert, der die machtvollen zehn Silben des Kalachakra umfasst. Die Erlangung des Weltfriedens, eines freien Tibets und die Befreiung aus dem leidhaften Lebenskreislauf – was mehr kann man sich von einer Uhr wünschen? Höchstens dass sie «Swiss made» ist – was auch beim teureren Modell bestätigt wird. Das technisch perfekte Instant-Dharma-Objekt hat seinen Preis!

Legitimierung durch Geschichte …

Häufig wird, gleichsam als Beleg für die Bedeutung und Wirksamkeit des Objekts, seine sakrale Geschichte und Einbettung erzählt. So im Fall dieser Kalachakra-Uhr, in deren einseitigem Inserat der auf Gautama Buddha zurückreichende Ursprung der Kalachakra-Lehre, die Shambhala-Legende sowie die im Kalachakra-Tantra erwähnte Apokalypse im Jahr 2327 n. Chr. detailliert beschrieben werden.

Die historische Verankerung ist auch wichtig in der Anpreisung der «Schatzvase», einer aus Ton gefertigten Vase, deren vergoldetes Inneres mit vielen Ingredienzen nach traditionell-tibetischer Art gefüllt worden ist: «Buddha Padmasambhava führte den Buddhismus im 9. Jahrhundert in Tibet ein. Er sagte eine Zeit der Degeneration voraus mit einer schwindenden menschlichen Vitalität, unheilbaren Krankheiten, unvermeidlichen Massenvernichtungswaffen und einer Schwächung der

149

149 Aus Ton gefertigte vergoldete «Schatzvase», die mit vielen Ingredienzen nach traditionell-tibetischer Art gefüllt worden ist: «Diese Schatzvase ist ein altes Mittel, das die Vitalität wiederherstellt und Harmonie zwischen den Elementen herbeiführen kann. Sie hat die Kraft, Reichtum und Überfluss anzuziehen, Gesundheit zu verbessern, die Gründe zu beseitigen, welche ein langes Leben behindern, Ärger und Streit zu besänftigen und Weisheit sowie Mitleiden für alle zu verstärken …»

150

150 Das sakrale Tibet auf der eigenen Armbanduhr: Uhr mit Glücksknoten (*Swatch*); Uhr (Swiss made) mit den machtvollen zehn Silben des Kalachakra: dem Streben nach Erleuchtung, nach Weltfrieden und einem freien Tibet gewidmet; Uhr mit Pseudo-Mandala.

151

151 Buddha-Statue «mit wohltätigen magischen Schwingungen» aus der Kollektion von *Ars Mundi*: «Wir liefern die Sakralfigur zusammen mit der Original-Lithographie des Abdrucks der rechten Hand des Dalai Lama. Diese die schutzverheißende Geste symbolisierende Hand gilt den Gläubigen als beruhigendes Amulett.»

Elemente dieser Erde, die verschmutzt und durch Umweltgifte erschöpft sind. In seinem Mitleiden gab er genaue Anweisungen, wie unsere Umwelt geheilt und wie die Energie vieler Wesen und Bereiche wiederhergestellt werden können. Diese Schatzvase ist ein altes Mittel, das die Vitalität wiederherstellt und Harmonie zwischen den Elementen herbeiführen kann. Sie hat die Kraft, Reichtum und Überfluss anzuziehen, Gesundheit zu verbessern, die Gründe zu beseitigen, welche ein langes Leben behindern, Ärger und Streit zu besänftigen und Weisheit sowie Mitleiden für alle zu verstärken ...»

Es tönen hier wohlbekannte Motive an: Ein tibetisches Objekt, welches das Leben verlängert und Frieden fördert. Tibet als Ort, in dem (eben doch) die Geheimnisse des Jungbrunnens und des ewigen Friedens bekannt sind. Interessanterweise wird dieses Bild im vorliegenden Fall nicht allein von westlichen Menschen weitervermittelt, sondern von einem tibetischen religiösen Zentrum, dessen Leiter ein tibetischer Lama ist. Einige unserer westlichen Tibet-Mythen sind nicht aus der Luft gegriffen, sondern basieren auf tibetischen Legenden und Vorstellungen und werden von Tibetern aktiv gefördert. Wir werden auf diese Tatsache im 5. Teil noch eingehender zu sprechen kommen, da sie für das Verständnis der westlichen Tibetbilder von nicht zu unterschätzender Bedeutung ist.

... und Vorbilder

Dass die Schatzvase mit einem hohen Lama der Gegenwart in Beziehung gebracht wird, ist ein weiteres Charakteristikum vieler Dharma-Produkte. In diesem Fall hat Lama Tharchin Rinpoche die Vase gestaltet und geweiht, bei anderen Produkten wird häufig der 14. Dalai Lama als Garant für die Authentizität und Wirksamkeit des Objekts genannt – wahrscheinlich ohne dass er davon weiß. So beispielsweise bei der erwähnten Kalachakra-Uhr oder im Fall einer Buddha-Statue aus der Kollektion von *Ars Mundi*:

«Aus dem Schatz des Dalai Lama. Dalai Lama persönlich übergab diesen Maitreya-Buddha der Sammlung ‹Schatz des Dalai Lama› des Kunstmuseums Schloss Nörvenich. Ein gleiches Exemplar befindet sich im Tempel des Dalai Lama. Wir liefern die Sakralfigur zusammen mit der Original-Lithographie des Abdrucks der rechten Hand des Dalai Lama. Diese die schutzverheißende Geste symbolisierende Hand gilt den Gläubigen als beruhigendes Amulett, und von der Bronze sollen wohltätige magische Schwingungen ausgehen.»

Neben diesem Werbetext aus *Ars Mundi* ist ein vom Dalai Lama signiertes Foto zu sehen, ein Bild vom Abdruck einer Hand, überschrieben mit dem Text: «Meine Bemühungen sind darauf ausgerichtet, allen Lebewesen zu helfen. Dalai Lama» und darunter eine Buddha-Statue, die entgegen dem Werbetext keinen Buddha Maitreya zeigt. Die Grenzen der «erlaubten Lüge» in der Werbung wurden in diesem Fall einmal mehr deutlich überschritten – und ein Tibet-Mythos erhielt neuen Auftrieb, denn mit dem Produkt und seiner Werbung wird das magische Tibet heraufbeschworen: Der Abdruck der rechten Hand des Dalai Lama soll Schutz bringen und beruhigende Wirkung haben und die Statue wohltätige magische Schwingungen aussenden. Schließlich erweckt die vom Dalai Lama signierte Fotografie den Eindruck, der Dalai Lama höchstpersönlich stehe hinter diesem Geschäft – was kaum der Fall ist, da das abgebildete Foto bereits im Jahre 1973 signiert wurde, der *Ars-Mundi*-Katalog jedoch erst rund zwanzig Jahre später erschien.

Authentizität und damit Vertrauen verströmt nicht nur der Dalai Lama oder ein inkarnierter Mönch. Ein ganz «normaler» tibetischer Mönch tut's auch, wie die Werbung der Firma *Silhouette* für ihre Brillenkollektion Tibet zeigt: Zwei Bilder zeigen denselben Mönch, einmal sind seine Augen mit einem hellen Balken zugedeckt, auf dem «Alles Licht ist in Dir» steht. Auf dem anderen Foto ist der Balken entfernt, und man sieht, dass der Mönch eine Brille trägt. Unten auf dem zweiten Bild steht auf einem feinen Schriftband: «Lobsang Namgyäl, tibetischer Mönch (gelong), und seine *Silhouette, Collection Tibet.*»

152

152/153 *Silhouette*-Brillen-Werbung mit pseudotibetischen Weisheiten wie: «Sei Eins. Alles ist Teil des Ganzen ... Sei hell leuchtend. Alles Licht ist in Dir. Sei reflektierend. Alles ist wichtig, alles ist vergänglich.» Lobsang Namgyäl, tibetischer Mönch (Gelong), braucht zum Sehen des inneren Lichts keine Augen (höchstens ein drittes Auge). Doch ab und zu muss sogar er die äußere, relative Welt betrachten und ist dann wie andere «Menschen mit Persönlichkeit» froh, eine *Silhouette*-Brille sein Eigen nennen zu können.

153 a

153 b

In diesem Zeitungsinserat, in dem für eine Brillen-Kollektion geworben wird, scheint erneut das Paradoxon-Motiv auf, das wir bereits kennengelernt haben: Das erste Bild erinnert an die buddhistische Weisheit, dass in jedem Lebewesen «das Licht» ist, d. h. Erleuchtung und Buddhaschaft. Um dieses zu schauen, braucht es keine Augen, keine Brillen (höchstens ein drittes Auge …). Der Gelong Lobsang Namgyäl mag noch so gut in sein Inneres schauen können, doch ab und zu muss er auch die äußere, relative Welt betrachten – und ist dann froh, eine *Silhouette*-Brille sein Eigen nennen zu können. Geschickt wird hier mit den zwei Wahrheitsebenen, die der Buddhismus postuliert, gearbeitet: mit der absoluten Wahrheit – auf dieser Ebene sind die Tibeter die vollkommenen Meister – und der relativen – dort ist *Silhouette* führend.

Es lohnt sich, das weitere Werbematerial dieser «tibetischen» Brillenkollektion noch etwas genauer zu betrachten: Im aufklappbaren, schön gestalteten Prospekt sind drei der acht Glückszeichen in tibetischer Art gezeichnet, umrundet von pseudobuddhistischen und nicht-tibetischen Texten, die an die Tageslosungen mancher christlichen Kalender erinnern:

«Sei Eins. Alles ist Teil des Ganzen. Du bist wie der Regentropfen, der in den Fluss eintaucht. Möge die Sonne ihn in den Himmel hochheben.

Sei hell leuchtend. Alles Licht ist in Dir. Du bist wie ein Stern in der Dämmerung, eine flackernde Laterne, ein leuchtender Blitzstrahl aus eines Sommerwolke.

Sei reflektierend. Alles ist wichtig, alles ist vergänglich. Du bist wie die Wolke, die unermüdlich sich selbst sammelt, wissend, dass der Wind sie wieder auseinandertreibt».

Im Prospekt liegt zudem, ohne dass ein Zusammenhang mit der Brillenkollektion ersichtlich wäre, als loses Blatt der Druck eines Lebensrades. Zum Werbematerial gehört ferner ein langer Draht mit kleinen farbigen Wimpeln, die an tibetische Gebetsfahnen erinnern, ein Bildmotiv, das wie die Gebetstrommeln zum festen Repertoire der Tibet-Traumwelt zu gehören scheint.

Zweckentfremdete Ritualgegenstände

Mehr und mehr tibetische Ritualgegenstände werden im Markt angeboten, so beispielsweise ein Ritualdolch (phurbu), der demjenigen im Spielfilm *The Shadow / Der Schatten* gleicht. (Text auf Verpackung: «Die beiden Gesichter, die den Griff verzieren, stellen das Gute und das Schlechte dar, das in den Herzen der Menschen verborgen liegt.») Auch gibt es Phurbu-Ohranhänger, Phurbus werden als Brieföffner angepriesen und gar in Messergeschäften geführt. Dabei wird völlig außer Acht gelassen, dass es sich beim tibetischen Ritualdolch wie beim ebenfalls im Handel erhältlichen Ritualmesser um geheime, selten verwendete Objekte handelt, die nur in bestimmten Riten Verwendung finden. Sie gehören nicht zum normalen Instrumentarium eines tibetischen Mönchs, geschweige denn eines Laien. In einem Fall wird der geheime Charakter eines Ritualmessers erwähnt, um daraus aber gerade ein Kaufargument zu machen: «Dieser wunderbare handgemachte Phurba (falscher Begriff für das Objekt, das angepriesen wird) ist ein Ritualgegenstand des tibetischen Buddhismus. Er stammt aus Nepal, wo er nur für den Gebrauch in Tempeln hergestellt wird. Wir durften diesen Gegenstand erwerben, weil wir ihn exportieren. Rituelle Instrumente, die für tantrische buddhistische Zeremonien hergestellt wurden, müssen sehr genau geschaffen sein und sind nicht für den öffentlichen Verkauf gedacht. Dies erhält die Kunst sakral und hält die Künstler davon ab, einfach Kopien und Massenware herzustellen. Zur Zeit besitzen wir nur eine sehr limitierte Anzahl davon ... Jeder ist einmalig und ist ein Werk der Hingabe. Eine Investition wie keine andere.» (*Mystic Trader* im Internet, Preis: 129 $)

Geheim, einmalig und wertvoll (auch finanziell), dies die Reizwörter, mit denen man hier potentielle Kunden beschwindelt. In Tat und Wahrheit handelt es sich jedoch bei den besagten Ritualmessern eben doch um billige Massenware, die sicherlich nicht für rituelle Zwecke geschaffen wurde, und von der *Mystic Trader* nur das eine gemeint haben kann: Eine Investition – so schlecht – wie keine andere.

154

Ein weiteres Objekt, das die Faszination, das es bereits auf die frühesten Missionare ausübte, offenbar noch immer nicht verloren hat, ist die tibetische Gebetstrommel, oft mit Gebetsmühle bezeichnet. Neben den bereits erwähnten Gebetstrommel-Anhängern werden auch Ohrgehänge in Gebetstrommelform verkauft und batteriebetriebene Gebetstrommeln angeboten. Auch diese haben gemäß Produkteinformation des Herstellers ausgesprochen segensreiche Wirkungen:

154 Imitation des Ritualdolchs (phurbu), um den *The Shadow* und *Shiwan Khan*, die Verkörperung des Bösen, im Spielfilm *The Shadow und der Fluch des Khan* streiten. «Die beiden Gesichter, die den Griff verzieren, stellen das Gute und das Schlechte dar, das in den Herzen der Menschen verborgen liegt.» (Verpackungstext)

155

155 Was bislang geschulten Mönchen vorbehalten war, kann nun Hinz und Kunz selbst herstellen: ein persönliches Sandmandala.

«Die im Rad enthaltenen Mantras werden, sobald das Rad dreht aktiviert, die Samensilben verwandeln sich in Gottheiten, die großen Segen entwickeln. Dieser kann, je nachdem, welche Mantras ausgewählt wurden, für ganz bestimmte Zwecke dienlich sein, zum Beispiel zur Vermeidung von Naturkatastrophen, Förderung des Weltfriedens, Heilung von Krankheiten, Langlebigkeit des Dharma, Reinigung innerer und äußerer Hindernisse und Beseitigung von Negativität … Die mittelgroße Gebetstrommel von *Mandallum Instruments* enthält 8000 Mani-Mantras und macht dreißig Umdrehungen pro Minute, was 240 000 Wiederholungen (des Mantra) in einer Minute entspricht. Eine Person kann in einer Minute lediglich hundert Mantras aufsagen. So ist das Laufenlassen dieser Gebetstrommel dem Aufsagen der Mantras durch 2400 Leute vergleichbar – 24 Stunden im Tag! Daraus ist ersichtlich, wie sehr diese kleinen religiösen Objekte eine fantastische Menge von Segen entwickeln, der die Kraft hat, alle Hindernisse auf dem Weg zur Erleuchtung zu vertreiben, die natürliche Umwelt zu harmonisieren sowie Frieden und Freude den in der Nähe lebenden Lebewesen zu bringen.»

Die Industrialisierung des Dharma hat tatsächlich begonnen.

Und die Kommerzialisierung des Dharma geht weiter: Schürzen, welche die klerikalen Tänzer in den ’cham-Aufführungen verwenden, werden heutzutage als Wandbehänge angeboten. Jedermann kann sich Trichter, Farbpulver und Vorlagen erwerben, um damit sein eigenes Sandmandala zu streuen. Immer häufiger sieht man Kleidungsstücke mit tibetisch-religiösen Motiven – vor allem T-Shirts. Dass sie Symbole tragen, die bis vor kurzem als geheim und schützenswert galten, scheint niemanden zu kümmern. So zieren die «Zehn Mächtigen Silben» des Kalachakra, ganze Mandalas, «Om mani padme hum», das Mantra der westlichen Bourgoisie (Shakya), ja sogar Gottheiten-T-Shirts. In einem Fall sind Gottheiten, die offensichtlich von tibetischen Rollbildern stammen, völlig willkürlich, d. h. zusammenhanglos neben- und untereinander angeordnet worden: ein Göttergetümmel-T-Shirt. (Abb. 156a rechts)

Seit der vor allem vom Dalai Lama praktizierten Öffnung der Kalachakra-Initiation kommt es zu einer wahrhaften Kalachakra-Inflation: Reproduktionen des aus Sand gestreuten Mandalas zieren Puzzles, Wanduhren, Buttons für Kleider und Magnetwände und T-Shirts. Es gibt wie erwähnt Kalachakra-Uhren (wozu sich die Übersetzung von Kalachakra – Zeitrad – nicht schlecht eignet) und das Kalachakra-Sandmamandala findet als Computer-Bildschirmschoner Verwendung.

156b

156a

156 Obschon sakrale Symbole nach tibetischer Auffassung niemals beschmutzt werden dürfen, zieren sie heute mehr und mehr Kleidungsstücke, die, nachdem einmal getragen, mit anderer Wäsche im Wäschekorb landen. Göttlicher Segen für Unterhosen und Socken.

157 Seit der vor allem vom Dalai Lama praktizierten Öffnung und Popularisierung der Kalachakra-Initiation mit Hilfe des gleichnamigen Mandalas kommt es zu einer wahrhaften Kalachakra-Inflation: Im Handel erhältlich ist ein Kalachakra-Mandala, das aus 440 Puzzleteilen zusammengesetzt wird. Wer ständig daran erinnert werden will, dass Kalachakra «Zeitrad» bedeutet, kauft sich eine Kalachakra-Wanduhr. Ganz in ist, wer einen Kalachakra-Button trägt oder seinen Kühlschrank mit einem Kalachakra-Magnet ziert.

157

158

158 Sakraler Türvorleger, damit Buddha mit Füßen getreten werden kann. Ein Fauxpas der besonderen Art.

Eine besondere Kategorie solcher Dharma-Produkte bilden die angeblich tibetischen Klangschalen, die mit Tibet nichts gemein haben. Es sind metallene Schalen aus Nordindien oder Nepal, ursprünglich Essschalen, die einen schönen Klang haben, aber deshalb so wenig Sakralgegenstände sind wie westliche Kristallgläser Musikinstrumente – trotz des schönen Klangs, den man ihnen bei richtiger Behandlung entlocken kann.

Wir haben gesehen: Der Kommerz hat Tibet entdeckt. Doch gilt auch das Umgekehrte: Tibet hat den Kommerz entdeckt. So bieten gar Klöster mit sakralen Motiven bedruckte T-Shirts an, via Versandhandel kann die erwähnte Schatzvase von einem tibetischen Zentrum erworben werden, Mönche führen an möglichen und unmöglichen Orten religiöse Riten durch, ja beten auf Theaterbühnen und lassen sich bei diesen «Lama-Peepshows» von Zuschauern begaffen – selbstverständlich meist gegen klingende Münze, auch wenn immer wieder betont wird, für religiöse Handlungen dürfe keine Bezahlung verlangt werden. Es fand in den letzten Jahren ein radikaler Wandel statt: Geheime sakrale Riten werden zu öffentlichen profanen Vorstellungen – zu «Tibetan Roadshows»[35], die sich symbolträchtiger Orte wie der *IBM Gallery* und des *World Trade Centre* in New York bedient haben.[36]

Wir sind damit unversehens bei der Frage angelangt, wie sehr eigentlich die Tibeter das Bild beeinflussen, das sich die Westler von ihnen machen? Wie sehr fördern sie das Traumbild Tibet und inwieweit verhindern sie allenfalls eine objektivere Betrachtung der tibetischen Realität? Wir wollen uns unter anderem mit diesen Fragen im letzten Teil eingehender beschäftigen.

5. Teil Die Grundlagen des Traums

159

159 Zum Bild der tibetischen Traumwelt trugen und tragen auch authentische tibetische Legenden bei, so beispielsweise die Lebensgeschichte des Heiligen Milarepa, der im 11./12. Jahrhundert in Tibet lebte und wirkte. Dieser Yogi soll die Kunst des Fliegens beherrscht haben, was er anlässlich eines Wettkampfes mit einem Bönpo bewies: An einem Vollmondtag veranstalteten die beiden ein Wettrennen zum Gipfel des Kailash, das Milarepa gewann, wodurch er die Oberherrschaft über das ganze Kailash-Gebiet erlangte.

Weshalb werden tibetischen Heiligen übermenschliche Fähigkeiten angedichtet, was hat es mit dem «dritten Auge» für eine Bewandtnis, warum gelten die tibetischen Mönche als Hüter uralten Wissens und warum werden im Zusammenhang mit Tibet immer wieder die Friedfertigkeit und – etwas seltener – die Promiskuität erwähnt? Bis vor kurzem ließ man die zahlreichen abstrusen Darstellungen Tibets undiskutiert stehen, und auch die Wissenschaftler fanden es nicht nötig, sich mit etwas so Trivialem wie den unzähligen Tibet-Klischees auseinanderzusetzen. Doch seit einigen Jahren ist andeutungsweise ein Umdenken feststellbar: An Konferenzen, in Büchern und einzelnen Artikeln beginnt man sich zu überlegen, weshalb sich der Westen von Tibet ein so einseitiges Bild macht.[1]

Aufgrund des bisher Vermittelten erkennen wir, dass auf die Frage nach den Gründen dieser Traumbilder und Klischees keine einfache Antwort erwartet werden kann. Die Bilder sind nicht einheitlich, sie sind vielschichtig und haben zum Teil eine alte Geschichte. Bei einer genaueren Betrachtung können wir jedoch gewisse immer wiederkehrende Motive und Charakteristika erkennen, denen wir uns im folgenden zuwenden wollen. Dabei nähern wir uns langsam der Antwort auf die Frage, welches die tieferliegenden Gründe der westlichen Tibetträume sein könnten.

Grundsätzlich bieten sich zwei Betrachtungsarten an: Die «Galeriebetrachtung» und die «Puzzlesicht»: Wir sind in diesem Buch Zeuge geworden, wie über beinahe 400 Jahre hinweg eine ganze Galerie von Tibetbildern entstand, die gewisse Epochen mit spezifischen Stilmerkmalen erkennen lässt: Utopia, «Shambha-La», «Shangri-La» und «Dharma-La». Es ist dies die historische Betrachtungsweise, bei der das Hauptaugenmerk auf der Entwicklung und dem Wandel der Tibetbilder liegt.

Wir können die vielen einzelnen Geschichten und Bilder dieses Buches jedoch auch mit den unzähligen Teilen eines Puzzles vergleichen: Wenn wir sie nebeneinander legen und richtig angeordnet aus einiger Distanz betrachten, verschwimmen die Einzelteile und es werden Konturen, Formen und Strukturen erkennbar – die Motive der Traumwelt Tibet.

160

Im folgenden wollen wir uns beider Betrachtungsweisen bedienen – zuerst der historischen, danach der «strukturalistischen», wobei wir auch nach den möglichen Ursprüngen der einzelnen Motive suchen wollen. Dabei werden wir etwas tun, was wir bisher bewusst unterlassen haben, weil es bis jetzt primär um das Aufzeigen der westlichen Tibetbilder ging: Wir werden dort, wo es um die Deutung der Tibetbilder geht, auch ab und zu auf tibetische Quellen zurückgreifen. Denn obschon die hier aufgezeichnete Traumwelt Tibet ein Produkt des westlichen Menschen ist, basieren einzelne ihrer Elemente – oder Teil-Träume – auf tibetischen Vorstellungen. Die Traumwelt Tibet hat, wie später aufgezeigt wird, ebenfalls tibetische Wurzeln, so wie jeder Traum nicht nur aus der Subjektivität des Träumers heraus verstanden werden kann, sondern ebenso ein Spiegelbild des Gegenübers, der Umwelt ist: Zwischen Traumwelt und Umwelt besteht eine Wechselbeziehung.

Die einzenen Epochen: Von Utopia über «Shambha-La» und «Shangri-La» zu «Dharma-La»

Begegnen wir Menschen, bewerten und beurteilen wir sie, egal ob sie einer fremden oder einer vertrauten Umgebung entstammen. Die dafür notwendigen Maßstäbe suchen wir naheliegenderweise in der eigenen Erlebniswelt – wir vergleichen das Fremde mit dem Eigenen, indem wir Ähnlichkeiten und Verschiedenheiten zu erkennen versuchen. Diese Bewertung zieht sich von Anbeginn wie ein roter Faden durch die Geschichte der westlichen Entdeckung Tibets. Viele Schriften früher Missionare handeln von – angeblichen – Übereinstimmungen zwischen Katholizismus und «Lamaismus»: beide scheinen an die Dreieinigkeit zu glauben, beide kennen ähnliche Zeremonien wie die Taufe, verwandte Grundsätze in der Sittenlehre, in beiden Glaubenssystemen wird im Chor gesungen, gefastet, Buße getan. Übereinstimmung scheint es überdies auch in der moralischen Bewertung der Muslime zu geben, waren doch auch die Buddhisten letzteren gegenüber skeptisch bis ablehnend eingestellt. Diese Haltung ist insbesondere auf die negativen Erfahrungen im Zusammenhang mit der Moghul-Invasion im nördlichen Indien zurückzuführen, in deren Gefolge die Muslime die Buddhisten aus den indischen Stammesgebieten verdrängt hatten. Diese vielen vermeintlichen und tatsächlichen Übereinstimmungen zwischen dem Christentum und der Religion der Tibeter schufen einen guten Boden für eine wohlwollende Berichterstattung nach dem Motto: Eigenes ist gut. Fremdes, das dem Eigenen gleicht oder zumindest ähnelt, ist ebenfalls gut – sofern nicht der Teufel es zur Täuschung geschaffen hat. Eine Meinung, die zum Teil auch vertreten wurde.

Die Missionare ließen es nicht mit den Vergleichen bewenden, sondern suchten auch Gründe für die Ähnlichkeiten: Waren die tibetischen Mönche allenfalls Abkömmlinge jenes sagenumwobenen Priesterkönigs Johannes, der mutmaßlich im 12. Jahrhundert irgendwo in Zentralasien lebte? Waren sie Abkömmlinge der Nestorianer, jener Christen im frühen Mittelalter, die in Vorder- und Mittelasien sowie in China die Botschaft Jesu verbreiteten? Waren sie Menschen, die, der letzten Sintflut entronnen, auf dem «Dach der Welt» Zuflucht fanden? Oder waren es gar die Bewohner des biblischen Gartens Eden, der seit alten Zeiten irgendwo in jener Gegend des Planeten Erde vermutet wurde?

161

161/162/163 Die positive Einschätzung des sakralen Tibets war nicht gänzlich ungeteilt. Zuweilen wich die wohlwollende Sympathie unverhohlener Ablehnung. Sei es, weil die Kommentatoren Protestanten waren, von denen die Ähnlichkeit zwischen Katholizismus und «Lamaismus» eher als eine zusätzliche Gefahr denn als ein Segen empfunden wurde, oder weil gewisse Praktiken auch Katholiken so abwegig erschienen, dass sie mit bestem Willen nicht mit dem eigenen Weltbild in Einklang gebracht werden konnten. So wurde aus dem Totengott Yama ein christlicher Teufel (161), aus dem friedlichen Bodhisattva Avalokiteśvara ein blutrünstiger Gott, der sich an Menschenfleisch erfreute (162), oder man interpretierte so genannte yab-yum (Vater-Mutter)-Darstellungen als religiöse Hurerei (163).

Abgesehen von den für möglich gehaltenen Verwandtschaftsbanden zwischen den in der Region lebenden, noch weitgehend unbekannten Menschen und den Europäern mag auch die Abgeschiedenheit der Region ein Grund für ihre Faszination gewesen sein. Schon immer faszinierte das weit Entfernte und schwierig Erreichbare, der Nicht-Ort – das heißt Utopia.

Doch war diese positive Einschätzung Tibets – genauer: des sakralen Tibets (auf den Unterschied werden wir noch eingehen) – nicht ungeteilt. Zuweilen wich die wohlwollende Sympathie unverhohlener Ablehnung. Sei es, weil die Kommentatoren Protestanten waren, von denen die Ähnlichkeit zwischen Katholizismus und «Lamaismus» eher als eine zusätzliche Gefahr denn

162

als ein Segen empfunden wurde, oder weil gewisse Praktiken auch Katholiken so abwegig erschienen, dass sie mit bestem Willen nicht mit dem eigenen Weltbild in Einklang gebracht werden konnten. Dazu gehörte unter anderem der Glaube an die Reinkarnation und die Verehrung des Dalai Lama etwa durch die religiöse Praktik der Niederwerfung, von der die Jesuiten behaupteten, der Teufel habe sie den Tibetern beigebracht, da diese Art Verehrung für gläubige Katholiken ausschließlich dem römischen Papst als Statthalter Christi zu bezeugen sei.[2] Auch die Verehrung zornvoller Gottheiten und das, was im christlichen Abendland gemeinhin mit Aberglauben und Magie identifiziert wurde, besser aber mit dem Begriff «Volksbuddhismus» bezeichnet würde, stieß immer wieder auf deutliche Abwehr.[3]

Negativ war, wie wir gesehen haben, auch die Einschätzung der tibetischen Religion durch namhafte Philosophen der europäischen Aufklärungszeit sowie des 19. Jahrhunderts, so etwa Kant, Herder, Rousseau und Nietzsche. Da war die Rede von einem «in das blindeste Heidenthum ausgearteten Christentum», von «kriechendem Religionswahn» (Kant), «ungeheurer und widriger Religion» sowie «Götzendienst» (Herder) und «jenen Armen im Geiste» (Nietzsche). Doch schwang manchmal auch ein positiver Unterton mit, wenn zum Beispiel Herder meinte, der Glaube an die Seelenwanderung habe die Tibeter mitleidig gegen die lebendige Schöpfung gemacht und habe wohl diese «rohen Berg- und Felsenmenschen» gebändigt, was auf andere Art kaum zu bewerkstelligen gewesen wäre. Oftmals waren die Reisenden und Kommentatoren schockiert über den Mangel an Hygiene und die vermeintliche unmoralische Sexualität, welche sich für sie in der Polygamie äußerte. Kurz: Bis zur Mitte des 19. Jahrhunderts begegnete man Tibet mit einem Gemisch von Wohlwollen und Zurückhaltung, von Interesse und Ablehnung, oft begleitet von einem Gefühl von Ehrfurcht oder zumindest verhaltener Sympathie.

163

Die Theosophin Helena Petrovna Blavatsky brachte eine Wende: Die Zeit der Schwärmerei, des Enthusiasmus, der Verehrung begann. In dieser Phase des Tibettraums, die ich «Shambha-La»-Phase nennen möchte, wurde der tibetische Mythos des sagenhaften Shambhala «entdeckt», aufgegriffen, schamlos uminterpretiert und mit Ideen westlicher Magier, Okkultisten und Esoteriker synkretistisch vermischt, was sich schon darin äußert, dass kaum einem Tibeter das Privileg zukommt, Mitglied im auserwählten Kreis der erhabenen «Brüder» oder «Mahatmas» zu sein. Diese Ehre wird fast ausschließlich indischen Ariern zuteil.

Es ist die Zeit, in der bestimmte «tibetische» Vorstellungen entweder erfunden wurden, eine verbindliche «Kodifizierung» erlebten, völlig überbewertet und vielfach schlichtweg falsch interpretiert wurden, wie etwa «das dritte Auge», die «Silberschnur», der «Astralkörper» und dergleichen. Es ist auch die Epoche, in der Tibet in einem höchst seltsam anmutenden rassistisch gefassten Evolutionismus eingebunden wurde. Tibet sei, so wurde gesagt, das Stammland der Arier. Dieser Mythos beeinflusste zwar tatsächlich kaum die Nazis, auch wenn in einer zunehmend unüberblickbar gewordenen Literatur – wie hier aufgezeigt – das Gegenteil behauptet wird, dafür aber umso mehr die Neonazis und ihnen nahestehende Kreise.

Die «Shambha-La»-Phase hat heute zwar ihren Höhepunkt überschritten. Sie wirkt aber noch weiter fort – einerseits in neonazistischen Kreisen, andererseits in gewissen okkult-esoterischen Zirkeln, die der Theosophie nahestehen.

James Hilton läutete mit seinem Buch *Lost Horizon* eine weitere Phase in der europäischen Sicht des sakralen Tibets ein: «Shangri-La». Doch auch dieses war nicht Tibet, sondern ein sakraler Ort «irgendwo in Tibet». Noch immer waren Nicht-Tibeter, nun eindeutig Westler, die «Oberlamas»: In diesem Fall Pater Perrault und Conway, der ersterem folgte. Mit Lobsang Rampa kündigte sich ein weiterer Wandel an: Äußerlich war Lobsang Rampa der Engländer Cyril Hoskins, doch seine Seele gehörte ihm zufolge einem Tibeter und der sakrale Ort war nun im eigentlichen Tibet situiert – aber genauso unerreichbar wie zuvor die Orte des Utopia- und des Shambhala-Paradieses: Tibet war in der Zwischenzeit von den Chinesen besetzt worden und Fremden der Zutritt völlig verwehrt. Der weiße Tulku, der – meistens im Westen – eine Mission zu erfüllen hat, ist seither ein immer wiederkehrendes Motiv, sei es in Romanen, in Spielfilmen oder in Comics.

164

164 Bis in die zweite Hälfte des 20. Jahrhunderts kommt kaum einem Tibeter die Ehre zu, in den westlichen Tibetträumen zum Kreis der erhabenen Brüder oder Weisen zu gehören. Stattdessen sind die «Tulkus» arischen oder weißen Ursprungs und haben häufig im oder zumindest für den Westen eine Mission zu erfüllen, sei dies in Romanen, Spielfilmen oder Comics.

Zur eigentlichen Emanzipation des tibetischen Lamas, die mit einer Sakralisierung ganz Tibets einherging, kam es erst in den 80er und 90er Jahren des 20. Jahrhunderts: «Shambha-La» und «Shangri-La» wichen dem sakralen «Groß-Tibet», dessen Retter sich, wie von vielen vorausgesagt, über den gesamten Globus auszubreiten begannen. Den Westlern begegneten reale tibetische Lamas, die Zeit des «Dharma-La» war angebrochen, mit Hunderten von Dharma-Zentren und einem Vielfachen von Lamas. Die tibetischen Mönche – noch immer keine Nonnen – haben sich zu eigenständigen Persönlichkeiten emanzipiert, haben ihr Wissen in den Westen gebracht und zeigen diesem mit ihrer «Erleuchtungs-Industrie» die «Alternativen für den ganzen Planeten» und damit gleichsam den Weg zum «Buddhiversum» (Thurman) – in der Werbung, im Kommerz, in den Medien, in Büchern, vor allem aber in Spielfilmen der 90er Jahre. Der Westen spielt Lama-verrückt! In dieser Phase, die hier «Dharma-La» genannt wird, ist charakteristisch, dass das Dharma, die buddhistische Lehre, mehr und mehr zu einer Handelsware verkommt: Mit genügend Finanzen lässt sich eine Reise ins Dharma-Land finanzieren – zu den «Kraftorten» des sakralen Tibets wie Pilgerorte, heilige Berge (allen voran der Kailash[4]) und Klöster, oder – wenn weniger betucht – leistet man sich wenigstens einen «Fünf-Tibeter»-Kurs oder den Besuch einer Veranstaltung mit betenden Mönchen. Und die ganz Bequemen begnügen sich mit einem tibetischen Liebeskissen oder einer Kalachakra-Uhr – dem Weltfrieden zuliebe. Wie in den vorausgehenden Phasen der Tibetrezeption interessiert somit nicht das reale Tibet, sondern lediglich das sakrale Tibet, das käuflich geworden ist.

165

165 Die Phase des «Dharma-La» hat begonnen. Den Westlern begegnen reale tibetische Lamas, die ihnen auch außerhalb von Klöstern und Meditationszentren den Weg zum «Buddhiversum» zeigen – in der Werbung, im Kommerz, in den Medien, in Büchern und Spielfilmen. «So kommt es, dass die Idee ‹Tibet› mit jedem Tag mehr in Mode kommt, während die tibetische Nation und die sechs Millionen Tibeter langsam aber sicher von der Bildfläche zu verschwinden drohen. Um der Welt diese Not dramatisch vor Augen zu führen, ist der Dalai Lama gezwungen, sich auf eine Pop-Kultur einzulassen, die früher oder später alles von ihr Hochgejubelte am Boden zerstört … Das Gute in uns hofft vielleicht, dass es dem Dalai Lama gelingen möge, die Massenmedien in größerem Maß für seine spirituellen Zwecke zu nutzen, als diese ihn ihrerseits für ihre weniger erhabenen Ziele instrumentalisieren. Doch dieser Hochseilakt ist gefährlich, denn das Medium selbst gefährdet die Botschaft …» (Pico Iyer)

Das Puzzle Tibet enträtseln: Der Ort, die Eigenschaften, die Gurus, ihr Wissen und ihre Mission

Der Ort

Tibet scheint seit seiner eigentlichen «Entdeckung» durch Missionare im 17. Jahrhundert stets als sakraler Ort wahrgenommen worden zu sein, wie bereits Peter Bishop in seinem Buch *The Myth of Shangri-La* feststellt. Doch lassen wir die vielen in diesem Buch zusammengetragenen Tibetbilder Revue passieren, stellen wir fest, dass es eine unzulässige Vereinfachung darstellen würde, ganz Tibet als sakralen Ort zu bezeichnen. Der geografische Raum Tibet ist für viele Autoren zweigeteilt: in ein äußeres – gleichsam «normales» – Tibet und einen inneren, geheimen, mysteriösen und sakralen Ort, der sich vom äußeren Tibet eindeutig abhebt. In den meisten Fällen handelt es sich in den hier ausgewerteten Quellen um dieses «innere» Tibet, diese «Herzregion», auch wenn dies nicht immer so explizit ausgedrückt wird.

In der Regel wird übersehen, dass auch bei den Theosophen der sakrale Ort Tibet nicht mit dem eigentlichen, geografischen Tibet zusammenfällt. Als sakral gilt ein in Tibet liegendes Shambhala und nicht ganz Tibet, verehrt werden vor allem an einem ganz spezifischen Ort lebende arische Mahatmas und nicht alle tibetischen Mönche. Auch für Blavatsky und ihre Nachfolger reduziert sich somit der sakrale Ort Tibet auf einige Regionen – einen Ort in der Nähe Shigatses, unterirdische Höhlen sowie ein unterirdisches Shambhala, das nicht unterhalb von Tibet, sondern unterhalb der Wüste Gobi zu liegen scheint. Diese Identifizierung bestimmter sakraler Orte innerhalb Tibets hält jedoch Blavatsky nicht davon ab, auch dem «äußeren» Tibet positive Eigenschaften zuzuschreiben, dieses ebenfalls bis zu einem gewissen Maß zu sakralisieren. Tibet ist für sie ein Land ohne Bettler, arme oder hungernde Leute, mithin ein Land, in dem Trunkenheit, Kriminalität und Unsittlichkeit unbekannt sind. Mit anderen Worten: Für Blavatsky scheint ganz Tibet rein zu sein, doch identifiziert sie zusätzlich einige Teilregionen, die sie als noch sakraler als den Rest betrachtet und auf die sie ihr spezielles Augenmerk richtet.

Andere unterscheiden viel eindeutiger zwischen dem geografischen und dem sakralen Tibet. So d'Alveydre und seine zahlreichen Nachfolger wie zum Beispiel die neonazistischen Autoren, für die das unterirdische Agartha zwar in der Region Tibets liegt, jedoch nicht mit diesem identisch ist. Auch Roerich macht einen Unterschied zwischen Shambhala und dem übrigen Tibet, das er keineswegs als eine irdische Verkörperung des Paradieses sieht. Er kritisiert die Klöster und Mönche, regt sich über ihre angeblichen «Wundertaten» auf, über ihren «Aberglauben» und ihre «abscheulichen Handlungen».

Was häufig übersehen wird: Sogar James Hilton trennt zwischen dem realen und dem sakralen Tibet. Er zeichnet ein eher negatives Bild von Tibet, in dem verkommene und schmutzige Mönche leben, die einen abwegigen Geschmack für Selbstzucht haben. Diesem Tibet stehen Shangri-La und das darunter liegende Tal gegenüber, eine Friedensinsel, eine Gegenwelt zur Welt des Mordens, des Untergangs, des Dynamits und des Stahls.

Die europäische Konstruktion Shambhalas/Shangri-Las hat somit oftmals eine interessante Doppelfunktion: Einerseits ist es ein positiv konnotiertes Kontrastbild zum Westen, andererseits ein Bild eines idealen utopischen Tibets gegenüber einem realen, eher verkommenen Tibet.

Das sakrale Tibet, sei dies nun als Utopia, «Shambhala», «Shangri-La» oder «Dharma-La», ist ohne mächtige Berge unvorstellbar. Die Idee, Tibet könnte der Ort sein, wohin Leute bei der Sintflut flohen, setzt die Existenz hoher, sehr hoher Berge voraus. Auch die Idee, Tibet könnte jenes Eden sein, in dem die vier in der Bibel erwähnten großen Flüsse entspringen, ist eindeutig auf dessen topographische Lage und die hohen Gebirge jener Region zurückzuführen. Shambhala ist in tibetischen Beschreibungen eine von hohen Bergwällen umschlossene Region mit einem stattlichen, weiß leuchtenden Kristallberg, eine Schilderung, die zweifellos westliche Shambhalabilder geprägt hat. Und auch Shangri-La liegt in einer grandiosen Bergwelt, aus der

166

jener über achttausend Meter hohe Berg Karakal herausragt, «ein in jeder Hinsicht auffallender Gipfel». Selbst in der heutigen Phase, die ich «Dharma-La» nenne, ist ein Berg zum äußerst beliebten Ziel einer westlichen Pilgerschaft geworden: der Berg Kailash im Südwesten Tibets. Die Berge bieten nicht nur Geborgenheit und Schutz, sondern erscheinen häufig auch als furchteinflößend und gefährlich, als Sitz mächtiger Dämonen oder scheußlicher Wesen wie zum Beispiel der Schneemenschen, die den Ort gegen Eindringlinge verteidigen.[5]

Interessanterweise liegt der sakrale Ort überaus häufig nicht auf den Bergen Tibets, sondern in unterirdischen Gängen und Höhlen, ein Motiv das wohl Bulwer-Lytton erfand und von Blavatsky sowie d'Alveydre übernommen wurde und über Ossendowski, Adamski und neonazistische Autoren (Reichsdeutsche unter dem Schutz der Gelugpas sollen in unterirdischen Basen unter dem Himalaja leben) bis in die Gegenwart überdauert hat. Es findet sich in Comics wieder, vor allem solchen, die die Weltverschwörung zum Thema haben, taucht aber auch in Spielfilmen auf, so in *Das goldene Kind*, wo der Held in einer unterirdischen Höhle eine Prüfung bestehen muss, oder in *The Prince of the Sun*, wo zu Beginn des Films der weise Abt in einer Höhle stirbt. Mit der Erzählung *Der Winterkrieg in Tibet* hat das unterirdische Tibet dank Friedrich Dürrenmatt gar in die Weltliteratur Eingang gefunden – dort zwar nicht als sakraler oder utopischer Ort, sondern als Antiutopie, als Ort, an dem nach dem Dritten Weltkrieg die schaurig grässliche Endzeit stattfindet. Die Erzählung schildert, wie die Schweizer Regierung, die sich in das ausgehöhlte Bergmassiv der Blümlisalp zurückgezogen hat, einen Söldner nach Tibet in den «Winterkrieg» schickt, wo dieser in den labyrinthischen Bergwerkstollen des Himalaja zum Chronisten der Endzeit wird und sich schließlich selbst tötet.[6]

166 Tibet ist für viele Autoren zweigeteilt: in ein äußeres – gleichsam «normales» – Tibet und einen inneren, geheimen, mysteriösen und sakralen Ort, der sich vom äußeren Tibet eindeutig abhebt. In den meisten Fällen handelt es sich in den hier ausgewerteten Quellen um dieses «innere» Tibet, diese «Herzregion», auch wenn dies nicht immer explizit ausgedrückt wird.

Die Eigenschaften

«Dadurch, dass Tibet während 1700 Jahren mit der Buddha-Realität verbunden war, wurde es der Ort auf dieser Erde, der einem Reinen Land (Paradies) am nächsten kommt,» meint ein westlicher Tibetträumer.[7] In der Tat hat Tibet oder der Teil Tibets, der als sakral gilt, nach Ansicht vieler Ähnlichkeiten mit einem Paradies: Keine Gefängnisse, keine Todesstrafe, Polizei und Gerichte, kein Böses, kein Verbrechen – nur Frieden, eine erstaunliche Fruchtbarkeit und in einigen Fällen die Herrschaft über eine enorme Kraft (vril), ferner hochentwickelte Heilige und höchstes Wissen. Wir wollen im folgenden einige Motive dieses Tibet-Paradieses genauer kennen lernen.

Das geheime Weisheits-Tibet

Das sakrale Tibet ist ein «Supermarkt», in dem sich jeder Westler seinem Gusto entsprechende Wissens- und Weisheits-Häppchen schnappt. Es birgt Wissen über die Ursprünge der Menschheit, außerirdische Besuche, den Yeti, die geistigen Kräfte des Menschen, andere Religionen, Möglichkeiten der Lebensverlängerung, die Erhaltung des Friedens und sogar militärische, politische und wissenschaftliche, jedoch insbesondere philosophische und spirituelle Geheimnisse. Dieses Wissen ist geheim und schwer zugänglich, oft ist es in unterirdischen Bibliotheken aufbewahrt, die nur Auserwählte betreten dürfen. Es sind dies in erster Linie die im sakralen Tibet lebenden spirituellen Wissenshalter – Mahatmas, Tulkus, Gurus und dergleichen – sowie einige wenige Westler, die sich zum Ziel gesetzt haben,

167

167 Das sakrale Tibet birgt besonderes Wissen, das jedoch sehr geheim ist. Es offenbart sich erst nach initiationsähnlichen Prüfungen – zum Beispiel einem langen, abenteuerlichen Flug und einer Bruchlandung wie in *Lost Horizon*.

das verborgene Wissen zu finden. Dass diese Suche kein Honiglecken ist, sondern einer schwierigen Prüfung oder Initiation gleichkommt, dafür garantiert die besondere Lage des Wissens-Schatzhauses, das hinter vielen Bergwällen – gleichsam hinter den sieben Bergen – in beinahe unerreichbarer Höhe thront.

Die Suche nach dem in Tibet liegenden geheimen Wissen erweist sich aber noch aus einem anderen Grund als problematisch. Das Betreten des Paradieses durch Fremde kann gravierende Folgen haben: Die in Tibet liegenden Weisheitsschätze werden ernsthaft gefährdet, weshalb die Frevler ausgewiesen oder sonstwie bestraft werden müssen. Die geheimnisvolle Weisheitswelt Tibets will in Ruhe gelassen werden. Das Land muss sich von den Einflüssen der westlichen Nationen freihalten, ansonsten deren primitive Vorstellungen die Anhänger der Guten Lehre verwirren und umnachten. Und damit könnte Tibet seiner Mission, die Wahrheit über die ganze Welt zu verbreiten, nicht mehr nachkommen.

Das Friedens-Tibet

«Wenn 80% der Weltbevölkerung Tibeter wären, gäbe es keine Probleme, wäre es wunderbar, gäbe es Frieden ...», sagte einmal ein Bekannter meiner tibetischen Frau und drückte damit einen Gedanken aus, der sehr weit verbreitet ist: Die Tibeter sind friedliebend, verabscheuen den Kampf mit Waffen, sind Pazifisten. Bereits der Jesuit Desideri war anfangs des 18. Jh. der Meinung, Tibet sei ein friedliches Land, eine Vorstellung, die in letzter Zeit viele neue Anhänger gefunden hat, was sich beispielsweise in Romanen, Spielfilmen und bei der Kommerzialisierung Tibets zeigt. Stark vertreten wird diese Botschaft auch durch Mitglieder der amerikanischen High Society wie zum Beispiel Bob Thurman.

Doch dieser Frieden Tibets ist nicht ewig. Er ist dann bedroht, wenn Fremde den sakralen Ort betreten und durch ihre Anwesenheit beschmutzen. So wussten – nach Rampa – die Tibeter, dass der Friede das Land verlassen würde, wenn es Fremde beträten, und Gurdjieff war überzeugt, der «militärische Ausflug» der Briten im Jahre 1904 habe die Zerstörung der «sieben Wesen» und ihrer Bücher und somit ihres friedlichen Zusammenlebens herbeiführt.

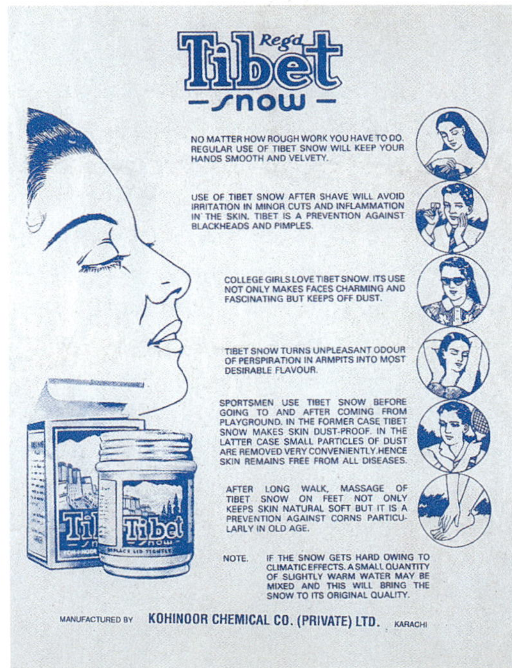

168 a

b

Das Jungbrunnen-Tibet

Obschon bereits Blavatsky von der sprichwörtlichen Langlebigkeit mancher Lamas berichtete, die mit Hilfe eines Elixiers das alte Blut erneuerten, war es wohl James Hilton, der dem Jungbrunnen-Motiv zum eigentlichen Durchbruch verhalf: Vater Perrault wurde 250 Jahre alt, weil es ihm wie auch den anderen Lamas gelungen war, in jener Gegend, in der die Zeit kaum so schwer wie eine Flaumfeder wog, den Ablauf dieses kurzen Lebens zu verlangsamen. Seither gilt das sakrale Tibet, zumindest unausgesprochen, als Jungbrunnen: Gurdjieff traf äußerst alte Menschen im Kloster Sarmun, Colonel Bradford fand – in *Die fünf Tibeter* – irgendwo im Himalaja ein tibetisches Kloster, das das Geheimnis ewiger Jugend barg, Karl Steiner sah – in *Die schwarze Sonne von Tashi Lhunpo* – jung aus, obschon er neunzig Jahre alt war, der Softpornokönigin Emmanuelle wurde in *Emmanuelle in Tibet* in den Bergen Tibets eine jahrhundertealte Pflanzenessenz verliehen, die Essenz des Lebens, der ewige Quell der Jugend, und es schien ihr, die Tibeter könnten die Zeit anhalten. Als

168 Ein tibetisches Jungbrunnen-Mittel, das einmal nicht aus dem Westen stammt: *Tibet snow*, das die Haut jung und geschmeidig und samtweich erhält, sowie gegen Pickel, Schweißgeruch, Hautkrankheiten und Hühneraugen wirkt.

vergleichbare moderne solche Essenz wird das Aufbaupräparat *Biogran* angepriesen («Tibetische Mönche werden bis zu 120 Jahre alt, ohne Trinken, ohne Rauchen, und natürlich ohne Sex» ... «falls auch Sie länger leben möchten, aber nicht zum Mönchssein berufen sind, trinken Sie Biogran») und auch moderne Dharma-Produkte versprechen unter anderem eine Verlängerung des Lebens.

Tibet als «Ort der Kraft»

Hinter den in diesem Buch vorgestellten Schilderungen des sakralen Tibets verbirgt sich oft die Vorstellung, Tibet sei ein «Kraftort»[8] – auch wenn die Autoren dies nur selten explizit ausdrücken und die vril-Kraft von späteren Generationen von Tibetophilen kaum mehr mit Tibet in direkte Beziehung gebracht wird. Die besondere Kraft Tibets äußert sich vor allem indirekt – durch die Heiligen, die über besondere Kräfte verfügen, aber auch durch besondere Effekte wie die retardierende Wirkung auf den Alterungsprozess und die Schaffung einer friedlichen Umgebung. Auch die Tatsache, dass Tibet als Landeort von Außerirdischen und geflohenen Atlantisbewohnern, als temporärer Wohnort Jesu oder als Ursprungsgebiet hochstehender arischer Menschen gilt, verleiht ihm eine besondere Kraft. In neuerer Zeit kamen weitere Erklärungsversuche des «Kraftorts Tibet» hinzu: Eine Theorie spricht von kosmo-terrestrischen Energien, die u. a. in Tibet – und dort vor allem in den Klöstern – besonders stark seien, so stark, dass sozusagen ungebildete Mönche «plötzlich mehrere moderne Sprachen sprechen oder uralte lateinische und griechische Texte fließend lesen können.»[9] Nach einer anderen Theorie befindet sich Tibet wie auch die Colorado-Hochebene in Nordamerika im Zentrum der «sonnenenergetischen Magnetfelder», während Hawaii, Jerusalem und Gizeh im Zentrum der mondenergetischen Felder liegen, allesamt Felder, die erdumspannend das Wohlbefinden der Pflanzen, Tiere und Menschen beeinflussen sollen. Die höchste Energiekonzentration liege aber eindeutig im Land der Hopi und in Tibet, dem Heimatland des Dalai Lama.[10] Colorado-Ebene, Tibet, Gizeh, Jerusalem und Hawaii sind somit dank ihrer Lage auf unserem Planeten Kraftorte, sakrale Orte, die besondere Menschen hervorgebracht haben. Die hier angedeutete Ägypten-Indianer-Tibet-Verbindung wird vor allem von Anhängern des New Age postuliert, die nicht müde werden, angebliche Parallelen und gemeinsame Ursachen von indianischen, tibetischen, altchinesischen und altägyptischen Weisheiten aufzudecken.[11] Der Kraftort Tibet – einer von wenigen Kraftorten dieser Erde.

Eine besondere Kraft scheint auch diversen tibetischen Ritualgegenständen eigen zu sein. Zur bildlichen Darstellung tibetischer Religion werden seit den ersten Missionaren bis in die heutige Zeit beinahe unverändert dieselben Gegenstände und Motive verwendet: Statuen von Heiligen und Gottheiten – darunter relativ häufig solche zornvoller Gottheiten –, Gebetstrommeln, Gebetsfahnen, das Mantra «Om mani padme hum» und das Lebensrad, zu denen später noch das Mandala stößt, und seit den 20er Jahren des 20. Jahrhunderts das so genannte «Tibetanische Totenbuch».[12] Die tibetischen Totenbräuche hatten jedoch bereits viel früher die Aufmerksamkeit einer westlichen Autorenschaft – zum Beispiel George Bogle im Jahr 1774 – auf sich gezogen.

Besonders beliebt ist die Gebetstrommel, die bereits die Missionare abbildeten und beschrieben, die in kaum einem Spielfilm mit Tibet-Bezug fehlt, in Comics ab und zu vorkommt und heute im Handel allgegenwärtig ist – als batteriebetriebenes Tischmodell, illusionär auf diversen Internetseiten oder als Ohr- oder Halsgehänge. In neuerer Zeit hat ein anderes Ritualobjekt die Gebetstrommel etwas verdrängt: Der Ritualdolch (phurbu), dem in mindestens zwei Spielfilmen – *Das goldene Kind* und *The Shadow* – eine wichtige Rolle zukommt, der aber auch immer öfters im Handel erhältlich ist – als Brieföffner, Glücksbringer oder magische Waffe.

Zusammenfassend kann über den westlichen Gebrauch tibetischer Ritualgegenstände gesagt werden, was wir bereits im Kapitel über die Spielfilme festgestellt haben: Die tibetischen Ritualgegenstände werden zu Objekten einer sakralen «Machttechnologie», die zur Erreichung äußerlicher Ziele dient. Ihres wahren spirituellen und rituellen Sinns aber sind sie beraubt. Die tibetische Religion erhält dadurch den Anstrich eines mechanistischen Zauberkults.

169 a

b

169 Tibetische Ritualgegenstände wie beispielsweise die Gebetstrommeln werden im Westen vermehrt zu Objekten einer sakralen «Machttechnologie», die zur Erreichung äußerlicher Ziele dient.

170

170 Tibet erscheint oft als Rückzugsgebiet und Ort, an dem die Leute verschollen gehen, um darauf in abenteuerlichen Expeditionen gerettet zu werden.

Tibet als Rückzugsgebiet

Tibet ist das Rückzugsgebiet par excellence: Hitler, überlebende Atlantisbewohner, aus Indien stammende Buddhisten (Mahatmas), Priester Johannes, Christus, Blavatsky, Außerirdische, Wissenschaftler, Nazis, Überlebende der Sintflut, Yetis, die Nestorianer, Sherlock Holmes (nach seinem vorgetäuschten Tod bei den Reichenbachfällen[13]), sie alle und noch viele mehr sollen in Tibet für kürzere oder längere Zeit Zuflucht und Schutz gefunden haben. Tibet als Asylland von Abgeschobenen, Flüchtenden, Marginalisierten, Suchenden, Bedrohten und Weltrettern oder Welteroberern.

Tibet erscheint aber auch außerordentlich oft als Ort, an dem Leute verschollen gehen, die von ihren Angehörigen, Journalisten, Wissenschaftlern oder anderen Helden gesucht und gerettet werden sollen – ein Motiv, das vor allem in Comics und Romanen zu finden ist.[14] In den letzten Jahrzehnten wird Tibet vermehrt auch als Rückzugsgebiet von Tieren und Pflanzen wahrgenommen[15] und auf diese Weise zum ökologischen Tibet stilisiert.[16]

Das (fast) asexuelle Tibet

Irdische Paradiese werden häufig als geheime Gärten der Lüste dargestellt, als «paradiso amoroso», doch im sakralen Tibet sind die Menschen weder hetero- noch homosexuell, sondern ganz einfach asexuell. Dort scheinen, wie bereits erwähnt, fast nur Männer zu leben, sakrale Männer: Mönche, Lamas und Tulkus. Das andere Geschlecht kommt, wenn überhaupt, nur ganz am Rande vor. Sex ist ein Fremdwort für die Mahatmas einer Blavatsky, Sexualität scheint es auch nicht in Shangri-La oder im Tibet Lobsang Rampas zu geben.

Auch in alten Berichten ist das sexuelle Leben der Tibeter kein Thema. Einzig Marco Polo schreibt, ein Weib sei in Tibet erst dann zur Ehe fähig, wenn sie zuvor mit vielen Männern geschlafen habe. Wenn eine Karawane durch das Land ziehe, würden den fremden Männern junge Frauen angeboten, die so lange mit ihnen lebten, wie die Fremden da wohnten.[17]

In neuerer Zeit jedoch wird Tibet manchmal als eine Art «tantrisches Bordell» dargestellt, als Ort, in dem es die Mönche mit einigen Nonnen ganz besonders wild treiben. Dieses Motiv des erotisch-lasziven Tibets ist im Roman *Die Rose von Tibet* am auffälligsten, in dem eine sexbesessene Äbtissin die Hauptrolle spielt – tatkräftig unterstützt von ebenso sexgeilen Nonnen; er kommt aber auch im Film *Emmanuelle in Tibet* und in den zahlreichen so genannten «Fachbüchern» über den Tantrismus vor, die in letzter Zeit den Büchermarkt überfluten, wobei in der Regel nicht zwischen buddhistischem und hinduistischem Tantrismus unterschieden wird, geschweige denn die tibetischen tantrischen Schriften und ihre meditativ-kultische Umsetzung als bekannt vorausgesetzt werden können.

171 a

b

171 Westlicher Wunschtraum: Yab-yum (Vater-Mutter)-Darstellungen als Zeichen freien und ungebundenen Sexverkehrs, den man dem tibetischen Buddhismus andichtet.

Das abscheuliche, makabre Tibet

Für viele ist das sakrale Tibet – das, wie wir gesehen haben, in den seltensten Fällen mit dem geografischen Tibet zusammenfällt – eine paradiesische Traumwelt, für einige wenige ist es ein Alptraum. Diese negative Einschätzung einer Schar Missionare, Philosophen, Nazis und einiger weiterer Autoren hat offensichtlich unterschiedliche Gründe: Die einen fürchten sich vor dem makabren Tibet, mit seinen Knochengeräten, zornvollen Gottheiten, seiner Leichen-Symbolik und «Dämonentänzen», andere schrecken vor der «Priesterkaste» und ihrer Macht zurück, die diese zur Beherrschung der Welt missbrauchten. Auch hier begegnen wir jedoch der typischen Ambivalenz, die wir bereits verschiedentlich kennengelernt haben: Phänomene, welche die einen abstoßen, ziehen andere in ihren Bann. So wird das Weltbeherrschungsmotiv keineswegs nur als etwas Negatives gesehen. Die in diesem Buch erwähnten Neonazis scheinen im angeblichen Weltbeherrschungspotential der tibetischen Mönche etwas äußerst Positives zu sehen. Und auch der «Knochenkult» wird hier und dort positiv interpretiert, als «ars moriendi», die Kunst, sich zu Lebzeiten mit dem Tode zu beschäftigen und sich auf diesen vorzubereiten. Andere schildern die Knochengeräte als skurrile Objekte, so Dauthendey, der behauptet, die aus zwei Schädelschalen gefertigte tibetische Sanduhrtrommel sei aus dem Schädel eines treulosen Mannes und aus demjenigen eines treulosen Weibes gefertigt und werde täglich zur Gebetsstunde angeschlagen, denn die Treulosen sollten ewig aneinandergekettet im Tode keine Ruhe haben.[18] Ein schauerlich makabres Bild der tibetischen Religion wird auch in manchen Romanen entworfen. Da muss ein junger Novize auf einem «Dämon», dem Leichnam eines ermordeten Kriminellen, liegen und ständig Mantras aufsagen, sonst wird der Dämon in seinen Körper eindringen und ihn töten. Und genau in dem Moment, in dem der Dämon seinen Mund öffnet und seine Zunge erscheint, muss der Mönch die Zunge abbeißen. Diese wird dann getrocknet und zu einem heiß begehrten Amulett.[19] Zu den makabren Szenen gehören auch die Beschreibungen religiöser Tänze, in deren Verlauf jemand ermordet wird – ein in neueren Romanen häufig auftretendes Motiv.[20]

172

172 Für viele ist das sakrale Tibet eine paradiesische Traumwelt, für einige wenige ist es ein Alptraum, wie der hier abgebildete Stich zeigt. Darauf ist «Buth, das ist ein reisender junger Tartar, der alle die, so ihm aufstoßen, umbringt» abgebildet. Die von Buth getöteten Personen sollen, so der Originalkommentar, Manipa, einer Gottheit von Lassa, dargereicht werden (siehe Abbildung auf Seite 223). «Durch dergleichen gewaltthätige Opfer, sucht man sich füraus im Königreiche Tanchuth bey dieser Göttin angenehm zu machen.»

Die Gurus

Die Teilung des geografischen Tibets in «normale» und sakrale Regionen widerspiegelt sich naheliegenderweise auch in seiner Gesellschaft, die aus Heiligen und «Normalen» besteht, wobei Letztere – wie das «normale» Tibet – kaum wahrgenommen werden. Das sakrale Tibet oder das, was man für das sakrale Tibet hält, wird fast ausschließlich von männlichen Heiligen bewohnt, die fast ausnahmslos Arier oder Weiße sind. Erst im letzten Viertel des 20. Jahrhunderts kommt es – wie dargestellt – zu einer langsamen Emanzipation der tibetischen Wissenshalter, was uns exemplarisch Spielfilme wie *Die Suche nach dem goldenen Kind*, der *Prince of the Sun* und *Kundun* aufzeigen.

Der nicht-arische – tibetische – Klerus kommt in vielen Geschichten nicht so günstig davon, wie man dies vermuten könnte. Er wird sehr ambivalent eingeschätzt. Für Blavatsky beispielsweise stehen den schlechten und infamen Rotmützen-Mönchen und den Bönpos die guten Gelbmützen (Gelug pas) gegenüber, eine Zweiteilung, die auch manche andere vornehmen. Interessanterweise ist es jedoch kürzlich zu einer Umkehrung gekommen: In einem Buch eines Neonazis werden die Bönpos plötzlich auf- und der Dalai Lama abgewertet. Dies hängt allenfalls mit der ambivalenten Haltung zusammen, die gemeinhin dem Dalai Lama gegenüber eingenommen wird, denn die (gelbmützigen) Dalai Lamas werden nicht von allen als positive Persönlichkeiten angesehen. Zum Teil sind sie eine negative Gegenkraft zu den ebenfalls gelbmützigen Panchen Lamas[21] oder wie im Fall des erwähnten Neonazi-Buchs zu den Bönpos.[22] In einigen Quellen wird das Bild des stets friedlichen, hochgeistigen Lamas in Frage gestellt. Danach gehört Kampfsport zur normalen Ausbildung eines tibetischen Mönchs – ein Klischee, das wohl auf Lobsang Rampa zurückgeht, der sich mit größter Wahrscheinlichkeit von den grobschlächtigen ldob-ldob-Mönchen (Mönchspolizisten) hatte inspirieren lassen.

Auch Nicholas Roerich pflegt einen ausgesprochenen Dualismus, wenn er zwischen dem Tibet der Gottlosen, der Abergläubigen, Schamanen und Bönpos und dem erleuchteten Tibet mit seinem tiefen Wissen, seiner Wahrheit, Furchtlosigkeit und Barmherzigkeit unterscheidet, das sich an heiligen Orten wie gewissen Klöstern als Manifestation des geheimen Weltzentrums im Herzen Asiens – Shambhala – zeigt. Dass sowohl Blavatsky wie auch Roerich die Rotmützen und Bönpos in einem schlechten Licht erscheinen lassen, kann nur dadurch erklärt werden, dass sie oder ihre Informanten den Gelug pas (Gelbmützen) nahestanden, die den Andersgläubigen gegenüber oftmals skeptisch bis feindlich eingestellt waren. Diese Aversion schimmert auch bei anderen Autoren durch, so beispielsweise bei Meyrink.

Ein Motiv, das sich von den frühen Missionaren bis in die heutige Zeit durchzieht, sind die reinkarnierten Mönche, die Tulkus. Wurde der Reinkarnationsglaube von den Missionaren mit großer Skepsis kommentiert, machte ihn Blavatsky salonfähig. Doch bereits zuvor hatten einzelne Tulkus auf Reisende äußerst positiv gewirkt, die dann überschwenglich von ihren Begegnungen berichteten. Mit der Vorstellung des inkarnierten Mönchs eng verknüpft ist auch die Verehrung des Gurus (Lama). Wir haben verschiedentlich gesehen, dass Tulku und Lama oft wie synonyme Begriffe angewandt werden, als wäre jede Inkarnation (Tulku) ein

173 a

173 a–d Die Figur des Guru ist omnipräsent, sie scheint wie eine Leitfigur in allen Geschichten und Bildern, die hier zur Darstellung gelangten, aufzutreten. Eine besondere Faszination geht von den Dalai Lamas aus. Schon Missionare und frühe Reisende waren von Ihnen beeindruckt (173 a). Karikaturisten und Grafiker haben den heutigen Dalai Lama zum buddhistischen Superstar emporgehoben (173 b–d).

173 b

173 c

173 d

Lama und jeder Lama ein Tulku. Die Figur des Gurus ist omnipräsent, sie scheint wie eine Leitfigur in allen Geschichten und Bildern, die hier zur Darstellung gelangten, aufzutreten – mit unterschiedlichen Bezeichnungen: einmal heißt er Lama oder Oberlama, dann Goro, ein anderes Mal Hohepriester, oft hat er gar keinen Namen und ist lediglich durch seine äußere Erscheinung als Lama erkennbar.

Bereits Marco Polo behauptete, es gebe in Tibet Schwarzkünstler, die die außerordentlichsten und trügerischsten Zaubereien verrichteten[23], und die frühen Missionare berichteten von der Allwissenheit, die man hohen Lamas nachsagte. Doch erst die Theosophen machten die inTibet lebenden «Brüder» zu wundertätigen Heiligen, die beispielsweise die Kunst der Entmaterialisierung und Materialisierung beherrschten und Briefe auf telepathischem und anderem Wege über weite Strecken versenden konnten. Seither schweben die Lamas – seien diese Westler oder Tibeter – in Romanen, Comics, Spielfilmen und in der Werbung in die Höhe, reisen astral durch die Gegend, sind allwissend, verstehen es, die Naturgesetze umzukrempeln. Mit einer erstaunlichen Beharrlichkeit konnte sich dieses Bild des wundertätigen magischen Mönchs aus Tibet erhalten und erlebt heute eine Renaissance.

Typisch für die Traumwelt der tibetischen oder pseudo-tibetischen Gurus ist ihre straffe Hierarchie in der Art einer Theokratie. Seit der Westen mit Tibet in Kontakt steht, geht von den zuoberst in dieser sakralen Hierarchie stehenden weisen Männern, den Dalai Lamas, Panchen Rinpoches, und – zur Zeit der Theosophen – den Meistern, Mahatmas oder anderen imaginierten Weisheitsträgern eine besondere Faszination aus. Bereits Bulwer-Lytton, der Tibet nicht explizit nannte, dessen mythisches Reich aber in tibetischem Gebiet vermutet werden muss, beschreibt das entsprechende Gesellschaftssystem als ausgesprochen hierarchisch. Eine strenge Ranggliederung weist auch das «Pantheon» der Theosophen auf. Zuoberst thront «Der Herr der Welt», der in Shambhala in der Wüste Gobi lebt und der das geografische zum politischen Dach der Welt transzendiert: Tibet wird zum Sitz einer imaginären oder zukünftigen Weltregierung, eine Vorstellung, die von Trebitsch-Lincoln, solchen, die sich durch Tibet bedroht sahen, und von Neonazis aufgenommen und weiter ausgeschmückt wurde.

Unter dem obersten Herrscher stehen seine Helfer wie Buddha, Manu und Maitreya, die Meister oder Mahatmas als Assistenten haben, und diese wiederum sind von «Chelas», von Schülern, umgeben. Erinnert sei auch an die zwölf höchsten Magier-Gurus bei d'Alveydre, in dessen Werk die Theokratie wie ein Leitmotiv vorkommt, und an Gurdjieffs «sieben Wesen», unter denen einer der Anführer war. Auch Hilton spürte das Bedürfnis seiner westlichen Leserschaft nach einem geistigen alten Führer subtil heraus und verlieh diesem Ideal in der Person des Vater Perrault Gestalt. Das Motiv der Autokratie nahm Hilton ebenfalls auf, nach dem in Shangri-La eine «lockere und dehnbare Autokratie» ausgeübt wird, sicherlich keine Demokratie, über die die Talbevölkerung entsetzt gewesen wäre. Auch in anderen Tibet-Romanen wurde deutlich, dass unsere Tibetbilder und Tibet-Zerrbilder – und damit auch

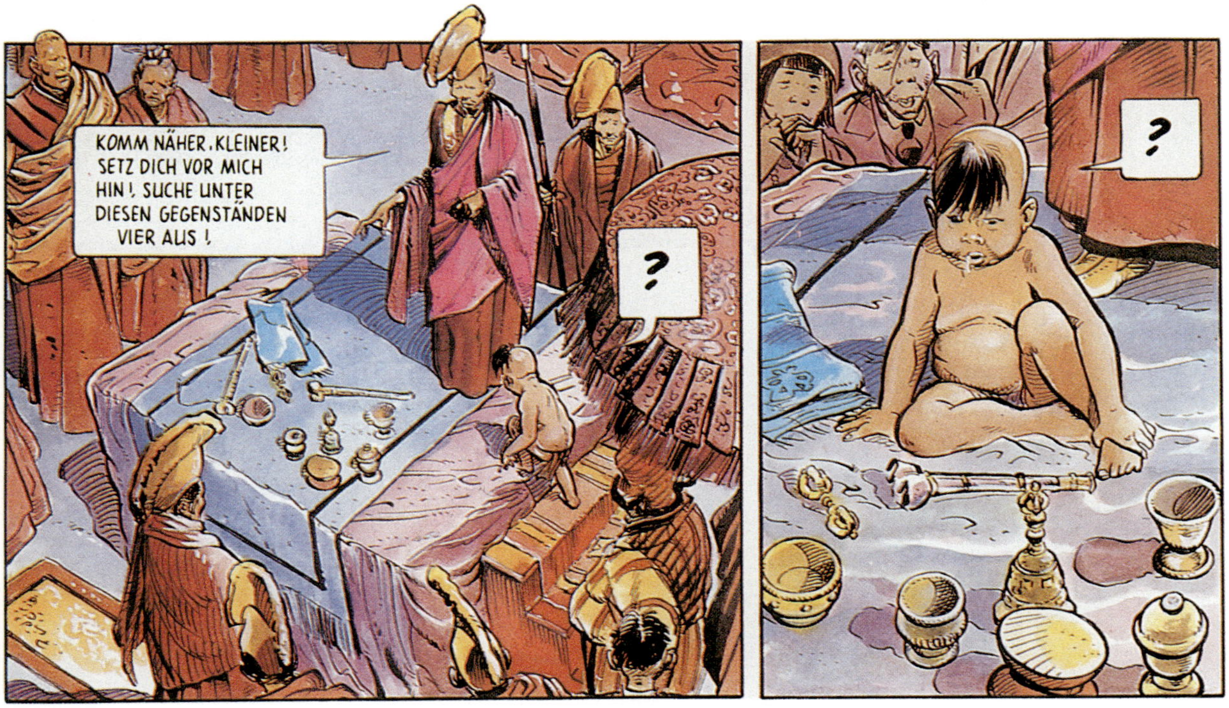

174

Klischees – viel mit Autorität und Charisma zu tun haben. Seit Blavatsky haben die Geistlichen vom Dach der Welt eine solche Autorität erlangt, dass das, was sie vertreten, als glaubwürdig, ja mehr noch, als sakrosankt gilt. Und auch unter den Werbefilmen stießen wir auf mehrere, in denen die mönchische Hierarchie und Autorität ein zentrales Motiv darstellt.

Ein besonderer Zauber geht auch vom aus westlich-rationaler Sicht schwer verständlichen Inkarnationskonzept und dem Auswahlverfahren neuer Reinkarnationen aus. In unzähligen Berichten, Geschichten, Filmen und Comics wiederholt sich die stets identische Sequenz, die für die Auswahl als ausschlaggebend gilt: Der kindliche Kandidat wählt aus verschiedenen ihm vorgelegten Dingen diejenigen aus, die seinem Vorgänger gehört haben, was als Beweis dafür gilt, dass es sich bei ihm um die tatsächliche Reinkarnation handelt.

Jeder kann im Prinzip als Tulku erkannt werden, jeder kann hoffen, im «Tulku-Lotto» zu gewinnen. Dies wird in Romanen wie *Das dritte Auge*, *Tulku* oder *Samsara*, in Comics und im Spielfilm *Little Buddha* vorgezeigt, aber auch Menschen wie du und ich können seit einigen Jahren das «Tulku-Los» gewinnen – wie der Filmschauspieler Steven Seagal oder eine aus Brooklyn stammende Frau, heute Jetsunma Ahkön Lhamo genannt, die beide von Penor Rinpoche als Inkarnationen anerkannt wurden.[24] Zu diesen modernen westlichen Lamas, den Verkörperungen des westlichen Lamas in der Phase des Dharma-La, gehört auch der Däne Ole Nydahl, der «mit diesseitigem Charme und Geschäftssinn» für den tibetischen Buddhismus missioniert, «ein Menschenfänger, etwas Paulus, etwas Schwarzenegger, Buddhas rührigster Mann im Westen, immer für einen provokativen Spruch zu haben. Ein nettes Zötchen, eine Dummheit über die armen Länder ... Stammtischgeschwafel.»[25]

Der Inkarnationsgedanke hat gar Herbert Achternbusch inspiriert, der einmal schrieb: «Als ich vor 700 Jahren in Tibet war, träumte ich, dass die Leute von Lhasa kommen und meinen Sohn zum Dalai Lama machen ...»[26]

174 Ein besonderer Zauber geht auch vom aus westlich-rationaler Sicht schwer verständlichen Inkarnationskonzept und dem Auswahlverfahren neuer Reinkarnationen aus. In unzähligen Berichten, Geschichten, Filmen und Comics wiederholt sich die stets identische Sequenz, die für die Auswahl als ausschlaggebend gilt: Der kindliche Kandidat wählt aus verschiedenen ihm vorgelegten Dingen diejenigen aus, die seinem Vorgänger gehört haben, was als Beweis dafür gilt, dass es sich bei ihm um die tatsächliche Reinkarnation handelt.

Das tibetische Wissen

Die schwere Zugänglichkeit Tibets für westliche Menschen – asiatische Reisende konnten das Land viel leichter bereisen, als allgemein vermutet wird – beflügelte die Fantasie der westlichen Autoren. Tibet ist nicht nur Rückzugsgebiet verschiedenster Wesen, sondern, wie wir bereits gesehen haben, auch ein Schatzhaus alten Wissens, das dem Planeten Erde Hilfe bringen kann. Doch mag man aus den unzähligen hier dargestellten Geschichten das immer wieder hochgelobte tiefe Wissen Tibets noch so sehr herauszupressen versuchen, mehr als ein paar klägliche Tibet-Elixier-Tropfen – zumeist Banalitäten – wird man nicht gewinnen können. Da hat Blavatsky auf unzähligen Seiten über das nur von ihr gesehene, angeblich tibetische Buch *Dzyan* und die in ihm enthaltenen ewigen Wahrheiten geschrieben, Gurdjieff über das Wissen der «sieben Wesen», Nicholas Roerich über die «ewigen Wahrheiten», doch alle diese Lehren und Geheimlehren haben praktisch nichts mit tibetischer Weisheit zu tun, sind substanzlos, fallen in sich zusammen, wenn man sie genauer zu analysieren beginnt. Damit soll ihnen nicht jeder Sinn und Wert abgesprochen werden. Gurdjieffs abstruse Geschichten können seinen Anhängern durchaus Einsichten vermitteln – indem sie zum Beispiel die Relativität allen Wissens und die Problematik der Vermittlung tiefer religiöser Wahrheiten aufzeigen – doch seine Lehre widerspiegelt weder von der Form noch vom Inhalt her tibetische Weisheit. Dasselbe trifft auch auf die Darlegungen von Madame Blavatsky zu: Sie erweisen sich bei einer genaueren Prüfung als nicht-tibetisch, was nicht heißen soll, dass sie nicht einem Bedürfnis vieler Menschen nach Alternativen zum Christentum, zum Positivismus und den viktorianischen Sitten entsprachen. Auch heute scheinen sie die Bedürfnisse einiger Menschen zu erfüllen, gibt es doch weltweit noch immer zahlreiche Ableger einer in Fraktionen zerfallenen Theosophischen Gesellschaft.

So lässt sich zuammenfassend sagen: Genauso wie das sakrale Tibet mit dem eigentlichen geografischen Tibet nicht zusammenfällt, haben die angeblich tibetischen Weisheiten wenig bis nichts mit tibetischem Wissen zu tun, dafür um so mehr mit westlichem Okkultismus, Esoterik, Spiritismus und Spinnereien. Von Beginn kam es zu einer Vermengung tibetischer Vorstellungen – oft handelte es sich dabei um pseudotibetische oder sehr marginale Ideen – mit westlichem Gedankengut. In den Berichten der frühen Missionare wurden buddhistische, christliche und manichäische Ideen in einen Topf geworfen, die Theosophen trieben diesen Synkretismus auf die Spitze, indem sie Weisheiten verschiedenster Provenienz vermengten und zu etwas Neuem, der Theosophie, formten, und in Romanen, Comics, Spielfilmen und in der Werbung wird dieser Synkretismus weitergepflegt – bis hin zur Verbrüderung der westlichen und tibetischen Wissenshalter in der Werbung: Die Wissenschaftler / Technokraten und die Lamas sind die Hüter des höchsten Wissens, sie sind Mensch gewordene Perfektion.

175

175 Ein altes Motiv aus der Zeit der frühen Missionare wird vom Kommerz wiederbelebt. Die katholischen und buddhistischen Brüder stehen sich nahe. Nicht mehr wegen der von den Missionaren vermuteten Ähnlichkeiten der religiösen Bräuche und Ansichten, sondern dank modernster Computer-Technologie.

Die Mission: Der neue Mensch

Sakralität existiert nicht um ihrer selbst willen. Sakralität wird geschaffen – zum Nutzen von Menschen. So auch im Fall Tibets: Das sakrale Tibet hat nach Ansicht derjenigen, die an seine Heiligkeit glauben, einen Auftrag. Von ihm geht Rettung aus. So erhielt Blavatsky (angeblich) Inspiration und Führung aus Tibet, ebenso Bailey und ihre theosophischen Nachfolger – sie alle nicht zum eigenen Nutzen, sondern dem der ganzen Welt. Nach Ossendowski bildet sich in Agarthi, das irgendwo unterhalb Tibets oder der Mongolei zu liegen scheint, ein neues Volk, das ein neues besseres Reich bilden wird. Hilton suggeriert, Shangri-La hüte so lange sein Erbe, bis die Starken einander verschlungen haben, sich die christliche (sic!) Lehre erfüllt und die Sanftmütigen die Erde lenken. Für manche Neonazis kommt beim Formen des neuen Super-Menschen, des neuen Menschen, Hilfe aus der Region Tibet, wie anhand vieler Beispiele aufgezeigt werden konnte, und Hilfe kommt auch in der Gegenwart – in Romanen, Filmen und in der Werbung – aus Tibet, nun nach der Besetzung und Entweihung durch die Chinesen nicht mehr so sehr vom sakralen Ort Tibet her als vielmehr von seinen sakralen Bewohnern.

In einem Literatur-Genre, den Comics, taucht in den 40er Jahren ein eigenwilliges Motiv auf – als Folge der 1938 zum ersten Mal publizierten Superman-Geschichten: Westliche Supermänner eilen tibetischen Lamas zur Hilfe. Obschon das Motiv in der 40er Jahren am deutlichsten erkennbar ist, finden wir es auch später ab und zu in Romanen, in Spielfilmen oder in Comics.[27]

Zusammenfassend lässt sich sagen: Bei genauerer Analyse der zahlreichen hier dargestellten Quellen erweist sich das angebliche Tibet als Nicht-Tibet, die angebliche Botschaft als nicht-tibetisch, die missionierenden Weisen als Nicht-Tibeter oder in den Worten eines Tibeters: «In fast allen Tibet-Fantasien dienen das Land und seine Bewohner zur Inszenierung des persönlichen Dramas des weißen Menschen»[28], der sich, so könnte man anfügen, willkürlich aus dem Gesamtzusammenhang gerissener einzelner Requisiten (meist bestimmte Ritualobjekte), Kulissen (Klöster) und Schauspieler (Mönche) bedient, ohne ihre traditionell-tibetische Bedeutung zu kennen.

176

176 Der Weise vieler Tibet-Traumgeschichten ist eine Art Vorbote des neuen Menschen, des Super-Menschen. Dass es sich bei diesen Weisen meistens um nicht-tibetische «Lamas» handelt, zeigt, dass das sakrale Tibet und seine Bewohner vor allem zur Inszenierung des persönlichen Dramas des weißen Menschen dient.

Die Suche nach den Gründen der Traumwelt Tibet

Nachdem wir ausführlich erörtert haben, welche Tibetbilder der Westen über die Jahrhunderte hinweg konstruiert hat, wollen wir uns abschließend der Frage zuwenden, welches ihre Ursachen sind, eine Frage, auf die in der bisher vorliegenden Literatur zu den westlichen Tibetbildern nur flüchtig eingegangen wird.

Befriedigung tiefliegender Bedürfnisse

Viele Träume, welche die Traumwelt Tibet ausmachen, scheinen Sehnsüchte einer westlichen Klientel anzusprechen, die uralt sind und in vielen Paradiesvorstellungen vorkommen: Frieden, Weisheit, ein unbeschwertes und langes Leben, sexuelle Erfüllung, Harmonie und eine Ordnung, die jedem Menschen seinen Platz zuweist. Denken wir beispielsweise an Arkadien, jene idyllische Wunschwelt der Hirten, in der in harmonischem Frieden Musik, Liebe und Natur genossen werden, oder an eine andere Weltgegend, die vor allem im 18. und 19. Jahrhundert als irdisches Paradies galt – die Südseeinsel Tahiti.

In den Tibet-Wunschträumen Paradiessehnsüchte zu erkennen, ist insofern sinnvoll, als auf Tibet ein weiteres Charakteristikum zutrifft, das typisch für ein irdisches Paradies ist: Dieses «besitzt soviel Diesseitigkeit, dass es auf den Weg treibt, auf die Suche.»[29] Es wird – als geografischer Ort – immer wieder gesucht. «Das Hoffnungsbild ist immer auch Hoffnungsziel» (Börner), auf das man sich suchend zubewegt – so auch im Falle Tibets, wie die hier dargestellten zahlreichen Beispiele belegen. Zuerst nur wenige – immerhin dauerte die Reise zur Zeit der Missionare manchmal einige Jahre[30] –, danach viele, heute Legionen haben sich wirklich oder fiktiv auf den Weg nach Tibet gemacht, angetrieben vom «Prinzip Hoffnung» (Ernst Bloch), in der Meinung, auf dem Dach der Welt Utopia, «Shambha-La», «Shangri-La» oder «Dharma-La» zu finden. Beinahe jede der hier vorgestellten Geschichten schildert eine solche Suche.

Ein gängiger Erklärungsversuch geht davon aus, dass das überall anzutreffende Bedürfnis nach einem Paradies auf Erden um so größer ist, je ungewisser oder unsinniger das gegenwärtige Leben empfunden wird. So sind utopische Wünsche schon zur Zeit der griechischen und römischen Antike auf Völker am Rande der bekannten geografischen Welt projiziert worden, weil man sich, überdrüssig der als problematisch empfundenen Kulturentwicklung, nach einem einfachen, natürlichen, ländlichen Leben sehnte. Diese Theorie mag auch erklären, weshalb zum Beispiel in der Mitte des 19. Jahrhunderts die Theosophie mit ihrer Suche nach einer neuen Spiritualität so großen Erfolg hatte: Die Leute waren verunsichert wegen der industriellen Revolution mit ihrer Schicht- und Fließbandarbeit und wegen der Infragestellung religiöser und moralischer Werte durch einen sich ausweitenden Rationalismus und wissenschaftsgläubigen Positivismus. Heute – so die Verfechter dieser Theorie – führen die fortschreitende Mechanisierung, die zunehmende Arbeitslosigkeit, eine als Bedrohung empfundene Technik und eine generelle Sinnkrise Verunsicherungen herbei, die ihrerseits eine Sehnsucht nach neuem Lebensinhalt zur Folge haben. So meint zum Beispiel der Ethnologe Bharati: «Die radikale, allgegenwärtige Entfremdung Euro-Amerikas von den religiösen Themen des Abendlands, die allgemeine Unzufriedenheit, die oberflächli-

177

che Religiosität der etablierten Kirchen, der Überdruss an wissenschaftlichen Modellen, die Krieg und Zerstörung hervorzubringen scheinen, und, seit kurzem, die wachsende Faszination des Exotischen um seiner selbst willen … all das führt zu einer verzweifelten Suche nach Ideen, Ritualen und Verheißungen, die sich von denen des Westens unterscheiden, möglichst weit vom Westen entfernt liegen, aber dennoch leicht, ohne intellektuelle Anstrengung, ohne diskursiven Input erreichbar sind.»[31]

In der von Bharati erwähnten Faszination des Exotischen sieht Mario Erdheim ein eskapistisches Motiv: Man hofft, in der Fremde den Problemen zu entkommen, die bei sich zu Hause nicht gelöst werden können. «Exotismus zieht zwar den Jugendlichen in die Fremde, fördert in diesem Sinn die Trennung von der Familie und ihren Werten, konserviert aber im Untergrund die alten Bindungen», meint Erdheim und fährt fort: «Im Exotismus zieht es einen in die Fremde, und man muss deshalb zu Hause nichts ändern.»[32] Die Auseinandersetzung mit der eigenen Geschichte und Gegenwart wird durch die exotische Idealisierung des Fremden verdrängt. Man gibt sich selbst auf und sucht das Heil im Exotischen, Fremden, Anderen oft auch im Irrationalen.[33]

Die genannten Erklärungsversuche mögen das Bedürfnis nach einem paradiesähnlichen Zustand verständlicher machen, sie erklären jedoch noch nicht hinreichend, weshalb gerade Tibet für viele als Ort der Kompensation und Flucht gilt, weshalb so viele Menschen den Tibetern gegenüber positive Vorurteile haben. Sicher spielte und spielt noch heute die tief im westlichen Denken verwurzelte Ansicht eine Rolle, einfache Gesellschaften – wie diejenige der Tibeter – lebten harmonischer und besser angepasst als die größeren, urbanisierten Gesellschaften und müssten deshalb nachgeahmt werden, eine Meinung, welche die Qualität eines Mythos angenommen hat.[34] Auch die Abgeschiedenheit Tibets mag dazu beigetragen haben, dass es Ort der Begierde und der Flucht wurde – nach dem Prinzip «je abgelegener, desto faszinierender». Doch gibt es andere, ebenso einfache und an abgelegenen Orten lebende Gesellschaften, um die sich kein solcher Mythos gebildet hat. Die Gründe müssen tiefer liegen.

Gehen wir von der zuvor geäußerten Feststellung aus, dass in Utopien Sehnsüchte des westlichen Menschen angesprochen werden, muss angenommen werden, dass auch die Traumwelt Tibet bestimmte dieser Sehnsüchte aufnimmt und zu befriedigen verspricht. Das bedeutet: Die zuvor kennengelernten Elemente der Traumwelt Tibet sind der Grund der besonderen Tibet-Faszination. Als «Guru-Land» beispielsweise, «wo noch naturnahe mystische Menschen wohnen, die über unsere Schulweisheit erhaben sind»[35], spricht das fiktive Tibet diejenigen an, für welche die Abkehr von der Religion eine Sinnkrise und Verunsicherung herbeigeführt hat und die sich deswegen nach einer vollkommenen Lebensweise sehnen, bei der die «Schul-

178

177/178 Manche Täume, welche die Traumwelt Tibet ausmachen, scheinen Sehnsüchte einer westlichen Klientel anzusprechen, die in vielen Paradiesvorstellungen vorkommen: Frieden, Weisheit, ein unbeschwertes und langes Leben, sexuelle Erfüllung, Harmonie und eine Ordnung, die jedem Menschen seinen Platz zuweist. Denken wir an Arkadien, jene idyllische Wunschwelt der Hirten, in der in harmonischem Frieden Musik, Liebe und Natur genossen werden, oder an eine andere Weltgegend, die vor allem im 18. und 19. Jahrhundert als irdisches Paradies galt: die Südseeinsel Tahiti.

179

179 Tibet befriedigt aber noch mehr konkrete Sehnsüchte, zum Beispiel mit seinem Inkarnationsglauben. Gibt es eine bessere Methode, um das menschliche Bedürfnis nach Selbsterhöhung zu befriedigen? Und wenn ich auch keine Inkarnation in diesem Leben bin, dann vielleicht in einem der nächsten Leben? Das geheime, absonderliche, wundertätige, magische Tibet ist in uns!

weisheit» nur eine nebensächliche Rolle spielt. Die tibetische Religion, so wird vermutet, hat diesbezüglich einiges zu bieten: eine schnelle Realisierung der Vollkommenheit (wozu es angeblich weder Vernunft, noch Intellekt oder Logik bedarf), die Erlangung übermenschlicher Kräfte und eine Schicksalstheorie als valable Alternative zu christlichen, materialistischen oder existenzialistischen Theorien, nämlich den Karma-Glauben. Dieser hat so unterschiedliche Menschen wie den Nazi Himmler, die Theosophin Blavatsky, den Abenteurer und Hochstapler Trebitsch-Lincoln, den Autor Davidson, den Filmer Herbert Achternbusch und viele mehr fasziniert und zieht noch heute manche in seinen Bann.

Tibet befriedigt aber noch mehr konkrete Sehnsüchte, zum Beispiel mit seinem auf dem Karma-Glauben basierenden Inkarnationsglauben, der davon ausgeht, dass sich Heilige in jedem Wesen reinkarnieren können. Gibt es eine bessere Methode, um das menschliche Bedürfnis nach Selbsterhöhung zu befriedigen? Und wenn ich auch keine Inkarnation in diesem Leben bin, dann vielleicht in einem der nächsten Leben? Das geheime, absonderliche, wundertätige, magische Tibet ist in uns!

Den Glauben an das Karma und die damit aufs engste verbundene Reinkarnation kennt zwar auch Indien, doch entspricht das indische Kastenwesen nicht der europäischen Vorstellung von Egalität und zudem verlor Indien seine Sakralität, je mehr es erforscht wurde, wie zuvor Ägypten die seine an Indien verloren hatte. Als Alternative bot sich Tibet an. Die abgelegene Lage war so gesehen nicht der Hauptgrund für die Bildung der Tibettraumwelt, sondern lediglich eine ihrer wichtigen Voraussetzungen. Denn wegen seiner Entfernung und schwierigen Zugänglichkeit konnten die Eigenschaften, die Tibet angedichtet wurden, nicht verifiziert bzw. widerlegt werden.

Tibet spricht aber noch andere Sehnsüchte an: Wir haben feststellen können, dass es nach Ansicht vieler im sakralen Tibet keinen Wandel oder gar Revolution zu geben scheint, keine Übernahme von Eigenverantwortung. Stattdessen werden konservative Werte gepflegt, wie das Hochhalten einer hierarchischen Regierungsstruktur und das Festhalten an Überliefertem, z. B. uraltem Wissen. Tibet steht für Kontinuität, ist ein Gegenpol zum stets als schneller empfundenen Wandel. Die Mystifizierung Tibets ist für viele Ausdruck dieses Sehnens nach Bewahren und Restauration von alten Werten und Praktiken, nach Festhalten an theokratischer Ordnung und Hierarchie. In einer Welt, die stets als verworrener, herausfordernder und gefährlicher empfunden wird, fasziniert der Glaube an einen charismatischen, omnipotenten Herrscher, einen vollkommenen Monarchen, der Geborgenheit und Sicherheit garantiert und der gerecht die ihn Untergebenen führt, ohne dass sich diese um die politischen Geschäfte kümmern müssen. Nun haben wir aber festgestellt, dass diese vollkommenen, in Tibet vermuteten Herrscher in den seltensten Fällen Tibeter sind. Weshalb?

Evolutionismus

Dass die im Traumland Tibet lebenden Menschen sehr lange nicht Tibeter, sondern Arier und Weiße waren, wird nachvollziehbar, wenn man sich vor Augen hält, wie der Westen über Jahrhunderte hinweg den Fremden begegnete, sie vereinnahmte und «das Fremde» konstruierte. Dabei ging er stets von einer Dichotomie aus, indem er zwischen der eigenen Gruppe, der Wir-Gruppe, und den anderen, den Fremden, unterschied. Die eigene Gruppe hatte einen hochentwickelten Staat, eine ebenso hochentwickelte Gesellschaft, Kultur und Religion – man nannte diese «zivilisiert» –, während die anderen all dies entbehrten, primitiv und wenig entwickelt waren. Diese Vorstellung erlebte in der Evolutionstheorie des 19. Jahrhunderts eine Kodifizierung, war jedoch bereits zuvor weit verbreitet und lebt auch heute – zum Teil nur noch unterschwellig – in den Köpfen der westlichen Menschen fort.

Trotz der angeblichen Vollkommenheit und des Lebens in Fülle empfand und empfindet der westliche Mensch sein Dasein immer wieder als ungenügend. Die Diskrepanz zwischen Anspruch und Wirklichkeit ist zu offensichtlich. Deshalb vermutet er irgendwo einen Ort, wo alle Ideale tatsächlich verwirklicht sind – ein irdisches Paradies. Solche Paradiesvorstellungen widerspiegeln die in der betreffenden Gesellschaft

180

180 Im sakralen Tibet fand man viele (angebliche) Ähnlichkeiten und interpretierte sie als Zeichen von Nähe und Verwandtschaft der so weit entfernten Kulturen. Erkennbar ist dieses Bemühen, das Gemeinsame sichtbar zu machen, beispielsweise in diesem kolorierten Stich: Der Dalai Lama hat lange Haare, ein Kleid mit keineswegs tibetischen Mustern und sitzt auf einem europäisch anmutenden Kissen. Der achtarmige Avalokiteśvara (Mitte unten) trägt ein Frauenkleid mit westlichem Schnitt und auf dem Kopf einen undefinierbaren Schmuck statt weiterer Köpfe, und die Kopfbedeckung der oberen rechten Figur erinnert an diejenige einer westlichen Klosterfrau. In Tat und Wahrheit soll die Figur wahrscheinlich einen tibetischen Mönch mit Hut darstellen.

nicht (mehr) zugänglichen zentralen Werte, denn das Paradies ist das Schatzhaus der eigenen höchsten Werte und Menschen, ist die Hochkultur in absoluter Perfektion. Wenn nun das sakrale Tibet von vielen Westlern als paradiesähnlich empfunden wird, muss dies nach dem zuvor Gesagten bedeuten, der westliche Mensch sei der Ansicht, im sakralen Tibet seien Werte anzutreffen, die den eigenen sehr nahe sind. Und in der Tat haben wir immer wieder gesehen, wie versucht wurde und wird, solche (angeblichen) Ähnlichkeiten aufzuzeigen, zum Beispiel die Übereinstimmungen in religiösen Vorstellungen und Praktiken, die ähnlichen Weltbilder und Lebensweisen. Auch die «Ansiedlung» von Ariern in Tibet diente dazu, die Nähe zu begründen und zu belegen. Diese Nähe ergab sich für andere aus der Tatsache, dass im Himalaja die Wiege der Menschheit und damit die eigenen Vorfahren vermutet wurden. Aufgrund bestimmter Ähnlichkeiten, die der westliche Mensch definierte, gehörten die Tibeter somit den «hoch entwickelten Rassen» an, wie der in Tibet im ersten Viertel des 20. Jahrhunderts tätige australische Missionar J. H. Edgar stellvertretend für viele andere einmal schrieb.[36] Die Beurteilung fremder Menschen aufgrund einer evolutionistischen Theorie war seit der zweiten Hälfte des 19. Jahrhunderts gang und gäbe. Neu war, dass eine fremde, kaum bekannte Gruppe, die Tibeter oder zumindest die sakralen Tibeter, als hoch entwickelt betrachtet wurde. Dies war u. a. eine Folge der theosophischen Rassentheorie. Die Theosophen waren, wie wir gesehen haben, wohl die ersten, welche den Tibetern in ihrem Evolutionskonstrukt eine hohe Stellung einräumten – und damit ihrer Verehrung Vorschub leisteten, die noch heute andauert. Schon frühe Reiseberichte stellten die Tibeterinnen und Tibeter als fröhlich, immerzu lachend und gutmütig dar, wohingegen die negativen Stimmen zwar nicht gänzlich fehlten, aber eindeutig in der Minderzahl waren. Dieses Bild überdauerte 300 Jahre: Anfangs der 60er Jahre dieses nun verstrichenen Jahrhunderts, als die ersten tibetischen Flüchtlinge in der Schweiz Aufnahme fanden, schilderte man sie noch immer als die fröhlichsten, freundlichsten und ehrlichsten Menschen. Dazu gesellte sich noch eine weitere, in der Schweizer Gesellschaft hoch geschätzte Eigenschaft: Die Tibeter wurden als anstellige und lerneifrige Arbeiter beschrieben, sie waren «wie Schweizer», die täglich zur Arbeit gingen, während die Frauen und Mädchen im Haus und an den Webstühlen arbeiteten.[37] Mit anderen Worten: Dadurch, dass die Tibeter mit den Schweizern eine zentrale Tugend teilten, nämlich hohe Arbeitsmoral, waren sie diesen sympathisch. Die in der Schweiz lebenden Tibeter sind sich dieses Bonus sehr wohl bewusst und handeln danach. So sind einige dazu übergegangen, einem unbekannten Gegenüber von Anfang an ihre tibetische Herkunft zu verraten, da sie festgestellt haben, dass sie dann auf große Sympathie stoßen[38], wohingegen sie Ablehnung oder zumindest Skepsis verspüren, solange vermutet wird, sie stammten aus einem anderen asiatischen Land, beispielsweise den Philippinen oder Thailand. Bewohner dieser Länder genießen nicht das Privileg, in der westlichen Evolutionsskala so hoch wie die Tibeter zu rangieren.[39] Interessanterweise setzte schon Blavatsky diese Asiaten in ihrer Evolutionsskala tiefer als die Tibeter an.[40]

Faszination des Davids in den Bergen

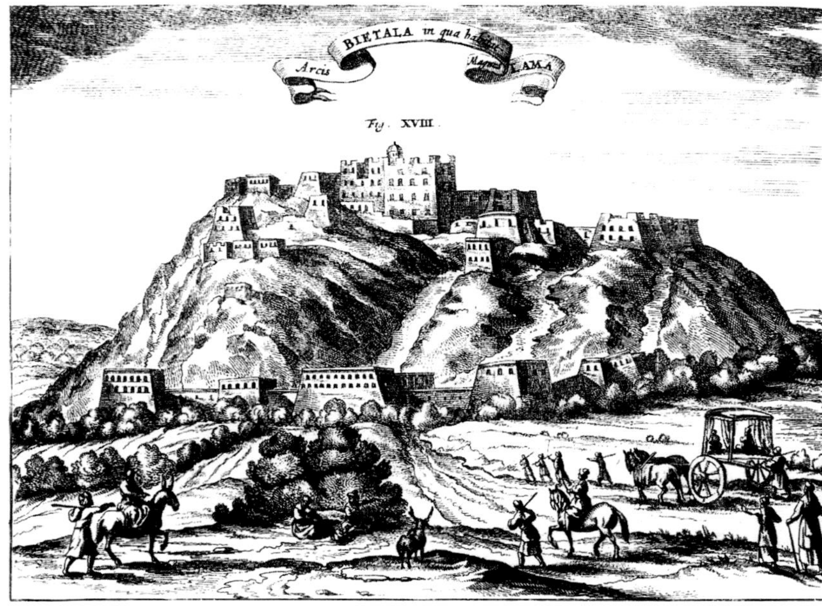

181

Ab Mitte des 18. Jahrhunderts zogen Schönheit und Idylle der Berge die naturschwärmerischen Menschen in ihren Bann, was beispielsweise in Europa dazu führte, die im 18. Jahrhundert als Reisedestination entdeckte und nunmehr viel gepriesene Schweiz als «heilig» zu empfinden, in ihr ein «bergumschlossenes Elysium», ein Paradies oder gar den Garten Eden zu sehen. Dies stellte einen enormen Meinungsumschwung dar, galten doch die Eidgenossen zuvor als Abschaum der Menschheit, als gottlose, mordende Barbaren, grenzenlos triebhaft und dumm. Mitte des 18. Jahrhunderts bildete sich ein idealisierendes Schweiz-Klischee heraus. Diese Idyllisierung hatte wohl Albrecht von Haller mit seinem Lehrgedicht *Die Alpen* (1732) eingeleitet, Salomon Gessner in seinen *Idyllen* weitergeführt (1756) und erreichte in Schillers *Wilhelm Tell* (1804) ihren Höhepunkt.[41] Menschliche Idealität und grandiose Gebirgsnatur wurden darin untrennbar miteinander verbunden: Der ideale Mensch in der idealen Natur. Ähnliches spiegelt sich in den Tibet-Mythen. Auch darin bietet die ideale Natur auf dem Dach der Welt den idealen Menschen – vor allem Geistlichen – Wohnraum.[42]

Tibet ist jedoch nicht nur ein abgelegenes Hochland, das Dach der Welt, sondern wird – trotz seiner riesigen Ausdehnung – als klein und verwundbar betrachtet, ein Bild, das wohl stark durch seine beiden übermächtigen Nachbarn, Indien und China, geprägt wird. Werden die im sakralen Tibet lebenden idealen Menschen bedroht, ja aus dem Paradies vertrieben, erwacht der David-Goliath-Mythos zu Leben: In frühen Zeitungsartikeln über die Aufnahme von Tibetern in der Schweiz finden sich Anspielungen auf diesen Mythos, wenn zum Beispiel die Tibeter mit den alten Helvetiern verglichen werden oder von einem «tapferen kleinen Bergvolk» die Rede ist, «das um der Freiheit willen die Bitternis des Exils auf sich genommen hat.»[43] Viele Schweizer sind stolz auf den Widerstand ihrer Vorfahren gegen mächtige Feinde und ihren daraus entstandenen Staat. Diese gemeinsame (oder vermeintlich gemeinsame) Geschichte ist eines der zentralen Elemente des schweizerischen Zusammengehörigkeitsgefühls. Aufstand gegen unbotmäßige Herren, gegen fremde Mächte, ist dem Schweizer vom Hörensagen vertraut und nicht unsympathisch. Vor allem dann nicht, wenn es sich um einen übermächtigen Aggressor handelt, der eine andere Ideologie vertritt, die er dem kleinen David aufzwingen will. Diese David-Sympathie kam im Falle Ungarns, der Tschechoslowakei und Tibets zum Tragen, nicht jedoch bei den chilenischen, kurdischen und tamilischen Flüchtlingen. Auffallenderweise sind es gerade diese, welche stets die größten Probleme hatten, als Flüchtlinge anerkannt zu werden. Viele Leute scheinen von einem echten Flüchtling zu erwarten, dass er von einem mächtigen, fremden, das heißt ethnisch oder politisch nicht identischen, grausamen Goliath davonläuft. Wenn dieser dem armen und – wie oben dargestellt – konservativen David eine kommunistische Ideologie aufzwingen will, ist der Kleine noch um einiges sympathischer.

Die gegenwärtige Sympathiewelle, die den Tibetern in den USA entgegenschlägt, erklärt sich Orville Schell sehr ähnlich: «Der kleine Kerl Tibet (der im Grunde genommen so groß wie ganz Europa ist) wurde vom großen Kerl China rausgekickt. Und dies ist ein sehr

181 Ab Mitte des 18. Jahrhunderts zogen in Europa Schönheit und Idylle der Berge die naturschwärmerischen Menschen in ihren Bann. Menschliche Idealität und grandiose Gebirgsnatur wurden darin untrennbar miteinander verbunden: Der ideale Mensch in der idealen Natur. Ähnliches spiegelt sich in den Tibet-Mythen. Auch darin bietet die ideale Natur auf dem Dach der Welt den idealen Menschen – vor allem Geistlichen – Wohnraum.

182 a

amerikanisches Thema. Zu all den alten Gründen der Faszination wie Rätselhaftigkeit, Berge, Abgelegenheit, Dach der Welt, verbotenes Königreich usw. kam diese neue Dimension dazu, die Tibet für Amerikaner sehr verlockend macht.»[44]

Dass Tibet trotz seiner geografischen Ausdehnung als mutiger und unabhängiger David empfunden wird, hängt wohl auch damit zusammen, dass es nie eine Kolonie war. Es war das letzte uneroberte und unbefleckte Land, war ein Anachronismus im Zeitalter des Imperialismus.[45] Vielleicht wurde Tibet auch deshalb vor Kritik, vor einer negativen Darstellung durch den Westen weitgehend verschont. Denn sagte nicht Edward Said, die negative Darstellung des Orients durch den Okzident beruhe auf hegemonialem Denken und imperialistischer Herrschaft und Ausbeutung? Wo keine imperialistische Ausbeutung stattfand, so könnte aufgrund der Argumentationsart Saids rückgeschlossen werden, bestand auch keine Veranlassung zu einer negativen Darstellung.

Tibetische Vorbilder als Wahrheitskern

Bisher sind wir davon ausgegangen, dass all die Tibet-Geschichten und -Bilder, die in diesem Buch zur Darstellung gelangten, der Imagination westlicher Menschen entsprungen sind und einiges über ihre Bedürfnisse, Ängste und Hoffnungen aussagen. Im folgenden soll aufgezeigt werden, dass das Tibetbild des Westens auch von tatsächlichen tibetischen Vorstellungen und Praktiken beeinflusst wurde. Nehmen wir zum Beispiel das Motiv des levitierenden, astralreisenden und allwissenden tibetischen Mönchs, der uns in den westlichen Tibet-Geschichten immer wieder begegnet. Dieser existiert tatsächlich – in unzähligen mündlichen und schriftlichen Berichten der Tibeter. Erinnert sei hier beispielsweise an die 84 Mahâsiddhas, welche buddhistischen Vorstellungen zufolge über übernatürliche Kräfte verfügen wie die Kraft, durch Materie zu gleiten, Dinge zu materialisieren und zu dematerialisieren, sich äußerst schnell fortzubewegen und sich unsterblich zu machen. Ferner besitzen sie geistige Kräfte wie Gedankenlesen und die Erinnerung an vergangene Leben, Hellhörigkeit, das heißt die Fähigkeit alle Sprachen zu verstehen, auch diejenige der Tiere, Hellsichtigkeit, die Manipulation der Elemente wie Fliegen, auf dem Wasser Schreiten usw.

Einige konkrete Beispiele mögen das eben Gesagte etwas verdeutlichen: Der Mahâsiddha Virûpa ging «mit dem Namen des Buddha auf den Lippen» über einen See. Kotâlipa zog einer sechsmonatigen Reise zu Fuß vor, in seinem «Bewusstseinskörper» in einem einzigen Augenblick an sein Ziel zu gelangen. Nâgârjuna verwandelte einen Berg zuerst in Eisen und dann in Kupfer und hätte ihn ohne weiteres auch noch in Gold verwandelt, hätte der Bodhisattva Manjushrî ihn nicht gewarnt, damit großen Streit unter die Menschen zu bringen. Auch war Nâgârjuna in der Lage, durch die Lüfte zu fliegen. Kânhapa schwebte nach einer tiefen Meditation eine Elle über dem Boden, Kâlapa schaffte es gar bis auf eine Höhe von sieben Palmen. Kapâlapa wirkte fünfhundert Jahre lang für andere Lebewesen, bis er schließlich ins Paradies gelangte, der Mahâsiddha Sakara zwang die Nâga-Könige, es regnen zu lassen, Nâgabodhi las die Gedanken eines Diebes.[46]

182 b

182 c

Viele in diesem Buch dargestellte Wundertaten, die westliche Autoren den tibetischen Mönchen andichten, finden sich auch in der Biografie des Padmasambhava, in derjenigen des Yogi Milarepa und in unzähligen weiteren Hagiographien – sogar solchen der Gegenwart.[47] Sie sind wahr und gleichzeitig falsch. Sie sind richtig in der Weise, dass man sie in tibetischen Erzählungen findet und viele Tibeter an sie glaubten und noch heute glauben. Sie mögen auch psychische Zustände und Prozesse beschreiben, sie schildern jedoch nicht tatsächliche Ereignisse in der Außenwelt. Auch unsere europäischen Märchen sind voller Wundertaten, und dennoch würde sie kaum jemand als wahr bezeichnen, in dem Sinn, dass die darin beschriebenen übernatürlichen Taten wirklich vollbracht wurden oder gar heute noch vollbracht werden.

Dazu kommt, dass im vorliegenden Buch immer wieder darauf hingewiesen wurde, dass die hier präsentierten, zum größten Teil abstrusen westlichen Tibet-Geschichten in sich unstimmig sind und Widersprüche und Fehler enthalten. Bruchstücke tibetischer Geschichten und Vorstellungen – zum Beispiel der Legende, welche die Menschwerdung beschreibt – wurden mit eigenen Fantasien angereichert. Das Resultat ist eine Traumwelt, eine Phantomwelt, ein illusionäres Tibet.

182 Die idealen Tibetbilder des Westens basieren teilweise auf tibetischen Vorstellungen. Die Ansicht zum Beispiel, die ideale Natur Tibets böte den Geistlichen geeignete Wohn- und Entfaltungsmöglichkeiten, ist auch in der tibetischen Tradition tief verwurzelt, wie Bilder von in der Natur meditierenden Mönchen und Yogis belegen (182 a). Auch ist in tibetischen Legenden immer wieder von levitierenden Geistlichen die Rede und von solchen, die andere Wundertaten vollbringen, zu denen beispielsweise die Mahâsiddhas Virûpa (182 b) oder Bhinnapâda (182 c) gehören.

183

183 Das «dritte Auge» ist nicht eine völlige Erfindung der Theosophen und Lobsang Rampas. Viele tibetische Darstellungen von Gottheiten zeigen zwischen den beiden Augen ein drittes Auge auf der Stirne. Es ist dies tatsächlich ein «Weisheits-Auge», das die Erkenntnis der Leerheit ermöglicht und zusammen mit den beiden «normalen» Augen das Erkennen und Erblicken der drei Zeiten ermöglicht. Doch ist dieses dritte Auge nie einem Menschen eigen und kann demnach auch nicht in einer Operation eingemeißelt werden, wie dies Lobsang Rampa/Cyril Hoskins behauptet.

Doch kommen wir wieder zurück zu den tibetischen Vorgaben: Auch das «dritte Auge» ist nicht eine völlige Erfindung der Theosophen und Lobsang Rampas. Viele tibetische Darstellungen von Gottheiten zeigen zwischen den beiden Augen ein drittes Auge auf der Stirne. Es ist dies tatsächlich ein «Weisheits-Auge», das die Erkenntnis der Leerheit ermöglicht und zusammen mit den beiden «normalen» Augen das Erkennen und Erblicken der drei Zeiten (Vergangenheit, Gegenwart und Zukunft) ermöglicht.[48] Doch ist dieses dritte Auge nie einem Menschen, auch nicht einem Lama, eigen und kann demnach auch nicht in einer Operation eingemeißelt werden, wie dies Lobsang Rampa/Cyril Hoskins behauptet.[49]

184

184 Ein Beispiel für die Beherrschung der materiellen Welt durch einen tibetischen Heiligen: Der Yogi Milarepa machte – so die entsprechende tibetische Hagiografie – in einer speziellen Meditation einen Felsen durchlässig, so dass er durch ihn gehen konnte. Im Anschluss warf er den Felsen in die Luft und ließ ihn auf sich niedersausen, ohne die kleinste Verletzung davonzutragen.

Das Jungbrunnen-Tibet ist ebenfalls nicht gänzlich aus der Luft gegriffen, es hat in der tibetischen Tradition seine Parallelen. Dies mag wiederum das Beispiel eines Mahâsiddhas zeigen: Der senile Râhula, der seinen Körper nicht mehr beherrschen konnte und den seine Angehörigen schmähten und misshandelten, verwandelte sich nach einer besonderen Meditationsübung in den Körper eines sechzehnjährigen Jünglings. Dharmapa verwandelte sich gar in einen achtjährigen Knaben.

Das Wunder- und das Jungbrunnen-Tibet hat, wie dargelegt, in tibetischen Hagiographien der Mahâsiddhas, Padamsambhavas oder Milarepas seine Entsprechung, kommt aber auch im – echten – Shambhala-Mythos vor. Denn auch diesen gibt es – nur ganz anders, als er von Blavatsky und ihren theosophischen und ariosophischen Jüngern erzählt worden ist.

«... Auf Jambûdvîpa, im Gebiet des Kailash, auf der rechten Hälfte, zwischen dem Weltenberg und dem Fluss Śîtâ (der Tarimfluss in Ostturkestan) liegt das große Land Shambhala.

Shambhala ist ganz rund, umgeben von Schneebergen, die wie ein Kranz das Land umrunden. Es gibt Straßen, die nach Süden, nach Westen und nach Osten führen. Mitten in den Schneebergen ist das runde Land von dichten Sala-Wäldern umgeben ... Wie auf dem Fruchtboden einer Lotusblume erhebt sich im Mittelpunkt des Zentrums der Palast Kalâpa ... Der Palast ist aus verschiedenen Edelsteinen erbaut. Sein Licht erstrahlt in einer Weite von einem Yojana und vereinigt sich mit Licht, das von den äußeren Schneebergen kommt. Dadurch ist die Nacht taghell erleuchtet, (so hell) dass es sogar reicht, die kleinste Schrift zu lesen. Blickt man dabei auf den Mond, so wirkt er nur wie eine fahl schimmernde Scheibe.

Die Räume im Palast, die der König von Shambhala bewohnt, sind aus Smaragden, Kristallen und Diamanten. Das Licht der Edelsteine lässt die Nacht zum Tag werden. Die kostbaren Throne sind aus bestem Gold und zwar aus Jambunada-Gold. An den Seiten der Throne, die wie Spiegel aus kostbarem Glas sind, erscheinen Bilder aller Lebewesen in einem Umkreis von fünfzig Yojanas, sogar diejenigen der Fische im Wasser.

Die runden Fensterscheiben sind aus Glas, blickt man da hindurch, so sieht man die Paläste auf Sonne, Mond und Sternen. Ferner erscheinen die Götter, herrliche Gärten, die Milchstraßen, die zwölf Sternzeichen ganz nahe vor den Augen ...

Nicht zu reden von den edelsten Stoffen im Wert von Milliarden und über Milliarden, aus denen Vorhänge und Kissen bestehen. Was den Wert eines jeden Raumes im Palast betrifft, so beträgt er eine ganze Stadt von übereinander gestapelten Goldbarren. Ganz zu schweigen von allen übrigen Dingen. So besteht zum Beispiel der Schmuck des Shambhala-Königs aus einer Krone, deren Spitze aus farbigem Schneelöwenhaar geflochten ist und deren Spange aus Jambunada-Gold besteht. Die Arm- und Fußringe sind mit Juwelen besetzt, von denen jedes einzelne Millionen von Goldmünzen wert ist. Ihr Licht vereinigt sich mit dem Körperlicht des Königs und erstrahlt so weit, dass nicht einmal der Götterkönig Indra diesen Glanz ertragen kann. Weiterhin besitzt der König von Shambhala Minister, Kriegsherren, eine große Schar von Königinnen

185

185 Shambhala wurde als Xembala das erste Mal in Briefen der beiden Jesuiten Estevao Cacella und Joao Cabral im Jahre 1627 erwähnt. Diese hatten den Namen während eines Bhutanaufenthaltes gehört, identifizierten das Land aber nicht mit Zentralasien, sondern mit Cathay, China. Seither hat die Shambhala-Vorstellung immer wieder die Fantasie westlicher Menschen angeregt. Die erste Erwähnung von Shambhala in einem englischen Text findet sich in einem Artikel von Alexander Csoma de Körös aus dem Jahr 1833. Im Westen förderte vor allem Helena Blavatsky den Shambhala-Mythos. Ihr folgten nach einem längeren Unterbruch in den 30er Jahren des 20. Jahrhunderts Nicholas Roerich und ab den 60er Jahren neonazistische Autoren wie Serrano, Suster, Bergier/Pauwels, McCloud und Ravenscroft. Westliche Gelehrte haben über die denkbare geografische Lage und historische Einbettung von Shambhala spekuliert. War es identisch mit dem Kushan-Reich, mit dem uigurischen Reich Khocho oder dem buddhistischen Reich Khotan? Für eine Gleichsetzung Shambhalas mit Khotan spricht die Tatsache, dass Khotan um 1000 n. Chr. das einflussreichste buddhistische Reich war. Einige Forscher jedoch siedeln Shambhala weiter nördlich an. Allenfalls wurde die richtige Lage Shambhalas vertuscht, da die dort vermuteten Geheimnisse nicht jedermann zugänglich gemacht werden sollten.

und eine endlose Zahl von verschiedenen Vehikeln, auf denen er reist: Sarabhas, Elefanten, geflügelte Elefanten, Himmelspferde, Wagen und Sänften. Gegen seinen natürlichen Reichtum, die Kraft der Tantras, die Genüsse und kostbaren Speisen, die ihm von seinem Volk ... gebracht werden, kann selbst der Götterkönig Indra nicht aufkommen.

... In der südlichen Richtung des Palastes liegt der Malaya-Park. Mitten in diesem Park steht das dreidimensionale Kâlachakra-Mandala, erbaut vom König Sucandra. Dort befinden sich auch noch andere Mandalas, errichtet von anderen Kulika-Königen aus späteren Zeiten. So liegt im Osten dieses Parkes der See der Wünsche, im Westen der See des weißen Lotus. ...

Das Land hat die Form von acht Lotus-Blütenblättern, die durch Flüsse und Schnee voneinander getrennt sind. Auf jedem Blatt wohnen hundertzwanzig Millionen Familien. Jeweils zehn Millionen Familien haben einen König, der das Kâlachakra-Tantra lehrt. Alle Bewohner sprechen Sanskrit, tragen weiße Gewänder und Turbane. Sogar die Ärmsten besitzen etwa hundert Säcke voller Gold.

Meist üben sie die Tantras, die sich mit den acht Siddhis befassen, und viele von ihnen erlangen Samâdhi nach dem Sutratext ‹Vollkommenheit der Weisheit›. Ihre Lebensweise ist sanft, von allen Arten der Gewaltanwendung, von Krankheit und Hungersnot sind sie völlig frei. Mit tiefster Verehrung bringen sie den mehreren zehn Millionen Jüngern des Buddha Opfergaben dar.

Da die meisten die Kraft des Tantra erlangt haben, erscheinen die Nâgas und Titanen als ihre gefügigen Diener.»[50]

Unschwer lassen sich in dieser Schilderung Shambhalas einige zentrale Motive erkennen, denen wir bei unserer Beschäftigung mit den westlichen Tibetbildern begegnet sind: Ein König, der, schenkt man der Schilderung seines Palastes Glauben, der Herr der Welt sein muss[51]; Menschen, die sich in der Anwendung der acht Siddhis (übermenschliche Kräfte) üben und die keine Armut, keinen Hunger, keine Krankheit kennen sowie sanft und ohne Gewalt leben. Dass dem König trotzdem Kriegsherren zur Seite stehen und im Weiteren der Shambhala-Mythos an anderer Stelle von einem apokalyptischen Endzeitkampf spricht, in dem die Feinde brutal geschlagen werden, scheint diesem Bild des friedlichen Shambhala keinen Abbruch zu tun. Es ist dies eine Diskrepanz, die uns immer wieder bei der Betrachtung der westlichen Tibettraumbilder aufgefallen ist: Obschon durchaus bekannt ist, dass es in Tibet zu Mord, Bürgerkriegen und gar Kriegen kam, wird der Tibeter als äußerst friedliebend dargestellt, genauso wie Shambhalas Bewohner als friedlich gelten, obschon sie über eine beträchtliche Kriegsmaschinerie verfügen und auf den Tag der apokalyptischen Schlacht warten. Im Shambhala-Mythos wird nämlich eine Art Endzeitkrieg zwischen Buddhisten und Muslimen beschrieben. Die gedemütigten, vertriebenen und durch brandschatzende Muslime stark dezimierten Buddhisten Nordindiens verliehen mit dem Mythos ihrer Hoffnung Ausdruck, zu einem genau festgelegten Zeitpunkt die Sieger zu bezwingen und dem Buddhismus zu neuer Blüte zu verhelfen. Ob hier die Idee eines buddhistischen heiligen Krieges mitschwingt, der so lange ein friedlicher und richtiger Krieg ist, als er zur Verteidigung der eigenen Religion dient? Liegt in dieser Antipathie gegen die Muslime vielleicht auch einer der Gründe, weshalb sich viele Christen mit den Tibetern verbunden fühlten? Nicht nur gemeinsame Werte, sondern auch gemeinsame Feindbilder vereinen.

Die obige Schilderung Shambhalas lässt auch erkennen, dass seine Gesellschaft hierarchisch gegliedert ist: Zuoberst der König Shambhalas, unter ihm Könige, Kriegsherren und Minister. Auch die Hierarchie des sakralen Tibets, die wir als typisches Motiv der westlichen Tibetträume und -mythen erkannt haben, ist somit nicht völlig erfunden, sondern basiert auf einem ausgesprochen hierarchischen Idealbild des Staates, das sich in manchen tibetischen Schilderungen findet.

Dieses Weltbild manifestiert sich auch in der Hierarchie des tibetischen Pantheons und des tibetischen Klerus: Weit verbreitet sind Rollbilder, «Feld der Versammlung» (tshogs zhing) genannt, die einen Baum zeigen, auf dessen Ästen die verschiedenen Kategorien von Lamas, Gottheiten und Buddhas sitzen – die weniger wichtigen im unteren Bereich, die wichtigsten zuoberst.

186

186 Seit der Westen mit Tibet in Kontakt steht, geht von den zuoberst in dieser sakralen Hierarchie stehenden weisen Männern, den Dalai Lamas, Panchen Rinpoches und – zur Zeit der Theosophen – den Meistern, Mahatmas oder anderen imaginierten Weisheitsträgern eine besondere Faszination aus. Die Mystifizierung Tibets ist für viele Ausdruck dieses Sehnens nach Bewahren und Restauration von alten Werten und Praktiken, nach Festhalten an theokratischer Ordnung und Hierarchie. Diese Hierarchie des sakralen Tibets, die wir als typisches Motiv der westlichen Tibetträume und -mythen erkannt haben, ist nicht völlig erfunden, sondern basiert auf einem ausgesprochenen hierarchischen Idealbild des Staates, das sich in manchen tibetischen Schilderungen findet. Dieses Weltbild manifestiert sich auch in der strengen Hierarchie des tibetischen Pantheons und des tibetischen Klerus: weit verbreitet sind Rollbilder, «Feld der Versammlung» (tshogs zhing) genannt, die einen Baum zeigen, auf dessen Ästen die verschiedenen Kategorien von Lamas, Gottheiten und Buddhas sitzen – die weniger wichtigen im unteren Bereich, die wichtigen zuoberst.

Der gesamte tibetische Klerus ist hierarchisch aufgebaut. Erinnert sei an den Dalai Lama, den Panchen Lama, die den wichtigen religiösen Schulen vorstehenden Inkarnationen, die unzähligen weiteren Inkarnationen,[52] die Äbte und die ihnen untergebenen Mönche, die ebenfalls verschieden hohen Kategorien angehören, ein System – so Bishop –, das je nachdem «väterlich und gütig» oder aber eine «göttliche Tyrannei» genannt werden kann.[53] Blavatsky, Hilton, Gurdjieff und alle ihre Nachfolger und Imitatoren erkannten das tiefliegende Bedürfnis vieler Menschen nach einem solchen geordneten klerikalen Regime, nach einer weisen und greisen Vaterfigur und ließen sich von vergleichbaren tibetischen Vorbildern inspirieren.

Auch die lasziv-sexuellen Szenen, die wir in einigen Romanen und in einem Spielfilm kennengelernt haben, sind nicht gänzlich der Fantasie westlicher Autoren entsprungen. Auf den ersten Blick erscheint der tibetische Buddhismus zwar als reine Männersache und asexuell, sieht man von der Symbolik des Tantrismus ab mit seinen sogenannten yab-yum (Vater-Mutter)-Darstellungen sowie entsprechenden, zumeist geheimen tantrischen Texten. Daneben existiert aber eine weitgehend unbekannte erotische Untergrundliteratur über «die untere Türe», wie das weibliche Organ genannt wird. In diese Kategorie der Literatur gehören die erotische Poesie des 6. Dalai Lama, die Abhandlung über Leidenschaft des buddhistischen Meisters Mipham Jamyang Namgyal sowie ein gleich lautendes Werk von Gendün Chöpel, Werke, die in der Regel im Geheimen zirkulierten. Gendün Chöpel schrieb nicht nur über Sex und Frauen, er war selbst ein feuriger Liebhaber, warnte jedoch Mönche und spirituelle Personen davor, seinen Text zu lesen. In diesem Punkt wird Gendün Chöpel von einigen westlichen Interpreten gerne missverstanden, die in ihm den Prototyp des tantrischen (Sex-)Gurus sehen wollen. In gleicher Art wird auch der 6. Dalai Lama mystifiziert. Seine Lieder werden als Schilderungen tantrischer Erfahrungen gesehen, obschon sie schlicht Liebeslieder sind.[54] Den Laien waren diese Schriften und ihre Helden zwar kaum bekannt, mit Ausnahme der Geschichten um Aku Tonpa, der es hauptsächlich mit Nonnen trieb, und Drukpa Kunle, der vor allem tibetischen und bhutanischen Jungfrauen nachstellte.

Selbst die in zwei Romanen thematisierte Vereinigung einer Dämonin mit einem Affen, welche die Autoren dazu inspirierte, weibliche Inkarnationen – Nachkommen der Dämonin – als sexgeil darzustellen, greift auf eine sehr zentrale alttibetische Legende zurück, die jedoch – im Gegensatz zu den Romanen – nichts Laszives oder Sexuell-Erotisches an sich hat:

«Da sprach Buddha Amitabha zum Bodhisattva Avalokiteśvara: ‹Buddha Shakyamuni hat Tibet, das Schneeland, nicht betreten, seine Rede ist da nicht verbreitet und sein Geist hat es nicht gesegnet. So mögest Du, Bodhisattva, dieses Land in Deine Obhut nehmen. Zuerst lässt Du im Lande des Schnees die Menschen verbreiten, dann befriedige sie mit materiellen und spirituellen Geschenken.› Da begab sich Avalokiteśvara in den mit verschiedenen Edelsteinen erbauten Raum im Palast auf dem Potala-Berg. Er richtete seinen Blick auf die Lebewesen in Tibet und sah die leidenden Lebewesen, gefangen wie in einem eisernen Krug. Aus seiner linken Handfläche leuchtete ein Lichtstrahl und der verwandelte sich zu einem Affen-Bodhisattva. Der Affe verweilte im Wald in der meditativen Versenkung, genannt ‹Meditation der Konzentration›. Zu dieser Zeit reinkanierte sich auch Buddha Târâ als eine Fels-Dämonin in der Absicht, in Tibet Menschen zu verbreiten. Damals war das obere Tibet, das aus Moränen und Schnee bestand, von Raubtieren und Wild bewohnt, das mittlere Tibet, das aus Fels und Wald bestand, von Affen und Fels-Dämonen, das untere Tibet, das aus Ebenen und Wasser bestand, von Elefanten und verschiedenen Arten von Vögeln. Der Mensch war unbekannt.

Einst kam die Fels-Dämonin, von großer Begierde überwältigt, in Gestalt einer Äffin ... zum Affen und bedeutete ihm, er solle sich mit ihr vereinigen. Der Affe ließ sich von seiner Begierde nicht bezwingen. Die Äffin kam wieder zu ihm und sagte: ‹Ich will mich mit dir vereinigen›, (doch) der Affe erwiderte: ‹Ich will mich mit Dir nicht vereinigen.› Die Äffin sprach: ‹Höre und denke, König der Affen. Ich bin aus karmischer Ursache als Dämonin geboren. Aus Begierde begehre ich Dich, aus Begierde suche ich Deine Nähe. Wenn du dich mit mir nicht vereinigst, dann werde ich mich mit einem Dämon vereinigen. Es werden (dann) unzählige Dämonenkinder geboren, und diese werden jede Nacht Tausende von Lebewesen essen und jeden Tag Zehntausende von Lebewesen töten. Alle anderen Lebewesen werden von den Dämonen gegessen, das Schneeland wird zu einem Land der Dämonen. Nach meinem Tod werden meine Kinder aufgrund ihrer negativen Handlungen in der leidvollen Unterwelt wiedergeboren. Deswegen bitte ich Dich, an meine Situation zu denken.›

Da empfand der Affe großes Mitgefühl ohne Begierde und betete mit folgenden Worten zu Avalokiteśvara: ‹Oh, gütiger Herr der Welt, eine lüsterne Dämonin hat mich gestört. Wie soll ich mich dabei verhalten?›

Avalokiteśvara antwortete: ‹Vereinige dich mit der Felsdämonin. Deine Kinder werden sich vermehren und letztlich Menschen werden. Sie werden die Lehre des Buddha aufnehmen.› Der Affe nahm es zu Herzen, und später kamen sechs Kinder zur Welt. ... Da der Vater der Kinder ein Affe war, hatten sie Haare am ganzen Körper und ein rotes Gesicht. Weil die Mutter eine Felsdämonin war, hatten die Kinder keinen Schwanz, aber lange (Kopf)Haare. Sie aßen gerne Fleisch, tranken gerne Blut und konnten sprechen ...»[55]

Bei dieser Schilderung denkt man unweigerlich an die Yetis, denen wir im vorliegenden Buch ab und zu begegnet sind. Auch hier gilt: Die Yetis sind nicht gänzlich der Fantasie westlicher Menschen entsprungen. Die Tibeter und vor allem Angehörige tibetisch sprechender Ethnien im Süden Tibets glauben an ihre Existenz, nennen sie aber anders: Drema, Chuti, Miti, Midre oder Migou.[56]

Zweifellos gehören auch die Ritualgegenstände, denen wir im vorliegenden Buch immer wieder begegnet sind, untrennbar zum religiösen Leben Tibets. Ihre eigentliche Rolle und Bedeutung wird jedoch in den westlichen Produkten meistens verzerrt dargestellt. So werden Handgebetstrommeln eher von Laien als Mönchen verwendet, während Ritualinstrumente wie Dolche, Messer und dergleichen in den Händen von Laien nichts zu suchen haben. Ritualdolche (phurbu) sind zwar Waffen, diese dürfen aber nie gegen Menschen eingesetzt werden. Zerstört werden im Phurbu-Kult primär schlechte Qualitäten von behindernden Wesen, nicht so sehr die Wesen selbst. Doch existieren auch Praktiken, in denen feindliche, behindernde Geschöpfe im Ritual attackiert werden: solche im Geist des Meditierenden, andere, welche die Gesundheit und das Leben eines Mönchs bedrohen, und solche, die den Buddhismus zerstören wollen. Diese rituellen «Tötungen» sind nach buddhistischer Auffassung zuläßig, falls sie mit der richtigen Gesinnung erfolgen, nämlich mit dem Gefühl des Mitleidens, denn sie bewirken die Zerstörung des Bösen und die Verbreitung des Guten. So gesehen sind die Spielfilme, in denen tibetische Ritualdolche vorkommen, nicht so unbuddhistisch, wie sie auf den ersten Blick erscheinen mögen, denn die in ihnen verwendeten Dolche verhelfen ganz in buddhistischem Sinne dem Guten zum Durchbruch.[57] Auch die Elektrifizierung der Gebetstrommeln beruht auf Vorleistungen der Tibeter. Denn diese kennen nicht nur handbetriebene Gebetstrommeln, sondern auch solche, die mit Wasser- oder Windkraft oder mittels emporsteigender heißer Luft in Bewegung gesetzt werden. Die «Industrialisierung» des tibetischen Buddhismus hat schon vor langer Zeit begonnen.

187a

b

c

d

187 Ein tibetischer Ritualgegenstand hat die Fantasie der Westler – frühe Missionare, Philosophen, Romanautoren und Comics-Künstler – immer wieder anzuregen vermocht: Die Gebetstrommel.

188

188 Ein «tibetischer Ritualgegenstand», der weder tibetisch noch rituellen Ursprungs ist: Die «Klangschale». Dabei handelt es sich ursprünglich um ein Essgefäß aus Nepal oder Indien, dessen schöner Klang eines Tages von einem cleveren Geschäftsmann erkannt wurde. Seither werden die Schalen als tibetische Ritualgegenstände vermarktet.

Zusammenfassend lässt sich somit sagen: Es gibt sie, die levitierenden und uralten Heiligen Tibets, die ab und zu auch Sex machen, es gibt sie, die Ingredienzen, Riten, Gegenstände, die Wunder wirken, es gibt sie, die Shangri-La-artigen Regionen, Shambhala und «verborgene Gegenden» genannt. Es gibt all diese Erscheinungen – in Legenden, in Märchen, in sakralen Texten, in mündlichen Überlieferungen Tibets. Die in diesem Buch aufgezeigten Bilder, die sich der Westen seit Jahrhunderten von Tibet macht, sind somit nicht völlig aus der Luft gegriffen, sondern gründen – teilweise – auf tibetischen Vorgaben. Aber eben nur teilweise. Vieles, was hier beschrieben wurde, haben westliche Menschen konstruiert, entspringt den Sehnsüchten und Bedürfnissen einer westlichen Gesellschaft und hat mit Tibet kaum etwas zu tun. Zudem werden Anleihen bei tibetischem Stoff stets in einseitiger Weise gemacht: Es interessieren nur die Männer – nicht die Frauen; der Klerus – nicht die Laien; das Absonderliche – nicht das Alltägliche; die Ausnahmen – nicht das Gewöhnliche. Kurz: Es werden Tibet-Stereotypen geschaffen durch selektive Wahrnehmung, Vereinfachung und schematische Reduzierung komplexer Verhältnisse.

Bei den bisherigen Deutungsversuchen ist eine Kategorie von Tibet-Zerrbildern unberücksichtigt geblieben: Die Darstellungen des makabren, schlechten Tibets, wie wir sie einige Male kennengelernt haben, so vor allem in Schilderungen aus den 30er Jahren des 20. Jahrhunderts, in einigen Romanen und Comics. Hinter gewissen dieser Alptraumbilder scheint eine gescheiterte Hoffnung, eine enttäuschte Liebe zu stecken, so bei Antonin Artaud und dem Ehepaar Röttgen/Trimondi: Zuerst selbst am Traumbild Tibet beteiligt, erkannten sie plötzlich das Trugbild und wandten sich von diesem ab, ohne zu realisieren, dass sie es selbst geschaffen hatten. Anderen scheint ganz Tibet oder ein bestimmtes tibetisches Motiv als Spiegelbild eigener Feindbilder zu dienen – Tibet als eine Art Sündenbock. Weshalb bei diesen Personen gerade Tibet als Prügelknabe herhalten muss, darüber kann nur spekuliert werden. Zumindest teilweise scheinen die Gründe religiöser Art zu sein: Für eine Anzahl vor allem protestantischer Kritiker bildet der tibetische «Lamaismus» zusammen mit dem Judentum und dem Katholizismus einen konspirativen Geheimbund, was Angst und Abneigung zur Folge hat. Dass Tibet für einige bedrohendes Stammland von Welteroberern ist, kann vielleicht darauf zurückgeführt werden, dass es, wie im vorliegenden Buch aufgezeigt, in neonazistischer Literatur als Rückzugs- und Tätigkeitsgebiet von Nazis gilt. Das Trugbild des Nazi-Tibets erhält eine Eigendynamik, wird mehr und mehr für real gehalten – und teilt damit das Schicksal vieler Mythen und Träume, die sich als widerstandsfähig und virulent erweisen, haben sie sich einmal in den Köpfen eingenistet.

Die raffinierten Methoden der Tibettraum-Erschaffer oder: Das Axiom der Nicht-Widerlegbarkeit des Absurden

Gurdjieff behauptet, im Kloster Sarmun gelebt zu haben, Agamon/Robin-Evans vertreten die Meinung, in Tibet würden noch Nachkommen von Wesen aus dem All leben, Lobsang Rampa macht uns glauben, er sei von einem Tibeter «besessen». Sie alle bleiben uns die Beweise schuldig, dass sie die Wahrheit sagen. Doch haben auch wir Skeptiker und Zweifler ein Problem, und dieses nutzen die Erfinder der Geschichten, welche insgesamt den westlichen Tibettraum ausmachen, weidlich aus: Auch der Beweis des Gegenteils ist schwerlich zu erbringen, der Beweis nämlich, dass viele dieser Geschichten erfunden worden sind, der menschlichen Fantasie entspringen. Die intensive Beschäftigung mit den seltsamen Tibetbildern hat eines deutlich gemacht: Die Unmöglichkeit, Absurditäten zweifelsfrei zu widerlegen. Die Irrationalität entzieht sich einer rationalen Analyse und Widerlegung. Wenn Agamon/Robin-Evans behaupten, in Tibet würden noch Nachkommen von Wesen aus dem All leben, so können wir dies mit fast absoluter Sicherheit verneinen, die Nichtexistenz dieser Wesen kann jedoch nicht bewiesen werden. Auch die Behauptung, in Tibet und im Himalaja würden noch heute Yetis leben, kann aufgrund unserer bisherigen Erkenntnisse als höchst unwahrscheinlich bezeichnet werden. Doch dürfte es unmöglich sein zu beweisen, dass es wirklich keine Yetis gibt. Und wie kann belegt werden, dass Cyril Hoskins nicht von einem Tibeter besessen wurde?

Mit dieser Unmöglichkeit, die Nichtexistenz von Absurdem zu beweisen, spielen die meisten Geschichten, die hier zur Darstellung kamen. Eine Helena Blavatsky behauptete, sie würde von ihren Meistern auf übernatürliche Art Briefe erhalten. Solange nicht jemand sie dabei ertappte, wie sie selbst oder einer ihrer Adlaten die Briefe schrieb, ließ sich dieser Trug nicht beweisen.[58] Und auch als das Ehepaar Coulomb, das lange mit HPB zuammengearbeitet hatte, behauptete, HPB sei eine Betrügerin, konnte der Angriff geschickt abgewehrt werden, indem die Coulombs als Fälscher und Lügner hingestellt wurden. Absurdität lässt sich nicht beweisen, und davon profitieren die Erschaffer der Traumwelt Tibet. Blavatsky, Gurdjieff, Trebitsch-Lincoln, van Helsing, Lobsang Rampa, von Däniken … sie alle bedienten sich dessen, was wir hier als «Axiom der Unbeweisbarkeit der Nicht-Existenz einer Absurdität» bezeichnen. Dass sich das Irrationale einer vernunftmäßigen Analyse entzieht, hat u. a. zur Folge, dass die aus der Irrationalität entstehenden Vorurteile und Stereotypen sehr starr sind, was ihre lange Lebensdauer erklären mag. «Vorurteile gehören zum Haltbarsten in der menschlichen Geschichte», meinte einmal Alexander Mitscherlich.[59]

Erschwerend kommt hinzu, was an einer Stelle mit «Plagiate-Chaos» bezeichnet wurde. Stereotype Bilder erhalten mehr Glaubwürdigkeit, wenn viele sie bestätigen, ein Effekt, der u. a. durch gegenseitiges wildes Abschreiben erzielt wird, ohne die Quellen zu nennen und diese auf ihre Glaubwürdigkeit zu überprüfen. Wird eine Sachlage in mehreren Büchern erwähnt, erscheint sie wahrscheinlich(er) – zu Unrecht, vor allem dann, wenn alle Aussagen auf ein- und dieselbe Quelle zurückgehen und sich diese als unzuverläßig herausstellt. Dieses Vorgehen konnte mehrmals aufgezeigt werden. Wie oft wird in der Literatur behauptet, Hitler sei vom «Lama mit den grünen Handschuhen» beraten worden oder neben dem toten Hitler seien 1000 verstorbene Männer aus dem Himalaja gelegen! Es konnte aufgezeigt werden, dass all diese Behauptungen auf eine einzige Quelle zurückgehen – ohne dass dies klar deklariert wird und ohne dass die Warnung der Erstautoren Beachtung fand, in ihrem Buch würden sich «Märchen und Wahrheit, kühne Spekulation und exakte Beobachtung» mischen.[60] Andere Autoren versuchen, ihren Geschichten mehr Authentizität zu verleihen, indem sie Wissenschaftlichkeit vortäuschen. Sie verweisen auf die genauen Textstellen, die sie angeblich verwendet haben, ohne jedoch diese Quellen auf ihren Wahrheitsgehalt zu überprüfen. Manche zuverläßig erscheinende Quelle hat sich in diesem Buch als Lügengespinst entpuppt – trotz Fußnoten, Bibliografie, Fotos und Erlebnisgeschichten. «Beglaubigungsgeschichten» sind ein häufig angewandter Trick. Dabei wird versucht, die Wahrheit eines bestimmten Phänomens dadurch zu beweisen, dass jemand bezeugt, selbst dieses Phänomen beobachtet zu haben, nach dem Grundsatz: «Wenn jemand etwas gesehen hat, muss es stimmen.» Die Frage, ob dieser «jemand» eine fiktive oder eine reale Person ist und ob die betreffende Person wirklich zur angegebenen Zeit in der Gegend gewesen sein kann, ist dabei völlig unwichtig. All dies kann beobachtet werden in *Die fünf Tibeter*, in Gurdjieffs Erzählungen, in den Werken von Blavatsky, in Haushofers «Biografien» usw. Schließlich besteht ein oft angewandter Trick darin, Wahres, Halbwahres und Erfundenes raffiniert zu vermengen, in der Art, dass zum Beispiel gewisse historische, geografische oder ethnografische Daten in die Texte eingeflochten werden. Stimmen einige dieser Informationen, so stimmt alles – dies der Eindruck, der vermittelt werden soll.[61]

Die Förderung der Tibet-Mythen durch die Betroffenen

«Wir genießen die Tibet-Mythen und die westlichen Tibetträume», meinte einmal eine Tibeterin, als ich ihr von meinem Buchvorhaben erzählte. Sie drückte damit aus, dass auch die Tibeterinnen und Tibeter am westlichen Wunschtraum teilhaben. Sie tolerieren ihn, ja fördern ihn sogar, was ein Tibeter mit folgenden Worten verdeutlichte: «Dank dieser schönen Geschenkpackung verspüren wir viel Zuneigung für Tibet, und ich hoffe, dieses Bild bleibe bestehen.»

Nichts gegen eine schöne Geschenkpackung, doch kann sich diese – wie wir in diesem Buch aufgezeigt haben – schnell in eine Mogelpackung verwandeln. Und wird die um Tibet angelegte Mogelpackung einmal als solche erkannt, wenden sich die Beschenkten enttäuscht von Tibet ab. In diesem Buch erwähnte Beispiele wie der Surrealist Artaud und die Autoren Trimondi/Röttgen, aber auch zahlreiche ehemalige Dharma-Verehrer, die sich desillusioniert vom tibetischen Buddhismus abwenden, belegen dies.

189

189 Die Tibeter sind sich des Missbrauchs ihrer Kultur oft gar nicht bewusst oder sind sich nicht im Klaren, wo sie die Grenzen der Toleranz setzen sollen. Im vorliegenden Fall wurden die Grenzen eindeutig überschritten, gilt doch das Rauchen im tibetischen Buddhismus als Untugend, um so mehr, wenn Zigarettenasche aufs Haupt Buddhas gestreut wird …

Die Tibeter befinden sich in einem Dilemma: Sie wollen auf ihr Schicksal aufmerksam machen und für ihre Sache andere Leute gewinnen, doch wollen und sollen sie dazu nur friedliche Methoden anwenden. Da kommt ihnen die Macht des Kommerzes wie gerufen. Wer kann es ihnen verübeln? Doch wo sind Grenzen zu setzen, damit sich die Tibeterinnen und Tibeter nicht – wie eine tibetische Frau mir einmal sagte – selbst prostituieren, Tibet zur Hure wird? Und wie sollen die Tibeter mit dem Stolz umgehen, so fragte dieselbe Frau, den sie empfinden, wenn sie so sehr gelobt werden? Macht Stolz nicht blind?

Nicht nur Prestige und Stolz sind Grund für die unreflektierte und unwidersprochene Annahme der zumeist positiven Tibet-Mythen durch die Betroffenen selbst. Eine weitere Ursache ist der das Leben der Tibeter stark beeinflussende Buddhismus mit seinem Gebot, großzügig Toleranz zu üben und damit auch andere Meinungen gelten zu lassen. Die Westler sollen doch, dies die unausgesprochene Meinung, abstruse Ideen von Tibet und seinen Bewohnern haben, solange sie damit glücklich und zufrieden sind. Doch diese Einstellung ist gefährlich, denn die beinahe grenzenlose Toleranz kann auch Schaden zufügen, und zwar auf beiden Seiten: Die «Beschenkten» erkennen plötzlich, dass auch die tibetische Kultur und Gesellschaft klar definierte Werte besitzt, die zu missachten nicht erlaubt ist, was zu Enttäuschungen und Frustrationen führen mag, was wiederum negativ auf die Tibeter, die «Schenkenden» zurückwirkt.

Ein weiteres Problem besteht darin, dass sich die Tibeter des Gebrauchs und Missbrauchs ihrer Kultur oft gar nicht bewusst sind, bewusst sein können, da sie die in diesem Buch zuammengestellten Quellen und Beispiele nicht kennen. Welche Tibeter wissen schon, dass Neonazis sie in ihren Geschichten missbrauchen? Wer ist sich im Klaren, dass es so viele Romane, Comics und Werbefilme gibt, die Tibet für ganz bestimmte Botschaften gebrauchen? Wer kennt Blavatskys, von Dänikens und Gurdjieffs Tibetbilder? Positive Vorurteile versüßen das Leben und fallen viel weniger auf als negative, die in der Regel eine schlechte Behandlung und gar Sanktionen zur Folge haben.

Ein Ansatz von Kritik und ihre Nichtbeachtung

Auch wenn sich die meisten Tibeter darum bemühen, ein möglichst positives Bild von sich selbst zu zeichnen, was allgemein menschlich und angesichts des Daseins als Flüchtlinge noch verständlich ist, so sollte nicht übersehen werden, dass es auch innerhalb der tibetischen Gesellschaft Ansätze einer kritischen Auseinandersetzung mit der eigenen Kultur und Gesellschaft gibt. Interessanterweise wird dies im Westen kaum wahrgenommen. Ein weiterer Beweis für die äußerst selektive Wahrnehmung Tibets durch den Westen. Wir wollen dies anhand einiger Beispiele verdeutlichen:

In den westlichen «Geschichten», die hier zur Darstellung gelangten, erscheinen die tibetischen Mönche, sieht man von wenigen Ausnahmen ab, als weise, allwissend, friedlich und introvertiert. Liest man jedoch Bücher und Artikel, die in den letzten Jahrzehnten von Tibetern geschrieben worden sind, ergibt sich ein weit differenzierteres Bild. Einer der ersten, der wagte, Kritik an der tibetischen Religion zu üben, war Chögyam Trungpa, der den tibetischen Buddhismus des 19. Jahrhunderts so scharf wie kaum jemand anderer kritisierte: «Äbte und große Lehrer waren mehr mit dem Bau massiver Golddächer auf ihren Tempeln und riesigen Buddhastatuen sowie der Verschönerung und dem äußeren Eindruck ihrer Tempel befasst als mit der tatsächlichen Praxis ihrer Übermittlungslinie. Sie saßen weniger in Meditation und machten mehr Geschäfte. Das war der Wendepunkt des Buddhismus in Tibet. Er begann, seine Verbindung mit dem Dharma zu verlieren und fing an, sich langsam, sehr ärgerlich und schrecklich in hässlichen spirituellen Materialismus zu verwandeln.»[62] Ein anderer Geistlicher, Chagdud Tulku, relativiert das westliche Bild des tibetischen Mönchs ebenfalls, wenn er in seiner Autobiografie schreibt, in Tibet seien die Mönche nicht besonders sanftmütig gewesen, sie seien rabiat geworden, wenn man sich weigerte, ihnen etwas zu spenden, und hätten sich auch immer wieder unmoralisch verhalten, sei es, dass sie stahlen oder geheime sexuelle Beziehungen hatten.[63] Auch Dawa Norbu nennt die meisten Mönche «mittelmäßig», nur einige wenige lebten ihren Idealen nach, während andere unter dem Mantel der Religion die Massen ausbeuteten. Die Gelehrsamkeit der Mönche nützte – so Norbu – kaum jemandem, abgesehen von ihnen selbst, und die meisten Mönche waren possessiv und materialistisch.[64] Selbst die Schwester des Dalai Lama, Jetsün Pema, schreibt, unter den religiösen Orden habe es Mönche gegeben, welche sich nicht mehr länger an ihren Moralkodex hielten, sondern sich mit Geschäftemacherei abgaben, Profitgier entwickelten und ihren spirituellen Betrachtungen alles mögliche andere vorzogen. «Ein ganz eigener Menschenschlag schien die Macht an sich gerissen zu haben, ohne Rücksicht auf Moral oder das Wesen unserer Kultur.»[65]

Das pure Gegenteil von friedvollen oder gar erleuchteten Mönchen waren die sogenannten ldob ldob (die wahrscheinlich das westliche Bild des kämpfenden tibetischen Mönchs geprägt haben), die fast von jedem tibetischen Autor als brutal und dumm geschildert

190

190 In den westlichen Tibettraum-Geschichten erscheinen die Tibeter fast ausnahmslos als friedlich. Doch dieses Bild vom friedlichen Tibeter wird in letzter Zeit vermehrt hinterfragt – nicht zuletzt auch von Tibetern, die darauf hinweisen, dass sogar Dalai Lamas, wie beispielsweise «der große Fünfte», ab und zu militärische Gewalt anwandten. Von Gewalt ist auch im Shambhala-Mythos die Rede, wonach in ferner Zukunft enorme Kriegerscharen Shambhalas gegen die Ungläubigen dieser Welt und Dämonen kämpfen werden. Dies werde der Beginn des Zeitalters der Vollkommenheit sein, des Paradieses auf Erden.

werden. Für Tsewang Pemba waren die ldob ldob, die ihre übermäßig großen Schlüssel jeweils als Waffe einsetzten, stumpfsinnige Mönche, die sich mit Raufen und Saufen schadlos hielten, «unsaubere, schmierige Gesellen … mehr Strolch als Mönch … Sie wurden in Lhasa auf der Straße zur Geissel, stahlen aus den Läden, was sie gerade lockte, aßen sich kostenlos in der Gastwirtschaft satt und waren mit Zoten und frechen Blicken hinter den Weibern her.»[66] Tashi Tsering schildert, wie die ldob ldob Jagd auf Jugendliche und Schulkinder machten[67], und auch Dawa Norbu lässt keinen guten Faden an ihnen.[68]

Tibetische Autoren stellen ihre Heimat keineswegs nur friedliebend und pazifistisch dar, wie dies der Westen immer wieder – und in letzter Zeit eindringlicher – tut. Ein junger Tibeter hierzu: «Man mag glauben, dass das Prinzip der Gewaltlosigkeit etwas typisch Buddhistisches sei, aber man irrt. Der 13. Dalai Lama (1876–1933) und vor allem ‹der große Fünfte› (1617–1682), der den tibetischen Staat in jener Form, die bis 1950 gültig blieb, gegründet hatte, machten immer wieder mal Gebrauch von militärischer Gewalt, um ihre Regierungsmacht gegenüber fremden Eindringlingen oder einheimischen Rivalen (zumeist religiöse Führer) zu verteidigen.»[69] Im 20. Jahrhundert gab es nach Dawa Norbu einen Kalten Krieg zwischen progressiven und reaktionären Elementen in der Regierung, wobei die Konservativen die Überhand gewannen, da sie behaupteten, die Spitze des «Lamaismus» zu sein. Jemand wie Tsipön Lungshar, der die tibetische Regierung harsch kritisierte, eine patriotische Reformbewegung bildete und Reformen durchzusetzen versuchte, scheiterte kläglich, wurde verhaftet und wegen Mordversuchs sowie der Anstiftung zu einem Komplott mit dem Ziel, die Herrschaft zu übernehmen, verurteilt. Als Strafe entfernte man seine beiden Augäpfel und steckte ihn vier Jahre lang ins Gefängnis.[70] Ein anderer, der bereits zuvor erwähnte Gendün Chöpel (1905–1951), ein brillianter Historiker, Philosoph, Künstler, Poet und politischer Aktivist, war für die einen ein Verrückter, für andere ein Visionär. Er war Mitglied der «Westtibetischen Reformpartei», die eine autonome demokratische Republik Tibet schaffen wollte, er hatte sich gegen Korruption und politische Machtspiele der großen Klöster gewandt und verschiedene Verhaltensweisen der Mönche kritisiert, kurz: Er zerriss fast alles und alle, die Rang, Namen und Macht hatten. Als er nach einem längeren Aufenthalt in Indien nach Tibet zurückkehrte, wurde er wegen seiner reformpolitischen Ansichten, seiner Protesthaltung und seiner harschen Kritik an traditioneller Denk- und Lebensweise ins Gefängnis gesteckt und verstarb, nachdem er das Gefängnis verlassen hatte, frühzeitig als enttäuschter, gebrochener und kranker Mann.[71]

Die wenigen, die versucht hatten, Reformen herbeizuführen, scheiterten somit an der tibetischen Regierung, die «dekadent, ineffizient und feudal war und stur glaubte, ihre wichtigste Aufgabe bestehe darin, für die kollektive Buddhaschaft der Tibeter zu arbeiten», wie Dawa Norbu scharf formuliert.[72] Ähnliche Kritik an der Regierung äußern auch Shuguba[73] und andere tibetische Autoren wie zum Beispiel der Dalai Lama, der von einem Regierungssystem spricht, das von Korruption durchsetzt gewesen sei.[74]

Die Friedfertigkeit und Gewaltlosigkeit der Tibeter wird auch durch die so genannten Reting-Wirren relativiert, über die ebenfalls mehrere Tibeter ausführlich berichtet haben – was aber die Gemeinde der Tibetträumer ebenfalls nicht wahrzunehmen scheint. Es war eine Zeit von «endlosen Intrigen und Gegenintrigen»[75], in denen «hohe Staatsbeamte selbstsüchtige Interessen verfolgten»[76], in deren Verlauf viele Mönche und Soldaten den Tod fanden und das Kloster von Reting komplett zerstört wurde. Der frühere Regent Reting Rinpoche, der im Verlaufe der Wirren ins Gefängnis gesteckt worden war, wurde am 8. Mai 1947 tot in seiner Zelle aufgefunden – wahrscheinlich durch die Verabreichung von Giftpillen ermordet.[77] Dies bringt uns zu dem traditionellen tibetischen, ins 7. Jahrhundert zurückreichenden Rechtssystem, von dem Tsewang Norbu meint: «Wie in vielen Gesellschaften im vergleichbaren Entwicklungsstadium verfügte der tibetische Staat über archaische Rechtsnormen und -praktiken, die aus heutiger Sicht als inhuman und barbarisch zu bezeichnen sind … Diese Rechtspraxis gab es in Tibet in der Tat bis ins 20. Jahrhundert hinein. Glück-

191 Ein prominenter tibetischer Kritiker war Gendün Chöpel, der für die einen als Verrückter galt, für andere als Visionär. Seine Protesthaltung kam ihn teuer zu stehen: Er wurde gefangen genommen und verstarb frühzeitig, nachdem er das Gefängnis verlassen hatte.

192 Tsewang Norbu plädiert für eine kritische Analyse hüben und drüben: Auch wenn der tibetische Staat bis ins 20. Jahrhundert hinein archaische Rechtsnormen und -praktiken hatte, so sollten westliche Kritiker dieses Systems auch einmal einen Blick in die Geschichte des europäischen Mittelalters werfen.

licherweise war die Anwendung solcher Strafmethoden eher Ausnahme als Regel.»[78] Doch sollten – so Tsewang Norbu – Kritiker dieses Systems einmal einen Blick in die Geschichte des europäischen Mittelalters werfen und zur Kenntnis nehmen, dass auch das 19. und 20. Jahrhundert für Europa keine Ruhmesgeschichte war. Damit hält der Autor den Westlern einen Spiegel hin, in dem sie sich selbst betrachten sollen – ein neues spannendes Element in der Begegnung zwischen dem Westen und Tibet.[79]

Die erwähnte, von tibetischer Seite erhobene Kritik erscheint hier harscher als in den genannten Publikationen, da sie nirgends so kompakt formuliert wurde, sondern lediglich hier und dort in die Texte eingestreut ist. Die deutlichste Kritik scheint von den Tibetern zu kommen, die sich freiwillig oder notgedrungen ihrer eigenen Gesellschaft und Kultur etwas entzogen haben – sei es, weil sie viele Jahre lang in chinesischen Gefängnissen saßen (Shuguba, Tashi Tsering), einer anderen Religionsgemeinschaft beitraten (Sherab Paul) oder eine westlich-wissenschaftliche Laufbahn einschlugen bzw. im Westen lebten und lehrten (Dawa Norbu, Chögyam Trungpa, Tsewang Pemba, Tsering Shakya, usw.). Aber auch aufs Engste mit Tibet verbundene Tibeter zeichnen nicht nur ein rosiges Tibetbild. Stellvertretend für alle kann der 14. Dalai Lama zitiert werden, der in seiner ersten Autobiografie die Isolationspolitik seines Landes kritisiert, auf die ungleiche Verteilung des Wohlstands zwischen den landbesitzenden Aristokraten und den Kleinbauern hinweist, die keineswegs mit der Lehre Buddhas übereinstimmte, in Abrede stellt, jeder Tibeter sei ein sanftmütiger, freundlicher Mensch und meint, auch in Tibet habe es Verbrecher und Sünder gegeben, wie beispielsweise räuberische Stämme, welche für Reisende eine große Gefahr darstellten.[80] Als besonders reformbedürftig bezeichnet der Dalai Lama das traditionelle tibetische Gesellschaftssystem hinsichtlich der großen Privatbesitzungen, «auf denen die Bauern für den Gewinn der Aristokratie arbeiteten, und zwar unter Bedingungen, auf die die Regierung keinen direkten Einfluss hatte. Zudem übten die Landedelleute auch auf dem Gebiet der Justiz ein Feudalrecht aus …»[81]

Es geht hier nicht darum, Tibet schlecht zu machen oder gar die chinesische Okkupation indirekt gutzuheißen. Die hier zitierten objektivierenden Stimmen, die durch solche westlicher Autoren ergänzt werden könnten[82], rechtfertigen in keiner Art und Weise die «Reformen» der Chinesen in Tibet, die sich bekanntlich als unrecht und keineswegs selbstlos erwiesen. Die Absicht bestand lediglich darin aufzuzeigen, dass es durchaus Tibeter gibt, welche ihre Gesellschaft und Kultur nuanciert aus einer gewissen kritischen Distanz betrachten und beschreiben, was jedoch die Tibetträumer nicht wahrzunehmen scheinen. Die Gründe dafür sind primär bei den Westlern zu suchen, bei ihrer selektiven Wahrnehmung und ihrem fast ausschließlichen Interesse am Dharma oder dem, was sie für das Dharma halten.

Doch auch die tibetische Seite trägt dazu bei, dass kaum offen über die tibetische Gesellschaft und Kultur reflektiert wird. Grundsätzlich sind in der tibetischen Gesellschaft Kritikwille und Kritikfähigkeit wenig ausgebildet – man unterwirft sich religiösen und politischen Autoritäten, deren Entscheide und Macht kaum hinterfragt werden. Des Weiteren zwingt die Exilsituation zu zusätzlicher Uniformität und zur Konstruktion einer tibetischen Identität aufgrund von stereotypen Vorstellungen, die teilweise auf westliche Vorbilder zurückgehen, teilweise aber von exiltibetischen Kreisen «erfunden» wurden. Diese neuen Identitätsvorstellungen wie tibetischer Nationalismus, Umweltbewusstsein, Pazifismus und Feminismus sind, nach Ansicht von Toni Huber, weitgehend eine Schöpfung der exiltibetischen politischen und intellektuellen Elite. Nach ihm hat sich eine kleine Gruppe gut ausgebildeter und kosmopolitischer Tibeter während ihres erzwungenen langjährigen Kontaktes mit der modernen Welt ein breites Repertoire moderner Selbstdarstellungsstile und -strategien geschickt angeeignet.[83] Die Tibeter prägen die Tibet-Mythen somit nicht nur durch ihre alten Legenden eines mystischen sakralen Tibets, sondern seit dem Leben in der Diaspora vermehrt auch dadurch, dass sie sozial-politische Werte, die dem Westen lieb und teuer sind, aufnehmen und geschickt auf Tibet übertragen. Sie beteiligen sich zunehmend an der Konstruktion der Traumwelt Tibet, die – und damit kommen wir nochmals auf den Aspekt der Kritik zurück – nicht hinterfragt werden darf. Denn Kritik wird als Zeichen der Schwäche interpretiert, die man sich angesichts der desperaten Flüchtlingssituation und des gemeinsamen Feindes China nicht leisten will und darf. So werden Kritiker, die von der Meinung der exiltibetischen Regierung abweichen, schnell als prochinesische Propagandisten abgestempelt oder – seit dem erneuten Ausbruch der Dorje-Shugden-Affäre in der Mitte der 90er Jahre – als Unterstützer der abtrünnigen religiösen Sekte tituliert, was eine offene, emotionsfreie Auseinandersetzung mit kontroversen Themen beinahe verunmöglicht.[84] Das hat auch damit zu tun, dass die Anhänger des Dorje-Shugden-Kults Kritik an Tibet genüsslich aufgreifen – als Beweis für ihre These des Ungenügens der tibetischen Exilregierung und des Dalai Lama. Mit anderen Worten: Kritiker werden von den Dorje-Shugden-Anhängern vereinnahmt, indem sie als Kronzeugen ihrer eigenen Thesen hingestellt werden. Die Folge davon ist verständlicherweise eine noch größere Zurückhaltung, Kritik zu üben.

Ein Beispiel, wie mit Kritikern innerhalb der exiltibetischen Gesellschaft umgegangen wird, ist die Zeitung *Mangtso* (dMang gtso), welche das in Dharamsala tätige, von tibetischen Intellektuellen gegründete und geleitete «Amnye Machen Institut» publizierte. Die Herausgeber der offenen, unabhängigen Zeitung in tibetischer Sprache zogen den Ärger unterschiedlicher Interessengruppen und Personen in Machtpositionen auf sich und gerieten so sehr unter Druck – einer erhielt gar Morddrohungen –, dass sie sich gezwungen sahen, 1996 die vielgelesene Zeitschrift einzustellen. Die kritischen Herausgeber, die sich nicht scheuten, im Exilparlament ausgetragene Kontroversen, in die zwei höhere Regierungsbeamte involviert waren, zu veröffentlichen und sogar Entscheide des Parlaments zu kritisieren wagten, wurden als militante, gewalttätige, extremistische Unruhestifter bezeichnet. Und ein früherer Minister warf ihnen vor, die tibetische Exilregierung zu zerstören, den Namen des Dalai Lama zu diskreditieren und chinesischen Interessen zu dienen. Dabei kritisierten die Zeitungsmacher die Regierung nur aus einem Grund: weil ihnen Tibet und seine Sache sehr am Herzen lagen.[85] Auch wenn eine beträchtliche Anzahl neuer tibetischsprachiger Bücher zensiert oder ihre Publikation verhindert wurde[86], gibt es eine löbliche Ausnahme: Die in New Delhi erscheinende Monatszeitschrift *Tibetan Review* erscheint trotz immer wieder kritischen Artikeln bereits seit 1968.

Nicht alle Tibeter versuchen somit, das Traumbild Tibet zu bewahren. Es gibt durchaus auch differenzierende tibetische Stimmen, nur werden diese kaum wahrgenommen – weder von den westlichen Tibetträumern noch von der Mehrheit der Tibeter selbst. Im Gegenteil: Bestürzung, ja gar Feindseligkeit – auf tibetischer wie auch auf nicht-tibetischer Seite – sind häufige Reaktionsweisen auf den Versuch, Tibet und seine Bewohner objektiver und differenzierter darzustellen. Dies ist nicht weiter verwunderlich, da wie bereits erwähnt ein Hauptcharakteristikum von Vorurteilen – positiven wie negativen – ihre Starrheit und Unverrückbarkeit ist. «Ein Mensch, der einem Vorurteil verfallen ist, verteidigt es wie ein Vogel sein Junges. Er verhält sich, als ob er in Gefahr wäre, etwas Unentbehrliches zu verlieren».[87]

Auf den vorangehenden Seiten haben wir mehrere mögliche Gründe für die Bildung der Traumwelt Tibet dargelegt: Tiefliegende, dem westlichen Menschen eigene Sehnsüchte und Obsessionen, durch bestimmte Zeitepochen geförderte Hoffnungen und Theorien (zum Beispiel der Evolutionismus), Eskapismus, durch den David-Goliath-Mythos ausgelöste Sympathie, in der tibetischen Kultur verankerte «Wahrheitskerne», Umstände, welche die Bildung von Klischees fördern (wie zum Beispiel die Unmöglichkeit, Absurdität zu beweisen und die einseitige Auswahl von Quellen und andere methodische Tricks), sowie das Bedürfnis der Exiltibeter, zumindest der exiltibetischen Elite, sich eine Identität zu geben, welche sich an westlichen Wertevorgaben messen kann. Kurz: Wir können davon ausgehen, dass es nicht eine einzelne Wurzel des Wunschtraums Tibet gibt, sondern dass ihm ein komplexes, gewachsenes Wurzelgeflecht zugrundeliegt, das freizulegen auch ein Ziel dieses Buches war.

Postskriptum

In der Einleitung wies ich darauf hin, dass «Tibetophile» und «Tibetomanen» sich wohl fragten, weshalb aufgrund von Romanen, Legenden, Erzählungen, Comics, Spielfilmen und dergleichen Puzzleteile zusammengetragen würden, die in ihrer Gesamtheit ein Tibet-Zerrbild erkennen ließen. Ich erwähnte auch, dass es gerade Tibeter sind, die in letzter Zeit eine solche Entmystifizierung Tibets wünschen. Zu ihnen gehören zum Beispiel Tsering Shakya, Dawa Norbu, Jamyang Norbu und Loden Sherab Dagyab.[88] Dagyab befürwortet eine kritische Untersuchung des Tibet-Mythos, weil der Rückblick auf die letzten Jahre lehre, «dass die positiven Aspekte des überlieferten Tibetbildes sich bei der Verbreitung des Buddhismus auf die Dauer eher als nachteilig erwiesen haben, während die negativen Aspekte zumindest den Vorteil hatten, die tibetischen Lamas und ihre Schüler zu einer kritischen und letztlich fruchtbaren Selbstprüfung anzuregen.» Das Festklammern am romantischen Tibetbild führe zu abergläubischen Vorstellungen, Sektierertum und Dogmatismus, die wiederum bei außenstehenden Beobachtern die negativen Aspekte des Tibet-Mythos aktivierten.[89]

Dawa Norbu war einer der Ersten, der die negativen politischen Folgen der mystifizierenden Darstellung Tibets aufzeigte. China kann, so meinte er, auf die Unglaubwürdigkeit der schönfärberischen Aussagen hinweisen und stellt diesen ein Gegenbild gegenüber, das zwar ebenfalls einseitig ist, aber angesichts der Mängel des tibetischen Bildes nicht ohne weiteres widerlegt werden kann.[90] Auch nach Tsering Shakya schadet die westliche Mythologisierung der politischen Sache Tibets, da durch sie die wahre Natur des tibetischen politischen Strebens nebulös und undeutlich wird. Er weist zudem auf eine weitere, bislang wenig beachtete Erschwernis hin: Solange Tibet ausschließlich die Gefühle der Weißen bewegt, solange wird die Tibetfrage von den Staaten der sogenannten Dritten Welt als eine Angelegenheit des Westens betrachtet und damit nie Fortschritte machen und nur sehr peripher auf internationales Interesse stoßen. Die Tibetfrage wird nur dann ernst genommen, so Shakya, wenn Tibet von westlicher Fantasie und dem Shangri-La-Mythos befreit wird.[91] Losang Gyatso führt dies noch etwas deutlicher aus, wenn er schreibt: «Wenn jemand weiterhin an die Shangri-La-Legende glaubt, verneint er die kulturelle Zerstörung, die dem Land (Tibet) während der letzten dreißig Jahre zugefügt wurde. Er glaubt nicht an die Toten, Gefangenenlager und nicht an die Zerstörung der historischen Institutionen.»[92] Ähnlich argumentieren auch Jamyang Norbu[93] und eine Tibeterin, die meint: «Ich will nicht, dass die Westler uns verehren und schonen und von uns erwarten, dass wir ihre Probleme lösen, ihre Bedürfnisse befriedigen. Ich wünsche mir, dass sie uns als ebenbürtige mündige Menschen ernst nehmen, als Menschen, die Stärken, Schwächen und eigene Bedürfnisse haben.»[94]

Auch Nicht-Tibeter erkennen in den westlichen Trugbildern Tibets Gefahren, so beispielsweise Erik Davis, der in *The Village Voice* schrieb: «Statt den Platz Tibets in der realen Welt nachdrücklich zu bestärken, umschwärmt der Westen ein hochfliegendes Fantasieprodukt, das, ohne es zu wissen, die historische Handlungsfähigkeit der real-lebenden Tibeter verneint.»[95] Der Tibetologe Donald Lopez warnt ebenfalls davor, Tibet aus der realen Welt auszuschließen und den Tibetern die Rolle als Handelnde, die an der Erschaffung einer Alltagsrealität teilnehmen, abzusprechen. «Solange wir an unserer Vorstellung festhalten, Tibet vor 1950 sei ein Utopia gewesen, gibt es keinen Platz für das Tibet von 1998 außer in den Hochglanzbänden auf dem Kaffeetischchen – als eine zum Mythos reduzierte Realität.»[96]

Tibetische Künstler stellen Träume und Illusionen in der Regel dadurch dar, dass sie den Inhalt des Traums in einer Wolke schwebend malen. Und Wissen wird in der tibetischen Ritualkunst oft durch Buch und Schwert symbolisiert – das Schwert des analytischen Unterscheidungsvermögens, das die (Traum- oder Illusions-)Wolken des Nichtwissens durchtrennt. Im vorliegenden Buch ging es um viele solcher Illusionen und Träume: die westlichen Tibet-Träume in all ihren Varianten und Verästelungen – um Wunschträume, Hoffnungsträume, aber auch um Alpträume. Und es

193 Jamyang Norbu: «Tibet, wie wundervoll auch immer, ist ein Traum – ob als verloren geglaubtes Goldenes Zeitalter oder als millenaristische Fantasie, trotz allem letzlich nur ein Traum.»

194

ging darum, diese vor allem von Westlern geschaffenen Traumwolken des Westens zu durchtrennen – mit dem Schwert der Erkenntnis, das wir Vernunft nennen. Dieses Vorhaben sollte nicht zum Selbstzweck dienen, vielmehr wurde das längst überfällige Ziel verfolgt, die ihrer Individualität enteigneten Tibeterinnen und Tibeter endlich als eigenständige Menschen wahrzunehmen, was erlaubt, ihnen ihre eigene Handlungsfähigkeit als real lebende Menschen zurückzugeben, welche ihnen von Seiten des Westens häufig verweigert worden ist.

Meine tibetischen wie auch nicht-tibetischen Freunde bitte ich bei der Lektüre des vorliegenden Buches an das tibetische Sprichwort zu denken: «Vom Munde eines wahren Freundes hörst Du keine süßen Worte.»[97]

194 Eine neue Periode in der westlichen Tibet-Rezeption kündet sich an. Nachdem während beinahe vierhundert Jahren das sakrale Tibet nur von Männern bewohnt schien – zuerst Arier, dann Weiße und schließlich auch autochthone Tibeter –, scheint die westliche Kommerzwelt nun die sakrale Frau zu entdecken: Eine in ein tibetisches Nonnenkleid gehüllte Asiatin wirbt für einen Touristenort in der Schweiz.

Anhang

Anmerkungen

Einleitung

1 Eine der wenigen kritischen Analysen, die sich mit den über tibetische Kunst geschriebenen Publikationen auseinandersetzt, findet sich in Lopez 1998: 135ff.

2 Siehe hierzu Lopez 1998: 156ff. und Kvaerne 1997. Hierhin würde auch die Orientalismus-Debatte gehören, die von Edward Said ausgelöst wurde. Die Art, wie Tibet vom Okzident wahrgenommen wird, scheint jedoch nicht in Saids Theorie zu passen – ein mögliches weiteres Gegenargument gegen Saids Orientalismus-Kritik oder Beleg dafür, dass sich Saids Theorie nur auf Länder anwenden lässt, die der Westen im Verlaufe des Kolonialismus und Imperialismus unterdrückte?

3 Dies erklärt, weshalb zum Beispiel Alexandra David-Neels Werk nicht zur Darstellung kommt. In ihren Werken sind Mythos und Wirklichkeit so geschickt miteinander verknüpft worden, dass ein Entwirren kaum mehr möglich ist.

4 Shakya 1992

Teil 1

1 Aschoff 1989: 35. Das Originalwerk von de Andrade lautet: *Novo descobrimento do Gram Cathayo, ou Reinos de Tibet, pello Padre Antonio de Andrade da Companhia de IESV*, Portuguez, no Anno de 1624. Mattheus Pinheiro, Lisboa, 1626. Ital.: *Relatione del Novo scoprimento del gran Cataio, overo Regno di Tibet, fatto dal P. Antonio di Andrade*, Portoghese della Compagnia di Giesú nell anno 1624, Francesco Corbelletti, Roma, 1627.

2 Es fanden bereits im 13. Jahrhundert Reisen nach China und Zentralasien statt, doch führten diese nicht ins eigentliche Tibet.

3 Didier 1989: 96

4 Die christliche Missionierung Zentralasiens ging von Persien aus. 635 gelangten Nestorianer nach China, 639 nach Indien, im 9. Jahrhundert verwischen sich die Spuren, doch im 13. Jahrhundert kam es zu einer Revitalisierung, bis im 14. Jahrhundert der Nestorianismus völlig zerstört wurde.

5 Seit sehr früher Zeit wird das Paradies irgendwo im Osten vermutet. Isidor von Sevilla (560?–636) «zementierte» diese Vorstellung in seiner Kosmographie im 6. Jahrhundert. Auch Beda Venerabilis und Aethicus von Istrien lokalisieren das irdische Paradies im Osten. (Börner 1984: 54) In der griechisch-römischen Antike sucht man die Inseln der Glückseligkeit im Westen – Elysium, Arkadien, Atlantis usw. Doch später erweist sich der Osten wieder als faszinierendere und hoffnungsvollere Richtung, wobei westliche Motive nicht ganz fehlen. (Börner 1984: 38)

6 Didier 1989: 89. Didier weist in diesem Zusammenhang auf Jesaja 18,7 hin. Dort ist zwar die Rede vom Berge Zion, der eindeutig Israel zugeordnet werden kann. Weshalb diese oder allenfalls eine andere Stelle von Jesaja mit dem im weit von Israel entfernten Himalaja in Beziehung gebracht wurde, bleibt unklar.

7 Aschoff 1989: 16

8 Aschoff 1989: 76

9 Aschoff 1989: 60

10 Aschoff 1989: 66

11 Aschoff 1989: 67

12 Aschoff 1989: 71

13 Aschoff 1989: 44, 64ff.

14 Aschoff 1989: 64

15 Didier 1989: 101

16 gemäß de Filippi 1932: 13

17 Kaschewsky 1997: 29. Insgesamt gibt es vier Werke ähnlichen Titels, der umfangreichste erschien 1762 bzw. 1763. Siehe Georgii 1987: Vorwort XIII.

18 Taylor 1988: 103

19 Die richtige Schreibweise wäre: Sangs rgyas dkon mchog, Chos dkon mchog und dGe 'dun dkon mchog.

20 de Filippi 1932: 305–306

21 de Filippi 1932: 243, 226

22 de Filippi 1932: 245

23 de Filippi 1932: 255, 301

24 Der Titel lautete *Relazione e Notizie Istoriche del Thibet e Memorie de' Viaggi e Missioni ivi fatti dal P. Ippolito Desideri della Compagnia di Giesù*, siehe de Filippi 1932: 303.

25 de Filippi 1932: 197

26 de Filippi 1932: 206

27 de Filippi 1932: 295. Kircher hatte diese Informationen von Grueber erhalten, den Kircher gebeten hatte, ihm alles Wissenswerte zu berichten. Zehn ausführliche Briefe Gruebers an Kircher bilden die Grundlage von Kirchers Werk *China Illustrata* (1667).

28 de Filippi 1932: 305

29 de Filippi 1932: 175

30 de Filippi 1932: 221ff.

31 Später fanden sich noch zwei weitere Texte, welche Wessels 1924 und de Filippi 1932 auswerteten. Auch Desideris auf Tibetisch geschriebene Werke wurden erst im 20. Jahrhundert entdeckt und herausgegeben, siehe Kaschewsky 1997: Fußnote 20.

32 Siehe hierzu Wessels 1924.

33 Die Theosophen entnahmen ihr Wissen über Tibet den Werken anderer Missionare, so demjenigen des Kapuziners Orazio

della Penna, der kurze Zeit nach Desideri in Lhasa lebte, und den Schilderungen von Régis-Evariste Huc und Joseph Gabet, die 1846 von der äußeren Mongolei aus Tibet betraten. Da ihr Wissen nicht an dasjenige von Desideri heranreichte, aber auch weil die Theosophen unbesehen jede Quelle, die ihnen passte, verwendeten, sind die theosophischen Bezüge auf Tibet entsprechend vage und fehlerhaft

34 Aus Gruebers Briefen, gemäß *Allgemeine Historie der Reisen zu Wasser und zu Lande*, Band 7: 218. Grueber selbst äußerte sich noch kritischer, indem er von «bodenloser Torheit» und «verabscheuungswürdiger Grässlichkeit» sprach.

35 Kant 1968: 405

36 Kant Ub 9, S. 187a; aus der Gottholdschen Bibliothek. Wahrscheinlich eine Abschrift eines Heftes aus dem Sommersemester 1793.

37 In Markham 1879: 321

38 Grueber 1985: 151

39 *Allgemeine Historie der Reisen zu Wasser und zu Lande*, Buch XVI: 217

40 *Allgemeine Historie der Reisen zu Wasser und zu Lande*, Buch XVI: 217

41 Bishop 1989: 41

42 Caroe 1960: 2

43 *Allgemeine Historie der Reisen zu Wasser und zu Lande*, Buch XVI, IV Kapitel, S. 212–13

44 *Allgemeine Historie der Reisen zu Wasser und zu Lande*, Buch XVI, IV Kapitel, S. 213

45 Siehe Seiten 85–87

46 Auf die Tatsache, dass diese Ähnlichkeiten auch negativ interpretiert werden konnten – zum Beispiel durch gewisse Kapuziner –, wurde bereits hingewiesen.

47 Manning in Markham 1879: 256

48 Manning in Markham 1879: 266

49 Bishop 1989: 98

50 Siehe zum Beispiel Kaschewsky 1997: 29/30

51 Kants *Physische Geographie*, 2. Band: 158–160, 1802 publiziert; dass Inder nach Lhasa pilgerten, steht zum Beispiel in *Allgemeine Historie der Reisen zu Wasser und zu Lande*, Buch VII: 218; an anderer Stelle distanziert sich Kant etwas von dieser ersten Aussage. Danach möge Tibet zwar der Stammsitz aller Kultur und Wissenschaften sein, die Gelehrsamkeit der Inder rühre zwar mit ziemlicher Gewissheit aus Tibet, die Künste jedoch schienen aus «Indostan hergekommen zu sein, zum Beispiel der Ackerbau, die Ziffern, das Schachspiel usw.» Ein solcher Urplatz der Künste und Wissenschaften, ja der Menschheit, verdiente wohl die Mühe einer sorgfältigeren Untersuchung. Kant 1968: 228

52 Gemäß Glasenapp 1954: 27 ff.; Später vertrat zum Beispiel Karst 1931 (S. 259) die Meinung, das Gebirgsland Ararat, wohin nach der Flutkatastrophe die noachidische Menschheit verschlagen wurde, sei wohl ursprünglich das innerasiatische, indo-tibetische Gebirgsmassiv gewesen.

53 Bishop 1989: 102

54 Lindegger 1982

55 Bishop 1989: 177

56 Bray 1997: 48

57 de Riencourt 1951, gemäß Bishop 1989: 205, 209, 212

58 Govinda 1995: 11

59 Govinda 1995: 11

60 McKay 1997: 74

61 McKay 1997: 75

62 McKay 1997: 82–83

Teil 2

1 Lauppert 1977–82, Bd. 1: 87, Brief Nr. 98, Empfänger dieses Briefes war Alfred Percy Sinnett, Journalist. Nach anfänglicher Skepsis hatte H. P. Blavatsky einen «Bruder» in Tibet gefunden, der Sinnett von da an regelmäßig Briefe schrieb.

2 *Collected Writings*, Vol. VII: 398

3 Lauppert 1977–1982: Brief Nr. 26

4 Lauppert 1977–1982: Brief Nr. 59

5 *Echoes from the Past*, The Theosophist, October 1997: 77; gemäß Cranston 1995: 119

6 Lauppert 1954: 11

7 *An Interview with Colonel Olcott*, The Daily Chronicle, London, September 14, 1891

8 Ob H. P. Blavatsky dabei die Bhutaner im Sinn hatte oder die Anhänger der Druk pa genannten Untergruppe der Kagyüd pa-Schule oder beide, ist unklar.

9 Lauppert 1977–1982: Brief 49

10 *Collected Writings*, Vol. 4, 15

11 Brief Nr. 49, chronologisch Nr. 22

12 Brief Nr. 66; Lauppert 1977–82, 3. Band: 313

13 Pedersen 1997: 167

14 Blavatsky o. J. (1888), Vol. I: 571 ff.

15 Siehe Fuller 1988, Kapitel 40

16 Glasenapp 1960: 199

17 Siehe zum Beispiel Glasenapp 1960

18 Goodrick-Clarke 1985: 19; nach Frick 1978: 280 in einer Felsbibliothek, welche in die Wand einer Schlucht eingemeißelt worden war.

19 Frick zitiert einen Autor Hoffmann, der behauptet, Dzyan sei taoistischen Ursprungs. Frick 1978: 281

20 Barborka 1969: 124

21 *Collected Writings*, Vol. 3: 178 und 180

22 Wahrscheinlich war H. P. Blavatsky nur der kurze Bericht bekannt, der im Buch *Narratives of the Mission of George Bogle to Tibet and of the Journey of Thomas Manning to Lhasa* (edited by Clements R. Markham, London 1879) abgedruckt wurde

23 *Incidents in the Life of Madame Blavatsky*: 114 ff.; in Barborka 1969: 351–352

24 *The Complete Works of H. P. Blavatsky*, Vol. II: 46, in Barborka 1969: 121

25 Barborka 1969: Preface

26 Lauppert 1977–1982, Bd. 1: 166

27 Fuller 1988: 179

28 Lauppert 1977–1982: 26–27

29 Bei dieser Schnur handelt es sich wahrscheinlich um die «Silberschnur», die im 3. Teil (Das dritte Auge) genauer beschrieben wird.
30 The Path, December 1894, Vol. IX, Nr. 9, S. 266, in Barborka 1969: 357
31 *H. P. B. Speaks*, Vol. I, S. 224–225; in Barborka 1969: 366–367
32 Washington 1993: 39
33 Swedenborg o. J., Bd. 2: Ziff. 266
34 William Emmette Coleman, 1895: *The Source of Madame Blavatskys Writings*, in Vsevolod Soloviev, *A Modern Priestess of Isis*, London
35 Blavatsky o. J. (1877; *Isis entschleiert*), Bd. 2: 617
36 *Collected Writings*, Vol. 4: 347 ff.
37 Blavatsky o. J. (1877; *Isis entschleiert*), Bd. 2: 605–609
38 Blavatsky o. J. (1877; *Isis entschleiert*), Bd. 2: 628
39 Wenn in diesem Buch ab und zu von «Lamaismus» die Rede ist, dann in voller Kenntnis der Fragwürdigkeit dieses Begriffs. Da die zu Wort kommenden Autoren häufig von «Lamaismus» sprechen, kann der Begriff nicht gänzlich vermieden werden. Zu «Lamaismus» siehe Lopez 1998: 15 ff.
40 Pedersen 1997: 170
41 Bailey als eine der Nachfolgerinnen von Blavatsky zu bezeichnen ist – aus theosophischer Sicht – nicht korrekt, da Bailey und ihr Mann wegen Unstimmigkeiten 1920 die Theosophische Gesellschaft verließen und den Lucis Trust sowie die Theosophical Association (ab 1923: Arkan Schule) gründeten.
42 Bailey 1995: 47 ff.
43 Bailey 1995: 172
44 Bailey 1995: 45
45 *Collected Writings*, Vol. 8: 84
46 *Collected Writings*, Vol. 4: 11
47 gemäß Barborka 1969: 116
48 *Collected Writings*, 3: 268
49 *Collected Writings*, Vol. 8: 84
50 Hughes 1974, in Pedersen 1997: 166
51 Bechert: *Buddhismus, Staat und Gesellschaft*, Bd. I, S. 45
52 Glasenapp 1960: 201–202
53 Pedersen 1997: 170
54 Eine Ausnahme bildet Goodrick-Clarke 1985, der an mehreren Stellen auf die Berührungspunkte zwischen theosophischer und völkischer Rassenlehre zum Beispiel eines Jörg Lanz von Liebenfels hinweist; siehe auch Rose 1994.
55 *Die Geheimlehre*, Bd. 2: 188
56 *Die Geheimlehre*, Bd. 2: 333
57 Fuller 1988: 96 ff.
58 Theosophisches *Occult Glossary* von G. de Purucker, 1933, 1996, unter dem Stichwort «Rassen»
59 Lauppert 1977–1982: Brief Nr. 110; Übersetzung leicht überarbeitet
60 *Die Geheimlehre*: 171
61 Rose 1994: 87; Mosse 1978: 92 vertritt zwar die Meinung, die Theosophie selbst sei nicht rassistisch gewesen, mit der Begründung, die Theosophie sei die erste europäische Bewegung gewesen, die den Indern zeigte, dass ihre Religionen dem Christentum überlegen waren. Der Rassismus – so Mosse – habe sich aber schließlich mit der Theosophie verbündet.
62 Goodrick-Clarke 1985: 33 ff.; List glaubte (nach Mosse 1978: 94) an den Zyklus von Geburt und Wiedergeburt. Er behauptete, die künftigen arischen Führer würden Wiedergeburten der alten toten Helden sein.
63 Daim 1958: 178; siehe auch Goodrick-Clarke 1985: 101 ff. Nach Blavatsky steht in der Tat im 30. und 31. Vers des Dzyan ähnlich: «Diejenigen [Menschen] aber, welche keinen Funken [des geistigen Selbstbewusstseins] hatten, nahmen weibliche tierische Ungetüme zu sich, und aus ihrer Begattung entstanden die stummen Rassen …» gemäß Frick 1978: 289.
64 Pennick 1981: 124 ff.
65 Wie unsorgfältig Pennick gearbeitet hat, zeigt beispielsweise die Tatsache, dass er statt Dr. (Ernst) Schäfer Dr. Scheffer schreibt, dass er von Ferdinand Ossendowski behauptet, dieser habe in seinem Buch *Tiere, Menschen und Götter* die Energie «Vril» beschrieben, usw. Zudem verbreitet Pennick die Fehler und Halbwahrheiten, welche Bergier/Pauwels in die Welt setzten, ohne diese Quelle zu nennen.
66 Washington 1993: 69
67 Tingley 1992 (1921): 88. Die Nähe gewisser Theosophen zu den Nazis könnte anhand weiterer Beispiele zusätzlich untermauert werden. Es genüge hier ein Zitat des Präsidenten der deutschen Theosophischen Gesellschaft, der 1933, nach der Machtergreifung Hitlers, verkündete: «Die stärksten und einflussreichsten Mächte, die in der Gegenwart das Leben und die Entwicklung der Völker bestimmen und in Zukunft immer bestehen werden, sind die Nationalsozialisten und die Theosophie.» Gemäß Schweidlenka 1989: 21.
68 Siehe hierzu zum Beispiel Daim 1958
69 Blavatsky 1983: 306–307
70 Diese Beispiele stammen aus Tingley 1992
71 Lopez 1997: 194
72 Theosophia, Herbst 1974: 9–10; in Cranston: 641
73 Diese Angaben beruhen vor allem auf Meyer 1999
74 Roerich 1988: 11
75 Roerich 1988: 64
76 Roerich 1988: 50 ff.
77 In dieser Beziehung gleicht er seinem von Helena Blavatsky erwähnten Mahatma-Bruder, der «trotz seines umfassenden Wissens öffentlich nie ein Wort über diese Dinge sprach und seine Kenntnisse außer vor wenigen Freunden sorgfältig verborgen hielt.» Siehe Frick 1978: 261
78 Dieser Text basiert vor allem auf Unterlagen aus dem Internet (beispielsweise http://phoenix.akasha.de/tetraeder/cremebio.html.) und Creme 1997.
79 Das Buch wurde in mehreren Sprachen publiziert, so Englisch, Deutsch, Schwedisch, usw. Da seine «Entdeckung» schon zu seinen Lebzeiten als Schwindel entlarvt wurde, verschwand der Autor in der Anonymität, so dass sein Todesjahr unbekannt zu sein scheint.

80 Nach Kersten soll Jesus nicht nur als junger Mann, sondern ein weiteres Mal nach der Kreuzigung in Kaschmir gelebt und gewirkt haben, ja er sei dort sogar gestorben.
81 Douglas 1896: 673, gemäß Grönbold 1985: 25
82 Siehe Bray 1981
83 So beispielsweise L. Huxley in *The Life and Letters of Sir Joseph Dalton Hooker*, London, 1918 und Elizabeth Clare Prophet in *The Lost Years of Jesus*, Livingtson, Montana, 1987, gemäß: Lopez 1998, Fußnote 9, S. 233. Gleiches behaupten auch – nach Grönbold 1985 – Levi H. Dowling: *Das Wassermann Evangelium von Jesus dem Christus*, München 1980 (englische Erstausgabe 1908) und Paul Reboux: *La vie secrète et publique de Jéus-Christ; Son voyage au Tibet*, Paris (Niclaus) 1955
84 Kersten 1996: 122
85 Heller/Maegerle 1995: 158
86 McCloud 1996. Wichtige Seiten zu Tibet: S. 144–173
87 Siehe auch Heller/Maegerle 1995: 157
88 Carmin 1985: 97
89 Bergier/Pauwels 1962: 377; einige dieser Behauptungen nimmt auch Suster 1981: 122 ff. auf. Siehe auch Carmin 1985: 97, der jedoch nicht auf Bergier/Pauwels hinweist.
90 Bergier/Pauwels 1962: 32
91 Suster 1981: 191–192
92 Gurdjieff gründete 1922 in Fontainebleau südlich von Paris ein Institut, dessen Zielsetzungen von einem guten Kenner folgendermaßen beschrieben werden: «Das erste Ziel des Instituts ist also zusammengefasst: die künstlichen Schranken der Persönlichkeit zu brechen. Erst dadurch wird es möglich, die verschiedenen Geist- und Körperzentren zu entwickeln und aufeinander abzustimmen. Die verwendeten Mittel sind: Selbstbeobachtung, ein praktischer Tanzkurs, körperliche und geistige Übungen, psychische Analysen und eine Reihe von Geist- und Körpertests, die von Gurdjieff im Einzelfall verschieden angewandt wurden.» Pauwels 1974: 102
93 An einer Stelle steht, dieses liege irgendwo in der Mitte Asiens.
94 Webb 1980: 80
95 Gurdjieff 1984: 171 ff.
96 Alle Werke Gurdjieffs sind, außer einer autobiographischen Broschüre, erst nach seinem Tode 1949 veröffentlicht worden.
97 Die frühen Jahre Gurdjieffs, vor allem seinen Weg und sein Aufenthalt im Kloster Sarmun, zeigt der Film: *Meetings with Remarkable Men – Durdjieff's Search for Hidden Knowledge* von Peter Brook. 1978, Remar Productions Inc.
98 Moore 1992: 43
99 Moore 1992: 43
100 Der «bösartige» Kundabuffer, in die Wurzel des Rückgrats eingepflanzt, zwingt die Menschheit, die Wirklichkeit verdreht wahrzunehmen, in der Art, dass objektives Verstehen nicht möglich ist. Seitdem der Mensch das Organ Kundabuffer hat, ist er in einem Wachtraum gefangen, ist total beeinflussbar und seine Energien erschöpfen sich in Egoismus, Selbstliebe, Eitelkeit und Stolz. Moore 1992: 58 ff.
101 Gurdjieff 1981, 2. Buch: 769. Die Zahl Sieben spielt in der Lehre von Gurdjieff eine zentrale Rolle. Auf dem Gesetz der Siebnerzahl baute Gurdjieff unter anderem seine Kosmologie auf.
102 Gurdjieff 1981: 771
103 An anderer Stelle spricht Gurdjieff von vier Körpern des Menschen: physischer Körper, Astralleib, mentaler Körper und das wahre «Ich», die Seele. Ob er mit Seins-Körper den Astralleib, den mentalen Körper oder das, was er Seele nennt, meint, ist unklar. Siehe Gurdjieff 1982: 242 ff.
104 Gurdjieff 1981: 279
105 Gurdjieff 1981: 278
106 Gurdjieff 1981: 770–771
107 *God is my Adventure*, New York 1936, gemäß Pauwels 1974: 46; nach Webb 1980: 49 kam das Buch 1935 heraus.
108 Suster 1981: 57; nach Bennett 1997: 88 stand Gurdjieff in der Tat mit dem Zarenhof in Kontakt. Er habe dabei offenbar versucht, Rasputins Einfluss auf den Zaren entgegenzuwirken.
109 Suster 1981: 122
110 Bronder 1975: 247
111 Siehe Pauwels 1974: 24
112 Webb 1980: 52 ff.
113 Für Needleman/Baker 1996: 432 bleibt dieses Lebenskapitel Gurdjieffs (angeblicher Aufenthalt in Zentralasien und Mittlerem Osten) weitgehend ein Rätsel. Andere sind jedoch der festen Überzeugung, Gurdjieff habe in tibetischen Klöstern gelebt, ja sei selbst ein tibetischer Mönch gewesen. Siehe Webb 1980: 40–41.
114 Bennett 1997: 56
115 Webb 1980: 41
116 Carmin 1985: 43; Suster 1981: 57. Offenbar geht diese Legende auch auf Pauwels zurück. Siehe Webb 1980: 50; nach Bronder 1975 waren die beiden mindestens dreimal zusammen in Tibet.
117 Doucet 1979: 42
118 Moore 1992: 361
119 Carmin 1985: 43
120 Bergier/Pauwels 1962: 369
121 McCloud 1996: 155
122 Carmin 1985: 50. Neonazistische Autoren sprechen häufig vom Thule-Orden statt von der Thule-Gesellschaft. In Zitaten wird die Schreibweise der betreffenden Autoren wiedergegeben, ansonsten verwenden wir den Ausdruck Thule-Gesellschaft.
123 Ravenscroft 1974: 262
124 Ravenscroft 1974: 251–252; siehe auch Suster 1981: 121 ff. und Carmin 1985: 44, der den Namen der Loge mit «Loge der Brüder vom Licht» und «Vril-Gesellschaft» angibt, deren Grundlage das 1871 erschienene Buch *The Coming Race* von Bulwer-Lytton gewesen sein soll.
125 Siehe hierzu Grönbold 1985: 40 ff. und weitere von Grönbold erwähnte Literatur.
126 Bulwer-Lytton 1958: 37; wahrscheinlich hat nicht Bulwer-Lytton das Konzept von «vril» erfunden (siehe zum Beispiel *Encyclopedia of Occultism and Parapsycholgy*), sondern Jacolliot.

127 Bulwer-Lytton 1958: 44
128 Moon 1997: 164
129 Carmin 1985: 49
130 Bergier/Pauwels 1962: 376
131 McCloud 1996: 154 ff.
132 Rose 1994: 176
133 Jacobsen 1979: 450. Immerhin schreibt Jacobsen, «dass Haushofer zu jenen geistigen Kräften im Dritten Reich gezählt werden muss, die durch ihre Schriften im hohen Mass zur Verblendung des deutschen Volkes und zur Rechtfertigung des NS-Lebenraumprogrammes bis Kriegsausbruch in verhängnisvoller Weise beigetragen haben. Jacobsen 1997 1: 257
134 Siehe Heller/Maegerle 1995: 43
135 Gemäß Jacobsen 1979; Leserbrief von Heinz Haushofer in der Frankfurter Allgemeine Zeitung vom 31. Dezember 1956, S. 19
136 Wasserstein 1988: 273 ff.; Hecker 1997: 364
137 Das Reich, Berlin, 14. November 1943, S. 2
138 Wasserstein 1988: 273 ff.
139 Gemäß Wasserstein 1988: 275; Übersetzung aus dem Englischen, da deutsches Original nicht vorlag
140 Wasserstein 1988: 276 ff.; H. G. Stahmer, *Hitler und die drei Weisen Tibetaner*, in Der Volkswille, Freitag 11. November 1949.
141 Bereits vier Jahre zuvor (1937) wurde in einem Runderlass die Auflösung freimaurerlogenähnlicher Vereinigungen verfügt. Betroffen waren Winkellogen, theosophische Gruppen und Okkultgruppen unterschiedlichster Art. Siehe Glowka 1981: 6; siehe auch Cranston 1995: 673 mit einer auszugsweisen Abschrift eines Schreibens von Heydrich, in dem die Auflösung der Theosophischen Gesellschaften mitgeteilt wird, datiert 23. Oktober 1937.
142 Carmin 1985: 89; Hecker 1997: 361. Die Liste der von Trebitsch-Lincoln verwendeten Namen ist damit noch nicht komplett. Siehe Das Reich, 14. November 1943, S. 2
143 Edward Alexander (Aleister) Crowley (1875–1947), bekannter britischer Magier, Begründer der Gesellschaft «Argentum Astrum» und Mitglied mehrerer Geheimgesellschaften, in denen unter anderem sexualmagische Yoga-Übungen durchgeführt wurden (Golden Dawn und Ordo Templi Orientis/OTO). Crowley soll angeblich zwischen 1902 und 1903 eine Expedition nach Chogo Ri im Himalaja unternommen haben. Crowley kannte Gurdjieff, den er im Juli 1926 in Fontainebleau bei Paris besuchte.
144 Carmin 1985: 97
145 Carmin 1985: 43
146 Bronder 1975: 250
147 Das Reich, Berlin, 14. November 1943, S. 2
148 Wasserstein 1988: 271
149 Bergier/Pauwels 1962: 374; Carmin 1985: 97 nimmt diesen Mythos wieder auf; wahrscheinlicher wäre Dorji statt Djordi.
150 Wasserstein 1988: 290
151 Goodrick-Clarke 1985: 31–33
152 Ravenscroft 1974: 263
153 Charroux 1970: 258
154 Ravenscroft 1974: 243–244
155 Carmin 1985: 125
156 Trimondi/Röttgen 1999: 652; siehe auch Mila 1990: 122
157 Die meisten hier wiedergegebenen Daten zu Serrano stammen aus Trimondi/Röttgen 1999: 651 ff.
158 Goodrick-Clarke 1985: 201
159 Rose 1994: 141 ff. Nach Rose 1994: 156 ff. war die Thule-Gesellschaft sicher kein «politischer Geheimbund». Vielmehr war die Thule-Gesellschaft in der Position eines temporären Kristallisationszentrums für ein politisches Spektrum, die völkisch-nationalistische «Szene» Münchens und eines Teils von Bayern. Der Thule-Gesellschaft kam im Entstehungsprozess des Nationalsozialismus allenfalls eine bescheidene Rolle zu, die über einige praktische Impulse nicht hinausging; siehe auch Goodrick-Clarke 1985: 220; Orzechowski 1988: 127 fragt zu Recht, wie es komme, dass der «magische Mittelpunkt des Nationalsozialismus», die Thule-Gesellschaft, sich 1925 aus Mangel an finanziellen Mitteln auflöste.
160 Heller/Maegerle 1995: 64
161 Carmin 1985: 42. Nach Rose 1994: 212 war die Thule-Gesellschaft keine okkulte Gruppe, was die angebliche Beeinflussung durch geheime tibetische Lehren von Anfang an als völlig unwahrscheinlich erscheinen lässt.
162 Sebottendorf 1933: 47. Thule ist ja auch eindeutig ein Land, das irgendwo im Norden Europas und nicht in Asien liegt. Einige Autoren (so Mila 1990) vertreten die Meinung, in der Thule-Gesellschaft habe es theosophische Vorstellungen und Aktivitäten gegeben, was zumindest viel wahrscheinlicher ist, als tibetische Einflüsse zu vermuten.
163 Bronder 1975: 248
164 Der Spiegel 51/1996: 73
165 Van Helsing 1993: 116
166 Van Helsing 1993: 117. Nach van Helsing (Van Helsing 1995: 232 ff.) weihten dieselben tibetischen Mönche in der Wefelsburg (Reichsführerschule der SS) die Kinder der «Schwarzen Sonne» ein, die später von Rudolf Steiner nach Tibet gebracht worden sein sollen. Schließlich sollen die tibetischen Mönche Kontakt mit den Ariannis und Aldebaranern aufgenommen haben. Letztere seien eine außerirdische Rasse, welche die arische Rasse auf der Erde ansiedelten. Überreste dieser ursprünglichen Rasse lebten noch im Reich Agarthi, das unter anderem unterhalb Tibets liegt.
167 Van Helsing 1995: 244
168 Shambhala wurde und wird von den einzelnen Autoren auf unterschiedlichste Weise geschrieben. Wir verwenden hier die Schreibweise Shambhala, setzen jedoch die vom betreffenden Autor gewählte Schreibweise jeweils in Klammer, falls sie stark von der unsrigen abweicht.
169 Carmin 1985: 45
170 Ossendowski 1924: 345 ff.
171 Ossendowski 1924: 349
172 Ossendowski 1924: 353
173 Guénon 1987: 42–43

174 Gemäß Ekkehard Hieronimus: *Okkultismus und phantastische Wissenschaft*, S. 333; siehe Hedin 1925: *Ossendowski und die Wahrheit*, Leipzig, und Hedin 1924: *Von Peking nach Moskau*, Leipzig, S. 102 ff.
175 Pallis 1983; siehe auch Unkrig 1925: *Zur Ossendowski-Frage*, in Der Fels, 1925, S. 413 ff.
176 Inwieweit d'Alveydre sich von Louis Jacolliot (1837–1890) inspirieren und beeinflussen ließ, ist kaum mehr feststellbar, da beide zur beinahe gleichen Zeit lebten.
177 d'Alveydre 1910: 30
178 d'Alveydre 1910: 52
179 d'Alveydre 1910: 178ff.; siehe auch Frick 1978: 401. Ausgehend von den Ideen von d'Alveydre bildete sich zwischen den beiden Weltkriegen eine geheime seltsame Gesellschaft mit dem Namen «Synarchie», die von einem idealen Regierungssystem träumte, in dem die politische Macht bei einem «Kolleg der großen Initiierten» liege.
180 Offen bleibt, wie Roerich dazu kam, ebenfalls zu behaupten, an vielen Orten Asiens spreche man von «Agarthi, dem unterirdischen Volk», da er einige Zeilen weiter unten nur noch vom unterirdischen Volk der «Chud» spricht. Roerich 1988: 201
181 In einem Fall – Ravenscroft – sind auch anthroposophische Einflüsse feststellbar.
182 Bei Blavatsky findet sich keine Erwähnung von Agarthi/Agarttha. Dies ist wohl darauf zurückzuführen, dass d'Alveydre sein Buch *La mission d'Inde* zwar bereits 1886 schrieb, es jedoch nach Drucklegung bis auf ein Exemplar vernichtete. Erst nach seinem Tode, 1910, veröffentlichten Freunde von d'Alveydre das Buch. In früher erschienenen Büchern von d'Alveydre kommt Agarttha noch nicht vor.
183 Bergier/Pauwels 1962: 375
184 Man beachte die Vertauschung der Hände gegenüber Bergier/Pauwels; gemäß Bergier/Pauwels: Weg der rechten Hand mit Agarthi im Mittelpunkt, Weg der linken Hand mit der Stadt Shambhala (Shampullah)
185 McCloud 1996: 156 ff.
186 Die Juden werden in McCloud zwar nicht erwähnt. Die Freimaurer werden jedoch in der nationalsozialistischen Literatur oft als Deckorganisation der jüdischen Verschwörung hingestellt.
187 Ravenscroft 1974: 249
188 Ravenscroft 1974: 262/263
189 Dieses Buch unterliegt in der Schweiz einem Vertriebsverbot.
190 Man erkennt hier unschwer das Wort Vril-ya, das auf Bulwer-Lytton zurückgeht, der damit eine bestimmte Art von Wesen bezeichnete.
191 Van Helsing 1993: 109; höchstwahrscheinlich hat van Helsing den Namen des Königs der Welt aus Roerich 1988: 11 ff., der «Rigden-jyepo» schreibt. Bei «Rigden» handelt es sich sicherlich um «rigs ldan», das tibetische Wort für «Kalkî», der Beiname der Herrscher Shambhalas seit dem 7. Herrscher.
192 Stamm 1998: 89
193 Van Helsing 1993: 110
194 Van Helsing 1993: 116
195 Moon ist auch im Internet präsent (http://crystalinks.com/), wo er Informationen zu Agartha, den Nazis, dem Montauk-Experiment usw. verbreitet.
196 Moon 1997: 214
197 Stamm 1998: 88
198 So las Hitler beispielsweise keine englische Literatur, und Bulwer-Lyttons Buch kam erst viel später in deutscher Sprache heraus.
199 Die Akashische oder Akasha-Chronik ist ein Begriff, der sich sowohl bei den Theosophen als auch Anthroposophen findet. Nach anthroposophischer und theosophischer Auffassung ist nichts Vergangenes unwiederbringlich verloren. Alles Geschehene hat sich dem Weltengrund (in der Theosophie: der astralen Ebene) eingeprägt. Diese feine geistige «Substanz» heißt «Akasha», die darin eingetragenen «Notizen» sind die Akasha-Chronik; gemäß Adolf Baumann, *Wörterbuch der Antike*, München 1991: 6–7. Besonders begabte Menschen können in der Akasha-Chronik lesen, sei es durch Hellsichtigkeit oder dadurch, dass sie ihren Körper verlassen.
200 Suster 1981: 118
201 Suster 1981: 118; Hinweis in Carmin 1985: 135
202 Blavatsky 1983: 218 ff.
203 *3 × 3 Augen*, Bd. 1–5, siehe Comics-Bibliographie
204 Rudolf Steiner, *Aus der Akasha-Chronik*, Dornach 1990; siehe Heller/Maegerle 1995: 101 und Ravenscroft 1974: 244, der von sieben menschlichen Unterrassen spricht.
205 *Tödliche Kälte*; *Countdown des Wahnsinns*; *Der Kampf um die Welt*
206 Siehe Goodrick-Clarke 1985: 223 und Rose 1994: 192 ff.
207 Mündliche Auskunft von Harald Bechteler, August 1998. Nach Greve 1995: 190 handelte es sich bei diesem Tibeter um den ehemaligen Dolmetscher Tafels, Herrn Bordjal, der sich danach August Langgo nannte und in Asperg bei Stuttgart wohnte.
208 Burang 1947: *Tibeter über das Abendland*, Salzburg; T. Illion, 1936: *Darkness over Tibet*, Rider, London (Deutsch: *Rätselhaftes Tibet*, Uranus Verlag, Hamburg 1936)
209 Webb 1980 gemäß Rose 1994: 176 und Fußnote 394
210 Es ist oftmals nicht mehr eruierbar, welcher Autor eine bestimmte Idee zuerst zu Papier gebracht hat. Guénon 1921: 84 zum Beispiel vermutet, die Mahatmas seien keine Erfindung von Helena P. Blavatsky, sondern gingen auf M. Renan zurück (*Dialogues Philosophiques*). Die Agartha-Legende hat nicht Ossendowski erfunden bzw. «entdeckt», sondern wahrscheinlich Saint-Yves d'Alveydre (1842–1909) oder allenfalls Jacolliot. Die vril-Legende geht nach dem heutigen Stand des Wissens auf Jacolliot zurück.
211 Hans Roth, Bad Münstereifel
212 Rose 1994: 13
213 Doucet 1979: 47
214 Doucet 1979: 81
215 Rose 1994
216 Bronder 1975: 246, 251
217 Greve 1995; Greve 1997; Bechteler 1999
218 Ackermann 1970: 45

219 Greve 1995: 168
220 Goodrick-Clarke 1985: 178; Heller/Maegerle 1975: 70ff.; siehe auch Kater 1974. Auch das Ahnenerbe wird von neonazistischen Autoren zum Nest okkulter Geheimforschungen umfunktioniert und als weiteres Beispiel des Wirkens von Agarthi im nazistischen Deutschland hingestellt (Ravenscroft 1974: 263; McCloud, 1996: 155). Trebitsch-Lincoln und Ernst Schäfer sollen, im Rahmen des Ahnenerbes, Verbindungen zu den internationalen Esoterikern aufrechterhalten haben. (Carmin 1985: 215)
221 Bärsch 1998: 167
222 Padfield 1990: 92, 401–403
223 Ravenscroft 1974: 263
224 Ravenscroft 1974: 254
225 Mund 1982: 144
226 Mund 1982: 145
227 Mund 1982: 260ff.
228 Schäfer war bereits Mitglied der NSDAP, als er 1934 an der zweiten Expedition nach Osttibet teilnahm, und war vorläufiges Mitglied des SS-Sturms 2/I 71 in Göttingen. (Auskunft von Hans Roth, Bad Münstereifel)
229 Istanbul – Berlin. Nach Ackermann 1970: 47 finanzierte er die Expedition aus dem Spendenfonds für kulturelle Aufgaben der SS.
230 Sievers an Wolff, 23. Januar 1938, Akte Schäfer, BDC, gemäß Bechteler 1999
231 Gemäß Meyer 1999
232 Gemäß Heller/Maegerle 1995: 97
233 Landig: Götzen gegen Thule: 141
234 Carmin 1985: 97
235 Schäfer sandte, bevor er nach Tibet reiste, von Sikkim aus zwei Tierlasten mit Geschenken an die Regierung in Lhasa, darunter einen Kurzwellenempfänger. Allenfalls hat dieses Geschenk die Funkgeräte-Legende entstehen lassen. (Bechteler 1999) Beger hat Bechteler gegenüber erklärt, ihm seien sowohl Eva Speimüller als auch Karo Nichi völlig unbekannt.
236 Bronder 1975: 250
237 E. Schäfer, Gespräch bei der Geschenküberreichung, BA R 135/30, gemäß Bechteler 1999.
238 Trauerrede, S. 4, gemäß Bechteler 1999
239 Ackermann 1970: 47 und Bechteler 1999. Schäfer scheint sich nicht für diese Zielsetzungen interessiert zu haben. Er wehrte sich erfolgreich, den Welteislehre-Forscher E. Kiss auf die Tibet-Expedition mitzunehmen. Offiziell schob Schäfer das Alter von Kiss als Grund für die Nicht-Teilnahme vor. (Gemäß Bechteler 1999)
240 Siehe Ackermann 1970: 46
241 Ackermann 1970: 45
242 Es gibt eine einzige zuverläßige Quelle, die aufzeigt, dass Himmler Tibet als Rückzugsgebiet von ehemaligen Atlantisbewohnern gesehen haben mag. Schäfer schreibt in seinem Buch *Aus meinem Forscherleben*, Himmler habe ihn einmal gefragt, ob er in Tibet nicht auch Menschen mit blonden Haaren und blauen Augen begegnet sei. Denn es gäbe noch zahlreiche Reste der tertiären Mondmenschen, letzte Zeugen der verschollenen, ehemals weltumspannenden Atlantis-Kultur, zum Beispiel in Peru, auf den Osterinseln und, wie er vermute, in Tibet. Zitiert nach Bechteler 1999.
243 Beger 1998: 193 schreibt zwar von «kostbaren Geschenken für Reichskanzler Hitler».
244 Zitiert nach der Übersetzung von H. Hoffmann, gemäß Bechteler 1999; auch Beger schreibt, die Expedition habe nur einen wissenschaftlichen und keinen politischen Auftrag gehabt. Beger 1998: 153
245 Hans F. K. Günther: *Ritter, Tod und Teufel*, München 1928, S. 147, gemäß Becker 1990: 232
246 Günther 1934: 33
247 Greve 1995: 187; Greve 1997: 111; In einem Artikel aus dem Jahr 1955 drückt sich Beger bedeutend vager aus, wenn er schreibt: «Anthropologisch betrachtet sind die Tibeter ein Volk, das heißt ein Gemisch verschiedener Rassen, und zwar vornehmlich aus Rassen des mongoliden, in geringem Maße auch des europiden Rassenkreises.» Geographische Rundschau, 7. Jg., Heft 1, Januar 1955
248 Greve 1995: 173
249 Bechteler 1999; Beger 1998: 278
250 Kater 1974: 215
251 Greve 1995: 183
252 Kater 1974: 245ff.; Greve 1995: 189ff.
253 Geheime Reichssache, Schreiben des «Ahnenerbes» an SS-Standartenführer Ministerialrat Dr. Brandt, datiert vom 5. September 1944
254 So der NS-Rassenideologe Hans F. K. Günther. Dieser schrieb ferner: «Der Buddhismus stellt die Lebensfeindlichkeit eines erkrankten nordischen Seelenlebens dar ... Er bedeutet einen Zerfall, aber im wesentlichen noch einen Zerfall nordischen Wesens.» Günther 1934: 52, 53; seltsamerweise soll sich Günther nach dem Zweiten Weltkrieg für den Buddhismus interessiert haben, wobei unklar bleibt, wieweit der Buddhismus für Günther zur eigenen Religion geworden ist. Siehe Becker 1990: 289ff.
255 Dauthendey 1958: 7
256 Ipares 1937: 45; gemäß Müller 1982: 21
257 In seinem «ersten Versuch, eine Entwicklungsgeschichte der geheimen Weltleitung zu schreiben», verbreitet Strunk viel Dummes über den tibetischen Buddhismus. So behauptet er beispielsweise, im Lama-Kloster Ram-Gelong in Tibet werde noch heute der neue lebende Buddha von einem weißen Mädchen geboren, das die Mönche in ihrem Kloster großgezogen hätten. (Strunk 1937: 14) Im Buch ist neben Seite 32 auch ein Bild abgedruckt, das eine Weiße mit einer Gebetstrommel und einen Asiaten zeigt. Bildunterschrift: «Die Mutter des lebenden Buddha; Das russische Mädchen, das die neue Buddhainkarnation im Kloster Nam-Galong zur Welt bringen soll, mit ihrem Lehrer (Guru)».
258 Strunk 1937: 28

259 Strunk 1937: 34
260 Strunk 1937: 36
261 Strunk 1937: 51
262 E. und M. Ludendorff: *Europa den Asiatenpriestern?* München 1941
263 Wilhelmy 1937: 14, 17
264 Wilhelmy 1937: 39; der Begriff «Afterwissenschaft» bedeutet falsche, schlechte Wissenschaft. Siehe «Aftergott», was falscher Gott bedeutet, oder «Afterdienst» (falscher Dienst), Begriffe, die Kant verwendete (siehe weiter unten)
265 Das Küssen der Füße wird im tibetischen Buddhismus nicht gepflegt. Dieser Mythos geht sicherlich auf Grueber zurück, der schrieb: «Die Ankömmlinge, die sich mit gesenktem Haupt vor ihm zu Boden werfen, küssen ihm die Füße, nicht viel anders als die Christen dem Höchsten Priester …», Grueber: 148
266 Rosenberg 1941: 184 ff.
267 Der Spiegel 51/1996: 73
268 Kant 1968: 404
269 Kant 1990: 193 ff.; «Afterdienst»: falscher Dienst
270 Herder 1966: 288
271 Herder 1966: 289
272 Herder 1966: 290
273 Rousseau 1977: 146
274 Hegel 1972: 253
275 Nietzsche 1973, *Die fröhliche Wissenschaft*, 3. Buch, Aphorismen 128: 161
276 Meyrink, o. J. (1903): 81 ff.
277 Gemäß Smit 1988: 135
278 Markham 1879: 338
279 Blavatsky 1950–1991 (*Collected Writings*), Vol. 4, 15
280 Frank 1957: 23 ff.
281 van Rijckenborgh 1954: 10 ff.
282 van Rijckenborgh 1954: 17
283 van Rijckenborgh 1954: 24
284 Siehe zum Beispiel Moon, Artaud, Trimondi
285 Artaud 1925 a
286 Artaud 1925 b
287 Artaud 1925 c
288 Artaud 1979: 103–107
289 Trimondi/Röttgen 1999: 746, 32, 674, 691, 746
290 Trimondi/Röttgen 1999: 19, 670 ff.
291 Trimondi/Röttgen 1999: 281
292 Trimondi/Röttgen 1999. Die genannten Beispiele finden sich auf den Seiten 470, 315, 326, 315, 87, 568
293 Trimondi/Röttgen 1999. Die genannten Beispiele finden sich auf den Seiten 422, 423, 319, 540, 326, 422, 423, 739–740 und 420.
294 Alle Beispiele aus Trimondi/Röttgen 1999: 69, 321, 94, 24, 120–121, 126, 371, 665, 650.
295 Trimondi/Röttgen 1999: 668

Teil 3

1 Hilton 1973: 136 ff.
2 Hilton 1973: 190
3 Hilton 1973: 66
4 Hilton 1973: 171
5 Präsident Eisenhower benannte ihn 1953 in Camp David um.
6 Siehe hierzu Oppitz 1974 und Oppitz 2000
7 Hilton 1973: 93
8 Siehe zum Beispiel *Die fünf Tibeter*
9 Siehe zum Beispiel den Film *Emmanuelle in Tibet*
10 Hilton 1973: 133
11 Hilton 1973: 133
12 Siehe beispielsweise d'Alveydre mit den zwölf höchsten Gurus, Blavatsky mit dem «Herr der Welt», darunter stehenden Heilbringern und den Meistern, auch Gurdjieff mit den Sieben Wesen, von denen einer der Höchste ist.
13 Hilton 1973: 99/100
14 Hilton 1973: 122
15 Hilton 1973: 100
16 Hilton 1973: 176
17 Hilton 1973: 181
18 Hilton 1973: 192–193
19 Rampa 1979: 138–139
20 Rampa 1979: 170
21 Rampa 1987: 31
22 Rampa 1979: 279
23 Rampa 1979: 140
24 Burgess gibt in seinem Bericht den Namen Hoskins, in anderen Quellen steht jedoch Hoskin.
25 Newby 1983: 179; in seinem Buch *Die Rampa-Story* schildert Lobsang Rampa die Geschichte etwas anders.
26 Rampa 1987: 188
27 Rampa 1987: 189
28 Es findet sich auch die Schreibweise KuanSuo und Kuan Suo. Die Verkürzung zu Ku'an erfolgte, weil die Leute Mühe hatten, den Namen KuonSuo korrekt auszusprechen. Stanké 1980: 109
29 Rampa 1987: 195
30 Stanké 1980: 109
31 Baker 1977: 123
32 Stanké 1980: 112 ff. druckt Kopien von Dokumenten ab, die belegen, dass Carl KuonSuo in Montevideo, Uruguay, bei einem öffentlichen Notar eine (eidesstattliche) Erklärung deponierte, in der er festhielt, von nun an offiziell nur noch den Namen Tuesday Lobsang Rampa zu tragen. Die Richtigkeit des Schreibens wurde vom Notar bestätigt, der es mit seiner Unterschrift und verschiedenen Stempeln versah. Offensichtlich versuchte Hoskins, auf diese Weise seine Namensänderung zu legalisieren.
33 Stanké 1980: 50
34 Stanké 1980: 149
35 Stanké 1980: 65. Stanké reproduzierte viele weitere Beispiele von ähnlich positiven Briefen.

36 Insgesamt 19 Bände. Nach seiner Frau waren es 22 Bände (siehe Sarah Rampa: *Rampa. Lumière et Sagesse*, Stanké, Montréal 1982, S. 41), wahrscheinlich weil sie die drei, die unter ihrem Namen erschienen, dazu zählte.
37 Rampa 1979: 14–15
38 Hoskins *Das dritte Auge* war in der zweiten Hälfte des Jahres 1957 in Deutschland eines der meist gekauften Bücher. Siehe Der Spiegel, 12. Februar 1958, S. 46; Lopez meint, Rampa habe bis zu seinem Tod rund vier Millionen seiner Bücher verkauft.
39 Obschon solche Homepages manchmal relativ schnell verschwinden oder ihre Adresse ändern, werden hier drei erwähnt, die sich mit Lobsang Rampa beschäftigen:
- http://users.uniserve.com/~dharris/Rampa/
- www.zetetique.ldh.org/rampa.html;
- www.magnet.ch/serendipity/baba/rampa.html (Artikel von Agehananda Bharati, der auch in der erstgenannten Homepage abrufbar ist).

40 Rampa 1979: 155
41 Rampa 1979: 242
42 Rampa 1979: 210 ff.
43 Rampa 1979: 55
44 Rampa 1979: 93
45 Rampa 1979: 33 ff.
46 Rampa 1979: 34
47 Rampa 1979: 27 ff.
48 Rampa 1979: 294
49 Weitere Beispiele der zahlreichen Fehler erwähnt Lopez 1997: 202; auch den Namen Rampa lieh sich Hoskins aus der Literatur: Rampa ist der Name einer einflussreichen tibetischen Adligenfamilie.
50 Rampa 1979: 77, 116, 154, 187
51 Gareth Smith: *Tibetan Gung Fu – Tried and True*, Internet-Artikel, Oktober 1997
52 Cranston 1995: 629–630
53 Rampa 1979: 277, 288, 292, 306 ff.
54 Rampa 1979: 292
55 Rampa 1979: 306 ff.
56 Stanké 1980: 33
57 «Es kommt einem Kunstwerk nahe», und «sogar jene, die Zauberei, Unfug oder Schlimmeres rufen, werden wahrscheinlich von der Vornehmheit eines ethischen Systems beeindruckt sei, das solchen Glauben und solche Männer wie den Verfasser hervorbringt.» Times Literary Supplement; «Der Leser ist nicht nur von dem bemerkenswerten Land fasziniert – und welches Land könnte bemerkenswerter sein als Tibet – sondern auch von [Rampas] Fähigkeit, die Philosophie des Ostens darzustellen.» Miami Herald, in Lopez 1997: 206. Siehe auch Der Spiegel, 12. Februar 1958
58 Alan, 30. August 1996, e-mail
59 Alain Stanké filmte ein Interview mit Lobsang Rampa, das am Fernsehen gezeigt wurde. Stanké weigerte sich jedoch, dieses Filmmaterial dem Autor zur Verfügung zu stellen.
60 Dalai Lama 1992: 259
61 Bharati 1987: 39, 46
62 Bharati 1974: 6–7
63 Lopez 1997: 206
64 Lopez 1997: 202
65 Rampa 1987: 21, 160, 180
66 Zitate aus Internet, Rampa 1987 (21, 160, 180) und von Blavatsky
67 Dieser wird im 5. Teil abgedruckt.
68 Eine ähnliche Schilderung, in der Sexualität und Schauer eine seltsame Verbindung eingehen, findet sich auch in einem angeblichen Reisebericht aus den 30er Jahren, geschrieben von Harrison Forman. Darin entblößt sich die Äbtissin, ein «weiblicher Buddha», in ihrem «Heiligtum», einer schauerlichen Grotte, in deren Zentrum sich vier Pyramiden aus Menschenknochen erheben. Völlig nackt steht die Äbtissin vor Forman, inmitten von Fledermäusen, die sich plötzlich auf die Nonne stürzen und ihre schrecklichen gierigen Zähne in ihr Fleisch schlagen. Forman beginnt mit seinem Revolver wie wild auf die Blutsauger zu schießen. Doch die Äbtissin fordert ihn auf sich zu beruhigen. Nachdem die Fledermäuse weggeflogen sind, sind auf ihrem Körper keine Wunden mehr zu erkennen. «In diesem Moment war sie die lieblichste Frau der ganzen Welt». Forman 183 ff.
69 Podrug 1993: 364
70 Wir werden im 5. Teil aufzeigen, dass diese Geschichte, die Vereinigung einer Dämonin mit einem Affen, auf eine alttibetische Legende zurückgeht.
71 Podrug 1993: 307
72 Podrug 1993: 413
73 Zum Beispiel im Internet unter: www.crystalinks.com/tibet2.html, eine Homepage, hinter der offensichtlich unter anderen Peter Moon steht, den wir bereits von seinem dubiosen Buch her kennen (Moon 1997); siehe auch W. Saitsew: *Wissenschaft oder Phantasie?*, in Sputnik 1, 1968, und Ancient Skies, Nr. 6, 1995, S. 3 ff.
74 Agamon 1978, nacherzählt auch in Hausdorf 1995: 4 ff.
75 von Däniken 1977; 1995
76 von Däniken 1977; 1992; 1995: Das Originalzitat entnahm von Däniken dem Buch *Mythologie des Buddhismus in Tibet und der Mongolei* von Albert Grünwedel, erschienen 1900, S. 55
77 von Däniken, siehe auch: 194 ff.
78 Die meisten der folgenden Informationen stammen aus einem Briefwechsel mit Glenn Steckling, Direktor der George Adamski Foundation, Vista, USA, Herbst 1998
79 Zinstag 1983:5
80 Sanders 1991: 184
81 Sanders 1991: 52
82 Sanders 1991: 74
83 Kelder 1995: 25
84 Norbu 1988: 44
85 Norbu 1988: 8
86 So im *Verlorenen Horizont* und in *Das dritte Auge*, aber auch in anderen, hier nicht nacherzählten Romanen, wie OM von Talbot Mundy, *On the World's Roof* von Douglas V. Duff und dem Fort-

setzungsroman zu *Lost Horizon: Return to Shangri-La* von Leslie Halliwell.

87 Siehe hierzu: David Templeman, in *The White Lama*, Vortrag anlässlich einer Konferenz zum Thema: Tibet in Context, Australian National University, Melbourne, February 16–18, 1996. In OM kommt zwar auch ein tibetischer Lama vor, doch ist dieser stark westlich beeinflusst – hatte er doch in Oxford, Paris, Wien und Rom gelebt –, und seine Belehrungen haben etwas Synkretistisches und wenig Buddhistisches an sich. Zudem wird im Roman eine weiße Frau als Inkarnation erkannt. In *On the World's Roof* ist ein Weißer Abt eines großen Klosters. In *Return to Shangri-La* hat Conway den Platz des verstorbenen Perrault eingenommen. Es hätte ja auch Chang – immerhin ein Asiate – sein können …

88 Für das vorliegende Buch konnten unmöglich alle Romane mit einem Bezug zu Tibet berücksichtigt werden. Uns sind über hundert Romane bekannt. Uns ist bewusst, dass diese Liste bei weitem nicht vollständig ist. Ausschlaggebend für die Auswahl der hier erwähnten Romane war in erster Linie der Bekanntheitsgrad des Romans/Autors. Ferner berücksichtigten wir Romane mit wiederkehrenden typischen Motiven.

89 Uns sind rund vierzig Titel bekannt, was etwa sechzig Comics-Heften entspricht, da unter einem Titel ab und zu mehrere Hefte erschienen sind (zum Beispiel neun Hefte der Serie *Jonathan*, sechs Hefte der Serie *Der weiße Lama*, usw.). In dieser Zahl nicht enthalten sind diejenigen Comics, in denen eine legendäre oder tatsächliche tibetische Geschichte möglichst originalgetreu nacherzählt wird, da diese Comics kaum etwas über die Art des westlichen Tibetbildes aussagen. In diese Kategorie gehört zum Beispiel die meisterhafte Nacherzählung des Lebens von Milarepa durch Eva van Dam, Shambhala Publications, 1991 oder die Schilderung der jungen Lebensjahre des 14. Dalai Lama in einem in Indien erschienenen Comic (Script Vijay Kranti, Artwork Jugesh Narula; Publishing House: Gaurav Gatha, New Delhi, 1982).

90 *Der Dimensionssprung*

91 *Die Herkunft des Dr. Strange; Der Magier vom Dach der Welt; The Origin of an Avenger; Tim in Tibet …*

92 Todesurteil in *Flucht aus Tibet; Das Rätsel der Dämonenglocken; Die Spur des Gletscherdämons; Der Magier vom Dach der Welt*

93 Den Katzenmythos nimmt übrigens auch der Comic *Mitternacht in Rhodos* auf.

94 Offenbar gilt Tibet bereits damals als ausgesprochen friedliches Land, was beispielsweise auch im Comic (1944) *Trouble in Tibet* zum Ausdruck kommt.

95 *Court of crime; Dr. Strange – Master of Black Magic*

96 *Dr. Strange – Master of Black Magic*

97 *Tim in Tibet; Flucht aus Tibet; Das Rätsel der Dämonenglocken; La rivière du grand détour.* In drei Comics gelangen die Leute mittels Fallschirmen nach Tibet: *Jonathan; The Lost Crown of Chengis Khan; Onkel Scrooge in Tralla-La.* In einigen Comics gelangen die Helden in Flugzeugen oder ähnlichen Geräten nach Tibet, so zum Beispiel in *Treachery in Tibet.*

98 So zum Beispiel in *Der weiße Lama*

99 In Rampa 1979: 83 wird als vollständiger Name Lobsang Rampas Yza-mig-dmar-Lah-lu genannt.

100 *Der Schneemensch; Court of Crime …*

101 *Der weiße Lama; Jonathan; Der Kampf um die Welt …*

102 *Countdown des Wahnsinns; Jonathan …*

103 *Das Rätsel der Dämonenglocken*

104 *Mitternacht in Rhodos*

105 *Countdown des Wahnsinns; Der weiße Lama; Tim in Tibet; Jonathan; Tödliche Kälte; Der Kampf um die Welt*

106 *Die Spuren des Schneemenschen; Das Rätsel der Dämonenglocken; Tim in Tibet; Der weiße Lama; Tödliche Kälte …*

107 *Flucht aus Tibet; Jonathan; Le cargo sous la mer*

108 *Flucht aus Tibet; Der Lama von Lhasa …*

109 Poelmeyer hat in einer Broschüre die von Hergé verwendeten Vorlagen aufgezeigt. Unglücklich ist die Szene, in der Kapitän Haddock vor zwei zornvollen Gottheiten erwacht: Die beiden Statuen stehen auf dem Boden, vor ihnen steht ein nicht-tibetisches Tischchen, auf dem – statt vielen Opfergaben – nur zwei sonderbare Lampen stehen, usw.

110 Hansen 1997: 87 ff., 100

111 Hansen 1997: 95

112 Hansen 1997: 98

113 Schaedler 1995: 24

114 Schaedler 1995: 25

115 Schaedler 1995: 26

116 Es werden hier keine chinesischen Spielfilme behandelt, einerseits, weil diese kaum zugänglich sind, zum anderen, weil es im vorliegenden Buch vor allem um das Tibetbild und -zerrbild des Westens geht.

117 So sitzen im Flugzeug, das in Shangri-La notlandet, fünf statt vier Leute, und – dies wohl die größte Abweichung – im Film verliebt sich der Bruder von Conway nicht in eine Chinesin, sondern in die Russin Maria, die – anders als im Roman – auf der Flucht stirbt.

118 *Black Narcissus* ist eine Verfilmung des gleichnamigen Romans von Rumer Goddens aus dem Jahre 1939. Während die Bilder von Tibet im Roman nicht gerade schmeichelhaft sind – die tibetische Religion wird als «eine niedere Form des Buddhismus, die in Wahrheit ein Animismus ist» gekennzeichnet –, verschwinden im Film die negativen Konnotationen völlig. Siehe Bishop 1997: 215

119 Für diesen Film wurden Aufnahmen des von Prof. G. O. Dyhrenfurt konzipierten Films *Der Dämon des Himalaya* (1935) verwendet. Die beiden Filme sind insofern erwähnenswert, als sie zu den ganz wenigen Spielfilmen gehören, die an Originalschauplätzen gedreht wurden. So zeigen sie unter anderem Originalszenen aus Kaschmir und Ladakh (Kloster Lamayuru). In beiden Filmen geht es hauptgewichtig um eine Bergsteiger-Expedition, die sich als äußerst gefährlich erweist, da ein mächtiger Dämon, der auf dem Berg wohnen soll, die Expedition zu vereiteln versucht. Der Film *Der Dämon des Himalaya* galt lange Zeit als verschollen. Eine Kopie befindet sich nun in

der Cinémathèque Suisse in Lausanne, eine Videokopie im Völkerkundemuseum der Universität Zürich.

120 Der Name konnte auf der zur Verfügung stehenden Filmkopie nicht genau erfasst werden, Altenhoff oder Almhof?

121 Die Außenaufnahmen wurden im Karakorum gemacht, anlässlich einer Expedition von Prof. G. O. Dyhrenfurth. Die Ritualtänze wurden im ladakhischen Kloster Lamayuru gefilmt. Siehe auch Fußnote 119

122 Im Film handelt es sich um das Thiksey-Kloster in Ladakh, dessen Name und genaue Lage aber nicht erwähnt werden.

123 Es war dies die zweite Verfilmung des Romans. Die erste erfolgte 1950.

124 «The Shadow» ist einer der vielen amerikanischen Comics-Superhelden der 30er und 40er Jahre. Typisch für ihn ist sein unerwartetes, spukhaftes Auftauchen aus Nacht und Nebel und das plötzliche Verschwinden. Siehe Kagelmann 1997: 266 ff.

125 *Die Suche nach dem goldenen Kind* und *Ace Ventura*

126 In *Shadow und der Fluch des Khan* verwandelt sich der Böse Yin Po zu Lebzeiten in Cranston/Shadow, und in *Ich bin du* kommt es zu einer «Transmogrifikation», zu einem vorübergehenden Tausch der «Seelen» zwischen zwei Körpern.

127 Rainer Gansera in epd Film 5/94

128 24. internationales forum des jungen films, berlin 1994, 1, Text zu *Ab nach Tibet!*

129 Achternbusch 1983

130 gemäß Lopez 1999: 1

131 *Twin Peaks*, Episode 2, Autor und Regie David Lynch, Erstausstrahlung 19. April 1990. In der 9. Episode (gesendet am 6. Oktober 1990) gemäß Lopez 1999: 209/10

Teil 4

1 Tricycle, The Buddhist Review, Fall 1994: 87

2 Der Autor schreibt in Anspielung auf den gleichnamigen Film: A-L-I-E-N.

3 Neue Zürcher Zeitung, 14. November 1997

4 Der Spiegel 45/1997: 146

5 David Roberts in Postmagazine, 19. Oktober 1997

6 Die im Film gezeigte Leichenzerstückelung ist zwar historisch unrichtig: Der Vater des Dalai Lama wurde – wie mir die Dalai-Lama-Schwester Jetsün Pema sagte – verbrannt. Auch in *Sieben Jahre in Tibet* habe Annaud geplant, den Leichnam des Dalai-Lama-Vaters zerstückeln zu lassen, was er jedoch auf Intervention von Jetsün Pema unterlassen habe

7 Im 1999 erschienenen Film *Himalaya – Die Kindheit eines Karawanenführers* von Eric Valli ist die Existenz tibetischer Laien entdeckt worden. Der Film konnte aus Zeitgründen nicht mehr für dieses Buch berücksichtigt werden. Es scheint jedoch, er versuche das vom Untergang bedrohte Tibet gleichsam in letzter Minute zu bewahren. Wie im *Dämon des Himalaya* kommt es offenbar auch in diesem neusten Tibet-Spielfilm zu einem Kampf zwischen Mensch und Berg(gottheit).

8 Zitat in *Die guten Menschen in Tibet* von Eleonore Baumberger, Tagblatt, Freitag, 27. Februar 1998

9 August 19–25, 1998

10 Thurman 1992. Ähnliches sagte und dachte beispielsweise auch de Riencourt, 1951, siehe Bishop 1989: 209

11 Diese Aussagen machte R. Thurman an einem Vortrag in Sotheby's in Zürich, 16. Juni 1999

12 Alle Zitate von Robert Thurman aus: Thurman 1992

13 Siehe hierzu auch Thurman 1998

14 Erik Davis, The Village Voice, August 19–25, 1998. Auch Lopez 1998 (S. 258) beschäftigt sich intensiver mit Thurmans Tibetbild: «Beim Lesen von Thurmans Buch gewinnt man den Eindruck, Tibet sei eine Art ‹Zone der Sanftmut› gewesen und seine Bewohner hätten ihr Land als gesegnetes Reich erlebt. Ein solches Bild ist ganz offensichtlich unvollständig. Wo haben denn in einer solchen Vorstellung die tibetischen Nomaden ihren Platz – Menschen, die fast ausschließlich von tierischen Produkten lebten und vom Fleisch, das sie jagten, raubten oder schlachteten, und die, getrieben von Schuldgefühlen, eben darum auch große Förderer der religiösen Meister waren? Wohin mit den rücksichtslosen Bandenchefs, die mit schöner Regelmäßigkeit die Pilger und die Händler auf einsamen Wegen terrorisierten? Und wie muss man sich das Leben in den großen Klöstern vorstellen, ohne die delinquenten Kriegermönche (ldob ldob)? In Tibet, wie vielerorts, gab es neben echten Religionslehrern auch jede Menge zwielichtige Gestalten – Bettler, Verrückte und Scharlatane –, die unter den Gläubigen ihr Unwesen trieben, und auch das Leben in den großen Klöstern war geprägt von der Vielfalt menschlicher Persönlichkeiten, von den heiligen bis zu den kühl berechnenden.»

15 Werbespots und generell Werbung sind ein äußerst flüchtiges Medium, das nur punktuell und kaum thematisch gesammelt wird, weshalb die hier verwendete Kollektion von Werbung, die mit Tibet in einem engen Bezug steht, sicherlich nicht vollständig ist. Trotz der Flüchtigkeit der Werbung gelang es uns, in Europa, den USA und Asien 16 Werbespots und über 15 Beispiele von Werbung aus den Printmedien zu finden, alle in der einen oder anderen Art mit Tibet in Beziehung stehend. Die Werbespots sind: *Renault Clio* (Auto, 45 Sek.); *Citroën Xsara* (Auto, 60 Sek.); *Citroën AX* (Auto, 23 Sek.); *Audi A8* (Auto; 1997?, 45 Sek.); *Sampo* (Fernseher, 60 Sek.); *Thomson* (Fernseher, 30 Sek.); *IBM* (Computer, 32 Sek.); *Danka* (Faxgeräte und Büromaschinen, 1995, 30 Sek.); *Electrolux Widetrack* (Staubsauger, 32 Sek.); *Halls* (Lutschtabletten, 45 Sek.); *Leerdammer* (Käse, 20 Sek.); *Biogran* (Aufbaupräparat, 30 Sek.); Tibetischer «Milch-Tee» (taiwanischer Tee, 1995?, 30 Sek.); *Tchaé* (Lipton, Grüntee, 30 Sek.); *Königspilsner* (Bier, 20 Sek.); *Baygon* (Bayer; Mückenvertilgungsmittel, 30 Sek.).
Die gedruckten Werbungen sind: *Macintosh* (Apple Computer); *Un air de Samsara* (Eau de Toilette, Guérlain); *Condor* (Ferienflieger); *Beal* (Kletterseile); *Apple* (Computer); *Smirnov* (Vodka); *JVC* (Camcorder); *Stadtsparkasse Köln* (Bank); *Diana* (Gedenkfeier zum 1. Todestag von Diana in Zürich); *Lotus Travel Service* (Rei-

sebüro in München); *Silhouette* (Brillenkollektion); *Citroën Xsara* (Auto; spanisches Zeitungsinserat); *Swissair* (Operationelle Kampagne Österreich); *Strellson Menswear*; *Shine* (Radiowecker von Oregon Scientific); *Mephisto* (Schuhkollektion Tibet).

16 Zu den Strategien der Werbung siehe: Friedemann W. Nerdinger 1996, *Strategien der Werbung – Vom Auftrag über die Gestaltung zur Entscheidung*, in Die Kunst zu Werben, Bäumler, Ursula (Hg.), Köln 1996

17 In einem Werbefilm – *Audi A8*, Deutschland – ist zwar kein buddhistischer Mönch zu sehen, der Bezug zur tibetischen Religion ist jedoch insofern gegeben, dass darin – unter anderen Figuren – auch eine (angeblich) tibetische – eigentlich nepalische – Kultfigur gezeigt wird.

18 *Leerdammer*, *Baygon*, *Königspilsner*

19 In diesem Werbespot werden zwei Welten einander gegenübergestellt: Im Innern eines Hauses wird geistige Entspannung (Meditation von Westlichen unter der Leitung eines buddhistischen Mönchs) geübt, draußen auf der Terrasse entspannt sich ein Paar körperlich auf Liegestühlen. Wenn im Innern die Meditierenden ihren «Geist öffnen», wird draußen eine Bierflasche geöffnet, wenn im Innern «das goldene Licht die Meditierenden durchströmt», wird draußen goldfarbenes Bier in ein Glas gefüllt, und wenn im Inneren der Mönch dazu auffordert: «So, und jetzt wiederholen wir die Übung», wird draußen erneut ein Tablett mit Bier serviert.

20 Die Stellungnahme der Firma Bayer S.A., Frankreich, verdanke ich Françoise Pommaret, Paris

21 *Biogran* ist ein Aufbaupräprat, das die Firma Nutrilatina in Curitiba, Brasilien, herstellt

22 Die zwei weiteren «Levitations-Spots» sind: a) *Leerdammer*. In diesem Spot reicht ein Mönch einer großen Buddhastatue ein reiches, schön verziertes Opfer mit vielen feinen Speisen und einem Räucherwerk dar. Der Mönch, der sich in Meditationshaltung vor die Statue hingesetzt hat, schwebt schnell nach oben, immer weiter, bis er seinen Kopf an einem Deckenbalken anschlägt. Eine Stimme, wohl die des Buddha, sagt: «Leerdammer her, oder sonst gibt's ein Malheur.» Der Mönch stellt nochmals eine Opfergabe vor den Buddha, dieses Mal einen runden Leerdammer-Käse. Das Gesicht des Buddha ist sichtbar freundlicher. Nun levitiert der Leerdammer in Richtung Buddhakopf, während der Mönch genießerisch mit einem Stück Leerdammer vor dem Buddha sitzt. b) *Baygon*: Durch den Korridor einer alten, nicht mehr benutzten buddhistischen Tempelanlage aus Stein (wohl in Thailand) rennen junge buddhistische Mönche. Als sie in die Tempelhalle abbiegen, sehen sie vor sich einen älteren levitierenden Mönch. Da hört man laut Mücken summen. Irritiert öffnet der Meditierende eines seiner Augen – und fällt auf den Boden. Dies passiert nochmals, dieses Mal lachen die Novizen herzhaft. Der alte Mönch greift in eine Art Tasche, nimmt eine Sprühdose *Baygon* hervor, sprüht damit in die Luft und schwebt wieder in die Höhe. Kommentar: «Es braucht nicht viel, um Geistesruhe zu erlangen.» Auf die Problematik dieses Spots ist bereits hingewiesen worden.

23 So wird Lotus auf der Homepage www.lotus.com bezeichnet

24 In einer Variante dieses TV-Spots erfolgt die letzte Szene nicht mit Handy-Anruf, dafür mit folgendem Gespräch: Der *Danka*-Mann zum Dali: «Nun sag mal, worin besteht denn der wahre Sinn des Lebens?» Der Dali-Mönch: «Gib mir Deine Nummer und ich fax Dir zurück.»

25 Barglow 1994: 195 ff. vertritt die Meinung, diese Werbung könne auf zwei Arten gelesen werden: als Modell für interkulturelle Kommunikation, aber auch als kommerzielle Ausbeutung, worauf die zentrale Stellung des weißen Mannes und seiner Technologie, des Computers, deute.

26 Buddha wird von westlichen Laien häufig mit Gott gleichgesetzt, weshalb hier ohne weiteres diese an sich falsche Gleichsetzung stehen kann.

27 Die Werber stellen diesen angeblich inneren Bezug zwischen dem *Xara Coupé* und der tibetischen Spiritualität zum Teil auch in der gedruckten Werbung her. In einem in Spanien erschienenen Inserat (La Vanguardia, 8. März 1999) wird im Text auf den buddhistischen Wiedergeburtsgedanken hingewiesen und vom *Xara Coupé* behauptet, das Auto hätte etwas Transzendentales und Einmaliges an sich.

28 Barglow 1994 vergleicht die *Macintosh*-Werbung mit einer christlichen Madonna mit Jesus-Darstellung, wobei Männer Maria und ihre Verehrer ersetzten sowie ein Computer das auf dem Schoß Marias sitzende oder liegende Jesuskind.

29 Beim *Thomson*-Spot ist wie erwähnt nicht klar, ob es sich bei den darin vorkommenden Novizen um Nonnen oder um Mönche handelt

30 Siehe Nerdinger 1996

31 Neben dem Dalai Lama erschienen in derselben Werbekampagne von *Apple* unter anderem auch Muhammad Ali, Mohandas K. Gandhi, Alfred Hitchcock und Pablo Picasso.

32 Wir beschäftigen uns in diesem Buch mit den westlichen Tibetbildern. Ein guter Artikel zu den chinesischen Tibet-Klischees findet sich in Heberer 1997. Heberer schlussfolgert auf Seite 144: «Während sich in (chinesischer) Kunst und Literatur Selbst- und Fremdbilder niederschlagen und eine Ambivalenz von Primitivität und Exotik in der Darstellung der Tibeter und Tibeterinnen feszustellen ist, charakterisiert die offizielle Propaganda die Gesellschaft und Kultur der Tibeter ... als eher rückständig, brutal, ausbeuterisch, menschenfressend, d. h. als weitgehend negativ, auch wenn es periodische Schwankungen zwischen eher harter und weicher Darstellung gegeben hat ... Religion und Brauchtum gelten als furchteinflößend und abergläubisch, die Speisen als ungenießbar und barbarisch, die Kleidung als bunt, aber ungeordnet und wild, die Wohnweise als primitiv.» In chinesischen Romanen sind häufige Themen: die «sexuelle Freizügigkeit» der Frauen, die Himmelsbestattung, der «Aberglauben» und die «barbarische Lebensweise». (mündliche Auskunft von Tsering Shakya, März 1998)

33 Swatch produzierte auch eine Uhr mit dem Namen *Shangri-la* (Pop Swatch Collection 1991, Nr. PWB 156), doch weist diese keine tibetische Symbolik auf

34 In einem solchen Buch ist beispielsweise die Rede von «mandalaischer Sex-Meditation», die bisher noch nicht richtig entdeckt worden sei wegen des «uralten Sehfehlers, der der westlichen Psychologie und Sexualforschung immer schon anhaftete.» Beim mandalaischen Sex gehe es um mehr als nur Sexualität. Er verwandle sich in die Blume der Meditation, eine Blume, die den Geruch der Blume verströme. Nitschke, Günter, 1995: *The silent orgasm, Liebe als Sprungbrett zur Selbsterkenntnis*, Köln: 154–155. Zum Tantrismus wurden viele solche Bücher publiziert, von denen die meisten höchst zweifelhaft sind.

35 Andresen 1997: 238

36 An beiden Orten Streuen eines Sand-Mandalas 1991 bzw. 1993

Teil 5

1 Siehe zum Beispiel *Mythos Tibet* 1997; Korom 1997; Bishop 1989; Bishop 1993; Feigon 1996. Das letztgenannte Buch zeigt jedoch, wie unter dem Anspruch, die Geheimnisse Tibets aufschließen zu wollen, alte Mythen perpetuiert werden. So behauptet der Autor, Hitler und Himmler hätten eine Expedition nach Tibet gesandt (wohl die Schäfer-Expedition), um nachzuweisen, dass die Tibeter nicht Juden, sondern wirkliche Arier seien. Hitler habe gar eine Gruppe tibetischer Mönche nach Deutschland geholt, die mit speziellen Gesängen vor dem Russlandfeldzug das Wetter positiv beeinflussen sollten! (S. 15)

2 «So hat der Teufel, saget der Jesuit, durch seine natuerliche Bosheit, bey dem Gottesdienste dieser Voelker, die Verehrung angebracht, die man nur dem roemischen Pabste, als Christi Statthalter, schuldig ist, wie er mit allen andern Geheimnissen der christlichen Religion gethan hat ...» aus: *Allgemeine Historie der Reisen zu Wasser und zu Lande*, Buch XVI, IV Kapitel, S. 216–17, 218

3 Siehe hierzu zum Beispiel Waddell 1971 (1895): 129 usw. Viele frühe Autoren bewerteten den Buddhismus. Sie unterschieden zwischen dem frühen Buddhismus, den sie positiv einschätzten, und der relativ späten Form des tibetischen Buddhismus (den sie «Lamaismus» nannten), den sie als Entartung des Buddhismus bezeichneten. Vor allem der Volksbuddhismus und die Bön-Religion wurden zum Teil heftigst kritisiert.

4 Zum Kailash siehe Allen 1982 und Snelling 1990; Zum tibetischen Bergkult siehe *Reflections of the mountain*, ed. by Anne-Marie Blondeau and Ernst Steinkellner, Wien 1996

5 *Der Dämon des Himalaya*; *Sturm über Tibet*; *Yeti der Schneemensch*; Yeti-Comics usw.

6 Dürrenmatt 1981

7 R. Thurman in *Wisdom and Compassion – The Sacred Art of Tibet*, New York, 1991, S. 312

8 Diese «Power places» sind ein zentraler Begriff der heutigen westlichen Esoterikzirkel

9 Blanche Merz: *Orte der Kraft*, Genf, 1995

10 Alexander Buschenreiter: *Unser Ende ist euer Untergang*, Econ 1983

11 Angeblich soll auch ein Major Peter Caddy der englischen Royal Air Force an den Kraftlinien und -plätzen Tibets interessiert gewesen sein. Er zog, so die Legende, im Zweiten Weltkrieg durch Tibet mit dem Ziel, das Kloster «Rarkor Choide» zu erreichen. In den frühen 60er Jahren gründete er die Findhorngemeinschaft, einen bedeutenden Impulsgeber für die New-Age-Bewegung. Siehe Schweidlenka 1989

12 Lopez 1998 (46–85) zeigt in überzeugender Weise auf, wie sehr in den einzelnen Kommentaren/Interpretationen der einzelnen Herausgeber/Übersetzer des *Tibetischen Totenbuches* sich ihre eigenen geistigen Wurzeln zeigen. Die einzelnen Kommentare zeigen unterschiedliche Etappen der westlichen Wahrnehmung tibetischer Religiosität und unterschiedlichste Entlehnungen/Anlagen: Evans-Wentz: Theosophie; A. Govinda: Theosophie und Jungsche Psychologie; Leary: LSD-Erfahrungen; Trungpa: transpersonale Psychologie; Sogyal: New Age. Es ist interessant, dass sich so viele spirituelle Bewegungen für die tibetischen Nachtod-Vorstellungen begeistern. Zur Rezeption des *Tibetischen Totenbuches* siehe auch Bishop 1997 (b)

13 Doyle 1985: 18. Darin sagt Sherlock Holmes zu Watson: «Ich bereiste zwei Jahre lang Tibet und vertrieb mir die Zeit, indem ich Lhasa besuchte und einige Tage beim Oberlama verbrachte ...» Der von Doyle nur sehr kurz erwähnte Aufenthalt von Sherlock Holmes in Tibet inspirierte einen Autor, ein Buch mit dem Titel *Sherlock Holmes in Tibet* zu schreiben. Es handelt sich dabei in erster Linie um «Belehrungen» des angeblich «führenden Metaphysikers Tibets, Lama Nordup», an denen auch der in Tibet lebende Sherlock Holmes teilnehmen durfte. Siehe Wincor 1968. Neueren Datums ist der Roman von Jamyang Norbu *The Mandala of Sherlock Holmes. The Adventures of the Great Detective in India and Tibet*, Harper Collins India, 1999.

14 Romane: Jones 1989; Podrug 1993; Kopacka 1997; Lawrence 1996; Bergius 1984; Higgins 1996; Davidson 1987

15 So faszinierte Ernst Schäfer Tibet vor allem als Ursprungsgebiet für viele Gattungen und Arten der Pflanzen- und Tierwelt und als Rückzugsgebiet längst ausgestorbener Spezies.

16 Siehe Huber 1997

17 Marco Polo, 204 ff.

18 Max Dauthendey 1958: 17

19 Podrug 1993: 206

20 Dickinson 1995: 270 ff.; Jones 1989: 13 ff.; Lawrence 1996: 351

21 So zum Beispiel bei Rijkenborgh und Blavatsky

22 Moon 1997

23 zitiert nach Lemkes Marco Polo: *Reisen des Venezianers Marco Polo*, Hamburg 1908, Buch II, Kap. 37, «Von der Provinz Thebeth»

24 Jetsunma Ahkön Lhamo wurde eigenen Angaben gemäß im Jahre 1987 als Inkarnation einer tibetischen Heiligen aus dem 17. Jahrhundert erkannt, im Jahr 1994 zusätzlich als Inkarnation von Lhacham Mandarawa, eine der Begleiterinnen des Guru Padmasambhava. Steven Seagal wurde im Februar 1997 als Reinkarnation des Tertön Chungdrag Dorje erkannt. Siehe hierzu die Homepages www.palyul.org und www.tara.org

25 Zitate aus: Facts Nr. 17, 1998, und Modeblatt Nr. 45, 1998

26 Achternbusch 1983

27 Roman: Higgins 1996: Chavasse war Fluchthelfer des 14. Dalai Lama; Spielfilm: *Auf der Suche nach dem goldenen Kind*: Chandler rettet die junge Inkarnation (oder hilft zumindest bei der Rettung mit); Comic: *Manhunter – The Himalayan Incident*

28 Norbu 1998: 20

29 Börner 1984: 42, 45

30 Grueber soll acht Jahre, Desideri dreieinhalb Jahre von Europa bis Tibet unterwegs gewesen sein.

31 Bharati 1987: 39

32 Erdheim 1987: 48 ff.

33 Diverse Untersuchungen haben gezeigt, dass trotz generationenlanger säkularer Erziehung auch heutige Amerikaner bei weitem nicht rational handeln und denken. Siehe hierzu Edgerton 1994: 259

34 Edgerton 1994: 264 ff. Dieser Legende zufolge bestand die Gemeinschaft eines Naturvolkes angeblich in emotionaler Anteilnahme, persönlicher Nähe und Intimität, moralischer Verpflichtung, sozialem Zusammenhalt und großer zeitlicher Kontinuität.

35 Der Major im Film *Der Dämon des Himalaya*

36 Diese Information verdanke ich David Templeman, Melbourne; Auch Govinda 1995: 12 meint, die Tibeter könnten als «Volk mit hoher Kultur» bezeichnet werden.

37 Siehe zum Beispiel Schmocker, Jürgen: *Vom «Tibeter» zum «Tibeter in der Schweiz»*, in Brauen/Kantowsky 1982: 59. Das Beispiel der Tibeter zeigt, dass die kulturelle Distanz, die manchmal als Grund für Eingliederungsprobleme und Fremdenfeindlichkeit angesehen wird, nicht ein zwingender Grund für die gespannte Beziehung zwischen Schweizern und gewissen Gruppen von Fremden ist. Falls die Fremden zentrale Werte der Gastgesellschaft teilen, werden sie toleriert und gar hoch geschätzt.

38 Andere stellen fest, dass ihr Gegenüber ungläubig und verunsichert reagiert, wenn sie auch einmal fluchen oder sich anders «unsakral» verhalten: Das mache doch ein Tibeter nicht! (Information von Tibetern anlässlich eines Gesprächs über das vorliegende Buch, Juli 1999)

39 Eine von der Asia Society in New York 1975 durchgeführte Studie ergab zwar, dass in amerikanischen Büchern auch die Philipinos und Thais als freundlich, glücklich und nett dargestellt werden. Auf mögliche Gründe, weshalb die in der Schweiz lebenden Tibeter höher als andere Asiaten eingestuft werden, gibt allenfalls dieses Kapitel Aufschluss.

40 Die stark durch die Theosophie geprägte Evolutionstheorie wird von einigen auch dazu benutzt, eine besondere Nähe zwischen Tibet und den Indianern Süd- und Mittelamerikas zu behaupten. Eine dieser Theorien postuliert einen gemeinsamen Ursprung «der drei Kulturprovinzen Tibet, Rom und Mexiko aus einem Mutterkult, den wir ohne Zwang auf die untergegangene Atlantis verlegen können … Alle drei leiten ihren Ursprung aus dem Urkult der arisch-atlantischen Priesterschaft ab, die jene Ur-Religion lehrte, die noch in äußerster Verdünnung ihres Gehaltes bei allen Völkern der Erde in Geltung ist … Krummstab, Glocke, Vesper, Messe und Schlüssel gibt es auch in Tibet, in Ljassa thront als Stellvertreter Gottes unfehlbar und unnahbar der Dalai Lama, wie in Rom der Papst.» (Gorsleben 1981: 204)

41 Siehe hierzu Kempf, Franz R.: 131 ff. *Albrecht von Hallers Ruhm als Dichter, Eine Rezeptionsgeschichte*, American University Studies, Series I, German Language and Literature, Vol. 52, Peter Lang Verlag, Bern

42 Bishop 1993: 29 ff. gibt einige Beispiele für enthusiastische Beschreibungen der Bergwelt Tibet

43 Artikel in der Neuen Zürcher Zeitung vom 22. Oktober 1961 und Leserbrief der Neuen Zürcher Zeitung vom 22. Dezember 1961

44 Orville Schell im Gespräch mit Elizabeth Farnsworth in einer TV-Sendung am 3. Dezember 1996

45 Shakya 1992

46 Alle diese Beispiele stammen aus Dowman 1991

47 Siehe zum Beispiel Changdud Tulku 1998

48 Siehe zum Beispiel *Der geheime Kommentar zur Vajra Yogini Praxis, «Herz-Essenz der Himmelswandlerin genannt»* (Seite 60, Zeilen 4/5) gemäß Übersetzung von Loten Dahortsang, Rikon

49 Auch die Fähigkeit, dank starker psychischer Kräfte in den Körper einer anderen Person einzudringen (grong 'jug genannt), wie dies in Lobsang Rampas Werken und einigen Comics beschrieben wird, kommt in einigen tibetischen Legenden vor.

50 Übersetzung durch Loten Dahortsang, Rikon. Weiter heißt es, die in Shambhala lebenden Leute seien reich, glücklich und gesund. Die Ernte sei gut und jedermann verbringe seine Zeit mit der Ausübung des Dharma. Da alle Könige religiös seien, gebe es nicht einmal ein Anzeichen von Untugend oder Verderbtheit. Sogar die Begriffe Krieg und Feindschaft seien dort unbekannt. Gar-je K'am-trül Rinpoche, in *A Geography and History of Shambhala*, in The Tibet Journal, Vol. 3, No. 3 (1978), S. 3–11

51 Der Begriff «Herr der Welt», der von westlichen Autoren immer wieder verwendet wird, findet sich jedoch nicht.

52 Wann genau das Tulku-System Tibets seinen Anfang nahm, ist Gegenstand wissenschaftlicher Diskussionen. Wahrscheinlich liegen seine Wurzeln im 12. Jahrhundert in der Schule der Sakyapas, doch wurde das Tulku-System als allgemein gültiges System erst Ende des 13. Jahrhundert in der Schule der Karmapas eingeführt. Der zweite Karmapa, Karma Pakshi, gilt für viele als der erste richtige Tulku. Von Anfang an ging es beim Tulku-System nicht nur um die möglichst unverfälschte Übertragung spiritueller Inhalte, sondern auch – und vor allem – um die Erhaltung von weltlicher und politischer Macht und die Aufrechterhaltung von Stabilität.

53 Bishop 1993: 65

54 Zum Thema «Sex in der tibetischen Literatur» siehe zum Beispiel Dhondup 1995

55 Übersetzung durch Loten Dahortsang, Rikon

56 Siehe hierzu zum Beispiel Oppitz 1968: 136 ff.

57 Zum tibetischen Ritualdolch siehe Cantwell 1997 und Marcotty 1987

58 Um diese Frage gab es eine große Auseinandersetzung: Hodgson behauptete 1885 in einem von der «Society for Psychical Research» in Auftrag gegebenen Bericht, die angeblich von Koot Hoomi geschriebenen Briefe seien, von einigen Ausnahmen abgesehen, von Frau Blavatsky geschrieben worden. Dieser Bericht wurde hundert Jahre später von Vernon Harrison aufgrund gravierender «Verfahrensfehler» ernsthaft in Zweifel gezogen. Er wolle, so Harrison in der Einleitung zu seinem Artikel, nicht aufzeigen, dass HPB unschuldig gewesen sei, noch die richtige Autorenschaft der Mahatma-Briefe beweisen. Sein einziges Ziel sei es zu belegen, dass im Fall Hodgson gegen Blavatsky die Schuld der «Angeklagten» nicht bewiesen werden konnte. Harrison 1986: 287

59 Mitscherlich 1964: 42

60 Bergier/Pauwels 1962: 32

61 Oppitz 1974 und 2000 zeigt zum Beispiel anhand des Romans *Lost Horizon* auf, dass die Funktion realer Lokalitäten darin bestehen kann, die fiktiven glaubwürdig zu machen.

62 Trungpa 1982: 113

63 Chagdud Tulku: 112, 134, 140 und 33

64 Dawa Norbu: 23, 221

65 Pema 1997: 61

66 Pemba 1968: 126

67 Tsering: 29, 187

68 Dawa Norbu: 80 ff.

69 *Wie weiter? Sechs Fragen an einen jungen, in der Schweiz geborenen Tibeter*, in DU 7/1995; zur Anwendung von Gewalt, unter anderem auch durch den 5. Dalai Lama, siehe zum Beispiel Sperling 1997.

70 Shuguba: 66 ff.; Goldstein 1989; siehe auch Lindegger 1998

71 Zu Gendün Chöpel siehe Donald S. Lopez: *Madhyamika Meets Modernity: The Life and Works of Gendun Chopel*, in Tricycle, Spring 1995; Jeffrey Hopkins: *About Gendün Chöpel in Sex, Orgasm and the Mind of Clear Light*, North Atlantic Books, Berkeley, 1998; Stoddard 1985; Lindegger 1998

72 Dawa Norbu: 211 ff.

73 Shuguba: 132 ff.

74 Dalai Lama 1990: 67

75 Shuguba: 67

76 Dalai Lama 1990: 38

77 Auch einige westliche Autoren haben sich mit dem Trugbild des stets friedlichen Tibet auseinandergesetzt, so zum Beispiel Lopez. Er weist darauf hin, dass der 5. Dalai Lama nur durch militärische Intervention durch seinen mongolischen Patron die weltliche Macht erlangen konnte. Tibetische Truppen führten Kriege gegen Ladakh (1681), gegen die Dsungaren (1720) und fielen im 18. Jahrhundert mehrmals in Bhutan ein. Tibetische Truppen kämpften gegen eindringende Nepali (1788–1792 und 1854), gegen die Dogras (1842) und gegen die Briten (1904). Hopkins 1997 beschreibt die großen Spannungen zwischen den einzelnen Kollegien der Klöster, die zu Ausbrüchen wie den Reting-Wirren führen konnten.

78 Vortrag von Tsewang Norbu anlässlich der Veranstaltung «Neues Feindbild Dalai Lama», Berlin, 26. März 1999

79 Weitere kritische Anmerkungen zum tibetischen Justizsystem und seinen Bestrafungsmethoden finden sich in Tsering 1997, Norbu 1974, Pemba 1957: 85.

80 Losang Gyatso beschreibt, wie eine Amerikanerin enttäuscht war, in einem Buch über Tibet ein Bild zu entdecken, auf dem eine Gruppe Männer mit Schwertern und Gewehren stolz vor der Kamera posierten, das die Bildunterschrift «tibetische Banditen» aufwies. Sie hatte gehofft, Tibet sei derjenige Ort, wo es so etwas Weltliches wie Kriminalität nicht gebe. Gyatso 1990

81 Dalai Lama 1962: 44 ff.; Ähnliches stellt auch der Bruder des Dalai fest, siehe Norbu 1972: 339, 347 ff.

82 Zum Beispiel Bishop 1993: 46 ff., 73 ff.; Hopkins 1997; Sperling 1997; Clarke 1997

83 Huber 1997: 301

84 Die Dorje-Shugden-Anhänger verehren eine Erscheinung, von der sie selbst behaupten, sie sei ein Buddha. Ihre Gegner jedoch, zu denen der 14. Dalai Lama gehört, vertreten die Meinung, es handle sich dabei um einen gefährlichen Geist. Der Streit geht auf den 5. Dalai Lama zurück, brach in den vergangenen dreihundert Jahren immer wieder aus und erlebte 1996 und anfangs 1997 sowohl in Indien als auch in Europa einen neuen Höhepunkt. Eine gute Zusammenstellung der Argumente findet sich in Tricycle. The Buddhist Review, Spring 1998: Stephen Batchelor and Donald S. Lopez, Jr.: *Deity or Demon. The «Unmentionable» Feud over Tibet's Dorje Shugden.*

85 Informationen aus einem Brief des Amnye Machen Instituts an die Schweizer Tibethilfe, datiert 9. April 1996

86 Huber 1997: 310

87 Metzger 1976: 31

88 Der älteste Bruder des Dalai Lama, Jigme Norbu, jedoch fühlte sich anlässlich des Symposiums «Mythos Tibet» in Bonn (Mai 1996) ob dem «bilderstürmerischen Willen zu zerstören» unwohl, gem. Nordic Newsletter of Asian Studies, No. 2, June 1996

89 Dagyab 1997: 324–5

90 Norbu 1974: Preface

91 Shakya 1992: 13 ff.

92 Gyatso 1990

93 Norbu 1998: 20

94 Sonam Dölma Brauen, Gespräch im Juli 1999

95 The Village Voice, August 19–25, 1998. Ähnlich äußert sich auch Bharati: «Es wird ein Bild Tibets erschafft/kreiert und weitergegeben, das nichts anderes als schädlich sein kann für die zukünftige Beziehung zwischen der tibetischen Kultur und dem Westen.» Bharati 1974: 9

96 Donald Lopez in einem MSNBC-Interview, das der Autor via Internet erhielt. Ähnliches schrieb Lopez auch in Tibetan Review, May 1994: 20

97 Auf dieses Sprichwort machte mich mein langjähriger tibetischer Bekannter Gyaltsen Gyaltag anlässlich einer Podiumsdiskussion zum Thema «Tibet – Zwischen Mythos und Realität», Zürich 27. Februar bis 7. März 1998, aufmerksam.

Verzeichnis der verwendeten Literatur, Comics und Filme

Literatur

Achternbusch, Herbert, 1983 (1970): *Das Kamel*, Suhrkamp, Frankfurt a. M.

Ackermann, Josef, 1970: *Heinrich Himmler als Ideologe*, Musterschmidt, Göttingen/Zürich

Agamon, David (Hg.), 1978: *Sudgods in Exile, Secrets of the Dzopa of Tibet*, Neville Spearman, Sudbury

Allen, Charles, 1982: *A Mountain in Tibet – The Search for Mount Kailas and the Sources of the Great Rivers of India*, Deutsch, London

Allgemeine Historie der Reisen zu Wasser und zu Lande; oder Sammlung aller Reisebeschreibungen, welche bis itzo in verschiedenen Sprachen von allen Voelkern herausgegeben worden ..., 21 Bände, 1747–1774, Leipzig

Allgöwer, Erik, 1995 (1991): *Le Tigre et le lama*, Picquier poche, Arles

Andresen, Jensine, 1997: *Kalacakra – Textual and Ritual Perspectives*, thesis, Harvard University, Cambridge, Ma

Antweiler, Christoph, 1994: *Eigenbilder, Fremdbilder, Naturbilder. Anthropologischer Überblick und Auswahlbibliographie zur kognitiven Dimension interkulturellen Umganges*, in *Anthropos*, LXXXIX, 1–3, S. 137–168

Artaud, Antonin, 1925 a: *Botschaft an den Dalai Lama*, in *La Révolution Surréaliste*, Nr. 3, 15. April 1925

Artaud, Antonin, 1925 b: *Brief an die Rektoren der Europäischen Universitäten*, in *La Révolution Surréaliste*, Nr. 3, 15. April 1925

Artaud, Antonin, 1925 c: *Die Tätigkeit des Büros für surrealistische Forschung*, in *La Révolution Surréaliste*, Nr. 3, 15. April 1925

Artaud, Antonin, 1979: *Briefe aus Rodez, Postsurrealistische Schriften*, München

Aschoff, Jürgen C., 1989: *Tsaparang – Königstadt in Westtibet, Die vollständigen Berichte des Jesuitenpaters António de Andrade und eine Beschreibung vom heutigen Zustand der Klöster*, MC Verlag, Eching vor München

Bailey, Alice A., 1975/1995: *Die Unvollendete Autobiographie*, Association Lucis Trust, Genf

Baker, Douglas, 1977: *The Opening of the Third Eye*, Aquarian Press, Wellingborough

Barborka, Geoffrey A., 1969: *H. P. Blavatsky, Tibet and Tulku*, The Theosophical Publishing House, Adyar/Wheaton

Barglow, Raymond, 1994: *The Crisis of the Self in the Age of Information – Computers, dolphins, and dreams*, Routledge, London/New York

Bärsch, Claus-E., 1998: *Die politische Religion des Nationalsozialismus, Die religiöse Dimension der NS-Ideologie in den Schriften von Dietrich Eckart, Joseph Goebbels, Alfred Rosenberg und Adolf Hitler*, Wilhelm Fink, München

Bechteler, Harald, 1999: *Die deutsche Tibetexpedition E. Schäfer 1938/39*, unveröffentlichter Vortrag am Völkerkundemuseum der Universität Zürich

Becker, Peter Emil, 1990: *Sozialdarwinismus, Rassismus, Antisemitismus und Völkischer Gedanke, Wege ins Dritte Reich*, Teil II, Georg Thieme, Stuttgart

Beger, Bruno, 1998: *Mit der deutschen Tibetexpedition Ernst Schäfer 1938/39 nach Lhasa*, Dieter Schwarz, Wiesbaden

Beligatti, Fra Cassiano da Macerata, 1738–1742: *Relazione inedita di un Viaggio al Tibet*, Firenze

Bennett, J. G., 1997 (1984): *Gurdjieff, Ursprung und Hintergrund seiner Lehre*, Wilhelm Heyne, München

Bergier, Jacques/Pauwels, Louis, 1962: *Aufbruch ins dritte Jahrtausend. Von der Zukunft der phantastischen Vernunft*, Scherz, Bern/Stuttgart/Wien

Bergius, C. C., 1984: *Endstation Tibet*, Goldmann, München

Bernbaum, Edwin, 1995 (1980): *Der Weg nach Shambhala. Auf der Suche nach dem sagenhaften Königreich im Himalaya*, Bauer, Freiburg i. Br.

Bharati, Agehananda 1974: *Fictitious Tibet: The Origin and Persistence of Rampaism*, in *The Tibet Society Bulletin*, vol. VII, S. 1–11, Bloomington, Indiana

Bharati, Agehananda 1987: *Mundus vult decipi: Falsche Lamas, ein Märchentibet und vermischte Esoterica*, in: Duerr, Hanspeter: *Authentizität und Betrug in der Ethnologie*, Edition Suhrkamp, Bd. 409 neue Folge, Suhrkamp, Frankfurt a. M., S. 38–57

Bishop, Peter, 1989: *The Myth of Shangri-La. Tibet, Travel Writing and the Western Creation of Sacred Landscape*, The Athlone Press, London

Bishop, Peter, 1993: *Dreams of Power. Tibetan Buddhism and the Western Imagination*, The Athlone Press, London

Bishop, Peter, 1997 a: *Nicht nur Shangri-La: Tibetbilder in der westlichen Literatur*, in *Mythos Tibet*, Dumont, Köln, S. 208–225

Bishop, Peter, 1997 b: *A Landscape for Dying: The Bardo Thodol and Western Fantasy*, in *Korom 1997* (2), S. 47–72

Bitterli, Urs, 1976: *Die «Wilden» und die «Zivilisierten». Grundzüge einer Geistes- und Kulturgeschichte der europäisch-überseeischen Begegnung*, München

Blavatsky Helena Petrovna, o. J. (1877): *Isis entschleiert, Ein Meisterschlüssel zu den Geheimnissen alter und neuer Wissenschaft und Theologie*, 2 Bände, Couvreur, Den Haag

Blavatsky, Helena Petrovna, o. J. (1888): *Die Geheimlehre, Die Vereinigung von Wissenschaft, Religion und Philosophie*, 4 Bände, Couvreur, Den Haag

Blavatsky, Helena Petrovna, 1950–91: *Collected Writings*, 14 vol., Boris de Zirkoff (Hg.), Theosophical Publishing House, Madras, India/Wheaton

Blavatsky, Helena Petrovna, 1932: *Die Geheimlehre, Eine Auswahl, auf Grund der Übersetzung des Gesamtwerkes der dritten englischen Ausgabe von Dr. phil. Robert Froebe*, Etthofen, Berlin

Bloch, Ernst, 1976: *Das Prinzip Hoffnung*, 3 Bände, Suhrkamp, Frankfurt a. M.

Börner, Klaus H., 1984: *Auf der Suche nach dem irdischen Paradies, Zur Ikonographie der geographischen Utopie*, Wörner, Frankfurt

Bramley, William, 1990: *Die Götter von Eden. Eine neue Betrachtung der Menschheitsgeschichte*, In-der-Tat-Verlag, Burggen

Brauen, Martin/Kantowsky, Detlef, 1982: *Junge Tibeter in der Schweiz, Studien zum Prozess kultureller Identifikation*, Rüegger, Dießenhofen

Bray, John, 1981: *Nikolai Notovitch and the Tibetan Life of Christ*, in *Tibetan Review*, vol. XVI, no. 5, May 1981, S. 21–22

Bray, John, 1997: *Die Tibetbilder der Missionare im 19. und frühen 20. Jahrhundert*, in *Mythos Tibet*, Dumont, Köln, S. 31–50

Bronder, Dietrich, 1975 (1964): *Bevor Hitler kam, Eine historische Studie*, Marva, Genf

Bulwer-Lytton, Lord Edward, 1958 (1871): *Vril oder eine Menschheit der Zukunft* (Ursprünglicher englischer Titel: *The Coming Race*. Diese erste Ausgabe erschien anonym 1871 in London; späterer englischer Titel: *Vril: The Power of The Coming Race*), Rudolf Geering, Dornach

Cantwell, Cathy, 1997: *To Meditate upon Consciousness as vajra: «Killing and Liberation» in the rNying-ma-pa Tradition*, in *Tibetan Studies*, Vol. I, Oesterreichische Akademie der Wissenschaften, Wien 1997

Carmin, E. R. (Pseudonym), 1985: *«Guru» Hitler, Die Geburt des Nationalsozialismus aus dem Geiste von Mystik und Magie*, SV International, Zürich

Caroe, Olaf, 1960: *Englishmen in Tibet, From Bogle to Gould*, in *The Tibet Society Publications*, London

Chagdud Tulku 1998 (1992): *Der Herr des Tanzes, Autobiographie eines tibetischen Lama*, Theseus, Berlin

Collected Writings: siehe Blavatsky 1950–91

Charroux, Robert, 1970 (1965): *Verratene Geheimnisse, Atomsintflut und Raketenarche*, 3. Aufl., Herbig, München

Clarke, Graham E., 1997: *Tradition, Moderne und Umweltveränderungen in Tibet*, in *Mythos Tibet*, Dumont, Köln, S. 281–299

Combe: siehe Sherap, Paul

Cranston, Sylvia 1995: *HPB – Leben und Werk der Helena Blavatsky Begründerin der Modernen Theosophie*, Adyar, Satteldorf

Creme, Benjamin, 1997 (1996): *Lehren der zeitlosen Weisheit, Eine Einführung in das geistige Vermächtnis der Menschheit; zusammengestellt von Share International Foundation*, Edition Tetraeder, München

d'Alveydre, Joseph-Alexandre Saint-Yves, 1910 (1886 erste Ausgabe, bis auf ein Exemplar zerstört): *La Mission de l'Inde en Europe, Mission de l'Europe en Asie, la question du Mahatma et sa solution*, Librairie Dorbon Ainé, Paris

Dagyab, Loden Sherab, 1997: *Die Problematik der Nutzung des Tibetbildes für die Verbreitung des Buddhismus im Westen*, in *Mythos Tibet*, Dumont, Köln, S. 318–325

Daim, Wilfried, 1958: *Der Mann, der Hitler die Ideen gab, Von den religiösen Verirrungen eines Sektierers zum Rassenwahn des Diktators*, Isar, München

Dalai Lama, 1962: *Mein Leben und mein Volk. Die Tragödie Tibets*, Knaur, München/Zürich

Dalai Lama, 1992: *Das Buch der Freiheit. Die Autobiographie des Friedensnobelpreisträgers*, Bergisch Gladbach

Davidson, Lionel, 1987 (1962/64): *Die Rose von Tibet*, Goldmann, München

de Andrade: siehe Aschoff 1989

de Filippi, Filippo (Hg.), 1932: *An Account of Tibet. The Travels of Ippolito Desideri of Pistoia S. J., 1712–1727*, Routledge & Sons, London

della Penna, R. P. Francisco Horatio, 1740: *Missio Apostolica, Thibetano-Seraphica, Das ist: Neue durch Päbstlichen Gewalt in dem Großen Thibetanischen Reich von denen P. P. Capucineren aufgerichtete Mission*, München

Desideri, Ippolito: siehe de Filippi, Puini und Wessels

Dhondup, K., 1995: *Sex in Tibetan literature*, in *Tibetan Review*, January 1995, S. 11–17

Dickinson, Peter, 1995 (1979): *Tulku*, Corgi Freeway Books, London

Didier, Hugues, 1989: *Die Jesuiten-Mission in Tsaparang, kommentiert und interpretiert nach den Dokumenten in den römischen Archiven der Gesellschaft Jesu*, in: Aschoff 1989

Die Geheimlehre: siehe Blavatsky o. J. (1888)

Dixit, Kanak Mani, 1996: *Welchen Himalaya hätten Sie gern? Sehnsucht verklärt – oder: Über die Schwierigkeit, sich vom Himalaja das richtige Bild zu machen*, in *GEO Special*, Nr. 3. Juni, S. 24–28

Dodin, Thierry und Räther, Heinz (Hg.), 1997: *Mythos Tibet – Wahrnehmungen, Projektionen, Phantasien*, Dumont, Köln

Doucet, Friedrich W., 1979: *Im Banne des Mythos. Die Psychologie des Dritten Reiches*, Moewig, Rastatt

Dowan, Keith, 1991 (1985): *Die Meister der Mahamudra. Leben, Legenden und Lieder der vierundachzig Erleuchteten*, Eugen Diederichs, München

Doyle, Arthur Conan, 1984 (1905): *Die Rückkehr des Sherlock Holmes, Sherlock Holmes Werkausgabe*, Band 3, Haffmans, Zürich

Dürrenmatt, Friedrich, 1981: *Der Winterkrieg in Tibet*, in *Stoffe I–III*, Diogenes, Zürich, S. 11–179

Edgerton, Robert B., 1994 (1992): *Trügerische Paradiese. Der Mythos von den glücklichen Naturvölkern*, Ernst Kabel, Hamburg

Eich, Günter, 1970: *Ein Tibeter in meinem Büro*, Suhrkamp, Frankfurt a. M.

Erdheim, Mario, 1987: *Zur Ethnopsychoanalyse von Exotismus und Xenophobie*, in *Exotische Welten, Europäische Phantasien*, Edition Cantz, Stuttgart, S. 48–53

Evans-Wentz, Walter Yeerling (Hg.), 1990 (1957): *Das Tibetanische Totenbuch oder die Nachtod-Erfahrungen auf der Bardo-Stufe*, Walter, Olten/Freiburg i. Br.

Evola, Julius, 1950: *What Tantrism means to Western Civilization*, in *East and West*, I, no. 1, April 1950, S. 28–32, Roma

Exotische Welten. Europäische Phantasien, 1987, Institut für Auslandbeziehungen, Würtembergischer Kunstverein, Edition Cantz, Stuttgart

Feigon, Lee, 1996: *Demystifying Tibet. Unlocking the Secrets of the Land of the Snows*, Ivan R. Dee, Chicago

Forman, Harrison, 1936: *Through forbidden Tibet. An Adventure into the unknown*, Jarrolds, London

Frank, Eduard, 1957: *Gustav Meyrink, Werk und Wirkung*, Avalun, Büdingen-Gettenbach

Fuller, Jean Overton, 1988: *Blavatsky and her teachers. An investigative biography*, East-West Publications, London and The Hague

Ginsberg, Allen, 1980 (1976): *Traum von Tibet*, in William S. Burroughs: *Zwischen Mitternacht und Morgen*, Sphinx Pocket, Basel, S. 9–46

Giorgi (Georgii), António Agostino, 1987 (1762/63): *Alphabetum Tibetanum missionum apostolicarum commodo editum; unveränd. Nachdr. d. Ausg. Rom 1762/63*, Ed. Una Voce, Köln

Glasenapp, Helmut von, 1954: *Kant und die Religionen des Ostens*, Holzner, Kitzingen-Main

Glasenapp, Helmut von, 1960: *Das Indienbild deutscher Denker*, Koehler, Stuttgart

Glowka, Hans-Jürgen, 1981: *Deutsche Okkultgruppen 1875–1937*, Arbeitsgemeinschaft für Religions- und Weltanschauungsfragen, München

Goldstein, Melvyn C., 1989: *A History of Modern Tibet 1913–1951*, University of California Press, Berkeley/Los Angeles/London

Goldstein 1997: siehe Tsering, Tashi

Goodrick-Clarke, Nicholas, 1985: *The Occult Roots of Nazism. The Ariosophists of Austria and Germany*, The Aquarian Press, Wellingborough

Gorsleben, Rudolf John, 1981 (1930): *Hoch-Zeit der Menschheit. Das Welt-Gesetz der Drei, oder Entstehen–Sein–Vergehen in Ursprache–Urschrift–Urglaube, aus den Runen geschöpft*, Faksimile-Verlag, Bremen

Govinda, Anagarika, 1995 (1966): *Der Weg der Weißen Wolken*, Scherz, Bern/München/Wien

Greve, Reinhard, 1995: *Tibetforschung im SS-Ahnenerbe*, in: Hauschild, Thomas (Hg.), *Lebenslust und Fremdenfurcht, Ethnologie im Dritten Reich*, Suhrkamp, Frankfurt a. M., S. 168–199

Greve, Reinhard, 1997: *Das Tibet-Bild der Nationalsozialisten*, in *Mythos Tibet*, DuMont, Köln, S. 104–113

Grönbold, Günter, 1985: *Jesus in Indien. Das Ende einer Legende*, Kösel, München

Grueber, Johannes, 1985: *Als Kundschafter des Papstes nach China, 1656–1664, Die erste Durchquerung Tibets*, hg. von Franz Braumann, Thienemann, Stuttgart

Grünfelder, Alice, 1997: *An den Lederriemen geknotete Seele. Erzähler aus Tibet: Tashi Dawa, Alai, Sebo*, Unionsverlag, Zürich

Guénon, René, 1921: *Le Théosophisme. Histoire d'une pseudo-religion*, Nouvelle Librairie Nationale, Paris

Guénon, René, 1987 (1958): *Der König der Welt*, Aurum, Freiburg i. Br.

Günther, Hans F. K., 1934: *Die nordische Rasse bei den Indogermanen Asiens, zugleich ein Beitrag zur Frage nach der Urheimat und Rassenherkunft der Indogermanen*, J. F. Lehmanns, München

Gurdjieff, Georgei Ivanovitch, 1981 (1950): *Beelzebubs Erzählungen für seinen Enkel. Eine objektiv unparteiische Kritik des Lebens des Menschen*, Sphinx, Basel

Gurdjieff, Georgei Ivanovitch, 1982: *Gurdjieffs Gespräche mit seinen Schülern*, Sphinx, Basel

Gurdjieff, Georgei Ivanovitch, 1984 (engl. 1963): *Begegnungen mit bemerkenswerten Menschen*, Aurum, Freiburg i. Br.

Gurdjieff, Georgei Ivanovitch, 1987 (1975): Das Leben ist nur dann wirklich, wenn ‹ich bin›, Sphinx, Basel

Gyatso, Losang, 1990: *Tibet – A state or as State of Mind?*, in *Himal*, Jan/Feb 1990

Hansen, Peter H., 1996: *The Dancing Lamas of Everest: Cinema, Orientalism and Anglo-Tibetan Relations in the 1920s*, in *American Historical Review*, Bd. 101, Heft 3, Juni 1996

Hansen, Peter H., 1997: *Der tibetische Horizont. Tibet im Kino des frühen 20. Jahrhunderts*, in: *Mythos Tibet*, DuMont, Köln, S. 87–103

Harrison, Vernon, 1986: *J'accuse. An Examination of the Hodgson Report of 1985*, in *Journal of the Society for Psychical Research*, vol. 53, no. 803 (1985–86), S. 286–310, London

Hausdorf, Hartwig, 1995: *Baian-Kara-Ula. Neue Erkenntnisse zum Jahrhunderträtsel*, in *Ancient Skies*, Nr. 6/1995, S. 3–6

Heberer, Thomas, 1997: *Das alte Tibet war eine Hölle auf Erden. Mythos Tibet in der chinesischen Kunst und Propaganda*, in *Mythos Tibet*, DuMont, Köln, S. 114–149

Hecker, Hellmuth, 1997: *Lebensbilder deutscher Buddhisten*, Universität Konstanz, Konstanz

Hegel, Georg Wilhelm Friedrich, 1972 (1840/1848): *Vorlesungen über die Philosophie der Geschichte*, Philipp Reclam Jun., Stuttgart

Heller, Friedrich Paul/Maegerle, Anton 1995: *Thule. Vom völkischen Okkultismus bis zum Neuen Reich*, Schmetterling, Stuttgart

Herder, Johann Gottfried, 1966 (1784–1791): *Ideen zur Philosophie der Geschichte der Menschheit*, Joseph Melzer, Darmstadt

Herrliberger, David, 1746: *Gottesdienstliche Ceremonien oder H. Kirchen-Gebräuche und Religions-Pflichten der Christen … in schönen Kupfertafeln*, Zürich

Higgins, Jack, 1996: *Year of the Tiger*, Signet/Penguin, London

Hilton, James, 1973 (1933): *Der Verlorene Horizont/Irgendwo in Tibet*, Fischer Taschenbuch, Frankfurt a. M

Hopkins, P. Jeffrey, 1997: *Tibetische Klosterkollegien: Die Spannung zwischen Rationalität und Gruppenzwang*, in *Mythos Tibet*, Dumont, Köln, S. 254–263

Hopkirk, Peter, 1992 (1982): *Der Griff nach Lhasa. Die Erschließung Tibets im 19. und 20. Jahrhundert*, Knaur, München

Huber, Toni, 1997: *Shangri-La im Exil: Darstellungen tibetischer Identität und transnationale Kultur*, in *Mythos Tibet*, Dumont, Köln, S. 300–312

Huc, Evariste Regis 1928 (1850): *Travels in Tartary, Tibet and China, 1844–5–6*, Routledge & Sons, London

Ipares, S., 1937: *Geheime Weltmächte*, Ludendorff, München

Jacolliot, Louis, 1869: *Vedisme, Brahmanisme et Christianisme. La Bible dans l'Inde et la vie de Jezeus Christina*, Paris

Jetsün, Pema: siehe Pema, J.

Jones, Alexandra, 1989 (1988): *Samsara. Ein Roman aus dem geheimnisvollen Tibet*, Heyne, München

Kagelmann, Jürgen, 1997: *Who's who im Comic*, Deutscher Taschenbuchverlag

Kant, Immanuel, 1802: *Physische Geographie*, 2. Band, 1. Abteilung, welcher die allgemeine Beschreibung des Landes enthält, Gottfried Vollmer, Mainz und Hamburg

Kant, Immanuel, 1966 (1793/94): *Die Religion innerhalb der Grenzen der bloßen Vernunft*, in *Kants Werke in sechs Bänden*, Band 4, Darmstadt

Kant, Immanuel, 1968 (1802): *Kants Werke, Akademie-Textausgabe*, Band IX (Logik, Physische Geographie, Pädagogik), Walter de Gruyter, Berlin

Kant, Immanuel, 1990 (1869): *Die Religion innerhalb der Grenzen der bloßen Vernunft*, Felix Meiner, Hamburg

Karst, Joseph, 1931: *Die vorgeschichtlichen Mittelmeervölker … mit Exkursen über Atlantis*, Heidelberg

Kaschewsky, Rudolf, 1997: *Das Tibetbild im Westen vor dem 20. Jahrhundert*, in *Mythos Tibet*, DuMont, Köln, S. 16–30

Kater, Michael, 1974: *Das «Ahnenerbe» der SS 1935–1945. Ein Beitrag zur Kulturpolitik des Dritten Reiches*, Deutsche Verlags-Anstalt, Stuttgart

Kelder, Peter, 1995 (1989; englisch 1939): *Die Fünf «Tibeter». Das alte Geheimnis aus den Hochtälern des Himalaya lässt Sie Berge versetzen*, Integral. Volkar-Magnum, Wessobrunn
Kersten, Holger, 1996: Jesus lebte in Indien. Sein geheimes Leben vor und nach der Kreuzigung, Ullstein, Frankfurt a.M./Berlin
Kipling, Rudyard, 1990 (1898): *Kim*, Frankfurt a.M./Wien
Kircher, Athanasius, 1667: *China (Monumentis, qua Sacris qua Profanis) Illustrata* (verwendet in einer Übersetzung von Charles D. Van Tuyl), Amsterdam
Knefelkamp, Ulrich, 1986: *Die Suche nach dem Reich des Priesterkönigs Johannes. Dargestellt anhand von Reiseberichten und anderen ethnographischen Quellen des 12. bis 17. Jahrhunderts*, Diss. Uni Freiburg
Knigge, Andreas C., 1988: *Comic-Lexikon*, Ullstein, Frankfurt a.M.
Kopacka, Werner, 1997: *Im Tal des Yeti*, Nymphenburger, München
Korom, Frank J., 1997 (1): *Tibet und die New-Age-Bewegung*, in *Mythos Tibet*, Dumont, Köln, S. 178–192
Korom, Frank J. (Hg.), 1997 (2): *Constructing Tibetan Culture. Contemporary Perspectives*, World Heritage Press, Quebec
Korom, Frank J., 1997 (3): *Old Age in New Age America*, in *Korom 1997 (2)*
Korom, Frank J., (Hg.) 1997 (4): *Tibetan Culture in the Diaspora, Proceedings of the 7th Seminar of the International Association for Tibetan Studies*, Graz 1995, vol. IV, Verlag der Österreichischen Akademie der Wissenschaften, Wien
Kvaerne, Per, 1997: *Die Tibetbilder der Tibetforscher*, in *Mythos Tibet*, Dumont, Köln, S. 51–66
Landig, Wilhelm, 1980: *Wolfszeit um Thule*, Wien
Landig, Wilhelm, 1991: *Rebellen für Thule. Das Erbe von Atlantis*, Wien
Landig, Wilhelm, o.J.: *Götzen gegen Thule. Ein Roman voller Wirklichkeit*, Hannover
Langley, Bob, 1986 (1984): *Östlich des Everest*, Ullstein, Frankfurt a.M./Berlin
Lauppert, Norbert, 1954: *Briefe tibetanischer Weiser*, Adyar, Graz
Lauppert, Norbert, 1977–82: *Die Mahatma-Briefe an A.P. Sinnett und A.O. Hume*, 3 Bände, Adyar, Graz
Lawrence, Leslie, 1996 (1983): *Das Auge von Sindsche*, Bastei Lübbe, Bergisch Gladbach
Le Page, Victoria, 1996: *Shambhala. The Fascinating Truth Behind the Myth of Shangri-La*, Quest Books, Wheaton
Lindegger, Peter, 1982: *Griechische und römische Quellen zum peripheren Tibet*, Teil 2, Überlieferungen von Herodot bis zu den Alexanderhistorikern, Opuscula Tibetana, Fasc. 14, Tibet-Institut, Rikon
Lindegger, Peter, 1996: *Zur frühen Erkundungsgeschichte Tibets. Kurzer historischer Überblick von der Antike bis zu den Missionsreisen der Jesuiten im 17./18. Jht.*, in *Schriften* Nr. 7, Tibet-Institut, Rikon
Lindegger, Peter, 1997: *Die letzten 100 Jahre. Kurzer Abriss der Geschichte Tibets im 20. Jahrhundert*, in *Schriften* Nr. 13, Tibet-Institut, Rikon
Lindegger, Peter, 1998: *Zwei politische Reformversuche im Tibet des 20. Jahrhunderts*, in *Schriften* Nr. 14, Tibet-Institut, Rikon
Lopez, Donald S., Jr., 1995: *Curators of the Buddha*, The University of Chicago Press, Chicago/London
Lopez, Donald S., Jr., 1997: *Der merkwürdige Fall des Engländers mit den drei Augen*, in *Mythos Tibet*, DuMont, Köln, S. 193–207
Lopez, Donald S., Jr., 1998: *Prisoners of Shangri-la. Tibetan Buddhism and the West*, The University of Chicago Press, Chicago/London
Ludendorff, E. und M., 1941: *Europa den Asiatenpriestern?*, München
MacVicar, Angus, 1957: *The Atom Chasers in Tibet*, Burke, London
Maréchal, Pierre Sylvain, 1788: *Costumes civils actuels de tous les peuples connus: dessinés d'après nature, gravés et coloriés*, Pavard, Paris
Marcotty, Thomas, 1987: *Dagger Blessing. The Tibetan Phurpa Cult: Reflexions and Materials*, Delhi
Markham, Clements R., 1879: *Narratives of the Mission of George Bogle to Tibet and of the Journey of Thomas Manning to Lhasa*, Trübner and Co., London
Maugham, William Somerset, 1973 (1944): *Auf Messers Schneide*, Diogenes, Zürich
McCloud, Russell 1996: *Die Schwarze Sonne von Tashi Lhunpo*, Arun, Engerda
McKay, Alex C., 1997: *«Wahrheit», Wahrnehmung und Politik. Die britische Konstruktion eines Bildes von Tibet*, in *Mythos Tibet*, DuMont, Köln, S. 68–86
McLagan, Meg, 1997: *Mystical Visions in Manhattan: Deploying culture in the Year of Tibet*, in *Korom 1997 (4)*, S. 69–89
Messner, Reinhold, 1998: *Yeti. Legende und Wirklichkeit*, S. Fischer, Frankfurt a.M.
Metzger, Wolfgang, 1976: *Vom Vorurteil zur Toleranz*, Steinkopff, Darmstadt
Meyer, Karl Ernst und Brysac, Shareen Blair, 1999: *Tounament of Shadows: The Great Game and Race for Empire in Central Asia*, Counterpoint, Washington D.C.
Meyrink, Gustav, 1992 (1916): *Fledermäuse, Erzählungen, Fragmente, Aufsätze, herausgegeben von Eduard Frank*, Ullstein, Frankfurt am Main/Berlin
Meyrink, Gustav, o.J. (1903?): *Der heiße Soldat und andere Geschichten*, Albert Langen München
Mila, Ernesto, 1990: *Nazisme et Esoterisme*, Pardes, Puiseaux
Mitscherlich, Alexander, 1964: *Vorurteile. Ihre Erforschung und ihre Bekämpfung*, in *Politische Psychologie*, Band 3, Europäische Verlagsanstalt, Frankfurt
Moon, Peter, 1997: *The black sun, Montauk's Nazi-Tibetan connection*, Sky Books, New York
Moore, James, 1992 (1991): *Georg Iwanowitsch Gurdjieff. Magier, Mystiker, Menschenfänger, Eine Biographie*, Scherz, Bern
Morkowska, Marysia, 1997: *Vom Stiefkind zum Liebling. Die Entwicklung und Funktion des europäischen Schweizbildes bis zur Französischen Revolution*, Chronos, Zürich
Mosse, George L., 1978: *Rassismus. Ein Krankheitssymptom in der europäischen Geschichte des 19. und 20. Jahrhunderts*, Athenäum, Königstein/Ts.
Müller, Gerhard, 1982: *Überstaatliche Machtpolitik im XX. Jahrhundert. Hinter den Kulissen des Weltgeschehens*, Hohe Warte, 1982
Mund, Rudolf J., 1982: *Der Rasputin Himmlers. Die Wiligut-Saga*, Volkstum-Verlag, Wien
Mythos Tibet: siehe Dodin, Thierry
Needleman, Jacob/Baker, George (Hg.), 1996: *Gurdjieff. Essays and Reflections on the Man and His Teaching*, Continuum, New York
Neff, Mary K. (Hg.), 1994–(1937): *Persönliche Erinnerungen von H.P. Blavatsky*, in *Roerich Forum* (Zeitschrift der Roerich Gesellschaft Deutschland), ab Nr. 3, Pfronstetten

Nerdinger, Friedemann W., 1996: *Startegien der Werbung. Vom Auftrag über die Gestaltung zur Entscheidung*, in *Die Kunst zu Werben*, Bäumler, Ursula (Hg.), Köln

Newby, Eric, 1983 (1982): *A traveller's life*, Collins, reprint Pan Books, London

Newman, John, 1985: *A Brief History of the Kalachakra*, in *The Wheel of Time – The Kalachakra in Context*, by Geshe Lhundup Sopa, Roger Jackson, John Newman, Deer Park Books, Madison, Wisconsin, S. 51–90

Nietzsche, Friedrich, 1973 (1882): *Nietzsche Werke. Kritische Gesamtausgabe*, herausgegeben von Giorgio Colli und Mazzino Montinari, Fünfte Abteilung, 2. Band, Walter de Gruyter, Berlin/New York

Norbu, Dawa, 1974: *Red Star over Tibet*, Collins, London

Norbu, Jamyang, 1997: *Hinter dem verlorenen Horizont. Zur Notwendigkeit einer Demystifizierung Tibets*, in *Mythos Tibet*, Dumont, Köln, S. 313–317

Norbu, Jamyang, 1998: *Dances with Yaks. Tibet in film, fiction and fantasy of the West*, in *Tibetan Review*, January 1998, S. 18–23

Norbu, Namkhai, 1988: *Yantra Yoga. Yoga der Bewegungen*, Edition Tsaparang, Gleisdorf

Norbu, Thubten Jigme und Thurnbull, Colin, 1972 (1969): *Tibet: its history, religion and people*, Penguin, Hamondsworth

Notovitch, Nicolas, 1893: *The Unknown Life of Christ*, Hutchinson, London

Oppitz, Michael, 1968: *Geschichte und Sozialordnung der Sherpa*, Khumbu Himal, Band 8, Wagner, Innsbruck/München

Oppitz, Michael, 1974: *Shangri-La. Le panneau de marque d'un flipper, Analyse sémiologique d'un mythe visuel*, in *L'Homme*, XIV (3–4), 1974, S. 59–83

Oppitz, Michael, 2000: *Der Flipper Shangri-La. Semiologische Analyse eines Bildmythos*, Völkerkundemuseum der Universität, Zürich

Orzechowski, Peter, 1988: *Schwarze Magie – Braune Magie*, Peter Selinka, Ravensburg

Ossendowski, Ferdinand, 1924: *Tiere, Menschen und Götter*, Frankfurter Societäts-Druckerei/Buchverlag, Frankfurt a. M.

Padfield, Peter, 1990: *Himmler Reichsführer-SS*, Macmillan, London

Pallis, Marco, 1983: *Ossendowski's Sources*, in *Studies in Comparative Religion*, vol. 15, nos. 1 and 2, winter-spring 1983, S. 30–41

Pauwels, Louis, 1974 (1971): *Gurdjew der Magier (Monsieur Gurdjieff)*, Scherz, Bern/München

Pedersen, Poul, 1997: *Tibet, die Theosophie und die Psychologisierung des Buddhismus*, in *Mythos Tibet*, DuMont, Köln, S. 165–177

Pema, Jetsün, 1997 (1996): *Zeit der Drachen. Die Autobiographie der Schwester des Dalai Lama*, Hoffmann und Campe, Hamburg

Pemba, Tsewang, 1957: *Young days in Tibet*, Cape, London

Pemba, Tsewang, 1968 (1966): *Tibet im Jahr des Drachen. Ein Roman*, Herder, Freiburg

Pennick, Nigel, 1981: *Hitler's Secret Sciences*, Neville Spearman, Sudbury/Suffolk

Petech, Luciano, 1952–56: *I Missionari Italiani nel Tibet e nel Nepal*, 7 vol., Libreria dello Stato, Roma

Picard (Picart), Bernard, 1988 (1741): *Cérémonies et coutumes religieuses de tous les peuples du monde/dessinées par Bernard Picart*, Herscher, Paris

Poelmeyer, Ronald H., 1985 (1979): *Tintin a-t-il été au Tibet?*, Edition Lambiek, Amsterdam

Podrug, Junius, 1993: *Frost of Haven*, Headline Future, London

Polo, Marco, 1671: *De regionibus Orientalibus libri*, Köln

Puini, Carlo, 1904: *Il Tibet (Geografia, Storia, Religione, Costumi) secondo la relazione del viaggio del P. Ippolito Desideri (1715–21)*, vol. X, Memorie della Reale Società Geografica Italiana, X, Rom

Rampa, Lobsang 1960 (1959): *Doctor from Lhasa*, Corgi Books/Transworld Publishers, London

Rampa, Lobsang 1979 (1956): *Das Dritte Auge. Ein Tibet-Roman*, Goldmann, München

Rampa, Lobsang 1987 (1960): *Die Rampa-Story. Reise einer Seele*, Udo Polzer/Reidar, Hamburg

Rampa, Sarah, 1982: *Rampa. Lumière et Sagesse*, Stanké, Montréal

Ravenscroft, Trevor 1974 (engl. 1972): *Der Speer des Schicksals. Das Symbol für dämonische Kräfte von Christus bis Hitler*, Edition Sven Erik Bergh, Zug

Reigle, David, 1983: *The Books of KIU-TE, or The Tibetan Buddhist Tantras*, Wizards Bookshelf, San Diego

Robin-Evans, Karyl: siehe Agamon

Roerich, Nicholas, 1988 (1930): *Shambhala. Das geheime Weltzentrum im Herzen Asiens*, Aurum, Freiburg i. Br.

Rose, Detlev 1994: *Die Thule-Gesellschaft, Legende – Mythos – Wirklichkeit*, Grabert, Tübingen

Rosenberg, Alfred, 1941: *Der Mythus des 20. Jahrhunderts. Eine Wertung der seelisch-geistigen Gestaltenkämpfe unserer Zeit*, Hoheneichen, München

Rousseau, Jean-Jacques, 1977 (1762, deutsch 1763): *Du contrat social (Vom Gesellschaftsvertrag oder Prinzipien des Staatsrechtes)*, Philipp Reclam, Stuttgart

Said, Edward William, 1981 (1978): *Orientalismus*, Frankfurt a. M./Berlin/Wien

Sanders, Leonard, 1991: *The Eternal Enemies*, Pocket Books, New York

Schaedler, Lorenz, 1995: *Tibet – ein Projektionsfeld westlicher Phantasien?* in *Tibet-Forum* 1/95: S. 24–26

Schmocker, Jürgen (1982): *Vom «Tibeter» zum «Tibeter in der Schweiz», Zur Geschichte der Einpassung in eine Fremde Welt*, in: Brauen, Martin/Kantowsky, Detlef 1982

Schweidlenka, Roman, 1989: *Altes blüht aus den Ruinen, New Age und Neues Bewusstsein*, Verlag für Gesellschaftskritik, Wien

Scofield, Aislinn, 1993: *Tibet: Projections and Perception*, in *East-West Film Journal*, VII: S. 106–136

Sebottendorf, Rudolf von, 1933: *Bevor Hitler kam. Urkundliches aus der Frühzeit der nationalsozialistischen Bewegung*, Deukula, München

Serrano, Miguel, 1987: *Das goldene Band. Esoterischer Hitlerismus*, Wetter

Serrano, Miguel, o. J.: *Adolf Hitler el Ultimo Avatara*, Bogota

Shakabpa, Wangchuk Deden, 1984: *Tibet. A Political History*, New York

Shakya, Tsering, 1992: *Tibet and the Occident. The Myth of Shangri-La*, in *Tibetan Review*, Vol. XXVII, no. 1, January 1992, S. 13–16

Sherap, Paul, (hg. von Combe, G.A.), 1975 (1926): *A Tibetan on Tibet. Beeing the travels and observations of Mr. Paul Sherap (Dorje Zödpa) of Tachienlu*, Ratna Pusatk Bhandar, Kathmandu

Shuguba, Tsipon, 1995: *In the presence of my enemies. Memoirs of Tibetan nobleman Tsipon Shuguba*, Clear Light Publishers, Santa Fe

Silverberg, Robert, 1972: *The Realm of Prester John*, Ohio University Press, Athens

Smit, Frans, 1988: *Gustav Meyrink. Auf der Suche nach dem Übersinnlichen*, Langen Müller, München

Snelling, J., 1990 (1983): *The Sacred Mountain. Travellers and Pilgrims at Mount Kailas in Western Tibet and the Great Universal Symbol of the Sacred Mountain*, Thames and Hudson, London/The Hague

Soumois, Frederic, 1987: *Tintin au Tibet. Voyage aus pays de l'Absolu*, in *Dossier Tintin – Sources, Versions, Thèmes, Structures* (Autor Soumois F.) Jacques Antoine, Paris

Sperling, Elliot, 1997: *«Orientalismus» und Aspekte der Gewalt in der tibetischen Tradition*, in *Mythos Tibet*, Dumont, Köln, S. 264–273

Stamm, Hugo 1998: *Im Bann der Apokalypse. Endzeitvorstellungen in Kirchen, Sekten und Kulten*, Pendo, Zürich/München

Stanké, Alain, 1980: *Rampa – Imposteur ou Initié*, Edition Alain Stanké, Montréal

Stoddard, Heather, 1985: *Le mendiant de l'Amdo*, Société d'Ethnographie, Paris

Strunk, J., 1937: *Zu Juda und Rom. Tibet, Ihr Ringen um die Weltherrschaft*, Ludendorffs, München

Sünner, Rüdiger, 1999: *Schwarze Sonne. Entfesselung und Missbrauch der Mythen in Nationalsozialismus und rechter Esoterik*, Herder, Freiburg

Suster, Gerald, 1981: *Hitler and the Age of Horus*, Sphere Books Limited, London

Swedenborg, Emanuel, o. J.: *Die wahre christliche Religion*, Swedenborg, Zürich

Taring, Rinchen Dölma, 1996 (1970): *Ich bin eine Tochter Tibets. Lebenszeugnisse aus einer versunkenen Welt*, 2. Aufl., Bastei-Lübbe, Bergisch Gladbach

Taylor, Michael, 1988: *Mythos Tibet. Entdeckungsreisen von Marco Polo bis Alexandra David-Neel*, Westermann, Braunschweig (orig. *Le Tibet*, Fribourg 1985)

Templeman, David, 1996: *The White Lama*, unpublizierter Vortrag, gehalten an der Konferenz *Tibet in Context*, Australian National University, 16.–18. Februar 1996

Templeman, David, o. J.: *Tibet as Shangri-La? European Perceptions of Tibet*, unveröffentlichtes Manuskript

Thurman, Robert, 1992: *Buddha's Mother Saving Tibet*, in *Turning Wheel, Journal of the Buddhist Peace Fellowship*, Winter 1992, S. 10–15

Thurman, Robert, 1998: *Inner Revolution. Life, Liberty, and the Pursuit of real Happiness*, Riverhead, New York

Tingley, Katherine, 1992 (1921): *Helena Petrovna Blavatsky. Ein Genius verändert die Welt*, Esoterische Philosophie, Hannover

Trebitsch-Lincoln, J. T., 1931, *Der größte Abenteurer des XX. Jahrhunderts!? Die Wahrheit über mein Leben*, Amalthea, Leipzig/Zürich/Wien

Trimondi, Victor und Victoria (Röttgen Herbert und Mariana), 1999: *Der Schatten des Dalai Lama*, Patmos, Düsseldorf, 1999

Trungpa, Chögyam, 1970 (1966): *Ich komme aus Tibet. Mein Leben in der buddhistischen Mönchswelt und die Flucht über den Himalaja*, Walter, Olten/Freiburg i. Br.

Trungpa, Chögyam, 1982: *Feuer trinken, Erde atmen. Die Magie des Tantra*, Diederichs, Köln

Tsering, Tashi, (hg. von Goldstein, M.), 1997: *The struggle for modern Tibet*, M. E. Sharpe, Armonk/London

van Helsing, Jan, 1993: *Geheimgesellschaften und ihre Macht im 20. Jahrhundert oder Wie man die Welt nicht regiert*, 2 Bände, Ewert, Rhede

van Helsing, Jan, 1995: *Geheimgesellschaften und ihre Macht im 20. Jahrhundert oder Wie man die Welt nicht regiert 2*, Ewert, Rhede

van Heurck, Philippe, 1995: *Alexandra David-Néel (1868–1969). Mythos und Wirklichkeit*, Fabri, Ulm

van Rijckenborgh, J. und de Petri, Catharose, 1993 (1948): *Die Bruderschaft von Shamballa*, Rosekruis Pers, Haarlem

van Rijckenborgh, J., 1954 (1951): *Licht über Tibet*, Rozekruis-Pers, Haarlem

van Rijckenborgh, Jan/de Petri, Catharose, 1993 (1948): *Die Bruderschaft von Shamballa*, Rosenkruis Pers, Haarlem

von Däniken, Erich, 1977: *Beweise. Lokaltermin in fünf Kontinenten*, Econ, Düsseldorf

von Däniken, Erich, 1992: *Der Götter-Schock*, Bertelsmann, München

von Däniken, Erich, 1995: *Der Jüngste Tag hat längst begonnen. Die Messiaserwartungen und die Außerirdischen*, Bertelsmann, München

von Däniken, Erich, s. a.: *Habe ich mich geirrt? Neue Erinnerungen an die Zukunft*, Bertelsmann, München

Waddell, L. Augustine, 1971 (1895): *The Buddhism of Tibet, or Lamaism*, Cambridge

Wallner, Albert, 1968: *Mönch-Story*, Ferdinand Berger, Horn

Washington, Peter, 1993: *Madame Blavatsky's Baboon. Theosophy and the Emergence of the Western Guru*, Secker & Warburg, London

Wasserstein, Bernhard, 1988: *The secret lives of Trebitsch Lincoln*, Yale University Press, New Haven

Webb, James, 1980: *The Harmonious Circle. The Lives and Work of G. I. Gurdjieff, P. D. Ouspensky, and Their Followers*, G. P. Putnam's Sons, New York

Weber, Max, 1964: *Wirtschaft und Gesellschaft*, Band 2, Kiepenheuer & Witsch, Köln/Berlin

Wessels, C., 1924: *Early Jesuit Travellers in Central Asia, 1603–1721*, Martinus Nijhoff, The Hague

Wilhelmy, Fritz, 1937: *Asekha. Der «Kreuzzug» der Bettelmönche*, Deutsche Revolution, Düsseldorf

Wincor, Richard, 1968: *Sherlock Holmes in Tibet*, Weybright and Talley, New York

Yuthok, Dorje Yudon, rev. ed. 1995 (1990): *House of turquoise roof*, Ithaca NY

Zinstag, Lou/Good, Timpothy, 1983: *George Adamski. The Untold Story*, Ceti Publications, Beckenham

Comics

In einigen der uns zur Verfügung stehenden Comics fehlen Angaben zu Verlag, Erscheinungsdatum usw., so dass die bibliographischen Angaben zum Teil unvollständig sind.

3×3 *Augen*, Text und Zeichnungen: Yuko Takada; Deutsche Erstausgabe, Band 1–5, Carlsen, Hamburg, 1997–1998?; Japanische Erstausgabe 1983 erschienen

(The) *Abominable Snowman*, writer Jack Oleck; artist Rico Rival, 7 S., in *Secrets of Sinister House*; vol. 3, no. 9, Feb. 1973, New York, National Periodical Publications

(The) *Black Lama* (*Iron Man*), Mike Friedrich writer, George Tuska artist, 20 S., in *Iron Man*; vol. 1, no. 53, Dec. 1972, Magazine Management, New York

(The) *Black Prize*, *Andru*, 5 S., in *Airboy comics*; vol. 9, no. 4, May 1952

Bugs Bunny's Dangerous Venture, 31 S., in *Bugs Bunny*; no. 123, Dell Publishing, Warner Bros. Cartoons 1946, New York

(Le) *Cargo sous la mer*, Cothias/Sternis, couleurs: Anna Aliberch, Memory; 2, Editions Glénat, 1987, Grenoble

Countdown des Wahnsinns, Dominique Hé, 50 S. (??), Ein Abenteuer des Marc Marell; Band 4, Carlsen, Hamburg (1986); Französischer Originaltitel: *Le Signe de Shiva, Une Aventure de Marc Mathieu*, Les Humanoides Associés, 1985

(The) *Court of Crime* (*Green Lama*), art by Mac Raboy; story by Richard Foster, 9 S., in *Green Lama*, vol. 1, no. 1, Dec. 1944, Spark Publication, Springfield, Mass.,

(Das) *Dämonenpferd* (*Manos*), Zeichung Goldenhorn, 4 S. (nur als Fotokopie vorhanden)

(Der) *Dimensionssprung* (*Onkel Dagobert*), in: *Walt Disneys Lustiges Taschenbuch*, Nr. 151, Ehapa, Stuttgart, 1990

Flucht aus Tibet, (*Buck* [*Rex*] *Danny*), Zeichnungen: Victor Hubinon, Text: Jean-Michel Charlier; Bd. 17, Carlsen, Hamburg, 1994, Französischer Originaltitel: *Mission vers la vallée perdue*, Brüssel, 1960. Früher erschienen unter dem Titel *Notruf über Tibet*, *Rex Danny*; Nr. 22

Hamilton's creature, in: *The Twilightzone*; no. 8, August 1964

(Die) *Herkunft des Dr. Strange* (*Dr. Strange*), geschrieben von Stan Lee, gezeichnet von Steve Ditko, übersetzt von Kirsten Isele, 8 S.

Ich fand den schrecklichen Schneemenschen, in *Doktor Strange*, Hamburg, Williams, 1975. 6 S., Orig. in: *Dr. Strange*, Marvel-Comic; Nr. 2, 1968

(The) *Himalayan incident* (*Manhunter*), writer: Archie Goodwin, art: Walt Simon, 8 S., in *Dynamic classics*; no. 1, Sept./Oct. 1978. Orig. in *Detective comics*, no. 437, Nov. 1973

Uncle Scrooge in Tralla-La (*Uncle Scrooge*), written and drawn by Carl Barks, 22 S., in *Disney Comics Album Series*; 6, 1991, Burbank, California, Walt Disney Publications; first published in *Uncle Scrooge*, no. 6 (June/August 1954; story was untitled in the original printing). Auch in *Uncle Scrooge adventures*; no. 39, July 1996, Prescott, AZ, Bruce Hamilton Company (farbiger Nachdruck). Deutscher farbiger Nachdruck als *Uncle Scrooge. Onkel Dagobert und der verhängnisvolle Kronenkork*, in *Barks Library*, Nr. 6, 1998, Ehapa, Stuttgart

Jonathan, Cosey, 1985–? (1975–?): Band 1–11, Carlsen, Hamburg, Französische Originalausgabe Bruxelles, 1975–1985

(Der) *Kampf um die Welt* (*Blake und Mortimer*), Edgar P. Jacobs, 3 Bände, 3. Aufl. 1988, Deutsche Erstausgabe 1986. Originaltitel: *Le secret de l'espadon*, Bruxelles, 1946

(Der) *Lama von Lhasa* (*Yinni und Yan*), aus: *Yinni und Yan*, YPS Band ?, Gruner und Jahr AG, 1979

(The) *Lost Crown of Genghis Khan* (*Uncle Scrooge*), by Carl Barks, 19 S., in *Walt Disney's Uncle Scrooge adventures*; no. 14, 1996, Gladstone, Arizona, Erstveröffentlichung in *Uncle Scrooge*; 14, June/Aug. 1956

(Der) *Magier vom Dach der Welt*, Zeichnungen Acciari, 7 S., in *Gespenstergeschichten* Nr. 265, Bastei, Bergisch Gladbach, 1979

(The) *Man who found Shangi-La*, in *Weird wonder tales*; vol. 1, no. 11, August 1975 (Reprint), Orig. 1964

Mickey Mouse in High Tibet, 22 S., in *Dell comic*; no. 387, April/May 1952

Mitternacht in Rhodos, Eric Béhé und Joseph Boisset, 2 Teile, Ehapa, Stuttgart, 1996, Französischer Originaltitel: *Minuit à Rhodes*, Editions Vents d'Ouest, 1995

(The) *Origin of an Avenger* (*Peter Cannon/Thunderbolt*), drawn by P.A.M., in *Thunderbolt*; vol. 1, no. 1, Jan. 1966, Derby, Conn., Charlton Comics Group

Quisling Quest in Tibet (*Commando Yank*), Edd Ashe, art ?; Otto Binder, script. 6 S., in *Wow Comics*, no. 44, June 1946

(Das) *Rätsel der Dämonenglocken*, 7 S., in *Gespenstergeschichten* Nr. 244, Zeichnungen: Ertugrul, Bastei, Bergisch Gladbach, 1978?

(La) *Rivière du Grand Détour*, Zeichnungen E. Buche, Text C. Perrissin, Helène Cartier; t 2, Alpen Publishers, Genève, 1992

(Der) *Schneemensch*, Zeichnungen Milo Manara, Text Alfredo Castelli, Ein Mann – ein Abenteuer; Band 1, Feest-Comics, Stuttgart, 1991; Italienischer Originaltitel: *L'uomo delle nevi*, 1978

(The) *Snowman!* in *Dead of Night*; vol. 1, no. 6, Oct. 1974, New York, Marvel Comics Group, reprinted from Astonishing, no. 36, 1954?

(Die) *Spur des Gletscher-Dämons*, 12 S., in *Gespenstergeschichten* Nr. 76, Bastei, Bergisch Gladbach, 1976?

(Die) *Spuren des Schneemenschen* (*Johnny Hazard*), Frank Robins, Deutsche Erstausgabe 1986, Johnny Hazard; 6, 45 S., Carlsen, Hamburg, Amerikanisches Original: *Abominable snowman*, in *Johnny Hazard*; Band ??, King Features, 1954

(Das) *Tal der ewigen Jugend* (*Onkel Dagobert*), in: ?

Ted Crane at the Top of the World (*Ted Crane*), 8 S., in *Exciting Comics*, no. 22, Oct. 1942

Tim in Tibet, Hamburg 1995 (1967)

Tödliche Kälte (*Pharaon*), Text: André Paul Duchateau und Daniel Hulet, Zeichnungen: Daniel Hulet, Pharaon; Band 3, Reiner-Feest, Mannheim, 1990, Originaltitel: *Le cerveau de glace*, Brüssel 1988

Top Secret (*Buck* [*Rex*] *Danny*), Zeichnungen Victor Hubinon, Text Jean-Michel Charlier, *Buck Danny*; Bd. 16, Carlsen, Hamburg, 1993, Französischer Originaltitel: *Top secret*, Brüssel, 1960, Früher erschienen unter dem Titel: *Top secret, Rex Danny*; Nr. 22

Treachery in Tibet (*Spy Smasher*), 5 S., in *Whiz Comics*, no. 72, March 1946

Trouble in Tibet (*Steve Conrad Adventurer*), Jack Lehti, art and script, 6 S., in *Adventure Comics*, no. 66, Sept. 1941

Trouble in Tibet (*Phantom Eagle*), Charles Tomsey, art; Otto Binder, script; 7 S., in *Wow Comics*, no. 28, Aug. 1944

(*Der*) *Weiße Lama*, Text: Alexandro Jodorowsky, Zeichnungen: Georges Bess, 6 Bände, Zelhem, NL, Arboris, 1989–1994. Französischer Originaltitel: *Le lama blanc*, Humanos, 1988–1992

Wiedersehen mit Tralla La (*Onkel Dagobert*), Don Rosa, 30 S., in *Onkel Dagobert*, Ehapa Comic Collection, 1996, Ehapa, Stuttgart. Englischer Originaltitel: *Return to Xanadu*, 1991

Spielfilme

Ab nach Tibet, 1993, Regie Herbert Achternbusch, Deutschland, Herbert Achternbusch Produktion

Ace Ventura. Jetzt wird's wild (orig. *Ace Ventura. When Nature Calls*), 1995, Regie Steve Oedekerk, USA, Morgan Creek Productions

Alice, 1990, Regie Woody Allen, USA, Orion Pictures

Auf der Suche nach dem goldenen Kind (orig. *The Golden Child*), 1986, Regie Michael Ritchie, USA, Paramount

Auf Messers Schneide (orig. *The Razor's Edge*), 1946, Regie Edmund Goulding, USA, 20th Century Fox

Auf Messers Schneide (orig. *The Razor's Edge*), 1984, Regie John Byrum, USA, Columbia

Das verlorene Gesicht, 1948, Regie Kurt Hoffmann, BRD, Neue Deutsche Filmgesellschaft

Der Dämon des Himalaya, 1935, Regie Günter Oskar Dyhrenfurth/Andrew Marton, Schweiz, Tramontana Film

Der verlorene Horizont (orig. *Lost Horizon*), 1972, Regie Charles Jarrott, USA, Columbia

Die Herausforderung (orig. *The Quest*), 1996, Regie Jean-Claude Van Damme, USA, Moshe Diamant Productions

Die Millionärin (orig. *The Millionairess*), 1960, Regie Antony Asquith, England, Anatole de Grunwald/20th Century Fox

Die schwarze Narzisse (orig. *Black Narcissus*), 1947, Regie Michael Powell/Emeric Pressburger, England, The Archers/General Film.

Emmanuelle in Tibet, 1993, Regie Francis Leroi, Frankreich, Trinacre/Orphée

Himalaya. Die Kindheit eines Karawanenführers, (orig. *Himalaya. L'Enfance d'un Chef*) Regie Eric Valli, 1997, Schweiz, Jacques Perrin

Ich bin Du (orig. *Vice Versa*), 1988, Regie Brian Gilbert, USA, Columbia

In den Fesseln von Shangri-La (orig. *Lost Horizon*), 1937, Regie Frank Capra, USA, Columbia

Kim – Geheimdienst in Indien (orig. *Kim*), 1950, Regie Victor Saville, USA, Metro Goldwyn Mayer

Kim, 1984, Regie John Davies, England, CBS/London Films

Kundun, 1997, Regie Martin Scorsese, USA., Cappa/De Fina Productions/Touchstone Pictures

Little Buddha, 1993, Regie Bernardo Bertolucci, England/Frankreich, Recorded Pictures/CIBY 2000

Prince of the Sun, 1991, Regie Welson Chin, Hongkong, Golden Flare Films

Shadow und der Fluch des Khan (orig. *The Shadow*), 1994, Regie Russell Mulcahy, USA, Universal

Sieben Jahre in Tibet (orig. *Seven Years in Tibet*), 1997, Regie Jean-Jacques Annaud, USA, Mandalay Entertainment/Reperage and Vanguard Films/Applecross

Sturm über Asien (orig. *Potomok Tschingis-Chana*), 1928, Regie Wsewolod Pudowkin, UdSSR, Mechrapom

Sturm über Tibet (orig. *Storm over Tibet*), 1952, Regie Andrew Marton, USA, Summit/Columbia

Weg nach Hongkong (orig. *Road to Hongkong*), 1961, Regie Norman Panama, England/USA, Melnor/United Artists

Yeti, der Schneemensch (orig. *The Abominable Snowman*), 1957, Regie Val Guest, England, Clarion/20th Century Fox

Bildernachweis

Seite 2: Cartoon von Kamagurka aus *Fin de siècle*, Das Magazin/Tages Anzeiger Nr. 14, 1998

Teil 1

1 aus *Missio Apostolica Thibetano-Seraphica* von Orazio della Penna: Bibliothek Universität Konstanz
2 Karte mit Presbyter John: British Library, London
3 Titelseite *Beschreibung einer weiten und gefaehrlichen Raiss*: Zentralbibliothek Zürich, Sammlung Alte Drucke
4 Porträt António de Andrade aus *Die Gesellschaft Jesu biß zur Vergiessung ihres Blutes wider den Götzendienst, Unglauben und Laster ... streitend von Matej Tanner*, Prag, 1683: Bibliothek der Schweizer Jesuiten, Zürich
5 Porträt Agostino Antonio Giorgi: Biblioteca Angelica, Rom
6 Kupferstich aus *China illustrata* von Athanasius Kircher: Zentralbibliothek Zürich, Sammlung Alte Drucke
7 Porträt Athanasius Kircher: Zentralbibliothek Zürich, Sammlung Alte Drucke
8 Porträt Francesco Orazio Della Penna: Museo Francescano, Rom
9 Kupferstich Thibetische Transmigrations-Tafel aus *Missio Apostolica Thibetano-Seraphica* von Orazio Della Penna: Bibliothek Universität Konstanz
10 Kupferstich aus *Histoire générale des cérémonies, moeurs, et coutumes religieuses*, tome 5, von Bernard Picard: Paola von Wyss-Giacosa
11 Reggente del Tibet aus *Ambasceria al Tibet e al Bhutan*, tomo 2, Milano, 1817 von Samuel Turner, Biblioteca Comunale ‹Mozzi-Borgetti›, Macerata
12 «Thibetische Religions Gebräuch» aus *Missio Apostolica Thibetano-Seraphica* von Orazio Della Penna: Bibliothek Universität Konstanz
13 Bildausschnitte aus *China illustrata* von Athanasius Kircher: Zentralbibliothek Zürich, Sammlung Alte Drucke; *Histoire générale des cérémonies, moeurs, et coutumes religieuses*, tome 5, von Bernard Picard: Paola von Wyss-Giacosa; *Costumes civiles actuels de tous les peuples conus* von Pierre Sylvain Maréchal: Stadtbibliothek/Stadtarchiv Trier; *Viaggio al Tibet* von Cassiano Beligatti, Biblioteca Comunale ‹Mozzi-Borgetti›, Macerata; *Alphabetum Tibetanum* von Agostino A. Giorgi: Biblioteca Comunale ‹Mozzi-Borgetti›, Macerata
14 Aus *Neue Künstliche Figuren Biblischer Historien* von Tobias Stimmer: Universitätsbibliothek Basel
15 Herodot: Zentralbibliothek Zürich, Graphische Sammlung

Teil 2

16 Sir Charles Bell und 13. Dalai Lama: Centre culturel Alexandra David-Néel, Digne-les-Bains
17 Zeichnung Meister Koot Hoomi Lal Singh aus *Through the Eyes of the Masters: Meditations and Portraits* von David Anrias
18 Zeichnung Meister Moyra aus *Through the Eyes of the Masters: Meditations and Portraits* von David Anrias
19 Helena Petrowna Blawatsky: Mary Evans Picture Library, London
20 Originaltitel des Bildes: «The Ravine in Tibet. Morya riding to his house»: Theosophical Society, London
21 Porträt Helena Petrowna Blavatsky als «Sphinx», Foto Enrico Resta, London, 1889: Theosophical Society, Pasadena
22 Helena Petrowna Blavatsky: Theosophical Society, London
23 Zweite Seite eines Briefes von Koot Hoomi an Alfred Percy Sinnett, Journalist. Brief Nr. 98: British Library London
24 Porträt Emanuel Swedenborg: Zentralbibliothek Zürich, Graphische Sammlung
25 Zeichnung Chohan Lama aus *Through the Eyes of the Masters: Meditations and Portraits* von David Anrias
26 Oberst Olcott (Bildausschnitt): Theosophical Society, London
27 Nicolas Roerich, gemalt von Svetoslaw Roerich, Roerich Museum, New York
28 «Path to Shambala» von Nicolas Roerich: Roerich Museum, New York
29 Porträt Christus/Lord Maitreya aus *Through the Eyes of the Masters: Meditations and Portraits* von David Anrias
30 Porträt Jaques Bergier: Keystone (APS photos)
31 Porträt Georgei Ivanovitch Gurdjieff: Gurdjieff-Electronic Publishing, Los Altos, CA (www.gurdjieff.org)
32 Standbilder aus dem Film *Meetings with Remarkable Men* von Peter Brook, USA 1987
33 Porträt Colonel Francis Younghusband aus *Younghusband* von Patrick French, London 1994 (Studio-Porträt, Darjeeling, wahrscheinlich aus dem Jahr 1903): Hans Roth, Münstereifel
34 Porträt 13. Dalai Lama: Keystone
35 Porträt Karl Haushofer aus *Karl Haushofer – Leben und Werk* von Hans-Adolf Jacobsen
36 Porträt Edward Bulwer-Lytton: National Portrait Gallery, Picture Library, London
37 Porträt Ignaz Trebitsch-Lincoln: Keystone
38 Porträt Miguel Serrano: Diario El Sur, Chile
39 Porträt von Ossendowski: Zentralbibliothek Zürich
40 Buchumschlag *The Black Sun – Montauk's Nazi-Tibetan Connection* von Peter Moon, cover illustration: Nina Helmes

41 Buchumschlag (verso) *The Black Sun – Montauk's Nazi-Tibetan Connection* von Peter Moon
42 Titelseite des Comics (Ausschnitt) *Das Mädchen aus Tibet* (*3 × 3 Augen*, Bd. 1): Carlsen, 1997
43 Porträt Heinrich Himmler: Österreichische Nationalbibliothek, Bildarchiv, Wien
44 Widmung Ernst Schäfers im Buch *Dach der Erde* von Ernst Schäfer, Berlin 1938: Martin Brauen, Bern
45 Mitglieder der Schäfer-Expedition und tibetischer Ministerrat: Harald Bechteler, München
46 Bruno Beger: Fotosammlung Bruno Beger
47 Buchumschlag *Zu Rom, Juda, Tibet* von J. Strunk
48 Porträt Erich Ludendorff: Österreichische Nationalbibliothek, Bildarchiv, Wien
49 Buchumschlag *Asekha – der Kreuzzug der Bettelmönche* von F. Wilhelmy: Harald Bechteler, München
50 Porträt Alfred Rosenberg: Österreichische Nationalbibliothek, Bildarchiv, Wien
51 Porträt Immanuel Kant: Zentralbibliothek Zürich, Graphische Sammlung
52 Porträt Johann Gottfried Herder: Zentralbibliothek Zürich, Graphische Sammlung
53 Porträt Jean Jacques Rousseau: Zentralbibliothek Zürich, Graphische Sammlung
54 Porträt Georg Wilhelm Friedrich Hegel: Zentralbibliothek Zürich, Graphische Sammlung
55 Porträt Friedrich Nietzsche: Zentralbibliothek Zürich, Graphische Sammlung
56 Porträt Gustav Meyrink: Österreichische Nationalbibliothek, Bildarchiv, Wien
57 Porträt Antonin Artaud: Patrimoine Photographique, Paris

Teil 3

58 Porträt James Hilton: Keystone
59 Buchumschlag des 37. Nachdrucks von *Lost Horizon* von James Hilton, New York, Pocket Books, 1945: Martin Brauen, Bern
60 Buchumschlag *Shangri-la: The Return to the World of Lost Horizon* von Eleanor Cooney und Daniel Alteri, Illustration von Leland Klanderman
61 Zigaretten «Shangrila», Nepal
62 Buchumschlag *The Third Eye* von Lobsang Rampa, London, Corgi Books
63 Porträt Lobsang Rampa: aus dem Internet
64 a: Buchumschlag *Tibetan Sage* von Lobsang Rampa, London, Corgi Books
b–g: Buchumschläge verschiedener Romane von Lobsang Rampa, die bei Corgi Books, London erschienen sind: Hans Roth, Münstereifel
65 Buchumschlag *Living with the Lama* von Lobsang Rampa, London, Corgi Books, 1964: Hans Roth, Münstereifel
66 «Familienwappen» Rampas aus *Rampa – imposteur ou initié* von Alain Stanké
67 Aus dem Comic *Die drei Ohren* von Jodorowsky und Georges Bess (*Der weiße Lama*, Bd. 3): Arboris, 1990
68 Aus dem Comic *Die drei Ohren* von Jodorowsky und Georges Bess (*Der weiße Lama*, Bd. 3): Arboris, 1990
69 Aus dem Comic *Die vierte Stimme* von Jodorowsky und Georges Bess (*Der weiße Lama*, Bd. 4): Ehapa, 1992
70 Bildausschnitt aus dem Comic *Doktor Strange – Aufbruch nach Shamballa* von J. M. DeMatteis und Dan Green (*Marvel comic exklusiv*, Nr. 7), Berlin, Condor, 1989/90
71 Postkarte *Weird Tales*, cover artist: Margaret Brundage 1937: Jeffrey Luther, Palo Alto, CA, 1995
72 Umschlag/Bilder des Comics *Twilight Zone*, no. 8, 1964: Cayuga Productions Inc., New York
73 Aus *Sungods in Exile, Secrets of the Dzopa of Tibet* von David Agamon
74 Aus *Sungods in Exile, Secrets of the Dzopa of Tibet* von David Agamon
75 Porträt Erich von Daeniken: Keystone
76 Porträt George Adamski: Adamski Foundation
77 Buchumschlag *The Atom Chasers in Tibet* von Angus MacVicar
78 Duftset «Die Fünf Tibeter», äth. Ölmischung, Primavera Life, Sulzberg
79 Ausschnitt von Buchumschlag *Yantra Yoga* von Namkhai Norbu
80 Plattencover *Powerlight* von Earth, Wind and Fire: CBS Inc., 1983
81 a: Aus *Die Offenbarung* von Jodorowsky und Georges Bess (*Der weiße Lama*, Bd. 1): Arboris, 1989
b: Aus Die Offenbarung von Jodorowsky und Georges Bess (*Der weiße Lama*, Bd. 1): Arboris, 1989
c: Aus *Le cargo sous la mer* von Cothias/Sternis (*Memory*, 2): Edition Glénat, 1987
d: Aus *Das zweite Gesicht* von Jodorowsky und Georges Bess (*Der weiße Lama*, Bd. 1): Arboris, 1989
e: Aus *Der Magier vom Dach der Welt*, Zeichnungen von Acciari, (*Gespenstergeschichten*, Nr. 265): Bastei, 1979
82 a: Aus *Flucht aus Tibet* von Jean-Michel Charlier, Victor Hubion (*Buck Danny*, Bd. 17): Carlsen, 1994
b: Aus *Mitternacht in Rhodos*, Teil 1 von Béhé und Boisset: Ehapa, 1996
c: Aus *Le cargo sous la mer* von Cothias/Sternis (*Memory*, 2): Edition Glénat, 1987
d: Aus *Ich fand den schrecklichen Schneemenschen* (*Doktor Strange Marvel comic*, Nr. 2): Williams, 1975
e: Aus *Der Schneemensch* von Milos Manara (*Ein Mann, ein Abenteuer*, Bd. 1): Ehapa, 1991
f: Aus *Der Gesang des weißen Berges* von Cosey (*Jonathan*, 2): Carlsen, 1985
g: Aus *El monasterio de la muerte* (*Serie Capitan Trueno*) Colección Dan: Editorial Bruguera
h: Aus *Manhunter – The Himalayan Incident* (*Dynamic classics*, vol. 1, no. 1), DC Comics, 1978
i: Aus *The Black Lama* (*Iron Man*) artist: Georg Tuska (*Iron Man*, vol. 1, no. 53): Magazine Management, 1972

k: Aus *Dreieck aus Wasser, Dreieck aus Feuer* von Jodorowsky und Georges Bess (*Der weiße Lama*, Bd. 6): Arboris, 1994

83 a: Aus *Der Schneemensch* von Milos Manara (*Ein Mann ein Abenteuer*, Bd. 1): Ehapa, 1991
b: Aus *Die Vierte Stimme* von Jodorowsky und Georges Bess (*Der weiße Lama*, Bd. 4): Ehapa, 1992
c: Aus *Dreieck aus Wasser, Dreick aus Feuer* von Jodorowsky und Georges Bess (*Der weiße Lama*, Bd. 6): Arboris, 1994
d: Aus *Ein Traum vielleicht vom Sterben – Dr. Strange – Meister der mystischen Mächte*, Zeichner: Dan Adkins (*Doktor Strange*): Williams, 1975

84 a: Aus *The court of crime* (*The Green Lama*, vol. 1, no. 1, december 1944): Spark Publications
b: Aus *The Court of crime* (*The Green Lama*, vol. 1, no. 1, december 1944): Spark Publications

85 Aus *Bugs Bunny's Dangerous Venture* (*Bugs Bunny*, no. 123): Dell Publishing, Warner Bros. Cartoons, 1946

86 Aus *The Man who found Shangri-la* (*Weired Wonder Tales*, vol. 1, no. 11, august, 1975), Orig.: 1964: Marvel Comics Group, 1975 (Hercules Publishing Corp. and Atlas Magazine Inc, 1964)

87 a und c: Aus *Ich fand den schrecklichen Schneemenschen* (*Doktor Strange Marvel comic*, Nr. 2): Williams, 1975
b: Aus *Die Spur des Gletscherdämons* (*Gespenstergeschichten*, Nr. 76): Bastei

88 a: Aus *Tim in Tibet*, © Hergé/Moulinsart 1999
b: Aus *Die offene und die geschlossene Hand* (von Jodorowsky und Georges Bess (*Der weiße Lama*, Bd. 5): Arboris, 1994?

89 Aus *Tödliche Kälte* von D. Hulet und A. P. Duchateau (*Pharaon*, Bd. 3), Feest, 1990

90 a–c: Aus *Countdown des Wahnsinns* von Dominique He: Carlsen, 1986

91 Aus *Le secret de l'espadon*, tome 3, par Edgar P. Jacobs (*Les aventures de Blake et Mortimer*): Editions Blake et Mortimer, Bruxelles, 1986

92 a: Aus *Le secret de l'espadon*, tome 3, par Edgar P. Jacobs (*Les aventures de Blake et Mortimer*): Editions Blake et Mortimer, Bruxelles, 1986
b: Aus *Das Rätsel der Dämonenglocken, Gespenstergeschichten*, Nr. 244, Zeichnungen: Ertugrul, Bastei, 1978?

93 a–c: Aus *Tim in Tibet* © Hergé/Moulinsart 1999

94 Titelseite des Comic *Auf der Suche nach der Erinnerung* von Cosey, (*Jonathan*, Bd. 1): Ehapa, 1985?

95 a–d: Plakat und Standfotos *Phörpa* 1999: Universal Pictures Switzerland/Esther Bühlmann, Zürich

96 a–b: Filmplakate *Sturm über Asien*: Österreichische Nationalbibliothek, Flugblätter-, Plakate-, Exlibris Sammlung, Wien

97 a: Standfoto *Lost Horizon* (*In den Fesseln von Shangri-La*), USA 1937
b: Plakat *Lost Horizon* (*In den Fesseln von Shangri-La*), USA 1937
c–d: Standfotos *Lost Horizon* (*In den Fesseln von Shangri-La*), USA 1937

98 a–c: Standfotos *Der verlorene Horizont* (orig. *Lost Horizon*), USA 1972

99 Filmplakat *Lost Horizon* (*In den Fesseln von Shangri-La*), USA 1937: Cinema Bookshop, London

100 a: Standbilder *Das verlorene Gesicht*, Deutschland 1948
b: Standfoto *Das verlorene Gesicht*, Deutschland 1948

101 Standfoto *Storm over Tibet*, USA 1952

102 Ausschnitt aus Filmprospekt *Storm over Tibet*, USA 1952: Cinema Bookshop London

103 a–b: Themenheft *Der Dämon des Himalaya*, Filmkurier Deutschland, o. J.

104 Standbild *Auf Messers Schneide*, USA 1984

105 Standbild *Kim – Geheimdienst in Indien*, USA 1950

106 Standfoto *Kim*, USA 1986

107 Standbilder *Auf der Suche nach dem goldenen Kind*, USA 1986

108 a–b: Standfotos *Auf der Suche nach dem goldenen Kind*, USA 1986

109 Standfoto *Shadow und der Fluch des Khan*, USA 1994

110 Standbild *Ich bin Du*, USA 1988

111 a–c: Standbilder *Prince of the sun*, Hongkong 1991

112 Standbilder *Ace Ventura – jetzt wird's wild*, USA 1995

113 Standbilder *Shadow und der Fluch des Khan*, USA 1994

114 Standbilder *Ab nach Tibet!*, Deutschland 1993

115 Standbild *Alice*, USA 1990

116 Standbilder *Emmanuelle in Tibet*, Frankreich 1993

117 Standfoto TV-Film *Twin Peaks*, USA 1992: Zoom

Teil 4

118 Ausschnitt aus Filmplakat *Little Buddha*, USA 1993

119 Standfoto *Little Buddha*, USA 1993

120 Filmplakat *Seven Years in Tibet*, USA 1997

121 Werbematerial zum Film *Kundun*, USA 1997

122 Standbilder *Seven Years in Tibet*, USA 1997

123 *Hollywood's love affair with Tibet* aus The Guardian, Montag, 2. Juni 1997, Zeichner: Chris Garratt

124 Printwerbung für Citroën Xsara in: La Vangardia, Barcelona, vom 8. März 1999

125 Standbilder TV-Werbung für Baygon Mückenvertilger von Bayer, Frankreich

126 Standbilder TV-Werbung Grüntee Tchaé von Lipton, Frankreich (J. Walter Thompson, Paris)

127 Standbilder TV-Werbung Electrolux Staubsauger, England

128 Standbild TV-Werbung IBM PC, USA

129 Werbung für Parfum Samsara von Guerlain, Paris

130 Standbilder TV-Werbung für Sampo Fernseher, Taiwan

131 Standbilder TV-Werbung für Danka Faxgeräte, USA (AFI filmworks)

132 Werbung für Apple Notebook, USA 1992 (Foto Nick Vedros, BBDO, Los Angeles, CA)

133 Standbilder TV-Werbung Renault Clio, Frankreich

134 Standbilder TV-Werbung Citroën Xsara, Frankreich (IF Productions, Euro RSCG France)

135 Standbilder TV-Werbung Thomson Fernseher, USA

136 Aus TV-Werbung Tibetischer «Milch-Tee», Taiwan 1995

137 Werbung für Kletterseil Beal, ETS Vienne, France, Foto Franck Charton, aus ROCnWall, L'esprit de la grimpe, no. 18, 1998
138 Werbung für JVC Camcorder
139 a: Werbung für Swissair Österreich
b: Werbung für Condor Fluggesellschaft Deutschland, in Brigitte, 24, 1998
c: Werbekarte von Lotus Travel Service München
140 Veranstaltungsplakat DIANA.98, Zürich
141 Werbung für ein Zen Kochbuch in der Zeitschrift GQ Nr. 5, 1998
142 Apple Werbung «Think different», New York 1998, Foto Brad Doron, Mega Art New York
143 Foulard Prière au vent von Hermes, Paris, Foto Völkerkundemuseum der Universität Zürich
144 Standbild aus *Tomb Rider II*
145 Ausschnitt aus dem Spielfeld von «Samsara, das Rad der Wiedergeburten – ein tibetisches Weisheitsspiel» von Michael Dörfler (Caraka), Foto Völkerkundemuseum der Universität Zürich
146 Flipperkasten «Shangri-la» von W. Williams, 1967, Foto Völkerkundemuseum der Universität Zürich
147 Spiel «Secret dakini oracle» von U.S. Games Systems, New York, 1977; «Mo» von Amitra Editions, Frankreich 1995; Foto Völkerkundemuseum der Universität Zürich
148 Tibetanisches Liebeskissen von Body Shop; «Precious Gem Formulas» von Himalayass USA; Video «Fit und Jung mit den fünf Tibetern», Videomotion im Auftrag von Polyband, München, Foto Völkerkundemuseum der Universität Zürich
149 «Treasure vase» von Vajrayana Foundation, Corralitos, Kalifornien, Foto Völkerkundemuseum der Universität Zürich
150 Uhren: «Lama» von Swatch; «Kalachakra» von Kalachakra Creations, Singapore; «Tibetan Mandala – Jewel in the Lotos» von Original 2001 Design, Foto Völkerkundemuseum der Universität Zürich
151 Aus dem Schatz des Dalai Lama aus Katalog «Ars mundi» (o. J.)
152/153 Brillenwerbung «Silhouette», Schweiz
154 «The Shadow Phurba dagger» von United Cuterly, USA 1994 (Conde Nast Publications Inc.), Foto Völkerkundemuseum der Universität Zürich
155 Sandmandala-Instrumentarium von Mandala-Kit, Canandaigua, USA, Foto Völkerkundemuseum der Universität Zürich
156 Ärmelloses T-Shirt: keine Angabe; T-Shirt mit tibetischen Gottheiten: Cheap thrill, USA; T-Shirt mit den «in zehn Formen Mächtigen» (7 Silbenzeichen und 3 zusätzliche Zeichen). Foto Völkerkundemuseum der Universität Zürich
157 Mandala-Puzzle (440 Teile, von Schmid, Prien, Deutschland); Button «Kalachakra Mind Mandala» von Samaya Foundation 1997; Kalachakra-Wanduhr: unbekannter Hersteller in Indien; Foto Völkerkundemuseum der Universität Zürich
158 Türvorleger von Silly, Space Lab, Niederlande (made in China), Foto Völkerkundemuseum der Universität Zürich

Teil 5

159 Ausschnitt aus einem tibetischen Rollbild, auf dem Szenen aus Milarepas Leben abgebildet sind; Foto Joss Bachhofer, München
160 Puzzle-Karte vom Royal Scottish Museum (Hersteller: Abydos, Yorks, England): Hans Roth, Münstereifel
161 Stich des Totengottes Yama aus *Voyage de M. P. S. Pallas en Sibérie*, Bd. 5, Paris, 1788: Zentralbibliothek Zürich, Sammlung Alte Drucke
162 Kupferstich aus *Histoire générale des cérémonies, moeurs, et coutumes religieuses*, tome 6, von Bernard Picard: Paola von Wyss-Giacosa
163 Aus *Die Offenbarung* von Jodorowsky und Georges Bess (*Der weiße Lama*, Bd. 1): Arboris, 1989
164 Aus *Through the Heart of Tibet* von Alexander Macdonald, London 1910: Hans Roth, Münstereifel
165 Außenwerbung für *Le temps*, Busshaltestelle in Fribourg 1999, Foto: Hansjörg Sahli, Solothurn
166 Aus Comic *Bugs Bunny's dangerous venture* (*Bugs Bunny*, no. 123): Dell Publishing, Warner Bros. Cartoons, 1946
167 Filmplakat *Lost Horizon* (*In den Fesseln von Shangri-La*), USA 1937
168 «Tibet snow» von Kohinoor Chemical Ltd. Karachi; Distributer in UK: Golden Meadows Limited, Wembley Middlesex; Foto Völkerkundemuseumder Universität Zürich
169 a: Batteriebetriebene Gebetstrommel, Tischmodell von Mandallum Instruments, El Verano, CA, USA,
b: Ohrringe in Form von Gebetstrommeln von Dharmaware, Woodstock, USA; Fotos Völkerkundemuseum der Universität Zürich
170 Umschlag *Notruf über Tibet* von Jean-Michel Charlier und Victor Hubinon, Bastei, (o. J.) (später erschienen unter *Flucht aus Tibet*, Carlsen)
171 a: «Shambhala – Sky dancing boutique», Erlangen
b: Buchumschlag Verso von *Queer dharma: voices of gay buddhists*, Winston Leyland (ed.): Gay Sunshine Press, San Francisco, 1998
172 Kupferstich (planche LV, no. 1) aus *Histoire générale des cérémonies, moeurs, et coutumes religieuses* von Bernard Picard: Paola von Wyss-Giacosa
173 a: Kupferstich aus *China illustrata* von Athanasius Kircher: Zentralbibliothek Zürich, Sammlung Alte Drucke
b: *The New York Review of Books*, Zeichnung von David Levine
c: Dalai Lama mit Sensoren aus Stern 29/1998, Illustration: Michelle Chang
d: Aus *Le cargo sous la mer*, Cothias/Sternis: Edition Glénat, 1987, Grenoble
174 Aus *Die Offenbarung* (*Der weiße Lama*, Bd. 1) von Alexandro Jodorowsky, Zeichnungen Georges Bess: Arboris, 1989
175 Werbeplakat für IBM
176 Titelseite des Comic *Green Lama*, vol. 1, no. 1, december 1944, Spark Publications
177 Werbung für Kondensmilch Marke «Milchmädchen», Anglo-Swiss Milk, Cham: Martin Weber, Bern
178 Plattencover *Brown Rice* von Don Cherry, A&M Records, 1988

179 Kohl droht mit Wiedergeburt, Postkarte von *Titanic – Das endgültige Satiremagazin*, Berlin
180 Kolorierter Stich, Herkunft unbekannt: Wolfgang Hellrigl, Bozen
181 Potala aus *China illustrata* von Athanasius Kircher: Zentralbibliothek Zürich, Sammlung Alte Drucke
182 a: Ausschnitt aus Rollbild Inv. Nr. 13 200, Völkerkundemuseum der Universität Zürich
b und c: Aus *Buddhist Iconography of Tibet* von Lokesh Chandra, Rinsen Book, Kyoto 1986
183 Rollbild Inv. Nr. 14122, Völkerkundemuseum der Universität Zürich
184 Ausschnitt aus einem tibetischen Rollbild, auf welchem Szenen aus dem Leben von Milarepa abgebildet sind, Foto Joss Bachhofer, München
185 Thang ka aus der Sammlung Dahortsang
186 Ausschnitt aus Rollbild Inv. Nr. 14475, Völkerkundemuseum der Universität Zürich
187 Darstellungen von Gebetsmühlen:
a: Buchumschlag *Through the heart of Tibet* von Alexander Macdonald, London 1910: Hans Roth, Münstereifel
b: *Der Dimensionssprung* (*Walt Disneys Lustiges Taschenbuch*, Nr. 151): Ehapa, 1990
c: Tab. 3 aus *Viaggio al Tibet* von Cassiano Beligatti: Biblioteca Comunale ‹Mozzi-Borgetti›, Macerata
d: Aus *Top Secret* (*Buck Danny*), von Jean-Michel Charlier und Victor Hubinon, Carlsen
188 So genannte Klangschalen, Völkerkundemuseum der Universität Zürich
189 Aschenbecher von Silly, Space Lab, Niederlande (made in China), Foto Völkerkundemuseum der Universität Zürich
190 Ausschnitt aus Rollbild Inv. Nr. 14379, Völkerkundemuseum der Universität Zürich
191 Porträt Gendün Chöpel: Luc Schädler, Zürich
192 Porträt Tsewang Norbu
193 Porträt Jamyang Norbu: Jan Andersson, Münster
194 Werbeplakat, Saas-Fee Tourist Office

Index

Buch- und Comic-Titel sind kursiv gesetzt,
Filmtitel in Kapitälchen

AB NACH TIBET! 169f.
ACE VENTURA – JETZT WIRD'S WILD 166, 168
Achternbusch, Herbert 169f., 235, 240
Adamski, George 118, 227
Agamon, David (Robin-Evans, Karlyl) 116, 118, 253
Agarthi 54f., 60, 67ff., 72ff., 79, 99, 237
Ahnenerbe der SS 77, 78, 80, 81
ALICE 170
Allgemeine Historie der Reisen zu Wasser und zu Lande 22, 25
Alphabetum Tibetanum 18, 27
d'Alveydre, Saint-Yves 67ff., 75, 226f., 234
de Andrade, António 15, 16, 17, 18
Annaud, Jean-Jacques 178, 179
Anthroposophie 75, 84
Ariosophie 47, 53, 74, 84
Artaud, Antonin 91f., 252
Astralkörper, -reisen 44, 102f., 129, 165, 244
At the Top of the World 130
Atlantis 47f., 62, 67, 70, 77, 80, 230f.
AUF DER SUCHE NACH DEM GOLDENEN KIND 74, 160, 167f.
Auf der Suche nach der Erinnerung 142
AUF MESSERS SCHNEIDE 158, 168
Aufbruch ins dritte Jahrtausend 55, 69
Außerirdische 66, 114ff., 120, 230f., 253
Autokratie 99, 234
Bailey, Alice A. 44f., 237
Baileys, F.M. 143
Bailly, Jean S. 29
Bardo Thödol 33
Barks, Carl 132
Bechteler, Harald 77
Beelzebubs Erzählungen für seinen Enkel 58
BEGEGNUNGEN MIT BEMERKENSWERTEN MENSCHEN 57
Beger, Bruno 75, 80f., 179
Beligatti, Fra Cassiano di 27
Bell, Sir Charles 21, 32f., 101
Bennett, J.G. 60
Bergier, Jacques 55, 61, 69, 136, 247
Bertolucci, Bernardo 176
Bharati, Agehananda 110, 238
Bishop, Peter 226
BLACK NARCISSUS 154
Blavatsky, Helena Petrovna 9, 30, 36ff., 40ff., 46ff., 51, 67, 69, 73f., 76, 88, 90, 97, 103, 107, 110, 118, 224, 226f., 231, 233, 236f., 240, 253
Bloch, Ernst 238
Bogle, George 24f., 28
Bön-Religion 38, 71, 72, 90
Börner, Klaus H. 9
Bradford, Colonel 121, 122, 229
Bronder, Dietrich 60, 76, 79
Brook, Peter 57
Bugs Bunny's Dangerous Venture 132, 227
Bulwer-Lytton, Edward 43, 62, 67, 73, 75, 227, 234
Burang, siehe Illion, T.
Burgess, Clifford 104
Buth 27, 232
Byrum, John 158
Cabral, Joâo 18, 247
Cacella, Estevâo 18, 247
Capra, Frank 148, 149, 151
Carmin, E.R. 55, 61, 79
Cérémonies et coutumes 27
Chagdud Tulku 255
China Illustrata 20f., 27
Chohan Lama 40f., 44
Chöpel, Gendün 250, 256
Christentum und Tibet 16f., 19, 25f., 28, 30, 52, 83, 119, 222
Christus 51f., 119, 230f.
Coleman, W.E. 43
Collected Writings, Helena P. Blavatsky 40
Constant, Alphonse-Louis 43, 62
Contrat social 86
Coresma, Nuño 18
Cosey 142
Costumes civils 27
Countdown des Wahnsinns 136f.
Creme, Benjamin 51f.
Dagyab, Loden Sherab 259
Dalai Lama (allgemein) 32, 68, 70ff., 82, 86, 90ff., 139, 178, 184, 198, 202, 223, 233, 234, 249, 255, 258
Dalai Lama (der fünfte) 256
Dalai Lama (der sechste) 250
Dalai Lama (der neunte) 28
Dalai Lama (der dreizehnte) 31ff., 49, 60, 64, 91, 101, 256
Dalai Lama (der vierzehnte) 73, 92f., 109, 184, 202, 210, 256f.
Däniken, Erich von 117
Das Buch der Freiheit 109
Das dritte Auge 68, 74, 100f., 103ff., 128, 139, 224, 235
DAS GOLDENE KIND 227, 230
Das Grillenspiel 89
Das Rätsel der Dämonenglocken 139

Das verlorene Gesicht 154
Dauthendey, Max 82, 232
David-Goliath-Mythos 242, 243
David-Neel, Alexandra 48
Davidson, Lionel 111 ff., 240
Davis, Erik 183, 259
Der blaue Lotus 140
Der Dämon des Himalaya 157
Der heiße Soldat und andere Geschichten 88
Der Kampf um die Welt 138
Der König der Welt 68
Der Lama von Lhasa 124
Der Schatten des Dalai Lama 92
Der Schneemensch 54, 138, 142
Der Speer des Schicksals 65, 70, 79
Der verlorene Horizont/Irgendwo in Tibet (Roman und Filme) siehe *Lost Horizon*
Der violette Tod 88
Der weiße Lama 106, 108, 126, 128, 135, 139, 142
Der Winterkrieg in Tibet 227
Desideri, Ippolito 18ff., 229
Dharma-Produkte 121, 203, 206, 208, 210, 214, 217, 230
Die Alpen 242
Die äußere und die innere Welt des Menschen 56
Die Fledermäuse 89
Die fünf Tibeter 121 ff., 203, 229, 253
Die Geheimlehre 40, 45, 47 f., 67, 73 f., 107
Die Herausforderung 168
Die neue Gruppe der Weltdiener 45
Die Rose von Tibet 111 ff., 231
Die schwarze Sonne von Tashi Lhunpo 54, 61, 70, 79, 229
Die Suche nach dem goldenen Kind 233
Djwal Khool 44 f.
Dolan, Brooke 79
Donald Duck 132
Dorje-Shugden-Affäre 92, 258
Dorjeff, Agwan 31, 49, 60
Doucet, Friedrich W. 76
Douglas, J. Archibald 52
Drittes Auge 73f., 101, 107, 221, 245
Dumont, Jethro 130
Dürrenmatt, Friedrich 227
Dzopa/Dropa 115 ff.
Dzyan 39, 45, 61, 66, 73, 118, 236
Eckart, Dietrich 55
Edgar, J. H. 241
Eine Abhandlung über die sieben Strahlen 45
Eine Abhandlung über kosmisches Feuer 45
Emmanuelle in Tibet 171f., 229, 231
Endstation Tibet 114
Epic of Everest 143
Europa den Asiatenpriestern? 83
Evans-Wentz, Walter Yeerling 48
Evola, Julius 92
Exiltibeter zwischen zwei Kulturen 144
Films are Dreams that Wander in the Light of Day 144
Fludd, Robert 37
Fox, Reginald 79
Frauenbild 111 ff., 190, 231
Freimaurer 37, 54, 62, 66, 70, 83 f.
Freising, Otto von 15
Freyre, Emanuel 18, 19
Friedfertigkeit 16, 21, 59, 98 f., 119, 142, 181 f., 184, 210, 229, 256
Frost of Heaven 113 f.
Gabet, Joseph 30, 44
Gebetstrommeln 113, 139, 168, 213 f., 230, 251
Geheime Weltmächte 82
Geheimgesellschaften 137
Geheimgesellschaften und ihre Macht im 20. Jahrhundert 70
Gere, Richard 182
Gessner, Salomon 242
Giorgi, Agostino António 18
Glasenapp, Helmut von 46
Goldmythos 30f., 99
Goodrick-Clarke, Nicholas 65
Saint Germain, Graf von 37
Greve, Reinhard 77
Grönbold, Günter 52
Grueber, Johannes 18, 21 f., 24, 85
Grünwedel, Albert 82, 92
Guénon, René 68
Günther, Hans Friedrich Karl 80
Gurdjieff, Georgei Ivanovitch 30, 56, 58 ff., 63, 71 f., 75, 229, 234, 236, 253
Gyatso, Losang 259
Hakenkreuz 61, 76, 79, 83
Haller, Albrecht von 242
Hamilton's Creature 115
Hansen, Peter 143
Harrer, Heinrich 104, 139, 178 ff.
Hastings, Warren 24
Haushofer, Karl 55, 62, 64 f., 69, 71 ff., 75, 77, 78
Hedin, Sven 68
Hegel, Georg Wilhelm Friedrich 87
Helsing, Jan van 66, 70, 72, 73, 137
Herder, Johann Gottfried 28, 30, 85 f., 223
Hergé 139, 140
Herodot 30
Hess, Rudolf 61 f., 64 f.
Hierarchie, sakrale 59, 86, 99, 234, 235, 240, 248, 249, 250
Hilton, James 32, 57, 60, 96 f., 99 f., 133, 148 f., 151, 224, 226, 229, 237
Himalayafinsternis 82
Himmler, Heinrich 64, 65, 75, 77, 78, 79, 80, 81, 240
Histoire de l'Astronomie ancienne 29
Hitler, Adolf 53, 55, 62, 64 ff., 72 f., 75, 78, 80, 231, 253
Hoffmann, Ernst Lothar 31

Höhlenmotiv 66f., 69f., 74, 102, 136, 142, 226f.
Holey, Jan Udo siehe Helsing, Jan van
Holmes, Sherlock 231
Hörbiger, Hanns 78, 80
Hoskins, Cyril Henry siehe Rampa, Lobsang
Hubbard, Ron 71f.
Huber, Toni 257
Huc, Evariste Regis 30, 44, 69
ICH BIN DU 163, 168
Ich fand den schrecklichen Schneemenschen 135
Idyllen 242
Illion, T. 75
Im Banne des Mythos 76
IN DEN FESSELN VON SHANGRI-LA siehe LOST HORIZON
In Hight Tibet 124
Ipares, S. 82f., 135
IRGENDWO IN TIBET siehe LOST HORIZON
Iyer, Pico 177, 202, 225
Jacobs, Edgar P. 138
Jacobsen, Hans-Adolf 62
Jacolliot, Louis 62, 75
Jesuiten 15, 18f., 84, 223
Jesus siehe Christus
Jodorowsky 106, 108
Jonathan 140, 142
Jungbrunnen siehe Langlebigkeit
Kalachakra 73, 93, 208, 214, 216
Kampfsport-Lama 100, 107, 167f., 233
Kant, Immanuel 22, 28, 30, 85, 223
Kapuziner 18, 22, 99
Katholizismus siehe Christentum und Tibet
Kelder, Peter 121f.
Kelly, Petra 93
Khool, Djwal 39
Kim 158, 159, 168
Kim – Geheimdienst in Indien 159
Kipling, Rudyard 158, 159
Kircher, Athanasius 20f., 27, 30
Kiu-te 39
Klangschalen 217, 252
Koot Hoomi Lal Singh 36f., 37, 39, 44f., 47
Körösi, Alexander Csoma de 28, 247
Krause, Ernst 139
KUNDUN 146f., 178ff., 233
La vie inconnue de Jesus-Christ 52
Lama Anagarika Govinda 31, 48
Landau, Rom 60
Landig, Wilhelm 74, 79
Langlebigkeit/Ewige Jugend 44, 57, 98ff., 121f., 132, 142, 172, 185f., 207, 210, 228f., 246
Le théosophisme 68
Le tigre et le lama 114, 120
Lévi, Eliphas 43, 62
Levitation 44, 68f., 91, 100, 102f., 125f., 165, 167, 185f., 188f., 244
Licht über Tibet 90
Liebenfels, Jörg Lanz von 47f., 74
Lillie, Arthur 40
List, Guido von 47, 74
LITTLE BUDDHA 176f., 235
Lost Horizon 96f., 99, 119, 133, 224
LOST HORIZON 148ff., 153
Lopez, Donald S. 48, 110, 259
Ludendorff, General 83
Lungshar, Tsipön 256
Luther, Martin 84
Macdonald, David 21
Maceratensis, Cassianus 18
Mahatma-Briefe 41, 42, 43
Mahatmas 32, 36f., 39, 44, 49, 59, 63, 65, 91, 103, 110, 139, 198, 224, 226, 231, 234, 249
Mandalas 168, 181, 193, 198, 200, 230
Mangtso 258
Maréchal, Pierre Sylvain 27
Marques, Manuel 15
Maugham, W. Somerset 158
McCloud, Russell 54, 61, 70, 247
McGovern, William 32
McKay, Alex C. 32f.
MEETINGS WITH REMARKABLE MEN 57
Meisinger, Joseph 64
Meyrink, Gustav 88ff., 233
Mickey Mouse 124
Milarepa 220, 244, 246
Mirandola, Pico della 37
Mitscherlich, Alexander 253
Mitternacht in Rhodos 139
Mönch-Story 53f.
Moon, Peter 71f.
Morya 36f., 39
Namgyal, Mipham Jamyang 250
Narzunoff, Ushe 60
Nationalsozialistischer Esoterismus 30, 48, 61, 65
Nationalsozialistische Rassenideologie 48, 55, 66, 77, 78, 80f., 84
Nestorianer 14f., 99, 222, 231
Nettesheim, Agrippa von 39
New-Age-Bewegung 30, 46, 230
Nietzsche, Friedrich Wilhelm 28, 85, 87, 223
Nolling siehe Illion, T.
Norbu, Dawa 255ff., 259
Norbu, Jamyang 9, 259
Norbu, Khyentse 144f.
Norbu, Namkhai 122
Norbu, Tsewang 256f.
Notovitch, Nicolas 52
Nydahl, Ole 235
Oedekerk, Steve 166

Okkulte Fähigkeiten 37, 42 ff., 103, 108, 110, 125, 140, 142, 155, 160, 164 ff., 192, 206, 224, 234, 244
Olcott, Colonel 37, 46
Orientalism 143
d'Orville, Albert 18
Ossendowski, Ferdinand 63, 67 ff., 73, 75, 227, 237
Pai 74
Pallis, Marco 68, 104
Panchen Rinpoche 91, 233, 234, 249
Panchen Rinpoche (der dritte) 24 f.
Panchen Rinpoche (der neunte) 49
Paracelsus 37, 39
Paradiessehnsucht 91 f., 97, 99, 182 f., 225, 228, 238 ff.
Paul, Sherab 257
Pauwels, Louis 56, 60 f., 69, 136, 247
Pedersen, Paul 46
Pemba, Tsewang 256 f.
Penna, Francesco Orazio della 18, 22 f. 30, 39 f., 85, 90
Pennick, Nigel 48
Perma, Jetsün 255
Perrault 32, 57, 96, 99f., 119, 150 f., 224, 229, 234
Pharaon 136
PHÖRPA/THE CUP 144 f.
Phurbu siehe Ritualdolche
Picard, Bernard 27
Podrug, Junius 113 f.
Polo, Marco 231, 234
Priesterkönig (Presbyter) Johannes 14 f., 222, 231
PRINCE OF THE SUN 164 f., 233
Pudovkin, Vsevolod Illarionovich 146
Quisling Quest in Tibet 130
Rampa, Lobsang (Hoskins, Cyril Henry) 60, 68, 74, 100 ff., 104 ff., 108 f., 110, 128 ff., 139, 155, 224
Rassen siehe Ursprung von Rassen und Nationalsozialistische Rassentheorie
Ravenscroft, Trevor 65, 70, 73 ff., 78, 247
Reinkarnation 44, 111, 113, 128, 144, 160, 164, 167, 176 f., 195 f., 223, 233, 235, 240
Reting-Wirren 256
Ribbentrop, Joachim von 64
Richardson, Hugh 104
Rijckenborgh, J. van 90 f.
Rinpoche, Reting 256
Ritualdolche 161 ff., 167, 213, 230, 251
Robin-Evans, Karlyl siehe Agamon, David
Roerich, Nicholas 48 ff., 226, 233, 236, 247
Roosevelt, Franklin D. 99
Rose, Detlev 53, 76
Rosenberg, Alfred 81, 84
Rosenkreutz, Christian 43
Rosenkreuzer 37, 43, 59, 62, 108
Röttgen, Herbert und Mariana (Trimondi, Victor und Victoria) 73, 92, 93, 252
Rousseau, Jean-Jacques 28, 30, 85 f., 223
Said, Edward 143, 243
Samsara 235
Sanders, Leonard 119
Schaedler, Lorenz 143
Schäfer, Ernst 75, 77, 79 ff., 136, 179
Schell, Orville 242
Schiller, Friedrich 242
Schwarze Sonne 66, 72, 79
Scientology 71, 72
Scorsese, Martin 179 f., 182
Seagal, Steven 235
Sebottendorff, Rudolf Freiherr von 66
Seelenwanderung 16, 19 f., 22, 23
Serrano, Miguel 65, 78, 92, 247
Sexualität 111 ff., 171, 231, 250
SHADOW UND DER FLUCH DES KHAN 162, 167 f.
Shakya, Tsering 10, 257, 259
Shambhala – Das geheime Weltzentrum im Herzen Asiens 50
Shambhala-Mythos 47 ff., 55, 57, 60, 65, 67, 69, 70, 73, 74, 75, 79, 93, 99 f., 113, 224, 226, 246 ff., 255
Shangri-La 9, 32, 53, 60, 96 ff., 110, 132 f., 149, 151, 182, 224, 226, 234, 237, 259
Shuguba, Tsipon 256 f.
SIEBEN JAHRE IN TIBET 178 ff.
Silberschnur 59, 68, 102, 108, 129, 224
Singh, Pandit Nain 31
Smith, Patty 93
Sparschuh, Jens 54
Spiele 203 f.
Spy Smasher 130
Stalin, Josef 72
Stamm, Hugo 73
Stanké, Alain 109
Steiner, Rudolf 74
STORM OVER TIBET 154, 155, 157
Strunk, J. 82 f.
STURM ÜBER ASIEN 146, 147
Sungods in Exile 116
Suster, Gerald 60, 247
Swedenborg, Emanuel 43
Synkretismus 18, 96, 97, 224, 236
The Atom Chasers in Tibet 120
The Black Lama 142
The Black Sun, Montauk's Nazi-Tibetan Connection 71 f.
The Coming Race 67, 73
The Court of Crime 130
The Eternal Enemies 119
The Man Who Found Shangri-La 133
The Myth of Shangri-La 226
The Occult Roots of Nazism 65
The Origin of an Avenger 130 f., 139
THE REINCARNATION OF KHENSUR RINPOCHE 144

THE SHADOW/DER SCHATTEN 130 f., 213, 230
THE SPIRIT DOESN'T COME ANYMORE 144
The Third Eye 101
The Tibetan Book of the Dead 33
Theosophie 28, 30, 36 f., 42 ff., 48, 49, 59, 65, 75 f., 84, 90, 106, 139, 155, 226, 234, 236
Thomas, Lowell 139
Thule 48, 54, 61, 65, 70, 72, 79
Thule-Gesellschaft 66, 69, 75 f.
Thurman, Robert (Bob) 183 f., 229
Tibetan Review 258
Tibetan Teachings 40
Tibeter über das Abendland 75
Tibetologie, abendländische 19, 28
Tiere, Menschen und Götter 67, 73
Tim im Kongo 140
Tim in Tibet 125, 135, 139 f., 142
Tod, Einstellung der Tibeter dazu 17, 20, 33, 230, 232
Totenbuch 33, 230
Tödliche Kälte 136, 139
Top Secret 139
Treachery in Tibet 130
Trebitsch-Lincoln, J. T. 30, 55, 63 f., 75, 234, 240
Trimondi, Victor und Victoria siehe Röttgen, Herbert und Mariana
Trouble in Tibet 130
Trungpa, Chögyam 255, 257
Tsering, Tashi 256 f.
Tucci, Giuseppe 139
TWIN PEAKS 172 f.
Uncle Scrooge in Tralla-La 132
Upanishaden 76
Ursprung von Rassen / Menschheit 28f., 47f., 55, 61 f., 65, 69 f., 78, 224, 230, 241
Vaughan, Thomas 37
Verlorener Horizont / Irgendwo in Tibet (Roman und Filme) siehe *Lost Horizon*
Verschwörungsmythos 49, 60, 64 ff., 82 ff., 90, 92 f., 100, 135 f., 138, 252
Viaggio al Tibet 27
vril 47, 61 f., 72, 228, 230
Vril oder eine Menschheit der Zukunft 67
Wallner, Albert 53
Warburg, Frederic J. 108
Webb, James 60
Weibliche Sakralperson 112 ff., 177
Weißköpfiger Lama siehe Desideri, Ippolito
Welteislehre 80
Wiedersehen mit Tralla-La 132
Wilhelm Tell 242
Wilhelmy, Fritz 83 f., 135
Wissen, geheimes 49, 60, 67, 69 f., 77, 88, 91, 96 f., 102, 119 f., 139, 142, 167 f., 182, 192, 228 f., 236
Wurzelrasse 47, 67, 74
Yantra Yoga 122
Yeti, der Schneemensch 135, 138, 142, 154, 156 f., 168, 228, 231, 251, 253
Younghusband, Francis 58 f.
Younghusband-Expedition 31, 58, 107
Zar Nikolaus II 49, 58
Zirkoff, Boris de 49
Zu Juda und Rom-Tibet 82